你真正的、永远的、最大的靠山是你自己,你真正的、永远的、最大的敌人也是你自己。

　　——先相信自己能战胜自己,然后别人才会相信你。

赵俊峰

2021年度 全国税务师职业资格考试

涉税服务相关法律

应试指南 上册

■ 赵俊峰 中华会计网校 编

感恩21年相伴 助你梦想成真

中国商业出版社

图书在版编目(CIP)数据

涉税服务相关法律应试指南：上下册 / 赵俊峰，中华会计网校编.—北京：中国商业出版社，2021.4
2021年度全国税务师职业资格考试
ISBN 978-7-5208-1579-6

Ⅰ.①涉… Ⅱ.①赵… ②中… Ⅲ.①税法-中国-资格考试-自学参考资料 Ⅳ.①D922.22

中国版本图书馆 CIP 数据核字（2021）第 056805 号

责任编辑：朱文昊　黄世嘉

中国商业出版社出版发行
010-63180647　www.c-cbook.com
(100053　北京广安门内报国寺 1 号)
新华书店经销
定州启航印刷有限公司印刷

*

787 毫米×1092 毫米　16 开　34.5 印张　907 千字
2021 年 4 月第 1 版　2021 年 4 月第 1 次印刷

定价：96.00 元

****

（如有印装质量问题可更换）

前　言

正保远程教育

- **发展**：2000—2021年：感恩21年相伴，助你梦想成真
- **理念**：学员利益至上，一切为学员服务
- **成果**：18个不同类型的品牌网站，涵盖13个行业
- **奋斗目标**：构建完善的"终身教育体系"和"完全教育体系"

中华会计网校

- **发展**：正保远程教育旗下的第一品牌网站
- **理念**：精耕细作，锲而不舍
- **成果**：每年为我国财经领域培养数百万名专业人才
- **奋斗目标**：成为所有会计人的"网上家园"

"梦想成真"书系

- **发展**：正保远程教育主打的品牌系列辅导丛书
- **理念**：你的梦想由我们来保驾护航
- **成果**：图书品类涵盖会计职称、注册会计师、税务师、经济师、资产评估师、审计师、财税、实务等多个专业领域
- **奋斗目标**：成为所有会计人实现梦想路上的启明灯

图书特色

① 高分战术
解读考试整体情况，了解大纲总体框架

一、考试总体情况
税务师职业资格考试实行全国统一大纲、统一命题、统一组织的考试制度。2021年税务师职业资格考试实行机考，"涉税服务相关法律"考试时间为150分钟，满分140分，84分通过

二、本书内容体系

篇章	考试题型	难易程度
第1章 行政法基本理论	单选题、多选题	★★

三、命题规律及应试方法
（一）命题规律
近三年考试的题型、题量、分值均完全一致。

题型	题量	均值	总分
单选题	40	1.5分	60分

② 应试指导及同步训练

考情解密

【历年考情概况】
本章考试各种题型均可出现，预计2021年考试分值在5分左右。本章学习难度不大，常以下列方式命题：(1)结合行政复议法和行政诉讼法考查综合分析题；(2)考查程序性内容，如行政处罚的决定程序、听证程序、执行程序，学习过程中需要对比税务行政处

- 深入**解读**本章考点及考试变化内容

考点详解及精选例题

一、行政处罚概述
（一）行政处罚的特征★
行政处罚是指行政机关依法对违反行政管理秩序的公民、法人或者其他组织，以减损权益或者增加义务的方式予以惩戒的行为。

政行为、外部行政行为、可诉的具体行政行为。
（二）行政处罚的基本原则★★
1.行政处罚法定原则主要包括：处罚设定权法定、依据法定、主体法定、程序法定。
【知识点拨】没有法定依据的，行政处罚无效。

- 全方位**透析**考试，钻研考点

同步训练 限时25分钟

一、单项选择题
1. 根据《行政处罚法》规定，下列不得设定行政罚款处罚的是（ ）。

2. 关于行政处罚实施主体的说法中，错误的是（ ）。
A. 受委托实施行政处罚的主体必须是行

- **夯实**基础，快速**掌握**答题技巧

同步训练答案及解析

一、单项选择题
1. A【解析】本题考核行政处罚的设定。法律、行政法规、规章有权设定罚款的行政处罚，而其他的规范性文件无权设定罚款

法》规定的能够接受行政委托、依法行使行政处罚的组织必须是依法成立的管理公共事务职能的组织。
3. D【解析】本题考核行政处罚的普通程

- **答案解析**精细全，精准总结解题策略

本章知识串联

行政处罚概述★ ─ 行政处罚的概念和特征
行政处罚的基本原则 ─ 行政处罚法定原则
 处罚公开、公正、过罚相当原则
 处罚与教育相结合原则
 保证相对人权益原则
 监督制约、职能分离原则
 一事不二罚(款)原则

- 本章知识体系**全呈现**

③ 易错易混知识点辨析
避开设题陷阱　　　　　快速查漏补缺

一、派出机关 VS 派出机构

表1　派出机关 VS 派出机构

区别	派出机关	派出机构
设立机关不同	各级人民政府设置	政府的工作部门设立
职能范围不同	多方面综合性的，相当于一级政府	只履行管理某项专门任务
种类不同	行政公署、区公所、街道办事处、科技开发区管委会	审计署派驻各地的办事处、公安派出所、税务所、工商所

☑ 实战演练
【例题·多选题】以下属于政府职能部门设立的派出机构的有（ ）。
A.
B.
C.
D. 区公所
E. 街道办事处
【解析】本题考核派出机关。选项D、E均为派出机关，故不入选。
【答案】ABC

④ 考前模拟试卷
模拟演练，助力冲关

模拟试卷（一）	模拟试卷（二）
一、单项选择题（共40题，每题1.5分。每题的备选项中，只有1个最符合题意。） 1. 合理行政是依法行政的基本要求之一。下列做法体现了合理行政的要求的是（ ）。 A. 作出可能影响行政相对人权利义务的不利行政决定应当说明理由 B. 行政机关要平等对待行政管理相对人 C. 非因法定事由并经法定程序，行政机关不得撤销已生效的行政决定 D. 与行政相对人或者行政事项有利害关系的公务员应当回避 2. 某公司向规划局交纳了一定费用后获得了	一、单项选择题（共40题，每题1.5分。每题的备选项中，只有1个最符合题意。） 1. 根据行政法的相关理论，下列关于行政行为效力的说法，错误的是（ ）。 A. 有效成立的行政行为，非依法不得随意变更或者撤销 B. 行政行为一经作出即具有不可争辩性 C. 行政行为成立并经法定程序，具有强制执行力 D. 行政行为成立后，对作出行政行为的行政主体和相对人来说都具有拘束力 2. 下列各项中，不属于《行政许可法》的调整范围的是（ ）。

目录 CONTENTS

上　册

... 3
... 3
... 3
... 4

... 9
... 11
... 11
题 ... 12
... 26
析 ... 29
... 31
度 ... 32
... 32
题 ... 32
同步训练 ... 44
同步训练答案及解析 ... 47
本章知识串联 ... 49

第 3 章　行政处罚法律制度 ··· 50
考情解密 ··· 50
考点详解及精选例题 ··· 50
同步训练 ··· 62
同步训练答案及解析 ··· 65
本章知识串联 ··· 68

第 4 章　行政强制法律制度　69
考情解密 ··· 69
考点详解及精选例题 ··· 70
同步训练 ··· 80
同步训练答案及解析 ··· 83
本章知识串联 ··· 85

第 5 章　行政复议法律制度　86
考情解密 ··· 86
考点详解及精选例题 ··· 86
同步训练 ··· 100
同步训练答案及解析 ··· 104
本章知识串联 ··· 106

第 6 章　行政诉讼法律制度 ··· 107
考情解密 ··· 107
考点详解及精选例题 ··· 108
同步训练 ··· 133
同步训练答案及解析 ··· 138
本章知识串联 ··· 142

第二篇　民商法律制度 ··· 143

第 7 章　民法基本理论与基本制度 ··· 145
考情解密 ··· 145
考点详解及精选例题 ··· 146
同步训练 ··· 167
同步训练答案及解析 ··· 171

目 录 CONTENTS

上 册

第一部分 高分战术

2021 年高分战术 ···················· 3
    一、考试总体情况 ···················· 3
    二、本书内容体系 ···················· 3
    三、命题规律及应试方法 ···················· 4

第二部分 应试指导及同步训练

第一篇 行政法律制度 ···················· 9

第 1 章 行政法基本理论 ···················· 11
    考情解密 ···················· 11
    考点详解及精选例题 ···················· 12
    同步训练 ···················· 26
    同步训练答案及解析 ···················· 29
    本章知识串联 ···················· 31

第 2 章 行政许可法律制度 ···················· 32
    考情解密 ···················· 32
    考点详解及精选例题 ···················· 32
    同步训练 ···················· 44
    同步训练答案及解析 ···················· 47
    本章知识串联 ···················· 49

I

第 3 章　行政处罚法律制度 ·· 50
　　考情解密 ·· 50
　　考点详解及精选例题 ·· 50
　　同步训练 ·· 62
　　同步训练答案及解析 ·· 65
　　本章知识串联 ··· 68

第 4 章　行政强制法律制度 ·· 69
　　考情解密 ·· 69
　　考点详解及精选例题 ·· 70
　　同步训练 ·· 80
　　同步训练答案及解析 ·· 83
　　本章知识串联 ··· 85

第 5 章　行政复议法律制度 ·· 86
　　考情解密 ·· 86
　　考点详解及精选例题 ·· 86
　　同步训练 ·· 100
　　同步训练答案及解析 ·· 104
　　本章知识串联 ··· 106

第 6 章　行政诉讼法律制度 ·· 107
　　考情解密 ·· 107
　　考点详解及精选例题 ·· 108
　　同步训练 ·· 133
　　同步训练答案及解析 ·· 138
　　本章知识串联 ··· 142

第二篇　民商法律制度 ·· 143

第 7 章　民法基本理论与基本制度 ······································ 145
　　考情解密 ·· 145
　　考点详解及精选例题 ·· 146
　　同步训练 ·· 167
　　同步训练答案及解析 ·· 171

本章知识串联 …………………………………… 174

第8章　物权法律制度 …………………………… **175**
　　考情解密 …………………………………………… 175
　　考点详解及精选例题 ……………………………… 176
　　同步训练 …………………………………………… 198
　　同步训练答案及解析 ……………………………… 204
　　本章知识串联 ……………………………………… 209

第9章　债权法律制度 …………………………… **210**
　　考情解密 …………………………………………… 210
　　考点详解及精选例题 ……………………………… 211
　　同步训练 …………………………………………… 240
　　同步训练答案及解析 ……………………………… 247
　　本章知识串联 ……………………………………… 252

第10章　婚姻家庭与继承法律制度 ……………… **253**
　　考情解密 …………………………………………… 253
　　考点详解及精选例题 ……………………………… 253
　　同步训练 …………………………………………… 265
　　同步训练答案及解析 ……………………………… 267
　　本章知识串联 ……………………………………… 270

下　册

第11章　个人独资企业法律制度 ………………… **271**
　　考情解密 …………………………………………… 271
　　考点详解及精选例题 ……………………………… 271
　　同步训练 …………………………………………… 275
　　同步训练答案及解析 ……………………………… 277
　　本章知识串联 ……………………………………… 278

第12章　合伙企业法律制度 ……………………… **279**
　　考情解密 …………………………………………… 279
　　考点详解及精选例题 ……………………………… 279

　　　　同步训练 ·· 288
　　　　同步训练答案及解析 ·································· 290
　　　　本章知识串联 ·· 292

　第 13 章　**公司法律制度** ································ **293**
　　　　考情解密 ·· 293
　　　　考点详解及精选例题 ·································· 294
　　　　同步训练 ·· 320
　　　　同步训练答案及解析 ·································· 325
　　　　本章知识串联 ·· 329

　第 14 章　**破产法律制度** ································ **330**
　　　　考情解密 ·· 330
　　　　考点详解及精选例题 ·································· 331
　　　　同步训练 ·· 354
　　　　同步训练答案及解析 ·································· 358
　　　　本章知识串联 ·· 361

　第 15 章　**电子商务法律制度** ························ **362**
　　　　考情解密 ·· 362
　　　　考点详解及精选例题 ·································· 362
　　　　同步训练 ·· 369
　　　　同步训练答案及解析 ·································· 371
　　　　本章知识串联 ·· 372

　第 16 章　**民事诉讼法律制度** ························ **373**
　　　　考情解密 ·· 373
　　　　考点详解及精选例题 ·································· 374
　　　　同步训练 ·· 391
　　　　同步训练答案及解析 ·································· 394
　　　　本章知识串联 ·· 396

第三篇　刑事法律制度 ································ **397**

　第 17 章　**刑事法律制度** ································ **399**
　　　　考情解密 ·· 399

　　　　考点详解及精选例题 ·· 400
　　　　同步训练 ·· 425
　　　　同步训练答案及解析 ·· 429
　　　　本章知识串联 ·· 432

　第 18 章　刑事诉讼法律制度 ·· 434
　　　　考情解密 ·· 434
　　　　考点详解及精选例题 ·· 435
　　　　同步训练 ·· 462
　　　　同步训练答案及解析 ·· 465
　　　　本章知识串联 ·· 467

第三部分　易错易混知识点辨析

2021 年易错易混知识点辨析 ··· 471

第四部分　考前模拟试卷

2021 年考前模拟试卷 ··· 491
　　模拟试卷（一） ·· 491
　　模拟试卷（一）参考答案及详细解析 ·· 504
　　模拟试卷（二） ·· 513
　　模拟试卷（二）参考答案及详细解析 ·· 526

正保文化官微

关注正保文化官方微信公众号，回复"勘误表"，获取本书勘误内容。

V

第一部分

高 分 战 术

梦想成真辅导丛书

2021 年高分战术

一、考试总体情况

税务师职业资格考试实行全国统一大纲、统一命题、统一组织的考试制度。2021年税务师职业资格考试实行机考，"涉税服务相关法律"考试时间为150分钟，满分140分，84分通过考试。本科目作为一门法学课程，其中大量内容是法律条文的具体规定，理解、记忆的学习量很大，切勿抱有考前突击的侥幸心理，建议考生提前做好学习计划，稳扎稳打地学习和复习。

二、本书内容体系

篇章		考试题型	难易程度
第一篇 行政法律制度	第1章 行政法基本理论	单选题、多选题	★★
	第2章 行政许可法律制度	单选题、多选题	★
	第3章 行政处罚法律制度	单选题、多选题、综合分析题	★
	第4章 行政强制法律制度	单选题、多选题	★★
	第5章 行政复议法律制度	单选题、多选题、综合分析题	★★★
	第6章 行政诉讼法律制度	单选题、多选题、综合分析题	★★★
第二篇 民商法律制度	第7章 民法基本理论与基本制度	单选题、多选题	★★★
	第8章 物权法律制度	单选题、多选题、综合分析题	★★★
	第9章 债权法律制度	单选题、多选题、综合分析题	★★★
	第10章 婚姻家庭与继承法律制度	单选题、多选题、综合分析题	★★
	第11章 个人独资企业法律制度	单选题、多选题、综合分析题	★★
	第12章 合伙企业法律制度	单选题、多选题、综合分析题	★★
	第13章 公司法律制度	单选题、多选题、综合分析题	★★★
	第14章 破产法律制度	单选题、多选题、综合分析题	★★★
	第15章 电子商务法律制度	单选题、多选题	★★
	第16章 民事诉讼法律制度	单选题、多选题	★★
第三篇 刑事法律制度	第17章 刑事法律制度	单选题、多选题、综合分析题	★★★
	第18章 刑事诉讼法律制度	单选题、多选题	★★

从上述教材章节分布和考试情况来看，第二篇民商法部分内容最多，在考试中占的分值比例也最大。民商法部分的综合分析题综合性较强，每年约有一半左右的分值来自本篇。俗话说"得民商者，得天下"，相当于通过法律考试，打下了半壁江山。

相对于第二篇，第一篇行政法律制度和第三篇刑事法律制度对于考生而言比较陌生，学习起来比较困难。但是好在这两篇分值并不多,且大多是对教材内容的直接考核。另外,行政法题目难度等级跨越比较大,有直接考核基本概念的简单题目,也有案例分析类的题目,更多的是多个考点组合而成的综合性题目,这就要求考生必须将基础打牢,多做一些练习,这样考生在遇到案例分析类的题目时,才能准确地找到题目的考点,并且正确运用相关的规定来解题。

三、命题规律及应试方法

(一)命题规律

近三年考试的题型、题量、分值均完全一致。

题型	题量	均值	总分
单选题	40	1.5分	60分
多选题	20	2分	40分
综合分析题	20(5×4)	2分	40分

(二)应试方法

从近几年的考试情况看,"涉税服务相关法律"试卷的命题呈现出一些明显的特点,具体可概括如下:

1. 掌握各题型答题技巧

在"涉税服务相关法律"的考试中,题型相对固定,要做到单选题"全"(尽量不扣分),多选题"稳"(尽量选择稳妥的选项),而综合分析题要"分而治之"。不要因为要对案例进行阅读和分析,就对它产生畏惧心理。综合分析题中,也有一些简单的题目,对于这些题目一定要保证拿到全部的分值,而对于应用性较强的题目,就要求稳,只选择自己确定的答案,不要因为只选出一个准确的答案而感到不安,要知道,综合分析题中,相当一部分小题的正确答案就是一个选项。一定要相信自己的判断,千万不要"画蛇添足"。每个题型的答题技巧,具体来说:

(1)单项选择题

单项选择题是各类题型中难度最低的一种题型。由于此类题型的备选项中只有一个是符合题意的正确答案,考生如能直接选出正确答案就应毫不犹豫地作出判断,相信"一见钟情";如果确实没有把握,也可采用"排除法",将那些明显错误的选项予以剔除,剩余的就是正确答案了;如按照上述方法剔除一个或两个选项后实在无法再加以剔除时,则可考虑采用"猜测法",即按照"题目相互间的矛盾逻辑",去猜测选择一个你认为最为正确的答案,而此时排除的选项越多,猜测正确答案的成功率也就越高。哪怕实在无法猜测时,也绝对不要放弃选择,因为放弃不答永远都不会得分。另外,由于此类题型相对较为容易,注意合理分配时间,一个题目耗用了大量的、宝贵的考试时间,是得不偿失的。

(2)多项选择题

试题中多项选择题多达20题,每题2分。根据考试要求,每题的备选项中,有2个或2个以上符合题意,至少有1个错项。错选,本题不得分;少选,所选的每个选项得0.5分。考生在作答此类题型时不妨也可采用排除法,且尽量选自己有把握的选项。

(3)综合分析题

综合分析题由五道大案例,共20道不定项选择题组成。根据考试要求,每题的备选项中,至少有1个正确答案。错选,本题不得分;少选,所选的每个选项得0.5分。考生在阅读题干资料之前一般应先浏览几道小题的问题，大体了解其要考查的几个知识点，然后再仔细阅读题干资料，并画出所涉及法律关系的线路图，这样可以极大地辅助考生解题。

虽然"涉税服务相关法律"科目的考试考点分布广、题量大，但其考试命题也是有一定的规律可循的。考试大纲的重点内容必定会在试卷中得以充分的体现，分值也会较高，掌握这些重点内容，对通过本年度的"涉税服务相关法律"科目考试有着重要意义。

2. 注重综合性和应用性

纯理论性试题和完全按照教材的某一个知识点出题的情况逐渐减少，综合性和应用性试题逐年增多。

行政法律制度部分：试题内容更加趋向于行政法律、法规与税务行政行为的结合。

民商法律制度：试题题干越来越多地用案例的形式表述，着重考查考生对法律条文的理解、运用和分析能力。

刑事法律制度部分：刑罚及涉税职务犯罪、涉税犯罪是重点。

3. 重者恒重，轻者不轻

重点内容与非重点内容所占分值的比例差距在减少。虽然重点内容依然占据着试卷的绝大部分江山，但是也不能小觑非重点内容的实力。如果在复习的时候，过于注重常考点，必然会加大考试的风险。所以在复习的时候，要注意全面复习与重点掌握相结合，对于重点和难点内容，要做到完全掌握，才能在考试的时候不丢分；对于非重点内容要熟悉，这样在考试的时候，就可以减少不必要的损失。

4. 实体法、教材变动和新增内容是考试的重点

通过对近几年试卷分值分布情况进行分析，不难发现实体法是考试的重点。当年教材中的变动内容、新增内容往往是重点出题点。

5. 考试内容以教材为主，法条为辅

考试内容一般不会超出教材范围，但也存在直接按照法规部分命题的情况。考生在全面掌握教材内容的同时，也不能忽略对教材中涉及的相关法律法规文件的学习。

（三）学习方法

1. 考试难度如何？

答：难度中等偏上。

2. 怎样学习涉税服务相关法律？

答：理解+记忆。

（1）"大道至简、回归本源"：继续努力跟着网校课程"听课、看书、做题"，拒绝、少听"大仙、大师"们的宝典秘籍、小道消息。

（2）"关键词记忆+阅读材料训练"：近年题目案例变多，综合分析题书上找不到原话、答案的题目日渐变多，建议平时生活中多关注身边的"家常理短"，多阅读法律案例材料。

（3）"反向思维训练"：从出题老师的思路训练，近年考试，很多同学反映平时记忆的"口诀"、掌握的"做题技巧"不灵啦(根本用不上)；冷门的题、"老妖精的题目"变多。

3. 只看讲义，不看教材、不听课行吗？

答：肯定不行。

讲义是对教材的浓缩，为节省时间，达到通过考试目的，建议平时学习以听课、看讲义为主，考试教材"大厚书"做字典查阅。

4. 只看重要章节，最后冲刺阶段再看法规，大胆放弃行吗？

答：肯定不行。

现在考试章章有题、节节有题，且每章分值相差并不太大；在网校的授课中没有重点章非重点章之分，只有重要知识点非重要知识点之分；建议提前入手，全面复习。

5. 听课、看书、做(练)题怎么安排？

答：建议

(1)有基础：听课、看书、练题。

(2)没基础：看书、听课、练题。

6. 怎样安排学习计划？

(1)第一轮：2-3个月，学基础(练基本功)——看山是山

(2)第二轮：1-2个多月，强化做题(练功力)——看山不是山

(3)第三轮：考前1个月，强点归纳总结(修成正果)——看山还是山

送给各位考生一句话，"记不住不是记性不好，而是重复的次数不够多"。成功就是重复到常人无法超越的地步！

祝愿各位考生能如愿通过考试，早日取得税务师职业资格，*梦想成真*！

2021年考试变化讲解

关于左侧小程序码，你需要知道——

亲爱的读者，无论你是新学员还是老考生，本着"逢变必考"的原则，今年考试的变动内容你都需要重点掌握。微信扫描左侧小程序码，网校老师为你带来2021年本科目考试变动解读，助你第一时间掌握重要考点。

第二部分
应试指导及同步训练

梦想成真辅导丛书

第一篇　行政法律制度

第1章　行政法基本理论

考情解密

历年考情概况

本章是行政法的基础，内容较多，介绍了很多基本概念、基本原则，理解起来可能有一定难度，但总体上考试难度不大。近几年分值很平稳，多以单选题、多选题形式考查，预计2021年分值会在3分左右。行政法基本原则、行政法的渊源、中央行政机关、行政行为的分类、行政行为的效力及行政程序法的基本制度是本章核心知识点。

近年考点直击

考点	主要考查题型	考频指数	考查角度
行政合理性原则	单选题、多选题	★★★	(1)结合行政机关作出的行政行为，判断是否符合行政合理性原则的要求；(2)直接判断行政机关作出的行政行为，是否符合行政合理性原则
中央行政机关	单选题、多选题	★★★	(1)通过中央行政机关的权限和地位，判断哪些行政机关符合该条件；(2)直接判断中央行政机关的性质和法律地位
行政行为的分类	多选题	★★	(1)通过行政行为的内涵，判断该行政行为的性质；(2)结合具体案例，判断行政机关作出的是何种行政行为
行政程序法的基本制度	单选题、多选题	★★★	(1)给出涉及政府信息公开的具体案例，判断是否可以提起行政诉讼；(2)给出案例，判断属于何种行政程序法的基本制度；(3)给出案例，判断是否符合行政程序法基本制度的要求

本章2021年考试主要变化

本章无实质性变化。

考点详解及精选例题

一、行政法的特征★

扫我解疑难

行政法：是关于行政权力的授予、行使以及对行政权力进行监督和对其消极后果予以补救的法律规范的总称。（见表1-1）。

表1-1 行政法的概念

围绕行政权力	事前控权	"设定"行政权力	如《地方各级人民代表大会和地方各级人民政府组织法》规定了行使行政权力的地方各级政府的设置、体制、职权等
	事中控权	规范行政权力的"实施"	规范特定机关权力实施规范：如《税收征管法》；各机关普遍适用规则规范：如《行政处罚法》《行政许可法》等
	全程控权	"监督"行政权力	如国家权力机关对行政权力的监督由宪法规定
	事后控权	对行使行政权力产生后果"补救"	《行政复议法》《行政诉讼法》《国家赔偿法》等均属于此类规范

二、行政法的基本原则

扫我解疑难

（一）行政合法性原则★

1. 实体方面要求：行政权力的存在有法律依据，即"法无授权即禁止"。

2. 程序方面要求：行政权力必须按照法定程序行使。

『拓展』税务机关征税既要符合实体法所得税法等法律规范的规定，又要符合程序法税收征管法的规定。

（二）行政合理性原则（简称"合理性原则"）（见表1-2）★★★

表1-2 行政合理性原则

项目	解释
应符合立法目的	行政机关运用权力时首先要考虑法律的目的，作出的行政行为必须符合法律的目的，凡不符合法律目的的行为都是不合理的行为。 『拓展』超载车辆应当查处并责令停运，不应罚款后继续让其上路

关于"扫我解疑难"，你需要知道——

亲爱的读者，下载并安装"中华会计网校"App，扫描对应二维码，即可获赠知识点概述分析及知识点讲解视频（前10次试听免费），帮助您夯实相关考点内容。若想获取更多的视频课程，建议选购中华会计网校辅导课程。

---

* 本书用"★"表示了解，"★★"表示熟悉，"★★★"表示掌握。

续表

项目	解释
考虑相关因素	行政行为不得考虑不相关因素。哪些因素是相关因素，哪些因素是不相关因素，要看是否符合立法授权目的，需要行政机关根据立法背景、法律的整体精神、条文间的关系、规定含义等因素作出综合判断
平等适用法律规范，符合公正法则	在相同的情况下，行政机关作出行政行为应相同情况相同对待，不得因人而异。 【拓展】领导超速和百姓超速罚款相同
应保持适度，符合比例原则	(1)多种方式可实现行政目的，适用权益损害最小的方式； 【相关链接】行政强制法中，能非强制则非强制，即便强制也选对当事人损害小的手段。 (2)具体行政措施与所要达到的行政目标之间保持比例。 【拓展】税收保全：冻结相当于应纳税款的存款
符合自然规律、客观性要求和社会道德观念、人类理性和公平正义观念	符合职业道德、社会公德，不违背善良风俗。 【拓展】出租车载着生命垂危的病人去医院而违章

【知识点拨】行政合理性原则产生的主要原因是：行政自由裁量权的存在。

『解释』合法性原则与合理性原则的区别往往是考核的重点。合理性原则是合法性原则的延伸，实际上是一种实质合法性原则，我们在合法的前提下讨论是否合理的问题，合法是规定上的遵循，合理是裁量上的把握。

(三)行政应急性原则(简称"应急性原则")(见表1-3)★

表1-3 行政应急性原则

项目	内容
性质	行政应急性原则是一般情形下合法性原则的例外。 【相关链接】行政机关实施行政强制执行，不得在夜间或者法定节假日实施，但是情况紧急的除外
限制	应急性原则并非排斥任何法律控制(应接受有权机关的监督)，不受任何限制的行政应急权力同样是行政法治原则所不容许的
条件	(1)存在明确无误的紧急危险或危害； (2)非法定机关不得行使应急权力，否则无效，除非事后经有权机关作出特别决定予以追认； (3)应急行为应接受有权机关的监督，尤其是权力机关的监督； (4)行使应急权力应当尊重和保障人权，应当遵循合目的原则、比例原则以及安全原则

【例题1·单选题】(2013年*)行政机关行使法律规定的行政裁量权必须符合合理性原则，作出的行政行为才具有实质合法性。行政机关行使行政裁量权的这种合理性要求之一是( )。

A. 行政机关行使行政裁量权作出行政行为时，应当遵循法定程序步骤，不能违反有关法定时限的规定

B. 行政机关行使行政裁量权作出行政行为时，必须平等对待行政相对人，且所作出的行政行为在内容上应当符合比例原则

C. 行政机关行使行政裁量权作出行政行为不得超越法定幅度

D. 行政机关行使行政裁量权作出的行政行为在内容上既要符合行政实体法规定，又要符合行政程序法规定

解析 本题考核行政合理性原则。合理性原则包括：符合立法目的；建立在考虑相

---

* 本书真题均为考生回忆，收录题目严格按照2021年考试大纲调整，特此说明。

关因素的基础上;平等适用法律规范,符合公正则;应保持适度,符合比例原则要求;符合自然规律客观性要求和社会道德观念,人类理性和公平正义观念。选项A、C、D是合法性原则的体现。

答案 ▶ B

【例题2·多选题】(2014年)合理性原则是行政法的基本原则之一,合理行政对行政机关的要求体现在( )。

A. 行政机关作出吊销执照的处罚决定前,应当告知当事人有要求举行听证的权利

B. 行政机关作出的行政裁量行为应当遵循合法通行的先例,符合自然规律与社会理性

C. 行政机关行使行政裁量权作出的行政决定应充分考虑相关因素,排除不相关因素干扰

D. 行政机关作出不予行政许可决定,应当说明理由

E. 行政机关作出行政处罚决定应当有法律依据,且遵守法定程序

解析 ▶ 本题考核行政合理性原则的基本要求。选项A、D、E属于行政合法性原则的要求,都体现的"程序合法"的要求。

答案 ▶ BC

三、行政法的渊源及行政法律关系要素

扫我解疑难

(一)行政法的渊源(见表1-4) ★

表1-4 行政法的渊源

渊源		制定机关	举例
宪法		全国人民代表大会	《宪法》最高法律效力
法律①	基本法律	全国人民代表大会	《立法法》《行政诉讼法》《行政处罚法》《企业所得税法》
	一般法律	全国人大常委会	
行政法规	依职权	国务院	《行政复议法实施条例》《税收征管法实施细则》《增值税暂行条例》《行政执法机关移送涉嫌犯罪案件规定》
	依全国人大授权		
地方性法规		省、自治区、直辖市、设区的市人民代表大会及其常委会②	
民族自治条例、单行条例		自治区、自治州、自治县的人大	
行政规章	部门规章③	国务院各部委、具有行政管理职能的直属机构等	《海关行政处罚听证办法》《税务行政复议规则》《纳税担保试行办法》
	地方政府规章	省、自治区、直辖市和设区的市人民政府	—
其他渊源		国际条约和国际协定中的规定、法律解释	
		授权立法④	

[注]①法律保留:税种的设立、税率的确定和税收征收管理等税收基本制度,只能由"法律"(都要通过"人大立法")规定。
②地方性法规:设区的市级人大及其常委会根据本市的具体情况和实际需要,在不同宪法、法律、行政法规和本省、自治区的地方性法规相抵触的前提下,可以对城乡建设与管理、环境保护、历史文化保护等方面的事项制定地方性法规。
③行政规章立法限制:没有法律或者国务院的行政法规、决定、命令的依据,部门规章不得自行设定减损公民、法人和其他组织权利或者增加其义务的规范,不得增加本部门的权力或者减少本部门的法定职责。
④授权立法:授权决定应当明确授权的目的、事项、范围、期限以及被授权机关实施授权决定应当遵循的原则。授权的期限原则上不得超过5年,被授权机关应在授权期满前6个月,向授权机关报告授权实施情况。

(二)行政法渊源中效力冲突的解决方式★★

1. 一般遵循的原则：上位法优于下位法、新法优于旧法、特别法优于一般法。

【知识点拨】法律效力层级：宪法>法律>行政法规>地方性法规>同级地方政府规章

2. 特殊原则：按照上述处理仍有冲突，采用"家长裁决制"(见图1-1)。

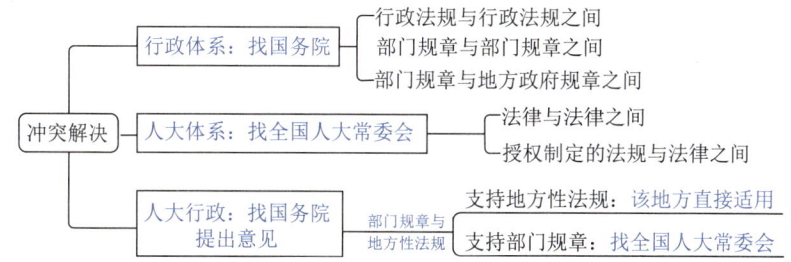

图1-1 行政法渊源中效力冲突的解决方式

(三)行政法律关系的三要素(主体、客体、内容)★

1. 行政法律关系主体(见表1-5)

表1-5 行政法律关系主体

行政主体(官)	包括行政机关和法律、法规授权的组织
相对人(民)	公民、法人、其他组织；如对外部管理活动的行政处罚对象

2. 行政法律关系客体：包括物质利益和精神利益。

3. 行政法律关系内容(见表1-6)

表1-6 行政法律关系内容

行政主体	行政主体权力(职权)	行政立法权、行政决定权、行政命令权、行政强制权、行政司法权等
	行政主体义务(职责)	正确适用法律、依法行使职权、遵守法定程序等
行政相对人	行政相对人权利	(1)参与权；(2)受益权；(3)请求权
	行政相对人义务	遵守行政法律法规、服从行政管理、执行行政决定

【例题3·多选题】(2017年)根据《立法法》规定，只能由法律规定的税收基本制度包括( )。

A. 税款用途
B. 税目调整
C. 税收征收管理
D. 税率的确定
E. 税种的设立

解析 ▶ 本题考核行政法的渊源。根据《立法法》第8条规定，税种的设立、税率的确定和税收征收管理等税收基本制度，只能由法律规定。所以选项C、D、E正确。

答案 ▶ CDE

四、行政主体

扫我解疑难

(一)什么是行政主体★★

1. 行政主体是社会组织；任何个人，包括国家机关工作人员，都不能成为行政主体。

2. "权"：行政主体是享有行政权力的组织(立法机关、司法机关、党务机关等除外)。

3. "名"：行政主体是能以自己的名义行使行政权的组织(内部机构除外)。

4. "责"：行政主体是能够独立承担法律责任的组织(受委托的组织除外)。

『解释』行政主体的标准有三个："权、名、责"。

(二)行政主体的行政职权★★

1. 行政职权特征

(1)公益性：如治安管理权、食品卫生监督检查权等。

(2)优益性：行政主体行使行政职权时依法享有的优先权和受益权，合称行政优益权。

(3)支配性：行政职权一经行使，即被推定为有效，在被撤销之前，相对人必须遵守执行(行政行为公定力的体现)。

(4)不可自由处分性：行政职权不得随意转移，不得随意放弃或抛弃。

2. 行政职权的内容(10类)

(1)行政立法权(特定的行政主体才有立法权)；(2)行政解释权；(3)行政决定权；(4)行政许可权；(5)行政命令权；(6)行政执行权；(7)行政监督检查权；(8)行政强制权；(9)行政处罚权；(10)行政司法权。

【相关链接】市、县人民政府作出房屋征收及补偿决定的权力属于行政决定权。

(三)行政机关及其工作人员★★★

1. 行政机关(职权行政主体)

(1)中央行政机关(见表1-7)

表1-7 中央行政机关

名称	组成或举例	是否是行政主体	制定文件
国务院	最高国家行政机关	行政主体	行政法规
国务院组成部门	人力资源和社会保障部、交通运输部、财政部、生态环境部、司法部、商务部、住房和城乡建设部、国家发展和改革委员会、国家卫生健康委员会等		部门规章
国务院直属机构	国家税务总局、国家市场监督管理总局、国家国际发展合作署、国家广播电视总局、海关总署、国家体育总局以及国家统计局、国家医疗保障局等		
国务院直属特设机构	国务院国有资产监督管理委员会		
国务院部委管理的国家局	交通运输部管理的国家铁路局、中国人民银行管理的外汇管理局、文化和旅游部管理的国家文物局、国家发展和改革委员会管理的国家能源局、自然资源部管理的林业和草原局、应急管理部管理的煤矿安全监察局以及国家市场监督管理总局管理的国家知识产权局等		没有规章制定权
国务院办事机构	国务院港澳事务办公室、国务院研究室等	不是行政主体	—
国务院直属事业单位	中国气象局、中国银行保险监督管理委员会、中国证券监督管理委员会、国务院发展研究中心、新华通讯社、中央广播电视总台、中国科学院、中国社会科学院、中国工程院等	一般不是行政主体，但**法律、法规授权时是行政主体**	—

(2)地方行政机关

地方行政机关包括地方各级人民政府及其职能部门、派出机关等。

2. 行政机关工作人员(也称公务员)

(1)公务员享有的权利

①获得履行职责应当具有的工作条件；②非因法定事由、非经法定程序，不被免职、降职、辞退或者处分；③获得工资报酬，享受福利、保险待遇；④参加培训；⑤对机关工作和领导人员提出批评和建议；⑥提出申

诉和控告；⑦申请辞职；⑧其他权利。

『解释』国家公务员不具有行政诉讼当事人的地位，不能成为行政诉讼中的原被告；不具有承担国家赔偿的责任主体资格。

（2）下列人员不得录用为公务员（无论是否故意）

①因犯罪受过刑事处罚的；②被开除中国共产党党籍的；③被开除公职的；④被依法列为失信联合惩戒对象的；⑤有法律规定不得录用为公务员的其他情形的。

（四）法律、法规授权的组织★★

1. 性质：法律、法规授权的组织不是行政机关，但属于行政主体（授权行政主体），可以成为行政诉讼的被告、行政复议的被申请人。

2. 具体情形（见表1-8）。

表1-8　法律、法规授权的组织

(1)行政机构	行政机关的内设机构	交通运输部门内设的高速公路管理机构；县级以上公安机关内设的交警大队、消防机构；税务机关内设的稽查局
	政府职能部门的派出机构	审计署驻各地办事处、公安派出所、税务所、财政所
(2)事业单位		如高等院校学位授予权
(3)社会团体		如工会、妇联、消费者协会、中国税务学会
(4)其他		如村民委员会、居民委员会

3. 尽管派出机关与派出机构都属于行政机关的派设性组织，但二者有严格区别（见表1-9）。

表1-9　派出机关与派出机构的区别

区别	派出机关	派出机构
种类	街道办事处、管委会等	公安派出所、税务所、财政所等
设立机关	各级人民政府	各级人民政府职能部门
职能范围	综合性（相当于一级政府）	专门性
主体资格	职权行政主体	授权行政主体

【相关链接】派出机构在授权范围内作出行政行为，自己为被申请人（被告）；实施未被授权的行为时，设立机关为被申请人（被告）。

（五）行政机关委托的组织★★

1. 行政机关委托的组织应具备的条件

接受委托的组织必须以委托机关的名义实施行政行为，必须在委托范围内实施行政行为，不得再委托其他组织或者个人实施行政行为。

2. 行政机关委托的组织与法律、法规授权的组织的区别（见表1-10）

表1-10　行政机关委托的组织与法律、法规授权的组织的区别

区别	行政机关委托的组织	法律、法规授权的组织
权力来源不同	行政机关的委托产生	法律、法规的授权规定产生
行使行政权方式不同	以委托机关的名义行使	以自己的名义
法律地位和行为后果不同	不具有独立的主体资格，不是行政主体；在行政诉讼和行政复议中，不具有被告或复议被申请人资格，行为后果由委托的行政机关承担	属于行政主体；在行政诉讼和行政复议中可直接成为被告或复议被申请人

【例题 4·单选题】（2012 年）中国证券监督管理委员会由国务院设置。关于其法律地位的说法，正确的是（ ）。

A. 它是国务院组成部门，具有独立的行政主体资格，享有规章制定权

B. 它是国务院议事协调机构，不具有独立的行政主体资格，也不享有规章制定权

C. 它是国务院直属事业单位，具有独立的行政主体资格，享有规章制定权

D. 它是国务院直属机构，具有独立的行政主体资格，但不享有规章制定权

解析 ▶ 本题考核国务院直属事业单位的法律地位、行政规章的制定主体。证监会作为国务院直属事业单位经法律、法规的授权可成为行政主体，享有规章制定权。

答案 ▶ C

【例题 5·多选题】（2014 年）有规章制定权且属于国务院组成部门的行政机关包括（ ）。

A. 财政部　　　B. 国家海洋局
C. 中国人民银行　D. 国家税务总局
E. 国务院法制办

解析 ▶ 本题考核中央行政机关中的国务院组成部门。选项 B 属于国务院部委管理的国家局；选项 D 属于国务院直属机构；选项 E 属于国务院办事机构。

答案 ▶ AC

【例题 6·多选题】（2014 年）中国证监会具有管理证券、期货行业的职能，下列关于中国证监会的性质和法律地位的说法中，正确的有（ ）。

A. 属于法律、法规授权的组织，有权在法定授权范围内以自己的名义实施冻结企业存款等行政强制措施

B. 属于行政机关委托的组织，不具有行政主体资格，不可以实施行政处罚、行政强制

C. 属于法律、法规授权的组织，但无权在法定授权范围内以自己的名义实施罚款、没收违法所得等行政处罚

D. 属于国务院直属事业单位，具有行政主体资格，有权依法实施行政处罚、行政强制及行政许可

E. 属于法律、法规授权的组织，有权在法定授权范围内以自己的名义实施行政许可

解析 ▶ 本题考核国务院直属事业单位的法律地位。中国证监会因得到了法律、法规的授权而具有行政主体资格，其在法定授权范围内可以自己的名义实施罚款、没收违法所得等行政处罚或者行政许可，以及以自己的名义实施冻结企业存款等行政强制措施。

答案 ▶ ADE

五、行政行为基本理论

扫我解疑难

（一）行政行为的内涵和特征★

1. 行政行为的内涵（见表 1-11）

表 1-11　行政行为的内涵

概念	示例
行政法律行为：行政主体行使行政职权、并产生行政法律效果的行为	税款征收行为
行政事实行为：行政主体不以实现某种特定的法律效果为目的，而以影响或者改变事实状态为目的的实施的行为	政府信息公开、非法殴打、行政疏导

行政法律行为与行政事实行为区别在于是否设立、变更、终止行政相对人的权利与义务关系。

2. 行政法律行为特征

(1) 从属法律性（合法性体现）；(2) 自由裁量性（合理性体现）；(3) 单方意志性；(4) 效力先定性；(5) 强制性。

（二）行政行为的内容与效力★

1. 行政行为的内容（见表 1-12）

表 1-12　行政行为的内容

项目	内容
(1)赋予权益或课以义务	如行政许可、行政拘留、纳税义务、接受审计监督等
(2)剥夺权益或免除义务	如吊销许可证和执照等
(3)变更法律地位	如一般纳税人认定等
(4)确认法律事实与法律地位	如医疗事故鉴定、道路交通事故认定、土地管理部门或人民政府对土地所有权或使用权的确认等

2. 行政行为的效力

(1)**确定力**：有效成立的行政行为，具有不可争辩力、不可变更性，即非依法不得随意变更或撤销。

(2)**拘束力**：行政行为成立后，即对行政主体和行政相对人产生法律上的约束力，有关人员或组织必须遵守、服从。

(3)**公定力**：行政主体作出的行政行为，不论合法还是违法，都推定为合法有效，相关当事人都应当予以遵守和服从，这是行政效率原则的要求。

(4)**执行力**：一般来说，必须是在相对方拒不履行义务的情况下，行政行为才需要强制执行。

(三)行政行为的分类(见表1-13)★★★

表 1-13　行政行为的分类

标准	分类	举例	
(1)行政行为的适用与效力作用的对象范围	内部行政行为	行政处分	
	外部行政行为	行政许可、行政处罚、行政强制	
(2)行政行为的对象是否特定	抽象行政行为	行政立法	
	具体行政行为	行政许可、行政处罚、行政强制	
(3)行政行为受法律规范拘束的程度	羁束行政行为	税务机关的征税行为、行政确认	
	裁量行政行为	罚款	
(4)行政主体是否可以主动作出行政行为	依职权的行政行为	税务机关的征税行为、行政强制、行政监督	行政确认，有些依职权作出，有些依申请作出
	依申请的行政行为	行政许可、行政复议	
(5)行政行为成立时参与意思表示的当事人数目	单方行政行为	行政处罚	
	双方行政行为	行政委托、行政合同	
(6)行政行为是否应当具备一定的法定形式	要式行政行为	行政许可、行政处罚、行政确认	
	非要式行政行为	公安机关对酗酒的人采取强制约束的行为	
(7)行政行为是否以作为方式表现	作为行政行为	行政奖励、行政强制、行政许可	
	不作为行政行为	行政主体不履行其职责的行为	
(8)行政行为的内容对行政相对人是否有利	授益行政行为	行政许可、行政给付、行政奖励、确认或决定减免税的行为	
	损益行政行为	行政处罚、税务机关的征税行为、行政收费行为、行政强制	

续表

标准	分类	举例
(9)行政权作用的表现方式和实施行政行为所形成的法律关系	行政立法行为	制定行政法规和行政规章
	行政执法行为	行政征收、行政给付、行政许可、行政确认、行政奖励、行政处罚、行政强制、行政监督检查
	行政司法行为	行政调解、行政裁决、行政仲裁、行政复议

(四)行政行为的无效、撤销和废止(见表1-14)★★

表1-14 行政行为的无效、撤销和废止

	适用情形	法律后果
行政行为的无效	重大且明显违法的行为,有"特别重大""明显""严重违反"这样的词语。 【知识点拨】《行政处罚法》规定,违反法定程序构成重大且明显违法的,行政处罚无效	—
行政行为的撤销	(1)合法要件有瑕疵; (2)行政行为明显不当	(1)自被撤销之日起失去法律效力,撤销的效力可追溯到行政行为作出之日; (2)行政主体的过错引起的,造成相对方的实际损失应由行政主体予以赔偿; (3)相对方的过错或行政主体与相对方的共同过错引起的,过错方各依自己的过错程度承担相应的行政法律责任
行政行为的废止	(1)所依据的法律、法规、规章等被修改、废止或撤销(法律发生变化); (2)所依据的客观情况发生重大变化(事实发生变化); (3)行政行为已完成原定的目标、任务(功能实现)	(1)效力从行为废止之日起失效; (2)行政行为的废止给相对方利益造成财产损失的,行政主体应当依法给予补偿

【例题7·单选题】(2014年)下列关于具体行政行为效力的说法中,正确的是( )。

A. 相对人申请行政复议的法律效果是导致具体行政行为丧失拘束力

B. 具体行政行为可以被废止,这表明具体行政行为没有确定力

C. 具体行政行为作出后,不论合法与否都推定合法有效,这表明具体行政行为具有公定力

D. 无效具体行政行为与可撤销的具体行政行为只有在被撤销后才失去法律效力

解析 本题考核行政行为的效力。单纯的申请行政复议,不会直接导致行政行为丧失拘束力。但如果复议机关作出撤销该具体行政行为的决定,那么该行政行为将丧失拘束力。所以选项A错误。具体行政行为具有确定力,

一经作出不得随意废止。不能因具体行政行为有可能被废止,就否认具体行政行为的确定力。所以选项B错误。无效行政行为自始无效,可撤销的行政行为只有在被撤销后才失去效力。所以选项D错误。 答案 C

【例题8·多选题】(2013年)根据行政法理论和《行政强制法》《行政诉讼法》等法律规定,对逾期不缴纳税款、滞纳金和罚款的纳税人,税务机关经催告依法作出行政强制决定并拍卖纳税人财物以强制抵缴税款、滞纳金及罚款的行为,性质上属于( )。

A. 代履行行为　B. 行政事实行为
C. 损益行政行为　D. 行政法律行为
E. 行政优益行为

解析 本题考核行政强制执行的性质。题干描述的是行政强制执行,该行为的性质

属于行政法律行为、外部行政行为、具体行政行为、依职权的行政行为、单方行政行为、要式行政行为、作为行政行为、损益行政行为、行政执法行为。

答案 ▶ CD

六、行政行为

扫我解疑难

（一）抽象行政行为的特征★

（1）对象的普遍性；（2）效力的普遍性和持续性；（3）准立法性；（4）不可诉性。抽象行政行为不能成为行政诉讼的直接对象。

（二）行政立法★

1. 行政立法的特征

行政立法是一种抽象行政行为，是一种准立法行为。包括制定行政法规和行政规章。

2. 行政立法的主体（见表1-15）

表1-15 行政立法的主体

项目	内容
行政法规的制定主体	国务院
部门规章的制定主体	国务院各部、各委员会，国务院直属机构
地方规章的制定主体	省、自治区、直辖市人民政府，设区的市、自治州人民政府

（三）具体行政行为★

1. 行政征收

（1）行政征收：行政主体依法以"强制"方式"无偿"取得相对方财产所有权的一种具体行政行为。

『解释』行政征收：政府强制、无偿行为；行政征用：政府强制、有偿（补偿）行为。

（2）内容：税收征收，建设资金征收，管理费征收。

（3）特征：外部、依职权、单方、要式、作为、损益的具体行政行为。

2. 行政确认

特征：要式行政行为；有些依申请作出，有些依职权作出。

3. 行政给付

（1）行政给付：行政主体对公民在年老、疾病或丧失劳动能力或其他特殊情况下，依照法律、法规规定，赋予其一定的物质利益或与物质有关的权益的具体行政行为。

（2）形式：发放退休金、退职金、失业救济金、社会保险金、最低生活保障费、安置、补助、抚恤、优待、救灾扶贫等。

行政给付与行政奖励的区别：行政给付不具有精神上和职务上的权益，对象是特定公民；行政奖励更多是精神鼓励，对象是有特殊贡献的人。

4. 行政裁决

（1）特征：主体是法律授权的特定行政机关，如著作权管理部门；对象是特定的民事纠纷；具有法律权威性；是一种可诉的具体行政行为。

（2）行政裁决与行政调解区别

①行政裁决：是可诉的，因为行政裁决是具体行政行为。

②行政调解：没有强制力，不服时只能针对原争议提起民事诉讼。

【相关链接】公安机关对公民之间实施人身侵害的治安管理案件没有赔偿数额的裁决权，只有调解权。

5. 行政奖励

行政奖励是一种授益行政行为，如得到金钱奖励、获得荣誉称号等。主体限于行政机关。

【知识点拨1】企业、学校内部及社会团体等根据有关奖励制度实施奖励行为，不属于行政奖励。

【知识点拨2】行政奖励既可以依申请，

也可以依职权进行。行政相对人对行政机关不予奖励的行为不服的,既可以申请行政复议也可以提起行政诉讼。

6. 行政协议

行政协议,是指行政机关为实现公共利益或者行政管理目标,因行使行政职权或者在行使行政职权过程中,与公民、法人或者其他组织协商订立的具有行政法上权利义务内容的协议。比如政府特许经营协议、土地房屋征收补偿协议,均属于这一类型。

(1)行政协议是一种双方行政行为。

(2)行政机关和法律、法规和规章授权组织可以作为行政协议一方行政主体的缔约主体,其他主体依法接受委托也可以成为行政协议的行政主体一方。

七、行政行为程序与行政程序法

扫我解疑难

(一)行政程序法的基本原则(见表1-16)★★★

表1-16 行政程序法的基本原则

项目	内容
公开原则	主要体现在行政依据公开、行政程序公开、行政信息公开、行政决定公开
公正原则	平等地对待当事人各方,排除各种可能造成不平等或偏见的因素; 主要体现:在行政处罚中当事人有权进行陈述和申辩;回避制度体现了公正原则
参与原则	听证程序是参与原则的重要体现
效率原则	时效制度、简易程序、紧急处理程序是效率原则的重要体现

(二)行政程序法的基本制度★★

1. 信息公开制度

(1)信息公开的分类和时限要求(见表1-17)

表1-17 信息公开的分类和时限要求

	公开情形	时间	方式
主动公开	涉及公众利益调整、需要公众广泛知晓或者需要公众参与决策的政府信息,行政机关应当主动公开	信息形成或在变更之日起20个工作日以内公开。法律、法规另有规定的,从其规定	通过政府公报、政府网站、新闻发布会以及报刊、广播、电视等便于公众知晓的方式公开
依申请公开	(1)公民、法人或其他组织有证据证明行政机关提供的与其自身相关的政府信息记录不准确的,有权要求该行政机关予以更正; (2)公民、法人或其他组织可以主动向政府申请获取所需要的政府信息	(1)能当场就当场; (2)不能当场答复,收到申请之日起20个工作日以内答复;如需延长,经同意并告知申请人,延长最长不得超过20个工作日	根据申请人的要求及行政机关保存政府信息的实际情况,确定提供政府信息的具体形式。按照申请人要求的形式提供政府信息,可能危及政府信息载体安全或者公开成本过高,可以通过电子数据以及其他适当形式提供,或者安排申请人查阅、抄录相关政府信息

(2)限制

①行政机关公开政府信息,不得危及国家安全、公共安全、经济安全和社会稳定。

②涉及商业秘密、个人隐私等公开会对第三方合法权益造成损害的政府信息,行政机关不得公开。但是,第三方同意公开或者行政机关认为不公开会对公共利益造成重大影响的,予以公开。

(3)收费：行政机关依申请提供政府信息，不收取费用。但是，申请人申请公开政府信息的数量、频次明显超过合理范围的，行政机关可以收取信息处理费。

(4)救济：公民、法人或其他组织认为行政机关在政府信息公开工作中的具体行政行为侵犯其合法权益的，可以依法申请行政复议或者提起诉讼。

2. 回避制度

回避制度，是在行政程序中与行政相对人或行政事项有利害关系的公务员必须避免参与有关行政行为的一种行政程序制度。

如《行政处罚法》规定，执法人员与案件有直接利害关系或者有其他关系可能影响公共执法的，应当回避。

3. 行政调查制度

行政调查制度是行政主体依法获取公民、法人或其他组织的个人信息、从事生产经营或其他活动的信息及有关证据材料的一种行政程序制度。

4. 告知制度

行政主体在作出行政行为之前应当将行政行为所依据的事实、理由、享有的权利及其他有关事项，告知相对人。

如《行政处罚法》规定，行政机关在作出行政处罚决定之前，应当告知当事人拟作出行政处罚决定内容及事实、理由、依据，并告知当事人依法享有陈述、申辩、要求听证等权利。

5. 催告制度

催告制度首次在《行政强制法》中确立，主要体现在：行政机关自行强制执行的催告；代履行的催告；申请人民法院强制执行的催告。

【相关链接】行政机关作出强制执行决定前，应当事先催告当事人履行义务。催告应当以书面形式作出。

6. 听证制度

听证制度是行政主体作出行政决定前，告知决定理由和听证权利，行政相对人表达意见、提供证据，以及行政主体听取意见、接纳证据的行政程序制度。

7. 行政案卷制度（案卷排他性制度）

行政案卷制度是行政决定只能以行政案卷体现的事实作为根据的行政程序制度。

『解释』行政机关作出影响当事人权利义务的行政决定所根据的证据，原则上必须是该行政决定作出前行政案卷中已经记载的并经当事人申辩和质证的材料。即行政机关作出的行政决定应当以行政案卷为根据，行政机关不能在行政案卷以外，以当事人所未知悉的或者未由当事人申辩、质证的事实作为根据来作出行政决定。

【相关链接】①《行政许可法》规定：行政机关应当根据听证笔录，作出行政许可决定。

②《行政处罚法》规定：行政处罚中听证笔录是作出行政处罚决定的重要依据之一。

8. 说明理由制度（附加理由制度）

说明理由制度是行政主体作出行政决定必须阐明其所依据的事实和理由的行政程序制度。

【相关链接】①行政机关依法作出不予行政许可的书面决定的，应当说明理由。

②行政处罚决定书应当载明违法事实、处罚的理由和依据等。

9. 教示制度

教示制度是行政机关教引行政相对人如何获得法律救济的一种行政程序制度。

【相关链接】《行政复议法实施条例》规定，行政机关作出的具体行政行为对公民、法人或者其他组织的权利、义务可能产生不利影响的，应当告知其申请行政复议的权利、行政复议机关和行政复议申请期限。

10. 时效制度

时效制度要求行政主体在实施行政行为时，法律明确其时间限制。

【相关链接】《税收征管法》及其实施细则对税务登记、账簿及凭证管理、纳税申报、税务检查、税收保全，以及税收强制执行等行政程序规定了相应的时效要求。

【例题9·单选题】(2018年)甲税务局对某公司作出税收强制执行决定,此决定的执行对该公司可能产生重大不利影响,甲税务局依照《行政复议法实施条例》及《税务行政复议规则》的要求,依法告知其享有申请税务行政复议的权利,税务行政复议机关和申请期限,甲税务局的这一做法,体现了行政程序法中的( )。

A. 行政执法全过程记录制度
B. 教示制度
C. 行政执法公示制度
D. 说明理由制度

解析 ▶ 本题考核行政程序法的基本制度。教示制度,是指行政机关对行政相对人正式作出某种不利决定时,应当将有关法律救济权利事项明确地告知,教引行政相对人如何获得法律救济的一种行政程序法律制度。

答案 ▶ B

【例题10·单选题】(2012年)某市市场监督管理局发现,该市宜林食品工业有限公司生产销售的一批薯片涉嫌违法使用大量添加剂,遂将该薯片先行登记保存,期限为15日。根据《行政处罚法》《行政强制法》,关于将薯片先行登记保存的行为性质、适用条件、程序与期限的说法正确的是( )。

A. 将薯片先行登记保存的行为性质上不属于行政强制行为,理由是《行政强制法》对这种行为没有作出规定
B. 将薯片先行登记保存的行为性质上属于不可诉行政行为,理由是该行为对宜林食品工业有限公司的权利义务不产生实质影响
C. 将薯片先行登记保存的适用条件是该批薯片作为证据可能灭失或者以后难以取得
D. 将薯片先行登记保存在程序上可以由2名执法人员现场直接作出,登记保存期限15日符合法律规定

解析 ▶ 本题考核先行登记保存的行为。本题综合考核了《行政处罚法》与《行政强制法》的规定,难度较大,需要经过分析得出结论。《行政强制法》规定,先行登记保存属于其他行政强制措施;所以选项A错误。对行政强制措施不服的案件,属于行政诉讼受理案件的范围;所以选项B错误。行政机关在收集证据时,如果证据可能灭失或以后难以取证的情况下,经行政机关负责人"批准",可以先行登记保存,并应当在"7日内"及时作出处理决定;所以选项C正确,选项D错误。

答案 ▶ C

【例题11·单选题】(2011年)根据《政府信息公开条例》,下列关于政府信息公开限制的表述中,正确的是( )。

A. 行政机关不得公开涉及个人隐私的政府信息,但是经权利人同意公开的,可以予以公开
B. 当事人申请公开依申请公开范围内的政府信息,行政机关应自收到当事人申请之日起60日内作出答复
C. 对于法定的主动公开范围内的政府信息,行政机关应自该政府信息形成或者自变更之日起30个工作日内予以公开
D. 行政机关不得公开涉及国家秘密的政府信息,但上级行政机关同意的除外

解析 ▶ 本题考核政府信息公开的范围和公开信息的期限。涉及商业秘密,个人隐私等公开会对第三人合法权益造成损害的政府信息,行政机关不得公开。但是,第三方同意公开或者行政机关认为不公开会对公共利益造成重大影响的,予以公开。所以选项A正确。当事人申请公开政府信息的,行政机关收到政府信息公开申请,能够当场答复的,应当当场予以答复。行政机关不能当场答复的,应当自收到申请之日起20个工作日内予以答复。所以选项B错误。属于主动公开范围的政府信息,应当自该政府信息形成或在变更之日起20个工作日内予以公开法律、法规对政府信息公开的期限另有规定的除外。所以选项C错误。依法确定为国家秘密的政府信息,法律、行政法规禁止公开的政府信息,以及公开后可能危及国家安全、公共安全、经济安全、社会稳定的政府信息,不予

公开。所以选项 D 错误。

答案 A

【例题12·多选题】（2014年）公民、法人或者其他组织可以依法对政府信息公开过程中的具体行政行为提起行政诉讼，下列涉及政府信息的案件中，法院不应受理的有（　　）。

A．孙某申请乡政府公开财政收支信息遭乡政府拒绝而向法院起诉的案件

B．黄某要求省政府免费向其提供公开发行的2013年省政府公报，遭省政府拒绝而向法院起诉的案件

C．彭某认为民政局向第三人廖某公开的政府信息侵犯其个人隐私，要求给予赔偿，遭拒绝后向法院起诉的案件

D．郭某向市公安局申请公开某一项政府信息，该局认为其提供的申请材料不齐全并通知其补正，郭某认为通知行为违法，属于故意刁难而向法院起诉的案件

E．夏某有证据证明市房产管理局对其相关的房产信息记录错误，要求该局予以更正，遭该局拒绝而向法院起诉的案件

解析 本题考核政府信息公开制度。省政府拒绝的是黄某的"免费要求提供政府公报"，而非拒绝"黄某的信息公开申请"，对于"要求免费提供政府公报被拒绝"的情形，不可诉。所以选项 B 法院不应受理。"通知"是告知郭某补正申请材料，属于事实行为，不具有可诉性。所以选项 D 法院不应受理。

答案 BD

八、行政事实行为

扫我解疑难

（一）特征与分类（见表1-18）★

表1-18　行政事实行为特征与分类

特征	公法行为
	实施行政职权的行为
	不以产生法律效果为目的（最主要特征）
分类（从行政相对人利益考虑）	执行性行政事实行为，如行政机关根据行政处罚决定书进行的没收物品行为
	通知性行政事实行为，如气象报告等
	协商性行政事实行为，如签订行政合同前与行政相对人的协商行为

（二）法律救济★

对已经作出的违法行使职权对行政相对人的人身权、财产权造成损害的行政事实行为，行政相对人有权提出国家赔偿。

（三）行政指导★

1．概念：行政主体通常以指示、劝告、希望、建议、鼓励、信息服务等形式实施指导。具有行政性、非强制性。

2．救济：对行政指导不服的，不能提起行政诉讼。但是，行政相对人对于侵害自己合法权益的行政指导行为，可以要求国家赔偿。

同步训练 限时30分钟

扫我做试题

一、单项选择题

1. 行政机关在紧急状态下行使行政权力时，应当尊重和保障人权，不得侵犯公民的生存权、人格尊严。这是（ ）原则的要求。
   A. 应急行政　　B. 合理行政
   C. 越权无效　　D. 形式合法

2. 根据《行政许可法》，行政机关应当根据听证笔录，作出行政许可决定。这体现了行政程序法的（ ）制度的要求。
   A. 行政时效　　B. 行政案卷
   C. 信息公开　　D. 行政教示

3. 下列关于行政主体的说法错误的是（ ）。
   A. 行政主体以自己的名义行使行政权
   B. 行政主体能够独立承担法律责任
   C. 行政主体就是指国家行政机关
   D. 行政主体是享有行政权力的社会组织

4. 根据行政法理论，下列选项中属于行政立法主体的是（ ）。
   A. 乡政府
   B. 各级权力机关
   C. 国务院直属机构
   D. 全国人大及其常委会

5. 国务院部门规章与地方性法规之间对同一事项的规定不一致，不能确定如何适用时，由（ ）提出意见。
   A. 地方人大常委会
   B. 全国人大常委会
   C. 最高人民法院
   D. 国务院

6. 根据《立法法》的规定，下列说法正确的是（ ）。
   A. 地方性法规的效力高于国务院的部门规章
   B. 省、自治区的人大常委会可以制定地方规章
   C. 部门规章与地方规章就同一事项规定不一致时，由国务院裁决
   D. 地方性法规与部门规章之间就同一事项规定不一致时，由全国人大常委会裁决

7. 下列关于行政机关委托的组织的说法中，不正确的是（ ）。
   A. 行政机关根据工作的需要可以委托社会组织行使行政职能，委托的组织以自己的名义行使行政职权
   B. 受委托的组织行使职能是以委托行政机关的名义，其行为对外的法律责任应由委托行政机关来承担
   C. 受委托的组织不是行政主体
   D. 接受委托的组织不得再次委托

8. 关于中央行政机关，下列说法正确的

关于"扫我做试题"，你需要知道——

亲爱的读者，微信扫描对应小程序码，并输入封面防伪贴激活码，即可同步在线做题，交卷后还可查看做题时间、正确率及答案解析。微信搜索小程序"会计网题库"，选择对应科目，点击图书拓展，即可练习本书全部"扫我做试题"。

是( )。

A. 国家铁路局是国务院直属机构

B. 国务院国有资产监督管理委员会是国家直属特设机构

C. 中国气象局属于国务院直属机构

D. 国务院研究室是国务院组成部门

9. 根据《公务员法》规定，下列表述正确的是( )。

A. 国家对行政机关中从事行政处罚决定审核的公务员一律实行统一法律职业资格考试制度

B. 公务员应当年满 28 周岁

C. 被依法列入失信联合惩戒对象的，经考试合格，可以录用为公务员

D. 非因法定事由、非经法定程序，不被免职、降职、辞退或者处分

10. 合法行政是《行政许可法》《行政强制法》重要原则。下列做法违反了合法行政要求的是( )。

A. 某规章规定行政机关对行政许可事项进行监督时，不得妨碍被许可人正常的生产经营活动

B. 行政机关不得要求行政处罚听证申请人承担组织听证的费用

C. 行政机关将行政强制措施权委托给另一行政机关行使

D. 行政机关对行政许可事项进行监督时发现直接关系公共安全、人身健康的重要设备存在安全隐患，责令停止使用和立即改正

11. 下列有关行政行为效力的说法中，正确的是( )。

A. 非依法不得随意变更或撤销行政行为，是行政行为公定力的体现

B. 行政行为的拘束力是指对行政相对人的拘束力

C. 行政行为的公定力是公平原则的要求

D. 行政行为具有执行力，并不等于所有行政行为都必须执行

12. 下列行为中，不属于行政裁决的是( )。

A. 某劳动争议仲裁委员会作出的劳动仲裁裁决

B. 土地管理部门作出的关于土地使用权侵权损害赔偿纠纷的裁决

C. 某行政机关作出的房屋拆迁补偿纠纷的裁决

D. 某专利局作出的解决专利强制许可使用费用纠纷的裁决

13. 某省人民政府要实施一项国家重点工程项目，占用某地区农民的土地一年，省人民政府将补偿安置费支付给被占用土地的农民，并对多余的劳动力进行了安置，省人民政府的此项行为属于( )。

A. 行政征用　　B. 行政征收

C. 行政征购　　D. 行政没收

14. 根据《政府信息公开条例》，下列关于政府信息公开要求的表述中，正确的是( )。

A. 行政机关依申请提供政府信息，应当收取信息处理费

B. 当事人申请公开依申请公开范围内的政府信息，行政机关不能当场答复的，应自收到当事人申请之日起 20 个工作日内作出答复

C. 对于法定的主动公开范围内的政府信息，行政机关应自该政府信息形成或者自变更之日起 15 个工作日内予以公开

D. 申请人申请公开政府信息的数量、频次超过合理范围的，行政机关应当收取信息处理费

二、多项选择题

1. 下列选项中，有权作为行政立法主体的有( )。

A. 国务院

B. 北京市人民政府

C. 江苏省公安厅

D. 全国人大常委会

E. 国家税务总局

2. 下列各项中，属于职权行政主体的有( )。

A. 乡镇人民政府

B. 派出所

C. 公安局的法制科

D. 县级以上人民政府在经济开发区设立的管委会

E. 居委会

3. 下列选项中,关于行政法律渊源的说法正确的有( )。

A. 自治区的自治条例和单行条例,报全国人大常委会批准后生效

B. 自治州、自治县的自治条例和单行条例,报省、自治区直辖市人大常委会批准后生效,并报全国人大常委会和国务院备案

C. 国务院、国务院各部委、中国人民银行、审计署和具有行政管理职能的直属机构有权制定部门规章

D. 《海关行政处罚听证办法》属于行政法规

E. 《增值税暂行条例》是国务院根据全国人大常委会授权制定的行政法规

4. 根据我国行政法理论,税务行政行为具有( )等特征。

A. 排除裁量性　　B. 单方意志性

C. 效力未定性　　D. 意思自治性

E. 从属法律性

5. 下列各项中,属于抽象行政行为的有( )。

A. 行政机关制定《税务行政复议规则》

B. 税务机关作出准予 A 企业延期申报的决定

C. 税务机关制定《发票管理办法实施细则》

D. 市场监督管理机关吊销 B 企业的营业执照

E. 规划局与某网络公司签订网络维护合同

6. 甲省人民政府决定,2018 年 10 月 9 日颁布的政府规章由于客观情况发生重大变化而失效,关于这项决定表述不正确的有( )。

A. 这是行政行为的废止,该行为自废止之日起失去法律效力

B. 这是行政行为的撤销,在撤销前发生的法律效果不受法律保护

C. 由此对相对人的合法权益造成损失的行政机关应给予合理补偿

D. 行政行为废止的效力,可追溯到行政行为作出之日

E. 在废止前发生的法律效果仍受法律保护

7. 关于行政事实行为,下列说法中正确的有( )。

A. 行政事实行为不受行政法原则的约束

B. 行政事实行为不会对行政相对人的合法权益产生影响

C. 行政事实行为不是法律行为

D. 行政事实行为给行政相对人的合法权益造成损害时,行政相对人对此可以提出国家赔偿

E. 行政指导是一种行政事实行为,不具有法律上的强制力

8. 根据《立法法》规定,下列关于法律效力冲突的表述中,正确的有( )。

A. 法律之间发生法律效力冲突由全国人民代表大会裁决

B. 行政法规之间发生法律效力冲突由国务院裁决

C. 部门规章与部门规章之间发生法律效力冲突由国务院裁决

D. 部门规章和地方规章之间发生法律效力冲突由全国人大常委会裁决

E. 根据授权制定的法规与法律之间发生法律效力冲突由全国人大常委会裁决

9. 下列关于行政程序法基本制度的说法中,正确的有( )。

A. 信息公开制度是行政公开原则的重要体现和必要保障

B. 听证程序只适用于具体行政行为

C. 告知制度的形式是书面形式或口头形式

D. 催告制度首次在《行政强制法》中得以确立

E. 行政法中的回避制度仅指执法人员与当事人有利害关系的回避

10. 根据《政府信息公开条例》,下列关于政府

信息公开制度的表述中，正确的有(　　)。
A. 行政机关依法公开政府信息，有利于公民知情权的实现
B. 行政机关公开政府信息，应当坚持以不公开为常态、公开为例外
C. 公民、法人或者其他组织可以主动向政府申请获取所需要的政府信息
D. 公民、法人或者其他组织认为行政机关在政府信息公开工作中的具体行政行为侵犯其合法权益的，不可以依法申请行政复议，但可以提起诉讼
E. 公务员招考的职位、报考条件等事项，经上级机关批准，可以不公开

同步训练答案及解析

一、单项选择题

1. A 【解析】本题考核行政合理性原则。行政法的基本原则包括行政合法性原则、行政合理性原则、行政应急性原则。行政应急性原则的内容之一是行政机关行使应急权力时，应当尊重和保障人权，应当遵循合目的原则、比例原则以及安全原则。

2. B 【解析】本题考核行政程序法的基本制度。行政案卷制度，又称案卷排他性制度。行政案卷是行政行为作出过程和支持行政行为合法性的重要依据。行政机关应当根据听证笔录，作出行政许可决定。体现了行政程序法的行政案卷制度的要求。

3. C 【解析】本题考核行政主体的概念和特征。行政机关是最主要的行政主体，但不是唯一的行政主体，不能将二者等同。

4. C 【解析】本题考核行政立法主体。选项A，"乡政府"既不是立法主体，也不是行政立法主体。选项B、D是立法主体，但不是行政立法的主体。

5. D 【解析】本题考核行政法渊源中效力冲突的解决方式。国务院部门规章与地方性法规之间对同一事项的规定不一致，不能确定如何适用时，由国务院提出意见，由国务院提出意见，国务院认为应当适用地方性法规的，应当决定在该地方适用地方性法规的规定；认为应当适用部门规章的，应当提请全国人大常委会裁决。所以选项D错误。

6. C 【解析】本题考核行政法渊源中效力冲突的解决方式。地方性法规与部门规章不能判断效力等级。所以选项A错误。地方规章的制定主体只能是政府。所以选项B错误。地方性法规与部门规章之间对同一事项的规定不一致，不能确定如何适用

7. A 【解析】本题考核行政机关委托的组织。行政机关委托的组织只能以委托行政机关的名义行使行政权，其行为对外的法律责任也由委托的行政机关承担，因此行政机关委托的组织不具有行政主体资格。

8. B 【解析】本题考核中央行政机关。国家铁路局是国务院部委管理的国家局。中国气象局是国务院直属事业单位。国务院研究室是国务院办事机构。

9. D 【解析】本题考核行政机关工作人员。国家对行政机关中初次从事行政处罚决定审核、行政复议、行政裁决、法律顾问的公务员实行统一法律职业资格考试制；选项A错误。公务员应当具有中华人民共和国国籍年满18周岁；选项B错误。被依法列为失信联合惩戒对象的，不得录用为公务员；选项C错误。选项D是公务员享有的权利，表述正确，当选。

10. C 【解析】本题考核行政合法性原则。(1)行政机关实施监督检查，不得妨碍被许可人正常的生产经营活动，不得索取或者收受被许可人的财物，不得谋取其他利益；所以选项A不违反。(2)当事人不承担行政机关组织听证的费用；所以选项B不违反。(3)行政机关在对行政许可进行

监督检查时,发现直接关系公共安全、人身健康、生命财产安全的重要设备、设施存在安全隐患的,应当责令停止建造、安装和使用,并责令设计、建造、安装和使用单位立即改正;所以选项 D 不违反。

(4)《行政强制法》第 17 条规定:行政强制措施由法律、法规规定的行政机关在法定职权范围内实施。行政强制措施权不得委托;所以选项 C 违反。

11. D 【解析】本题考核行政行为的效力。选项 A 体现的是行政行为确定力。行政行为对行政主体和相对人都会产生约束和限制。所以选项 B 错误。公定力是行政效率原则的要求。所以选项 C 错误。

12. A 【解析】本题考核行政裁决。选项 A 属于劳动仲裁,不属于行政裁决。

13. A 【解析】本题考核行政征用与行政征收的区别。行政征用是行政机关依法强制征用相对人的财产或劳务的行为,它具有补偿性。行政征收是无偿的。行政征购,是指行政主体以合同方式取得相对方财产所有权的一种行政方式,行政征购关系是一种特殊的买卖关系。行政没收,是指行政主体对违反行政法有关规定的相对人所采取的强制性无偿获得其财产所有权的行政处罚性质的具体行政行为。

14. B 【解析】本题考核信息公开制度。行政机关依申请提供政府信息,不收取费用。但是,申请人申请公开政府信息的数量、频次明显超过合理范围的,行政机关可以收取信息处理费;选项 A、D 错误。行政机关收到政府信息公开申请,能够当场答复的,应当当场予以答复。不能当场答复的,应当自收到申请之日起 20 个工作日内予以答复;选项 B 正确。属于主动公开范围的政府信息,应当自该政府信息形成或在变更之日起 20 个工作日内予以公开。法律、法规另有规定的,从其规定;选项 C 错误。

二、多项选择题

1. ABE 【解析】本题考核行政立法的主体。行政立法主体包括国务院,国务院各部、委,国务院直属机构,省、自治区、直辖市人民政府,设区的市、自治州人民政府。国家税务总局是国务院直属机构,北京市人民政府是省级人民政府,国务院是中央人民政府。所以选项 A、B、E 正确。选项 C 江苏省公安厅是省级人民政府的工作部门,不是行政立法主体。选项 D 全国人大常委会并不具有行政职能,不能进行行政立法。

2. AD 【解析】本题考核行政主体。派出所属于行政机关的派出机构,是授权行政主体。公安局的法制科是行政机关的内部机构,不具有行政主体的资格。选项 D 属于人民政府的派出机关,具有行政主体的资格。居委会属于基层群众性自治组织,不具有行政主体的资格。

3. AB 【解析】本题考核行政法渊源。国务院制定的是行政法规。《海关行政处罚听证办法》是海关总署发布的,属于部门规章。《增值税暂行条例》是国务院根据全国人大授权制定的行政法规。

4. BE 【解析】本题考核行政行为的特征。行政行为的特征主要有:从属法律性、自由裁量性、单方意志性、效力先定性、强制性。

5. AC 【解析】本题考核抽象行政行为。凡是针对不特定的对象实施的行为属于抽象行政行为,可以反复地适用于不特定的对象。选项 A、C 是行政机关的立法行为,属于抽象行政行为。选项 B、D 是具体行政行为。选项 E 是民事法律行为。

6. BD 【解析】本题考核行政行为的无效、撤销和废止。本题属于行政行为的废止,该行为自废止之日起失去法律效力。所以选项 B 说法错误。"效力可追溯到行政行为作出之日"是行政行为被撤销的法律后果,不是废止的法律效果。所以选项 D 说法错误。

7. CDE 【解析】本题考核行政事实行为。行政事实行为也应受到行政法原则的约束。所以选项 A 错误。行政事实行为对相对人的合法权益同样会产生影响。所以选项 B 错误。

8. BCE 【解析】本题考核行政法的渊源。(1)法律之间的效力冲突由全国人大常委会裁决,所以选项 A 错误;(2)行政法规之间的效力冲突由国务院裁决;各部门规章之间、各部门规章与地方政府规章之间的法律冲突由国务院裁决,所以选项 B、C 正确,选项 D 错误;(3)根据授权制定的法规与法律之间发生法律效力冲突由全国人大常委会裁决,所以选项 E 正确。

9. ACD 【解析】本题考核行政程序法的基本制度。听证程序不仅适用于具体行政行为,也适用于抽象行政行为,如行政立法。所以选项 B 错误。行政法中的回避制度是一个广义的范畴,还包括公务员任职回避、地域回避以及执行公务回避。所以选项 E 错误。

10. AC 【解析】本题考核信息公开制度。行政机关公开政府信息,应当坚持以公开为常态、不公开为例外,遵循公正、公平、合法、便民的原则;选项 B 错误。公民、法人或者其他组织认为行政机关在政府信息公开工作中的具体行政行为侵犯其合法权益的,可以依法申请行政复议或者提起诉讼;选项 D 错误。公务员招考的职位、名额、报考条件等事项,行政机关应当公开;选项 E 错误。

本章知识串联

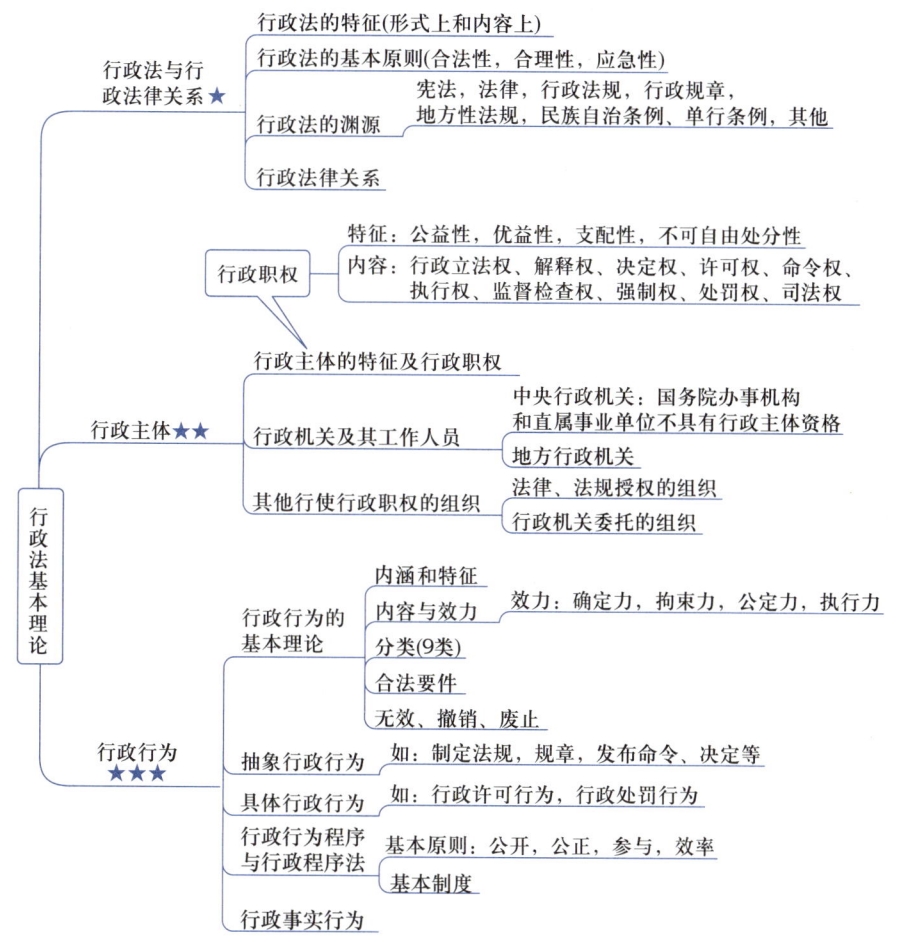

第2章 行政许可法律制度

考情解密

历年考情概况

本章历年平均分值在4分左右,本章内容难度不大,体系清晰,在结构上分为行政许可法(一般法)和税务行政许可法(特别法)的内容。

一级考点集中在(1)程序部分:考查实施行政许可的程序、撤销、撤回、注销的情形;(2)结合税务部分考查税务行政许可项目、实施机关、实施程序。另外需要提示考生注意行政诉讼法部分的内容和行政许可结合出题。

近年考点直击

考点	主要考查题型	考频指数	考查角度
行政许可实施主体	多选题	★	直接考核法律规定的实施主体
税务行政许可	单选题、多选题	★★	直接考核税务行政许可的项目,实施主体
行政许可的实施程序	多选题	★★	(1)直接考核行政许可听证程序的内容;(2)直接考核行政许可实施程序的申请与受理、审查与决定的内容
行政许可的撤销和注销制度	单选题、综合分析题	★★★	结合具体案例,判断行政许可撤销或注销的情形

本章2021年考试主要变化

本章无实质性变化。

考点详解及精选例题

一、行政许可法基础

扫我解疑难

(一)行政许可的概念★

行政许可指行政机关根据公民、法人或者其他组织的申请,经依法审查,准予其从事特定活动的行为。

(二)行政许可与相关概念的区别(见表2-1)★

表2-1 行政许可与相关概念的区别

	特征	举例
行政许可	(1)依申请;(2)外部管理性;(3)事先控制性;(4)受益性;(5)要式性	(1)企业印制发票;(2)增值税专用发票(增值税税控系统)最高开票限额的审批
行政审批	(1)可以是许可审批、也可以是确认审批,依申请或职权;(2)内部或外部;(3)多表现在管理过程中	税收保全的批准
行政确认	(1)依职权或申请;(2)相对人的权利形成于行政机关作出决定前,权利产生于作出决定之后的是行政许可	道路交通事故责任认定
行政登记	一般没有裁量权,符合规定就登记;建立一种秩序,多数情况属于履行义务(损益)	税务登记、房屋产权登记、结婚登记

【知识点拨】某个行政行为可能兼有两种性质。如行政登记包括行政许可类的登记、行政确认类的登记和其他类的登记。判断的关键点是把握各种具体行政行为的特征。

(三)《行政许可法》的基本原则(见表2-2)★★

表2-2 《行政许可法》的基本原则

原则		内容
法定原则		行政许可的设定、主体、权限、实施程序法定
公开、公平、公正、非歧视原则	依据	未经公布的规定不得作为实施行政许可的依据
	实施和结果	除涉及国家秘密、商业秘密或个人隐私的外,都应当公开。【知识点拨】未经申请人同意,行政机关及其工作人员、参与专家评审等的人员不得披露申请人提交的商业秘密、未披露信息或者保密商务信息,法律另有规定或者涉及国家安全、重大社会公共利益的除外;行政机关依法公开申请人前述信息的,允许申请人在合理期限内提出异议
	条件和标准	申请人符合法定条件和标准的,都有取得行政许可的权利,行政机关不得歧视
便民和效率原则		体现为:公示制度、一次申请制度、当场更正制度、一次告知补正制度、相对集中行政许可权制度、期限时效制度
救济原则		公民、法人或其他组织享有陈述权、申辩权;有依法申请行政复议、行政诉讼、赔偿的救济权
信赖保护原则		废止补偿:行政机关作出行政行为,不能随意撤回、改变,确需改变的(如法条修改或废止、客观情况变化),可以依法变更或撤回行政行为,但给公民造成损失的,应予补偿。【知识点拨】税务行政许可所依据的法律、法规、规章修改或者废止,或者准予税务行政许可所依据的客观情况发生重大变化的,为了公共利益的需要,税务机关可以依法变更或者撤回已经生效的税务行政许可
不得转让原则		依法取得的行政许可,除法律、法规规定依照法定条件和程序可以转让的外,不得转让

原则	内容
监督原则	县级以上人民政府对行政机关实施行政许可活动的监督，上级行政机关对下级行政机关实施行政许可活动的监督，行政机关对行政相对人实施行政许可、从事行政许可活动的监督

【例题1·单选题】(2020年)下列有关行政许可的说法中，正确的是( )。

A. 行政许可是准予从事特定活动的行为

B. 行政许可是依职权的行政行为

C. 行政许可与行政审批的内涵外延相同

D. 行政许可是行政机关依照法定职权对社会事务实施的内部管理行为

解析 本题考核行政许可的特征。行政许可是准予从事特定活动的行为；选项A正确。行政许可是依申请的行政行为，是行政机关依照法定职权对社会事务实施的外部管理行为；选项BD错误。行政审批与行政许可的内涵外延不同，行政审批可以是许可审批，也可以是确认审批，还可以是其他类型审批，只是其中部分行政审批属于行政许可范畴；选项C错误。

答案 A

【例题2·单选题】(2019年)行政许可所依据的法律废止，为了公共利益的需要，行政机关可以依法撤回已经生效的行政许可。由此给公民、法人或者其他组织造成财产损失的，行政机关应当依法给予补偿。该规定体现的原则是( )。

A. 法定原则

B. 信赖保护原则

C. 公开、公平、公正原则

D. 便民和效率原则

解析 本题考核《行政许可法》的基本原则。《行政许可法》第8条规定，公民、法人或者其他组织依法取得的行政许可受法律保护，行政机关不得擅自改变已经生效的行政许可。行政许可所依据的法律、法规、规章修改或者废止，或者准予行政许可所依据的客观情况发生重大变化的，为了公共利益的需要，行政机关可以依法变更或者撤回已经生效的行政许可。由此给公民、法人或者其他组织造成财产损失的，行政机关应当依法给予补偿。这是我国行政法律首次确立信赖保护原则。

答案 B

扫我解疑难

二、行政许可的设定

(一)行政许可设定的程序 ★★

1. 设定行政许可应当规定行政许可的实施机关、条件、程序、期限。

2. 设定行政许可的程序制度(见表2-3)

表2-3 设定行政许可的程序制度

项目	内容
听证、论证制度	起草单位应当采取听证会、论证会等形式听取意见，并向制定机关作出说明
许可评价制度 (目的：早日废掉许可)	(1)设定机关：应当定期评价； (2)实施机关：可以评价，并向设定机关报告意见； (3)相对人：可以向设定机关、实施机关提出意见建议
停止实施制度	对行政法规设定的有关经济事务的行政许可，省级政府根据本行政区域经济和社会发展情况，认为可以不设定行政许可的，报国务院批准，可停止实施该行政许可

(二)行政许可设定的事项★

1. 可设定行政许可事项(见表2-4)

表2-4 可设定行政许可的事项

许可事项	具体实例	许可分类	实施程序
(1)直接涉及国家安全、公共安全、经济宏观调控、生态环境保护以及直接关系人身健康、生命财产安全等特定活动,需要按照法定条件予以批准的事项	外国组织或个人在我国的领海进行测绘;生产、运输、使用、销售易燃性、爆炸性等危险品许可;排污许可	普通许可(没有数量限制)	对申请人的条件没有特殊规定,一般适用普通程序
(2)有限自然资源开发利用、公共资源配置以及直接关系公共利益的特定行业的市场准入等,需要赋予特定权利的事项	土地、矿藏、水流、森林、草原等自然资源的开发利用许可;市政设施、道路、航线、无线电频率等公共资源的配置许可	特许(一般有数量限制)	应当通过招标、拍卖等公平竞争的方式作出决定。但是,法律、行政法规另有规定的,依照其规定
(3)提供公众服务并且直接关系公共利益的职业、行业,需要确定具备特殊信誉、特殊条件或者特殊技能等资格、资质的事项	职业资格主要包括律师资格、教师资格、执业医师资格、证券从业资格	认可	是否符合条件应通过考试与考评;不得组织强制性的资格考试的考前培训,不得指定教材或其他助考材料
(4)直接关系公共安全、人身健康、生命财产安全的重要设备、设施、产品、物品,需要按照技术标准、技术规范,通过检验、检测、检疫等方式进行审定的事项	如家用电器的检验、屠宰生猪的检疫	核准	应当自受理申请之日起5日内指派两名以上工作人员按照技术标准、技术规范进行检验、检测、检疫
(5)企业或者其他组织的设立等,需要确定主体资格的事项	企业法人登记;社会组织登记	登记	申请材料齐全、符合法定形式的,应当场予以登记;需实质内容进行核实的,行政机关应当指派两名以上工作人员进行核查

【知识点拨】有数量限制的行政许可,申请人均符合法定条件,应当根据受理行政许可申请的先后顺序作出准予行政许可的决定。法律、行政法规另有规定的,依照其规定

2. 可以不设定行政许可的四种事项

(1)公民、法人或者其他组织能够自主决定的;

(2)市场竞争机制能够有效调节的;

(3)行业组织或中介机构能够自律管理的;

(4)行政机关采用事后监督等其他行政管理方式能够解决的。

(三)行政许可设定权划分(见表2-5)★★

表2-5 行政许可设定权划分

	经常性许可	非经常性许可
法律	√	×
行政法规	√	必要时,国务院可以采用发布决定的方式设定行政许可。实施后,除临时性行政许可事项外,国务院应当及时提请全国人民代表大会及其常务委员会制定法律,或者自行制定行政法规

续表

	经常性许可	非经常性许可
地方性法规	√	×
部门规章	×	×
省级政府规章	×	尚未制定法律、行政法规和地方性法规的,因行政管理的需要,确需立即实施行政许可的,省、自治区、直辖市人民政府规章可以设定临时性的行政许可。 临时性的行政许可实施满1年需要继续实施的,应当提请本级人民代表大会及其常务委员会制定地方性法规
其余文件	×	×

【知识点拨1】法规、规章对实施上位法设定的行政许可作出的具体规定,不得增设行政许可;对行政许可条件作出的具体规定,不得增设违反上位法的其他条件。

【知识点拨2】地方性法规和省、自治区、直辖市人民政府规章"四项禁止":不得设定应当由国家统一确定的公民、法人或者其他组织的资格、资质的行政许可;不得设定企业或者其他组织的设立登记及其前置性行政许可;不得限制其他地区的企业或者个人到本地区经营或提供服务;不得限制其他地区的商品进入本地市场。

【例题3·多选题】(2016年改)根据《行政许可法》和国家税务总局有关公告规定,税务行政许可项目包括(　　)。
A. 对纳税人变更纳税定额的核准
B. 发票领购资格审核
C. 使用计算机开具发票审批
D. 对采取实际利润额预缴以外的其他企业所得税预缴方式的核定
E. 企业印制发票审批

解析 ▶ 本题考核税务行政许可项目。税务行政许可项目包括:企业印制发票审批、对纳税人延期缴纳税款的核准、对纳税人延期申报的核准、对纳税人变更纳税定额的核准、增值税专用发票(增值税税控系统)最高开票限额审批、对采取实际利润额预缴以外的其他企业所得税预缴方式的核定。

答案 ▶ ADE

三、税务行政许可的实施

扫我解疑难

(一)行政许可实施主体(见表2-6) ★★

表2-6　行政许可实施主体

一般规定	特殊规定(税务行政许可实施机关)
具有行政许可权的行政机关	具有行政许可权的税务机关在法定权限内实施:由"法律、法规"确定
具有管理公共事务职能的组织:如证监会	各级税务机关下属的事业单位一律不得实施行政许可
受委托主体只限于行政机关。 【知识点拨1】受委托的行政机关需以"委托行政机关"名义实施,不得再委托。 【知识点拨2】委托必须有"法律、法规、规章"为依据;受委托实施的"内容"要公告	税务机关不得委托其他行政机关实施税务行政许可。 【知识点拨】法律、法规、规章另有规定除外

『举例1』税务所(派出机构、授权行政主体)是上级税务行政机关的派出机构,罚款额在2 000元以下的,可以由税务所决定。

『举例2』稽查局(内部机构、授权行政

主体)是省以下税务局设立的,负责偷税、逃避追缴欠税、骗税、抗税案件的查处。

(二)行政许可实施主体的其他有关规定(见表2-7)★★

表2-7 "便民原则"体现规定

项目	内容
相对集中行使	经"国务院"批准,省、自治区、直辖市人民政府可以决定一个行政机关行使有关行政机关的行政许可权
一个窗口对外	需要行政机关内设的多个机构办理,该行政机关"应当"确定一个机构统一受理行政许可申请,统一送达行政许可决定
统一办理或联合、集中办理	由两个以上部门分别实施,本级人民政府"可以"确定一个部门受理行政许可申请并转告有关部门分别提出意见后统一办理,或者组织有关部门联合办理、集中办理

【知识点拨】税务机关应当按照"窗口受理、内部流转、限时办结、窗口出件"的要求,由办税服务厅或者在政府服务大厅设立的窗口集中受理行政许可申请、送达行政许可决定。

(三)行政许可实施程序★★

1. 行政许可实施的审查与决定程序(见表2-8)

表2-8 行政许可实施的审查与决定程序

项目	内容
审查方式	(1)形式审查:材料齐全、符合形式,能够当场决定的,当场决定(形式审查看材料)。 (2)实地核查:需要核实材料实质内容;2人以上核查(实质内容审查)。 【知识点拨】听取意见:直接关系他人重大利益;事先告知利害关系人
决定方式	(1)符合条件:书面许可决定;不符合条件:书面不许可决定,说明理由(不利决定说明理由)。 (2)许可结果:许可证件(如需要就颁发)。检验、检测、检疫,可以在物品上加标签或加印章。 (3)准予许可决定,予以公开,公众有权查阅(行政公开)。 (4)法律、行政法规设定的许可,如无地域限制,全国有效(中央立法一般是全国有效,特殊情况下地方有效;地方立法只能地方有效)

2. 行政许可听证程序

(1)启动方式(见表2-9)

表2-9 启动方式

类型	内容	相关规定
主动举行	(1)法律、法规、规章规定应当听证的事项; (2)行政机关认为需要听证的涉及公共利益的重大行政许可事项	行政机关应当向社会公告,并举行听证
申请举行	直接涉及申请人与他人之间重大利益关系的	无须公告

【知识点拨】行政许可的实施主体是受委托的行政机关时,将"受委托行政机关"和"受委托实施行政许可的内容"予以公告。

(2)期限:行政机关在收到听证申请后20日内组织听证。

【知识点拨】申请人、利害关系人提出听证的期限是在被告知听证权利之日起5日内。

行政机关应当在举行听证的7日前通知申请人或利害关系人有关听证的时间、地点,必要时予以公告。

(四)税务行政许可实施程序★★

1. 实施税务行政许可规定权

(1)按照法律、法规、规章和国家税务总局公告2016年第11号的规定执行。

(2)没有规定的,"省税务机关"可以在本机关管理权限内作出补充规定。

【知识点拨】不得再向下级税务机关下放规定权。

2. 公示、申请与受理(见表2-10)

表2-10 公示、申请与受理

项目	内容
公示	(1)八项公示:①事项;②依据;③条件;④数量;⑤程序;⑥期限;⑦需提交全部材料目录;⑧申请书示范文本。 【知识点拨】行政机关提供行政许可申请书格式文本,不得收费。 (2)公示场所:在办税服务厅或者其他办公场所以及税务机关门户网站予以公示
申请	(1)可以自行或委托代理人申请。 (2)可以通过信函和电报或网上办理平台等方式提交申请书(书面)。 【知识点拨】税务行政许可实施机关与申请人不在同一县(市、区、旗)的,申请人可在规定的申请期限内,选择由其主管税务机关代为转报申请材料。代办转报一般应当在5个工作日内完成。有条件的税务机关可以通过信息化手段实现申请资料网上传递
受理	(1)不需要取得税务许可→即时告知不受理,同时告知解决途径; (2)不属本税务机关职权→即时书面决定不予受理,告知正确机关; (3)材料存在可以当场更正的错误,允许当场更正; (4)材料不符合:当场或5日内一次告知补正内容,逾期不告知的,视为受理; (5)各项符合:应当书面决定受理

【知识点拨】税务行政机关受理或者不予受理行政许可申请,应当出具加盖本行政机关专用印章和注明日期的书面凭证。

3. 审查与决定(见表2-11)

表2-11 审查与决定

项目	内容
审查方式	同行政许可实施程序的审查方式
决定方式	(1)当场决定。 (2)不能当场决定的: 20日内决定→本机关负责人批准延长10日(延长理由告知申请人),法律、法规另有规定的除外。 (3)存在争议的或者重大的税务行政许可事项,应当进行合法性审查,并经集体讨论决定。 (4)准予许可,决定之日起7日内公开。 (5)不予许可,应当制作《不予税务行政许可决定书》,并应当说明理由,告知复议或行政诉讼的权利。 (6)准予税务行政许可决定只在作出决定的税务机关管辖范围内有效

【知识点拨】实施税务行政许可的期限以工作日计算,不含法定节假日。

4. 听证

(1)启动方式(见表2-12)

表2-12 启动方式

类型	内容
主动举行	(1)法律、法规规定实施税务许可应当听证的事项; (2)税务行政机关认为需要听证的涉及公共利益的税务行政许可事项

续表

类型	内容
申请举行	直接涉及申请人与他人之间重大利益关系的

(2)期限(见表2-13)

表2-13　期限

项目	内容
申请期限	被告知听证权利之日起5日内提出申请
告知期限	税务行政机关在举行听证7日前通知申请人或利害关系人听证时间、地点，必要时予以公告

(3)程序(见表2-14)

表2-14　程序

项目	内容
形式	应当公开
回避	审查税务许可申请的工作人员不得担任听证主持人
质证	申请人、利害关系人可以提出证据，并进行申辩和质证
收费	免费
案卷排他	税务行政机关应当根据听证笔录，作出行政许可决定

5. 变更与延续(见表2-15)

表2-15　变更与延续

项目	内容
(1)变更税务行政许可	税务机关应当自收到申请之日起20日内作出是否准予变更的书面决定
(2)延续	在有效期届满"30日前"提出申请，法律、法规另有规定除外
(3)默示批准	税务行政机关在有效期届满前决定，逾期的视为准予延续

【知识点拨】默示批准只适用于延续申请，不适用于初次申请许可和变更许可。

(五)行政许可实施的期限规定(见表2-16)★★

表2-16　行政许可实施的期限规定

项目	内容
决定期限	(1)当场能决定：当场决定； (2)一个主体实施许可：受理申请起20日决定→本机关负责人批准延长10日(要告知申请人延长的理由)，法律、法规另有规定的除外； (3)统一、联合、集中办理的时间不得超过45日→本级政府负责人批准延长15日(并告知申请人延长的理由)
下级先审查	下级机关审查后报上级机关决定，20日内审查，法律、法规另有规定的除外
办证加签章	自作出许可决定之日10日内颁发许可证或者加标签、加印章
技术性扣除	听证、招标、检验等技术性审查时间，不计算在期限内(书面告知)

(六)行政许可实施的费用制度★★

1. 禁止事项(见表2-17)

表 2-17　禁止事项

项目	内容
相对禁止	行政机关实施行政许可以及对行政许可事项进行监督检查，不得收取任何费用。但是，法律、行政法规另有规定除外
绝对禁止	行政机关提供行政许可申请书格式文本，不得收费

2. 费用的来源和去向(见表 2-18)

表 2-18　费用的来源和去向

项目	内容
来源	行政许可所需经费列入本行政机关的预算，由本级财政予以保障
去向	收取的费用必须全部上缴国库，财政部门不得以任何形式向行政机关返还或变相返还实施行政许可所收取的费用

【例题 4·单选题】(2018 年)白云公司向甲税务局提出某项税务行政许可申请，甲税务局发现，该公司提交的申请资料不齐全。根据《行政许可法》规定，若甲税务局不能当场告知需要补正的全部内容，则应当在法律规定的时限内一次性告知需要补正的全部内容。该法定时限是(　　)。

A. 3 日内　　　B. 5 日内
C. 7 日内　　　D. 15 日内

解析　本题考核行政许可实施的申请程序。申请材料不齐全或者不符合法定形式的，应当当场或者在 5 日内一次告知申请人需要补正的全部内容，逾期不告知的，自收到申请材料之日起即为受理。　　答案　B

【例题 5·多选题】(2017 年)根据法律及有关规定，可以实施行政许可的主体包括(　　)。

A. 税务机关下属的事业单位
B. 法律、法规授权的具有管理公共事务职能的组织
C. 司法机关
D. 依法受委托的行政机关
E. 具有行政许可权的行政机关

解析　本题考核行政许可的实施主体。各级税务机关下属的事业单位一律不得实施行政许可。所以选项 A 错误。法律、法规授权的具有管理公共事务职能的组织，在法定授权范围内，以自己的名义实施行政许可。所以选项 B 正确。具有行政许可权的行政机关在其法定职权范围内可以实施行政许可，人大立法机关、司法机关不得实施行政许可。所以选项 C 错误，选项 E 正确。行政机关在其法定职权范围内，依照法律、法规、规章的规定，可以委托其他行政机关实施行政许可。所以选项 D 正确。　　答案　BDE

【例题 6·多选题】(2014 年)下列关于行政许可实施程序的说法中，正确的有(　　)。

A. 申请人要求行政机关对公示内容予以说明、解释的，行政机关可以根据具体情况决定是否作出说明、解释
B. 申请人申请行政许可应当对其申请材料实质内容的真实性负责，行政机关无需对此进行核查或者履行义务
C. 申请事项依法不属于本行政机关职权范围的，应制作并送达《不予行政许可决定书》
D. 申请材料不齐全或者不符合法定形式的，应当当场或者在 5 日内一次性告知申请人需要补正的全部内容
E. 行政机关提供行政许可申请书格式文本不得收费，申请人对此无需交纳费用

解析　本题考核行政许可实施程序。申请人要求行政机关对公示内容予以说明、解释的，行政机关应当说明、解释，提供准确、

可靠的信息。所以选项 A 错误。行政机关应当对申请人提交的申请材料进行审查。审查包括形式审查和实质审查。所以选项 B 错误。申请事项依法不属于本行政机关职权范围的，应当即时作出不予受理的决定，并告知申请人向有关行政机关申请。所以选项 C 错误。

答案 ▶ DE

【例题 7·多选题】（2012 年）关于行政许可实施程序听证规定的说法，正确的有（ ）。

A. 行政机关一般可视具体情况自由裁量决定是否公开举行听证

B. 组织听证的行政机关应当根据听证笔录作出行政许可决定

C. 申请人、利害关系人可以依照规定提出听证主持人回避的申请

D. 行政机关必须在举行听证 5 日前将时间、地点通知申请人、利害关系人

E. 行政机关举行听证应当制作听证笔录，笔录应当交听证参与人确认无误后签字或者盖章

解析 ▶ 本题考核行政许可听证程序。听证应当公开举行。所以选项 A 错误。行政机关应当于举行听证的 7 日前将举行听证的时间、地点通知申请人、利害关系人，必要时予以公告。所以选项 D 错误。

答案 ▶ BCE

【例题 8·多选题】（2011 年）根据《行政许可法》，下列关于行政许可期限或者费用制度的表述中，正确的有（ ）。

A. 行政机关提供申请书格式文本，不得收费

B. 听证、招标、拍卖所需时间不应计算在规定的期限内

C. 行政机关对行政许可事项进行监督检查，可以依照法律、法规、规章设定并公布的项目和标准收取费用

D. 行政机关应自受理申请之日起 30 日内作出行政许可决定，特殊情况下可以延长，但是延长不得超过 30 日

E. 行政机关实施许可原则上不得收取任何费用，但是，法律、行政法规、地方性法规另有规定的，可依照其规定执行

解析 ▶ 本题考核行政许可的期限和费用。行政机关实施行政许可以及对行政许可事项进行监督检查，不得收取任何费用。但是，法律、行政法规另有规定的，依照其规定。这里是不包括"规章"和"地方性法规"的，所以选项 C、E 错误。行政机关作出行政许可决定有两种情况：一种是当场作出行政许可决定；另一种是不能当场作出，行政机关应当自受理行政许可申请之日起 20 日内作出行政许可决定，20 日内不能作出决定的，经本机关负责人批准，可以延长 10 日，并应当将延长期限的理由告知申请人，但是，法律、法规另有规定的除外。所以选项 D 错误。

答案 ▶ AB

【例题 9·多选题】（2018 年）根据《行政许可法》及国家税务总局有关公告规定，下列关于税务行政许可申请、受理、审查及决定程序事项的说法中，正确的有（ ）。

A. 对能够当即办理的税务行政许可事项，税务行政许可实施机关仍应出具《税务行政许可受理通知书》，不得直接出具和送达《准予税务行政许可决定书》

B. 具备条件的地方，申请人可以通过电子数据交换、电子邮件和网上办理平台提出申请

C. 申请人可以委托代理人提出申请，税务机关不得拒绝

D. 税务行政许可实施机关审查许可申请，以书面审理为原则，对申请材料的实质内容进行实地检查的，由两名以上税务人员进行检查

E. 税务行政许可实施机关与申请人不在同一县（市、区、旗）的，申请人可在规定期限内选择由其主管税务机关代为转报申请材料，代办转报一般应当在 15 个工作日内完成

解析 ▶ 本题考核税务行政许可的实施。对能够当即办理的税务行政许可事项直接出具和送达《准予税务行政许可决定书》，不再出具《税务行政许可受理通知书》。所以选项 A 错误。代办转报一般应当在 5 个工作日内

完成。所以选项 E 错误。　　答案 ▶ BCD

四、税务行政许可的监督检查和法律责任

扫我解疑难

(一)行政许可监督检查制度★

1. 对许可机关的监督：上级机关有义务监督下级机关的实施许可的活动。公众有权查阅行政机关监督检查记录。

2. 对被许可人的监督(见表2-19)

表2-19　对被许可人的监督

项目	内容
行政机关检查	抽样检查、实地检查：对被许可人生产经营的产品依法进行抽样检查、检验、检测，对其生产经营场所依法进行实地检查
	定期检验：对直接关系公共安全、人身健康、生命财产安全的重要设备、设施进行定期检验
对特许的监督	市场准入特许的被许可人，应当按照规定，向用户提供安全、方便、稳定和价格合理的服务，并履行普遍服务的义务；未经批准，不得擅自停业、歇业
监督机制	(1)举报：个人、组织发现违法行为有权举报，行政机关应当及时核实、处理； (2)异地协助告知：被许可人在管辖区域外违法，违法行为发生地的行政机关应当抄告许可机关
监督规则	监督检查，不得妨碍正常的生产经营活动，不得索取收受财物，不得谋取其他利益

(二)税务行政许可撤销和注销制度★★★

1. 撤销情形(见表2-20)

表2-20　撤销情形

	情形	责任
可以撤销 (机关错)	(1)滥用职权、玩忽职守； (2)超越法定职权； (3)违反法定程序； (4)对不具备申请资格或不符合法定条件的申请人准予许可	被许可人的合法权益受到损害的，行政机关应当给予赔偿
应当撤销 (申请人错)	被许可人以欺骗、贿赂等手段取得许可	(1)申请人隐瞒有关情况或者提供虚假材料申请行政许可的，不予受理或不予行政许可并警告；属于直接关系公共安全、人身健康、生命财产安全的，1年内不得再次申请。 (2)被许可人以欺骗、贿赂等不正当手段取得行政许可，给予行政处罚；属于直接关系公共安全、人身健康、生命财产安全的，3年内不得再次申请
不予撤销	撤销可能对公共利益造成重大损害	

2. 注销情形：程序性行为

(1)行政许可有效期届满未延续的。

(2)赋予公民特定资格的行政许可，该公民死亡或者丧失行为能力的。

(3)法人或者其他组织依法被终止的。

(4)行政许可依法被撤销、撤回，或者行政许可证件依法被吊销的。

【知识点拨】撤销、撤回、吊销后都得完成注销这个程序。

(5)因不可抗力导致行政许可事项无法实施的。

【知识点拨】撤销与行政行为的合法有效相对应，该许可有瑕疵，撤销属于实体性行为。注销是手续办理问题，它与颁发许可相对应，该许可或有瑕疵，或无瑕疵，注销属于程序性行为。

【例题10·单选题】(2019年)下列有关行政许可撤销制度的说法中，正确的是( )。

A. 行政许可有效期届满未延续的，行政机关应当撤销该许可

B. 因不可抗力导致行政许可事项无法实施的，行政机关应当撤销该许可

C. 被撤销的行政许可自成立时起丧失效力

D. 被撤销的行政许可一般不存在瑕疵

解析 本题考核行政许可撤销和注销制度。有下列情形之一的，行政机关应当依法办理有关行政许可的注销手续：(1)行政许可有效期届满未延续的；(2)赋予公民特定资格的行政许可，该公民死亡或者丧失行为能力的；(3)法人或者其他组织依法终止的；(4)行政许可依法被撤销、撤回，或者行政许可证件依法被吊销的；(5)因不可抗力导致行政许可事项无法实施的；(6)法律、法规规定的应当注销行政许可的其他情形。所以选项A、B错误。行政许可撤销是指行政机关依法取消已作出并已开始生效的行政许可行为的效力，使其从成立时起就丧失效力，从而恢复到许可作出之前的状态的行为。所以选项

C正确。撤销与许可行为的合法有效相对应，该许可有瑕疵，撤销属于实体性行为。所以选项D错误。 **答案** C

【例题11·单选题】(2016年)某公司依法取得印制发票许可，税务机关无须办理许可注销手续的情形是( )。

A. 该公司印制发票许可被依法撤回

B. 该公司印制发票许可被依法撤销

C. 该公司登记事项依法变更

D. 该公司发票准印证被依法吊销

解析 本题考核注销行政许可的情形。有下列情形之一的，行政机关应当依法办理有关行政许可的注销手续：(1)行政许可有效期届满未延续的；(2)赋予公民特定资格的行政许可，该公民死亡或者丧失行为能力的；(3)法人或者其他组织依法终止的；(4)行政许可依法被撤销、撤回，或者行政许可证件依法被吊销的；(5)因不可抗力导致行政许可事项无法实施的；(6)法律、法规规定的应当注销行政许可的其他情形。 **答案** C

【例题12·单选题】(2015年)市市场监督管理局向该市红太阳药店发放药品经营许可证，该药店经营期间，附近群众举报称该药店非法出售处方药。该局经调查发现，该药店的药品经营许可证系该药店通过提供虚假材料骗取。根据《行政许可法》，对该药店的药品经营许可，正确的处理是( )。

A. 撤销药品经营许可

B. 撤回药品经营许可

C. 待有效期限届满后注销

D. 吊销药品经营许可

解析 本题考核行政许可撤销。被许可人以欺骗、贿赂等手段取得许可的，应当撤销。 **答案** A

同步训练 限时30分钟

扫我做试题

一、单项选择题

1. 下列有关行政许可特征与原则的说法中，错误的是（ ）。
   A. 行政许可是行政机关依照法定职权对社会事务实施的外部管理行为
   B. 行政许可是依申请的行政行为
   C. 符合法定条件、标准的，申请人有依法取得行政许可的平等权利，行政机关不得歧视任何人
   D. 行政机关撤回或者变更许可造成当事人财产损失的，行政机关应当给予赔偿

2. 下列行为中，属于行政许可行为的是（ ）。
   A. 某区民政局对胡某和张某予以婚姻登记的行为
   B. 某市政府经招标赋予某公司独家经营城市管道煤气供应特许经营权
   C. 教育部批准某大学出国访问项目
   D. 火灾事故原因和责任认定

3. 下列各项中不属于《行政许可法》调整范围的是（ ）。
   A. 建设部依法认定某建筑企业的资质
   B. 官某向市场监督管理局申请颁发理发店的营业执照
   C. 某大学需要购买班车，向教育部申请拨款，教育部对此进行审批
   D. 某省水利厅向地质厅申请办理有关地热井的采矿登记手续，地质厅依法给予了采矿证登记

4. 根据《行政许可法》规定，下列文件中，可以设定行政许可的是（ ）。
   A. 财政部制定的规章
   B. 行政法规、国务院决定
   C. 县级人民政府的决定
   D. 国家税务总局制定的税收规范性文件

5. 某公司向规划局交纳了一定费用后获得了该局发放的建设用地规划许可证。刘某的房屋紧邻该许可规划用地，刘某认为建筑工程完成后将遮挡其房屋采光，向法院起诉请求撤销该许可决定。下列说法正确的是（ ）。
   A. 规划局发放许可证不得向某公司收取任何费用，但是法律、行政法规另有规定的，依照其规定
   B. 因刘某不是该许可的利害关系人，规划局审查和决定发放许可证无需听取其意见
   C. 因刘某不是该许可的相对人，不具有原告资格
   D. 因建筑工程尚未建设，刘某权益受侵犯不具有现实性，不具有原告资格

6. 某食品加工企业向卫生局申请卫生许可证，卫生局提供了行政许可申请书格式文本，该企业填好后，交给卫生局，由卫生局对其申请材料进行审查。对此，下列说法中正确的是（ ）。
   A. 行政机关可以对其提供的申请书格式文本收取费用
   B. 如果经审查卫生局不能当场作出许可决定的，一般情况下，卫生局应当自受理行政许可申请之日起20日内作出行政许可决定
   C. 卫生局如果认为食品加工企业不符合卫生条件标准，可以作出不予许可的决定，无须说明理由
   D. 如果该企业符合法定卫生条件、标准，卫生局可以当场作出口头许可决定

7. 《烟草专卖法》规定，经营烟草制品零售业务的企业或个人，由县级以上市场监督管

理部门根据上一级烟草专卖行政主管部门的委托，审查批准发给烟草专卖零售许可证。根据《行政许可法》的规定，下列说法中正确的是( )。

A．受委托的市场监督管理局应当对实施行政许可行为的后果承担法律责任

B．市场监督管理局应当以上一级烟草专卖行政主管部门的名义发给烟草专卖零售许可证

C．市场监督管理局可以再委托其他组织或个人实施该行政许可

D．上一级烟草专卖局不用公告受委托行政机关

8．根据《行政许可法》，下列说法错误的是( )。

A．行政机关提供行政许可申请书的格式文本，不得收费

B．行政机关实施行政许可所需经费，由本级财政按照批准的预算予以核拨

C．对行政许可事项进行监督检查，应收取必要费用

D．行政机关实施行政许可，依照法律、行政法规收取费用的，应当按照公布的法定项目和标准收费

9．关于行政许可审查，下列说法错误的是( )。

A．申请人提交的申请材料齐全、符合法定形式，能够当场决定的，行政机关应当当场作出书面的行政许可决定

B．行政机关发现行政许可事项直接关系他人重大利益的，可以告知该利害关系人

C．依法应当先经下级行政机关审查后报上级行政机关决定的行政许可，下级行政机关应当在法定期限内将初步审查意见和全部申请材料直接报送上级行政机关

D．根据法定条件和程序，需要对申请材料的实质内容进行核实的，行政机关应当指派两名以上工作人员进行核查

10．根据《行政许可法》的规定，下列有关行政许可的审查和决定的说法正确的是( )。

A．对行政许可申请人提交的申请材料的审查，均应由行政机关两名以上工作人员进行

B．行政机关作出准予行政许可决定和不予行政许可决定，均应采用书面形式

C．行政机关作出准予行政许可决定后，均应向申请人颁发加盖本行政机关印章的行政许可证件

D．所有的行政许可均在全国范围内有效

11．下面的情形中没有体现行政许可的信赖保护原则的是( )。

A．在非典期间，为了防止野生动物传播非典病毒，野生动物管理部门收回了已经颁发的野生动物经营许可证，同时给予了补偿

B．某直辖市的三轮摩托车客运业务影响了环境和交通秩序，市政府决定收回三轮摩托车许可证，同时给予了补偿

C．作出行政许可决定的行政机关撤销了行政机关工作人员滥用职权、玩忽职守作出的准予行政许可的决定，并对被许可人受到的损害给予赔偿

D．《矿产资源法》规定，国务院批准开办的矿山企业、矿区范围内已有的集体矿山企业应当关闭或者到指定的其他地点开采，由矿山建设单位给予合理的补偿

12．长威公司准备在天山市建一座化工厂，向市自然资源和规划局、生态环境局、建设局等职能部门提出核发有关许可证照的申请。根据行政许可法律制度的规定，下列关于办理该许可的说法中，错误的是( )。

A．如果长威公司的申请材料不齐全，有关职能部门必须当场告知需要补正的全部内容

B．准予行政许可决定作出之前，拟建化工厂附近的居民有权要求举行听证

C．如果存在行政许可办理人员滥用职权作出准予许可决定的情形，则该许可可

撤销

D. 如果发现长威公司通过贿赂手段获得的该许可直接关系人身健康，则对长威公司在3年内再次申请该许可均不应受理

二、多项选择题

1. 下列有关行政许可分类的说法正确的有（   ）。

   A. 商业银行设立行政许可属于普通许可

   B. 爆炸品生产运输许可属于核准

   C. 海域使用许可属于特许

   D. 消防验收许可属于特许

   E. 无线电频率占用许可属于普通许可

2. 甲行政机关将自己享有的行政许可职权委托给乙组织行使，下列说法正确的有（   ）。

   A. 乙必须是行政机关

   B. 乙可以将该行政许可职权再委托给其他组织实施

   C. 乙应该以甲的名义实施行政许可

   D. 乙独立承担责任

   E. 甲应当对乙实施行政许可的行为负责监督

3. 下列关于行政许可听证的表述中，正确的有（   ）。

   A. 行政许可听证是行政许可的必经程序

   B. 行政许可听证只能依申请人或利害关系人的申请举行

   C. 行政机关认为需要听证的其他涉及公共利益的行政许可事项，行政机关应当向社会公告，并举行听证

   D. 申请人、利害关系人提出听证申请的，由申请人、利害关系人承担适当的听证费用

   E. 申请人、利害关系人认为主持人与该行政许可事项有直接利害关系的，有权申请回避

4. 关于税务行政许可实施程序听证规定的说法，正确的有（   ）。

   A. 税务行政机关一般可视具体情况自由裁量决定是否公开举行听证

   B. 组织听证的税务行政机关应当根据听证笔录作出行政许可决定

   C. 申请人、利害关系人可以依照规定提出听证主持人回避的申请

   D. 税务行政机关必须在举行听证5日前将时间、地点通知申请人、利害关系人

   E. 税务行政机关举行听证应当制作听证笔录，笔录应当交听证参与人确认无误后签字或者盖章

5. 《执业医师法》规定，执业医师需依法取得卫生行政主管部门发放的执业医师资格，并经注册后方能执业。关于执业医师资格，下列说法正确的有（   ）。

   A. 该资格属于直接关系人身健康，需按照技术规范通过检验、检测确定申请人条件的许可

   B. 该资格属于提供公共服务并且直接关系公共利益的职业，需要确定具备特殊信誉、特殊条件或者特殊技能等资格、资质的事项的许可

   C. 对《执业医师法》规定的取得资格的条件和要求，部门规章不得作出具体规定

   D. 卫生行政主管部门组织执业医师资格考试，应公开举行

   E. 卫生行政主管部门组织执业医师资格考试，不得组织强制性考前培训

6. 根据《行政许可法》，下列关于行政许可实施的说法正确的有（   ）。

   A. 为了提高行政效率、降低投资成本，经过国务院的批准，行政许可权可以绝对集中

   B. 依法需经下级机关审查再报上级机关决定的行政许可，下级机关审查提出意见后将全部材料直接转报上级机关，上级行政机关不得要求申请人重复提供申请材料

   C. 行政机关实施行政许可，不得向申请人提出购买指定商品、接受有偿服务等不正当要求

   D. 需要听证、招标、拍卖、检验、检测、检疫、鉴定和专家评审的，所需时间不计算在行政许可规定的期限内

   E. 行政机关提供行政许可申请书格式文

本，可以收取成本费用

7. 根据《行政许可法》的规定，下列情形中，行政机关应当办理行政许可注销手续的有( )。
   A. 王某生产民用爆炸性产品发生重大安全事故，被吊销许可证
   B. 郭某被许可担任注册会计师期间死亡
   C. 胡某依法向国土资源管理部门申请延续采矿许可，国土资源管理部门在规定期限内未予答复
   D. 周某通过行贿取得律师执业许可证后，被发现并被撤销执业许可
   E. 赵某取得医师执业证书后，发生交通事故成为植物人

同步训练答案及解析

一、单项选择题

1. D 【解析】本题考核行政许可的特征与原则。行政机关撤回或者变更许可造成当事人财产损失的，行政机关应当给予补偿；选项 D 错误，当选。

2. B 【解析】本题考核行政许可与相关概念的区别。选项 A 属于行政登记行为。选项 C 属于行政机关基于行政隶属关系的内部审批行为。选项 D 属于行政确认，选项 B 属于行政许可，所以选项 B 正确。

3. C 【解析】本题考核行政许可的概念。有关行政机关对其他机关或者对其直接管理的事业单位的人事、财务、外事等事项的审批，不适用《行政许可法》。选项 C 属于行政审批，不属于《行政许可法》的调整范围。

4. B 【解析】本题考核行政许可设定权的划分。只有"法律、行政法规、地方性法规"有权依法创设经常性行政许可，"国务院决定、省级人民政府规章"有权在特定条件下创设临时性行政许可，选项 B 正确。《行政许可法》取消了国务院各部委部门规章的行政许可设定权，选项 A 属于部门规章。其他规范性文件一律不得设定行政许可，选项 C 与选项 D 是规章以下的其他规范性文件。

5. A 【解析】本题考核行政许可实施的费用制度。(1)行政机关实施行政许可和对行政许可事项进行监督检查，不得收取任何费用。但是，法律、行政法规另有规定的，依照其规定；所以选项 A 正确。

(2)本案中，刘某是被许可地块的相邻权人，是该许可的利害关系人。因此，规划局审查和决定发放许可证时应当听取其意见；所以选项 B 错误。(3)虽然该建筑工程尚未建设，目前还未影响到刘某的利益，但是该行政许可实施后将会给刘某的利益造成影响。本案中，刘某虽然不是行政许可的相对人，但是其是该行政许可的利害关系人，其有权提起行政诉讼，具备原告资格；所以选项 C、D 错误。

6. B 【解析】本题考核行政许可实施的相关规定。行政机关提供行政许可申请书格式文本，不得收费。所以选项 A 错误。申请人的申请符合法定条件、标准的，行政机关应当依法作出准予行政许可的书面决定。行政机关依法作出不予行政许可的书面决定的，应当说明理由，并告知申请人享有依法申请行政复议或者提起行政诉讼的权利。所以选项 C、D 错误。

7. B 【解析】本题考核受委托实施行政许可的行政机关。委托行政机关(上一级烟草专卖行政主管部门)对受委托行政机关(县级以上市场监督管理部门)实施行政许可行为的后果承担法律责任。受委托行政机关在委托范围内，以委托行政机关名义实施行政许可，不得再委托其他组织或者个人实施行政许可。

8. C 【解析】本题考核行政许可实施的费用制度。行政机关实施行政许可和对行政许可事项进行监督检查，不得收取任何费

用。但是，法律、行政法规另有规定的，依照其规定。

9. B 【解析】本题考核行政许可的审查。行政机关对行政许可申请进行审查时，发现行政许可事项直接关系他人重大利益的，应当告知该利害关系人。

10. B 【解析】本题考核行政许可的审查和决定。对行政许可申请人提交的申请材料进行书面审查，没有规定必须是两名以上工作人员进行。所以选项A错误。行政许可证件是一种可能性，不是必然的，如果需要才颁发。所以选项C错误。全国立法有可能地方有效，地方立法只能是地方有效。所以选项D错误。行政机关作出准予行政许可决定和不予行政许可决定，均应采用书面形式。行政许可是要式行为，不管许可不许可，都必须采用书面形式，作出书面决定。所以选项B正确。

11. C 【解析】本题考核信赖保护原则。行政许可所依据的法律、法规、规章修改或者废止，或者准予行政许可所依据的客观情况发生重大变化的，为了公共利益的需要，行政机关可以依法变更或者撤回已经生效的行政许可。由此给公民、法人或者其他组织造成财产损失的，行政机关应当依法给予补偿。选项A、B、D三项都体现了该原则。选项C中是行政机关工作人员违法行使职权给公民、法人或者其他组织造成损害，行政机关给予赔偿的情况，不符合信赖保护原则的规定，所以选项C正确。

12. A 【解析】本题考核行政许可的申请、撤销。申请材料不齐全或者不符合法定形式的，应当"当场或者在5日内"（而非"必须当场"）一次告知申请人需要补正的全部内容，逾期不告知的，自收到申请材料之日起即为受理；所以选项A错误，当选。行政许可直接涉及申请人与他人之间重大利益关系的，行政机关在作出行政许可决定前，应当告知申请人、利害关系人享有要求听证的权利；所以选

项B正确。行政机关工作人员滥用职权、玩忽职守作出准予行政许可决定的，可以撤销行政许可；所以选项C正确。被许可人以欺骗、贿赂等不正当手段取得行政许可的，行政机关应当依法给予行政处罚；取得的行政许可属于直接关系公共安全、人身健康、生命财产安全事项的，申请人在"3年内"不得再次申请该行政许可；构成犯罪的，依法追究刑事责任；所以选项D正确。

二、多项选择题

1. AC 【解析】本题考核行政许可的分类。爆炸品生产运输许可属于普通许可；消防验收许可属于核准；无线电频率占用许可属于特许。

2. ACE 【解析】本题考核行政许可的实施主体。在行政许可委托中，受托的主体只限于行政机关，不能是企业、事业单位、社会团体和公民个人。所以选项A正确。受托的行政机关必须以委托行政机关的名义实施行政许可，不得再委托给其他组织或个人实施行政许可。所以选项B错误，选项C正确。委托行政机关甲对受托行政机关乙实施行政许可的行为应当负责监督，并对该行为的法律后果承担法律责任。所以选项D错误，选项E正确。

3. CE 【解析】本题考核行政许可听证制度。听证不是行政许可的必经程序，行政许可听证有依职权和依申请举行两种情形。申请人、利害关系人申请组织听证不承担听证费用。

4. BCE 【解析】本题考核税务行政许可听证程序。听证应当公开举行。所以选项A错误。行政机关应当于举行听证的7日前将举行听证的时间、地点通知申请人、利害关系人，必要时予以公告。所以选项D错误。

5. BDE 【解析】本题考核行政许可设定权的划分。执业医师资格属于提供公共服务并且直接关系公共利益的职业、行业，需要确定具备特殊信誉、特殊条件或者特殊技能

等资格、资质的事项。所以选项 A 错误，选项 B 正确。规章可以在上位法设定的行政许可事项范围内，对实施该行政许可作出具体规定。所以选项 C 错误。公民特定资格的考试依法由行政机关或者行业组织实施，公开举行。但是，不得组织强制性的资格考试的考前培训，不得指定教材或者其他助考材料。所以选项 D、E 正确。

6. **BCD** 【解析】本题考核行政许可的实施主体、实施期限和实施费用。经过国务院的批准，行政许可权可以相对集中。所以选项 A 错误。行政机关提供行政许可申请书格式文本，不得收费。所以选项 E 错误。

7. **ABDE** 【解析】本题考核行政许可的注销。选项 C 中，胡某依法向国土资源管理部门申请延续采矿许可，国土资源管理部门在规定期限内未予答复，此时视为准予延续，而不需要注销行政许可证。

本章知识串联

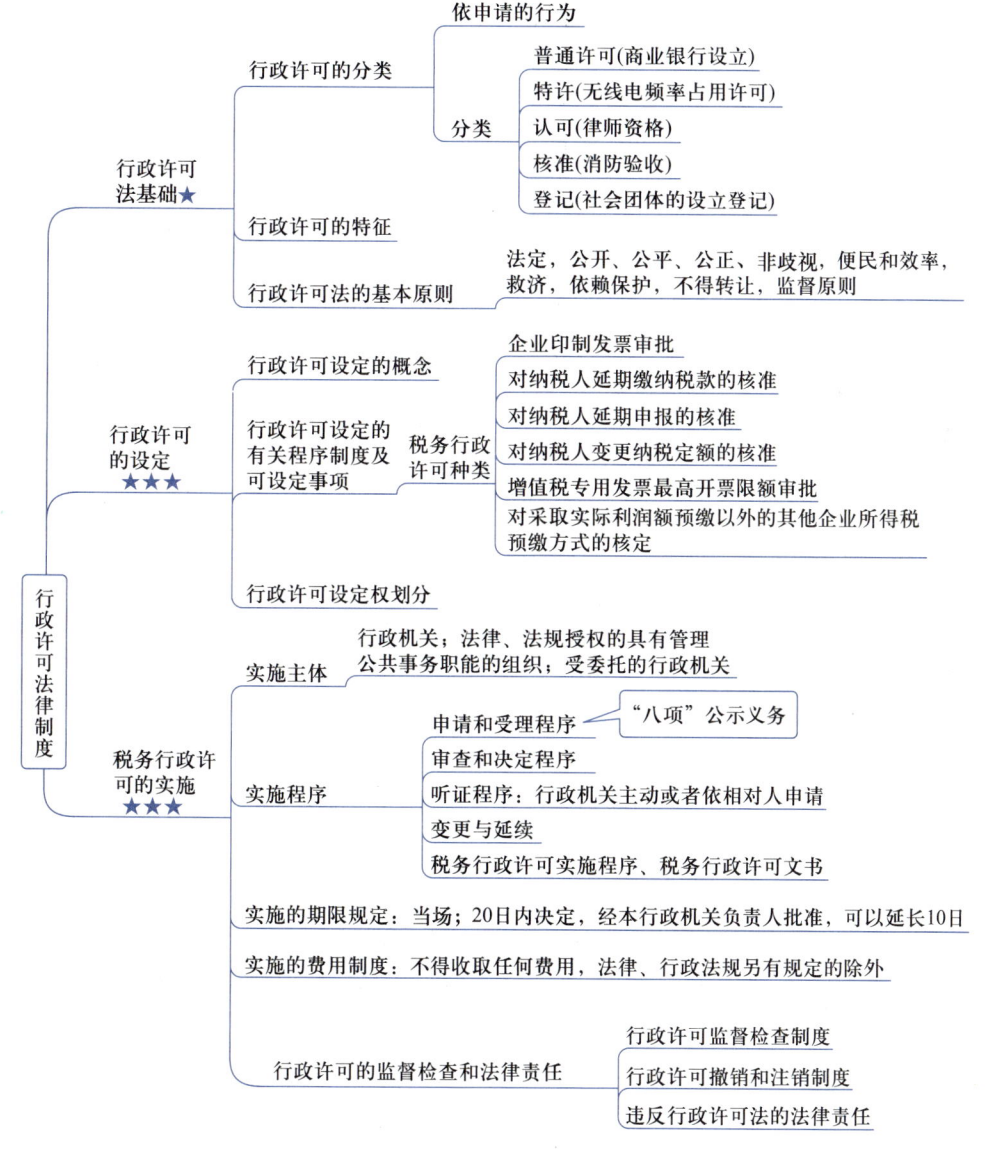

第3章 行政处罚法律制度

考情解密

历年考情概况

本章考试各种题型均可出现,预计2021年考试分值在5分左右。本章学习难度不大,常以下列方式命题:(1)结合行政复议法和行政诉讼法考查综合分析题;(2)考查程序性内容,如行政处罚的决定程序、听证程序、执行程序,学习过程中需要对比税务行政处罚部分的内容掌握。

近年考点直击

考点	主要考查题型	考频指数	考查角度
行政处罚的基本原则	多选题	★★	直接考核行政处罚基本原则的内容
行政处罚的种类	多选题、综合分析题	★★	(1)直接考核行政处罚的种类;(2)结合具体案例,判断行政行为是否属于行政处罚,以及判断属于何种行政处罚
税务行政处罚	单选题、多选题	★★★	(1)直接考核税务行政处罚裁量规则的适用;(2)直接考核税务机关作出行政处罚决定前须事先书面告知纳税人的事项
行政处罚听证程序	单选题、综合分析题	★★★	(1)直接考核行政处罚听证程序的规定;(2)结合具体案例,考核行政处罚听证程序的内容

本章2021年考试主要变化

本章变动大,按照新修订的《行政处罚法》进行全面调整。

考点详解及精选例题

一、行政处罚概述

扫我解疑难

(一)行政处罚的特征★

行政处罚是指行政机关依法对违反行政管理秩序的公民、法人或者其他组织,以减损权益或者增加义务的方式予以惩戒的行为。

【知识点拨】行政处罚是对行政违法行为的事后制裁,是依职权的行政行为、损益行政行为、外部行政行为、可诉的具体行政行为。

(二)行政处罚的基本原则★★

1. 行政处罚法定原则主要包括:处罚设定权法定、依据法定、主体法定、程序法定。

【知识点拨】没有法定依据的,行政处罚无效。

2. 处罚公开、公正、过罚相当原则(见表3-1)

表 3-1　行政处罚公开、公正、过罚相当原则

项目	内容
公开	(1)处罚依据公开； (2)处罚的执法过程要公开(如表明执法身份、公开举行听证会等)
公正	(1)实行调查制度，防止偏听偏信； (2)使当事人了解其违法行为的性质并给予其申辩的机会； (3)防止自查自断，实行查处分开、审执分开制度
过罚相当	(1)重过重罚、轻过轻罚； (2)作出的处罚符合设定该处罚的目的，相同情况相同处罚； (3)处罚符合比例法则、合乎情理且有可行性、符合客观规律

3. 处罚与教育相结合原则
4. 保障相对人权益原则(无救济即无处罚原则)

公民、法人或其他组织享有陈述权、申辩权；提起行政复议或行政诉讼的权利；依法提出赔偿要求的权利。

5. 监督制约、职能分离原则
6. 一事不二罚(款)原则

对当事人的同一个违法行为，不得给予两次以上"罚款"的行政处罚(多个机关可以作出多种处罚)。一个违法行为可以被多次给予行政处罚，但罚款只能适用一次；即一个行为触犯一项或多项法律，可分别进行行政处罚，但罚款只能一次。

【相关链接】《税务行政处罚裁量权行使规则》规定：对当事人的同一个税收违法行为不得给予两次以上罚款的行政处罚。

【知识点拨】当事人同一个税收违法行为违反不同行政处罚规定且均应处以罚款的，应当选择适用处罚较重的条款。

二、行政处罚的种类和设定

扫我解疑难

(一)行政处罚的种类 ★★
1. 行政处罚的法定种类(见表 3-2)

表 3-2　行政处罚的法定种类

《行政处罚法》规定的行政处罚种类	税务行政处罚的主要种类
(1)警告、通报批评；(2)罚款、没收违法所得、没收非法财物；(3)暂扣许可证件、降低资质等级、吊销许可证件；(4)限制开展生产经营活动、责令停产停业、责令关闭、限制从业；(5)行政拘留；(6)法律、行政法规规定的其他行政处罚	(1)罚款；(2)没收违法所得；(3)停止办理出口退税；(4)吊销税务行政许可证件(口诀：停掉罚没)

『解释』加处罚款或滞纳金属于行政强制执行；征收国有土地上的房屋属于行政征收。

【知识点拨】不属于税务行政处罚的情形：

(1)属于行政处罚，但不属于税务行政处罚：警告、行政拘留、暂扣许可证件。

(2)属于行政命令，属于纠正的措施，不具有制裁性：责令限期改正(包括责令停止税收违法行为、责令改正税收违法行为、责令限期进行纳税调整等)。

(3)属于间接强制执行形式：收缴或者停售发票。

(4)税务具体管理行为：通知有关部门阻止出境、取消一般纳税人资格、收缴税务登记证、停止抵扣等。

2. 行政处罚的理论分类(见表 3-3)

表 3-3 行政处罚的理论分类

理论分类	法定分类
精神罚	(1)警告、通报批评
财产罚	(2)罚款、没收违法所得、没收非法财物
行为罚	(3)暂扣许可证件、降低资质等级、吊销许可证件
	(4)限制开展生产经营活动、责令停产停业、责令关闭、限制从业
人身自由罚	(5)行政拘留

【知识点拨 1】行政拘留与刑事拘留性质不同，行政拘留属于行政处罚，刑事拘留属于刑事强制措施。

【知识点拨 2】注意行政处罚的没收违法所得与刑罚种类中的没收财产相区分。

(二)行政处罚的设定(见表 3-4) ★★★

表 3-4 行政处罚的设定

	创设权	具体规定权
法律	n①	上位法有设定的，下位法不得再设定，但是下位法可以在上位法设定的范围内作出具体规定
行政法规	n-限制人身自由	
地方性法规	n-限制人身自由-吊销营业执照	
部门规章	警告、通报批评、一定数额罚款(国务院规定上限)	
地方规章	警告、通报批评、一定数额罚款(省级人大常委会规定上限)	

[注]①"n"指的是所有的行政处罚。

三、行政处罚实施主体、管辖及适用

扫我解疑难

(一)行政处罚实施主体 ★

1. 行政机关

国家在城市管理、市场监管、生态环境、文化市场、交通运输、应急管理、农业等领域推行建立综合行政执法制度，相对集中行政处罚权。国务院或者省级政府可以决定一个行政机关行使有关行政机关的行政处罚权。

【知识点拨】限制人身自由的行政处罚权只能由公安机关和法律规定的其他机关行使。

2. 法律、法规授权的组织

(1)派出所可以作出警告、500 元以下罚款的行政处罚；

(2)税务所可以作出 2 000 元以下罚款的行政处罚；

(3)证监会可以作出罚款、没收违法所得的行政处罚。

3. 受委托的组织

【知识点拨】依据法律、法规、规章规定，行政处罚可以委托组织实施，行政许可委托的必须是行政机关。

(二)行政处罚的管辖和适用 ★

1. 行政处罚的管辖(见表 3-5)

表 3-5 行政处罚的管辖

类别	内容
地域管辖	原则上由违法行为发生地的行政机关管辖 『提示』法律、行政法规、部门规章另有规定的，从其规定。 『注』《海关行政处罚实施条例》规定，海关行政处罚由发现违法行为的海关管辖，也可以由违法行为发生地海关管辖

续表

类别	内容
级别管辖	原则上由**县级以上**具有行政处罚权的行政机关管辖，**法律、行政法规**另有规定的除外。 (1)省、自治区、直辖市根据当地实际情况，**可以决定**将基层管理迫切需要的县级政府部门的行政处罚权交由能够有效承接的**乡镇人民政府、街道办事处**行使，并定期组织评估。 (2)决定**应当公布**
共同管辖	两个以上行政机关都有管辖权的，由**最先立案**的行政机关管辖
指定管辖	管辖发生争议的，应当协商解决，协商不成的，报请共同的**上一级行政机关**指定管辖；也可以直接由共同的上一级行政机关指定管辖
协助管辖	行政机关因实施行政处罚的需要，**可以向有关机关**提出协助请求。 『提示』协助事项属于被请求机关职权范围内的，应当依法予以协助
移送管辖	违法行为涉嫌犯罪的，行政机关**应当及时**将案件移送司法机关，依法追究刑事责任。 『提示』对依法不需要追究刑事责任或者免予刑事处罚，但应当给予行政处罚的，司法机关**应当及时**将案件移送有关行政机关

2. 行政处罚的适用（见表3-6）

表3-6 行政处罚的适用方式

处罚无效	(1)行政处罚没有依据或者实施主体不具有行政主体资格的。 (2)违反法定程序构成重大且明显违法的
责令改正	行政机关实施行政处罚时，应当责令当事人改正或者限期改正违法行为
退赔没收	当事人有违法所得，除依法**应当退赔**的外，应当予以**没收**
从新适用	实施行政处罚，适用**违法行为发生时**的法律、法规、规章的规定。 『注』但是，作出行政处罚决定时，法律、法规、规章已被修改或者废止，且新的规定处罚较轻或者不认为是违法的，适用**新的规定**
刑期相抵	(1)违法行为构成犯罪，法院判处拘役或有期徒刑时，行政机关已经给予当事人行政拘留的，应当依法**折抵相应刑期**。 (2)违法行为构成犯罪，法院判处罚金时，行政机关已经给予当事人罚款的，**应当折抵相应罚金**；行政机关尚未给予当事人罚款的，**不再给予罚款**

『提示』行政处罚的适用方式，见表3-7。

表3-7 行政处罚的适用方式

不予处罚	从轻、减轻处罚
(1)不满14周岁的人有违法行为的； (2)精神病人、智力残疾人在不能辨认或者不能控制自己行为时有违法行为的； (3)违法行为轻微并及时纠正，没有造成危害后果的； (4)初次违法且危害后果轻微并及时改正的，可以不予行政处罚； (5)违法行为在**2年内未被发现**的；『注』涉及公民生命健康安全、金融安全且有危害后果的，该期限延长至5年。 (6)当事人有证据足以证明没有主观过错的法律、行政法规另有规定的，从其规定	(1)已满14周岁不满18周岁的未成年人有违法行为的； (2)主动消除或减轻违法行为危害后果的； (3)受他人胁迫或者诱骗有违法行为的； (4)主动供述行政机关尚未掌握的违法行为的； (5)配合行政机关查处违法行为有立功表现的； (6)法律、法规、规章规定其他应当从轻或者减轻行政处罚的

【知识点拨】发生重大传染病疫情等突发事件，为了控制、减轻和消除突发事件引起的社会危害，行政机关对违反突发事件应对措施的行为，依法快速、从重处罚。

3. 行政处罚的追究时效

(1)追究时效的起点：从违法行为发生之日起计算；违法行为有连续或者继续状态的，从行为终了之日起计算。

『解释1』连续状态，是指行为人基于同一个违法故意，连续实施数个独立的同一种类的行政违法行为。

『解释2』继续状态，是指一个违法行为在时间上的延续。

(2)追究时效的长度(见表3-8)

表3-8 追究时效的长度

项目	内容
《行政处罚法》	违法行为在2年内未被发现的，不再给予行政处罚；涉及公民生命健康安全、金融安全且有危害后果的，上述期限延长至5年。法律另有规定的除外
《税收征管法》	在5年内未被发现的，不再给予行政处罚
《治安管理处罚法》	违反治安管理行为在6个月内没有被公安机关发现的，不再处罚

【例题1·单选题】(2020年)下列行政处罚的基本原则中，被称为"无救济即无处罚"原则的是( )。

A. 处罚法定原则
B. 保障相对人权益原则
C. 处罚公开、公正、过罚相当原则
D. 处罚与教育相结合原则

解析 ▶ 本题考核行政处罚的基本原则。行政机关对相对人实施行政处罚时，必须保证其获得法律救济的权利，以保障其合法权益，因此保障相对人权益原则又被称为"无救济即无处罚"原则。所以选项B正确。

答案 ▶ B

【例题2·单选题】(2019年)下列有关行政处罚追究时效的说法中，正确的是( )。

A. 行政处罚的追究时效为2年，法律、行政法规另有规定的除外
B. 对违反税收法律、法规行为的行政处罚追究时效为2年
C. 违法行为有连续状态的，行政处罚的追究时效从行为终了之日起计算
D. 行政处罚的追究时效，从违法行为被发现之日起计算

解析 ▶ 本题考核行政处罚的追究时效。违法行为在2年内未被发现的，不再给予行政处罚；涉及公民生命健康安全、金融安全且有危害后果的，上述期限延长至五年。法律另有规定的除外。前述规定的期限，从违法行为发生之日起计算；违法行为有连续或者继续状态的，从行为终了之日起计算。所以选项A、D错误，选项C正确。违反税收法律、行政法规应当给予行政处罚的行为，在5年内未被发现的，不再给予行政处罚。所以选项B错误。

答案 ▶ C

四、行政处罚决定程序

扫我解疑难

(一)一般规定(新增)

1. 处罚信息公示与公开(见表3-9)

表3-9 处罚信息公示与公开

公示	行政处罚的实施机关、立案依据、实施程序和救济渠道等信息应当公示
信息公开	具有一定社会影响的行政处罚决定应当依法公开。 (1)公开的行政处罚决定被依法变更、撤销、确认违法或者确认无效的，行政机关应当在3日内撤回行政处罚决定信息并公开说明理由 (2)行政机关及其工作人员对实施行政处罚过程中知悉的国家秘密、商业秘密或者个人隐私，应当依法予以保密

2. 违法事实收集固定：利用电子技术监控设备收集、固定违法事实的，应当经过法制和技术审核，确保电子技术监控设备符合标准、设置合理、标志明显，设置地点 应当向社会公布。

(1) 行政机关应当及时告知当事人违法事实，并采取信息化手段或者其他措施，为当事人查询、陈述和申辩提供便利。

(2) 不得限制或者变相限制当事人享有的陈述权、申辩权。

3. 具有行政执法资格的执法人员实施处罚：执法人员 不得少于两人，法律另有规定的除外。

(1) 执法人员应当文明执法，尊重和保护当事人合法权益。

(2) 执法人员与案件有直接利害关系或者有其他关系可能影响公正执法的，应当回避。

『提示』当事人提出回避申请的，行政机关应当依法审查，由行政机关负责人决定。决定作出之前，不停止调查。

4. 执法证据

证据包括：书证；物证；视听资料；电子数据；证人证言；当事人的陈述；鉴定意见；勘验笔录、现场笔录。

(1) 证据必须经查证属实，方可作为认定案件事实的根据。

(2) 以非法手段取得的证据，不得作为认定案件事实的根据。

(3) 行政机关应当依法以文字、音像等形式，对行政处罚的启动、调查取证、审核、决定、送达、执行等进行 全过程记录，归档保存。

5. 行政处罚决定程序，包括简易程序、普通程序(听证程序)

(1) 有下列情形之一，在行政机关负责人作出行政处罚的决定之前，应当由从事行政处罚决定法制审核的人员进行法制审核；未经法制审核或者审核未通过的，不得作出决定：①涉及重大公共利益的；②直接关系当事人或者第三人重大权益，经过听证程序的；③案件情况疑难复杂、涉及多个法律关系的；④法律、法规规定应当进行法制审核的其他情形。

(2) 行政机关中初次从事行政处罚决定法制审核的人员，应当通过国家统一法律职业资格考试取得法律职业资格。

(二) 简易程序(当场处罚程序)(见表3-10)★★★

表3-10 行政处罚简易程序

项目	内容
1. 适用条件	(1) 违法事实确凿并有法定依据； (2) 数额较小的罚款(指对公民200元以下，对法人或其他组织3 000元以下罚款)或警告
2. 内容	(1) 表明身份(出示执法证件)； (2) 确认违法事实，说明理由和依据(体现了保障相对人合法权益原则)； (3) 制作行政处罚决定书当事人拒绝签收的，应当在行政处罚决定书上注明。(书面)； (4) 当场交付行政处罚决定书(当场交付，注意与当场收缴相区别)； (5) 备案(体现了监督制约原则)

(三) 普通程序★

1. 立案

(1) 应遵守有关时效的规定；

(2) 对于在 两年以内未发现的行政违法行为，或涉及公民生命健康安全、金融安全且有危害后果的行政违法行为五年内未被发现，不予立案追究。法律另有规定的除外。

2. 调查

(1) 立案后，行政执法人员必须对案件进行全面、客观、公正的调查，并依法收集证据。

(2) 执法人员在调查或者进行检查时，应当主动向当事人或者有关人员出示执法证件。

(3)当事人或者有关人员应当如实回答询问，并协助调查或者检查，不得拒绝或者阻挠。

(4)询问或者检查应当制作笔录。调查取证的结果直接与是否作出处罚决定密切相连。

3. 审查：审查机构根据不同的违法情况，分别作出行政处罚、不予行政处罚和移送司法机关处理等处理建议。

4. **告知和说明理由：作出行政处罚决定之前。**

(1)说明理由的内容：作出处罚决定的事实根据和理由及法律依据。

(2)告知权利的内容：有权申请执法人员回避，有权为自己辩解、陈述事实并提出证据，有权依法要求举行听证等。

【相关链接】《税务行政处罚事项告知书》的内容：(1)认定的税收违法事实和性质；(2)适用的法律、行政法规、规章及其他规范性文件；(3)拟作出的税务行政处罚；(4)当事人依法享有的权利；(5)告知书的文号、制作日期、税务机关名称及印章；(6)其他相关事项。未告知当事人拟作出的行政处罚内容及事实、理由。

5. **听取当事人陈述和申辩意见**

(1)行政机关及其执法人员依据或不听取当事人的陈述申辩，不得作出行政处罚决定；当事人明确放弃陈述或者申辩权利的除外。

(2)对当事人提出的理由、事实和证据，应当进行复核。

(3)行政机关不得因当事人陈述、申辩而加重处罚。

6. 制作处罚决定书

(1)行政处罚决定书应当载明下列事项：①当事人的姓名或者名称、地址；②违反法律、法规、规章的事实和证据；③行政处罚的种类和依据；④行政处罚的履行方式和期限；⑤申请行政复议、提起行政诉讼的途径和期限；⑥作出行政处罚决定的行政机关名称和作出决定的日期。

(2)行政机关应当自行政处罚案件立案之日起90日内作出行政处罚决定。法律、法规、规章另有规定的，从其规定

7. 送达行政处罚决定书

(1)行政处罚决定书应当在宣告后"当场"送交当事人；当事人不在现场的，行政机关应当在"7日内"依法送达当事人。

(2)当事人同意并签订确认书的，行政机关可以采用传真、电子邮件等方式，将行政处罚决定书等送达当事人。

(四)听证程序(见表3-11)★★★

1. 听证程序是行政处罚的特殊程序，是在行政机关作出行政处罚决定之前，公开举行专门会议，由行政处罚机关调查人员提出指控、证据和处理建议，当事人进行申辩和质证的程序。

2. 听证程序的具体步骤

告知→5日申请→7日前通知→公开进行(涉密涉私依法予以保密除外)→案外人主持→质证→听证笔录

表3-11 听证程序

	行政处罚听证程序	税务行政处罚听证程序
适用情形	(1)较大数额罚款；(2)没收较大数额违法所得、没收较大价值非法财物；(3)降低资质等级、吊销许可证件；(4)责令停产停业、责令关闭、限制从业；(5)其他较重的行政处罚；(6)法律、法规、规章规定的其他情形。 『提示』暂扣许可证、执照和行政拘留案件，不适用听证程序	(1)税务机关对公民作出2 000元以上(含本数)罚款； (2)税务机关对法人或其他组织作出10 000元以上(含本数)罚款； (3)税务机关作出的吊销税务行政许可证件行为； (4)没收较大数额违法所得案件。 『提示』停止办理出口退税等不适用听证程序

续表

	行政处罚听证程序	税务行政处罚听证程序
告知听证权	行政机关作出以上几种行政处罚决定之前,应当告知当事人有要求举行听证的权利	在作出以上三种行政处罚之前,税务机关应当向当事人送达《税务行政处罚事项告知书》,告知当事人已经查明的违法事实、证据、行政处罚的法律依据和拟将给予的行政处罚,并告知其有要求举行听证的权利
启动	当事人被告知听证权利后5日内提出听证申请 行政机关组织听证会的期限,《行政处罚法》未作规定①	符合条件的听证申请,税务机关应当在收到申请后15日内举行听证。 『提示』对应当进行听证的案件,税务机关不组织听证,行政处罚决定不能成立;当事人放弃听证权利或被正当取消听证权利的除外
通知	举行听证的7日前,将举行时间、地点通知当事人及有关人员	
形式	除涉及国家秘密、商业秘密或者个人隐私依法予以保密外,听证公开举行	
主持与参与	听证主持人非本案调查人员。当事人认为听证主持人与本案有直接利害关系的,有权申请回避;当事人可以亲自参加听证,也可以委托1至2人代理参加听证	
组织听证会	调查人员根据调查所获得的违法事实和证据,提出行政处罚建议。当事人有权申辩、质证,双方可以辩论	
听证结束	当事人不承担行政机关组织听证的费用	

[注]当事人在听证程序中享有哪些权利,结合实践做法,可以归纳出以下权利:①使用本民族的语言文字参加听证;②申请或者放弃听证;③申请不公开听证;④委托律师或者其他人员为听证代理人参加听证;⑤进行陈述、申辩、举证和质证;⑥查阅听证笔录,并进行修改和签字确认;⑦依法申请听证主持人、听证员、记录员回避。

3. 税务行政处罚听证程序的终止

(1)当事人或者其代理人应当按照税务机关的通知参加听证,无正当理由不出席的,视为放弃听证权利,听证应当终止。

(2)听证过程中,当事人或者其代理人无正当理由中途退出听证的,听证终止。

五、行政处罚执行程序

扫我解疑难

(一)执行要求★

1. 公定力(效力先定性):当事人对行政处罚决定不服,申请行政复议或提起行政诉讼的,除法律另有规定外,行政处罚**不停止执行**。

2. 当事人对限制人身自由的行政处罚决定不服,申请行政复议或者提起行政诉讼的,可以向作出决定的机关提出**暂缓执行申请**。符合法律规定情形的,应当暂缓执行。

3. 当事人申请行政复议或者提起行政诉讼的,**加处罚款的数额**在行政复议或者行政诉讼期间不予计算。

(二)处罚机关与收缴罚款机构相分离★★★

1. 基本要求(见表3-12)

表3-12 处罚机关与收缴罚款机构相分离的基本要求

类型	内容
决定者	行政主体;作出决定,但不得自行收缴罚款
收缴者	银行;当事人收到行政处罚决定书之日起15日内,到指定银行或者通过电子支付系统缴纳罚款

续表

类型	内容
所有者	国库：银行应当收受罚款，并将罚款直接上缴国库

2. 当场收缴罚款的情形(见表3-13)

表3-13 当场收缴罚款的情形

类型	内容
《行政处罚法》	(1)依法给予100元以下的罚款的； (2)不当场收缴事后难以执行的； (3)在边远、水上、交通不便地区，行政机关及其执法人员依照规定作出罚款决定后，当事人向指定的银行或者通过电子支付系统缴纳罚款确有困难的，经当事人提出，行政机关及其执法人员可以当场收缴罚款
《治安管理处罚法》	(1)被处50元以下罚款，被处罚人对罚款无异议的； (2)被处罚人在当地没有固定住所，不当场收缴事后难以执行的，人民警察可以当场收缴罚款

3. 行政机关及其执法人员当场收缴罚款的，必须向当事人出具国务院财政部门或省、自治区、直辖市财政部门统一制发的专用票据。

【知识点拨】不出具财政部门统一制发的专用票据的，当事人有权拒绝缴纳罚款。

4. 执法人员当场收缴的罚款，应当自收缴之日起2日内，交至行政机关。

在水上当场收缴的罚款，应当自抵岸之日起2日内交至行政机关。

5. 行政机关应在2日内将罚款缴付指定的银行。

『注』《行政处罚法》中"2日""3日""5日""7日"的规定是指工作日，不含法定节假日。

(三)行政处罚的强制执行措施★★★

当事人逾期不履行行政处罚决定的，作出行政处罚决定的行政机关可以采取下列措施：

(1)到期不缴纳罚款的，每日按罚款数额的3%加处罚款；加处罚款的数额不得超出罚款的数额；

(2)将查封、扣押的财物拍卖、依法处理或者将冻结的存款、汇款划拨抵缴罚款；

(3)依照《行政强制法》的规定申请人民法院强制执行。

特殊情形，可以暂缓或者分期缴纳。

六、行政执法机关移送涉嫌犯罪案件程序

违法行为构成犯罪的，应当依法追究刑事责任，不得以行政处罚代替刑事处罚。违法行为已构成犯罪的，移送司法机关。

(一)移送程序的要求★

1. 组成专案组

行政执法机关指定2名以上行政执法人员组成专案组专门负责。

2. 提交报告

专案组核实情况后提出移送涉嫌犯罪案件的书面报告，报经本机关正职负责人或者主持工作的负责人审批。

3. 作出决定

行政执法机关正职负责人或者主持工作的负责人应当自接到报告之日起3日内作出批准移送或者不批准移送的决定。

4. 移送案件

决定批准的，应当在24小时内向同级公安机关移送。

移送材料包括：涉嫌犯罪案件移送书；涉嫌犯罪案件情况的调查报告；涉案物品清单；有关检验报告或者鉴定意见；其他材料。

【知识点拨】决定不批准的，应当将不予批准的理由记录在案。

5. 公安机关审查

公安机关应当自接受行政执法机关移送的涉嫌犯罪案件之日起3日内,对所移送的案件进行审查。

6. 作出是否立案的决定

(1)公安机关认为有犯罪事实,需要追究刑事责任,依法决定立案的,应当书面通知移送案件的行政执法机关。

【知识点拨】行政违法行为构成犯罪的,对已经作出的行政处罚决定的处理方式:行政执法机关向公安机关移送涉嫌犯罪案件前已经作出的警告、责令停产停业、暂扣或者吊销许可证、暂扣或者吊销执照的行政处罚决定,不停止执行。

(2)公安机关认为没有犯罪事实,或者犯罪事实显著轻微,不需要追究刑事责任,依法不予立案,应当说明理由,并书面通知移送案件的行政执法机关,相应退回案卷材料。

(二)异议解决有两种途径★★

(1)行政执法机关可以自接到不予立案通知书之日起3日内,提请作出不予立案决定的公安机关复议,也可以建议人民检察院依法进行立案监督。作出不予立案决定的公安机关应当自收到行政执法机关提请复议的文件之日起3日内作出立案或者不予立案的决定,并书面通知移送案件的行政执法机关。移送案件的行政执法机关对公安机关不予立案的复议决定仍有异议的,应当自收到复议决定通知书之日起3日内建议人民检察院依法进行立案监督。

(2)行政执法机关接到不予立案通知书之后,直接建议人民检察院依法进行立案监督。

【知识点拨】行政执法机关向公安机关移送涉嫌犯罪案件前,已经依法给予当事人罚款的,人民法院 判处罚金时,依法折抵相应罚金。

【例题3·单选题】(2020年)下列有关行政处罚程序的说法中,正确的是( )。

A. 当事人对适用普通程序作出行政处罚的案件均有权申请听证

B. 财政部门可以向作出行政处罚决定的行政机关返还罚款

C. 当事人对吊销许可证和执照的行政处罚有权要求听证

D. 适用简易程序的行政处罚也应当经过立案阶段

解析 本题考核行政处罚程序。行政机关作出较大数额罚款;没收较大数额违法所得、没收较大价值非法财物;降低资质等级、吊销许可证件;责令停产停业、责令关闭、限制从业;其他较重的行政处罚;法律、法规、规章规定的其他情形等行政处罚决定之前,应当告知当事人有要求举行听证的权利。并非所有的案件均适用听证程序。所以选项A错误,选项C正确。财政部门不得以任何形式向作出行政处罚决定的行政机关返还罚款、没收的违法所得或者返还没收非法财物的拍卖款项。所以选项B错误。立案是行政处罚普通程序的开始,并没有明确说明是简易程序的必经程序。所以选项D错误。

答案 C

【例题4·单选题】(2019年)根据法律规定,下列有关行政处罚执行程序的说法中,正确的是( )。

A. 行政机关及其执法人员当场收缴罚款的,必须向当事人出具地级市财政部门统一制发的罚款收据

B. 纳税人不履行税务行政处罚决定,在法定的申请复议和起诉期限内依法申请复议或起诉的,税务机关不得对处罚决定实施强制执行

C. 当事人对行政处罚决定不服,申请行政复议或提起行政诉讼的,原则上该行政处罚决定应当停止执行

D. 当事人到期不缴纳罚款的,行政机关应当每日按照罚款数额的2%加处罚款

解析 本题考核行政处罚执行程序。行政机关及其执法人员当场收缴罚款的,必须向当事人出具国务院财政部门或省、自治区、直辖市财政部门统一制发的专用票据;不出

具财政部门统一制发的专用票据的,当事人有权拒绝缴纳罚款。所以选项A错误。当事人对行政处罚决定不服申请行政复议或者提起行政诉讼的,行政处罚不停止执行,法律另有规定的除外。所以选项C错误。当事人到期不缴纳罚款的,每日按罚款数额的3%加处罚款,加处罚款的数额不得超出罚款的数额。所以选项D错误。

答案 ▶ B

七、税务行政处罚★★

扫我解疑难

1. 行使税务行政处罚裁量权的原则(见表3-14)

表3-14 税务行政裁量权行使规则

项目	内容
(1)合法	在法律、法规、规章规定的种类和幅度内,依照法定权限,遵守法定程序,保障当事人合法权益
(2)合理	①符合立法目的; ②考虑相关事实因素和法律因素; ③处罚决定与违法行为的事实、性质、情节、社会危害程度相当; ④与本地的经济社会发展水平相适应
(3)公平公正	对事实、性质、情节及社会危害程度等因素基本相同的税收违法行为,所适用的行政处罚种类和幅度应当基本相同
(4)公开	按规定公开行政处罚依据和行政处罚信息
(5)程序正当	依法保障当事人的"知情权、参与权和救济权"等法定权利
(6)信赖保护	非因法定事由并经法定程序,不得随意改变已经生效的行政行为
(7)处罚与教育相结合	预防和纠正涉税违法行为,引导当事人自觉守法

2. 税务行政处罚裁量基准制定

(1)"省税务局"应当制定本地区统一适用的税务行政处罚裁量基准。

(2)税务机关在实施行政处罚时,应当以法律、法规、规章为依据,并在裁量基准范围内作出相应的行政处罚决定,不得单独引用税务行政处罚裁量基准作为依据。

3. 税务行政处罚裁量权规则适用

(1)责令限期改正的期限:税务机关应当责令当事人改正或限期改正违法行为的,一般不超过30日。法律、法规、规章另有规定除外。

(2)税务行政处罚裁量权程序规则适用(见表3-15)

表3-15 税务行政处罚裁量权程序规则适用

项目	内容
告知制度	作出行政处罚决定前,应当告知当事人作出行政处罚决定的事实、理由、依据及拟处理结果,并告知当事人依法享有的权利
回避制度	税务机关行使税务行政处罚裁量权涉及法定回避情形的,应当依法告知当事人享有申请回避的权利
陈述和申辩权	税务机关应当充分听取当事人的意见,对其提出的事实、理由或者证据进行复核,陈述申辩事由成立的,税务机关应当采纳;不采纳的,应予说明理由。 【知识点拨】税务机关不得因当事人的申辩而加重处罚
听证程序	对公民作出2 000元以上罚款或对法人、其他组织1万元以上罚款的行政处罚决定之前,应当告知当事人有要求举行听证的权利
集体审议决定	对情节复杂、争议较大、处罚较重、影响较广或拟减轻处罚等税务行政处罚案件,应当经过集体审议决定

八、税收违法案件审理程序 ★

扫我解疑难

税收违法案件审理程序是税务稽查案件处理处罚程序的重要环节，通常包括审理人员审理、稽查局集体审理以及重大税务案件审理委员会审理等类型。

在审理方式上，重大税务案件审理采取书面审理和会议审理相结合的方式。

1. 一般规定（见表 3-16）

表 3-16　一般规定

回避	(1)重大税务案件审理参与人员的回避，其所在部门的负责人决定； (2)审理委员会成员单位负责人的回避，由审理委员会主任或其授权的副主任决定
受理决定	自批准受理之日起30日内作出审理决定，不能在规定期限内作出审理决定的，经审理委员会主任或其授权的副主任批准，可以适当延长，但延长最多不超过15日。 【知识点拨】补充调查、请示上级机关或征求有权机关意见的时间不计入审理期限
重点审查	(1)案件事实是否清楚； (2)证据是否充分、确凿； (3)执法程序是否合法； (4)适用法律是否正确； (5)案件定性是否准确； (6)拟处理意见是否合法适当

2. 书面审理（见表 3-17）

表 3-17　书面审理

送审期限	(1)审理委员会办公室自批准受理重大税务案件之日起5日内，将重大税务案件审理提请书及必要的案件材料分送审理委员会成员单位 (2)审理委员会成员单位自收到审理委员会办公室分送的案件材料之日起10日内，提出书面审理意见送审理委员会办公室
补充调查	稽查局补充调查不应超过30日，有特殊情况的，经稽查局长批准可以适当延长，但延长期限最多不超过30日。 【知识点拨】稽查局不能在规定期限内完成补充调查的，或者补充调查后仍然事实不清、证据不足的，由审理委员会办公室报请审理委员会主任或其授权的副主任批准，终止审理
审理结果	案件事实清楚、证据确凿，但法律依据不明确或者需要处理的相关事项超出本机关权限的：按规定程序请示上级税务机关或者征求有权机关意见
	审理委员会成员单位书面审理意见一致，或者经审理委员会办公室协调后达成一致意见的，由审理委员会办公室起草审理意见书，报审理委员会主任批准

3. 会议审理

(1)适用范围：审理委员会成员单位书面审理意见存在较大分歧，经审理委员会办公室协调仍不能达成一致意见的情形。

(2)召开：成员单位应当派员参加会议，2/3 以上成员单位到会方可开会。

【知识点拨】审理委员会办公室以及其他与案件相关的成员单位应当出席会议。

(3)主持：审理委员会会议由审理委员会主任或其授权的副主任主持。

(4)签发：审理意见书由审理委员会主任签发。

【例题5·单选题】（2018年）根据《重大税务案件审理办法》规定，下列关于重大税务案件审理程序要求的说法中，错误的是（　　）。

A. 重大税务案件审理采取书面审理和会

议审理相结合的方式

B. 重大税务案件一般应当自批准受理之日起 30 日内作出审理决定

C. 重大税务案件审理期间，稽查局补充调查一般不应超过 30 日

D. 审理意见书应由审理委员会主任或其授权的副主任签发

解析 本题考核税收违法案件审理程序。审理意见书由审理委员会主任签发。

答案 D

【例题 6·多选题】（2017 年）下列关于税务行政处罚裁量规则适用的说法中，正确的有(　　)。

A. 行使税务行政处罚裁量权，税务机关应当依法履行告知义务

B. 对当事人的同一个税收违法行为不得给予两次以上的处罚

C. 对拟减轻处罚的处罚案件，税务机关应当经过集体审议决定

D. 对情节复杂，争议较大，处罚较重，影响较广的处罚案件，税务机关应当经过集体审议决定

E. 当事人同一个税收违法行为违反不同行政处罚规定且均应处以罚款的，应当选择适用处罚较重的条款

解析 本题考核税务行政处罚裁量权行使规则。对当事人的同一个税收违法行为不得给予两次以上罚款的行政处罚。

答案 ACDE

【例题 7·多选题】（2020 年）下列税务机关作出的行政行为中，属于税务行政处罚的有(　　)。

A. 通知有关部门阻止出境

B. 没收违法所得

C. 吊销税务行政许可证

D. 罚款

E. 停止出口退税权

解析 本题考核税务行政处罚的种类。税务行政处罚主要包括罚款、没收违法所得、停止出口退税权、吊销税务行政许可证件四种。

答案 BCDE

同步训练　限时25分钟

扫我做试题

一、单项选择题

1. 根据《行政处罚法》规定，下列不得设定行政罚款处罚的是(　　)。

    A. 设区的市的税务机关制定的税收规范性文件

    B. 国家税务总局制定的税收规章

    C. 财政部制定的税收规章

    D. 省、自治区、直辖市人民政府制定的规章

2. 关于行政处罚实施主体的说法中，错误的是(　　)。

    A. 受委托实施行政处罚的主体必须是行政机关

    B. 法律、法规授权的具有管理公共事务职能的组织可以成为行政处罚实施主体

    C. 受委托实施行政处罚的主体必须具有熟悉法律、法规、规章和业务并取得行政执法资格的工作人员

    D. 不同的行政机关具有不同的行政处罚权限

3. 根据《行政处罚法》的规定，下列事项中行政机关在作出处罚决定前不必告知当事人的是(　　)。

    A. 拟作出行政处罚决定的内容

    B. 当事人依法享有的权利

    C. 作出行政处罚的理由

D. 行政处罚的履行方式和期限

4. 根据《行政处罚法》的规定，下列选项中不可以当场收缴罚款的是( )。
   A. 被处罚人在当地无固定住所的
   B. 处以 100 元以下的罚款
   C. 不当场收缴事后难以执行的
   D. 在边远、水上、交通不便地区作出罚款决定，当事人到指定银行或通过电子支付系统缴纳罚款确有困难，经当事人提出当场收取的

5. 根据《行政处罚法》的规定，下列有关行政处罚听证程序的表述中，正确的是( )。
   A. 当事人可以委托 1 至 2 人代理参加听证
   B. 行政机关收到听证申请后应当在 15 日内举行听证
   C. 当事人有权申辩，但无权质证
   D. 当事人的听证申请必须以书面形式提出

6. 下列行为中，属于税务行政处罚的是( )。
   A. 停止出口退税权
   B. 通知有关部门阻止出境
   C. 停止发售发票
   D. 对不依法纳税的企业作出纳税信用等级为 D 级的评定行为

7. 某省税务机关为了贯彻《税务行政处罚裁量权行使规则》，拟制定税务行政处罚裁量基准。下列关于拟制的程序和内容，正确的是( )。
   A. 省税务机关首先明确了处罚裁量的依据
   B. 省税务局可以自己制定本地区统一适用的税务行政处罚裁量基准
   C. 该裁量基准内容包括处罚依据、裁量阶次以及具体标准即可
   D. 在重大案件中，罚款的裁量基准可以超出规定罚款数额的 3%

8. 甲从美国回国携带应向海关申报的物品而未申报，海关认为甲的行为构成走私，没收了其物品，并罚款 1 000 元人民币，海关的上述处罚是( )。
   A. 错误的，只能实施没收物品的处罚
   B. 正确的，不违反一事不二罚的原则
   C. 错误的，只能在没收和罚款中选择一种实施处罚
   D. 错误的，只能实施罚款 1 000 元的处罚

9. 根据《行政执法机关移送涉嫌犯罪案件的规定》，( )。
   A. 行政执法机关指定成立的专案组应当在 3 日内核实情况，然后提出移送涉嫌犯罪案件的书面报告
   B. 行政执法机关对公安机关不予立案通知书不服的，应提请作出不予立案决定的公安机关复议
   C. 行政执法机关对公安机关不予立案通知书不服的，可以建议人民检察院依法进行立案监督
   D. 批准移送涉嫌犯罪案件的决定，由行政执法机关以重大案件审理委员会的名义作出

二、多项选择题

1. 根据《行政处罚法》的规定，下列表述中正确的有( )。
   A. 已满 14 周岁不满 18 周岁的未成年人有违法行为的，应当从轻或者减轻行政处罚
   B. 省级税务机关制定的规范性文件可以设定罚款的行政处罚
   C. 除法律、行政法规另有规定外，行政处罚由县级以上地方人民政府具有行政处罚权的行政机关管辖
   D. 《税收征管法》规定的追究时效是 5 年
   E. 行政处罚的追究时效，违法行为有连续或者继续状态的，从行为终了之日起计算

2. 根据法律规定，当事人有权要求举行听证的情形有( )。
   A. 税务机关决定调取某公司当年账簿资料
   B. 生态环境部门责令某企业停产停业
   C. 某市市场监督管理局拒绝公开政府信息
   D. 渔业管理部门吊销渔业捕捞许可证
   E. 派出所作出的拘留决定

3. 下列选项中关于行政处罚执行程序的说

法，正确的有（ ）。

A．对于限制人身自由的行政处罚决定，只能由公安机关和法律规定的其他机关执行

B．当事人应当在行政处罚决定的期限内予以履行

C．当事人对行政处罚不服，申请复议的，行政处罚应当暂停执行

D．作出处罚决定的行政机关或其他组织及其执法人员不得自行收缴罚款

E．当事人应当到作出行政处罚决定的机关缴纳罚款

4．根据《行政处罚法》的规定，下列说法中正确的有（ ）。

A．违法行为轻微，及时改正没有造成危害后果的，应当依法减轻对当事人的行政处罚

B．行政机关使用非法定部门制发的罚款单据实施处罚的，当事人有权拒绝处罚

C．原则上，在违法行为发生后 2 年内未被行政机关发现的，不再给予行政处罚

D．当事人应当自收到行政处罚决定书之日起 10 日内，到指定的银行或通过电子支付系统缴纳罚款

E．对于限制人身自由的行政处罚决定，只能由公安机关和法律规定的其他机关依法执行

5．根据《行政处罚法》的规定，下列受行政处罚的当事人，应当依法不予处罚的有（ ）。

A．70 周岁以上的人违法的

B．已满 14 周岁不满 18 周岁的人有违法行为的

C．违法行为轻微并及时改正，没有造成危害后果的

D．受他人胁迫有违法行为的

E．精神病人在不能辨认自己行为时有违法行为的

6．下列行政处罚案件中，可以适用简易程序的有（ ）。

A．某卫生局对张某处以 100 元的罚款

B．某生态环境局对甲企业作出停业整顿的处理决定

C．某市场监督管理局对乙公司作出吊销营业执照的处理决定

D．某税务局对丙公司未进行增值税纳税申报的行为处以 500 元的罚款

E．某城市管理部门对丁超市促销音乐音量过大处以 800 元罚款

7．下列关于对税务所作出处罚时使用《税务行政处罚决定书（简易）》的各项说法符合法律和有关规定的有（ ）。

A．使用《税务行政处罚决定书（简易）》，仅由税务执法人员签字，不要求税务行政负责人签字

B．使用《税务行政处罚决定书（简易）》，应另行填写《陈述申辩笔录》

C．将《税务行政处罚决定书（简易）》交付给相对人，必须使用《税务文书送达回证》

D．使用《税务行政处罚决定书（简易）》，应有"陈述申辩情况"栏和"签收情况"栏，用于记录已告知纳税人陈述申辩权利，陈述申辩情况和被处罚人签收处罚决定书情况

E．使用《税务行政处罚决定书（简易）》，应当明确加处罚款不超过罚款本数

8．根据《行政处罚法》，下列关于行政处罚一般程序的表述中错误的有（ ）。

A．除法律另有规定外，对于 2 年内未发现的一般行政违法行为，应当予以立案审查但不得给予行政处罚

B．作出行政处罚决定过程中的检查和询问应制作笔录

C．除法律另有规定外，行政处罚的执法人员不得少于 2 人

D．行政处罚决定书应当在宣告后当场送交当事人

E．行政机关及其执法人员在作出行政处罚决定之前，如拒绝听取当事人的陈述与申辩意见的，该行政处罚决定可撤销

三、综合分析题

某县税务局对某建材公司进行税务检查，

发现其违法使用发票。2017年3月6日,县税务局向建材公司依法送达《税务行政处罚事项告知书》。建材公司随后进行了陈述和申辩。2017年3月15日,县税务局对建材公司作出罚款500元的决定,并依法送达《税务行政处罚决定书》。建材公司认为,公司提出陈述和申辩意见后,县税务局不进行复核、拒绝听取陈述和申辩意见,处罚决定违法。于是,建材公司向县人民法院提起诉讼,请求撤销处罚决定。

1. 根据《行政处罚法》的规定,建材公司针对《税务行政处罚事项告知书》提出陈述和申辩意见后,县税务局( )。
   A. 必须充分听取建材公司的意见
   B. 应当进行复核,并在收到陈述和申辩意见后15日内作出是否处罚的决定
   C. 对建材公司提出的事实、理由和证据应当进行复核
   D. 应当采纳建材公司的意见
   E. 不得因建材公司陈述和申辩而加重处罚

2. 若县税务局当场作出处罚决定,则根据行政法理论,该行为属于( )。
   A. 要式行政行为
   B. 损益行政行为
   C. 行政终局裁决行为
   D. 即时性强制行为
   E. 负担行政行为

3. 若法院查明,县税务局对建材公司提出的陈述和申辩意见不进行复核、拒绝听取陈述和申辩意见的事实成立,则根据《行政处罚法》的规定( )。
   A. 处罚存在程序瑕疵,但是成立并且有效,法院应当判决维持该处罚决定
   B. 处罚属于明显不当,法院应当裁定撤销该处罚决定
   C. 处罚不合理但是合法,法院应当判决驳回原告诉讼请求
   D. 不得作出行政处罚决定
   E. 处罚成立但是无效,法院应当裁定撤销该处罚决定

4. 若县税务局查明,建材公司还有偷税行为且涉嫌构成犯罪,决定向公安机关移送,则县税务局移送此案应当接受( )依法实施的监督。
   A. 县以上人民政府
   B. 人民检察院
   C. 人民法院
   D. 监察机关
   E. 国家安全机关

同步训练答案及解析

一、单项选择题

1. A 【解析】本题考核行政处罚的设定。法律、行政法规、规章有权设定罚款的行政处罚,而其他的规范性文件无权设定罚款的行政处罚。

2. A 【解析】本题考核行政处罚的实施主体。《行政许可法》规定,受托实施行政许可的主体必须是行政机关,而《行政处罚法》规定的能够接受行政委托、依法行使行政处罚的组织必须是依法成立的管理公共事务职能的组织。

3. D 【解析】本题考核行政处罚的普通程序。选项D是行政处罚决定书应当载明的事项。

4. A 【解析】本题考核行政处罚的执行。选项A属于《治安管理处罚法》中关于当场收缴罚款的规定,注意题目要求。

5. A 【解析】本题考核行政处罚的听证程序。(1)行政机关应当在收到听证申请后多长时间内举行听证,《行政处罚法》未作明确规定,所以选项B错误。(2)举行听证时,调查人员提出当事人违法的事实、证据和行政处罚建议,当事人进行申辩和质证,所以选项C错误。(3)当事人以什

么形式提出听证要求，《行政处罚法》未作明确规定，所以选项 D 错误。

6. A 【解析】本题考核税务行政处罚的种类。税务行政处罚主要包括罚款、没收违法所得、停止出口退税权以及吊销税务行政许可证件四种。

7. A 【解析】本题考核税务行政处罚裁量权行使规则。省税务局应当制定本地区统一适用的税务行政处罚裁量基准。所以选项 B 错误。税务行政处罚裁量基准，应当包括违法行为、处罚依据、裁量阶次、适用条件和具体标准等内容。所以选项 C 错误。税务行政处罚裁量基准应当在法定范围内制定。所以选项 D 错误。

8. B 【解析】本题考核一事不二罚(款)原则。一事不二罚原则是指当事人的同一个违法行为，不得给予两次以上罚款的行政处罚。但是可以依法给予两种以上的行政处罚。本案中，海关对甲的走私行为进行处罚没收了其物品，并罚款 1 000 元人民币，属于对同一个违法行为给予两种行政处罚，并不违背一事不二罚原则，属于行政处罚中的并处；选项 B 正确。

9. C 【解析】本题考核涉嫌犯罪案件的移送程序。对于专案组应在多少日内完成情况核实并没有具体规定。所以选项 A 错误。行政执法机关接到公安机关不予立案的通知书后，认为依法应当由公安机关决定立案的，可以自接到不予立案通知书之日起 3 日内，提请作出不予立案决定的公安机关复议，也可以建议人民检察院依法进行立案监督。所以选项 B 错误。批准移送涉嫌犯罪案件的决定，并非以重大案件审理委员会的名义作出。所以选项 D 错误。

二、多项选择题

1. ACDE 【解析】本题考核行政处罚的设定、管辖和适用。罚款的行政处罚可以由法律、行政法规、地方性法规、部门规章、地方规章设定。所以省级税务机关制定的规范性文件不能设定罚款的行政处罚。

2. BD 【解析】本题考核行政处罚的听证制度。《行政处罚法》规定，行政机关拟作出下列行政处罚决定，应当告知当事人有要求听证的权利，当事人要求听证的，行政机关应当组织听证：(1)较大数额罚款；(2)没收较大数额违法所得、没收较大价值非法财物；(3)降低资质等级、吊销许可证件；(4)责令停产停业、责令关闭、限制从业；(5)其他较重的行政处罚；(6)法律、法规、规章规定的其他情形。当事人不承担行政机关组织听证的费用。

3. AB 【解析】本题考核行政处罚执行程序。当事人对行政处罚决定不服，申请行政复议或提起行政诉讼的，除法律另有规定外，行政处罚不停止执行。所以选项 C 错误。除《行政处罚法》规定的可以当场收缴的罚款外，作出处罚决定的行政机关及其执法人员不得自行收缴罚款。选项 D 说法过于绝对。当事人应当在收到行政处罚决定书之日起 15 日内，到指定的银行或通过电子支付系统缴纳罚款，银行应当收受罚款，并将罚款直接上缴国库。所以选项 E 错误。

4. BCE 【解析】本题考核行政处罚的适用。(1)选项 A 错误，属于不予处罚的情形；(2)选项 D 错误，应为 15 日。

5. CE 【解析】本题考核行政处罚的适用。不满 14 周岁的未成年人有违法行为的，不予行政处罚；精神病人、智力残疾人在不能辨认或控制自己行为时有违法行为的，不予行政处罚；违法行为轻微并及时改正，没有造成损害后果的，不予行政处罚；违法行为在 2 年内未被发现的，涉及公民生命健康安全、金融安全且有危害后果的 5 年内未被发现，除法律另有规定外，不再给予行政处罚。当事人有证据足以证明没有主观过错的，不予行政处罚。法律/行政法规另有规定的，从其规定。初次违法且危害后果轻微并及时改正的，可以不予行政处罚。

6. ADE 【解析】本题考核行政处罚简易程序。违法事实确凿并有法定依据，对公民处以200元以下、对法人或者其他组织处以3 000元以下罚款或者警告的行政处罚的，可以当场作出行政处罚决定。

7. ADE 【解析】本题考核税务行政处罚简易程序执法文书。《税务行政处罚决定书（简易）》只由税务执法人员签字，不再要求所在单位负责人签字。所以选项A正确。执法文书中增加"陈述申辩情况"栏，用于记录执法人员已告知当事人享有陈述申辩权利以及纳税人的陈述申辩情况。增加"签收情况"栏，用于记录被处罚人签收处罚决定书情况。所以选项D正确。税务机关当场作出行政处罚决定的，《税务行政处罚决定书（简易）》不再另行填写《陈述申辩笔录》和《税务文书送达回证》。所以选项BC错误。明确加处罚款不超过罚款本数。所以选项E正确。

8. ADE 【解析】本题考核行政处罚的普通程序。立案时，应遵守有关时效的规定，即除法律另有规定外，对于2年内未发现的一般行政违法行为，不予立案追究。所以选项A说法错误。行政处罚决定书应当在宣告后当场交付当事人，当事人不在现场的，行政机关应在7日内依照《民事诉讼法》的有关规定，将行政处罚决定书送达当事人。所以选项D说法错误。行政机关及其执法人员在作出行政处罚决定之前，如拒绝听取当事人的陈述与申辩意见的，不得作出行政处罚决定。所以选项E说法错误。

三、综合分析题

1. ACE 【解析】本题考核行政处罚中当事人的陈述和申辩。行政处罚实施机关及其执法人员必须充分听取当事人的意见，对当事人提出的理由、事实和证据，应当进行复核。当事人提出的事实、理由或证据成立的，处罚机关应当采纳，行政机关不得因当事人陈述、申辩而加重处罚。选项B后半句没有法律依据。选项D，对于符合法定条件的应当采纳，不是一概采纳。

2. ABE 【解析】本题考核行政行为的分类。行政处罚属于要式行政行为、损益行政行为、负担行政行为。选项C，典型的如作为最终裁决的行政复议决定。选项D属于行政强制行为。

3. D 【解析】本题考核行政处罚的效力。本题中县税务局的处罚决定不能成立，人民法院应当判决确认该处罚决定违法。

4. BD 【解析】本题考核行政执法机关移送涉嫌犯罪案件程序。行政执法机关移送涉嫌犯罪案件，应当接受人民检察院和监察机关依法实施的监督。

本章知识串联

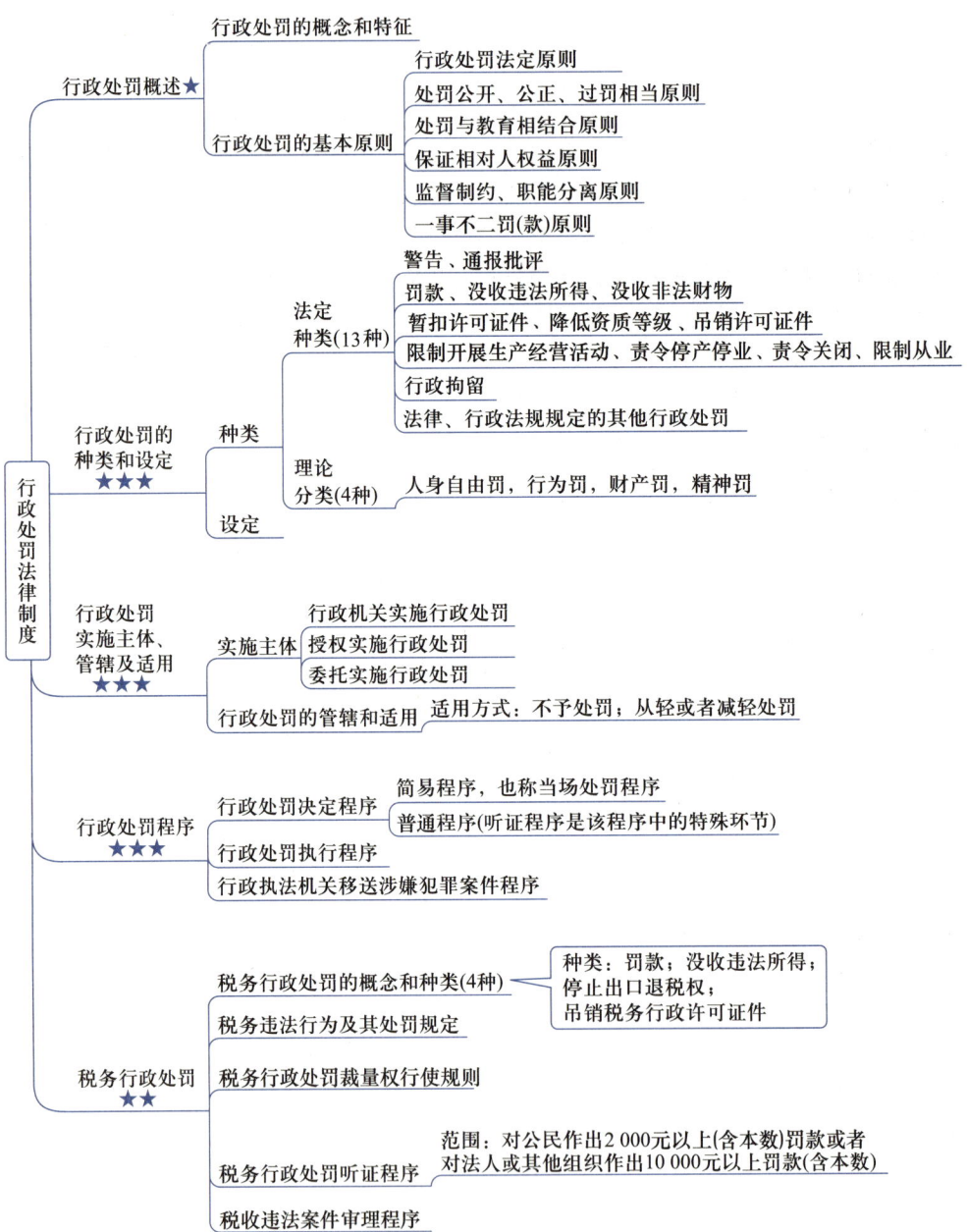

第4章 行政强制法律制度

考情解密

历年考情概况

本章考试中各种题型均可出现,预计2021年平均分值为5分左右。

本章考题难度不大,多是记忆性考查,命题规律是:(1)考概念:判断是否为行政强制,属于行政强制中的哪一种;(2)考程序:行政强制措施和行政强制执行的实施过程经常考核,其中查封、扣押、冻结、代履行更是需要关注的要点;(3)考文件:如查封、扣押、冻结决定书,执行前的催告文件的载明事项。同时,要结合行政处罚、行政复议、行政诉讼等法律制度进行学习,以达到融会贯通,举一反三。

近年考点直击

考点	主要考查题型	考频指数	考查角度
行政强制的种类	单选题、多选题、综合分析题	★★	(1)直接考核行政强制的种类;(2)结合具体案例,判断具体行政行为是否属于行政强制措施
查封、扣押	单选题、多选题	★★★	(1)直接考核查封、扣押的内容;(2)直接考核解除查封、扣押的情形
行政强制执行实施的一般规定	单选题、多选题、综合分析题	★★★	(1)直接考核行政强制执行实施一般规定的内容;(2)结合具体案例,考核行政强制执行实施一般规定的内容;(3)直接考核催告书应当载明的事项
代履行	单选题、多选题、综合分析题	★★	(1)直接考核代履行的内容;(2)结合具体案例,考核具体行政行为是否属于代履行

本章2021年考试主要变化

本章无实质变化。

考点详解及精选例题

一、行政强制概述

扫我解疑难

(一)行政强制的种类(见表4-1)★★★

表4-1 行政强制措施和行政强制执行

	行政强制措施	行政强制执行
概念	行政机关在行政管理过程中,为制止违法行为、防止证据损毁、避免危害发生、控制危险扩大等情形,依法对公民的人身自由实施暂时性限制,或者对公民、法人或其他组织的财物实施暂时性控制的行为	行政机关或者行政机关申请人民法院,对不履行行政决定的公民、法人或者其他组织,依法强制履行义务的行为,即为了实现另一行政行为所确定的义务
发生时间	在行政决定作出前(行政管理中)	在行政决定作出后,不履行行政决定时
启动	行政机关主动	行政机关主动或申请法院
性质及目的	预防性、暂时性;制止违法行为、防止证据损毁、避免危害发生、控制危险扩大	终局性;为了实现另一行政行为所确定的义务
种类	(1)限制公民人身自由; (2)查封场所、设施或者财物; (3)扣押财物; (4)冻结存款、汇款; (5)其他行政强制措施:证据先行登记保存、交通管制、强制进入场所、通信管制等	(1)加处罚款或者滞纳金; (2)划拨存款、汇款; (3)拍卖或者依法处理查封、扣押的场所、设施或者财物; (4)排除妨碍、恢复原状; (5)代履行; (6)其他强制执行方式:强制履行兵役义务、强制收购、强制教育等

(二)行政强制的基本原则★★

1. 行政强制合法性原则

行政强制的"设定和实施",应当依照法定的权限、范围、条件和程序。

2. 行政强制适当原则(也称为合理性原则)

(1)设定适当:在维护公共秩序和保护公民权利之间掌握平衡。

(2)实施适当(见表4-2)

表4-2 实施的具体要求

情节轻微、能不实施就不实施	(1)违法行为情节显著轻微或没有明显社会危害的,可不采取行政强制措施。 (2)对没有明显社会危害,当事人确无能力履行,中止执行满3年未恢复执行的,行政机关不再执行
查封、扣押、冻结的财物价值适当	(1)场所适当:限于涉案的场所、设施或者财物,不得查封、扣押与违法行为无关的场所、设施或者财物。 (2)用品适当:不得查封、扣押公民个人及其所扶养家属的生活必需品。 (3)金额适当:冻结存款、汇款的数额应当与违法行为涉及的金额相当

强制手段适当	非强制手段>强制手段	当事人不依法履行行政决定时,应当优先使用非强制手段
	间接强制手段>直接强制手段	行政机关应当优先使用间接强制手段,无法实现行政目的时,才适用直接强制执行
	损害小的手段>损害大的手段	多种强制手段都可以实现行政目的,应当选择对当事人损害最小的方式,即符合比例原则的要求

3. 教育与强制相结合原则
4. 禁止利用行政强制权谋取利益原则
5. 保障当事人程序权利和法律救济权利原则

(三)行政强制的设定 ★★★

1. 行政强制的设定权

(1)行政强制措施由**法律**设定;

(2)尚未制定法律,且属于国务院行政管理职权事项的,行政法规可以设定除"限制公民人身自由、冻结存款汇款"(法律保留)和应当由法律规定的行政强制措施以外的其他行政强制措施;

(3)尚未制定法律、行政法规,且属于地方性事务的,地方性法规可以设定"查封场所、设施或者财物以及扣押财物"的行政强制措施;

(4)"法律、法规"以外的其他规范性文件(如规章)不得设定行政强制措施;

(5)法律对行政强制措施的对象、条件、种类作了规定的,行政法规、地方性法规不得作出扩大规定;

(6)行政强制执行由**法律**设定。

2. 设定程序要求(见表4-3)

表4-3 设定程序要求

起草	(1)起草单位<u>应当</u>采取听证会、论证会等形式听取意见; (2)并向制定机关作出说明
评价	(1)设定机关:<u>应当定期评价</u>→不适当的,及时修改、废止; (2)实施机关:<u>可以</u>评价,并向设定机关报告意见; (3)相对人:可以向设定机关、实施机关提出意见建议

【例题1·多选题】(2017年)根据《行政强制法》规定,行政强制措施包括( )。

A. 税务机关强制执行税款
B. 查封扣押
C. 代履行
D. 税务机关申请法院强制执行罚款
E. 冻结存款账户

解析 本题考核行政强制措施。行政强制措施的种类包括:(1)限制公民人身自由;(2)查封场所、设施或者财物;(3)扣押财物;(4)冻结存款、汇款;(5)其他行政强制措施。所以选项B、E正确。代履行属于行政强制执行,所以选项C错误。强制执行税款和罚款属于行政强制执行,所以选项A、D错误。
答案 BE

【例题2·单选题】(2013年)根据行政法理论和《行政强制法》规定,下列行政行为中,性质上属于行政强制措施的是( )。

A. 有权行政机关依法强制拆除当事人违法的建筑物、构筑物
B. 市场监督管理机关依照法律规定将当事人的有关物品予以扣押
C. 有权行政机关强行清除当事人不能清除而又需要立即清除的道路、河道或者公共场所障碍物
D. 税务机关对逾期不履行缴纳罚款义务的纳税人加处罚款

解析 本题考核行政强制措施。从两个概念的区别入手,比死记种类更容易选出正确答案。行政强制措施与行政强制执行的区

别：(1)行政强制措施是在行政决定作出前行政机关采取的强制手段；而行政强制执行是在行政决定作出后，为了执行该行政决定所采取的强制手段。(2)行政强制措施都是暂时性的；而行政强制执行是终局性的。

答案 ▶ B

【例题 3·单选题】(2019 年)下列有关设定行政强制的说法中，正确的是( )。

A. 尚未制定法律的，行政法规可以设定限制公民人身自由的行政强制措施

B. 尚未制定法律、行政法规的，地方性法规可以设定冻结存款、汇款的行政强制措施

C. 行政法规不得设定行政强制执行

D. 一定条件下，行政规章也可以设定行政强制措施

解析 ▶ 本题考核行政强制的设定。尚未制定法律，且属于国务院行政管理职权事项的，行政法规可以设定除限制公民人身自由、冻结存款、汇款和应当由法律规定的行政强制措施以外的其他行政强制措施。所以选项 A 错误。尚未制定法律、行政法规，且属于地方性事务的，地方性法规可以设定查封场所、设施或者财物、扣押财物的行政强制措施。所以选项 B 错误。行政强制执行由法律设定。所以选项 C 正确。法律、法规以外的其他规范性文件不得设定行政强制措施。所以选项 D 错误。

答案 ▶ C

二、行政强制措施实施的一般规定

扫我解疑难

(一)实施主体 ★

1. 法律、法规规定的行政机关

(1)在法定职权范围内实施；

(2)依据《行政处罚法》的规定行使相对集中行政处罚权的行政机关，可以实施法律、法规规定的与行政处罚权有关的行政强制措施；

(3)行政强制措施应当由行政机关具备资格的行政执法人员实施，其他人员不得实施。

2. 法律、行政法规授权的具有管理公共事务职能的组织

在法定授权范围内，以自己的名义实施行政强制。行政强制措施不得委托。

(二)实施程序 ★

1. 一般情形

(1)实施前须向行政机关负责人报告并经批准。

情况紧急，需要当场实施行政强制措施的，行政执法人员应当在 24 小时内向行政机关负责人报告，并补办批准手续。行政机关负责人认为不应当采取行政强制措施的，应当立即解除。

(2)由两名以上行政执法人员实施。

(3)出示执法身份证件。

(4)通知当事人到场。

(5)当场告知当事人采取行政强制措施的理由、依据以及当事人依法享有的权利、救济途径。

(6)听取当事人的陈述和申辩。

(7)制作现场笔录。

(8)现场笔录由当事人和行政执法人员签名或者盖章，当事人拒绝的，在笔录中予以注明。

(9)当事人不到场的，邀请见证人到场，由见证人和行政执法人员在现场笔录上签名或者盖章。

(10)法律、法规规定的其他程序。

2. 限制公民人身自由的行政强制措施

(1)当场告知或者实施行政强制措施后立即通知当事人家属实施行政强制措施的行政机关、地点和期限；

(2)在紧急情况下当场实施行政强制措施的，在返回行政机关后，立即向行政机关负责人报告并补办批准手续；

(3)实施限制人身自由的行政强制措施不得超过法定期限。

三、查封、扣押（见表4-4）★★★

扫我解疑难

表4-4 查封、扣押

事项	具体内容
实施机关	由法律、法规规定的行政机关实施，其他任何行政机关或者组织不得实施。 【知识点拨】查封、扣押应当由两名以上具备资格的行政执法人员实施，不是所有的行政机关工作人员均可实施
对象	限于涉案的场所、设施或财物，不得查封、扣押： (1)与违法行为无关的场所、设施或财物； (2)公民个人及其所扶养家属的生活必需品。 当事人的场所、设施或者财物已被其他国家机关依法查封的，不得重复查封
程序	制作并当场交付查封、扣押决定书和清单。 **查封、扣押决定书**应当载明下列事项：当事人的姓名或者名称、地址；查封、扣押的理由、依据和期限；查封、扣押场所、设施或财物的名称、数量等；申请行政复议或提起行政诉讼的途径和期限；行政机关的名称、印章和日期。 【知识点拨】查封、扣押清单一式二份，由当事人和行政机关分别保存
时限	"30日+30日"。 查封、扣押的期限不得超过30日；情况复杂的，经行政机关负责人批准，可以延长，但是延长期限不得超过30日。法律、行政法规另有规定的除外； 税务机关采取保全措施的期限一般不得超过6个月，重大案件需要延长的，应当报国家税务总局批准。 【知识点拨】查封、扣押的期间不包括检测、检验、检疫或者技术鉴定的期间；检测、检验、检疫或技术鉴定的期间应当明确，并书面告知当事人
费用	查封、扣押发生的保管费用、检测、检验、检疫或者技术鉴定的费用由行政机关承担
保管	(1)行政机关对查封、扣押的场所、设施或财物应当妥善保管，不得使用或损毁；因未尽妥善保管义务造成损失的，应当承担赔偿责任； (2)对查封的场所、设施或财物，行政机关可以委托第三人保管，第三人不得损毁或者擅自转移、处置； (3)因第三人的原因造成的损失，行政机关先行赔付后，有权向第三人追偿
处理	(1)违法：没收、销毁。 对违法事实清楚，依法应当没收的非法财物予以没收；法律、行政法规规定应当销毁的，依法销毁。 (2)解除查封、扣押情形： ①当事人没有违法行为；②查封、扣押的场所、设施或者财物与违法行为无关；③行政机关对违法行为已经作出处理决定，不再需要查封、扣押；④查封、扣押期限已经届满；⑤其他不需要采取查封、扣押措施的情形。 解除查封、扣押应当立即退还财物；已将鲜活物品或者其他不易保管的财物拍卖或者变卖的，退还拍卖或者变卖所得款项。 变卖价格明显低于市场价格，给当事人造成损失的，应当给予补偿

【**例题4·单选题**】（2013年）根据《行政强制法》规定，下列关于查封、扣押权及其实施程序和人员的说法中，正确的是( )。

A. 若当事人的违法行为情节轻微或者社会危害性小，则行政机关不得行使查封、扣押权

B. 一般情况下，事先向行政机关负责人报告并经批准是查封、扣押的法定必经程序

C. 行政机关可以委托其他行政机关或者社会组织行使查封、扣押权

D. 查封、扣押不得由行政机关以外的人员实施，但是行政机关工作人员均可实施

解析 ▶ 本题考核查封、扣押和实施行政强制措施的一般程序。根据行政强制适当原则，如果当事人的违法行为情节显著轻微或者没有明显社会危害的，则行政机关可以不采取行政强制措施。所以选项 A 错误。一般情况下，行政机关实施行政强制措施前须向行政机关负责人报告并经批准。所以选项 B 正确。查封、扣押应当由法律、法规规定的行政机关实施，其他任何行政机关或者组织不得实施。所以选项 C 错误。查封、扣押应当由两名以上具备资格的行政执法人员实施，并不是所有的行政机关工作人员均可实施。所以选项 D 错误。

答案 ▶ B

四、冻结（见表4-5）★★★

扫我解疑难

表 4-5 冻结

事项	具体内容
实施机关	由法律规定的行政机关实施，不得委托给其他行政机关或者组织；其他任何行政机关或者组织不得冻结存款、汇款
对象	(1)冻结存款、汇款的数额应当与违法行为涉及的金额相当； (2)已被其他国家机关依法冻结的，不得重复冻结
程序要求	作出实施冻结决定→向金融机构交付冻结通知书→金融机构应当立即予以冻结，不得拖延，不得在冻结前向当事人泄露信息→行政机关应当在3日内向当事人交付冻结决定书。 【知识点拨1】法律规定以外的行政机关或者组织要求冻结当事人存款、汇款的，金融机构应当拒绝。 【知识点拨2】冻结决定书应当载明下列事项：当事人的姓名或名称、地址；冻结的理由、依据和期限；冻结的账号和数额；申请行政复议或者提起行政诉讼的途径和期限；行政机关的名称、印章和日期
时限	"30日+30日"。 自冻结存款、汇款之日起30日内，行政机关应当作出处理决定或作出解除冻结决定。 情况复杂的，经行政机关负责人批准，可以延长，但是延长期限不得超过30日。法律另有规定的除外
处理	有下列情形之一，行政机关应当及时作出解除冻结的决定： (1)当事人没有违法行为； (2)冻结的存款、汇款与违法行为无关； (3)行政机关对违法行为已经作出处理决定，不再需要冻结； (4)冻结期限已经届满； (5)其他不再需要采取冻结措施的情形。 【知识点拨】行政机关作出解除冻结决定的，应当及时通知金融机构和当事人。金融机构接到通知后，应当立即解除。行政机关逾期未作出处理决定或者解除冻结决定的，金融机构应当自冻结期满之日起解除冻结

【例题5·单选题】（2018年）根据《行政强制法》规定，下列关于行政强制措施实施的说法中，错误的是( )。

A. 冻结存款、汇款应当由法律规定的行

政机关实施,其他任何行政机关或者组织不得实施

B. 行政强制措施可以委托给其他行政机关实施,其他任何组织不得实施

C. 查封、扣押应当由法律、法规规定的行政机关实施,其他任何行政机关或者组织不得实施

D. 法律、行政法规授权的具有管理公共事务职能的组织可以在法定授权范围内以自己的名义实施行政强制措施

解析 ▶ 本题考核行政强制措施的实施。行政强制措施权不得委托。 答案 ▶ B

【例题6·单选题】(2019年)根据《行政强制法》规定,下列有关冻结的说法中,正确的是( )。

A. 冻结存款、汇款应当由法律规定的行政机关实施,行政机关不得委托其他行政机关或者组织

B. 已被其他国家机关依法冻结的存款、汇款,行政机关可以重复冻结

C. 行政法规可以对冻结期限作出特别规定

D. 依照法律规定冻结存款、汇款的,作出决定的行政机关应于当日向当事人交付冻结决定书

解析 ▶ 本题考核冻结。冻结存款、汇款应当由法律规定的行政机关实施,不得委托给其他行政机关或者组织;其他任何行政机关或者组织不得冻结存款、汇款。冻结存款、汇款的数额应当与违法行为涉及的金额相当;已被其他国家机关依法冻结的,不得重复冻结。所以选项A正确,选项B错误。自冻结存款、汇款之日起30日内,行政机关应当作出处理决定或者作出解除冻结决定;情况复杂的,经行政机关负责人批准,可以延长,但是延长期限不得超过30日。法律另有规定的除外。所以选项C错误。依照法律规定冻结存款、汇款的,作出决定的行政机关应在3日内向当事人交付冻结决定书。所以选项D错误。 答案 ▶ A

【例题7·多选题】(2018年)根据《行政强制法》规定,下列关于查封、扣押及冻结的说法中,正确的有( )。

A. 行政机关实施查封、扣押应当遵守《行政强制法》一般期限和延长期限的规定,但法律、行政法规另有规定的除外

B. 当事人的场所、设施或者财物已被其他国家机关依法查封的,不得重复查封

C. 行政机关不得查封、扣押公民个人及其所扶养家属的生活必需品

D. 行政机关实施冻结应当遵守《行政强制法》一般期限和延长期限的规定,但法律、行政法规另有规定的除外

E. 冻结存款的数额应当与违法行为涉及的金额相当

解析 ▶ 本题考核查封、扣押、冻结。自冻结存款、汇款之日起三十日内,行政机关应当作出处理决定或者作出解除冻结决定;情况复杂的,经行政机关负责人批准,可以延长,但是延长期限不得超过三十日。法律另有规定的除外。所以选项D错误。 答案 ▶ ABCE

五、行政强制执行实施的一般规定

扫我解疑难

(一)实施主体★★★

(1)具有行政强制执行权的行政机关。

(2)法律、行政法规授权的具有管理公共事务职能的组织。

(二)程序★★★

1. 催告

催告是强制执行决定的前置程序。行政机关作出强制执行决定前,应当事先催告当事人履行义务。

【知识点拨】 *立即代履行中没有催告程序*。

催告应当以书面形式作出,并载明下列事项:

(1)履行义务的期限;

(2) 履行义务的方式；

(3) 涉及金钱给付的，应当有明确的金额和给付方式；

(4) 当事人依法享有的陈述权和申辩权。

2. 当事人收到催告书后有权进行陈述和申辩。

3. 行政机关应当充分听取当事人的意见，对当事人提出的事实、理由和证据，应当进行记录、复核。当事人提出的事实、理由或者证据成立的，行政机关应当采纳。

4. 当事人的行为导致不同的法律后果

(1) 经催告，当事人履行行政决定的，不再实施强制执行。

(2) 经催告，当事人逾期仍不履行行政决定，且无正当理由的，行政机关可以作出强制执行决定。

(3) 在催告期间，对有证据证明有转移或者隐匿财物迹象的，行政机关可以作出立即强制执行决定。

【知识点拨】强制执行决定应当以**书面形式**作出，并载明下列事项：当事人的姓名或名称、地址；强制执行的理由和依据；强制执行的方式和时间；申请行政复议或提起行政诉讼的途径和期限；行政机关的名称、印章和日期。

(三) 特殊规定★★★

1. 文明执法

(1) 行政机关不得在夜间或者法定节假日实施行政强制执行。但是，情况紧急的除外。

【知识点拨】紧急情况指的是有证据证明有转移或者隐匿财物迹象的，以及需要立即清除道路、河道、航道或者公共场所的遗洒物、障碍物或者污染物而当事人不能清除的情形。

(2) 行政机关不得对**居民生活**采取停止供水、供电、供热、供燃气等方式迫使当事人履行相关行政决定。

【知识点拨】对法人或其他组织不受此限制。

2. 强制拆除

对违法的建筑物、构筑物、设施等需要强制拆除的，应当由行政机关予以公告，限期当事人自行拆除。当事人在法定期限内不申请行政复议或者提起行政诉讼，又不拆除的，行政机关可以依法强制拆除。

【知识点拨】这也是强制拆除的特殊程序，这样规定体现了公平、公正的要求，防止尚有争议未得到司法救济的强制拆除得以实施，损害当事人的合法权益。

3. 中止执行与终结执行 (见表4-6)

表4-6 行政机关强制执行程序的中止执行与终结执行

中止执行	终结执行
(1) 当事人履行行政决定确有困难或者暂无履行能力的； (2) 第三人对执行标的主张权利，确有理由的； (3) 执行可能造成难以弥补的损失，且中止执行不损害公共利益的； 【知识点拨】该规定体现了比例原则的要求，即应采取损害最小的方式实现行政管理目的。 (4) 行政机关认为需要中止执行的其他情形。 中止执行的情形消失后，行政机关应当恢复执行。对没有明显社会危害，当事人确无能力履行，中止执行满3年未恢复执行的，行政机关不再执行	(1) 公民死亡，无遗产可供执行，又无义务承受人的； (2) 法人或者其他组织终止，无财产可供执行，又无义务承受人的； (3) 执行标的灭失的； (4) 据以执行的行政决定被撤销的； (5) 行政机关认为需要终结执行的其他情形。 【知识点拨】实践中，税务稽查案件终结执行后，如发现被执行人又有财产可供执行的，税务局稽查局依照职权恢复执行
在执行中或者执行完毕后，据以执行的行政决定被撤销、变更，或者执行错误的，应当恢复原状或者退还财物；不能恢复原状或者退还财物的，依法给予赔偿	

4. 执行协议

实施行政强制执行，行政机关可以在不损害公共利益和他人合法权益的情况下，与当事人达成执行协议。

执行协议可以约定分阶段履行；当事人采取补救措施的，可以减免加处的罚款或者滞纳金。

【知识点拨】在强制执行阶段，罚款本金、税款本金、行政性收费本金不适用执行和解的减免规定。

执行协议应当履行。当事人不履行执行协议的，行政机关应当恢复强制执行。

【例题8·单选题】（2020年）下列有关行政强制执行的说法中，正确的是( )。

A. 行政机关作出强制执行决定前，应当事先采取书面或者口头形式催告当事人履行义务

B. 据以执行的行政决定被撤销的，行政机关应中止执行

C. 行政强制执行一律不得在夜间或者法定节假日实施

D. 在强制执行阶段，罚款本金、税款本金不适用执行和解的减免规定

解析 ▶ 本题考核行政强制执行。行政机关作出强制执行决定前，应当事先催告当事人履行义务。催告应当以书面形式作出。所以选项A错误。据以执行的行政决定被撤销的，行政强制终结执行。所以选项B错误。行政机关实施行政强制执行，不得在夜间或者法定节假日实施。但是，情况紧急的除外。所以选项C错误。在强制执行阶段，罚款本金、税款本金、行政性收费本金不适用执行和解的减免规定。所以选项D正确。

答案 ▶ D

【例题9·多选题】（2016年）根据《行政强制法》规定，下列事项中，属于催告书应当载明的事项有( )。

A. 当事人申请行政复议或者提起行政诉讼的途径和期限

B. 当事人依法享有的陈述权和申辩权

C. 当事人拖延履行或者拒绝履行所应承担的不利法律后果及行政机关依法可以采取的具体补救措施

D. 履行义务的方式和期限

E. 强制执行的方式和开始时间

解析 ▶ 本题考核催告书应当载明的事项。催告应当以书面形式作出，并载明下列事项：（1）履行义务的期限（选项D）；（2）履行义务的方式（选项D）；（3）涉及金钱给付的，应当有明确的金额和给付方式；（4）当事人依法享有的陈述权和申辩权（选项B）。

答案 ▶ BD

六、金钱给付义务的执行★★★

扫我解疑难

1. 适用情形

行政机关依法作出金钱给付义务的行政决定，当事人逾期不履行的，行政机关可以依法加处罚款或者滞纳金。

【相关链接】《行政处罚法》第72条：行政处罚决定依法作出后，当事人到期不缴纳罚款的，每日按罚款数额的3%加处罚款。

2. 告知义务

加处罚款或者滞纳金的标准应当告知当事人。故意不告知，而使当事人遭受不合理损失的，应认定无效，理由是程序违法。

3. 数额限制

加处罚款或者滞纳金的数额不得超出金钱给付义务的数额。

4. 处理结果

（1）行政机关实施加处罚款或者滞纳金超过30日，经催告当事人仍不履行的，具有行政强制执行权的行政机关可以强制执行。没有行政强制执行权的行政机关应当申请人民法院强制执行。

（2）当事人在法定期限内不申请行政复议或者提起行政诉讼，经催告仍不履行的，在实施行政管理过程中已经采取查封、扣押措

施的行政机关,可以将查封、扣押的财物依法拍卖抵缴罚款。

(3)划拨存款、汇款应当由法律规定的行政机关决定,并书面通知金融机构。金融机构接到行政机关依法作出划拨存款、汇款决定后,应当立即划拨。法律规定以外的行政机关或者组织要求划拨当事人存款、汇款的,金融机构应当拒绝。

(4)划拨的存款、汇款以及拍卖和依法处理所得款项应当上缴国库或者划入财政专户。

七、代履行(见表4-7)★★

表4-7 代履行

事项	具体内容
适用情形	行政机关依法作出要求当事人履行排除妨碍、恢复原状等义务的行政决定,当事人逾期不履行,经催告仍不履行,其后果已经或者将危害交通安全、造成环境污染或者破坏自然资源的
实施主体	行政机关可以代履行,或者委托没有利害关系的第三人代履行
程序要求	(1)代履行前送达决定书; 【知识点拨】代履行决定书应当载明当事人姓名或者名称、地址,代履行的理由和依据、方式和时间、标的、费用预算以及代履行人。 (2)代履行3日前,催告当事人履行,当事人履行的,停止代履行; 【知识点拨】需要立即清除道路、河道、航道或者公共场所的遗洒物、障碍物或者污染物,当事人不能清除的,行政机关可以决定立即实施代履行;当事人不在场的,行政机关应当在事后立即通知当事人,并依法作出处理。 (3)代履行时,作出决定的行政机关应当派员到场监督; (4)代履行完毕,行政机关到场监督的工作人员、代履行人和当事人或者见证人应当在执行文书上签名或者盖章
费用	按照成本合理确定,由当事人承担。但是,法律另有规定的除外
方式	代履行不得采用暴力、胁迫以及其他非法方式

【例题10·单选题】(2012年)根据《行政强制法》,关于代履行的说法,正确的是( )。

A. 行政机关可以代履行,但是不得采用暴力、胁迫或者其他非法方式,且不可以委托第三人代履行

B. 代履行主要适用于行政机关依法作出要求当事人履行给付金钱或财物等义务的行政决定而当事人到期仍未履行的情形

C. 代履行的费用按照成本合理确定,由行政机关、代履行人以及当事人共同分担,但是法律另有规定的除外

D. 代履行3日前,行政机关应当催告当事人履行,且实施代履行前行政机关应送达代履行决定书

解析 本题考核代履行。行政机关依法作出要求当事人履行排除妨碍、恢复原状等义务的行政决定,当事人逾期不履行,经催告仍不履行,其后果已经或者将危害交通安全、造成环境污染或者破坏自然资源的,行政机关可以代履行,或者委托没有利害关系的第三人代履行。所以选项A、B错误。代履行的费用按照成本合理确定,由当事人承担。但是,法律另有规定的除外。所以选项C错误。

答案 D

【例题11·多选题】(2013年)根据《行政强制法》规定,代履行应当遵循的规则有( )。

A. 代履行前应送达代履行决定书

B. 实施代履行应事先经过公证机关公证或者有关机构鉴证

C. 代履行的费用由行政机关承担

D. 行政机关必须自行代履行，不得委托第三人代履行

E. 代履行时作出决定的行政机关应派员到场监督

解析 ▶ 本题考核代履行。代履行应当遵守下列规定：(1)代履行前送达决定书，代履行决定书应当载明当事人姓名或者名称、地址，代履行的理由和依据、方式和时间、标的、费用预算以及代履行人；(2)代履行3日前，催告当事人履行，当事人履行的，停止代履行；(3)代履行时，作出决定的行政机关应当派员到场；(4)代履行完毕，行政机关到场监督的工作人员、代履行人和当事人或者见证人应当在执行文书上签名或者盖章。所以选项A、E正确。实施代履行无需经过公证机关或者有关机构鉴证。所以选项B错误。代履行的费用按照成本合理确定，由当事人承担。但是，法律另有规定的除外。所以选项C错误。行政机关依法作出要求当事人履行排除妨碍、恢复原状等义务的行政决定，当事人逾期不履行，经催告仍不履行，其后果已经或者将危害交通安全、造成环境污染或者破坏自然资源的，行政机关可以代履行，或者委托没有利害关系的第三人代履行。所以选项D错误。

答案 ▶ AE

八、申请人民法院强制执行（见表4-8）★★

表4-8 申请人民法院强制执行

事项	具体内容
申请前提及期限	当事人在法定期限内不申请行政复议或者提起行政诉讼，又不履行行政决定的，没有行政强制执行权的行政机关可以自期限届满之日起3个月内，申请人民法院强制执行。 【知识点拨】行政机关的义务：行政机关申请人民法院强制执行前，应当催告当事人履行义务
管辖法院	行政机关所在地有管辖权的人民法院；执行对象是不动产的，向不动产所在地有管辖权的人民法院申请
申请材料	(1)强制执行申请书； (2)行政决定书及作出决定的事实、理由和依据； (3)当事人的意见及行政机关催告情况； (4)申请强制执行标的情况； (5)法律、行政法规规定的其他材料
法院受理期限	人民法院接到行政机关强制执行的申请，应当在5日内受理； 行政机关对人民法院不予受理的裁定有异议的，可以在15日内向上一级人民法院申请复议，上一级人民法院应当自收到复议申请之日起15日内作出是否受理的裁定
法院作出裁定	(1)人民法院对行政机关强制执行的申请进行书面审查，申请材料符合规定且行政决定具备法定执行效力的，人民法院应当自受理之日起7日内作出执行裁定。 (2)人民法院发现有下列情形之一的，在作出裁定前可以听取被执行人和行政机关的意见。人民法院应当自受理之日起30日内作出是否执行的裁定。裁定不予执行的，应当说明理由，并在5日内将不予执行的裁定送达行政机关： ①明显缺乏事实根据的； ②明显缺乏法律、法规依据的； ③其他明显违法并损害被执行人合法权益的。 【知识点拨】行政机关对人民法院不予执行的裁定有异议的，可以自收到裁定之日起15日内向上一级人民法院申请复议，上一级人民法院应当自收到复议申请之日起30日内作出是否执行的裁定

续表

事项	具体内容
法院执行裁定	因情况紧急，为保障公共安全，行政机关可以申请人民法院立即执行。经人民法院院长批准，人民法院应当自作出执行裁定之日起5日内执行。 【知识点拨】是否属于"情况紧急"的情况，由行政机关根据具体情况作出判断，最后由人民法院裁量
费用承担	(1)行政机关申请人民法院强制执行，不缴纳申请费，强制执行的费用由被执行人承担； (2)人民法院以划拨、拍卖方式强制执行的，可以在划拨、拍卖后将强制执行的费用扣除

【例题12·单选题】（2012年）根据《行政强制法》，关于行政机关申请人民法院强制执行的说法，正确的是( )。

A. 强制执行的费用由行政机关缴纳和承担

B. 行政机关申请人民法院强制执行前应当书面催告当事人履行义务

C. 行政机关申请人民法院强制执行无须提供关于执行标的情况的材料

D. 人民法院以拍卖方式强制执行，不可以在拍卖后将强制执行的费用扣除

解析 本题考核申请人民法院强制执行。行政机关申请人民法院强制执行前，应当催告当事人履行义务，送达催告书。强制执行的费用由被执行人承担。所以选项A错误。行政机关向人民法院申请强制执行，应当提供下列材料：强制执行申请书；行政决定书及作出决定的事实、理由和依据；当事人的意见及行政机关催告情况；申请强制执行标的情况；法律、行政法规规定的其他材料。所以选项C错误。人民法院以划拨、拍卖方式强制执行的，可以在划拨、拍卖后将强制执行的费用扣除。所以选项D错误。

答案 B

同步训练 限时25分钟

扫我做试题

一、单项选择题

1. 下列选项中，不属于行政强制的基本原则的是( )。
   A. 行政强制适当原则
   B. 教育与强制相结合原则
   C. 禁止不利变更原则
   D. 禁止利用行政强制权谋取利益原则

2. 根据《行政强制法》规定，下列关于行政强制设定的说法中，正确的是( )。
   A. 必要时，行政强制实施机关可以根据具体情况对已设定的行政强制进行补充设定
   B. 限制公民人身自由、冻结存款的行政强制措施只能由法律、行政法规设定
   C. 法律、法规以外的其他规范性文件包括规章在内，均不得设定行政强制措施
   D. 行政强制执行只能由法律、行政法规设定

3. 在行政强制领域，行政强制的设定应当依照法定的权限、范围、条件和程序，没有体现这一要求的是( )。
   A. 限制人身自由的行政强制措施只能由法律设定
   B. 规章及其他规范性文件都不得设定行政强制
   C. 行政强制的设定必须按照法定的程序来进行
   D. 行政强制只能由法律设定

4. 依据《行政强制法》，下列有关行政机关申请人民法院强制执行不需要遵循的规定是(   )。
   A. 强制执行申请书应当由行政机关负责人签名，加盖行政机关的印章，并注明日期
   B. 催告书送达 10 日后当事人仍未履行义务的，行政机关可以向所在地有管辖权的人民法院申请强制执行
   C. 行政机关申请人民法院执行，须缴纳申请费
   D. 行政机关申请人民法院强制执行前，应当催告当事人履行义务

5. 根据《行政强制法》，下列关于行政强制执行的说法错误的是(   )。
   A. 行政机关实施行政强制执行，不得在夜间或者法定节假日实施，但是情况紧急的除外
   B. 当事人提出的事实、理由或者证据成立的，行政机关应当采纳
   C. 在催告期间，对有证据证明有转移或者隐匿财物迹象的，行政机关应当作出立即强制执行决定
   D. 除拒绝接收或无法直接送达的外，催告书、行政强制执行决定书应当直接送达当事人

6. 下列行政机关实施行政强制措施不符合《行政强制法》规定的是(   )。
   A. 甲机关执法队员在实施行政强制措施前向行政机关负责人报告并经负责人批准
   B. 乙机关在实施行政强制措施时派出了 3 名执法队员
   C. 丙机关执法队员在实施行政强制措施时出示了执法身份证件
   D. 丁机关执法人员在实施行政强制措施时未通知当事人到场

7. 根据《行政强制法》，下列选项中有关查封、扣押的说法不正确的是(   )。
   A. 查封、扣押期限已经届满的，行政机关应当及时作出解除查封、扣押决定
   B. 延长查封、扣押的决定可以以口头的方式及时告知当事人，并说明理由
   C. 查封、扣押应当由法律、法规规定的行政机关实施，其他任何行政机关或组织不得实施
   D. 查封、扣押限于涉案的场所、设施或者财物，不得查封、扣押与违法行为无关的场所、设施或者财物

8. 某市场监督管理局分局接举报称肖某超范围经营，经现场调查取证初步认定举报属实，遂扣押与其经营相关物品，制作扣押财物决定及财物清单。关于扣押程序，下列说法错误的是(   )。
   A. 扣押时应当通知肖某到场
   B. 扣押清单一式二份，由肖某和该市场监督管理局分局分别保存
   C. 对扣押物品发生的合理保管费用，由肖某承担
   D. 该市场监督管理局分局应当妥善保管扣押的物品

9. 某市市场监督管理局发现，该市宜林食品工业有限公司生产销售的一批薯片涉嫌违法使用大量添加剂。遂将该批薯片先行登记保存，期限为 15 日。根据《行政处罚法》《行政强制法》，关于将薯片先行登记保存的行为性质、适用条件、程序与期限的说法，正确的是(   )。
   A. 将薯片先行登记保存的行为性质上不属于行政强制行为，理由是《行政强制法》对这种行为没有作出规定
   B. 将薯片先行登记保存的行为性质上属于不可诉行政行为，理由是该行为对宜林食品工业有限公司的权利义务不产生实质影响
   C. 将薯片先行登记保存的适用条件是该批薯片作为证据可能灭失或者以后难以取得
   D. 将薯片先行登记保存在程序上可以由 2 名执法人员现场直接作出，登记保存期限 15 日符合法律规定

10. 在行政强制执行过程中，行政机关依法

与甲达成执行协议。事后，甲应当履行协议而不履行，行政机关可采取（ ）措施。

A. 申请法院强制执行
B. 恢复强制执行
C. 以甲为被告提起民事诉讼
D. 以甲为被告提起行政诉讼

11. 根据《行政强制法》，下列有关金钱给付义务的执行的说法中，正确的是( )。

A. 划拨存款、汇款应当由法律、行政法规规定的行政机关决定，并书面通知金融机构
B. 加处罚款或者滞纳金的数额不得超出金钱给付义务的数额
C. 行政机关依法实施加处罚款或者滞纳金超过 15 日，经催告当事人仍不履行的，具有行政强制执行权的行政机关可以强制执行
D. 划拨的存款、汇款以及拍卖和依法处理所得的款项可以适当返还

12. 根据《行政强制法》，下列有关行政机关申请人民法院强制执行需要遵循的规定，说法错误的是( )。

A. 行政机关申请人民法院强制执行前，应当催告当事人履行义务
B. 催告书送达 10 日后当事人仍未履行义务的，行政机关可以向所在地有管辖权的人民法院申请强制执行
C. 执行对象是不动产的，向不动产所在地有管辖权的人民法院申请强制执行
D. 行政机关申请人民法院执行，须缴纳申请费

二、多项选择题

1. 地方性法规可以设定的行政强制措施有( )。

A. 扣押财物
B. 限制公民人身自由
C. 冻结存款、汇款
D. 查封场所、设施或者财物
E. 行政拘留

2. 某市税务局发现宏达软件技术有限责任公司有转移应纳税财产以逃避纳税义务的迹象，遂采取税收保全措施，决定扣押该公司计算机 10 台。根据《行政强制法》《税收征收管理法》及其《实施细则》，下列关于扣押的说法中，正确的有( )。

A. 市税务局可以委托第三人保管扣押的 10 台计算机
B. 除法律、行政法规另有规定外，市税务局扣押 10 台计算机的最长期限为 90 日
C. 因扣押发生的保管费用由该公司承担
D. 市税务局决定延长扣押期限的，应当及时书面告知该公司并说明理由
E. 如需要对扣押的物品进行检测、检验、检疫的，该费用由市税务局承担

3. 根据《行政强制法》，在( )的情形下，行政强制执行终结。

A. 公民死亡
B. 法人或者其他组织终止，无财产可供执行，又无义务承受人的
C. 执行标的灭失的
D. 当事人履行行政决定确有困难或者暂无履行能力的
E. 对没有明显社会危害，当事人确无能力履行，中止执行满二年未恢复执行的

4. 根据《行政强制法》，行政机关应当及时作出解除查封、扣押决定的情形有( )。

A. 行政机关查封、扣押的财物由第三人受托保管，该第三人于查封、扣押期间死亡或者终止
B. 行政机关查封场所、设施或者扣押的财物与违法行为无关
C. 当事人违法行为危害后果不大
D. 行政机关查封、扣押的期限已经届满
E. 当事人没有违法行为

5. 根据《行政强制法》，行政机关作出的冻结决定书应当载明的事项有( )。

A. 提出陈述和申辩意见的权利、途径和期限
B. 冻结决定书交付的期限

C. 冻结的账号和数额
D. 冻结的理由和依据
E. 冻结的期限

6. 根据《行政强制法》规定，行政机关作出行政强制执行决定前应当催告，催告书应当载明的事项包括( )。
   A. 当事人依法享有的申请行政复议的权利
   B. 当事人依法享有的向法院起诉的权利
   C. 当事人依法享有的陈述权和申辩权
   D. 当事人履行义务的期限
   E. 当事人履行义务的方式

7. 根据《行政强制法》，下列关于查封、扣押权及其实施程序和人员的说法中，正确的有( )。
   A. 查封、扣押应当由法律、法规规定的行政机关实施，其他任何行政机关或者组织不得实施
   B. 一般情况下，事先向行政机关负责人报告并经批准是查封、扣押的法定必经程序
   C. 对查封的场所、设施或者财物，行政机关可以委托第三人保管，第三人不得损毁或者擅自转移、处置
   D. 若当事人的违法行为情节显著轻微或者没有明显社会危害的，则行政机关可以不行使查封扣押权
   E. 查封、扣押的最长期限为90日

8. 根据《行政强制法》，下列选项中属于行政强制执行方式的有( )。
   A. 排除妨碍、恢复原状
   B. 扣押财物
   C. 拍卖或者依法处理查封、扣押的场所、设施或者财物
   D. 罚款
   E. 代履行

同步训练答案及解析

一、单项选择题

1. C 【解析】本题考核行政强制的基本原则。选项 C 是行政复议法的基本原则。

2. C 【解析】本题考核行政强制的设定。行政强制的实施机关可以对已设定的行政强制的实施情况及存在的必要性适时进行评价，并将意见报告该行政强制的设定机关，但是行政强制实施机关无权对已设定的行政强制进行补充设定。所以选项 A 错误。限制公民人身自由、冻结存款汇款的行政强制措施只能由法律设定，不能由行政法规设定。所以选项 B 错误。行政强制执行只能由法律设定。所以选项 D 错误。

3. D 【解析】本题考核行政强制合法性原则。有权设定行政强制措施的只有法律、行政法规和地方性法规，其中，行政强制执行只能由法律设定。所以选项 D 正确。

4. C 【解析】本题考核申请人民法院强制执行。行政机关申请人民法院强制执行，不缴纳申请费。强制执行的费用由被执行人承担。人民法院以划拨、拍卖方式强制执行的，可以在划拨、拍卖后将强制执行的费用扣除。

5. C 【解析】本题考核行政强制执行实施的一般规定。在催告期间，对有证据证明有转移或者隐匿财物迹象的，行政机关可以(而非应当)作出立即强制执行决定。

6. D 【解析】本题考核行政强制措施实施的一般规定。行政机关实施行政强制措施时应当通知当事人到场。所以选项 D 说法不符合《行政强制法》的规定。

7. B 【解析】本题考核查封、扣押。延长查封、扣押的决定应当及时书面告知当事人，并说明理由。

8. C 【解析】本题考核扣押程序。(1)《行政强制法》18条规定，通知当事人到场；所以选项 A 说法正确。(2)查封、扣押清单一式二份，由当事人和行政机关分别保存；所以

选项 B 说法正确。(3)因查封、扣押发生的保管费用由行政机关承担；所以选项 C 说法错误。(4)对查封、扣押的场所、设施或者财物，行政机关应当妥善保管，不得使用或者损毁；造成损失的，应当承担赔偿责任；所以选项 D 说法正确。

9. C 【解析】本题考核先行登记保存的行为。《行政强制法》虽然没有明确地将先行登记保存作为强制措施的种类，但可以认为属于"其他行政强制措施"。所以选项 A 错误。在行政机关作出处理决定前，先行登记保存不仅改变了相对人财产、物品等的事实状态，其实施也导致了行政执法主体和行政相对人之间法律关系的产生，该行为对相对人的权利义务产生实质影响。所以选项 B 错误。登记保存期限应为 7 日。所以选项 D 错误。

10. B 【解析】本题考核行政强制执行。实施行政强制执行，行政机关可以在不损害公共利益和他人合法权益的情况下，与当事人达成执行协议。执行协议可以约定分阶段履行；当事人采取补救措施的，可以减免加处的罚款或者滞纳金。执行协议应当履行。当事人不履行执行协议的，行政机关应当恢复强制执行。

11. B 【解析】本题考核金钱给付义务的执行。(1)选项 A 错误，划拨存款、汇款应当由法律规定的行政机关决定，并书面通知金融机构。(2)选项 C 错误，应是"30 日"，不是"15 日"。(3)选项 D 错误，划拨的存款、汇款以及拍卖和依法处理所得的款项应当上缴国库或者划入财政专户。

12. D 【解析】本题考核申请人民法院强制执行。行政机关申请人民法院强制执行，不缴纳申请费。强制执行的费用由被执行人承担。人民法院以划拨、拍卖方式强制执行的，可以在划拨、拍卖后将强制执行的费用扣除；选项 D 错误，当选。

二、多项选择题

1. AD 【解析】本题考核行政强制的设定权。尚未制定法律、行政法规，且属于地方性事务的，地方性法规可以设定查封场所、设施或者财物以及扣押财物的行政强制措施。

2. DE 【解析】本题考核扣押的实施。(1)对查封的场所、设施或者财物，行政机关可以委托第三人保管；而扣押财产不涉及第三人保管的问题；所以选项 A 错误。(2)税务机关采取税收保全措施的期限一般不得超过 6 个月；重大案件需要延长的，应当报国家税务总局批准；所以选项 B 错误。(3)因查封、扣押发生的保管费用"由行政机关承担"。所以选项 C 错误。

3. BC 【解析】本题考核行政强制执行终结。(1)根据《行政强制法》规定，有下列情形之一的，终结执行：公民死亡，无遗产可供执行，又无义务承受人的；法人或者其他组织终止，无财产可供执行，又无义务承受人的；执行标的灭失的；据以执行的行政决定被撤销的；选项 BC 正确，选项 A 错误。(2)有下列情形之一的，中止执行：当事人履行行政决定确有困难或者暂无履行能力的；第三人对执行标的主张权利，确有理由的；执行可能造成难以弥补的损失，且中止执行不损害公共利益的；选项 D 错误。(3)中止执行的情形消失后，行政机关应当恢复执行。对没有明显社会危害，当事人确无能力履行，中止执行满 3 年未恢复执行的，行政机关不再执行；E 错误。

4. BDE 【解析】本题考核解除查封、扣押的情形。有下列情形之一的，行政机关应当及时作出解除查封、扣押决定：当事人没有违法行为；查封、扣押的场所、设施或者财物与违法行为无关；行政机关对违法行为已经作出处理决定，不再需要查封、扣押；查封、扣押期限已经届满；其他不再需要采取查封、扣押措施的情形。

5. CDE 【解析】本题考核冻结决定书应当载明的事项。冻结决定书应当载明下列事项：当事人的姓名或者名称、地址；冻结的理由、依据和期限；冻结的账号和数额；申请行政复议或者提起行政诉讼的途径和期限；行政机关的名称、印章和日期。

6. CDE 【解析】本题考核行政强制执行实施的一般规定——催告书的内容。行政机关作出强制执行决定前，应当事先催告当事人履行义务。催告应当以书面形式作出。催告书载明下列事项：履行义务的期限；履行义务的方式；涉及金钱给付的，应当有明确的金额和给付方式；当事人依法享有的陈述权和申辩权。

7. ABCD 【解析】本题考核查封、扣押。查封、扣押的期限不得超过30日；情况复杂的，经行政机关负责人批准，可以延长，但是延长期限不得超过30日，即最长期限不得超过60日。法律、行政法规另有规定的除外。

8. ACE 【解析】本题考核行政强制执行的方式。选项B属于行政强制措施，选项D属于行政处罚。

本章知识串联

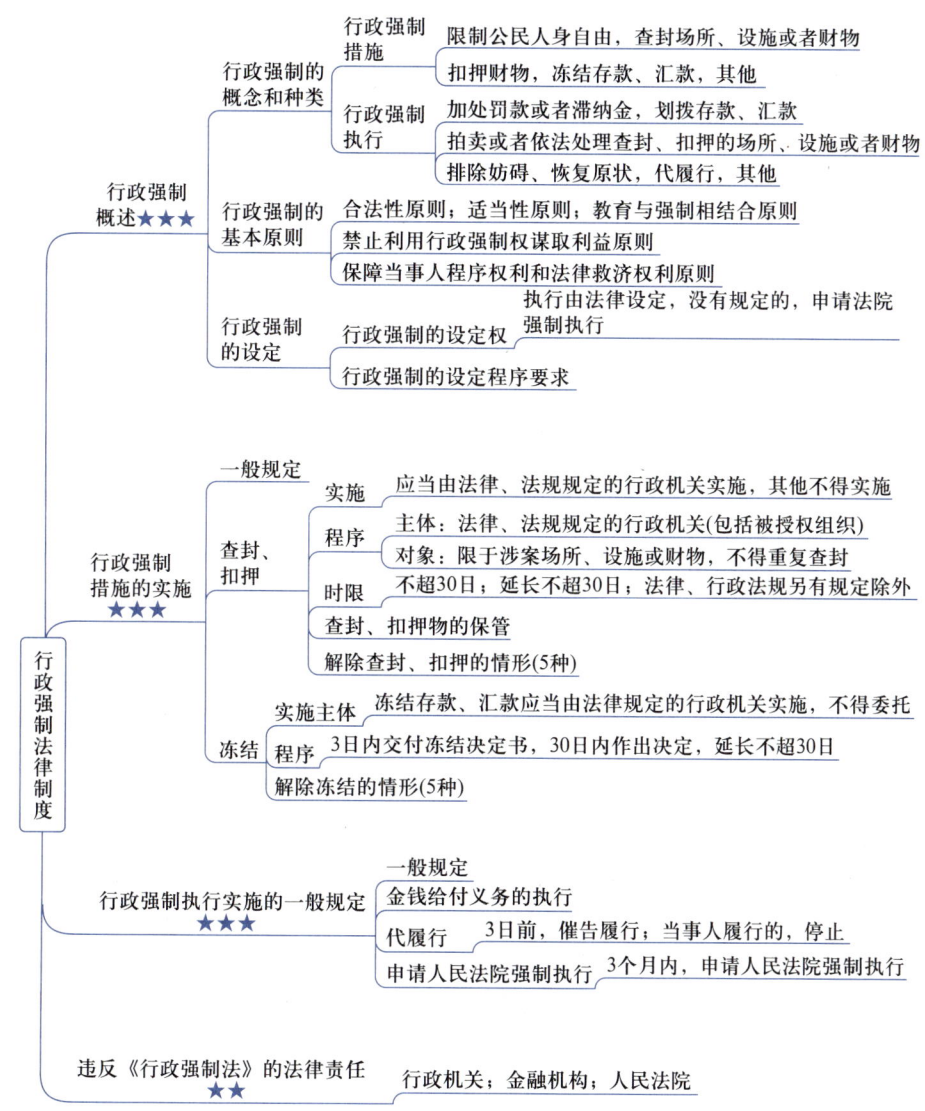

第5章 行政复议法律制度

考情解密

历年考情概况

本章是典型的程序法，内容非常多，记忆的要求也很高。近年本章考试分值有波动，预计2021年的分值在8分以下。命题规律：(1)与行政强制法、行政处罚法结合考核综合分析题，同时还要注意与行政诉讼法的对比学习；(2)行政复议受案范围、当事人、行政复议管辖、行政复议决定、行政复议和解与调解以及行政复议与税务问题的结合考查是历年命题的热点区域。

近年考点直击

考点	主要考查题型	考频指数	考查角度
行政复议申请与受理	单选题、多选题	★★★	直接考核行政复议申请期限的内容
行政复议的审理	单选题、多选题	★★★	(1)直接考核行政复议期间申请人的权利；(2)直接考核行政复议审理期限的内容
行政复议的决定与执行	单选题、综合分析题	★★★	(1)结合具体案例，考核行政复议审理和决定的内容；(2)结合具体案例，考核行政复议决定的内容
税务行政复议的申请和受理	多选题	★★★	(1)直接考核税务行政复议受理的内容；(2)结合具体案例，考核税务行政复议受理的内容
税务行政复议的审查和决定	单选题、综合分析题	★★★	(1)结合具体案例，考核税务行政复议申请的撤回；(2)结合具体案例，考核税务行政复议的审查

本章2021年考试主要变化

本章变动不大。主要是相关表述的调整，单独提出复议申请的事项中新增"外出经营活动税收管理证明"。

考点详解及精选例题

一、行政复议的基本原则★

扫我解疑难

1. 合法原则

包括复议主体、审理依据、程序应当合法。

2. 公正原则

对行政行为合法性、适当性审查原则是行政复议的一项基本原则。

3. 公开原则(见表5-1)

表 5-1　公开原则

复议过程公开	(1)听取相关人员意见,让他们更多地介入行政复议程序; (2)行政复议机构认为必要时,可以采取听证的方式审理
复议依据公开	申请人、第三人可以查阅被申请人提出的书面答复,作出具体行政行为的证据、依据和其他有关材料,除涉及国家秘密、商业秘密或者个人隐私外,行政复议机关不得拒绝

4. 及时原则

及时原则内容包括:(1)受理申请及时;(2)审理及时;(3)作出决定及时;(4)当事人不履行时,处理及时。

5. 便民原则

(1)对不能提供书面申请的相对人,可允许其以口头方式提出复议申请。

【相关链接】行政诉讼的原告,书写起诉状确有困难的,也可以口头起诉。

(2)有条件的行政复议机构可以接受以电子邮件形式提出的行政复议申请。

6. 禁止不利变更原则

行政复议机关在申请人的行政复议请求范围内,不得作出对申请人更为不利的复议决定,即作出的行政复议决定不得增加处罚种类、加重对申请人的处罚,或者对申请人作出其他更加不利的处理。

二、行政复议受案范围

(一)行政复议受理案件的范围★★★

1. 公民、法人或者其他组织"认为"行政机关的"具体行政行为"侵犯其合法权益的,可以申请行政复议。

2. 行政复议不受理的案件

(1)行政机关的工作人员不服行政机关作出的行政处分或者其他人事处理决定的,应依照有关法律、行政法规的规定提出申诉。

(2)相对人不服行政机关对民事纠纷的调解或者其他处理,应依法申请仲裁或者向人民法院提起民事诉讼。

(二)附带审查部分抽象行政行为★★

1. 公民、法人或其他组织在申请行政复议时,可一并提出对具体行政行为所依据的有关规定的审查申请(见表 5-2)

表 5-2　可以附带审查的情形与不得附带审查的情形对比

可以附带的情形	不得附带的情形
(1)国务院部门的规定; (2)县级以上地方各级人民政府及其工作部门的规定; (3)乡、镇人民政府的规定	(1)国务院的规定; (2)行政法规、部门规章、地方政府规章

2. 行政复议机关的处理

(1)行政复议机关对该规定有权处理的:应当在30日内依法处理。

(2)无权处理的:应当在 7 日内按照法定程序转送有权处理的行政机关依法处理,有权处理的行政机关应当在 60 日内依法处理。

三、行政复议参加人

(一)行政复议申请人★★

1. 行政复议申请人资格转移的情况

(1)有权申请行政复议的公民死亡的,其近亲属可以申请行政复议;

(2)有权申请行政复议的法人或者其他组

织终止，承受其权利的法人或者其他组织可以申请行政复议。

2. 有权申请行政复议的公民为无民事行为能力或者限制民事行为能力人的，其法定代理人可以代为申请行政复议。

3.《行政复议法实施条例》有关复议申请人、复议代表人的特殊规定(见表5-3)

表5-3 复议申请人、复议代表人的特殊规定

类型	具体规定
合伙	(1)合伙企业申请行政复议的，以核准登记的企业为申请人，由执行合伙事务的合伙人代表该企业参加行政复议； (2)其他合伙组织申请行政复议的，由合伙人共同申请行政复议
非法人资格的组织	不具备法人资格的其他组织申请行政复议的，由该组织的主要负责人代表该组织参加行政复议；没有主要负责人的，由共同推选的其他成员代表该组织参加行政复议
股份制企业	**股东大会**、**股东代表大会**、**董事会**认为行政机关作出的具体行政行为侵犯企业合法权益的，可以以企业的名义申请行政复议
多人申请	同一行政复议案件申请人超过5人的，推选1至5名代表参加行政复议

(二)行政复议被申请人★★★

行政复议被申请人，是指作出被申请复议的具体行政行为的行政主体。具体情形如下：

1. 行政机关与法律、法规授权的组织以共同的名义作出具体行政行为的，**行政机关和法律、法规授权的组织**为共同被申请人。

【知识点拨】行政机关与其他组织以共同名义作出具体行政行为的，行政机关为被申请人。

2. 行政机关委托的组织作出具体行政行为的，委托的行政机关为被申请人。

3. 下级行政机关依照法律、法规、规章规定，经上级行政机关批准作出具体行政行为的，批准机关为被申请人。

4. 行政机关设立的派出机构、内设机构或者其他组织，未经法律、法规授权，对外以自己名义作出具体行政行为的，该行政机关为被申请人。

(三)行政复议第三人★★★

1. 概念

行政复议第三人是指因与被申请的具体行政行为有利害关系，通过申请或者复议机构通知，参加到复议中的除申请人和被申请人以外的公民、法人或者其他组织。

2. 第三人的地位和权利

(1)第三人在行政复议中具有独立的法律地位，不依附于申请人或被申请人，享有与申请人基本相同的复议权利。

(2)第三人不参加行政复议，不影响行政复议案件的审理。

(3)第三人可以委托1至2名代理人参加行政复议，可以查阅被申请人提出的书面答复、作出具体行政行为的证据、依据和其他有关材料。

【例题1·单选题】(2011年)根据《行政复议法实施条例》和《税务行政复议规则》，"禁止不利变更原则"要求税务行政复议机关(　　)。

A. 在申请人的行政复议请求范围内不得作出对申请人更加不利的行政复议决定

B. 在申请人的行政复议请求范围内不得作出责令被申请人重新作出税务具体行政行为的行政复议决定

C. 在申请人的行政复议请求范围内不得作出驳回行政复议请求的行政复议决定

D. 不论是否在申请人的行政复议请求范围内，均不得作出对申请人更加不利的行政复议决定

解析　本题考核行政复议基本原则。行政复议机关在申请人的行政复议请求范围内，

不得作出对申请人更为不利的行政复议决定；作出的行政复议决定不得对该行政处罚或者该具体行政行为增加处罚种类或加重对申请人的处罚。

答案 ▶ A

【例题2·单选题】（2018年）根据《行政复议法》《行政复议法实施条例》规定，申请人可依法一并提出对行政行为所依据的有关规定的审查申请。下列文件中，属于可以审查的规定是（　　）。

A. 县级人民政府的规定
B. 设区的市人民政府规章
C. 县人大常委会的规定
D. 省级人民政府规章

解析 ▶ 本题考核行政复议中的抽象行政行为审查。可以审查的"规定"是指国务院部门的规定、县级以上地方各级人民政府及其工作部门的规定以及乡、镇人民政府的规定等。但这些规定不含部门规章和地方政府规章。

答案 ▶ A

【例题3·多选题】（2012年）根据《行政复议法》及其《实施条例》，关于行政复议实体或者程序规则的说法，正确的有（　　）。

A. 行政复议期间，被申请人不得改变被申请复议的具体行政行为
B. 行政复议期间，复议机关发现被申请人的相关行政行为违法，可以制作行政复议意见书
C. 被申请人应自收到复议申请书或者笔录复印件之日起10内提出书面答复，此处的"10日"是指工作日
D. 行政复议期间，具体行政行为不停止执行；但是，法律、行政法规规定停止执行的，可以停止执行
E. 申请行政复议的同一个案件中，申请人超过5人，依法可以推选1至5名代表参加行政复议

解析 ▶ 本题考核行政复议机关、复议期间具体行政行为的效力、行政复议代表人。行政复议期间被申请人改变原具体行政行为的，不影响行政案件的审理。但是，申请人依法撤回行政复议申请的除外。所以选项A错误。行政复议期间行政复议机关发现被申请人或者其他下级行政机关的相关行政行为违法或者需要做好善后工作的，可以制作行政复议意见书。所以选项B正确。行政复议期间有关"5日"、"7日"的规定是指工作日，不含节假日。对于10日的情况没有规定。所以选项C错误。行政复议期间具体行政行为不停止执行；但是，有下列情形之一的，可以停止执行：被申请人认为需要停止执行的；行政复议机关认为需要停止执行的；申请人申请停止执行，行政复议机关认为其要求合理，决定停止执行的；法律规定停止执行的。所以选项D错误。同一行政复议案件申请人超过5人的，推选1至5名代表参加行政复议。所以选项E正确。

答案 ▶ BE

四、行政复议机关及行政复议管辖

扫我解疑难

（一）行政复议机关★★★

1. 性质：行政复议机关必然是行政主体。

【知识点拨1】 行政复议机构，是行政复议机关中负责法制工作的机构，不是行政主体。

【知识点拨2】 各级行政复议机关可以成立行政复议委员会，研究重大、疑难案件，提出处理建议。

2. 行政复议机关和行政复议机构的关系具体表现在：

（1）行政复议机关有权作出复议决定，而行政复议机构是行政复议机关内部设立的专门负责办理行政复议案件的办事机构；

（2）行政复议机关与行政复议机构之间存在领导与被领导的关系，行政复议机关应当加强对行政复议工作的领导；

（3）行政复议机关应当加强对其行政复议机构履行行政复议职责的监督。

行政复议期间行政复议机关发现被申请人或者其他下级行政机关的相关行政行为违

法或者需要做好善后工作的,可以制作行政复议意见书。

有关机关应当自收到行政复议意见书之日起60日内将纠正相关行政违法行为或者做好善后工作的情况通报行政复议机构。

(二)行政复议人员

行政机关中初次从事行政复议的人员,应当通过国家统一法律职业资格考试取得法律职业资格。

(三)一般管辖和特殊管辖(见表5-4)★★★

表5-4 行政复议管辖

		被申请人	复议机关
一般管辖	选择管辖	县级以上各级人民政府工作部门	本级人民政府或上一级主管部门
		经国务院批准实行省以下垂直领导的部门	本级人民政府或上一级主管部门,但省、自治区或直辖市另有规定的除外
	上级管辖	海关、金融、外汇管理等实行垂直领导的行政机关和国家安全机关	上一级主管部门
		地方各级人民政府	上一级人民政府
	本级管辖	国务院部门或省级政府	作出该具体行政行为的机关
特殊管辖	(1)县级以上地方人民政府派出机关		设立该派出机关的人民政府
	(2)依法以自己名义作出具体行政行为的政府工作部门设立的派出机构		设立该派出机构的部门或者该部门的本级人民政府
	(3)法律、法规授权的组织		直接管理该组织的地方人民政府、地方人民政府工作部门或国务院部门
	(4)以共同名义作出具体行政行为的两个或两个以上行政机关		共同上一级行政机关
	(5)在被撤销前作出具体行政行为的行政机关		继续行使其职权的行政机关的上一级行政机关

【知识点拨】对国务院部门或省级政府的具体行政行为不服的,向作出该具体行政行为的国务院部门或省级政府申请行政复议;对行政复议决定不服的,可以向人民法院提起行政诉讼,也可以向国务院申请最终裁决。

(四)转送管辖★★★

适用转送管辖,必须具备三个条件:(1)必须属于特殊管辖的复议案件;(2)转送机关是县级人民政府,且对该案件没有管辖权;(3)受转送的复议机关对该案件有管辖权。

(五)协商管辖和指定管辖★★★

申请人就同一事项向两个或者两个以上有权受理的行政机关申请行政复议的,由最先收到行政复议申请的行政机关受理;同时收到行政复议申请的,由收到行政复议申请的行政机关在10日内协商确定;协商不成的,由其共同上一级行政机关在10日内指定受理机关。

协商确定或者指定受理机关所用时间不计入行政复议审理期限。

【例题4·单选题】(2020年)下列有关行政复议机关的说法中,正确的是( )。

A. 行政复议机关中从事行政复议工作的人员,均应当取得法律职业资格

B. 行政复议机关和行政复议机构均有作出行政复议决定的职权

C. 行政复议机关与行政复议机构之间存在领导与被领导的关系

D. 行政复议委员会不得邀请行政复议机关以外的人员参加

解析 本题考核行政复议机关和行政复议机构的关系。行政机关中初次从事行政复议的人员,应当通过国家统一法律职业资格

考试取得法律职业资格。所以选项 A 错误。行政复议机关有权作出复议决定,而行政复议机构是行政复议机关内部设立的专门负责办理行政复议案件的办事机构,没有作出行政复议决定的职权。所以选项 B 错误。行政复议机关与行政复议机构之间存在领导与被领导的关系。所以选项 C 正确。行政复议委员会可以邀请本机关以外的具有相关专业知识人员参加。所以选项 D 错误。 **答案** ▶ C

【例题 5·单选题】(2019 年)根据法律、法规关于复议管辖的规定,应当向上一级主管部门申请行政复议的情形是( )。

A. 对国家安全机关作出的具体行政行为不服申请复议的

B. 对自然资源部门作出的具体行政行为不服申请复议的

C. 对公安机关作出的具体行政行为不服申请复议的

D. 对生态环境部门作出的具体行政行为不服申请复议的

解析 ▶ 本题考核行政复议管辖。对海关、金融、外汇管理等实行垂直领导的行政机关和国家安全机关的具体行政行为不服的,向上一级主管部门申请行政复议。所以选项 A 正确。对县级以上地方各级人民政府工作部门的具体行政行为不服的,由申请人选择,可以向该部门的本级人民政府申请行政复议,也可以向上一级主管部门申请行政复议。所以选项 B、C、D 错误。 **答案** ▶ A

【例题 6·多选题】(2018 年)行政复议转送管辖必须具备的条件有( )。

A. 受转送机关必须是转送机关的上一级行政机关,且对该案件有管辖权

B. 转送机关必须是受转送机关的下一级行政机关,且对该案件没有管辖权

C. 转送机关是县级地方人民政府,且对该案件没有管辖权

D. 转送的案件必须属于特殊管辖的复议案件

E. 转送的案件必须属于选择管辖的复议案件

解析 ▶ 本题考核行政复议转送管辖。适用转送管辖,必须具备三个条件:(1)必须属于特殊管辖的复议案件;(2)转送机关是县级人民政府,且对该案件没有管辖权;(3)受转送的复议机关对该案件有管辖权。 **答案** ▶ CD

五、行政复议程序

扫我解疑难

(一)行政复议程序(见表 5-5)★★★

表 5-5 行政复议程序

申请	形式要件:可以书面申请,也可以口头申请
	时间要件:(1)一般时效:60 日。(2)特殊时效:只有法律规定超过 60 日的才有效。(3)因不可抗力或者其他正当理由耽误法定申请期限的,申请期限自障碍消除之日起继续计算。(≥60 日) 『注意』《行政复议法实施条例》规定的一般申请期限的具体计算方法①
	其他要件:(1)申请人是与具体行政行为有利害关系、认为具体行政行为侵犯其合法权益的公民、法人或其他组织。(2)有符合规定的被申请人。(3)有具体的复议请求和理由。(4)属于复议范围和受理复议机关管辖。不在复议范围内的复议机关不予受理。但是接收复议申请的是县级地方人民政府,对属于其他行政复议机关受理的行政复议申请,自接到申请之日起 7 日内转送有权机关,并告知当事人。(5)在法定申请期限内提出;(6)法律、法规规定的其他条件

续表

审查与受理	复议机关收到复议申请后应当在5日内审查：(1)是否符合申请的一般条件；(2)是否超过法定的申请期限；(3)是否重复申请；(4)是否已起诉；(5)复议申请材料是否齐全、表述是否清楚。如不齐全或不清楚，可以在5日内书面通知申请人限期补正。 【相关链接】人民法院接到起诉状，经审查，应当在7日内立案或者作出裁定不予立案 审查结果： (1)符合法定条件的，行政复议申请自行政复议机关负责法制工作的机构收到之日即为受理； (2)行政复议机关无正当理由不予受理的，上级行政机关应当责令其受理；必要时，上级行政机关也可以直接受理； (3)对行政复议机关决定不予受理或者受理后超过行政复议期限不作答复的，公民、法人或者其他组织可以自收到不予受理决定书之日起或者行政复议期满之日起15日内，依法向人民法院提起行政诉讼； (4)对符合《行政复议法》规定，自不属于本机关受理的行政复议申请，应当告知申请人向有关行政复议机关提出
处理	处理方式：书面审查为主。必要时或申请人要求时可调查情况，听取申请人、被申请人和第三人的意见。对重大、复杂的案件，申请人提出或者必要时，可以采取听证的方式审理。 【知识点拨】申请人、第三人可以委托1至2名代理人参加行政复议 审理期限： (1)行政复议机关应当自受理申请之日起60日内作出行政复议决定；但是法律规定的行政复议期限少于60日的除外（≤60日）。 (2)情况复杂，不能在规定期限内作出行政复议决定的，经行政复议机关的负责人批准，可以适当延长，并告知申请人和被申请人；但是延长期限最多不超过30日。 (3)不计入审理期限：补正申请材料所用时间、协商确定或者指定受理机关所用时间、行政复议期间专门事项鉴定所用时间以及现场勘验所用时间 审理依据：法律、法规、规章以及上级行政机关依法制定和发布的具有普遍约束力的决定、命令
相关问题	申请人撤回复议申请。撤回行政复议申请的，行政复议终止。 【知识点拨】《行政复议法实施条例》规定，申请人在行政复议决定作出前自愿撤回行政复议申请的，经行政复议机构同意，可以撤回。申请人撤回行政复议申请的，不得再以同一事实和理由提出行政复议申请。但是，申请人能够证明撤回行政复议申请违背其真实意思表示的除外 证据的收集：在行政复议过程中，被申请人不得自行向申请人和其他有关组织或者个人收集证据 行政复议期间被申请人改变原具体行政行为的，不影响行政案件的审理。但是，申请人依法撤回行政复议申请的除外 根据规定，复议期间具体行政行为不停止执行。但在下列情况下，可以停止执行： (1)被申请人认为需要停止执行的； (2)行政复议机关认为需要停止执行的； (3)申请人申请停止执行，行政复议机关认为其要求合理，决定停止执行的； (4)法律规定停止执行的。 行政复议人员向有关组织和人员调查取证时，可以查阅、复制、调取有关文件和资料，向有关人员询问。调查取证时，行政复议人员不得少于2人，并应当出示证件

[注]①行政复议申请期限的计算，依照下列规定办理：
  a. 当场作出具体行政行为的，自具体行政行为作出之日起计算；
  b. 载明具体行政行为的法律文书直接送达的，自受送达人签收之日起计算；
  c. 载明具体行政行为的法律文书邮寄送达的，自受送达人在邮件签收单上签收之日起计算；没有邮件签收单的，自受送达人在送达回执上签名之日起计算；
  d. 具体行政行为依法通过公告形式告知受送达人的，自公告规定的期限届满之日起计算；

e. 行政机关作出具体行政行为时未告知公民、法人或者其他组织，事后补充告知的，自该公民、法人或者其他组织收到行政机关补充告知的通知之日起计算；

f. 被申请人能够证明公民、法人或者其他组织知道具体行政行为的，自证据材料证明其知道具体行政行为之日起计算。

行政机关作出的具体行政行为对公民、法人或者其他组织的权利、义务可能产生不利影响的，应当告知其申请行政复议的权利、行政复议机关和行政复议申请期限。

（二）行政复议中止和终止（见表5-6）★★

表5-6 行政复议中止和终止

行政复议中止（暂时停止）	行政复议终止（结束程序）
(1)作为申请人的自然人死亡，其近亲属尚未确定是否参加行政复议的； (2)作为申请人的自然人丧失参加行政复议的能力，尚未确定法定代理人参加行政复议的； (3)作为申请人的法人或者其他组织终止，尚未确定权利义务承受人的； (4)作为申请人的自然人下落不明或者被宣告失踪的； (5)申请人、被申请人因不可抗力，不能参加行政复议的； (6)案件涉及法律适用问题，需要有权机关作出解释或者确认的； (7)案件审理需要以其他案件的审理结果为依据，而其他案件尚未审结的； (8)其他需要中止行政复议的情形	(1)申请人要求撤回行政复议申请，行政复议机构准予撤回的； (2)作为申请人的自然人死亡，没有近亲属或者其近亲属放弃行政复议权利的； (3)作为申请人的法人或者其他组织终止，其权利义务的承受人放弃行政复议权利的； (4)申请人与被申请人经行政复议机构准许达成和解的； (5)申请人对行政拘留或者限制人身自由的行政强制措施不服申请行政复议后，因申请人同一违法行为涉嫌犯罪，该行政拘留或者限制人身自由的行政强制措施变更为刑事拘留的； (6)因行政复议中止前3项原因，复议中止满60日，中止原因仍未消除的

【知识点拨】行政复议终止的原因主要包括三个方面，一是申请人放弃复议权；二是被申请的行政行为转变为刑事案件；三是特定复议中止原因满60日未消除。

（三）行政复议和解与调解（见表5-7）★★

表5-7 行政复议和解与调解

	行政复议和解	行政复议调解
适用范围	行政机关行使自由裁量权作出具体行政行为	(1)行政机关行使自由裁量权作出具体行政行为； (2)行政赔偿或者行政补偿纠纷
时间	行政复议决定作出前	
方式	申请人与被申请人自愿达成和解的，向复议机关提交书面和解协议	行政复议机关居中调解并制作行政复议调解书
法律效果	当事人达成的和解协议导致行政复议终止	双方当事人在调解书上签字，调解书即具有法律效力。未达成协议或签订前一方反悔的，复议机关应及时作出行政复议决定。 行政复议调解书生效后一方反悔的，不影响行政复议调解书的效力

(四)行政复议决定及其执行★★★
1. 行政复议决定的种类(见表5-8)

表5-8 行政复议决定的种类

种类	适用情形
维持决定	事实清楚,证据确凿,适用依据正确,程序合法,内容适当
驳回决定	(1)申请人认为行政机关不履行法定职责申请行政复议,行政复议机关受理后发现该行政机关没有相应法定职责或者在受理前已经履行法定职责的; (2)受理行政复议申请后,发现该行政复议申请不符合《行政复议法》和《行政复议法实施条例》规定的受理条件的。 【知识点拨】上级行政机关认为行政复议机关驳回行政复议申请的理由不成立的,应当责令其恢复审理
履行决定	被申请人不履行法定职责的,行政复议机关应当决定其在一定期限内履行法定职责
《行政复议法》决定撤销、变更或确认违法决定情形	(1)主要事实不清,证据不足的; (2)适用依据错误的; (3)违反法定程序的; (4)超越或者滥用职权的; (5)具体行政行为明显不当的
《行政复议法实施条例》可以决定变更的情形	(1)认定事实清楚,证据确凿,程序合法,但是明显不当或者适用依据错误的; (2)认定事实不清,证据不足,但是经行政复议机关审理查明事实清楚,证据确凿的
《行政复议法实施条例》应当决定撤销	被申请人不按照规定提出书面答复,提交当初作出具体行政行为的证据、依据和其他有关材料的,视为该具体行政行为没有证据、依据,行政复议机关应当决定撤销该具体行政行为
责令重新作出具体行政行为	(1)具有《行政复议法》所列上述情形,决定撤销或者确认具体行政行为违法的,可以责令被申请人在一定期限内重新作出具体行政行为。 (2)行政复议机关责令被申请人重新作出具体行政行为的,被申请人不得以同一的事实和理由作出与原具体行政行为相同或者基本相同的具体行政行为。 (3)行政复议机关依法责令被申请人重新作出具体行政行为的,被申请人应当在法律、法规、规章规定的期限内重新作出具体行政行为。 【知识点拨】法律、法规、规章未规定期限的,重新作出具体行政行为的期限为60日
赔偿决定	(1)依申请赔偿决定:申请人在申请行政复议时一并提出赔偿请求的,复议机关对符合《国家赔偿法》的有关规定应当给予赔偿的,在决定撤销、变更具体行政行为或者确认具体行政行为违法时,应当同时作出赔偿决定; (2)依职权赔偿决定:申请人在申请行政复议时没有提出行政赔偿请求的,行政复议机关在依法决定撤销或者变更罚款,撤销违法集资、没收财物、征收财物、摊派费用以及对财产的查封、扣押、冻结等具体行政行为(与财产相关的行政行为)时,应当同时责令被申请人返还财产,解除对财产的查封、扣押、冻结措施或者赔偿相应的价款

2. 行政复议决定的执行

行政复议决定书一经送达,即发生法律效力,被申请人应当履行行政复议决定。

(1)被申请人不履行义务

被申请人不履行或者无正当理由拖延履行行政复议决定的,行政复议机关或者有关上级行政机关应当责令其限期履行。

(2)申请人不履行义务且没有起诉

申请人逾期不起诉又不履行行政复议决定的,或者不履行终局的行政复议决定的,按照下列规定分别处理：

①维持具体行政行为的行政复议决定，由作出具体行政行为的行政机关依法强制执行，或者申请人民法院强制执行；

②变更具体行政行为的行政复议决定，由行政复议机关依法强制执行，或者申请人民法院强制执行。

【知识点拨】第三人逾期不起诉又不履行政复议决定的，依照上述规定办理。

『总结』维持找原机关或法院，变更找复议机关或法院。

【例题7·单选题】(2014年)根据《行政复议法实施条例》，下列关于行政复议一般申请期限计算方法的说法中，错误的是( )。

A. 当场作出具体行政行为的，自具体行政行为作出之日起计算

B. 具体行政行为依法通过公告形式告知受送达人的，自公告规定的期限届满之日起计算

C. 载明具体行政行为的法律文书直接送达的，自受送达人签收之日起计算

D. 行政机关作出具体行政行为时未告知当事人，事后补充告知的，自行政机关发出补充公告的通知之日起计算

解析 本题考核申请复议期限的起算。行政机关作出具体行政行为时未告知公民、法人或者其他组织，事后补充告知的，自该公民、法人或者其他组织收到行政机关补充告知的通知之日起计算。 答案 D

【例题8·单选题】(2013年)国务院某部以违法从事生产经营为由对某省某上市公司作出罚款100万元的处罚。该公司不服，向该部申请行政复议。公司对该部作出的复议决定不服，向国务院申请裁决。根据《行政诉讼法》、《行政复议法》及《行政复议法实施条例》规定，下列关于本案中复议机关和法院处理的说法中，正确的是( )。

A. 若该部经复议审理后发现，其作出的罚款处罚决定适用依据错误，可以决定变更

B. 若公司在复议期间撤回复议申请，之后又以同一事实和理由提出复议申请或者向法院起诉该部，则复议机关和法院均不应受理

C. 若公司委托代理人参加行政复议，则该部作为复议机关应允许代理人查阅该部提出的书面答复，但是对查阅该部作出罚款决定的证据、依据和其他材料的请求可以拒绝

D. 若公司对国务院的裁决仍不服向法院起诉，法院应予以受理

解析 本题考核行政复议决定、行政复议受理、行政复议公开原则。申请人撤回行政复议申请的，不得再以同一事实和理由提出行政复议申请。但是，申请人能够证明撤回行政复议申请违背其真实意思表示的除外。法律、法规未规定行政复议为提起行政诉讼必经程序，公民、法人或者其他组织向复议机关申请行政复议后，又经复议机关同意撤回复议申请，在法定起诉期限内对原行政行为提起诉讼的，人民法院应当依法立案。可见，撤回复议申请之后，可以依法向法院提起行政诉讼。所以选项B错误。申请人、第三人可以查阅被申请人提出的书面答复，作出具体行政行为的证据、依据和其他有关材料，除涉及国家秘密、商业秘密或者个人隐私外，行政复议机关不得拒绝。所以选项C错误。对国务院部门的行政复议决定不服的，可以向人民法院提起行政诉讼；也可以向国务院申请裁决，国务院依照《行政复议法》的规定作出最终裁决。所以选项D错误。 答案 A

【例题9·多选题】(2015年)根据《行政复议法》及其《实施条例》的规定，申请人在行政复议期间的法定权利有( )。

A. 查阅被申请人书面答复，证据及依据材料的权利

B. 委托律师作为代理人参加复议的权利

C. 要求依法撤回行政复议申请的权利

D. 停止执行被申请复议的行政行为所确定的给付义务的权利

E. 复议期间对被申请行政复议的行政行

为提起诉讼

解析 ▶ 本题考核行政复议期间申请人的权利。申请人、第三人可以查阅被申请人提出的书面答复、作出具体行政行为的证据、依据和其他有关材料，除涉及国家秘密、商业秘密或者个人隐私外，行政复议机关不得拒绝。所以选项 A 正确。申请人、第三人可以委托 1 至 2 名代理人参加行政复议。所以选项 B 正确。申请人在行政复议决定作出前自愿撤回行政复议申请的，经行政复议机构同意，可以撤回。所以选项 C 正确。行政复议期间，申请人申请停止执行具体行政行为的，行政复议机关认为其要求合理，决定停止执行。由此可知，对"停止执行行政行为所确定的给付义务"，申请人享有申请权，但无决定权。所以选项 D 错误。复议期间不能对被申请行政复议的行政行为提起诉讼。所以选项 E 错误。

答案 ▶ ABC

【例题 10·多选题】（2015 年）根据《行政复议法实施条例》，行政复议机关可以按照自愿、合法原则进行调解的有( )。

A. 对确定税率引起的行政复议案件
B. 因房屋拆迁引起的行政补偿申诉案件
C. 因确认不动产物权无效的争议案件
D. 因人身权受到侵害请求支付精神损害抚慰金引起的争议案件
E. 因违法扣押造成损失引起行政赔偿争议案件

解析 ▶ 本题考核行政复议调解。有下列情形之一的，行政复议机关可以按照自愿、合法的原则进行调解：（一）公民、法人或者其他组织对行政机关行使法律、法规规定的自由裁量权作出的具体行政行为不服申请行政复议的；（二）当事人之间的行政赔偿或者

行政补偿纠纷。

答案 ▶ BDE

【例题 11·多选题】（2020 年）下列有关行政复议的说法中，正确的有( )。

A. 行政复议是一种司法行为
B. 对认定事实清楚，证据确凿，程序合法，但是明显不当的具体行政行为，复议机关可以决定变更
C. 行政复议要求过程公开和依据公开
D. 行政复议的目的是限制行政相对人的合法权益
E. 复议机关应当从合法性和合理性两方面审查被申请的具体行政行为

解析 ▶ 本题考核行政复议的特征。行政复议在性质上是一种准司法的行政行为。所以选项 A 错误。对认定事实清楚，证据确凿，程序合法，但是明显不当或者适用依据错误的具体行政行为，行政复议机关可以决定变更。所以选项 B 正确。行政复议公开原则的主要内容包括行政复议过程公开、依据公开、复议的结果和作出决定的理由公开。所以选项 C 正确。行政复议的目的是监督行政主体的行政活动，纠正行政主体作出的违法或者不当的具体行政行为，以保护行政相对人的合法权益。所以选项 D 错误。行政复议机关应当从合法性和合理性两方面审查被申请的具体行政行为。所以选项 E 正确。

答案 ▶ BCE

六、税务行政复议

扫我解疑难

(一)税务行政复议范围★

1. 可以申请复议的税务具体行政行为（见表 5-9）

表 5-9 税务行政复议范围

复议前置型：征税行为	(1)确认纳税主体、征税对象、范围、减免税、退税、抵扣税款、适用税率、计税依据、纳税环节、纳税期限、地点和征收方式等具体行政行为； (2)征收税款、加收滞纳金； (3)代扣代缴、代收代缴、代征行为等

续表

复议选择型	(1) 行政许可、行政审批行为； (2) 发票管理行为：发售、收缴、代开发票等； (3) 税收保全措施、强制执行措施； (4) 行政处罚行为：罚款、没收财物和违法所得、停止出口退税权； (5) 不依法履行下列职责：颁发税务登记证，开具、出具完税凭证，外出经营活动税收管理证明，行政赔偿，行政奖励等； (6) 资格认定行为； (7) 不依法确认纳税担保行为； (8) 政府信息公开工作中的具体行政行为； (9) 纳税信用等级评定行为； (10) 通知出入境管理机关阻止出境行为； (11) 其他具体行政行为

2. 在对具体行政行为申请复议时，可一并向复议机关提出对该规定的审查申请

(1) 国家税务总局和国务院其他部门的规定；
(2) 其他各级税务机关的规定；
(3) 地方各级人民政府的规定；
(4) 地方人民政府工作部门的规定。

【知识点拨】这里的规定不包括税收规章和其他规章。

(二)税务行政复议申请人和被申请人 ★★

1. 申请人(同行政复议申请人的规定)

非具体行政行为的行政管理相对人，但其权利直接被该具体行政行为所剥夺、限制或者被赋予义务的公民、法人或其他组织，在行政管理相对人没有申请行政复议时，可以单独申请行政复议。

同一行政复议案件申请人超过5人的，推选1~5名代表参加行政复议。

2. 被申请人(见表5-10)

表5-10 税务行政复议被申请人

实施主体\复议对象	被申请人
扣缴义务人的扣缴税款行为	主管该扣缴义务人的税务机关
税务机关委托的单位和个人的代征行为	委托税务机关
税务机关与法律、法规授权的组织以共同的名义作出	税务机关与法律、法规授权的组织
税务机关与其他组织以共同的名义作出	税务机关
税务机关依照法律、法规和规章规定，经上级税务机关批准作出	批准机关
经重大税务案件审理程序作出	审理委员会所在税务机关
税务机关设立的派出机构、内设机构或者其他组织，未经法律、法规授权，以自己名义对外作出	税务机关

【知识点拨】《税务行政复议规则》规定的行政复议第三人制度，与行政复议第三人制度的内容基本相同，可以参照学习。

(三)税务行政复议申请和受理 ★★★

1. 税务行政复议申请

(1) 期限：60日

因不可抗力或者被申请人设置障碍等其他正当理由耽误法定申请期限的，申请期限自障碍消除之日起继续计算。

(2) 复议前的要求

①申请人申请税务行政复议的，必须先行缴纳或者解缴税款和滞纳金，或提供相应的担保，才可以在缴清税款和滞纳金以后或者所提供的担保得到作出具体行政行为的税

务机关确认之日起 60 日内提出行政复议申请。

②申请人对税务机关作出逾期不缴纳罚款加处罚款的决定不服的,应当先缴纳罚款和加处罚款,再申请行政复议。

(3)错列被申请人:申请时错列被申请人,行政复议机关应当告知申请人变更被申请人。申请人不变更被申请人的,行政复议机关不予受理,或驳回复议申请。

2. 税务行政复议受理

上级税务机关认为行政复议机关不予受理行政复议申请的理由不成立的,可以督促其受理;经督促仍然不受理的,责令其限期受理。上级税务机关认为有必要的,可以直接受理或者提审由下级税务机关管辖的行政复议案件。

(四)税务行政复议证据(见表5-11)★★★

表 5-11 税务行政复议证据

类别	书证、物证、视听资料、电子证据、证人证言、当事人陈述、鉴定意见、勘验笔录、现场笔录
证据收集	税务行政复议过程中,被申请人不得自行向申请人和其他有关组织或个人收集证据
举证责任	被申请人对其作出的税务具体行政行为负有举证责任
证据审查	审查证据的合法性、真实性和关联性
不得作为定案依据	(1)违反法定程序收集的证据材料;(2)以偷拍、偷录和窃听等手段获取侵害他人合法权益的证据材料;(3)以利诱、欺诈、胁迫和暴力等不正当手段获取的证据材料;(4)无正当事由超出举证期限提供的证据材料;(5)无正当理由拒不提供原件、原物,又无其他证据印证,且对方不予认可的证据的复制件、复制品;(6)无法辨明真伪的证据材料;(7)不能正确表达意志的证人提供的证言;(8)不具备合法性、真实性的其他证据材料

(五)税务行政复议审查和决定★★

1. 审查

(1)审查方式:行政复议原则上采用书面审查的办法。

(2)复议决定听证制度:对重大、复杂的案件,申请人提出要求或者行政复议机构认为必要时,可以采取听证的方式审理。

①听证应当公开举行,但是涉及国家秘密、商业秘密或者个人隐私的除外。

②第三人不参加听证的,不影响听证的举行。

③听证人员不得少于 2 人,听证主持人由行政复议机构指定。

【知识点拨】行政案卷制度:听证应当制作笔录。行政复议听证笔录是行政复议机构审理案件的依据之一。

(3)税务行政复议决定作出前,申请人要求撤回税务行政复议申请的,经行政复议机构同意,可以撤回,但不得基于同一基本事实或理由重新申请复议。但是,申请人能够证明撤回行政复议申请违背其真实意思表示的除外。

2. 决定(见表5-12)

表 5-12 税务行政复议决定

项目	内容
签章	税务行政复议机关作出税务行政复议决定,应当制作税务行政复议决定书,并加盖印章。行政复议专用章与行政机关印章在行政复议中具有同等效力
重新作出	税务行政复议机关责令被申请人重新作出税务具体行政行为的,被申请人不得以同一事实和理由作出与原税务具体行政行为相同或基本相同的税务具体行政行为;但税务行政复议机关以原税务具体行政行为违反法定程序而决定撤销的,被申请人重新作出税务具体行政行为的,不受此限制

续表

项目	内容
推定撤销	被申请人未依法提出书面答复,提交当初作出税务具体行政行为的证据、依据和其他材料,视为该税务具体行政行为没有证据、依据,决定撤销该税务具体行政行为

【知识点拨】行政复议期间有关"5日""7日"的规定是指工作日,不含法定节假日。

(六)税务行政复议和解与调解★

对于下列事项申请人和被申请人在复议决定作出前可以和解,行政复议机关也可以调解:(1)行使自由裁量权作出的具体行政行为,如行政处罚、核定税额、确定应税所得率等;(2)行政赔偿;(3)行政奖励;(4)存在其他合理性问题的具体行政行为。

【知识点拨】税务行政复议的和解与调解的适用范围相同,这一点要与《行政复议法实施条例》的规定(见表5-7)相区别。

【例题12·单选题】(2015年)纳税人对法定受案范围内的税务具体行政行为不服,可以依法申请复议,下列税务具体行政行为中,纳税人不服,依法不可以申请复议的是( )。

A. 税务机关拒绝给予举报人一定金额的奖励

B. 税务机关作出不具有强制力的行政建议或者行政指导行为

C. 税务机关不公开依法应当公开的有关政府信息

D. 税务机关通知出入境管理机关阻止纳税人出境

解析▶ 本题考核税务行政复议的范围。不具有强制力的行政建议或者行政指导行为,对纳税人的权利义务不产生实际影响,不属于税务行政复议的受案范围。 答案▶ B

【例题13·单选题】(2016年)根据《税务行政复议规则》规定,下列关于税务行政复议期间和期限的说法中,正确的是( )。

A. 税务行政复议机关收到复议申请后应当在5日内进行审查决定是否受理,该期间含法定节假日

B. 案情复杂,不能在规定期限内作出复议决定的,可以适当延长期限,但延长期限不得超过60日

C. 复议机关责令被申请人重新作出行政行为的,被申请人一般应当在30日内重新作出行政行为

D. 税务行政复议审理期限在和解、调解期间中止计算

解析▶ 本题考核税务行政复议期间和期限。行政复议机关收到行政复议申请以后,应当在5日内审查,决定是否受理,该期间指的是工作日,不含法定节假日。所以选项A错误。行政复议机关应当自受理申请之日起60日内作出行政复议决定。情况复杂,不能在规定期限内作出行政复议决定的,经行政复议机关负责人批准,可以适当延期,并告知申请人和被申请人;但是延期不得超过"30日"。所以选项B错误。行政复议机关责令被申请人重新作出具体行政行为的,被申请人应当在"60日"内重新作出具体行政行为;情况复杂,不能在规定期限内重新作出具体行政行为的,经行政复议机关批准,可以适当延期,但是延期不得超过30日。所以选项C错误。《税务行政复议规则》规定,(税务)行政复议审理期限在和解、调解期间中止计算。所以选项D正确。 答案▶ D

【例题14·多选题】(2011年)某纳税人依法提出税务行政复议申请,复议机关无正当理由不予受理,且该纳税人没有向法院提起行政诉讼。根据《税务行政复议规则》,在这种情况下,对案件的正确处理办法有( )。

A. 由上级税务机关责令复议机关受理案件

B. 由上级税务机关将案件移送法院进行审理

C. 由上级税务机关将案件移送检察院进行立案监督

D. 必要时,由上级税务机关直接受理

案件

E. 必要时,由上级税务机关提审案件

解析 本题考核税务行政复议受理。上级税务机关认为行政复议机关不予受理行政复议申请的理由不成立的,可以督促其受理;经督促仍然不受理的,责令其限期受理。上级税务机关认为有必要的,可以直接受理或者提审由下级税务机关管辖的行政复议案件。

答案 DE

【例题15·多选题】(2018年)根据《行政复议法》《行政复议法实施条例》《税务行政复议规则》规定,下列关于税务行政复议审查的说法中,正确的有( )。

A. 税务行政复议审查既涉及合法性审查,也涉及适当性审查

B. 税务行政复议审查既涉及事实审,也涉及法律审

C. 重大疑难税务行政案件的复议审查,可以由税务行政复议机关成立的行政复议委员会讨论、研究、并提出处理建议

D. 税务行政复议一律采取书面审查的方法,不采用听证的方式

E. 税务行政复议审查的依据包括税收法律、法规及规章,不包括其他税收规范性文件

解析 本题考核税务行政复议审查。对重大、复杂的案件,申请人提出要求或者行政复议机构认为必要时,可以采取听证的方式审理。所以选项D错误。税收法律、税收法规、税收规章和合法有效的其他税收规范性文件可以作为复议审查的依据。所以选项E错误。

答案 ABC

【例题16·多选题】(2019年)根据法律、法规以及规章规定,属于税务行政复议受案范围的案件包括( )。

A. 对税务机关作出的非正常户认定行为不服申请复议的案件

B. 对税务机关不予退还多缴税款行为不服申请复议的案件

C. 对甲税务机关向乙税务机关发出已证实虚开通知单行为不服申请复议的案件

D. 对税务机关核定应纳税额行为不服申请复议的案件

E. 对税务机关通知出入境管理机关阻止出境行为不服申请复议的案件

解析 本题考核税务行政复议受案范围。行政机关作出的不产生外部法律效力的行为不属于行政复议受案范围,所以选项C错误。

答案 ABDE

同步训练 限时25分钟

扫我做试题

一、单项选择题

1. 下列有关行政复议的说法中,错误的是( )。

A. 行政复议在性质上是一种行政权利救济手段

B. 行政复议权只能由法定机关行使

C. 行政复议以行政相对方的申请为前提

D. 行政复议的目的是限制行政相对人的合法权益

2. 下列各项中,不符合《行政复议法》及相关规定的是( )。

A. 行政复议机关对具体行政行为适当性的审查,体现了行政复议的公正原则

B. 对不能提供书面申请的相对人,允许以口头的方式提出复议申请

C. 行政复议公开原则要求复议的过程公开、行政复议依据公开、复议的结果公开,而作出决定的理由不便公开

D. 行政复议的审查对象是行政主体作出的具体行政行为，同时可附带审查部分抽象行政行为

3. 石湖县政府以文件形式规定：因禽类宰杀市场管理需要，石湖县所有禽类宰杀单位或者个体户，须在规定期限内到县政府临时成立的禽类管理办公室申请办理禽类宰杀证，违者予以罚款。个体户陈某未按文件规定申请办理禽类宰杀证，禽类管理办公室对陈某罚款500元。下列关于该案行政复议或者行政诉讼的表述中，正确的是( )。

   A. 陈某对罚款不服申请复议时，若一并对石湖县政府的文件提出审查申请，复议机关应当转送有权机关依法处理
   B. 石湖县政府的文件虽属违法设定许可和处罚，但是行政复议程序中复议机关对该文件一概不予审查
   C. 若陈某直接向法院起诉，应以石湖县政府为被告
   D. 禽类管理办公室以自己的名义作出罚款决定，陈某申请复议时应以其为被申请人

4. 甲取得了县房产局颁发的扩大原地基和建筑面积的建房许可证，阻碍了邻居乙的正常通行，乙与甲协商未果，向市房产局申请行政复议。根据《行政复议法实施条例》，下列说法中错误的是( )。

   A. 乙可以委托2名代理人参加行政复议
   B. 市房产局应当通知甲作为第三人参加行政复议
   C. 若复议过程中第三人甲不参加行政复议，不影响该行政复议案件的审理
   D. 需要现场勘验的，现场勘验所用时间不计入行政复议审理期限

5. 关于行政复议第三人，下列选项错误的是( )。

   A. 第三人可以委托一至二名代理人参加复议
   B. 第三人不参加行政复议，不影响复议案件的审理
   C. 复议机关应为第三人查阅有关材料提供必要条件
   D. 第三人与申请人逾期不起诉又不履行复议决定的强制执行制度不同

6. 对下列争议事项，税务行政复议机关不能调解的是( )。

   A. 甲企业对税务机关作出的罚款不服申请复议
   B. 乙企业对税务机关作出的行政赔偿决定不服申请复议
   C. 丙企业税务机关对作出的不予减免税决定不服申请复议
   D. 丁举报人对税务机关给予的行政奖励不服申请复议

7. 行政复议期间，能够终止复议活动的是( )。

   A. 案件审理需要以其他案件的审理结果为依据，而其他案件尚未审结的
   B. 作为申请人的自然人下落不明的
   C. 被申请人因不可抗力，不能参加行政复议的
   D. 经行政复议机构准许达成和解的

8. 根据《行政复议法》规定，因不可抗力或者其他正当理由耽误法定申请期限的，申请期限的计算规则是( )。

   A. 自障碍消除之日起继续计算
   B. 自障碍消除之日起重新计算
   C. 自障碍发生之日起继续计算
   D. 自障碍发生之日起重新计算

9. 根据《行政复议法实施条例》，下列时间中，应计入行政复议审理期限的是( )。

   A. 复议期间专门事项鉴定或者现场勘验所用时间
   B. 复议机关审查具体行政行为是否明显不当所用时间
   C. 补正申请材料所用时间
   D. 协商确定或者指定受理机关所用时间

10. 某区生态环境局因某新建水电站未报批环境影响评价文件，且已投入生产使用，

给予其罚款 10 万元的处罚。水电站不服，申请复议，复议机关作出维持处罚的复议决定书。下列说法正确的是( )。

A. 复议机构应当为某区政府

B. 如复议期间案件涉及法律适用问题，需要有权机关作出解释，行政复议终止

C. 复议决定书一经送达，即发生法律效力

D. 水电站对复议决定不服向法院起诉，应当由复议机关所在地的法院管辖

11. 杨某不服税务局吊销税务行政许可证件的决定向上级机关申请复议，要求撤销该决定，同时提出赔偿请求。复议机关经审查认为该决定违法，决定予以撤销。对于该决定造成的财产损失，复议机关应当( )。

A. 在撤销吊销决定的同时决定被申请人赔偿相应的损失

B. 撤销吊销决定并告知申请人就赔偿问题另行申请复议

C. 在撤销吊销决定的同时就损失问题进行调解

D. 在撤销吊销决定的同时告知申请人就赔偿问题向法院提起行政诉讼

二、多项选择题

1. 根据税务行政复议法律制度的规定，纳税人对税务机关( )的行为不服，可以不经复议直接向法院提起行政诉讼。

A. 评定纳税信用等级

B. 采取税收强制执行措施

C. 不依法确认纳税担保是否有效

D. 确认税款征收方式

E. 加收滞纳金

2. 下列选项中，可以在提起行政复议时一并要求审查的有( )。

A. 重庆市税务局的规定

B. 广州市政府的规章

C. 国家专利局的规定

D. 国务院某部关于落实企业自主权的规定

E. 国务院行政法规

3. 根据《行政复议法实施条例》有关复议申请人及复议代表人的规定，下列说法正确的有( )。

A. 某合伙企业申请行政复议，以核准登记的企业为申请人

B. 某个人合伙申请行政复议，其执行合伙事务的合伙人为申请人

C. 不具备法人资格的其他组织申请行政复议的，应当由共同推选的成员代表该组织参加行政复议

D. 股份制企业的股东大会认为行政机关作出的具体行政行为侵犯企业合法权益的，可以以企业的名义申请行政复议

E. 同一行政复议案件的申请人超过 2 人的，可以推选 2 名代表参加行政复议

4. 下列各项中，属于行政复议申请人资格转移的情况有( )。

A. 有权申请行政复议的公民死亡的，其近亲属可以申请行政复议

B. 合伙企业申请行政复议的，由执行合伙事务的合伙人代表该企业参加行政复议

C. 不具备法人资格的其他组织申请行政复议的，由该组织的主要负责人代表该组织参加行政复议

D. 有权申请行政复议的法人或者其他组织终止，承受其权利的法人或者其他组织可以申请行政复议

E. 有权申请行政复议的公民为无民事行为能力或者限制民事行为能力人的，其法定代理人可以代为申请行政复议

5. 某个体户王某在甲市做生意时欠缴税款 2 800 元，在没有缴清所欠税款的情况下，便迁到乙市继续做生意。为追缴王某所欠税款，甲市税务局请求乙市税务局对王某代为追缴所欠税款 2 800 元，并交纳滞纳金 1 260 元。王某认为滞纳金太多，不符合法律规定，对税务局的行为不服。此时，王某( )。

A. 可以向乙市税务局的上一级税务部门

申请行政复议

B. 可以向甲市税务局的上一级税务部门申请行政复议

C. 可以向甲、乙两市的任何一个税务局的上一级税务部门申请行政复议

D. 可以直接向乙市人民法院对乙市税务局提起行政诉讼

E. 申请复议后才能提起行政诉讼

6. 根据行政复议相关规定，下列选项说法正确的有( )。

A. 在行政复议过程中，被申请人不得自行向申请人收集证据

B. 行政复议期间涉及专门事项需要鉴定的，鉴定时间不计入审理期限

C. 行政复议机构审理案件，应当由2名以上行政复议人员参加

D. 第三人委托代理人的，应当向行政复议机构提交授权委托书，特殊情况除外

E. 申请人变更代理人的，可以书面报告行政复议机构

7. 根据《行政复议法实施条例》的规定，下列说法中正确的有( )。

A. 申请人申请行政复议，只能以书面的形式提出

B. 申请人可以以书面的形式申请行政复议，也可以以口头的形式申请

C. 申请人以书面形式申请行政复议的，可以采取当面递交、邮寄或者传真等方式提出

D. 申请人以口头形式申请行政复议的，行政复议机构应当当场制作申请笔录，交申请人核对或向申请人宣读，并由申请人签字确认

E. 有条件的行政复议机构可以接受以电子邮件形式提出的行政复议申请

8. 根据《行政复议法实施条例》，关于行政复议申请期限的说法，正确的有( )。

A. 行政机关作出具体行政行为时未告知公民、法人或者其他组织，事后补充告知的，自该公民、法人或者其他组织收到行政机关补充告知的通知之日起计算

B. 被申请人能够证明公民、法人或者其他组织知道具体行政行为的，自证据材料证明其知道具体行政行为之日起计算

C. 载明具体行政行为的法律文书邮寄送达的，自法律文书交邮之日起计算

D. 具体行政行为依法通过公告形式告知受送达人的，自公告对外发出之日起计算

E. 载明具体行政行为的法律文书直接送达的，自受送达人签收之日起计算

9. 根据《行政复议法实施条例》，在( )的情形下，行政复议终止。

A. 作为申请人的法人或者其他组织终止

B. 申请人要求撤回行政复议申请，行政复议机构准予撤回

C. 申请人与被申请人按照规定经行政复议机构准许达成和解

D. 申请人因不可抗力不能参加行政复议，致行政复议中止满60日

E. 案件需要有权机关对涉及的法律适用问题作出解释，致行政复议中止满60日

10. 除法律规定终局的行政复议外，申请人对行政复议决定不服的，可以在收到复议决定书之日起15日内，或者法律、法规规定的其他期限内向人民法院起诉，对申请人逾期不起诉又不履行复议决定的，( )。

A. 一律由复议机关申请人民法院强制执行，或者依法强制执行

B. 一律由最初作出具体行政行为的行政机关申请人民法院强制执行，或者依法强制执行

C. 改变原具体行政行为的复议决定，由复议机关申请人民法院强制执行，或者依法强制执行

D. 维持原具体行政行为的复议决定，由最初作出具体行政行为的行政机关申请人民法院强制执行或者依法强制执行

E. 维持原具体行政行为的复议决定，只能申请人民法院强制执行

同步训练答案及解析

一、单项选择题

1. **D**【解析】本题考核行政复议的特征。行政复议的目的是监督行政主体的行政活动，纠正行政主体作出的违法或者不当的具体行政行为，以保护行政相对人的合法权益。选项D错误，当选。

2. **C**【解析】本题考核行政复议的特征及原则。行政复议公开原则要求对作出复议决定的理由也要公开。

3. **C**【解析】本题考核行政复议中对抽象行政行为的附带审查、被申请人、行政诉讼的被告。陈某对石湖县政府禽类管理办公室作出的行政处罚行为不服，应向上一级人民政府申请行政复议，上级人民政府对下级人民政府制定的规定有审查权。所以复议机关不需要将被申请的规定转送有权机关依法处理。所以选项A错误。在行政复议中，依据申请人的申请可以对被申请的具体行政行为所依据的规定进行审查。所以选项B错误。禽类管理办公室是县政府的内部机构，且其没有法律、法规的授权，不具有行政主体资格。对禽类管理办公室作出的行政处罚决定不服，应当以县政府为被申请人。所以选项D错误。

4. **B**【解析】本题考核行政复议参加人、行政复议终止、行政复议和解。本案中市房产局"可以"（而非"应当"）通知甲作为第三人参加行政复议。

5. **D**【解析】本题考核行政复议第三人。(1)申请人、第三人可以委托1至2名代理人参加行政复议，选项A说法正确。(2)第三人不参加行政复议，不影响行政复议案件的审理，选项B说法正确。(3)行政复议机关应当为申请人、第三人查阅有关材料提供必要条件，选项C说法正确。(4)第三人与申请人逾期不起诉又不履行复议决定的强制执行制度相同，选项D说法错误。

6. **C**【解析】本题考核行政复议调解。税务机关减税、免税决定必须严格依法作出，不允许自由裁量，在行政复议过程中不适用调解。

7. **D**【解析】本题考核行政复议中止与终止。选项A、B、C是行政复议中止的情形。

8. **A**【解析】本题考核行政复议的期限。因不可抗力或者其他正当理由耽误法定申请期限的，申请期限自障碍消除之日起继续计算。

9. **B**【解析】本题考核行政复议的审理期限。根据规定，补正申请材料所用时间、协商确定或者指定受理机关所用时间、行政复议期间专门事项鉴定所用时间以及现场勘验所用时间均不计入行政复议审理期限。

10. **C**【解析】本题考核行政复议的审理。对县级以上地方各级人民政府工作部门的具体行政行为不服的，由申请人选择，可以向该部门的本级人民政府申请行政复议，也可以向上一级主管部门申请行政复议。据此可知，复议机构应为区政府或市生态环境局中的法制机构；所以选项A错误。案件涉及法律适用问题，需要有权机关作出解释或者确认的，影响行政复议案件审理的，行政复议中止；所以选项B错误。行政复议决定书一经送达，即发生法律效力；所以选项C正确。行政案件由最初作出行政行为的行政机关所在地人民法院管辖。经复议的案件，也可以由复议机关所在地人民法院管辖。本题属于经复议的案件，可以由作出原具体行政行为机关所在地法院管辖，也可以由复议机关所在地法院管辖；所以选项D错误。

11. A 【解析】本题考核行政复议中责令被申请人赔偿的决定。申请人在申请行政复议时可以一并提出行政赔偿请求，行政复议机关对符合国家赔偿法的有关规定应当给予赔偿的，在决定撤销、变更具体行政行为或者确认具体行政行为违法时，应当同时决定被申请人依法给予赔偿。

二、多项选择题

1. ABC 【解析】本题考核税务行政复议范围。评定纳税信用等级、采取税收强制执行措施、不依法确认纳税担保是否有效均不属于"征税行为"，不适用复议前置。

2. ACD 【解析】本题考核行政复议对规定的审查。可以申请审查的行政规定不含国务院部、委员会规章和地方人民政府规章。规章的审查依照法律、行政法规办理。

3. AD 【解析】本题考核行政复议申请人。其他合伙组织申请行政复议的，由合伙人共同申请行政复议。不具备法人资格的其他组织申请行政复议的，由该组织的主要负责人代表该组织参加行政复议；没有主要负责人的，由共同推选的其他成员代表该组织参加行政复议。同一行政复议案件申请人超过5人的，推选1至5名代表参加行政复议。

4. AD 【解析】本题考核行政复议申请人资格发生转移的情况。选项B、C属于《行政复议法实施条例》中对行政复议代表人的规定，选项E属于法定代理人的代理行为。

5. BE 【解析】本题考核行政复议机关。甲市税务局作为委托机关，在行政复议中是行政复议被申请人，行政复议机关是甲市税务局的上一级税务局或甲市人民政府。对征税行为不服，属于复议前置的情形。

6. ABCD 【解析】本题考核行政复议参加人。申请人、第三人解除或者变更委托的，应当书面报告行政复议机构。

7. BCDE 【解析】本题考核提出行政复议申请的形式。申请行政复议可以以书面或口头的形式提出。

8. ABE 【解析】本题考核行政复议申请期限。载明具体行政行为的法律文书邮寄送达的，自受送达人在邮件签收单上签收之日起计算；没有邮件签收单的，自受送达人在送达回执上签名之日起计算。所以选项C错误。具体行政行为依法通过公告形式告知受送达人的，自公告规定的期限届满之日起计算。所以选项D错误。

9. BC 【解析】本题考核行政复议的终止。

10. CD 【解析】本题考核行政复议决定的执行。

本章知识串联

- 行政复议法律制度
  - 行政复议概述★
    - 概念和特征
    - 基本原则：合法，公正，公开，及时，便民，禁止不利变更
  - 行政复议受案范围★★★
    - 行政复议受理案件的范围(11种)
    - 行政复议中的抽象行政行为审查
  - 行政复议参加人★★★
    - 申请人——资格转移的情形：公民死亡，法人或组织终止
    - 被申请人
    - 第三人
  - 行政复议机关及其行政复议管辖★★
    - 行政复议机关的概念和范围
    - 行政复议管辖(一般、特殊、转送、协商、指定)
  - 行政复议程序★★★
    - 申请与受理
      - 受理条件(6个)
      - 申请期限：一般60日，法律规定超过60日除外
    - 审理
      - 期限：5日内审查，7日内送达，60日内决定，延长30日
    - 中止和终止
      - 中止(8种)
      - 终止(5种)
    - 和解与调解
      - 和解：只适用于对行政机关行使自由裁量权作出的具体行政行为不服
      - 调解：按照自愿、合法的原则
  - 税务行政复议★★
    - 范围(12种)
    - 申请人与被申请人：被申请人不得委托本行政机关以外的人员参加行政复议
    - 申请和受理
      - 申请：60日内提出，因不可抗力等原因耽误期限扣除
      - 受理：5日内审查决定是否受理
    - 证据：书证、物证、视听资料、电子证据、证人证言、当事人陈述、鉴定意见、勘验笔录和现场笔录
    - 审查和决定
      - 审查：原则上采用书面审查，重大、复杂的，可以采取听证的方式审查
      - 决定：60日内作出决定，复杂的延长期限不得超过30日
    - 和解与调解：可以和解也可以调解事项(4种)；调解书经双方当事人签字，即具有法律效力

第6章 行政诉讼法律制度

考情解密

历年考情概况

本章历来为考试的重点章节，近年来考查分值均在10分左右，其在考查题型上也是"雨露均沾"，各题型都有所涉及，由此可见该章的重要程度。

本章有些知识点与行政复议法相似，建议将两章内容对比学习，考生学习过程中要多花时间研究历年考题，从真题中寻找重点考点。另外，行政诉讼法的程序内容比较繁琐，注意细节把握。

近年考点直击

考点	主要考查题型	考频指数	考查角度
行政诉讼的受案范围	单选题、多选题、综合分析题	★★★	给出具体案例，判断是否属于行政诉讼的受案范围
行政诉讼的管辖	多选题、综合分析题	★★	结合具体案例，判断行政诉讼的级别管辖和地域管辖
行政诉讼参加人	单选题、多选题、综合分析题	★★★	(1)直接考核行政诉讼原告、被告资格确定；(2)结合具体案例，判断行政诉讼各当事人的法律地位
行政诉讼证据	单选题、多选题、综合分析题	★★	(1)给出具体情形，判断证据种类；(2)结合具体案例，考核证据的审查认定
行政诉讼的起诉与立案	单选题、多选题	★★	直接考核起诉期限、立案的有关规定
行政诉讼第一审程序	单选题、多选题、综合分析题	★★★	(1)结合具体案例，考核行政诉讼判决；(2)结合具体案例，考核行政诉讼审查对象、审理依据

本章2021年考试主要变化

本章变动不大。主要是词句表述的调整。

删除：(1)经复议案件，可以由复议机关所在地人民法院管辖；

(2)无诉讼行为能力人无监护人时法院指定诉讼代理人情况；

(3)口头委托中视为委托成立的情形。

考点详解及精选例题

一、行政诉讼概述

扫我解疑难

行政诉讼是指行政行为的**相对人**或者其他与行政行为**有利害关系**的其他公民、法人或者其他组织认为行政主体作出的**行政行为**侵犯其合法权益,依法向人民法院提起诉讼,请求法院对被诉的**行政行为进行审查**,法院在诉讼当事人和其他诉讼参与人的参加下对行政案件进行审理并作出裁判的活动。

（一）行政诉讼的基本原则★★

1. 被告对行政行为合法性负举证责任原则

【知识点拨】行政复议中也是由**被申请人**举证。

2. 行政诉讼期间行政行为不停止执行原则（见表6-1）

表6-1 行政诉讼期间行政行为不停止执行原则

诉讼不停止执行的例外	复议不停止执行的例外
(1)**被告**认为需要停止执行的	(1)**被申请人**认为需要停止执行的
(2)如果行政行为的执行会造成难以弥补的损失,并且停止执行不损害国家利益、社会公共利益,根据原告或者利害关系人的申请,人民法院裁定停止执行	(2)**申请人**申请停止执行,行政复议机关认为其要求合理,决定停止执行的
(3)人民法院认为该行政行为的执行会给国家利益、社会公共利益造成重大损害的	(3)**复议机关**认为需要停止执行的
(4)**法律**、**法规**规定停止执行的	(4)**法律**规定停止执行的

【知识点拨】当事人对停止执行或者不停止执行的裁定不服的,可以申请复议一次。

3. 司法依法变更原则

行政处罚**明显不当,或者其他行政行为涉及对款额的确定、认定确有错误**的,人民法院可以判决变更。

人民法院判决变更,不得加重原告的义务或者减损原告的权益。但利害关系人同为原告,且诉讼请求相反的除外。

【知识点拨】行政复议机关可以决定"变更"情形:(1)认定事实清楚,证据确凿,程序合法,但是明显不当或者适用依据错误;(2)认定事实不清,证据不足,但是经行政复议机关审理查明事实清楚,证据确凿。

4. 对行政行为**合法性**、**适当性**审查原则

（二）行政复议与行政诉讼的联系★★★

1. 选择型

(1)如果选择行政复议,对行政复议决定不服的,仍可以向人民法院提起行政诉讼;**但在法定复议期限内不得向人民法院提起行政诉讼**。

(2)如果直接选择了行政诉讼,人民法院已经依法受理的,则不得再申请行政复议。

2. 复议前置型

如《税务行政复议规则》:公民、法人、其他组织对税务机关的**征税行为**不服的,应当先依法申请复议;对复议决定不服的,可以依法提起行政诉讼。

3. 复议终局型

如《行政复议法》:根据国务院或者省、自治区、直辖市人民政府对行政区划的勘定、调整或者征收土地的决定,省、自治区、直辖市人民政府确认土地、矿藏、水流、森林、山岭、草原、荒地、滩涂、海域等自然资源的所有权或者使用权的行政复议决定为最终裁决。

(三) 行政诉讼受理案件的范围★★★

1. 予以受理的案件范围——具体行政行为+行政协议

(1) 行政处罚案件；
(2) 行政强制案件；
(3) 行政许可案件；
(4) 行政确权案件；
(5) 行政征收、行政征用与行政补偿案件；
(6) 不履行法定职责案件；
(7) 侵犯经营自主权或者农村土地承包经营权、农村土地经营权案件；
(8) 侵权公平竞争权案件；
(9) 认为行政机关违法集资、摊派费用或者违法要求履行其他义务的；——违法要求履行义务案件
(10) 行政给付案件；
(11) 行政协议案件；
(12) 认为行政机关侵犯其他人身权、财产权等合法权益的。

2. 不予受理的案件范围 (见表6-2)

表6-2　行政诉讼不予受理的案件范围

行政诉讼受案的排除	(1) 国防外交等国家行为案件：政治性
	(2) 抽象行政行为：规章以下(不含规章)规范性文件可附带性审查，不可直接起诉——区别于具体行政行为
	(3) 内部行政行为：是对行政系统内的机构或公务员作出的行为——区别于外部行政行为
	(4) 法定行政终局裁决：行政机关最终裁决的行政行为只能由法律规定
	(5) 刑事侦查行为：刑诉法授权
	(6) 行政调解、仲裁行为：区别于行政裁决
	(7) 行政指导行为：非强制性
	(8) 重复处理行为：不产生新的权利义务影响
	(9) 对权利义务不产生实际影响的行为
	(10) 行政程序内部行为：不产生外部法律效力
	(11) 过程性行为：不具备最终的法律效力
	(12) 协助执行行为：非行政机关自身意思表示
	(13) 内部层级监督行为：内部事务
	(14) 信访办理行为：对信访人的实体权利义务不产生实质影响

【知识点拨1】公民、法人或者其他组织仅就行政许可过程中的告知补正申请材料、听证等通知行为提起行政诉讼的，人民法院不予受理；但是，导致许可程序对上述主体事实上终止的除外。

【知识点拨2】行政机关根据人民法院的协助执行通知书实施的行为，是行政机关必须履行的法定协助义务，不属于人民法院行政诉讼受案范围，但如果当事人认为行政机关在协助执行时扩大了范围或违法采取措施造成其损害，提起的行政诉讼人民法院应当受理。

二、行政诉讼管辖种类

扫我解疑难

(一) 级别管辖★★★

1. 基层法院
2. 中级人民法院管辖一审案件

(1) 对国务院部门或者县级以上地方人民政府所作的行政行为提起诉讼的案件；
(2) 海关处理的案件；
(3) 本辖区内重大、复杂的案件。主要包括：

①社会影响重大的共同诉讼案件；
②涉外或者涉及香港特别行政区、澳门特别行政区、台湾地区的案件；
③其他重大、复杂案件。
3. 高级法院：本辖区内重大复杂的一审案件。
4. 最高法院：全国范围内重大复杂的一审案件。

(二) 地域管辖 ★★★

1. 一般地域管辖（见表6-3）

表6-3 一般地域管辖

直接起诉	被告地：最初作出行政行为的行政机关所在地法院管辖
复议后起诉	二选一：可以由最初作出行政行为的行政机关所在地法院管辖，也可以由复议机关所在地的法院管辖

【知识点拨】作出原行政行为的行政机关和复议机关为共同被告的，以作出原行政行为的行政机关确定案件的级别管辖。

2. 特殊地域管辖（见表6-4）

表6-4 特殊地域管辖

因不动产提起诉讼	不动产已登记	不动产登记簿记载的所在地法院管辖
	不动产未登记	不动产实际所在地法院管辖
对限制人身自由的行政强制措施提起诉讼	被告所在地(行政机关主要办事机构)或原告所在地(户籍所在地、经常居住地和被限制人身自由地)法院管辖	

【知识点拨】"因不动产提起的行政诉讼"是指因行政行为导致不动产物权变动而提起的诉讼。

3. 共同地域管辖（见表6-5）

表6-5 共同地域管辖

项目	内容
复议后又起诉的	最初作出的机关或复议机关所在地法院
限制人身自由的行政强制措施	被告或原告所在地法院
基于同一事实，既采取限制公民人身自由的行政强制措施，又采取其他行政强制措施或者行政处罚	被告或原告所在地法院

【知识点拨】在两个以上人民法院对同一个行政案件都有管辖权的情况下，管辖取决于起诉人选择。若起诉人向有管辖权的法院都提起诉讼，则由"最初立案"的人民法院管辖。

(三) 裁定管辖 ★★★

1. 移送管辖

如果被告认为受诉人民法院无管辖权，应当在收到起诉状副本之日起15日内提出管辖权异议。受移送的人民法院认为受移送的案件依照规定不属本院管辖的，不得再自行移送，应报上级法院指定管辖。

2. 指定管辖

(1) 有管辖权的人民法院由于特殊原因不能行使管辖权的，由上级人民法院指定管辖。

(2) 人民法院对管辖权发生争议，由争议双方协商解决。协商不成的，报它们的共同上级人民法院指定管辖。

(3) 当事人以案件重大复杂为由，认为有管辖权的基层人民法院不宜行使管辖权或者根据行政诉讼法第52条的规定，向中级人民法院起诉，以及基层人民法院对其管辖的第一审行政案件,认为需要由中级人民法院指定管辖的,中级人民法院有权根据具体情况,指定本辖区内其他基层人民法院管辖。

3. 管辖权的转移(能上不能下)

上级人民法院有权审理下级人民法院管辖的第一审行政案件;下级法院认为需要,可以报请上级人民法院决定。

(四)跨区域管辖

经最高院批准,高院可以根据审判工作的实际情况,确定若干人民法院跨行政区域管辖行政案件。

专门人民法院、人民法庭不审理行政案件,也不审查和执行行政机关申请执行其行政行为的案件。铁路运输法院等专门人民法院审理行政案件,执行行政诉讼法关于跨区域管辖的规定。

三、行政诉讼参加人

扫我解疑难

(一)行政诉讼原告★★★

行政诉讼原告是指对行政机关的行政行为不服,向人民法院起诉的利害关系人,包括行政行为的相对人以及其他与被诉行政行为有利害关系的公民、法人或者其他组织。

1. 具体情形(见表6-6)

表6-6　原告的具体情形

情形	示例
(1)被诉的行政行为涉及其相邻权	如:行政机关批准甲企业盖楼,影响了旁边邻居采光,邻居住户可以提起行政诉讼
(2)被诉的行政行为涉及其公平竞争权	如:甲、乙、丙均满足特许经营条件,行政机关只批准甲,乙、丙可以提起行政诉讼
(3)在复议程序中被追加为第三人	如:甲打了乙,公安处罚甲,甲不服复议,乙被追加为第三人。复议决定减轻甲的行政处罚,乙不服可以提起行政诉讼
(4)要求行政机关依法追究加害人法律责任	如:张三打了李四而受到治安处罚,李四作为受害人可以因对张三的处罚太轻而提起行政诉讼
(5)与撤销或变更行政行为有法律上利害关系	如:行政机关颁发了预售许可证,开发商出售了多套房子,之后发现未达标撤销了许可证,开发商和准业主们都可提起行政诉讼
(6)为维护自身合法权益向行政机关投诉,具有处理投诉职责的行政机关作出或者未作出处理的	如:甲在商场买了一件食品,认为该食品不符合质量标准,让质检部门去查处,行政机关不作为,甲可提起行政诉讼
(7)债权人的原告资格	债权人以行政机关对债务人所作的行政行为损害债权实现为由提起行政诉讼的,人民法院应当告知其就民事争议提起民事诉讼,但行政机关作出行政行为时依法应予保护或者应考虑的除外

2. 原告资格转移

(1)有权提起行政诉讼的公民死亡,其近亲属可以提起行政诉讼;

(2)有权提起行政诉讼的法人或其他组织终止,承受其权利的法人或其他组织可以提起行政诉讼。

3. 代为起诉

公民因被限制人身自由而不能提起诉讼的,其近亲属可以依其口头或者书面委托以该公民的名义提起诉讼。

4. 具体情形下原告资格的确定(见表6-7)

表 6-7 具体情形下原告资格的确定

合伙	合伙企业	名义（原告）	企业（核准登记的字号）
	未依法登记领取营业执照的个人合伙	全体合伙人为共同原告→全体合伙人可以推选代表人	
多人	当事人一方人数众多的，推选2~5名诉讼代表人。在期限内推选不出的，法院可以依职权指定		
股份制企业	名义（原告）	企业的名义	
	代表	企业的法定代表人→股东大会、股东会、董事会	
联营、合资、合作	无论采取哪种组织形态，认为联营、合资、合作企业权益或自己一方合法权益受行政行为侵害的，可以自己的名义提起诉讼		
非国有企业	非国有企业被行政机关注销、撤销、合并、强令兼并、出售、分立或者改变企业隶属关系的，该企业或其法定代表人可以提起诉讼		
涉及业主共有利益的行政行为	业主委员会对于行政机关作出的涉及业主共有利益的行政行为，可以自己的名义提起诉讼。业主委员会不起诉的，专有部分占建筑物总面积过半数或者占总户数过半数的业主可以提起诉讼		
非营利法人	事业单位、社会团体、基金会、社会服务机构等非营利法人的出资人、设立人认为行政行为损害法人合法权益的，可以自己的名义提起诉讼		
个体工商户	以营业执照上登记的经营者为原告。有字号的，以营业执照上登记的字号为原告		

（二）行政诉讼被告 ★★★

1. 行政诉讼被告的特殊性

（1）对原告的诉讼请求没有反诉权；

【知识点拨】民事诉讼中被告有反诉权。

（2）承担被诉行政行为合法性的举证责任；

（3）有权执行或者改变被诉的行政行为。

2. 具体情形下被告资格的确定

（1）一般规定（见表6-8）

表 6-8 具体情形下被告资格的一般规定

实施主体	被告
（1）上级行政机关批准的行政行为	署名机关
（2）行政机关组建并被赋予行政管理职能，但没有独立承担法律责任能力的机构以自己名义作出	组建该机构的行政机关
（3）授权的内设机构或派出机构、其他组织	实施该行为的机构或组织
（4）行政机关委托的组织	委托的行政机关
（5）被撤销或职权变更的行政机关	继续行使其职权的行政机关
	没有继续行使其职权的行政机关的，以其所属的人民政府为被告；实行垂直领导的，以垂直领导的上一级行政机关为被告

续表

实施主体	被告
(6)开发区管理机构	A. 对由国务院、省级人民政府批准设立的开发区管理机构作出的行政行为不服提起诉讼的,以该开发区管理机构为被告; B. 国务院、省级人民政府批准设立的开发区管理机构所属职能部门作出的行政行为的,其职能部门为被告; C. 其他开发区管理机构所属职能部门作出行政行为的,开发区管理机构为被告;开发区管理机构没有行政主体资格的,设立该机构的地方人民政府为被告
(7)村民委员会、居民委员会、高等学校等事业单位以及律师协会、注册会计师协会等行业协会依据法律、法规、规章的授权履行行政管理职责的行为	村民委员会或者居民委员会、高等学校等事业单位以及律师协会、注册会计师协会等行业协会
(8)村民委员会、居民委员会、高等学校等事业单位以及律师协会、注册会计师协会等行业协会受行政机关委托作出的行为	委托的行政机关
(9)市、县级人民政府确定的房屋征收部门组织实施房屋征收与补偿工作过程中作出行政行为的,或者征收实施单位受房屋征收部门委托在委托范围内从事的行为	房屋征收部门

(2)经复议的案件(见表6-9)

表6-9 经复议的案件

项目	内容	
维持原行政行为	作出原行政行为的行政机关和复议机关为**共同被告**	
改变原行政行为	**复议机关为被告**	
既有维持原行政行为的内容,又有改变原行政行为的内容或者不予受理申请内容的	作出原行政行为的行政机关和复议机关为**共同被告**	
复议机关不作为	对复议机关不作为不服	**复议机关为被告**
	对原行政行为不服	**作出原行政行为的行政机关为被告**

『解释1』"改变原行政行为"指复议机关改变原行政行为的处理结果。

『解释2』 复议机关确认原行政行为无效,属于改变原行政行为。复议机关确认原行政行为违法,属于改变原行政行为,但复议机关以违反法定程序为由确认原行政行为违法的除外。

(3)行政许可案件(见表6-10)

表6-10 行政许可案件

项目	内容
行政许可	作出行政许可决定的机关
许可经上级机关批准,对批或不批不服一并提起诉讼	上级行政机关和作出许可决定的机关为**共同被告**
须经下级初步审查上报,对不予初审或不予上报不服	**下级**行政机关或组织为被告
统一办理时	作出具有**实质影响**的不利行为的机关

(三)行政诉讼第三人(见表6-11)★★★

表6-11 行政诉讼第三人

地位	不同于原告,也不是被告,而是具有独立地位的诉讼参加人
权利	(1)有权委托诉讼代理人,代理参加诉讼; (2)有权提出与本案有关的诉讼主张; (3)人民法院判决其承担义务或者减损其权益的第三人,有权提出上诉或者申请再审
参加方式	(1)依申请或依通知:与被诉行政行为有利害关系但没有起诉或同案件处理结果有利害关系的其他公民、法人或其他组织,可以作为第三人申请参加诉讼或者由人民法院通知其参加诉讼。 (2)依通知:当同一行政行为涉及两个以上利害关系人,其中一部分利害关系人不服提起诉讼时,法院应当通知没有起诉的其他利害关系人作为第三人参加诉讼。 (3)应当追加被告而原告不同意追加被告的,人民法院应当通知其以第三人的身份参加诉讼(但行政复议机关作共同被告的除外)。 (4)诉讼中,第三人经传票传唤无正当理由拒不到庭,或者未经法庭许可中途退庭的,不发生阻止案件审理的效果

行政诉讼第三人,因不能归责于本人的事由未参加诉讼,但有证据证明发生法律效力的判决、裁定、调解书损害其合法权益的,可以依照行政诉讼法规定,自知道或者应当知道其合法权益受到损害之日起6个月内,向上一级人民法院申请再审。

(四)行政诉讼代表人★★★

行政诉讼代表人指在原告(或被告)人数众多的情况下,由数人作为代表进行诉讼,其他当事人则可不参加诉讼,但人民法院的判决及于全体当事人的诉讼形式。

1. 诉讼代表人与诉讼代理人

(1)诉讼代表人:是本案的当事人,与本案的诉讼标的有法律上的利害关系。

(2)诉讼代理人:只能以被代理人的名义并在代理授权范围内来行使职权。

2. 诉讼代表人与法定代表人

(1)诉讼代表人:由法律规定或推选或法院指定产生的,如果放弃或变更诉讼请求,要经过被代表的其他当事人同意。

(2)法定代表人:是法人的代表机关,其行为就是法人的行为,诉讼权利不受限制。

『解释1』担任法人法定代表人的人员发生职务变动的,自职务变动之日起,原担任法定代表人的人员即不得以该法人的名义进行诉讼。

『解释2』如果企业作为行政相对人依法进入破产程序的,则应由"管理人"代表企业参加诉讼。

3. 诉讼代表人类型

(1)不具备法人资格组织的诉讼代表人;

(2)共同诉讼的诉讼代表人。根据规定,如果同案原告为10人以上,则由推选产生的2-5名当事人作为诉讼代表人参加诉讼。

【知识点拨】代表人可以委托1-2人作为诉讼代理人。

(五)行政诉讼代理人(见表6-12)★★★

表6-12 行政诉讼代理人

法定诉讼代理人	适用	没有诉讼行为能力的公民,即未成年人和精神病人
	不适用	法人、组织、作为被告的行政机关

委托诉讼代理人	人数	当事人、法定代理人可以委托1~2人代为诉讼。 【知识点拨】下列人员可以被委托为诉讼代理人：律师、基层法律服务工作者、当事人的近亲属或者工作人员；当事人所在社区、单位及有关社会团体推荐的人
	形式	(1)书面委托书，公民在特殊情况下无法书面委托的，也可以由他人代书，并由自己捺印等方式确认； (2)解除、变更委托书面报告法院
	权利	(1)律师：有权依法查阅复制本案材料，向组织和公民调查、收集证据； (2)其他诉讼代理人：查阅复制除涉及国家秘密、商业秘密和个人隐私材料以外的本案庭审材料

【知识点拨1】被诉行政机关负责人应当出庭应诉。不能出庭的，应当委托行政机关相应的工作人员出庭。即不允许被诉行政机关仅委托律师出庭而自己的工作人员不出庭应诉。

【知识点拨2】涉及重大公共利益、社会高度关注或者可能引发群体性事件等案件以及人民法院书面建议行政机关负责人出庭的案件，被诉行政机关负责人应当出庭。行政机关负责人有正当理由不能出庭应诉的，应当向人民法院提交情况说明，并加盖行政机关印章或者由该机关主要负责人签字认可。

【例题1·单选题】(2020年)下列有关行政诉讼被告的说法中，正确的是( )。

A. 行政诉讼被告对原告的诉讼请求具有反诉权

B. 行政诉讼被告可以是行政机关工作人员

C. 当事人不服经上级行政机关批准的行政行为而向法院提起诉讼的，应当以在对外发生法律效力的文书上署名的行政机关为被告

D. 复议机关改变原具体行政行为的，由作出原具体行政行为的行政机关和复议机关作为共同被告

解析 ▶ 本题考核行政诉讼的被告。行政诉讼被告对原告的诉讼请求没有反诉权。所以选项A错误。被告只能是行政机关或法律、法规授权的组织，既不是国家，也不是行政机关工作人员。所以选项B错误。当事人不服经上级行政机关批准的行政行为，向人民法院提起诉讼的，以在对外发生法律效力的文书上署名的机关为被告。所以选项C正确。复议机关改变原行政行为的，复议机关是被告。所以选项D错误。 答案 ▶ C

【例题2·单选题】(2019年)根据《行政诉讼法》及司法解释规定，下列属于行政诉讼受案范围的是( )。

A. 税务机关为作出行政行为而实施的层报、咨询等过程性行政行为

B. 税务机关协助法院执行时采取违法方式作出的执行行为

C. 上级税务机关基于内部层级监督关系对下级税务机关作出的执法检查、督促履责行为

D. 税务机关作出的对纳税人权利义务不产生实际影响或者不产生外部法律效力的行为

解析 ▶ 本题考核行政诉讼不受理案件的范围。行政机关为作出行政行为而实施的准备、论证、研究、层报、咨询等过程性行为；上级行政机关基于内部层级监督关系对下级行政机关作出的听取报告、执法检查、督促履责等行为；行政机关作出的不产生外部法律效力的行为；对公民、法人或者其他组织权利义务不产生实际影响的行为不属于人民法院行政诉讼的受案范围。所以选项ACD错误。 答案 ▶ B

【例题3·单选题】(2016年)中外合资企业W公司由中方甲公司与外方乙公司共同投

资设立。外方乙公司认为,某国家税务局对W公司作出的停止办理出口退税行政处罚决定侵害其合法权益,遂以乙公司的名义向法院提起行政诉讼。对此,法院的正确做法是( )。

A. 不受理,因为乙公司不是行政行为的相对人

B. 受理,因为乙公司依法享有单独提起行政诉讼的权利

C. 不受理,因为乙公司不是独立的法人

D. 受理,应当同时列甲公司为共同原告,因为甲公司与被诉行政处罚决定有法律上的利害关系

解析 本题考核行政诉讼原告。如果联营企业、中外合资或者合作企业的联营、合资、合作各方,认为联营、合资、合作企业权益或者自己一方合法权益受行政行为侵害的,均可以自己的名义提起诉讼。本题中,乙公司有权以自己的名义提起诉讼。

答案 B

【例题4·单选题】(2018年)根据《行政诉讼法》及司法解释规定,对复议机关决定维持原行政行为而当事人不服提起行政诉讼的案件,确定被告的规则是( )。

A. 以复议机关为被告,以作出原行政行为的行政机关为第三人

B. 以作出原行政行为的行政机关和复议机关为共同被告

C. 以作出原行政行为的行政机关为被告,复议机关作为第三人

D. 由当事人选择作出原行政行为的行政机关和复议机关二者之一作为被告

解析 本题考核行政诉讼被告。复议机关维持原行政行为的,原机关和复议机关为共同被告。

答案 B

【例题5·单选题】(2016年)下列关于行政诉讼中的诉讼代表人的说法中,错误的是( )。

A. 诉讼代表人与本案的诉讼标的没有法律上的利害关系

B. 诉讼代表人是由法院规定、当事人推选或者法院指定产生的

C. 诉讼代表人是本案的当事人

D. 诉讼代表人放弃或者变更诉讼请求,需经过被代表的其他当事人的同意

解析 本题考核行政诉讼代表人。诉讼代表人是本案的当事人,与本案的诉讼标的有法律上的利害关系,其参加诉讼的目的是为了保护自己和全体当事人的权益,并且要受人民法院判决的约束。所以选项A说法错误,选项C说法正确。诉讼代表人是由法律规定或由推选或法院指定产生的,如果放弃或变更诉讼请求,需经过被代表的其他当事人的同意。所以选项B、D说法正确。

答案 A

【例题6·多选题】(2012年)江平县政府设立的临时机构基础设施建设指挥部认定,该县川口镇陈某等10户居民自建的附属房及围墙系违法建筑,决定强制拆除,并委托该县川口镇政府具体负责强制拆除有关事宜。陈某等10户居民对该决定不服而起诉。关于复议机关、诉讼参加人及诉讼管辖的说法,正确的有( )。

A. 本案被告为川口镇政府

B. 本案应由江平县人民法院管辖

C. 若仅陈某起诉,则没有起诉的其他9户居民为第三人

D. 若10户居民对该决定不服申请复议,复议机关为江平县政府

E. 若10户居民在指定期限内未选定诉讼代表人,法院可以依职权指定

解析 本题考核复议机关、诉讼参加人、诉讼管辖。基础设施建设指挥部作为临时机构,不具有行政主体资格,不能做被告。县川口镇政府只是执行人,并非该决定的作出者,也不能做被告。本案被告为江平县政府,管辖法院为中级人民法院。所以选项A、B错误。若陈某等10户居民对决定不服申请行政复议,复议机关为江平县政府的上一级政府。所以选项D错误。

答案 CE

四、行政诉讼的证据

(一)行政诉讼证据的种类★★

1. 行政诉讼的法定证据包括:

(1)书证;(2)物证;(3)视听资料;(4)电子数据;(5)证人证言;(6)当事人陈述;(7)鉴定意见;(8)勘验笔录;(9)现场笔录。

2. 提供证据的要求

(1)书证(见表6-13)。

表6-13 书证

形式	①提供书证的原件(原本、正本和副本均属于书证的原件)。 ②提供原件确有困难的,可以提供与原件核对无误的复印件、照片、节录本 ③法律、法规、司法解释和规章对形式另有规定的除外
部门保管	提供由有关部门保管的书证原件的复制件、影印件或者抄录件的,应当注明出处,经该部门核对无异后加盖其(保管部门)印章
说明	提供报表、图纸、会计账册、专业技术资料、科技文献等书证,应当附有说明
询问、陈述、谈话类笔录	被告提供的被诉行政行为所依据的询问、陈述、谈话类笔录,应当有行政执法人员、被询问人、陈述人、谈话人签名或者盖章

(2)视听资料(见表6-14)。

表6-14 视听资料

形式	尽量提供有关资料的原始载体,确有困难的,可以提供复制件,注明制作方法、制作时间、制作人和证明对象等
文字记录	声音资料(无论原始载体还是复制件)应当附有该声音内容的文字记录

(3)电子数据(见表6-15)。

表6-15 电子数据

形式	电子邮件、电子数据交换、网上聊天记录、网络博客、手机短信、电子签名、域名等电子证据,应当结合案件其他证据,审查其真实性和关联性
效力	以有形载体固定或者显示的电子数据交换、电子邮件以及其他数据资料,其制作情况和真实性经对方当事人确认,或公证等其他有效方式予以证明的,与原件具有同等的证明效力

(4)证人证言(见表6-16)。

表6-16 证人证言

要求	①证人应当陈述其亲历的具体事实。证人根据其经历所作的判断、推测或者评论,不能作为定案的依据。 ②凡知道案件事实的人,都有出庭作证的义务,不能正确表达意志的人不能作证。 『注意』即便与当事人有利害关系,仍有出庭作证的义务,只是效力会差。 ③出庭作证的证人不得旁听案件的审理
书面证言	经人民法院允许,当事人可以提交书面证言: ①当事人在行政程序或者庭前证据交换中对证人证言无异议的; ②证人因年迈体弱或者行动不便无法出庭的; ③证人因路途遥远、交通不便无法出庭的; ④证人因自然灾害等不可抗力或者其他意外事件无法出庭的; ⑤证人因其他特殊原因确实无法出庭的

续表

专家证言	原告或者第三人可以要求相关行政执法人员作为证人出庭作证： ①对现场笔录的合法性或者真实性有异议的； ②对扣押财产的品种或者数量有异议的； ③对检验物的物品取样或者保管有异议的； ④对行政执法人员的身份的合法性有异议的

（5）鉴定意见（见表6-17）。

表6-17 鉴定意见

启动	①由当事人提供；②由法院依职权指定或委托法定鉴定部门
内容	委托人和委托鉴定的事项；材料；依据；技术手段；鉴定部门；资格；鉴定人的签名和鉴定部门的盖章；说明分析过程
重新鉴定	资格欠缺、程序严重违法、明显依据不足、质证不能为证据
补充鉴定	有缺陷的鉴定意见

（6）勘验笔录。

启动：依职权或依申请。

（7）现场笔录（见表6-18）。

表6-18 现场笔录

适用	只有在证据难以保全、事后难以取证、不可能取得其他证据或者其他证据难以证明案件事实情况下才能适用
要求	①现场笔录应当在现场制作，不能事后补作。 ②被告向人民法院提供的现场笔录，应当载明时间、地点和事件等内容，并由执法人员和当事人签名。当事人拒绝签名或者不能签名的，应当注明原因。有其他人在现场的，可由其他人签名

（二）行政诉讼中对证据的收集★★★

1. 行政诉讼中被告对证据的收集（见表6-19）

表6-19 行政诉讼中被告对证据的收集

时间	被告承担举证责任，向法院提交的证据应当在作出行政行为之前收集

2. 行政诉讼中人民法院对证据的收集（见表6-20）

表6-20 行政诉讼中人民法院对证据的收集

法院主动调取	（1）涉及国家利益、公共利益或者他人合法权益的事实认定的； （2）涉及依职权追加当事人、中止诉讼、终结诉讼、回避等程序性事项的
申请法院调取	原告或者第三人不能自行收集的，可以申请人民法院调取： （1）由国家有关部门保存而须由人民法院调取的证据材料； （2）涉及国家秘密、商业秘密或者个人隐私的证据材料； （3）确因客观原因不能自行收集的其他证据材料

【知识点拨】人民法院在调取证据时，不得为证明被诉行政行为的合法性而调取被告在作

出行政行为时未收集的证据。

3. 证据保全(见表6-21)

表6-21 证据保全

情形	在证据可能灭失或者难以取得的情况下，对证据采取保全措施(如查封扣押、拍照、录音等)
启动	依诉讼参加人的请求或依职权
时间	申请保全证据的，应当在举证期限届满前以书面形式提出
程序	(1)人民法院"可以"要求申请人提供担保。 (2)人民法院保全证据时，"可以"要求当事人或者其诉讼代理人到场

(三)行政诉讼证据的质证★★★

1. 必要性：证据应当在法庭上出示，并由当事人互相质证。
2. 特殊情形(见表6-22)

表6-22 特殊情形

(1)缺席证据	经合法传唤，被告无正当理由拒不到庭而缺席判决的，被告提供的证据不能作为定案依据；但当事人在庭前交换证据中没有争议的证据除外
(2)涉密证据	涉及国家秘密、商业秘密、个人隐私或者法律规定的其他应保密的证据，不得在开庭时公开质证
(3)调取证据	①依申请调取的证据由申请人在庭审中出示，并由当事人质证； ②依职权调取的证据由法庭出示并进行说明，听取当事人意见，但无须质证
(4)二审质证	对当事人依法提供的新证据或对一审认定的证据仍有争议的(旧证据)→应进行质证
(5)再审质证	对当事人依法提供的新证据或因证据不足而再审的主要证据(旧证据)→应进行质证

『解释』"新证据"，是指：

(1)在一审程序中应当准许延期提供而未获准许的证据；

(2)当事人在一审程序中依法申请调取而未获准许或者未取得，人民法院在二审程序中调取的证据；

(3)原告或第三人提供的在举证期限届满后发现的证据。

(四)行政诉讼证据的审查认定★★★

1. 证明力大小(见表6-23)

表6-23 证明力大小

法定机关证据优先	(1)国家机关以及其他职能部门依职权制作的公文文书优于其他书证； (2)鉴定意见、现场笔录、勘验笔录、档案材料、公证或登记的书证优于其他书证、视听资料和证人证言； (3)法定鉴定部门的鉴定意见优于其他鉴定部门的鉴定意见
法庭证据优先	(1)法庭主持勘验制作的勘验笔录优于其他部门主持勘验制作的勘验笔录； (2)出庭作证的证人证言优于未出庭作证的证人证言
原物优先	(1)原件、原物优于复制件、复制品； (2)原始证据优于传来证据
无利害关系优先	其他证人证言优于与当事人有亲属或密切关系的证人提供的对当事人有利的证言
证据链优先	数个种类不同、内容一致的证据优于一个孤立的证据

2. 可以直接认定的事实

(1)众所周知的事实；

(2)自然规律及定理；

(3)按照法律规定推定的事实；

(4)已经依法证明的事实;

(5)根据日常生活经验法则推定的事实;

(6)庭审中,一方当事人或其代理人在代理权限内对另一方当事人陈述的案件事实**明确表示认可**的,法院可以予以认定,但有相反证据足以推翻的**除外**;

(7)生效的人民法院裁判文书或者仲裁机构裁决文书确认的事实,可以作为定案依据。

【知识点拨1】在行政赔偿诉讼中,人民法院**主持调解**时,当事人为达成调解协议而对案件事实的认可,**不得在其后的诉讼中作为对其不利的证据**。

【知识点拨2】被告有证据证明其在行政程序中依照法定程序要求原告或者第三人提供证据,原告或者第三人依法应当提供而没有提供,在诉讼程序中提供的证据,人民法院一般不予采纳。

3. 证据收集的要求(见表6-24)

表6-24 证据收集的要求

关联性	是否具有证明关系+与待证事实的关联程度
合法性	形式是否合法+取得是否合法
真实性	形成的原因+发现证据的客观环境+是否原件+复制件与原件是否相符+证人是否具有利害关系

4. 瑕疵证据(见表6-25)

表6-25 瑕疵证据

不能单独作为定案依据	(1)未成年人所作的与其年龄和智力状况**不相适应**的证言; (2)与一方当事人有亲属关系或密切关系的证人所作的对该当事人**有利**的证言,或与一方当事人有不利关系的证人所作的对该当事人**不利**的证言; (3)应出庭作证而无正当理由不出庭作证的证人证言; (4)**难以识别是否经过修改**的视听资料; (5)**无法与原件、原物核对**的复制件或者复制品; (6)经一方当事人或者他人改动,对方当事人不予认可的证据材料
不能作为定案依据	(1)严重违反法定程序收集; (2)以偷拍、偷录、窃听等手段获取侵害他人合法权益; (3)以利诱、欺诈、胁迫、暴力等不正当手段获取侵害他人合法权益的证据材料; (4)当事人无正当事由超出举证期限提供的证据材料; (5)在中华人民共和国领域外或在港澳台形成的未办理法定证明手续; (6)当事人**无正当理由拒不提供**原件、原物,又无其他证据印证,且对方当事人**不予认可**的证据的复制件或者复制品; (7)被当事人或他人进行**技术处理而无法辨明真伪**; (8)**不能正确表达意志**的证人提供的证言; (9)不具备合法性和真实性的其他证据材料; (10)以违反法律强制性规定且侵犯他人合法权益的方法取得的证据
不能证明被诉行政行为合法性的证据	(1)对被告及其诉讼代理人在作出行政行为后或在诉讼中**自行收集**; (2)被告非法剥夺公民、法人或其他组织依法享有的陈述、申辩或者听证权利所采用的证据; (3)**原告或第三人在诉讼中提供、被告在行政程序中未作为行政行为依据的证据**; (4)被告严重违反法定程序收集的其他证据; (5)对被告在行政程序中采纳的,原告或第三人证明:①鉴定人不具备鉴定资格;②鉴定程序严重违法;③鉴定意见错误、不明确或不完整。 (6)复议机关在复议过程中收集和补充的证据,或者作出原行政行为的行政机关在复议程序中**未向复议机关提交**的证据; (7)被告在二审过程中向法庭提交在**一审过程中没有提交的证据**,不能作为二审法院撤销或变更一审裁判的根据

【例题7·单选题】(2015年)根据《行政诉讼法》及有关规定,行政诉讼法定证据种类的形式不包括( )。

A. 网上聊天记录、网络博客
B. 电子邮件、电子签名
C. 手机短信
D. 评论性证言

解析 本题考核行政诉讼的法定证据种类。行政诉讼法定证据种类包括:书证、物证、视听资料、电子数据、证人证言、当事人的陈述、鉴定意见、勘验笔录、现场笔录。其中,选项A、B、C属于电子数据;选项D中证人猜测性、评论性、推断性的证言,不能作为证据使用。 **答案** D

【例题8·单选题】(2015年)根据《行政诉讼法》及有关规定,若原告确有证据证明被告持有的证据对原告有利,被告无正当理由拒不提供,则法院的正确做法是( )。

A. 直接认定被告主张的事实存在
B. 责令被告退出法庭并缺席判决
C. 推定原告的主张成立
D. 直接判决撤销被诉行政行为

解析 本题考核举证责任分配。原告确有证据证明被告持有的证据对原告有利,被告无正当事由拒不提供的,可以推定原告的主张成立。 **答案** C

【例题9·单选题】(2013年)某市政府征收辖区内某村的部分集体土地用于建造港口。该村村民孙某因对补偿款数额不满,到港口施工现场进行阻挠。市公安局派警察到现场处理,警察将孙某强行带离并进行了询问。经调查后,市公安局决定对孙某处以10日拘留。孙某不服,向市法院提起行政诉讼,市法院受理。根据《行政诉讼法》及司法解释规定,下列关于本案涉及的审查对象和举证责任的说法中,正确的是( )。

A. 市法院对市政府征收土地的行为是否合法应予以审查,理由是该行为是本案的附带审查对象
B. 市法院对市政府征收土地的行为是否合法应予以审查,理由是该行为是本案的主要审查对象
C. 若市公安局提出孙某的起诉超过法定期限,则市公安局应提供证据对此加以证明
D. 若孙某提供的证明市公安局拘留决定违法的证据不成立,则市公安局对拘留决定合法性的举证责任依法免除

解析 本题考核行政诉讼审查的内容、被告的举证责任。市公安局就孙某到港口施工现场进行阻挠的行为进行拘留处罚,孙某不服提起行政诉讼。法院无需对市政府征收土地的行为是否合法进行审查。所以选项A、B错误。原告提供的证据不成立的,不免除被告对被诉行政行为合法性的举证责任。所以选项D错误。 **答案** C

(五)行政诉讼中的举证责任★★★

1. 举证要求

(1)被告对作出的行政行为负有举证责任,应当提供作出该行政行为的证据和所依据的规范性文件。被告不提供或者无正当理由逾期提供证据,视为没有相应证据。但是,被诉行政行为涉及第三人合法权益,第三人提供证据的除外。

(2)原告可以提供证明被诉行政行为违法的证据。原告提供的证据不成立的,<u>不免除被告</u>对被诉行政行为合法性的举证责任。

【知识点拨】原告确有证据证明被告持有的证据对原告有利,被告无正当事由拒不提供的,可以推定原告的主张成立。

2. 举证内容(见表6-26)

表6-26 举证内容

被告	(1)被告对被诉行政行为**合法性**负有举证责任; (2)被告认为原告**起诉超过起诉期**,负有举证责任

续表

原告	(1)起诉时应当提供其符合法定**起诉条件**的相应的证据材料。 (2)在起诉被告不作为的案件中，原告应当提供其在行政程序中**曾经提出申请的证据材料**，但有下列情形的**除外**：①被告应当**依职权**主动履行法定职责的；②原告因被告受理申请的**登记制度不完备**等正当事由并能够作出合理说明的。 (3)在行政赔偿、补偿诉讼中，原告应当对被诉行政行为**造成损害的事实**提供证据。对于各方主张损失的价值无法认定的，应当由负有举证责任的一方当事人申请鉴定，但法律、法规、规章规定行政机关在作出行政行为时依法应当评估或者鉴定的除外；负有举证责任的当事人拒绝申请鉴定的，由其承担不利的法律后果。当事人的损失因客观原因无法鉴定的，人民法院应当结合当事人的主张和在案证据，酌情确定赔偿数额。 【知识点拨】因被告的原因导致原告无法举证的，由**被告承担举证责任**

【知识点拨】被告举证范围（见表6-27）

表6-27 被告举证范围

事实材料	被告依法收集的各种证据
规范性文件	正式公开的法律、法规、规章以及其他规范性文件
复议机关决定维持原行政行为	应当在审查原行政行为**合法性**的同时，一并审查复议程序的**合法性**
	作出原行政行为的行政机关和复议机关对原行政行为**合法性**共同承担举证责任，可以由其中一个机关实施举证行为
	复议机关对复议程序的合法性承担举证责任

3. 举证时间（见表6-28）

表6-28 举证时间

	被告	原告
一般期限	收到起诉状副本之日起**15日**内提交答辩状	开庭审理前或法院指定的交换证据清单之日
延期	被告申请延期提供证据的，应当在收到起诉状副本之日起15日内以书面方式向人民法院提出。人民法院准许延期提供的，被告应当在正当事由消除后15日内提供证据	因正当理由申请延期提供，经法院准许可在**法庭调查**中提供
逾期	不提供或无正当理由逾期提供的，视为被诉行政行为**没有相应的证据**。但是，被诉行政行为涉及第三人合法权益的，第三人提供证据的除外	(1)原告在一审程序中无正当事由未提供而在二审中提供的证据，法院将**不予采纳**； (2)逾期提供，人民法院应当责令其说明理由；拒不说明理由或者理由不成立的，**视为放弃举证**

五、行政诉讼的起诉与受理

扫我解疑难

（一）起诉★★★

1. 起诉的一般条件

(1)原告是**行政行为**的相对人以及其他与行政行为**有利害关系**的公民、法人或其他组织；

(2)有明确的**被告**；

(3)有具体的诉讼请求和事实根据；

(4)属于人民法院受案范围和受诉人民法院管辖。

【知识点拨】起诉**可以书面**向人民法院递交起诉状；书写困难，**可以口头**起诉，由人民法院记入笔录，出具注明日期的书面凭证，并告知对方当事人。

2. 起诉的时间条件

(1)起诉期限的长度（见表6-29）。

表 6-29 起诉期限的长度

先复议后诉讼	收到复议决定书之日或复议机关逾期不作决定，复议期满之日起 **15 日**内，**法律**另有规定除外
直接诉讼	自知道或应当知道作出行政行为之日起 **6 个月**内，**法律**另有规定除外

(2) 起诉期限的起算。

①一般：从公民、法人或者其他组织"**知道或应当知道**"行政机关作出行政行为之日起计算。

②行政机关未告知公民、法人或其他组织起诉期限的：从公民、法人或其他组织"知道或应当知道起诉期限之日"起计算，但从知道或应当知道行政行为内容之日起**最长不得超过 1 年**。复议决定未告知公民、法人或者其他组织起诉期限的，也适用该规定。

③公民、法人或其他组织**不知道行政机关作出的行政行为内容**：起诉期限从知道或应当知道该行政行为内容之日起计算(见表 6-30)。

表 6-30 当事人不知道行政机关作出的行政行为内容的最长起诉期限

涉及不动产的行政行为	从作出之日起不**超过 20 年**
其他行政行为	从作出之日起不**超过 5 年**

④复议机关作出维持决定的，以复议决定送达时间确定起诉期限。

(3) 起诉期限迟延。

①适用：因**不可抗力**或者其他不属于当事人自身的原因外的特殊情况。

②时限：障碍消除后的 **10 日内**。可以申请延长期限，是否准许应由**人民法院**决定。

3. 起诉的程序条件(见表 6-31)

表 6-31 起诉的程序条件

	复议在前	撤回复议	复议期间	复议不理、不服	注意
复议前置	√	不得起诉	不得起诉	可以起诉	由法律、法规规定
复议选择	×	可以起诉	不得起诉	可以起诉	既复议又诉讼→先立案的管辖→同时立案，自由选择

(二)立案★★★

1. 法院处理

(1) 人民法院在接到原告的起诉状后，**应当**登记立案。

(2) 对当场不能判定是否符合《行政诉讼法》规定的起诉条件的，**应当**接收起诉状，出具注明收到日期的书面凭证，并在 **7 日内**决定是否立案。

(3) 不符合起诉条件的，作出**不予立案的裁定**。裁定书应当载明**不予立案的理由**。

【知识点拨】原告对裁定不服的，**可以提起上诉**。

(4) 起诉状内容欠缺或者有其他错误的，**应当**给予指导和释明，并一次性告知当事人需要补正的内容。

【知识点拨】**不得未经**指导和释明即以起诉不符合条件为由不接收起诉状。

2. 立案救济

(1) 行政机关及其工作人员**不得**干预或者阻碍人民法院受理案件。

(2) 人民法院既不立案，又不作出不予立案裁定的，**当事人可以**向上一级人民法院起诉。

【知识点拨】上一级人民法院认为符合起诉条件的，**应当立案**、审理，也可以指定其他下级人民法院立案、审理。

对于不接收起诉状、接收起诉状后不出具书面凭证，以及不一次性告知当事人需要补正的起诉状内容的，当事人可以向上级人民法院投诉。

3. 已经立案的，裁定驳回起诉的情形(见表 6-32)

表 6-32 裁定驳回起诉的情形

范围	(1) 不符合提起行政诉讼应符合的条件的
参加人	(2) 错列被告且拒绝变更的； (3) 未按照法律规定由法定代理人、指定代理人、代表人为诉讼行为的
程序	(4) 未按照法律、法规规定先向行政机关申请复议的； (5) 超过法定起诉期限且无行政诉讼法第48条规定情形的； (6) 重复起诉的； (7) 撤回起诉后无正当理由再行起诉的； (8) 行政行为对其合法权益明显不产生实际影响的； (9) 诉讼标的已为生效裁判或者调解书所羁束的； (10) 其他不符合法定起诉条件的情形

4. 复议前置与复议选择的处理

（1）法律、法规规定应当先申请复议，公民、法人或者其他组织未申请复议直接提起诉讼的，人民法院裁定不予立案。依照《行政诉讼法》第45条的规定，复议机关不受理复议申请或者在法定期限内不作出复议决定，公民、法人或者其他组织不服，依法向法院起诉的，法院应依法立案。法律、法规未规定行政复议为提起行政诉讼必经程序，公民、法人或者其他组织既提起诉讼又申请行政复议的，由先立案的机关管辖；同时立案的，由公民、法人或者其他组织选择。

（2）公民、法人或者其他组织已经申请行政复议，在法定复议期间内又向人民法院提起诉讼的，人民法院裁定不予立案。

（3）人民法院裁定准许原告撤诉后，原告以同一事实和理由重新起诉的，人民法院不予立案。准予撤诉的裁定确有错误，原告申请再审的，人民法院应当通过审判监督程序撤销原准予撤诉的裁定，重新对案件进行审理。

六、行政诉讼程序

（一）审理前准备★★★

1. 合议庭：不论是否公开审理，都必须由**审判员或审判员及陪审员**组成合议庭，合议庭成员应当是3人以上的单数。

2. 开庭前3天确认开庭审理的时间、地点，并通知当事人和其他诉讼参与人。

（二）开庭审理（见表6-33）★★★

表 6-33 开庭审理

开庭审理	一审程序中应当一律实行开庭审理，不得进行书面审理。 【知识点拨】二审特定情况下可以采用书面审理
公开审理	除涉及国家秘密、个人隐私和法律另有规定外，一律公开审理

（三）判决★★★

1. 判决时间：在立案之日起"**6个月内**"作出一审判决。有特殊情况需要延长的，由高级人民法院批准；高级人民法院审理的一审案件需要延长的，由最高人民法院批准。

2. 判决类型（见表6-34）

表 6-34 一审的判决类型

驳回诉讼请求判决	(1) 证据确凿，适用法律、法规正确，符合法定程序的；(2) 原告申请被告履行法定职责或者给付义务理由不成立的

续表

撤销判决：并可以判决被告重新作出行政行为	(1)主要证据不足；(2)适用法律、法规错误；(3)违反法定程序；(4)超越职权；(5)滥用职权；(6)明显不当。 【知识点拨】人民法院对原行政行为作出判决的同时，应当对复议决定一并作出相应判决
履行判决	被告无正当理由拒不履行或拖延履行，从而责令其在一定期限内履行的判决
(可以)变更判决	认定被告行政处罚明显不当，或者其他行政行为涉及款额确定、认定确有错误，运用国家审判权直接予以改变的判决。 【知识点拨1】不得加重对原告的处罚(包括加重处罚幅度或增加处罚内容)，但利害关系人同为原告，且诉讼请求相反的除外。 【知识点拨2】对行政机关未处罚的相对人，法院不得判决直接给予处罚
确认违法判决	行政行为有下列情形之一的，人民法院判决确认违法，但不撤销行政行为： (1)行政行为依法应当撤销，但撤销会给国家利益、社会公共利益造成重大损害的； (2)行政行为程序轻微违法，但对原告权利不产生实际影响的。 行政行为有下列情形之一，不需要撤销或者判决履行的，人民法院判决确认违法： (1)行政行为违法，但不具有可撤销内容的； (2)被告改变原违法行政行为，原告仍要求确认原行政行为违法的； (3)被告不履行或者拖延履行法定职责，判决履行没有意义的
确认无效判决	行政行为有实施主体不具有行政主体资格或者没有依据等重大且明显违法情形，人民法院判决确认该行政行为无效的判决。 "重大且明显违法"是指： (1)行政行为实施主体不具有行政主体资格； (2)减损权利或者增加义务的行政行为没有法律规范依据； (3)行政行为的内容客观上不可能实施； (4)其他重大且明显违法的情形

【知识点拨】人民法院判决确认违法或者无效的，可以同时判决责令被告采取补救措施；给原告造成损失的，依法判决被告承担赔偿责任。

(四)案件审理中需注意的几个问题★★★

1. 撤回起诉(见表6-35)

表6-35 撤回起诉

申请撤诉	(1)原告主动申请撤诉：原告在提起行政诉讼法院受理以后，法院宣告判决或者裁定前，可以向人民法院提起撤回起诉的请求； (2)被告改变行政行为，原告撤诉。 【知识点拨】法庭辩论终结后原告申请撤诉的，法院可以准许，但涉及国家利益和公共利益的除外
按撤诉处理	(1)原告经传票传唤，无正当理由拒不到庭或者未经法庭许可中途退庭的； (2)原告或者上诉人未按规定的期限预交案件受理费，又不提出缓交、减交、免交申请，或者提出申请未获批准的

2. 缺席判决

(1)原告或者上诉人申请撤诉，人民法院裁定不予准许的，原告或者上诉人经传票传唤无正当理由拒不到庭，或者未经法庭许可中途退庭的，人民法院可以缺席判决。第三人经传票传唤无正当理由拒不到庭，或者未经法庭许可中途退庭的，不发生阻止案件审理的效果。

(2)被告经传票传唤无正当理由拒不到庭，或者未经法庭许可中途退庭的，人民法院可以按期开庭或者继续开庭审理,对到庭的当事人诉讼请求、双方的诉辩理由以及已经提交的证据及其他诉讼材料进行审理后,**依法缺席判决**。

3. 诉讼中止和诉讼终结(见表6-36)

表6-36 诉讼中止和诉讼终结

诉讼中止	诉讼终结
(1)原告死亡,须等待其近亲属表明是否参加诉讼的; (2)原告丧失诉讼行为能力,尚未确定法定代理人的; (3)作为一方当事人的行政机关、法人或其他组织终止,尚未确定权利义务承受人的; (4)一方当事人因不可抗力的事由不能参加诉讼的; (5)案件涉及法律适用问题,需要送请有权机关作为解释或者确认的; (6)案件的审判须以相关民事、刑事或者其他行政案件的审理结果为依据,而相关案件尚未审结的	(1)原告死亡,没有近亲属或者其近亲属放弃诉讼权利的; (2)作为原告的法人或者其他组织终止,其权利义务的承受人放弃诉讼权利的; (3)因原告死亡,须等待其近亲属表明是否参加诉讼或原告丧失诉讼行为能力,尚未确定法定代理人或因作为一方当事人的行政机关、法人或其他组织终止,尚未确定权利义务承受人而中止诉讼满90日仍无人继续诉讼的,裁定终结诉讼

4. 财产保全(见表6-37)

表6-37 财产保全

诉讼中财产保全	诉讼前财产保全
(1)法院采取保全措施,可以责令申请人提供担保;申请人不提供担保的,裁定驳回申请。 (2)法院接受申请后,对情况紧急的,必须在48小时内作出裁定;裁定采取保全措施的,应当立即开始执行。 (3)当事人对保全的裁定不服的,可以申请复议;复议期间不停止裁定的执行	(1)申请人应当提供担保,不提供担保的,裁定驳回申请。 (2)人民法院接受申请后,必须在48小时内作出裁定;裁定采取保全措施的,应当立即开始执行。 (3)申请人在人民法院采取保全措施后30日内不依法提起诉讼的,人民法院应当解除保全。 (4)当事人对保全的裁定不服的,可以申请复议;复议期间不停止裁定的执行

5. 合并审理

(1)两个以上行政机关分别对同一事实作出行政行为,公民、法人或者其他组织不服向同一人民法院起诉的。

(2)行政机关就同一事实对若干公民、法人或者其他组织分别作出行政行为,公民、法人或者其他组织不服分别向同一人民法院起诉的。

(3)在诉讼过程中,被告对原告作出新的行政行为,原告不服向同一人民法院起诉的。

6. 审理依据(见表6-38)

表6-38 审理依据

(1)依据	法律、法规(行政法规、地方性法规、自治条例单行条例)	无条件适用
(2)参照	规章(部门规章、地方政府规章)	有条件适用
(3)引用	其他规范性文件	类似参照
(4)援引	最高法院的司法解释	类似依据

【知识点拨】"规范性文件不合法":

①超越制定机关的法定职权或者超越法律、法规、规章的授权范围的;

②与法律、法规、规章等上位法的规定相抵触的;

③没有法律、法规、规章依据,违法增

加公民、法人和其他组织义务或者减损公民、法人和其他组织合法权益的；

④未履行法定批准程序、公开发布程序，严重违反制定程序的；

⑤其他违反法律、法规以及规章规定的情形。

7. 关于审理后的诉讼调解（见表6-39）

表6-39　关于审理后的诉讼调解

原则不适用	人民法院审理行政案件，不适用调解
可适用	行政赔偿、补偿以及行政机关行使法律、法规规定的自由裁量权的案件
原则	遵循自愿、合法原则，不得损害国家利益、社会公共利益和他人合法权益

【知识点拨】调解过程不公开，但当事人同意公开的除外。调解协议内容原则上不公开，但有例外。

（五）简易程序★★★

1. 人民法院审理下列第一审行政案件，认为事实清楚、权利义务关系明确、争议不大的，可以适用简易程序：(1)被诉行政行为是依法当场作出的；(2)案件涉及款额2 000元以下的；(3)属于政府信息公开案件的；(4)当事人各方同意适用简易程序的，可以适用简易程序。

【知识点拨】"事实清楚"，是指当事人对争议的事实陈述基本一致，并能提供相应的证据，无须人民法院调查收集证据即可查明事实；"权利义务关系明确"，是指行政法律关系中权利和义务能够明确区分；"争议不大"，是指当事人对行政行为的合法性、责任承担等没有实质分歧。

2. 适用简易程序审理的行政案件，由审判员一人独任审理，并应当在立案之日起45日内审结。

3. 适用简易程序案件的举证期限由人民法院确定，也可以由当事人协商一致并经人民法院准许，但不得超过15日。

4. 人民法院在审理过程中发现案件不宜适用简易程序的，裁定转为普通程序。

（六）行政诉讼第二审程序★★★

1. 上诉必须针对未生效的第一审判决、裁定，其中裁定只限于不予受理、驳回起诉和管辖权异议的裁定。

2. 上诉人和被上诉人必须是一审程序中的当事人。

3. 必须在法定上诉期内提出上诉。根据规定，不服判决的上诉期限为15天，不服裁定的上诉期限为10天。

4. 二审法院审理上诉案件，应当自收到上诉状之日起"3个月内"作出终审判决，有特殊情况需延长的，由高级人民法院批准，高级人民法院审理上诉案件需延长的，由最高人民法院批准。

（七）行政诉讼审判监督程序★

1. 启动审判监督程序的主体：必须是申请再审的当事人以及有审判监督权的组织或人员，包括人民法院院长、上级人民法院和人民检察院。

2. 当事人对已经发生法律效力的判决、裁定认为确有错误的，可以向上一级人民法院申请再审，但判决、裁定不停止执行。

3. 当事人应当在判决、裁定或调解书发生法律效力后6个月内提出。

【知识点拨】有下列情形之一的，当事人自知道或者应当知道之日起6个月内提出申请再审：

(1)有新的证据，足以推翻原判决、裁定的；

(2)原判决、裁定认定事实的主要证据是伪造的；

(3)据以作出原判决、裁定的法律文书被撤销或者变更的；

(4)审判人员审理该案件时有贪污受贿、徇私舞弊、枉法裁判行为的。

4. 当事人的申请符合下列情形之一的，

人民法院应当再审：

（1）不予立案或者驳回起诉确有错误的；

（2）有新的证据，足以推翻原判决、裁定的；

（3）原判决、裁定认定事实的主要证据不足、未经质证或者系伪造的；

（4）原判决、裁定适用法律、法规确有错误的；

（5）违反法律规定的诉讼程序，可能影响公正审判的；

（6）原判决、裁定遗漏诉讼请求的；

（7）据以作出原判决、裁定的法律文书被撤销或者变更的；

（8）审判人员在审理该案件时有贪污受贿、徇私舞弊、枉法裁判行为的。

5. 审理的程序

（1）人民法院按照审判监督程序再审的案件，发生法律效力的判决、裁定是由一审法院作出的，按照一审程序审理，所作的判决、裁定，当事人可以上诉；

（2）发生法律效力的判决、裁定是由二审人民法院作出的，按照二审程序审理，所作的判决、裁定是发生法律效力的判决、裁定；

（3）上级人民法院按照审判监督程序提审的，按照二审程序审理，所作的判决、裁定是发生法律效力的判决、裁定。人民法院审理再审案件，应当另行组成合议庭。

6. 按照审判监督程序决定再审的案件，应当裁定中止原判决的执行；上级人民法院决定提审或者指令下级人民法院再审的，应当作出裁定。

（八）行政赔偿诉讼★★★

1. 起诉条件

（1）单独提起行政赔偿诉讼：以行政赔偿义务机关的先行处理为前提；

（2）一并提起行政赔偿诉讼：以行政复议或行政诉讼确认行政职权行为违法为前提。

2. 举证责任

（1）人民法院审理行政赔偿案件，赔偿请求人和赔偿义务机关对自己提出的主张，应当提供证据。

【知识点拨】一并提起的行政赔偿诉讼中，原告对被诉行政行为造成损害的事实举证（一般情况，原告举证）。

（2）赔偿义务机关采取行政拘留或者限制人身自由的强制措施期间被限制人身自由的人死亡或者丧失行为能力的，赔偿义务机关的行为与被限制人身自由的人的死亡或者丧失民事行为能力是否存在因果关系，赔偿义务机关应当提供证据（特殊情况，被告举证）。

3. 行政赔偿案件，可以调解结案。

【例题10·单选题】（2019年）行政行为存在重大且明显违法情形，人民法院应判决确认该行政行为无效。根据《行政诉讼法》及司法解释规定，该情形不包括（　　）。

A. 行政行为明显不当

B. 行政行为的内容客观上不可能实施

C. 减损权利或者增加义务的行政行为没有法律规范依据

D. 行政行为实施主体不具有行政主体资格

解析 ▶ 本题考核行政诉讼判决。行政行为有实施主体不具有行政主体资格或者没有依据等重大且明显违法情形，原告申请确认行政行为无效的，人民法院判决确认无效。有下列情形之一的，属于行政诉讼法规定的"重大且明显违法"：（1）行政行为实施主体不具有行政主体资格；（2）减损权利或者增加义务的行政行为没有法律规范依据；（3）行政行为的内容客观上不可能实施；（4）其他重大且明显违法的情形。

答案 ▶ A

【例题11·单选题】（2016年）原告认为被告行政机关作出的行政行为违法侵害其合法权益而请求法院撤销。法院通过审理查清案件全部事实后，认为被诉行政行为合法。根据《行政诉讼法》及司法解释规定，法院应当判决（　　）。

A. 变更或废止被诉行政行为

B. 维持被诉行政行为

C. 驳回原告诉讼请求

D. 撤销被诉行政行为或者确认被诉行政行为违法

解析 本题考核法院的判决种类。行政行为证据确凿，适用法律、法规正确，符合法定程序的，法院判决驳回原告的诉讼请求。

答案 C

【例题12·单选题】（2016年）根据《行政诉讼法》规定，下列关于行政诉讼二审程序的说法中，错误的是（　　）。

A. 若当事人对原审法院认定的事实有争议，则二审法院必须开庭审理

B. 二审法院审理上述案件，一般应当在收到上诉状之日起3个月内作出终审判决

C. 当事人不服一审判决提起上诉的，应当在判决书送达之日起10日内提起

D. 二审法院审理上诉案件时，应当对原审法院的裁判和被诉行政行为是否合法进行全面审查

解析 本题考核行政诉讼二审程序。对事实清楚的上诉案件，二审法院可以实行书面审理；但是，当事人对原审法院认定的事实有争议的，或者第二审法院认为原审法院认定事实不清楚的案件，必须开庭审理。所以选项A说法正确。人民法院审理上诉案件，一般应当在收到上诉状之日起3个月内作出终审判决。所以选项B说法正确。不服一审判决的，有权在判决书送达之日起15日内提起上诉。不服一审裁定的，有权在裁定书送达之日起10日内提起上诉。所以选项C说法错误。人民法院审理上诉案件，应当对原审人民法院的判决、裁定和被诉行政行为进行全面审查。所以选项D说法正确。

答案 C

【例题13·多选题】（2015年）根据《行政诉讼法》规定，下列关于起诉事项的说法中正确的有（　　）。

A. 认为国务院部门，地方人民政府及其部门制定的规范性文件不合法，当事人可以单独就规范性文件提起诉讼

B. 起诉状内容欠缺或者有其他错误的，应当给予指导和释明，并一次性告知当事人需补正的内容

C. 受诉法院自收到起诉状之日起7日内既不立案，又不作出不予立案裁定的，当事人可以向上一级人民法院起诉

D. 不经行政复议而直接向人民法院提起行政诉讼的，当事人应当自知道或应当知道作出行政行为之日起6个月内起诉，法律另有规定除外

E. 被告应当在收到起诉状副本之日起10日内向人民法院提交作出行政行为的证据

解析 本题考核行政诉讼案件的立案。公民、法人或者其他组织认为行政行为所依据的国务院部门和地方人民政府及其部门制定的规范性文件不合法，在对行政行为提起诉讼时，可以一并请求对该规范性文件进行审查，但不能单独就该规范性文件提起行政诉讼。所以选项A错误。被告应当在收到起诉状副本之日起15日内向人民法院提交作出行政行为的证据和所依据的规范性文件，并提出答辩状。所以选项E错误。

答案 BCD

【例题14·多选题】（2013年）根据《行政诉讼法》《国家赔偿法》及司法解释规定，下列关于税务行政赔偿诉讼的赔偿范围与标准、赔偿方式及诉讼举证的说法中，正确的有（　　）。

A. 税务机关扣押的纳税人财产已被税务机关拍卖，但法院认定税务机关扣押行为违法，则税务机关应当给付拍卖所得的价款及相应的赔偿金

B. 税务人员在执行公务过程中实施侵害纳税人人身权的行为，造成纳税人精神损害且后果严重的，税务机关应向纳税人支付相应的精神损害抚慰金

C. 若法院认定税务机关作出的罚款决定没有法律依据，则税务机关应当退还罚款，无须向纳税人支付银行同期存款利息

D. 赔偿请求人应当提供证据证明损害事实的发生，赔偿义务机关对自己提出的主张亦应提供证据加以证明

E. 税务机关扣押的纳税人财产已被税务

机关拍卖,但法院认定税务机关扣押行为违法,则税务机关应当给付拍卖所得的价款

解析 本题考核行政赔偿诉讼的相关规定。财产已经拍卖或者变卖的,给付拍卖或者变卖所得的价款;变卖的价款明显低于财产价值的,应当支付相应的赔偿金。返还执行的罚款或者罚金、追缴或者没收的金钱,解除冻结的存款或者汇款的,应当支付银行同期存款利息。

答案 BDE

七、行政诉讼的执行与非诉行政案件的执行

扫我解疑难

(一)行政诉讼的执行★

1. 执行机关:人民法院或行政机关

【知识点拨】行政机关作为执行机关的条件:判决驳回原告诉讼请求+有强制执行权。

2. 执行根据:包括行政判决书、行政裁定书、行政赔偿判决书和行政调解书(已生效的法律文书)。

3. 执行措施(见表6-40)

表6-40 执行措施

官不履行	民申请	(1)对应当归还的罚款或者应当给付的款额,通知银行从该行政机关的账户内划拨; (2)在规定期限内不履行的,从期满之日起,对该行政机关负责人按日处50元至100元的罚款; (3)将行政机关拒绝履行的情况予以公告; (4)向监察机关或者该行政机关的上一级行政机关提出司法建议。接受司法建议的机关,根据有关规定进行处理,并将处理情况告知人民法院; (5)拒不履行判决、裁定、调解书,社会影响恶劣的,可以对该行政机关直接负责的主管人员和其他直接责任人员予以拘留;情节严重,构成犯罪的,依法追究刑事责任
民不履行	官申请	参照民诉

4. 管辖:通常由一审法院负责,特定情况下,二审法院也可行使执行管辖权。

5. 申请执行的期限:2年。

(二)非诉行政案件的执行★★

非诉行政案件的执行是指公民、法人或者其他组织对行政决定在法定期限内不提起诉讼又不履行的,行政机关可以申请人民法院强制执行,或者依法强制执行。

1. 申请人及申请期限(见表6-41)

表6-41 申请人及申请期限

申请人	适用案件	期限
行政机关或法律、法规、规章授权组织	非诉强制执行的案件	行政相对人的起诉期限届满之日起3个月内提出
生效行政决定确定的权利人或其继承人、承受人	行政机关对平等主体之间民事争议作出的裁决,当事人在法定期限内不起诉又不履行,行政机关在规定期限内未申请法院强制执行	6个月内

【知识点拨】申请人一般情况下是行政机关,不同于行政诉讼的执行的申请人可能是行政主体或行政相对人。

2. 催告:必须事先履行催告程序以督促当事人履行义务,送达10日后当事人仍未履行,行政机关才可以申请法院强制执行。

3. 管辖:一般由申请人所在地的基层法院受理;执行对象为不动产的,由不动产所在地的基层法院受理。

4. 材料:行政机关提交强制执行申请书、行政决定书及作出决定的事实、理由和依据和当事人的意见及行政机关催告情况、申请

强制执行标的情况以及其他。

5. 程序

（1）人民法院受理行政机关申请执行其行政决定的案件后，应当在 7 日内由行政审判庭对行政行为的合法性进行审查，并作出是否准予执行的裁定。人民法院在作出裁定前发现行政行为明显违法并损害被执行人合法权益的，应当听取被执行人和行政机关的意见，并自受理之日起 30 日内作出是否准予执行的裁定。

《行政强制法》第 58 条规定，法院发现有下列情形之一的，在作出裁定前可以听取被执行人和行政机关的意见：①明显缺乏事实根据的；②明显缺乏法律、法规依据的；③其他明显违法并损害被执行人合法权益的。

（2）行政机关对法院不予执行的裁定有异议，自收到裁定之日起 15 日内向上一级法院申请复议，上一级法院在收到申请之日起 30 日作出是否受理的裁定。

【例题 15·多选题】（2017 年）根据《行政诉讼法》规定，行政机关拒绝履行判决、裁定的，第一审法院可以采取的措施有（　　）。

A. 对应当给付的款项，通知银行从该行政机关的账户内划拨

B. 在规定期间内不履行的，从期满之日起，对该行政机关负责人按日处以 50-100 元的罚款

C. 将该行政机关拒绝履行的情况予以公告

D. 向该行政机关的上一级行政机关提出司法建议

E. 提请人民检察院对该行政机关提起公益诉讼

解析 本题考核行政诉讼的执行措施。根据《行政诉讼法》规定，行政机关拒绝履行判决、裁定、调解书的，第一审人民法院可以采取以下措施：对应当归还的罚款或者应当给付的款项，通知银行从该行政机关的账户内划拨；在规定期限内不履行的，从期满之日起，对该行政机关负责人按日处 50-100 元的罚款；向该行政机关的上一级行政机关或者监察机关提出司法建议；将行政机关拒绝履行的情况予以公告；拒不履行判决、裁定、调解书，社会影响恶劣的，可以对该行政机关直接负责的主管人员和其他责任人员予以拘留，情节严重，构成犯罪的，依法追究刑事责任。所以选项 A、B、C、D 正确。

答案 ABCD

【例题 16·综合题】（2015 年）陈某与谢某住对门，素有矛盾。某日夜里，陈某酒后猛撞谢某家屋门，持械闯入谢某家并猛砸谢某家电器等物品，谢某夫妇随即上前阻止，双方发生推搡，此时，隔壁邻居张某也被惊醒，并去谢某家劝阻双方。谢某夫妇当即报案，县公安局派民警姜某、石某立即进入现场调查，对现场物品、痕迹等进行拍照，制作现场笔录，调取谢某儿子（12 周岁）用手机录下的陈某猛砸谢某家物品的录音资料。向陈某邻居张某了解事发起因和过程，并请县价格鉴证中心作价格鉴定意见，之后县公安局决定对陈某作出拘留 10 日的行政处罚决定。

陈某对拘留决定不服，向法院起诉。法院依法审理，县公安局向法院提交了照片、现场笔录、鉴定意见以及录音资料，陈某要求隔壁邻居张某作证。法院审理期间认定，张某的相关证言系推断性证言。

1. 根据《行政诉讼法》，本案中，可以作为诉讼证据使用的有（　　）。

A. 陈某向法院当庭所作的陈述

B. 物品被砸坏的照片

C. 谢某儿子的录音证据

D. 县价格中心所作价格鉴定意见

E. 隔壁邻居张所作的推断性证言

解析 本题考核行政诉讼证据的种类。行政诉讼中的法定证据包括：（一）书证；（二）物证；（三）视听资料；（四）电子数据；（五）证人证言；（六）当事人的陈述；（七）鉴定意见；（八）勘验笔录、现场笔录。选项 A 属当事人的陈述；选项 B 属物证，因为该照

片起到的是固定物证(被砸坏物品)的作用；选项C属视听资料；选项D属鉴定意见，均可作为本案诉讼的证据使用。选项E属证人证言，但该证人证言因具有推断性而不能作为定案的依据。所以选项E错误。

答案 ▶ ABCD

2. 下列与诉讼证据有关的说法中，正确的有( )。

A. 县公安局提交的鉴定意见应有县价格认证中心的盖章和鉴定人的签名

B. 陈某在诉讼中可以对现场笔录的合法性提出异议

C. 现场笔录也可以由公安局事后补作，当事人签名或盖章即可

D. 某县公安局提交的现场笔录没有当事人之外的其他在场人签名，则没有法律效力

E. 若陈某当时拒绝在现场笔录上签名，县公安局执法人员写明原因，法院仍应认定现场笔录没有法律效力

解析 ▶ 本题考核鉴定意见、现场笔录。现场笔录应当现场制作，不能事后补作，这是现场笔录的应有之义。所以选项C错误。被告行政机关向人民法院提供的现场笔录，一般应当载明制作现场笔录的时间、地点和事件等内容，并由执法人员和当事人签名。当事人拒绝签名或者不能签名的，应当注明原因。有其他人在现场的，可由其他人签名。所以选项D、E错误。

答案 ▶ AB

3. 下列关于本案证据收集与补充，证据提供，证据调取与审核的说法中，符合《行政诉讼法》规定的有( )。

A. 法院应当按照法庭程序全面客观地审查核实证据，对未采纳的证据应当在裁判文书中注明理由

B. 法院不得证明县公安局处罚决定的合法性调取被告在作出处罚时未收集的证据

C. 诉讼期间，县公安局不得自行向原告和证人收集证据，但作为其诉讼代理律师可以

D. 陈某可以提供证明县公安局处罚决定违法的证据，其提供的证据若不成立，则县公安局证明处罚决定合法性的举证责任依法免除

E. 若陈某提出了在行政处罚程序中没有提出的理由或证据，经法院准许，县公安局可以补充相关证据

解析 ▶ 本题考核行政诉讼证据的审查认定。在诉讼过程中，被告及其诉讼代理人不得自行向原告、第三人和证人收集证据。所以选项C错误。原告可以提供证明行政行为违法的证据。原告提供的证据不成立的，不免除被告的举证责任。所以选项D错误。

答案 ▶ ABE

4. 若本案县公安局对陈某作出的处罚决定是罚款1 000元，陈某不服，向法院起诉，则下列关于本案适用简易程序的说法中，正确的有( )。

A. 若一审法院适用简易程序审理此案，则应由审判员一人独任审理，并应当庭宣判

B. 若一审法院认为此案事情清楚，权利义务关系明确，争议不大，则可以适用简易程序审理

C. 本案中，被告若同意适用简易程序，二审法院可以适用简易程序审理

D. 二审法院审理本案也可适用简易程序

E. 若一审法院适用简易程序审理此案，则应在立案之日起15日内审理

解析 ▶ 本题考核简易程序。适用简易程序审理的行政案件，可当庭宣判，也可定期宣判，法律并未规定必须当庭宣判。所以选项A错误。简易程序仅适用于第一审行政案件，不适用于二审。所以选项C、D错误。适用简易程序审理的行政案件，应当在立案之日起45日(而非"15日")内审结。所以选项E错误。

答案 ▶ B

同步训练 限时40分钟

扫我做试题

一、单项选择题

1. 根据《行政诉讼法》及司法解释，下列行为中，不属于税务行政诉讼受案范围的是（ ）。
   A. 税务机关不予减税、免税、退税或者不予抵扣税款
   B. 税务机关拒绝当事人查阅税务行政许可决定及有关档案材料
   C. 上级税务机关对下级税务机关执行税收政策的请示作出答复
   D. 税务机关拒绝当事人查阅税务行政许可监督检查记录

2. 甲、乙、丙等10人共同投资成立某个人合伙，未经市场监督管理部门核准登记。经营期间，主管税务机关查明该合伙存在逃税行为，决定处以所逃税款一倍的罚款。该合伙对税务机关作出的罚款决定不服，向人民法院提起行政诉讼。根据《行政诉讼法》有关司法解释的规定，下列说法正确的是（ ）。
   A. 因甲出资份额最多，由甲担任诉讼代表人
   B. 由人民法院依职权在所有合伙人中指定诉讼代表人
   C. 该个人合伙为原告
   D. 可以由全体合伙人推选诉讼代表人

3. 根据《行政诉讼法》及司法解释规定，由推选产生的2~5名当事人作为诉讼代表人参加诉讼的适用情形是（ ）。
   A. 同案原告至少5人以上
   B. 同案原告至少10人以上
   C. 同案原告至少15人以上
   D. 同案原告至少30人以上

4. 胡某因殴打他人被某公安局罚款1 000元，胡某不服提起行政诉讼。关于本案的审理，下列说法正确的是（ ）。
   A. 因案件标的额小，故该案一审、二审均可适用简易程序
   B. 若二审法院将该案件发回重审，可以适用简易程序
   C. 若适用简易程序审理本案，则由审判员一人独任审理
   D. 若适用简易程序审理本案，应当在立案之日起1个月内审结

5. 王某被某市公安局强制遣返，途中窒息而死，下列表述中正确的是（ ）。
   A. 王某已死，即使提起行政诉讼也只能终结诉讼，因而已没有必要提起行政诉讼
   B. 能提起行政诉讼，但只能由其法定代理人提起
   C. 王某死亡，原告资格转移，其近亲属可以提起行政诉讼
   D. 王某近亲属可以提起行政诉讼，但只能以王某的名义提起

6. 下列关于税务行政诉讼被告的表述，不正确的是（ ）。
   A. 公民、法人或者其他组织直接向人民法院提起诉讼的，作出行政行为的行政机关是被告
   B. 经复议的案件，复议机关维持原行政行为的，作出原行政行为的行政机关和复议机关是共同被告；复议机关改变原行政行为的，复议机关是被告
   C. 法律、法规授权的组织所作出的行政行为，该组织是被告；行政机关委托的组织所作的行政行为，受委托的组织是被告
   D. 作出行政行为的行政机关被撤销的，继续行使其职权的行政机关是被告

7. 根据《行政诉讼法》及有关司法解释的规定，被告向法院提供的（　　），属于行政诉讼中的书证。
   A. 在行政执法过程中取得的录音录像资料
   B. 在行政程序中采用的鉴定意见
   C. 被诉行政行为所依据的询问、陈述类笔录
   D. 在行政执法过程中由执法人员对现场情况所作的书面记录

8. 公安局因张某打架斗殴，对其作出罚款400元的决定。下列表述正确的是（　　）。
   A. 若张某直接提起诉讼，应在知道该罚款决定之日起15日内提起
   B. 若张某经复议，复议机关作出维持决定，张某应在收到复议决定书之日起3个月内提起行政诉讼
   C. 若公安局未告知张某起诉期限，从张某知道或者应当知道起诉期限之日起计算起诉期限，但从知道或者应当知道行政行为内容之日起最长不得超过5年
   D. 如果张某既提出复议又提出诉讼，由先立案的机关进行管辖

9. 谢某对某公安局以其实施盗窃为由处以15日拘留的处罚不服，向法院提起行政诉讼。该局向法院提供的证据有：报案人的报案电话记录、公安人员询问笔录、失窃现场勘验笔录、现场提取指纹一枚，及该指纹系谢某左手拇指所留的鉴定书。下列说法正确的是（　　）。
   A. 对报案人所作的询问笔录应当加盖某公安局、公安人员和报案人印章
   B. 现场提取的指纹为物证
   C. 某公安局提供的证据均为直接证据
   D. 根据某公安局所提供的证据，可以认定其处罚决定证据确实充分

10. 根据《行政诉讼法》及相关规定，下列有关行政诉讼代表人及代理人的表述中，正确的是（　　）。
    A. 经过核准登记字号的合伙企业作为原告的，诉讼代表人由全体合伙人推选
    B. 原告为5人以上的行政诉讼案件，由推选产生的2~5名当事人作为诉讼代表人
    C. 法定代理人互相推诿代理责任的，由人民法院指定诉讼代理人
    D. 诉讼代理人与诉讼代表人具有同等的法律地位

11. 对于行政诉讼中的举证责任，下列说法错误的是（　　）。
    A. 原告提供的证明被诉行政行为违法的证据不成立的，不免除被告对被诉行政行为合法性的举证责任
    B. 被告逾期不提供证据的，将承担不利后果
    C. 原告在一审程序中没有提供而在二审程序中提出的证据，法院一律不得采纳
    D. 被告应当在收到起诉状副本之日起15日内提供据以作出被诉行政行为的全部证据和所依据的规范性文件

12. 起诉权的行使应当符合法律中关于行政诉讼与行政复议关系问题的规定，在当事人可以自由选择行政复议和行政诉讼的情况下，根据相关规定，下列说法中错误的是（　　）。
    A. 当事人既提起诉讼又申请复议的，由先立案的机关管辖
    B. 公民、法人或其他组织已经申请行政复议，在法定复议期间又向人民法院起诉的，人民法院不予受理
    C. 行政复议决定作出前，申请人要求撤回行政复议申请，经复议机构同意，可以撤回
    D. 撤回行政复议申请后就不能再提起行政诉讼

13. 以下关于一审判决类型的说法，正确的是（　　）。
    A. 行政机关作出的行政行为证据不足的，人民法院应当判决撤销该行政行为
    B. 行政行为超越职权的，人民法院判决

撤销或者部分撤销该行政行为

C. 行政行为明显不当的，人民法院可以判决变更

D. 行政行为涉及对款额的确定、认定确有错误的，人民法院应当判决变更

14. 以下关于行政诉讼中的举证制度的说法，错误的是（　　）。

A. 原告可以提供证明行政行为违法的证据，若原告提供的证据不成立的，不免除被告的举证责任

B. 在行政赔偿、补偿的案件中，原告应当对行政行为造成的损害提供证据，若因被告的原因导致原告无法举证的，由被告承担举证责任

C. 人民法院不得为证明行政行为的合法性调取被告作出行政行为时未收集的证据

D. 以非法手段取得的证据，当事人不能补正或者作出合理解释的，不得作为认定案件事实的根据

二、多项选择题

1. 根据法律、法规规定，当事人可以依法申请复议也可以依法提起行政诉讼的事项包括（　　）。

A. 行政机关辞退公务员或者取消录用

B. 税务机关作出行政奖励决定

C. 林业部门推广林业科技成果的行政指导活动

D. 公司登记机关作出不予登记决定

E. 市、县级人民政府作出国有土地上房屋征收决定

2. 根据《行政诉讼法》的规定，下列关于行政诉讼管辖的说法正确的有（　　）。

A. 确认商标权的案件、确认发明专利权的案件应由中级人民法院管辖

B. 最高人民法院管辖全国范围内重大、复杂的第一审行政案件

C. 对行政机关作出的拘留处罚不服的，可以由原告所在地人民法院管辖

D. 行政相对人向两个以上有管辖权的法院提起诉讼，由最先立案的人民法院管辖

E. 移送管辖的条件是移送的人民法院已经受理的案件，且移送的人民法院对该受理的案件没有管辖权

3. 吴某因不服县公安局作出的拘留10日的行政处罚决定向县人民法院提起诉讼。在诉讼过程中，县公安局将原来的拘留处罚变更为罚款200元的处罚，吴某对变更后的行政处罚决定依然不服提起行政诉讼。同时，吴某对原处罚决定也没有申请撤诉。对于本案，法院的下列处理方式中正确的有（　　）。

A. 法院应说服原告对原处罚决定申请撤诉

B. 法院应对原处罚决定及时作出裁判

C. 法院经审查认为原处罚决定违法的，应当作出确认其违法的判决

D. 法院经审查认为原处罚决定合法的，应当判决驳回原告的诉讼请求

E. 法院对原处罚决定进行审理的同时也应当对改变后的处罚决定进行审理

4. 黄某在与陈某的冲突中被陈某推倒后摔成轻伤，甲市乙县公安局以此对陈某作出行政拘留15日，罚款500元的决定。陈某不服申请复议，甲市公安局经调查并补充了王某亲眼看到陈某将黄某推倒，致其摔伤的证言，并依此作出了维持原行政行为的决定。陈某向法院提起诉讼。根据《行政诉讼法》，下列说法正确的有（　　）。

A. 陈某应以甲市公安局为被告提起诉讼

B. 陈某可以选择向甲市公安局所在地人民法院起诉，也可以向乙县公安局所在地人民法院起诉

C. 陈某只能向甲市公安局所在地人民法院起诉

D. 陈某应当自知道行政行为之日起3个月内向人民法院起诉

E. 如果法院作出驳回原告诉讼请求的判决，其所依据的证据不排除甲市公安局收集的证据

5. 根据《行政诉讼法》及其司法解释的规定，

下列关于行政诉讼证据的审查和认定说法正确的有( )。

A. 证据只有经过庭审质证并经法庭审查认定，才能作为裁判的依据

B. 如在庭审结束前法庭发现当庭认定的证据有误，应当重新进行认定

C. 复议机关作共同被告的案件，复议机关在复议程序中依法收集和补充的证据，可以作为人民法院认定复议决定和原行政行为合法的依据

D. 经一方当事人或者他人改动，对方当事人不予认可的证据材料，不能作为定案依据

E. 被告在二审过程中向法庭提交在一审过程中没有提交的证据，可以作为二审法院撤销一审裁判的根据

6. 某省甲市乙县丙公司以过期原料生产保健食品出售。乙县食品卫生监督管理部门决定没收其保健食品，并处罚款15万元。丙公司不服，向县政府申请复议。县政府决定维持处罚决定。丙公司起诉到乙县法院。根据法律和有关规定，下列关于本案的审查对象、证人作证和审理依据的说法中，正确的有( )。

A. 县法院审理此案以法律、行政法规、地方性法规为依据

B. 若丙公司在此案庭审过程中要求证人出庭作证，法院应不予准许

C. 县法院应当对处罚决定的合法性和适当性一并审查，丙公司的生产经营行为是否合法也是本案的诉讼审查对象

D. 县法院审理此案可以参照规章

E. 县法院应当以《药品管理法》等法律为依据进行审理，同时可以参照行政法规、规章

7. 甲区法院受理某行政案件后，认为该案不属于本院管辖范围，应由乙区法院管辖，遂裁定移送乙区法院。乙区法院收到卷宗后，认为该案同样不属于本院管辖范围，应由丙区法院管辖。对此，下列说法正确的有( )。

A. 甲区法院应报请上级法院指定管辖，而非移送给乙区法院

B. 乙区法院应将该案移送给丙区法院

C. 乙区法院若有管辖权应当受理

D. 乙区法院应当报请上级人民法院指定管辖，不得再自行移送

E. 上述案件情形属于移送管辖，而非管辖权的转移

8. 李某从田某处购得一辆轿车，但未办理过户手续。在一次查验过程中，某市公安局认定该车系走私车，予以没收。李某不服，向省公安厅申请复议，后者维持了没收决定。李某提起行政诉讼。对此，下列说法中正确的有( )。

A. 省公安厅为本案的被告

B. 市公安局和省公安厅为本案的共同被告

C. 田某不能成为本案的第三人

D. 市公安局所在地的法院对本案有管辖权

E. 省公安厅所在地的法院对本案有管辖权

9. 甲、乙两村因某一土地所有权发生争议，县人民政府将该土地确定为甲村所有，并要求乙村在20日内将土地的所有权与使用权归还给甲村。乙村在法定期限内没有向法院起诉，但仍继续占有并使用该片土地。下列说法中正确的有( )。

A. 县政府可以向人民法院申请强制执行

B. 县政府若向人民法院申请强制执行的，应自20日的履行期限届满之日起180日内提出

C. 县政府若向人民法院申请强制执行的，应自法定期限届满之日起3个月内提出

D. 甲村无权向人民法院申请强制执行

E. 甲村可以向人民法院申请强制执行，但前提条件是县政府没有在申请执行期限内向人民法院提出强制执行申请

10. 依据行政诉讼法的有关规定，以下关于行政诉讼一审判决类型的说法，正确的有( )。

A. 人民法院经审查认为行政行为证据确

凿，适用法律、法规正确，符合法定程序的，应当判决驳回原告的诉讼请求

B. 原告申请被告履行法定职责理由不成立的，应当判决维持原行政行为

C. 人民法院认为行政行为适用法律、法规错误的，应当判决撤销或者部分撤销，并应当判决被告重新作出行政行为

D. 人民法院判决被告重新作出行政行为的，被告不得以同一的事实和理由作出与原行政行为基本相同的行政行为

E. 被告在一审期间改变被诉具体行政行为，原告不撤诉的，应当判决驳回原告的诉讼请求

三、综合分析题

万盛公司系某省某市一家建筑施工企业，2015年8月，该公司承接该市某单位的一项改建工程。因该公司违反法律及有关规定操作，施工阶段发生生产安全事故，某省建设厅经现场调查后当场作出暂扣该公司安全生产许可证3个月的决定；市应急管理局作出对该公司罚款20万元的决定，该公司对市应急管理局作出的罚款决定不服，向法院提起行政诉讼。

1. 根据《行政诉讼法》及司法解释规定，下列关于被告确定、出庭应诉事项以及法院做法的说法中，正确的有( )。

    A. 省建设厅作为第三人，其负责人依法应当出庭应诉

    B. 省建设厅作为共同被告，其负责人依法应当出庭应诉

    C. 若本案市应急管理局负责人不能出庭应诉，法院应终结诉讼

    D. 若本案市应急管理局负责人不能出庭应诉，法院应缺席判决

    E. 市应急管理局作为被告，其正职负责人或者副职负责人、其他参与分管的负责人依法应当出庭应诉

2. 本案中，省建设厅作出暂扣万盛公司安全生产许可证3个月的决定。下列关于暂扣安全生产许可证这一行为的性质、类型以及适用法律问题的说法中，正确的有( )。

    A. 省建设厅暂扣许可证的行为是没收，应适用《行政强制法》关于行政强制措施的程序规定

    B. 省建设厅暂扣许可证的行为是损益行政行为，应适用《行政处罚法》的程序规定

    C. 省建设厅暂扣许可证的行为是双方行政行为，应适用《行政强制法》关于行政强制执行的程序规定

    D. 省建设厅暂扣许可证的行为是行政事实行为，属于行政指导，应适用《行政许可法》的程序规定

    E. 省建设厅暂扣许可证的行为是行政处罚，属于能力罚，应适用《行政处罚法》的程序规定

3. 根据我国法律规定，下列关于行政处罚听证程序的说法中，正确的有( )。

    A. 若万盛公司不要求举行听证，可以不送达《行政处罚事项告知书》

    B. 作出该处罚决定前，市应急管理局应事先向万盛公司告知作出行政处罚决定的事实、法律依据及享有的权利

    C. 若本案依法举行听证，则市应急管理局调查人员以及万盛公司有关人员可以亲自参加听证，市应急管理局和万盛公司也可以各自委托1-2人代理参加听证

    D. 若本案依法举行听证，由市应急管理局指定非本案调查人员主持听证

    E. 若该公司要求举行听证，应在市应急管理局告知其听证后5日内提出

4. 根据《行政许可法》规定，若省建设厅查明万盛公司实际上不符合安全生产许可的规定，系通过贿赂、欺骗手段取得，则下列关于省建设厅依法采取措施及处理理由的说法中，正确的有( )。

    A. 是否撤销该许可，由省建设厅根据具体情况进行裁量决定，理由是省建设厅基于社会公共利益考虑

    B. 应当撤销该许可，但是对万盛公司给予

该许可实施的可获得利益应当给予适当补偿

C. 应当撤销该许可，理由是万盛公司通过贿赂和欺骗手段违法取得该许可

D. 应当撤回该许可，理由是万盛公司通过贿赂和欺骗手段违法取得该许可

E. 应当变更该许可，理由是客观情况发生重大变化

同步训练答案及解析

一、单项选择题

1. C 【解析】本题考核行政诉讼受案范围。受理范围的确定标准包括人身权、财产权标准。选项C属于行政机关内部行为，不属于行政诉讼的受案范围。选项A是征税行为，选项B和选项D都属于税务机关在政府信息公开工作中的行政行为，都是行政诉讼的受案范围。

2. D 【解析】本题考核诉讼代表人的确定。未依法登记领取营业执照的个人合伙的全体合伙人为共同原告；全体合伙人可以推选代表人，被推选的代表人，应当由全体合伙人出具推选书。

3. B 【解析】本题考核行政诉讼代表人。根据规定，如果同案原告为10人以上，则由推选产生的2-5名当事人作为诉讼代表人参加诉讼。

4. C 【解析】本题考核简易程序。《行政诉讼法》第82条规定，人民法院审理下列第一审行政案件，认为事实清楚、权利义务关系明确、争议不大的，可以适用简易程序：(1)被诉行政行为是依法当场作出的；(2)案件涉及款额2 000元以下的；(3)属于政府信息公开案件的。除前款规定以外的第一审行政案件，当事人各方同意适用简易程序的，可以适用简易程序。发回重审、按照审判监督程序再审的案件不适用简易程序。所以选项A、B错误。适用简易程序审理的行政案件，由审判员一人独任审理，并应当在立案之日起45日内审结。所以选项D错误。

5. C 【解析】本题考核行政诉讼原告资格的转移。有权提起诉讼的公民死亡，其近亲属可以提起诉讼。

6. C 【解析】本题考核行政诉讼被告。由行政机关委托的组织所作的行政行为，委托的行政机关是被告。

7. C 【解析】本题考核行政诉讼证据的种类。书证，是指以其内容、文字、符号、图画等来表达一定思想并用以证明案件事实的材料。选项A属于视听资料，选项B属于鉴定意见，选项D属于现场笔录。所以选项C正确。

8. D 【解析】本题考核行政诉讼程序。(1)直接提起诉讼一般期限为6个月，经复议的案件一般期限为15日。所以选项A、B错误。(2)若公安局未告知张某起诉期限，从张某知道或者应当知道起诉期限之日起计算起诉期限，但从知道或者应当知道行政行为内容之日起最长不得超过1年。所以选项C错误。

9. B 【解析】本题考核行政诉讼证据的种类与要求。对报案人的询问笔录，经确认无误后，由报案人签名或者盖章，而不需要加盖某公安局的印章。所以选项A错误。公安局向法院提供的证据中，都不能单独直接证明谢某实施盗窃的案件事实，不是直接证据，而是间接证据。所以选项C错误。对当事人提供的证据，必须经过对质、辨认和核实，才能作为定案的证据，本案中公安局提供的证据系间接证据，这些间接证据难以形成一个完整的链条证明谢某的行为违法，不能确定其证据是否充分。所以选项D错误。

10. C 【解析】本题考核行政诉讼代表人及代理人。合伙企业向人民法院提起诉讼

的，应当以核准登记的字号为原告。所以选项 A 错误。同案原告为 10 人以上，应当推选2~5名诉讼代表人参加诉讼。所以选项 B 错误。诉讼代表人不同于诉讼代理人，诉讼代表人是本案当事人，与本案的诉讼标的有法律上的利害关系。所以选项 D 错误。

11. C 【解析】本题考核行政诉讼中的举证责任。原告在一审程序中无正当理由未提供而在二审程序中提供的证据，法院将不予采纳。在二审程序中，对当事人依法提供的"新的证据"，法庭应当进行质证，再作出相应的审查认定。

12. D 【解析】本题考核行政复议与行政诉讼的关系。公民、法人或者其他组织向复议机关申请行政复议后，又经复议机关同意撤回复议申请，在法定起诉期限内对原行政行为提起诉讼的，人民法院应当依法受理。

13. B 【解析】本题考核行政诉讼一审判决。《行政诉讼法》规定：行政行为有下列情形之一的，人民法院判决撤销或者部分撤销，并可以判决被告重新作出行政行为：(1)主要证据不足的；(2)适用法律、法规错误的；(3)违反法定程序的；(4)超越职权的；(5)滥用职权的；(6)明显不当的；选项 AC 错误，B 正确。行政处罚明显不当，或者其他行政行为涉及对款额的确定、认定确有错误的，人民法院可以判决变更；选项 D 错误。

14. D 【解析】本题考核行政诉讼中的举证制度。《行政诉讼法》规定，以非法手段取得的证据，不得作为认定案件事实的根据。所以选项 D 说法错误。

二、多项选择题

1. BDE 【解析】本题考核行政复议与行政诉讼的受案范围。(1)选项 A：行政机关对行政机关工作人员的奖惩、任免等决定属于内部行政行为，不可以申请行政复议或者提起行政诉讼；(2)选项 B：行政相对人认为行政机关作出的奖励行为侵犯其合法权益的，可以依法申请行政复议或者提起行政诉讼；(3)选项 C：不具有强制力的行政指导行为不可以作为申请行政复议或者提起行政诉讼的对象；(4)选项 D：根据《公司法》的规定，公司登记机关作出不予登记决定的，应当出具《登记驳回通知书》，说明不予登记的理由，并告知申请人享有依法申请行政复议或者提起行政诉讼的权利；(5)选项 E：被征收人对市、县级人民政府作出的房屋征收决定不服的，可以依法申请行政复议，也可以依法提起行政诉讼。

2. BDE 【解析】本题考核行政诉讼管辖。专利纠纷第一审案件，由各省、自治区、直辖市人民政府所在地的中级人民法院和最高人民法院指定的中级人民法院管辖。最高人民法院根据实际情况，可以指定基层人民法院管辖第一审专利纠纷案件。所以选项 A 错误。对限制人身自由的行政强制措施不服的，由被告所在地或者原告所在地法院管辖。这里的限制人身自由的强制措施是指行政强制行为，如扣留等，不包括行政处罚中的行政拘留。所以选项 C 错误。

3. BCDE 【解析】本题考核行政诉讼的判决。被告在一审期间改变被诉行政行为的，应当书面告知人民法院。被告改变原行政行为后，原告不撤诉的，人民法院经审查认为原行政行为违法的，应当作出确认其违法的判决；认为原行政行为合法的，应当判决驳回原告的诉讼请求。如果原告或者第三人对改变后的行为不服提起诉讼的，人民法院应当就改变后的行政行为进行审理。

4. BE 【解析】本题考核行政诉讼被告、管辖、起诉和证据。复议机关决定维持原行政行为的，作出原行政行为的行政机关和复议机关是共同被告。所以，本题中被告是乙县公安局和甲市公安局。所以选项 A

错误。行政案件由最初作出行政行为的行政机关所在地人民法院管辖。经复议的案件，也可以由复议机关所在地人民法院管辖。所以选项C错误。经行政复议的一般起诉期限是15日，即自收到复议决定书之日或自复议期满之日起15日内向人民法院起诉。所以选项D错误。

5. ABC 【解析】本题考核行政诉讼证据的审查和认定。经一方当事人或者他人改动，对方当事人不予认可的证据材料，不能单独作为定案的依据，而非不能作为定案依据。被告在二审过程中向法庭提交在一审过程中没有提交的证据，不能作为二审法院撤销或者变更一审裁判的根据。

6. AD 【解析】本题考核行政诉讼的审查对象和审理依据。当事人在庭审过程中要求证人出庭作证的，法庭可以根据审理案件的具体情况，决定是否准许以及是否延期审理。所以选项B错误。人民法院审理行政诉讼案件既审查行政行为的合法性，又审查行政行为的适当性。另外，县法院对丙公司的生产经营行为是否合法不予审查。所以选项C错误。保健食品首先属于食品，保健食品的生产经营活动应受《食品安全法》的调整，而不应受《药品管理法》的调整。另外，法院审理行政案件依据法律、行政法规、地方性法规，可以参照规章，而非参照行政法规。所以选项E错误。

7. CDE 【解析】本题考核裁定管辖。人民法院发现受理的案件不属于本院管辖的，应当移送有管辖权的人民法院，受移送的人民法院应当受理。受移送的人民法院认为受移送的案件按照规定不属于本院管辖的，应当报请上级人民法院指定管辖，不得再自行移送。

8. BDE 【解析】本题考核行政诉讼参加人和行政诉讼管辖。本题中，省公安厅维持了没收决定，则市公安局和省公安厅为本案的共同被告。所以选项A错误。田某同被诉的行政行为有利害关系，可以成为本案的第三人。所以选项C错误。

9. ACE 【解析】本题考核非诉行政案件的执行程序。当事人在法定期限内不申请行政复议或者提起行政诉讼，又不履行行政决定的，没有行政强制执行权的行政机关可以自期限届满之日起3个月内，依照《行政强制法》的规定申请人民法院强制执行。所以选项B错误。行政机关根据法律的授权对平等主体之间民事争议作出裁决后，当事人在法定期限内不起诉又不履行的，作出裁决的行政机关在申请执行的期限内未申请人民法院强制执行的，生效行政行为确定的权利人或其继承人、权利承受人在6个月内可以申请人民法院强制执行。所以选项D错误，选项E正确。

10. AD 【解析】本题考核行政诉讼判决。人民法院应当判决驳回原告诉讼请求的情形：（1）行政行为证据确凿，适用法律、法规正确，符合法定程序的；（2）原告申请被告履行法定职责或者给付义务理由不成立的。所以选项A正确，选项B错误。人民法院认为行政行为适用法律、法规错误的，判决撤销或者部分撤销，并可以判决被告重新作出行政行为，并非是应当；所以选项C错误。人民法院判决被告重新作出行政行为的，被告不得以同一的事实和理由作出与原行政行为基本相同的行政行为。所以选项D正确。被告改变原违法行政行为，原告仍要求确认原行政行为违法的，人民法院应当依法作出确认判决。所以选项E错误。

三、综合分析题

1. E 【解析】本题考核行政诉讼被告、第三人及相关诉讼程序。（1）本案中，万盛公司对市应急管理局作出的罚款决定不服提起行政诉讼，被告是市应急管理局，省建设厅既不是被告，也不是第三人；选项AB错误。（2）被诉行政机关负责人应当出庭应诉。行政机关负责人,包括行政机关的正职、副职负责人以及其他参与分管的负责人。不能出庭的,应当委托行政机关相应的工作人员出庭;选项 CD 错误,选项 E 正确。

2. BE 【解析】本题考核行政处罚的种类。本题可通过排除法进行选择,暂扣许可证件属于行政处罚中的行为罚,也称能力罚,行政处罚是损益行政行为;BE 正确。

3. BDE 【解析】本题考核行政处罚听证程序。(1)首先行政机关是否向当事人送达《行政处罚事项告知书》与当事人是否要求听证无关。其次,若属于听证的事项,应先送达《行政处罚事项告知书》,然后当事人再决定是否要求举行听证;选项 A 错误。(2)行政机关在作出行政处罚决定之前,应当告知当事人拟作出行政处罚决定的内容、事实、理由及依据,并告知当事人依法享有的陈述、申辩、要求听证等权利;选项 B 正确。(3)《行政处罚法》规定,当事人可以亲自参加听证,也可以委托 1~2 人代理参加听证。但行政机关只能自己亲自参加听证;选项 C 错误。(4)听证由行政机关指定的非本案调查人员主持;选项 D 正确。(5)当事人要求听证的,应当在行政机关告知后 5 日内提出;选项 E 正确。

4. C 【解析】本题考核行政许可的撤销。被许可人以欺骗、贿赂等不正当手段取得行政许可的,应当予以撤销。

本章知识串联

第 6 章 行政诉讼法律制度

- **行政诉讼概述 ★★**
  - 行政诉讼的概念和特征
  - 行政诉讼的基本原则
    - 被告负举证责任原则
    - 行政诉讼期间行政决定不停止执行原则
    - 司法依法变更原则
  - 行政诉讼与行政复议的关系

- **行政诉讼受案范围 ★★★**
  - 不受理案件的范围
    - 国防、外交等国家行为；行政法规、规章或者行政机关制定、发布的具有普通约束力的决定、命令
    - 行政机关对行政机关工作人员的奖惩、任免等决定；法律规定由行政机关最终裁决的行政行为
    - 公安、国家安全等机关依照《刑事诉讼法》的明确授权实施的行为
    - 调解行为以及法律规定的仲裁行为；对公民、法人或其他组织权利义务不产生实际影响的行为
    - 不具有强制力的行政指导行为；驳回当事人对行政行为提起申诉的重复处理行为

- **行政诉讼管辖 ★★★**
  - 级别管辖：中级法院
  - 地域管辖：一般管辖、特殊管辖、共同管辖
  - 裁定管辖：移送管辖、指定管辖、管辖权的转移

- **行政诉讼参加人 ★★★**
  - 原告：原告资格的转移和原告资格的确定
  - 被告：被告及其确定；被告的特殊性；具体情况下被告资格的确定；行政许可诉讼中的被告
  - 第三人
    - 条件：同被诉的行政行为有利害关系；为维护自己的合法权益经申请或由人民法院通知参加已经开始但尚未终结的行政诉讼
  - 诉讼代表人
  - 诉讼代理人

- **行政诉讼证据 ★★★**
  - 概念和种类：现场笔录是行政诉讼特有的证据
  - 收集、质证和审查认定
    - 审查认定：合法性、真实性、关联性
  - 举证责任
    - 举证责任的承担
    - 举证期限和不举证的法律后果

- **行政诉讼程序 ★★★**
  - 起诉和立案
    - 起诉：一般条件、时间条件、程序条件
    - 立案：符合起诉条件的，登记立案；不能判断的，7日内裁定是否立案
  - 第一审程序：审理前的准备；开庭审理；宣告判决；简易程序；审理案件中需注意的几个问题
  - 第二审程序：上诉及受理；上诉案件的审查
  - 审判监督程序：审判监督程序的提起；再审案件的审理
  - 行政赔偿诉讼：属于行政诉讼的一个特殊类别，与行政补偿是两个不同的法律概念

- **行政诉讼的执行与非诉行政案件的执行 ★★**
  - 行政诉讼的执行：执行机关；执行根据；执行措施；执行程序的提起
  - 非诉行政案件执行：特点；适用范围；申请与受理；人民法院的审查与处理

第二篇 民商法律制度

第7章 民法基本理论与基本制度

考情解密

历年考情概况

本章虽然是民法总论的规定,但是在分值上还是比较客观,历年平均分值在8分左右。本章2020年考核10分,预计2021年分值会保持平稳回归。

本章有其独特的学习特点,需要大家多结合生活中的例子学习,通过生活事例反思知识点。

近年考点直击

考点	主要考查题型	考频指数	考查角度
民事权利的分类	单选题、多选题	★★★	给出具体案例,判断当事人享有权利的类型
民事法律关系	单选题、多选题	★★	(1)直接考核民事法律关系的内容;(2)结合具体案例,判断属于何种民事责任
民事法律行为	单选题、多选题	★★★	(1)给出具体行为,判断属于何种民事法律行为;(2)给出具体案例,判断法律行为的效力样态;(3)给出具体案例,判断附条件与附期限法律行为的区别
代理	单选题	★★	(1)直接考核不同种类代理的特征;(2)给出具体案例,判断是否构成表见代理及其产生的法律效果
诉讼时效	单选题、多选题、综合分析题	★★★	(1)直接考核诉讼时效与除斥期间的区别;(2)结合具体案例,考查诉讼时效中止、中断的事由;(3)给出具体规定,考查诉讼时效期间的起算与适用是否正确

本章2021年考试主要变化

本章变动不大。主要是相关表述的调整。另外:

(1)新增"公平原则""生态保护原则""法人的合并和分立"。

(2)删除"禁止权利滥用原则"。

考点详解及精选例题

一、民法与民事法律关系

扫我解疑难

(一)民法的调整对象 ★

民法是调整平等主体的自然人、法人和非法人组织之间的人身关系和财产关系的法律规范的总称,见表7-1。

表7-1 民法调整对象

财产关系	民事主体之间,因财产权的享有和保护所产生的民事关系 如物权关系(张三对手机的所有权)
人身关系	民事主体之间,因人格权或身份权的享有和保护所产生的民事关系 如人格关系(生命权)、身份关系(配偶权)

(二)民法的基本原则(见表7-2) ★

表7-2 民法的基本原则

基本原则	具体内容
权益保护原则	民事主体的人身权利、财产权利以及其他合法权益受法律充分保护,任何组织或者个人不得侵犯,且非依法律程序不得限制和剥夺
平等原则	民事主体的"法律资格、法律地位"一律平等,任何一方不得将自己的意志强加于对方
意思自治原则	民事主体可依其自由意志从事民事活动
公平原则	民事主体从事民事活动时必须秉持公平理念,公正、合理地确定各方的权利和义务,并依法承担相应民事责任的原则
诚实信用原则	在民事活动中应当秉持诚实、善意,信守承诺,以维持双方当事人之间利益平衡,以及当事人利益与社会利益平衡
公序良俗原则	民事主体从事的民事活动及其效果,必须符合我国社会公认的道德规范和公共利益的要求
生态保护原则	从事民事活动应当有利于节约有限资源、保护生态环境的原则

(三)民事法律关系 ★★★

1. 民事法律关系的特征

平等主体之间的人身关系和财产关系,经过民法调整后,形成民事法律关系。其特征包括:主体地位平等,民事权利、民事义务对等。

【知识点拨】民事法律关系的判断方法:(1)首先判断主体是否平等,排除行政法律关系。(2)直接排除不受民法调整的情况,如好意施惠(请吃饭、跳舞、郊游、看电影等情谊行为、转述好消息、为人指路等),恋爱关系等归道德规范调整的社会关系。

2. 民事法律关系的构成要素(见表7-3)

表7-3 民事法律关系的要素

要素	概念	内容
主体	享有民事权利、承担民事义务的人	自然人、法人、非法人组织和特定情况下的国家

续表

要素	概念	内容
内容	享有的民事权利和承担的民事义务	权利、义务
客体	民事权利和义务共同指向的对象	物、行为、智慧产品、人格和身份等

(四)民事义务和民事责任★★

1. 民事义务

义务是在法定或者约定范围内对当事人必须为一定行为或不为一定行为的约束，其功能在于满足权利人的利益。民事义务具有强制性和限定性。民事义务的具体分类，见表7-4。

表7-4 民事义务的分类

依据	分类	示例
义务发生的根据	法定义务	如禁止侵权
	约定义务	如合同义务
义务与其主体的关系	专属义务	如基于人身信任关系而发生的义务
	非专属义务	如金钱给付义务
相关联义务之间的地位	主义务	如主债务人义务
	从义务	如抵押人担保借款人偿还借款义务
义务人行为的方式或者内容	积极义务	如给付货物、交付工作成果、移转权利等
	消极义务	如保密义务、不妨害他人所有权的义务

2. 民事责任

(1)民事责任的分类(见表7-5)

表7-5 民事责任的类型

依据	类型	特点(示例)
产生的原因	侵权责任	违反法律规定的义务致他人损害所应承担的民事责任
	违约责任	违反合同义务所应承担的民事责任
	缔约过失责任	违反先合同义务致他人信赖利益损失所应承担的民事责任
责任内容	财产责任	如支付违约金、赔偿损失等
	非财产责任	如赔礼道歉、恢复名誉、消除影响等
复数责任人之间的对外关系	按份责任	仅按确定份额承担，超出部分无须承担责任。 【知识点拨】按份责任，能够确定责任大小的，各自承担相应的责任；难以确定责任大小的，平均承担责任
	连带责任	由法律规定或当事人约定；权利人有权请求部分或全部连带责任人承担责任。 【知识点拨】实际承担责任超过自己责任份额的连带责任人，有权向其他连带责任人追偿
构成要件和举证方式	过错责任	以过错为主观要件(受害人证明加害人有过错)
	推定过错责任	加害人的过错无须受害人举证，而是由法律推定的(加害人需要自证无过错)
	无过错责任	不以过错作为主观要件，免除了受害人对加害人的举证责任(有损害加害人就有过错)

续表

依据	类型	特点（示例）
出资人承担责任的财产范围	有限责任	"出资人"（NOT 公司）仅以其出资财产为限承担的责任（如有限责任公司、股份有限公司股东对公司债务所承担的责任）
	无限责任	"出资人"以其包括出资财产在内的全部财产承担的责任（如普通合伙人对合伙债务所承担的责任）

(2) 民事责任的承担方式

①停止侵害；②排除妨碍；③消除危险；④返还财产；⑤恢复原状；⑥修理、重作、更换；⑦继续履行；⑧赔偿损失；⑨支付违约金；⑩消除影响、恢复名誉；⑪赔礼道歉。

【知识点拨】承担民事责任的方式，可单独，也可合并适用。法律规定惩罚性赔偿的，依照其规定。

(3) 民事责任的免责事由（见表7-6）

表7-6 民事责任的免责事由

事由	责任承担（措施）
因不可抗力不能履行义务	免责
因正当防卫造成损害	免责
因紧急避险造成损害	①由引起险情发生的人承担民事责任；②危险由自然原因引起的，紧急避险人不承担民事责任，但可以给予适当补偿
紧急救助行为造成损害	因自愿实施紧急救助行为造成受助人损害，救助人不承担民事责任
受害人故意造成损害	行为人不承担责任
因第三人造成损害	第三人应当承担侵权责任
自甘冒险造成损害	受害人不得请求其他参加者承担侵权责任
自助行为造成损害	合法权益受到侵害，情况紧迫且不能及时获得国家机关保护，不立即采取措施将使其合法权益受到难以弥补的损害的，受害人可以在保护自己合法权益的必要范围内采取扣留侵权人的财物等合理措施；但是，应当立即请求有关国家机关处理

(五) 民事法律事实 ★★★

民事法律事实是指能引起民事法律关系发生、变更和消灭的客观事实。

1. 民事法律事实的分类

(1) 自然事实是指与人的意志无关的法律事实。自然事实包括事件和状态，见表7-7。

表7-7 自然事实的类型

事件	某种客观现象的发生	如人的出生、死亡，自然灾害的发生等
状态	某种客观现象的持续	如自然人的下落不明、时间的经过等

(2) 行为是指人的有意识的活动。行为的分类，见表7-8。

表7-8 行为的分类

标准	分类	概念（示例）
内容形式是否合法	合法行为	符合法律规定、受法律确认和保护的行为，如生效法律行为、正当防卫、紧急避险等
	不法行为	不符合法律要求或者违反法律规定的行为，如无效法律行为、违约行为、侵权行为等

标准	分类	概念(示例)
是否以行为人的意思表示为要件	表意行为	法律行为：指以意思表示为核心要素，如合同、代理
		准法律行为：指由法律直接规定结果的行为人的表意行为，如催告、通知
	【知识点拨】因法律行为的法律效果预设在行为人的意思表示当中，与行为人的意思表示密切相关，故法律对行为人的主体资格有严格要求，即要求行为人须具有相应的行为能力	
	非表意行为（事实行为）	无须表示内心意思即依法发生法律效果的行为，如作品创作行为、拾得遗失物、先占、无因管理、不当得利、侵权行为等

2. 民事法律事实构成

民事法律事实构成是指引起某一民事法律关系发生、变更或者消灭的几个法律事实的总和。

【知识点拨】遗嘱继承关系的发生：既需要有效的立遗嘱行为，同时又需要有遗嘱人死亡的事件两个法律事实，即为法律事实构成。

【例题1·单选题】(2018年)下列法律原则中，属于民法基本原则的是( )。

A. 公信原则　　B. 公序良俗原则
C. 公示原则　　D. 等价有偿原则

解析 本题考核民法的基本原则。民法的基本原则包括：权益保护原则、平等原则、意思自治原则、公平原则、诚实信用原则、公序良俗原则、生态保护原则。 答案 B

【例题2·单选题】(2019年)下列给付义务中，应由债务人亲自履行的是( )。

A. 汽车买卖合同的出卖人向买受人交付汽车

B. 建设工程承包人对建设工程主体结构的施工

C. 借款人将借款偿还贷款人

D. 出租人对出租房屋进行维修

解析 本题考核民事义务。专属义务，是指不得与义务主体发生分离的义务，即须由义务主体亲自履行的义务。如基于人身信任关系而发生的承揽义务。建设工程主体结构的施工必须由承包人自行完成。所以选项B正确。 答案 B

【例题3·单选题】(2019年)下列法律事实中，属于法律行为的是( )。

A. 张某高楼抛物

B. 李某拾得他人手机占为己有

C. 李某施救落水儿童

D. 王某立遗嘱

解析 本题考核民事法律事实——行为。法律行为，是指以意思表示为核心要素，旨在按照意思表示的内容发生相应民法效果的表意行为。如订立合同、立遗嘱。所以选项D正确。选项A、B、C属于事实行为。 答案 D

【例题4·单选题】(2018年)甲参加抽奖活动得彩电一台，遂将旧电视机丢弃，该旧电视机被乙捡到送给邻居丙，丙因病死亡，包括旧电视机在内的遗产被儿子丁继承。下列关于上述法律事实性质的说法中，正确的是( )。

A. 甲抛弃旧电视机，属于单方法律行为

B. 乙捡回旧电视机取得其所有权，属于双方法律行为

C. 乙将旧电视机送给邻居丙，属于单方法律行为

D. 丙死亡，属于引起继承关系发生的事实行为

解析 本题考核民事法律事实。抛弃所有权是单方法律行为。所以选项A正确。乙捡回旧电视机的行为是事实行为。所以选项B错误。赠与合同是双方法律行为。所以选项C错误。人的死亡属于自然事实，不是行为。所以选项D错误。 答案 A

【例题5·多选题】(2014年)甲厂与乙厂为共谋发展，将二厂的汽车司机班组建成一个运输队，共同经营，该运输队未取得法人

资格。对该运输队经营中所负债务,甲厂与乙厂应承担( )。

A. 有限责任　　B. 无限责任
C. 连带责任　　D. 按份责任
E. 补充责任

解析 ▶ 本题考核民事责任的类型。本题中的运输队未取得法人资格,不具有独立承担民事责任的能力,故甲厂与乙厂对运输队所负债务应承担无限连带责任。 答案 ▶ BC

二、主体制度

扫我解疑难

(一)自然人★

1. 自然人的民事权利能力

(1)民事权利能力属于主体资格,只有具备了权利能力,才具有法律上的人格。

【知识点拨】民事权利能力与自然人的人身不可分离,不可转让和抛弃。

(2)自然人的民事权利能力始于出生,终于死亡。

【知识点拨】出生、死亡时间的确定:首先以出生证明、死亡证明记载的时间为准→其次是以户籍登记或其他有效身份登记的时间为准→其他证明能推翻前二者的,按其他证明。

(3)涉及遗产继承、接受赠与等胎儿利益保护的,胎儿视为具有民事权利能力(附条件的有限权利能力)。但是胎儿娩出时为死体的,其民事权利能力自始不存在。

2. 自然人的民事行为能力

自然人分为完全民事行为能力人、限制民事行为能力人和无民事行为能力人三类,见表7-9。

【知识点拨】任何自然人都具有平等的民事权利能力,但并非任何自然人都具有同样的民事行为能力。

表7-9　自然人的民事行为能力

种类	具体包括的自然人类型	民事活动
完全民事行为能力人	(1)18周岁以上的成年人; (2)16周岁以上,以自己的劳动收入为主要生活来源的未成年人	可以独立实施民事法律行为
限制民事行为能力人	8周岁以上未成年人	(1)可以独立实施纯获利益的民事法律行为或者与其年龄、智力、精神健康状况相适应的民事法律行为; (2)其他民事法律行为由他的法定代理人代理,或者经他的法定代理人的同意、追认
	不能完全辨认自己行为的成年人	
无民事行为能力人	(1)不满8周岁的未成年人; (2)8周岁以上但不能辨认自己行为的未成年人和不能辨认自己行为的成年人	实施的民事法律行为无效

3. 监护制度

(1)监护人顺序(见表7-10)

表7-10　监护制度

类型	监护人顺序
未成年人(包括未成年智力障碍、精神病人)	当然监护人:父母 父母死亡或没有监护能力的,顺位如下: ①祖父母、外祖父母→②兄、姐→③其他个人或组织,但需自愿且须经未成年人住所地的居委会、村委会或民政部门同意

类型	监护人顺序
"无或限"制民事行为能力的成年人	①配偶→②父母、子女→③其他近亲属→④其他愿意担任监护人的个人或者组织，但是须经被监护人住所地的居民委员会、村民委员会或者民政部门同意

(2) 监护人的职责：是代理被监护人实施民事法律行为，保护被监护人的人身权利、财产权利以及其他合法权益等。

【民法典新增】因发生突发事件等紧急情况，监护人暂时无法履行监护职责，被监护人的生活处于无人照料状态的，被监护人住所地的居民委员会、村民委员会或民政部门应当为被监护人安排必要的临时生活照料措施。

(3) 被监护人可能因事实行为或纯获利益行为而取得收入，从而可能成为个人所得税的纳税义务人。

『解释』代理被监护人履行纳税义务是监护人的法定职责之一。

4. 法定代理：无民事行为能力人和限制民事行为能力人的监护人是其法定代理人。

(二) 宣告失踪与宣告死亡★

1. 宣告失踪（见表7-11）

表7-11 宣告失踪

项目	内容
条件	下落不明满2年（所有原因） (1) 从其失去音讯之日起计算：满2年； (2) 战争期间下落不明的，自战争结束之日或有关机关确定的下落不明之日起计算：满2年
申请	利害关系人申请（无顺序限制）
后果	(1) 财产由其配偶、成年子女、父母或者其他愿意担任财产代管人的人代管； (2) 失踪人所欠税款、债务和应付的其他费用，由财产代管人从失踪人的财产中支付； (3) 财产代管人因故意或重大过失造成失踪人财产损失的，应当承担赔偿责任
失踪人重新出现	(1) 经本人或利害关系人申请，法院应当撤销失踪宣告； (2) 有权请求财产代管人及时移交有关财产并报告财产代管情况

2. 宣告死亡

(1) 宣告死亡的程序（见表7-12）

表7-12 宣告死亡程序

项目	内容
条件	①下落不明：满4年；②意外事故：满2年；③意外事故，经有关机关证明不能生还的：无时间限制
申请	①利害关系人申请（无顺序限制）；②利害关系人有的要求宣告失踪，有的要求宣告死亡，符合宣告死亡条件的，应宣告死亡
死亡日期确定	①法院宣告死亡的判决"作出之日"；②因意外事件下落不明宣告死亡的，意外事件"发生之日"
后果	①婚姻终止；继承开始；②若此人仍活着：死亡宣告仍然有效（回来需撤销）；不影响其实施的民事法律行为的效力

(2)宣告死亡被撤销的法律后果(见表7-13)

表7-13　宣告死亡被撤销的法律后果

类型	法律后果
婚姻关系	自行恢复,但其配偶再婚或向婚姻登记机关书面声明不愿意恢复的除外
子女收养关系	不得以"未经其同意"为由,主张收养无效
财产关系	(1)请求继承其财产的人返还财产; (2)无法返还的,应当给予适当补偿; (3)利害关系人隐瞒真实情况,致使他人被宣告死亡取得其财产的→应当返还财产+由此造成的损失承担赔偿责任

【知识点拨】税务机关作为税收债权人的代表,可以成为宣告失踪和宣告死亡制度中的利害关系人,可以依法申请法院宣告下落不明的欠税自然人失踪或死亡,然后依法追缴其所欠税款。

(三)个体工商户和农村承包经营户(见表7-14)★

表7-14　个体工商户和农村承包经营户

法律性质	"两户"属于商自然人,只是自然人主体特殊形态
个体工商户	(1)依法登记:可以起字号; (2)债务承担:个人经营的,以个人财产承担;家庭经营的,以家庭财产承担;无法区分的,以"家庭财产"承担
农村承包经营户	债务承担:以从事农村土地承包经营的农户财产承担;由农户部分成员经营的,以"该部分成员的财产"承担

(四)法人★★

法人是指由民法赋予其民事权利能力和民事行为能力,能以自己的名义独立享有民事权利和承担民事义务的团体。是具有独立的人格、独立的财产、独立承担民事责任的团体。

1. 法人类型(见表7-15)

表7-15　法人类型

类型	相关规定
营利法人	如有限责任公司、股份有限公司
	设立营利法人应当依法制定法人章程;由登记机关发给营利法人营业执照。 【知识点拨1】法人章程,指法人依法制定的,规定法人的经营活动范围、内部管理制度等重大事项的文件。 【知识点拨2】营业执照签发日期为营利法人的成立日期
非营利法人	①事业单位法人:北京大学。 A. 经依法登记成立,取得事业单位法人资格; B. 依法不需要办理法人登记的,从成立之日起具有事业单位法人资格 ②社会团体法人:中国税务师协会。 不需要办理法人登记的,从成立之日起具有社会团体法人资格 ③捐助法人:壹基金。 捐助人有权向捐助法人查询捐助财产的使用、管理情况,并提出意见和建议 【知识点拨】有些非营利法人享有税收优惠权

类型	相关规定
特别法人	机关法人：获得法人资格的国家机关(税务局)。 有独立经费的机关和承担行政职能的法定机构从成立之日起，具有机关法人资格
	农村集体经济组织法人、城镇农村的合作经济组织法人、基层群众性自治组织法人

【民法典新规】为公益目的成立的非营利法人终止时，不得向出资人、设立人或者会员分配剩余财产。剩余财产应当按照法人章程的规定或者权力机构的决议用于公益目的；无法按照法人章程的规定或者权力机构的决议处理的，由主管机关主持转给宗旨相同或者相近的法人，并向社会公告。

2. 法人的成立条件

(1)依法成立。

(2)有自己的财产或者经费。

【知识点拨】设立全国性商业银行的注册资本最低限额为10亿元人民币。设立城市商业银行的注册资本最低限额为1亿元人民币，设立农村商业银行的注册资本最低限额为5 000万元人民币。

(3)有自己的名称、组织机构和住所。

3. 法人的组织机构

(1)营利法人的法人机关(见表7-16)。

表7-16 营利法人的法人机关

类型	举例
意思机关	如股份有限公司中的股东大会
执行机关	如股份有限公司的董事会
代表机关	如公司的董事长
监督机关	如股份有限公司的监事会

(2)非营利法人的法人机关(见表7-17)。

表7-17 非营利法人的法人机关

事业单位法人	决策机构：理事会
	法定代表人依法律、行政法规或法人章程的规定产生
社会团体法人	权力机构：会员大会或会员代表大会
	执行机构：理事会
	理事长或会长等负责人按照法人章程的规定担任法定代表人
捐助法人	决策机构：理事会、民主管理组织等
	监督机构：监事会等

(3)法人为经营需要可以依法设立分支机构。分支机构以自己的名义从事民事活动，产生的民事责任由法人承担。

4. 法人的民事权利能力和民事行为能力

法人的民事权利能力和民事行为能力：始于法人成立、终于法人消灭。

5. 法人的合并和分立(见表7-18)

表7-18 法人的合并和分立

法人合并	分类	新设合并	指原法人资格消失，新法人资格确立
		吸收合并	指一个或者数个法人归并到另一个现存法人中，被归并的法人资格消灭，吸收法人的主体资格仍然存续
	责任承担		法人合并的，其权利和义务由合并后的法人享有和承担

续表

法人分立	分类	新设式分立	原法人分立为两个或者两个以上新的法人，原法人不复存在
		派生式分立	原法人中分立出一个新的法人，原法人的资格仍然存在
	责任承担		法人分立的，除债权人和债务人另有约定外，其权利和义务由分立后的法人享有连带债权，承担连带债务

6. 法人终止

(1)法人终止法定事由有：①法人解散；②法人被宣告破产；③法律规定的其他原因。

(2)法人终止后果：

①均需清算，合并或者分立的情形除外；

②清算期间法人存续，但是不得从事与清算无关的活动；

③清算结束并完成法人注销登记时，法人终止；

④依法不需要办理法人登记的，清算结束时，法人即终止。法人在清算期间应当缴纳所欠税款以及清算过程中产生的税款。

(五)非法人组织★

1. 非法人组织：指不具有法人资格，但是能够依法以自己的名义从事民事活动的组织。包括个人独资企业、合伙企业、不具有法人资格的专业服务机构等。

2. 非法人组织的财产不足以清偿债务的，其出资人或者设立人承担无限责任。法律另有规定的除外。

3. 非法人组织在清算期间应当缴纳所欠税款。

【例题6·单选题】(2020年)根据《民法典》规定，死亡宣告被撤销后，被宣告死亡的人的婚姻关系可以自行恢复的情形是(　　)。

A. 其配偶虽再婚但再婚配偶已去世

B. 其配偶虽再婚但再婚配偶失踪

C. 其配偶已经与他人同居

D. 其配偶虽再婚但已离婚

解析▶ 本题考核宣告死亡。被宣告死亡的人的婚姻关系，自死亡宣告之日起消除。死亡宣告被撤销的，婚姻关系自撤销死亡宣告之日起自行恢复。但是，其配偶再婚或者向婚姻登记机关书面声明不愿恢复的除外。

答案▶ C

【例题7·单选题】(2016年)下列关于自然人民事权利能力与民事行为能力的说法中，正确的是(　　)。

A. 自然人的民事权利能力与民事行为能力同时产生

B. 自然人的民事权利能力与民事行为能力同时消灭

C. 自然人的民事权利能力始于出生，终于死亡

D. 自然人之间民事行为能力人人相同，不存在差异

解析▶ 本题考核自然人的民事权利能力与民事行为能力。自然人的民事权利能力"始于出生，终于死亡"(与意思能力无关)；自然人的民事行为能力则是以意思能力为基础，分为完全民事行为能力人、限制民事行为能力人和无民事行为能力人。因此，自然人的民事权利能力和民事行为能力并非同时产生、同时消灭；自然人之间的民事行为能力并不相同，存在个体差异。

答案▶ C

【例题8·单选题】(2019年)下列有关法人特征的说法中，正确的是(　　)。

A. 法人的财产属于法人出资人共有

B. 法人民事权利能力受法人财产范围制约

C. 法人独立承担民事责任

D. 法人的人格与其创立人的人格不能分离

解析▶ 本题考核法人的特征。法人的财产属于法人所有。所以选项A错误。法人的民事权利能力范围，原则上由法人章程或设立目的决定，而不是受财产范围制约。所以选项B错误。法人的人格与其创立人和成员的人格是分离的，法人具有独立的人格。所以选项D错误。

答案▶ C

【例题 9 · 多选题】(2020 年)下列民事主体中,属于《民法典》规定的特别法人的有( )。
A. 居民委员会
B. 村民委员会
C. 宗教活动场所
D. 农村集体经济组织
E. 合伙企业

解析 本题考核特别法人。机关法人、农村集体经济组织法人、城镇农村的合作经济组织法人、基层群众性自治组织法人,为特别法人。居民委员会、村民委员会属于基层群众性自治组织法人。所以选项 ABD 正确。宗教活动场所属于非营利法人,所以选项 C 错误。合伙企业属于非法人组织。所以选项 E 错误。

答案 ABD

三、权利制度

扫我解疑难

(一)民事权利的分类 ★★★

民事权利是指民事主体实现其正当利益的行为依据。民事主体按照自己的意愿依法行使民事权利,不受干涉。民事权利的具体分类,见表 7-19。

表 7-19 民事权利的分类

标准	分类		特点(示例)
客体所体现的利益性质	人身权	人格权	生命权、身体权、健康权、姓名权、肖像权、名誉权、荣誉权、隐私权、婚姻自主权等
		身份权	配偶、亲权、亲属权
	财产权		(1)包括物权、准物权、债权和继承权; (2)可以同主体发生分离
	知识产权		(1)客体不是物,如作品、专利发明、商标设计等; (2)内容具有"垄断"性
	成员权		基于成员资格而产生,如股东权利,包括表决权、对业务的知悉、执行、监督权以及盈利分配权、团体终止时的剩余财产分配权等
民事权利的作用方式	支配权		(1)支配权的实现,仅凭权利人单方的意思即可; (2)包括物权(所有权、用益物权、担保物权)、人身权和知识产权
	请求权		请求他人为或不为一定行为的权利。如债权、返还原物请求权、恢复原状请求权、损害赔偿请求权
	形成权		(1)指依权利人单方意思表示,就能使既存的法律关系发生变化的权利; (2)包括承认权、同意权、选择权、撤销权、解除权、抵销权、终止权
	抗辩权		(1)主要是针对请求权的权利,如同时履行抗辩权; (2)效力在于阻止请求权的效力,而不在于否认相对人的请求权,也不在于变更或消灭相对人的权利
权利实现方式	绝对权		无须他人协助。如物权、人格权、知识产权等
	相对权		借助他人的协助,方可实现的权利。如债权
权利效力所及范围	对世权		能够请求不特定的一般人为一定行为。如物权、人身权等
	对人权		仅能请求特定的人为一定行为。如债权

续表

标准	分类	特点（示例）
权利可否与其主体分离	专属权	只能由其主体享有或者行使的权利，不得让与和继承。如人身权、结婚、离婚、收养权等
	非专属权	可以让与和继承的权利。如一般的财产权
权利相互间的依存关系	主权利	不依赖其他权利而独立存在的权利。如借款合同
	从权利	须以其他权利的存在为其存在前提的权利。如担保物权
权利相互间的地位	原权	原生性权利
	救济权	原权受到侵害或有被侵害的危险时产生的救济性权利。如财产权受侵害时，可要求赔偿的权利
权利要件是否全部具备	既得权	全部法律要件齐备
	期待权	又称"形成中的权利"，只具备部分法律要件，须待其余要件具备时才能实际发生的权利。如附生效条件的民事行为

【知识点拨】常见民事权利的分类总结，见表7-20。

表7-20 民事权利分类总结

债权属于	财产权、请求权、相对权、对人权、非专属权
物权属于	财产权、支配权、绝对权、对世权、非专属权
人身权属于	支配权、绝对权、对世权、专属权

(二)民事权利的取得、变更和消灭★★★

1. 民事权利的取得(见表7-21)

表7-21 民事权利的取得

取得类型	含义	举例
原始取得(最初取得)	不以他人既存的权利为前提而取得权利	如先占、添附
继受取得(传来取得)	自前手权利人处承受既存权利的权利取得	如继承、合同

2. 民事权利的变更(见表7-22)

表7-22 民事权利的变更

(1)内容变	权利量变	所有权：因添附而扩大、因标的物部分灭失而缩小；债权：因部分清偿而缩小
	部分质变	所有权：因标的物出租或抵押而变得不圆满；债权：种类债权变为特定债权，有息债权变为无息债权等
(2)效力变		行使诉讼时效抗辩权成为无公力救济权的债权；第二顺序抵押权变成第一顺序抵押权等

3. 民事权利的消灭(见表7-23)

表7-23 民事权利的消灭

消灭的类型	举例
绝对消灭(权利不存在)	如所有权因标的物灭失而消灭，知识产权因保护期间届满而消灭，债权因全部清偿而消灭等

消灭的类型	举例
相对消灭（前手转后手）	如买卖合同中，标的物的所有权因交付而从卖方转移至买方

(三)民事权利的保护★★

1. 受保护的权利

(1)自然人的人格权、身份权、物权、债权、知识产权、继承权、股权和其他投资性权利受法律保护；

(2)法人、非法人组织享有的名称权、名誉权、荣誉权和其他财产权利受法律保护。

(3)自然人的人身自由、人格尊严；自然人的个人信息受法律保护。

【知识点拨】 不得非法收集、使用、加工、传输他人个人信息，不得非法买卖、提供或者公开他人个人信息。如对于纳税人的个人涉税信息，税务机关及税务工作人员应当依法获取和保护。

2. 保护方式(见表7-24)

表7-24 民事权利的保护方式

公力救济	(1)通过国家的专门力量和法定程序保护民事权利，主要程序是民事诉讼和强制执行； (2)最主要、最普遍的救济手段	如通过给付之诉，使责任人返还原物、赔礼道歉、赔偿损失等
私力救济	(1)权利人依靠自己的力量强制侵害人，以捍卫受到侵犯的权利； (2)特殊情况下方可适用，情形紧迫，公力救济有所不及时	自卫行为：正当防卫和紧急避险 自助行为：公交售票员扣留逃票乘客

【例题10·单选题】 (2020年)根据《民法典》规定，下列人格权中，自然人和非法人组织均享有的是( )。

A. 肖像权　　B. 名称权

C. 荣誉权　　D. 隐私权

解析 本题考核人格权。自然人享有的人格权包括生命权、身体权、健康权、姓名权、肖像权、名誉权、荣誉权、隐私权、婚姻自主权等。法人、非法人组织享有的名称权、名誉权和荣誉权受法律保护。 答案 C

【例题11·单选题】 (2017年)下列民事权利中，既属于财产权又属于请求权的是( )。

A. 债权　　B. 配偶权

C. 名誉权　　D. 亲属权

解析 本题考核民事权利的分类。配偶权、名誉权、亲属权属于人身权，不属于财产权。 答案 A

【例题12·多选题】 (2018年)下列民事权利的继受取得方式中，基于法律行为取得的有( )。

A. 丙基于抵押合同取得动产抵押权

B. 乙基于土地承包合同取得土地承包经营权

C. 甲基于地役权合同取得地役权

D. 戊基于买卖合同受让取得动产所有权

E. 丁基于继承取得遗产所有权

解析 本题考核民事权利的继受取得。继受取得的发生主要基于法律行为，如基于交付而受让或者设定动产物权、基于登记而受让或者设定不动产物权、基于合同而设定用益物权或者担保物权；继受取得的发生也可基于法律行为之外的法律事实，如基于继承而取得遗产的所有权。 答案 ABCD

扫我解疑难

四、行为制度

(一)法律行为的分类★★★

民事法律行为，是民事主体通过意思表示设立、变更、终止民事法律关系的行为。如订立合同、立遗嘱。法律行为的具体分类，见表7-25。

表 7-25 法律行为的分类

1	单方法律行为	一方行为人的意思表示就能成立	如遗嘱行为、无权代理的追认
	双方法律行为	双方当事人行为人内容相向的意思表示达成一致而成立	如合同行为
	多方法律行为	多方当事人意思表示一致成立或者形成决议	如 3 人以上的合伙、决议行为
2	财产法律行为	发生财产关系变动效果	如设立抵押权、债权
	身份法律行为	发生身份关系变动效果	如结婚、收养等
3	要式法律行为	必须采取法律规定的特定形式才能成立	如建设工程合同
	不要式法律行为	不要求采用特定方式,当事人可选择	如买卖行为
4	主法律行为	不需要依附其他行为而能独立存在	如借款合同
	从法律行为	要依附其他行为存在而存在	如担保合同
5	基本法律行为	具有独立实质内容但却以相关法律行为为生效要件	如需法定代理人同意的限制民事行为能力人所实施的法律行为
	补助法律行为	不具有独立的实质内容、仅作为基本行为生效要件	如法定代理人对限制民事行为能力人所实施法律行为的"同意行为"
6	生存法律行为	效力发生于行为人生前的法律行为,也称生前行为	如订立合同
	死因法律行为	以行为人死亡为生效要件的法律行为,也称死后行为	如遗嘱
7	诺成法律行为	仅以当事人意思表示一致即为成立	如买卖合同
	践成法律行为	除意思表示外,还需要物的交付才成立	如保管合同、定金合同
8	有偿法律行为	双方需为对价的行为	如买卖行为
	无偿法律行为	没有对价的行为	如赠与行为

(二)法律行为的形式★

1. 明示形式

(1)口头形式;

(2)书面形式。

①一般书面:合同书、信件、电报、电传、传真等。

②特殊书面:公证形式、鉴证形式、审批形式等。

2. 默示形式

(1)推定的默示:行为人积极作为将其内在的意思表现于外部,推知行为人已作某种意思表示。

『示例』如将汽车停入收费停车场。

(2)特定沉默:包括约定沉默和法定沉默。特定沉默只有在法律规定、当事人约定或者符合当事人之间的交易习惯时,才可以被视为意思表示。

『示例』如对相对人催告追认的沉默、对放弃继承与否的沉默及对接受或者放弃受遗赠与否的沉默等即属法定沉默。

(三)法律行为的成立和生效★★★

1. 成立与生效的概念

『示例』7 岁孩子卖掉了自家的房子,此行为已成立,但不生效。

(1)成立是法律行为具备其构成要件的状态,是一个事实判断。

(2)生效是业已成立的法律行为按意思表示的内容发生其固有的效力。

【知识点拨】意思表示生效的界定(见表 7-26)。

表 7-26 意思表示生效的界定

有相对人	以对话方式作出的意思表示：相对人"知道其内容时"生效	
	以非对话方式作出的意思表示："到达相对人时"生效	
	【知识点拨】以非对话方式作出的采用数据电文形式的意思表示，相对人指定特定系统接收数据电文的，该数据电文进入该特定系统时生效；未指定特定系统的，相对人知道或者应当知道该数据电文进入其系统时生效。当事人对采用数据电文形式的意思表示的生效时间另有约定的，按照其约定	
无相对人	"表示完成时"生效。法律另有规定的，依照其规定。如单方行为中的抛弃、遗嘱等	
公告方式	公告发布时生效。如悬赏广告	

2. 一般生效要件
(1) 行为人具有相应的民事行为能力；
(2) 意思表示真实；
(3) 不违反法律、行政法规的强制性规定，不违背公序良俗。

3. 特别生效要件
(1) 附停止条件法律行为的特别生效要件：所附条件成就；
(2) 附始期法律行为的特别生效要件：所附期限届至；
(3) 公示行为的特别生效要件：采用法定公示方式；
(4) 效力待定行为的特别生效要件：第三人同意；
(5) 遗嘱的特别生效要件：遗嘱人死亡。

五、法律行为的效力

扫我解疑难

(一) 无效法律行为 ★★★

1. 效力：自始、确定、当然不发生固有效力。

【知识点拨】民事法律行为部分无效，不影响其他部分效力的，其他部分仍然有效。

2. 情形
(1) 无民事行为能力人实施的民事法律行为；
(2) 行为人与相对人恶意串通，损害他人合法权益的民事法律行为；
(3) 行为人与相对人以虚假的意思表示实施的民事法律行为；
(4) 违反法律、行政法规的强制性规定的民事法律行为，但该强制性规定不导致该民事法律行为无效的除外；
(5) 违背公序良俗的民事法律行为。

(二) 可撤销法律行为 ★★★

1. 定义：存在法定的重大意思表示瑕疵而可以请求法院或仲裁机构予以撤销的法律行为。

2. 效力：被撤销前为有效法律行为，被撤销的民事法律行为自始没有法律约束力。

3. 类型
(1) 重大误解；

【知识点拨】对于动机的错误认识一般不成立重大误解。

(2) 一方或第三方以欺诈、胁迫手段，使对方在违背真实意思的情况下实施的民事法律行为；

【知识点拨】第三人实施欺诈要求对方知道或应当知道该欺诈行为。

(3) 一方利用对方处于危困状态、缺乏判断能力等情形，实施的显失公平的法律行为。

4. 撤销权的行使(见表 7-27)

表 7-27 撤销权的行使

行使期限	一般	主观标准:知道或应当知道撤销事由 1 年内
	重大误解	主观标准(自己的过错):知道或应当知道撤销事由 90 日内
	胁迫	胁迫行为终止之日起 1 年内
消灭	放弃	当事人知道撤销事由后明确表示或者以自己的行为表明放弃撤销权的
	5 年	当事人自民事法律行为发生之日起 5 年内没有行使撤销权的

(三)效力待定法律行为★★★

1. 定义:是指其法律效力有待第三人以行为使之确定的法律行为。

2. 类型

(1)无权处分;(2)狭义无权代理;(3)债务承担;(4)限制民事行为能力人实施的与其年龄、智力、精神健康状况不相适应的、有待其法定代理人同意或者追认的法律行为。

(四)法律行为的附款★★★

1. 附条件的法律行为

(1)延缓条件等同于"生效条件"和"停止条件":条件成就时,法律行为才生效。

(2)附解除条件的法律行为:条件成就时行为因此而归于无效。

2. 附期限的法律行为

(1)延缓期限也称始期。如签订合同注明"自明年 1 月 1 日生效",该期限就是该合同的始期。

(2)解除期限也称终期。如合同条款中约定"本合同于明年年底终止",明年年底就是该合同所附的终期。

【知识点拨】 附条件与附期限:条件不一定成就,期限一定会到来。

【例题 13·单选题】(2020 年)下列关于意思表示生效时间的说法中,符合《民法典》规定的是( )。

A. 以公告方式作出意思表示,公告发布时生效

B. 以非对话方式作出的意思表示,相对人知道其内容时生效

C. 以对话方式作出的意思表示,到达相对人时生效

D. 采用数据电文形式的非对话意思表示,进入相对人任一系统时生效

解析 本题考核意思表示的生效。以公告方式作出的意思表示,公告发布时生效。所以选项 A 正确。以非对话方式作出的意思表示,到达相对人时生效。所以选项 B 错误。以对话方式作出的意思表示,相对人知道其内容时生效。所以选项 C 错误。以非对话方式作出的采用数据电文形式的意思表示,相对人指定特定系统接收数据电文的,该数据电文进入该特定系统时生效;未指定特定系统的,相对人知道或者应当知道该数据电文进入其系统时生效。当事人对采用数据电文形式的意思表示的生效时间另有约定的,按照其约定。所以选项 D 错误。 答案 A

【例题 14·单选题】(2016 年)根据合同法理论,关于赠与合同,下列说法正确的是( )。

A. 赠与合同是单方法律行为

B. 赠与合同是无偿法律行为

C. 赠与合同是双务法律行为

D. 赠与合同是要式法律行为

解析 本题考核法律行为的分类。赠与合同是双方法律行为、无偿法律行为、单务法律行为、不要式法律行为。 答案 B

【例题 15·多选题】(2018 年)甲、乙签订房屋买卖合同,双方约定,甲以 300 万元价格将其房屋卖给乙。为少交税款,双方约定在书面房屋买卖合同中,交易价款写 250 万元,合同签订 1 周后,双方即办理了房屋过户登记手续,后因房款支付数额,双方发生纠纷,下列关于本案房屋买卖合同属性、效力及甲、乙双方权利义务的说法中,正确的有( )。

A. 约定房屋价款300万元的房屋买卖合同有效

B. 约定房屋价款250万元的房屋买卖合同有效

C. 甲、乙关于房屋价款250万元的约定属于虚假意思表示

D. 乙仅有义务向甲支付250万元房屋价款

E. 甲有权请求乙支付300万元房屋价款

解析 本题考核民事法律行为。行为人与相对人以虚假的意思表示实施的民事法律行为无效。因此约定价款250万元的买卖合同无效,而约定价款300万元的买卖合同有效,甲有权请求乙支付300万元的价款。

答案 ACE

【例题16·多选题】(2017年)根据民法相关规定,下列法律行为中,可因重大误解而请求撤销的有( )。

A. 乙误将真画当成赝品而低价出售

B. 丙误将单价1 800元的商品以180元的价格售出

C. 甲不知女友已与他人结婚而到商场购买订婚钻戒

D. 丁误认某人为救命恩人而给其5 000元以表谢意

E. 戊误以为自己能分到公寓房而按公寓房面积到商场购买地毯

解析 本题考核可撤销法律行为。行为人因为对行为的性质、对方当事人、标的物的品种、质量、规格和数量等的错误认识,使行为的后果与自己的意思相悖,并造成较大损失的,可以认定为重大误解。选项C、E属于对动机的错误认识,一般不构成重大误解,是有效行为。

答案 ABD

【例题17·多选题】(2019年)甲、乙约定:若乙考上音乐学院,甲即将其珍藏的一把小提琴以1.5万元的价格卖给对该琴心仪已久的乙。后甲因急需用钱将该小提琴以1万元的价格卖给了丙(丙不知甲、乙间的约定),且钱货两清。乙考上音乐学院后,向甲求购小提琴未果。双方遂发生纠纷。下列有关小提琴买卖合同效力及乙的请求权的说法中,正确的有( )。

A. 甲、乙间买卖合同先于甲、丙间买卖合同生效

B. 甲、丙间买卖合同有效

C. 甲、乙间买卖合同有效

D. 乙有权请求甲承担违约责任

E. 乙无权请求丙返还小提琴,因丙已经善意取得小提琴所有权

解析 本题考核法律行为的附款、违约责任、所有权的取得和消灭。甲乙之间是"附生效条件"的买卖合同,条件成就之前,合同已经成立但未生效。因此是甲丙的买卖合同生效在先。所以选项A错误。一物多卖的买卖合同,原则上均有效。所以选项B、C正确。甲乙的买卖合同在条件成就后生效,甲违约,乙可以追究甲的违约责任。所以选项D正确。甲丙的买卖合同,甲是所有权人,是有权处分行为,不适用善意取得制度。所以选项E错误。

答案 BCD

六、代理

扫我解疑难

(一)代理的特征★★

代理具有以下特征:代他人为法律行为;以被代理人的名义实施民事法律行为;在代理权限范围内独立为意思表示;法律后果直接归属于被代理人(见图7-1)。

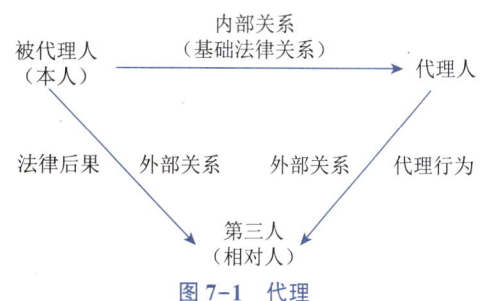

图7-1 代理

(二)代理的分类(见表 7-28)★★

表 7-28 代理的分类

委托代理、法定代理和职务代理	委托代理：基于被代理人的委托而产生的代理
	法定代理：依法律直接规定而产生的代理
	职务代理：指基于职权而实施的代理。 【知识点拨】法人或者非法人组织对执行其工作任务的人员职权范围的限制，不得对抗善意相对人
一般代理和特别代理	一般代理：代理权范围及于代理事项的全部
	特别代理：代理权被限定在一定范围或特定事项的某些方面的代理
单独代理和共同代理	单独代理：代理权属于一个人的代理
	共同代理：代理权属于数人的代理
本代理和再代理	本代理：基于被代理人选任代理人或依法律规定而产生的代理
	再代理(又称复代理、转代理)：代理人为被代理人的利益将其所享有的代理权转托他人而产生的代理

【知识点拨 1】再代理的特征：

(1)再代理是由代理人以自己的名义选任的；

(2)再代理人不是原代理人的代理人，而是被代理人的代理人；

(3)再代理权不是由被代理人直接授予的，而是由原代理人转委托的；

(4)代理人需要转委托第三人代理的，应当取得被代理人的同意或者追认。

【知识点拨 2】转委托代理未经被代理人同意或者追认的，代理人应当对转委托的第三人的行为承担责任，但是在紧急情况下代理人为了维护被代理人的利益需要转委托第三人代理的除外。

(三)代理权的行使(见表 7-29)★

表 7-29 代理权滥用与狭义无权代理的内容

代理权滥用	狭义无权代理
(1)自己代理：理论认为合同效力待定； (2)双方代理：理论认为合同效力待定； (3)代理人与第三人恶意串通，损害被代理人的利益：代理人与第三人承担连带责任	(1)没有代理权的代理行为； (2)超越代理权的代理行为； (3)代理权终止后的代理行为

(四)无权代理★★★

1. 狭义无权代理：属于效力待定的合同

(1)本人的追认权：只有经过被代理人的追认，被代理人才承担民事责任。若被代理人未予追认，则对被代理人不发生效力。被代理人未作表示的，视为拒绝追认。

【知识点拨 1】未被追认的，善意相对人有权请求无权代理人履行债务或就其受到的损害请求无权代理人赔偿，但是赔偿的范围不得超过代理行为有效时所能获得的利益。

【知识点拨 2】相对人知道或应当知道代理人无权代理的，相对人和代理人按照各自的过错承担责任。

(2)相对人的保护。

①催告权：相对人可以催告被代理人在 30 日内予以追认。

②撤销权：合同被追认"之前"，"善意相对人"有撤销的权利。

【知识点拨】追认权、撤销权属于形成权，催告权不属于形成权。

2. 表见代理

表见代理是指代理人虽无代理权但表面上"足以使相对人相信其有代理权"而须由本人负授权之责的代理。

【知识点拨】客观上"足以使人相信其有代理权"情形通常表现：

（1）合同签订人持有被代理人的介绍信或盖有印章的空白合同书，使得相对人相信其有代理权；

（2）无权代理人此前曾被授予代理权，且代理期限尚未结束，但实施代理行为时代理权已经终止；

（3）被代理人对第三人表示已将代理权授予他人，而实际并未授权。

3. 表见代理的效果

（1）表见代理对于本人来说，产生与有权代理一样的效果。

（2）表见代理对于相对人来说，既可以主张其为狭义无权代理，也可以主张其为表见代理。

【知识点拨】主张狭义无权代理，则相对人可以行使善意相对人的撤销权，从而使得整个代理行为归于无效。

（五）代理关系的终止（见表7-30）★

表7-30　委托代理终止与法定代理终止的法律原因

委托代理终止的法律原因	法定代理终止的法律原因
（1）代理期限届满或者代理事务完成； （2）被代理人取消委托或者代理人辞去委托； （3）代理人丧失民事行为能力； （4）代理人或者被代理人死亡； （5）作为代理人或者被代理人的法人、非法人组织终止	（1）被代理人取得或者恢复完全民事行为能力； （2）代理人丧失民事行为能力； （3）代理人或者被代理人死亡； （4）法律规定的其他情形

【知识点拨】被代理人死亡后，有下列情形之一的，委托代理人实施的代理行为有效：

（1）代理人不知道并且不应当知道被代理人死亡；

（2）被代理人的继承人予以承认；

（3）授权中明确代理权在代理事务完成时终止；

（4）被代理人死亡前已经实施，为了被代理人的继承人的利益继续代理。

【例题18·单选题】（2013年）下列关于代理制度的说法中，正确的是（　　）。

A. 委托代理人为被代理人利益转托他人代理但未事先征得被代理人同意的，由代理人对受托人的行为负责

B. 共同代理是指一个代理人同时为一个民事法律关系中两个委托人所做的代理

C. 法院可以将未成年人的父母指定为代理人

D.《民法典》规定的代理属于直接代理，即代理人在代理权限范围内以被代理人的名义实施民事法律行为

解析　本题考核代理。代理人需要转委托第三人代理的，应当取得被代理人的同意或者追认。转委托代理未经被代理人同意或者追认的，代理人应当对转委托的第三人的行为承担责任，但是在紧急情况下代理人为了维护被代理人的利益需要转委托第三人代理的除外。所以选项A错误。《民法典》规定，数人为同一代理事项的代理人的，应当共同行使代理权，但是当事人另有约定的除外。即代理人为数人，而非委托人是数人。所以选项B错误。未成年人的父母是其法定代理人。另外，根据《民法典》的规定，代理包括委托代理和法定代理，没有指定代理的类型。所以选项C错误。　答案　D

【例题19·单选题】（2020年）甲在展销会上看到乙公司展台上有一款进口食品料理机，想起同事丙前几天说想买1台料理机，遂自作主张以丙的名义向乙公司订购1台该

款料理机，约定货到付款。随后，乙公司将料理机快递给丙，丙签收付款。根据《民法典》规定，乙公司与丙之间买卖合同的效力应为( )。

A. 无效　　　　B. 效力待定
C. 有效　　　　D. 可撤销

解析 ▶ 本题考核无权代理。无权代理人以被代理人的名义订立合同，被代理人已经开始履行合同义务或者接受相对人履行的，视为对合同的追认。甲擅自以丙的名义与乙公司签订料理机买卖合同，属于无权代理行为。之后丙签收料理机并付款，属于对买卖合同的追认，故买卖合同有效。所以选项C正确。
答案 ▶ C

【例题20·多选题】(2020年)甲委托乙出售房屋，并向乙出具授权委托书。根据《民法典》规定，下列乙的代理行为中，属于效力待定行为的有( )。

A. 乙与丁恶意串通以远低于市场价的价格将房屋卖给丁
B. 乙在甲取消委托后，仍向他人出示尚未被收回的授权委托书售出房屋
C. 乙以甲的名义与自己签订房屋卖合同
D. 乙不知甲意外去世，以甲的名义将房屋卖给他人
E. 乙以甲的名义与委托其买房的丙签订房屋买卖合同

解析 ▶ 本题考核代理。行为人与相对人恶意串通，损害他人合法权益的民事法律行为无效。所以选项A错误。行为人没有代理权、超越代理权或者代理权终止后，仍然实施代理行为，相对人有理由相信行为人有代理权的，代理行为有效。所以选项B错误。代理人不得以被代理人的名义与自己实施民事法律行为，但是被代理人同意或者追认的除外。所以选项C正确。代理人不得以被代理人的名义与自己同时代理其他人实施民事法律行为，但是被代理的双方同意或者追认的除外。所以选项E正确。被代理人死亡后，代理人不知道且不应当知道被代理人死亡，委托代理人实施的代理行为有效。所以选项D错误。
答案 ▶ CE

七、时效制度

扫我解疑难

(一)诉讼时效的概述★

诉讼时效是指债权人在法定期间内不行使债权，即导致债务人永久抗辩权发生效果的时效。

(1)诉讼时效主要适用于"**债权请求权**"。
(2)下列请求权不适用诉讼时效的规定：
①请求停止侵害、排除妨碍、消除危险请求权；
②不动产物权和登记的动产物权的权利人请求返还财产请求权；
③支付抚养费、赡养费或者扶养费请求权；
④支付存款本金及利息请求权；
⑤兑付国债、金融债券以及向不特定对象发行的企业债券本息请求权；
⑥基于投资关系产生的缴付出资请求权；
⑦依法不适用诉讼时效的其他请求权。
(3)强制性：诉讼时效的期间、计算方法以及中止、中断的事由由法律明确规定，当事人约定无效。
(4)"不消灭"实体权利：诉讼时效期间届满后，义务人同意履行的，不得以诉讼时效期间届满为由抗辩；义务人已自愿履行的，不得请求返还。
(5)人民法院不得主动适用诉讼时效的规定。

(二)诉讼时效期间的类型与起点★★★

1. 诉讼时效期间的类型(见表7-31)

表 7-31 诉讼时效期间的类型

诉讼时效	起点	年限	情形
普通诉讼时效	知道或应当知道权利受到侵害以及义务人之日起	3 年	法律无特别规定的情况
特殊诉讼时效		4 年	(1)国际货物买卖合同； (2)技术进出口合同

2. 诉讼时效期间的起点(见表 7-32)

表 7-32 诉讼时效期间的起点

一般起算点	自权利人"知道或应当知道"权利受到损害以及义务人之日起开始计算
特殊起算点	同一债务分期履行的：诉讼时效期间从最后一期履行期限届满之日起计算
	"无或限制"民事行为能力人对其法定代理人的诉讼时效期间：自该法定代理终止之日起计算
	未成年人遭受性侵害的损害赔偿诉讼时效：自受害人年满 18 周岁之日起计算

(三)诉讼时效和除斥期间(见表 7-33) ★★★

表 7-33 诉讼时效和除斥期间的差异

区别	诉讼时效	除斥期间
功能	维持新生秩序	维持原有秩序
适用对象	请求权，如合同	形成权，如撤销权、解除权
期间性质	可变期间：适用中断、中止、延长	不变期间：不适用中断、中止、延长
法律效果	发生永久性抗辩权	实体权利消灭
期间始点	权利人知道或应当知道权利受损害及义务人之日	为权利人知道或应当知道形成权发生之时

(四)诉讼时效的中止、中断和延长(见表 7-34) ★★

表 7-34 诉讼时效的中止、中断和延长

种类	原因	发生时间	效果
中止	客观因素：不可抗力、其他障碍	诉讼时效期间的最后 6 个月内	暂停
中断	主观因素： (1)权利人提起诉讼或申请仲裁； (2)义务人同意履行义务； (3)权利人向义务人提出履行请求	诉讼时效进行中	清零
延长	由人民法院判定		

1. 诉讼时效中止的事由
(1)不可抗力。
(2)其他障碍：
①权利被侵害的无(限制)民事行为能力人没有法定代理人，或法定代理人死亡、丧失代理权、丧失民事行为能力；
②继承开始后未确定继承人或遗产管理人；
③权利人被义务人或其他人控制无法主张权利。

2. 诉讼时效中断的事由
(1)权利人向义务人提出履行请求。
(2)义务人同意履行义务。具体包括：义务人作出分期履行、部分履行、提供担保、

请求延期履行、制定清偿债务计划等承诺或行为。

(3)权利人提起诉讼或申请仲裁。

(4)与提起诉讼或申请仲裁具有同等效力的其他情形。

包括：

①申请支付令；

②申请破产、申报破产债权；

③为主张权利而申请宣告义务人失踪或死亡；

④申请诉前财产保全、诉前临时禁令等诉前措施；

⑤申请强制执行；

⑥申请追加当事人或者被通知参加诉讼；

⑦在诉讼中主张抵销等。

八、期间、期日★

扫我解疑难

1. 期间：指由某一时间点到另一时间点的特定时间段。

2. 期日：指不可分割的特定时间点。

3. 规定按照日、月、年计算期间的，开始的当天不算入，从下一天开始计算。

4. 我国民法期间中的"以上""以下""以内""届满"等都包括本数；而"不满""超过""以外"则不包括本数。

【例题21·单选题】（2019年）下列有关诉讼时效期间的说法中，正确的是( )。

A. 商品"保质期"属于诉讼时效期间

B. 当事人不可以自行约定诉讼时效期间

C. 法律规定的少缴税款的追征期限属于诉讼时效期间

D. 法律规定的多缴税款的退还期限属于诉讼时效期间

解析 本题考核诉讼时效。诉讼时效的适用对象为债权请求权，商品"保质期"不涉及请求权，不属于诉讼时效。所以选项A错误。诉讼时效的期间、计算方法以及中止、中断的事由均由法律明确规定，当事人约定无效。所以选项B正确。《税收征管法》中规定的多缴税款的退还期限和少缴税款的追征期限，性质上均属于除斥期间，期间届满，纳税人的退税权、税务机关的追征权即消灭。所以选项C、D错误。

答案 B

【例题22·单选题】（2014年）诉讼时效期间与除斥期间是民法上两项权利行使的限制期间，下列关于二者区别的说法中，正确的是( )。

A. 诉讼时效期间届满则实体权利消灭，除斥期间届满则胜诉权消灭

B. 诉讼时效期间为不变期间，除斥期间为可变期间

C. 诉讼时效期间适用于请求权，除斥期间适用于形成权

D. 除斥期间适用中止、中断、延长，诉讼时效期间并不适用

解析 本题考核诉讼时效与除斥期间的区别。诉讼时效期间届满则"债务人永久抗辩权产生"，除斥期间届满则"实体权利"消灭。所以选项A错误。诉讼时效期间为"可变期间"，除斥期间为"不可变期间"。所以选项B错误。诉讼时效期间适用中止、中断、延长，除斥期间并不适用。所以选项D错误。

答案 C

【例题23·单选题】（2018年）甲公司、乙公司于5月1日签订1份买卖合同。6月1日，甲公司按约定交货。货物存在隐蔽瑕疵，乙公司当初并不知情。直至7月1日，乙公司才发现货物存在瑕疵，当即向甲公司去函，要求对该瑕疵予以补救并赔偿。甲公司于8月2日回函，拒绝了乙公司的要求。根据《民法典》规定，本案乙公司赔偿请求权的诉讼时效期间的起算时间为( )。

A. 5月1日　　B. 6月1日
C. 7月1日　　D. 8月1日

解析 本题考核诉讼时效的起算。诉讼时效期间自权利人知道或者应当知道权利受到损害以及义务人之日起计算。7月1日，乙公司发现货物存在瑕疵，此时是权利人知道

权利受到侵害,也知道义务人,开始计算诉讼时效期间。

答案 ▶ C

【**例题 24 · 多选题**】(2019 年)下列有关诉讼时效中断认定的说法中,正确的有( )。

A. 若乙欠甲 8 万元,丙欠乙 10 万元,甲对丙提起代位权诉讼,则甲的行为导致乙对丙的债权诉讼时效中断

B. 若甲、乙因共同侵权而需连带赔偿受害人丙 10 万元,丙要求甲承担 8 万元,则丙的行为导致丙对甲和乙的债权诉讼时效均中断

C. 若甲欠乙 10 万元货款到期未还,乙要求甲先清偿 8 万元,则乙的行为仅导致乙对甲的 8 万元债权诉讼时效中断

D. 若乙欠甲 10 万元借款到期未还,后因资金紧张向甲请求延期 3 个月还款,则甲对乙的 10 万元债权诉讼时效因乙的延期请求而中断

E. 若乙欠甲 10 万元,甲将该债权转让给丙,则自甲、丙签订债权转让协议之日起,甲对乙的 10 万元债权诉讼时效中断

解析 ▶ 本题考核诉讼时效中断。债权人提起代位权诉讼的,应当认定对债权人的债权和债务人的债权均发生诉讼时效中断的效力。所以选项 A 正确。对于连带债务人中的一人发生诉讼时效中断效力的事由,应当认定对其他连带债务人也发生诉讼时效中断的效力。所以选项 B 正确。权利人对同一债权中的部分债权主张权利,诉讼时效中断的效力及于剩余债权,但权利人明确表示放弃剩余债权的情形除外。所以选项 C 错误。义务人请求延期履行,属于义务人同意履行义务,导致诉讼时效中断。所以选项 D 正确。债权转让的,应当认定诉讼时效从债权转让通知到达债务人之日起中断。所以选项 E 错误。

答案 ▶ ABD

同步训练 限时35分钟

扫我做试题

一、单项选择题

1. 我国民法调整的范围是( )。
   A. 管理人与被管理人之间的人事关系
   B. 国家与纳税人之间的税收关系
   C. 平等主体之间的财产关系和人身关系
   D. 单位与职工之间的管理关系

2. 甲在乙商场购买一个标明"原装进口"的智能手机配件,拿到专业维修店检测,结果确定所买配件为国产。甲多次与乙商场交涉未果,遂诉至法院,请求法院撤销该手机配件买卖合同。根据《民法典》规定,甲的撤销权的行使期间是( )。
   A. 2 年   B. 3 年
   C. 1 年   D. 4 年

3. 下列民事法律事实中属于法律行为的是( )。
   A. 乙中途遇到晕倒的陌生人,为其垫付医药费
   B. 丙因债务纠纷将戊打伤
   C. 甲将购物卡八折卖给同事
   D. 丁在海边游玩时捡拾的贝壳

4. 甲、乙之间的下列合同属于有效合同的是( )。
   A. 甲、乙兄弟在父母健在时,签订了一份分割父母房产的协议
   B. 甲将其宅基地抵押给同村外嫁他村的乙用于借款
   C. 甲将房屋卖给精神病人乙,合同履行后房价上涨
   D. 甲驾车将流浪精神病人撞死,因查找不到死者亲属,乙民政部门代其与甲达成赔偿协议

5. 我国《民法典》规定了承担民事责任的方式,其中不包括( )。
   A. 赔礼道歉
   B. 消除危险
   C. 吊销营业执照
   D. 继续履行

6. 下列关于自然人的说法正确的是( )。
   A. 自然人具有同样的民事行为能力
   B. 胎儿享有民事权利能力和民事行为能力
   C. 不能完全辨认自己行为的精神病人可以独立实施纯获利益的民事法律行为
   D. 民事权利能力可以抛弃

7. 关于宣告死亡,下列选项正确的是( )。
   A. 宣告死亡的申请人有顺序先后的限制
   B. 有民事行为能力人在被宣告死亡期间实施的民事行为有效
   C. 被宣告死亡的人与其配偶的婚姻关系因死亡宣告的撤销而自行恢复
   D. 被撤销死亡宣告的人有权请求依《民法典》取得其财产者返还原物或给予适当补偿

8. 下列民事主体中,属于特别法人的是( )。
   A. 村民委员会
   B. 有限合伙企业
   C. 特殊的普通合伙企业
   D. 个人独资企业

9. 下列不属于非法人组织的是( )。
   A. 个人独资企业
   B. 合伙企业
   C. 不具有法人资格的专业服务机构
   D. 有限责任公司

10. 甲在乙经营的酒店进餐时饮酒过度,离去时拒付餐费,乙不知甲的身份和去向。甲酒醒后回酒店欲取回遗忘的外衣,乙以甲未付餐费为由拒绝交还。乙的行为( )。
    A. 是行使同时履行抗辩权
    B. 是行使不安抗辩权
    C. 是自助行为
    D. 是侵权行为

11. 下列关于代理制度的说法中,正确的是( )。
    A. 法人或者非法人组织对执行其工作任务的人员职权范围的限制,可以对抗善意相对人
    B. 无权代理中,行为人实施的行为被追认前,相对人有撤销的权利
    C. 相对人知道或者应当知道行为人无权代理的,相对人和行为人承担连带责任
    D. 法定代理是指依法律直接规定而产生的代理

12. 委托代理在发生以下( )情形时,代理不会终止。
    A. 代理人丧失民事行为能力
    B. 被代理人取得或者恢复完全民事行为能力
    C. 代理期限届满
    D. 作为被代理人或者代理人的法人终止

13. 根据民法基本理论,下列关于民事权利能力的表述中错误的是( )。
    A. 法人与自然人的民事权利能力不同
    B. 被监护人不具有民事权利能力
    C. 法人的民事权利能力和民事行为能力始于法人成立、终于法人消灭
    D. 法人能够独立享有民事权利能力和行为能力

14. A与B签订了一份租房协议。协议规定,如果A父死亡,则A将房租与B居住。这一民事法律行为( )。
    A. 既未成立,也未生效
    B. 是附始期的民事法律行为
    C. 是附终期的民事法律行为
    D. 是附条件的民事法律行为

15. 在行为人进行的下列行为中,不属于行使形成权的行为是( )。
    A. 被代理人对越权代理的追认
    B. 监护人对限制行为能力人纯获利益的行为进行追认
    C. 受遗赠人于知道受遗赠的一定期限内作出接受遗赠的意思表示
    D. 承租人擅自转租,出租人作出解除合

同的意思表示

16. 下列行为中，属于民事法律行为的是( )。
    A. 老陈因纳税与税务机关之间达成协议的行为
    B. 香客徐某赴寺庙进香的行为
    C. 郭某殴打赵某致其轻微伤的行为
    D. 李某赠与王某名牌手表一块

17. 下列属于有效民事法律行为的是( )。
    A. 甲送给8周岁的侄子一个名牌书包
    B. 乙因重大误解与别人签订的合同
    C. 14周岁的丙用压岁钱买了一个平板电脑
    D. 丁受到欺诈而购买了一幅古画

18. 甲被法院宣告失踪，其妻乙被指定为甲的财产代管人。3个月后，乙将登记在自己名下的夫妻共有房屋出售给丙，交付并办理了过户登记。在此过程中，乙向丙出示了甲被宣告失踪的判决书，并将房屋属于夫妻二人共有的事实告知丙。1年后，甲重新出现，并经法院撤销了失踪宣告。现甲要求丙返还房屋。对此，下列说法正确的是( )。
    A. 丙善意取得房屋所有权，甲无权请求返还
    B. 丙不能善意取得房屋所有权，甲有权请求返还
    C. 乙出售夫妻共有房屋构成家事代理，丙继受取得房屋所有权
    D. 乙出售夫妻共有房屋属于有权处分，丙继受取得房屋所有权

19. 于某委托白某到华清市处理一批时鲜果品，白某来到华清市后水土不服得重病住院，适逢盛夏，若不及时处理，该果品必将腐烂，而此时白某又无法联系到于某。无奈之下，白某委托好友林某代为处理果品售卖事宜。事后，于某认为售价过低，表示异议，拒不接受售卖款项。下列关于本案的说法中，正确的是( )。
    A. 林某是白某的再代理人
    B. 白某将于某委托事项转委托给林某，未经于某的同意，属于无效行为
    C. 林某售卖果品的行为是合法的，于某应当接受款项
    D. 白某将售卖事项转托林某时，是以于某的名义进行的

20. 根据诉讼时效法律制度的规定，下列关于诉讼时效制度适用的表述中，不正确的是( )。
    A. 诉讼时效期间届满后，义务人已自愿履行的，不得请求返还
    B. 人民法院不得主动适用诉讼时效的规定
    C. 诉讼时效的期间、计算方法以及中止、中断的事由均由法律明确规定，当事人约定无效
    D. 同一债务分期履行的诉讼时效期间从首期履行期限届满之日起计算

二、多项选择题

1. 下列关于民事权利的说法正确的有( )。
    A. 债权请求权属于相对权，不具有排他性
    B. 形成权适用除斥期间的规定
    C. 甲要求乙归还5 000元借款，乙声称根本没有借钱予以拒绝，乙在行使抗辩权
    D. 甲、乙互负到期债务(同一种类)，甲向乙主张抵销的权利，甲在行使请求权
    E. 人格权是一种绝对权，不存在对应义务

2. 下列说法中属于非表意行为的有( )。
    A. 甲没有在合同约定的时间内将货物交付给买方
    B. 甲用普通茶叶冒充特级茶叶与乙签订买卖合同
    C. 甲与乙发生争执，将乙打伤
    D. 甲通过邮件向乙订购某种货物
    E. 甲病重，订立遗嘱处分自己的财产

3. 根据诉讼时效法律制度的规定，下列关于诉讼时效制度适用的表述中，不正确的有( )。
    A. 无民事行为能力人或限制民事行为能

力人对其法定代理人的请求权的诉讼时效期间，自该法定代理终止之日起计算

B. 未成年人遭受性侵害的损害赔偿诉讼时效，自受害人年满16周岁之日起计算

C. 诉讼时效的期间、计算方法以及中止、中断的事由均由法律明确规定，当事人约定无效

D. 同一债务分期履行的诉讼时效期间从首期履行期限届满之日起计算

E. 人民法院不得主动适用诉讼时效的规定

4. 下列关于期间计算的说法中，不正确的有（ ）。

A. 按照年、月计算期间的，到期月的对应日为期间的最后一日；没有对应日的，月末日为期间的最后一日

B. 民法所称的"届满"不包括本数

C. 按照年、月计算期间的，从开始的当日计算

D. 按照小时计算期间的，自法律规定或者当事人约定的时间开始计算

E. 民法所称的"超过"不包括本数

5. 下列关于意思表示生效的说法不正确的有（ ）。

A. 意思表示是民事法律行为的核心要素

B. 以对话方式作出的意思表示，相对人知道其内容时生效

C. 以公告方式作出的意思表示，公告期满后生效

D. 行为人不可以默示作出意思表示

E. 无相对人的意思表示，表示完成时生效。法律另有规定的，依照其规定

6. 下列民事法律事实中，属于双方法律行为的有（ ）。

A. 侵权行为　　B. 买卖合同

C. 遗赠　　　　D. 赠与合同

E. 无因管理

7. 根据民法理论，民事法律行为生效的实质要件有（ ）。

A. 行为人必须具有完全民事行为能力

B. 意思表示真实

C. 须采用书面形式作出

D. 不违反法律的强制性规定

E. 须有双方当事人互为对价的行为

8. 甲与乙签订了一份租房合同，协议规定：如果甲在三个月内与丙结婚，将租用乙的两居室。这一民事行为（ ）。

A. 是附条件的民事法律行为

B. 是附期限的民事法律行为

C. 已成立但未生效

D. 已成立并已生效

E. 既未成立也未生效

9. 下列关于诉讼时效的适用及期间起算点的说法中，正确的有（ ）。

A. 主债务诉讼时效期间届满，保证人不得行使主债务人的诉讼时效抗辩权

B. 支付抚养费请求权不适用诉讼时效

C. 债务人自愿履行债务后又以诉讼时效期间届满为由提出抗辩的，法院不予支持

D. 身体受到伤害要求赔偿的，适用普通诉讼时效

E. 分期履行的债务，诉讼时效期间从最后一期履行期限届满之日起计算

10. 某税务师事务所2015年2月3日为某公司提供涉税鉴证服务，应收报酬5万元。2016年1月17日为该公司查账时，发现该公司尚有余款3万元未付，当日即向该公司催收。该公司以资金周转困难为由请求延期，被税务师事务所拒绝。2018年2月18日，税务师事务所起诉该公司，请求判令该公司支付报酬。下列关于本案诉讼时效的表述中，正确的有（ ）。

A. 税务师事务所向公司催收报酬的行为导致诉讼时效的中断

B. 税务师事务所的起诉尚未超过诉讼时效

C. 本案的诉讼时效届期日为2018年1月16日

D. 该公司请求延期的行为属于诉讼时效的中止事由

E. 对该公司请求延期的行为,应当适用诉讼时效延长规则处理

同步训练答案及解析

一、单项选择题

1. C 【解析】本题考核民法的调整对象。民法调整平等主体的自然人、法人、非法人组织之间的财产关系和人身关系。

2. C 【解析】本题考核民事法律行为的撤销。《民法典》规定,有下列情形之一的,撤销权消灭:(1)当事人自知道或者应当知道撤销事由之日起1年内、重大误解的当事人自知道或者应当知道撤销事由之日起90日内没有行使撤销权;(2)当事人受胁迫,自胁迫行为终止之日起1年内没有行使撤销权;(3)当事人知道撤销事由后明确表示或者以自己的行为表明放弃撤销权。当事人自民事法律行为发生之日起5年内没有行使撤销权的,撤销权消灭。所以甲的撤销权行使期间是1年。

3. C 【解析】本题考核法律事实。(1)事实行为指无需表示内心意思即依法发生法律效果的行为。如作品创作行为、拾得遗失物、先占、无因管理、侵权行为等。选项A为无因管理,选项B为侵权行为,选项D为先占,均属于事实行为。(2)法律行为指以意思表示为核心要素,旨在按照意思表示的内容发生相应民法效果的表意行为。如订立合同、立遗嘱。甲将购物卡卖给同事的行为就属于合同行为;选项C正确。

4. D 【解析】本题考核合同的效力。在被继承人(父母)生前,其他人是无处分其财产的,该协议无效且违法;选项A错误。宅基地不得抵押。甲将宅基地使用权抵押的行为违反了法律的强制性规定,无效;选项B错误。精神病人可能是无行为能力人或限制行为能力人,其订立的房屋买卖合同无效或效力待定,并非有效合同;选项C错误。基于社会公共利益的考虑,认定此种情形,精神病人所在单位或住所地的居委会、村委会或者民政部门可作为其"监护人",代死者与甲达成的赔偿协议;选项D正确。

5. C 【解析】本题考核民事责任的承担方式。吊销营业执照属于行政责任方式,赔礼道歉、消除危险、继续履行属于承担民事责任的方式。

6. C 【解析】本题考核自然人。自然人分为完全民事行为能力人、限制民事行为能力人和无民事行为能力人三类。所以选项A错误。涉及遗产继承、接受赠与等胎儿利益保护的,胎儿视为具有民事权利能力(附条件的有限权利能力)。但是胎儿娩出时为死体的,其民事权利能力自始不存在。所以选项B错误。民事权利能力与自然人的人身不可分离,不可转让和抛弃。所以选项D错误。

7. D 【解析】本题考核宣告死亡。(1)利害关系人可以向人民法院申请宣告该自然人死亡,申请人是没有顺序限制的。所以选项A错误。(2)自然人被宣告死亡但是并未死亡的,不影响该自然人在被宣告死亡期间实施的民事法律行为的效力。但不是当然有效的,只有符合民事法律行为有效要件才是有效的。所以选项B错误。(3)死亡宣告被撤销的,婚姻关系自撤销死亡宣告之日起自行恢复,但是其配偶再婚或者向婚姻登记机关书面声明不愿意恢复的除外。所以选项C错误。(4)被撤销死亡宣告的人有权请求依照《民法典》取得其财产的民事主体返还财产。无法返还的,应当给予适当补偿。所以选项D正确。

8. A 【解析】本题考核特别法人。符合规定的机关法人、农村集体经济组织法人、城

镇农村的合作经济组织法人、基层群众性自治组织法人,为特别法人。

9. D 【解析】本题考核非法人组织。非法人组织是指不具有法人资格,但是能够依法以自己的名义从事民事活动的组织。包括个人独资企业、合伙企业、不具有法人资格的专业服务机构等。

10. C 【解析】本题考核私力救济。甲和乙互不认识,甲拒绝支付餐费的行为侵犯了乙的权利,乙若不进行自助救济,事后救济恐难实现,故在此紧急情况下,乙可以采取自助行为,属于自力救济,不构成侵权。

11. D 【解析】本题考核代理。法人或者非法人组织对执行其工作任务的人员职权范围的限制,不得对抗善意相对人。所以选项A错误。《民法典》规定,行为人实施的行为被追认前,"善意"相对人有撤销的权利。所以选项B错误。相对人知道或者应当知道行为人无权代理的,相对人和行为人按照各自的过错承担责任。所以选项C错误。

12. B 【解析】本题考核委托代理终止的原因。选项B为法定代理终止的情形。

13. B 【解析】本题考核民事权利能力。自然人具有平等的民事权利能力,被监护人、"植物人""未成年人"都具有民事权利能力。

14. B 【解析】本题考核法律行为的附款。双方约定,A父死亡,A将房租与B居住。A父死亡的事实是必然到来的,所以租赁行为是附期限的法律行为。该期限属于始期,附始期的民事法律行为已经成立,但未生效,其生效条件就是期限的到来。

15. B 【解析】本题考核形成权。形成权是指依单方行为使民事法律关系发生、变更或消灭的权利,如追认权、撤销权、抵销权等。选项B符合单方意思表示的特征,但因为限制民事行为能力人签订的纯获利益的合同是有效的,不必经法定代理人的追认,不属于形成权的行使。

16. D 【解析】本题考核民事法律行为。老陈因纳税与税务机关之间达成协议的行为属于行政行为,不属于民事法律行为。所以选项A错误。徐某赴寺庙进香的行为为无意思表示行为,不属于民事法律行为。所以选项B错误。郭某殴打赵某致其轻微伤的行为属于事实行为。所以选项C错误。

17. A 【解析】本题考核民事法律行为的效力。选项B、D为可撤销民事法律行为,选项C为效力待定的民事法律行为。

18. B 【解析】本题考核无权处分、善意取得。甲被法院宣告失踪后,其妻乙被指定为甲的财产代管人,代替甲管理属于甲的那部分财产,乙对甲的财产只有管理权,没有处分权。乙将甲、乙共有的房屋出售必须经甲同意,乙擅自出售共有房屋属于无权处分。乙在房屋出售过程中,向丙出示了甲被宣告失踪的判决书,并将房屋属于夫妻二人共有的事实告知丙。故丙对乙无权处分的事实明知,其不属于善意第三人,不能依善意取得制度取得房屋的所有权。因此,甲重新出现后,有权请求丙返还房屋。

19. C 【解析】本题考核再代理。林某属于某的再代理人。所以选项A错误。转委托代理未经被代理人同意或者追认的,代理人应当对转委托的第三人的行为承担责任,但是在紧急情况下代理人为了维护被代理人的利益需要转委托第三人代理的除外。本题中的情形属于紧急情况下,为了保护被代理人的利益而转托他人代理的情形,因此该转委托是有效的,所以选项B错误。再代理是由代理人以自己的名义选任的,所以选项D错误。

20. D 【解析】本题考核诉讼时效。同一债务分期履行的诉讼时效期间从最后一期履行期限届满之日起计算。所以选项 D 说法错误。

二、多项选择题

1. AB 【解析】本题考核民事权利。乙否认甲的请求权，属于一种否认权，不属于抗辩权。所以选项 C 错误。选项 D 属于行使法定抵销权的内容，是形成权。民事权利和民事义务是相互依存的，任何权利都存在相应的义务。所以选项 E 错误。

2. AC 【解析】本题考核非表意行为。选项 D 是发出要约的行为，选项 B 是可撤销的民事法律行为，选项 E 是单方法律行为。选项 A 是违约行为，选项 C 是侵权行为，属于非表意行为。

3. BD 【解析】本题考核诉讼时效的起算。（1）同一债务分期履行的诉讼时效期间从最后一期履行期限届满之日起计算；所以选项 D 说法错误。（2）未成年人遭受性侵害的损害赔偿诉讼时效：自受害人年满 18 周岁之日起计算，所以选项 B 说法错误。

4. BC 【解析】本题考核期间、期日。民法所称的"届满"包括本数。按照年、月计算期间的，开始的当日不计入，自下一日开始计算。

5. CD 【解析】本题考核意思表示。以公告方式作出的意思表示，公告发布时生效。所以选项 C 说法错误。行为人可以明示或者默示作出意思表示。所以选项 D 说法错误。

6. BD 【解析】本题考核法律行为。侵权行为、无因管理是事实行为，所以选项 A、E 错误。双方法律行为需要双方当事人意思表示达成一致，遗赠、遗嘱是单方法律行为。所以选项 C 错误，选项 B、D 正确。

7. BD 【解析】本题考核民事法律行为成立的实质要件。民事法律行为成立的实质要件包括：行为人具有相应的民事行为能力，意思表示真实，不违反法律、行政法规的强制性规定，不违背公序良俗。

8. AC 【解析】本题考核法律行为的附款。甲在三个月内与丙结婚是不确定的事实，所以双方所做约定是条件，并且是延缓条件，在双方约定的条件成就时才发生法律效力。

9. BCDE 【解析】本题考核诉讼时效的适用。主债务诉讼时效期间届满，保证人享有主债务人的诉讼时效抗辩权。所以选项 A 错误。支付抚养费、赡养费或者扶养费请求权，不适用诉讼时效。所以选项 B 正确。诉讼时效期间届满，当事人一方向对方当事人作出同意履行义务的意思表示或者自愿履行义务后，又以诉讼时效期间届满为由进行抗辩的，人民法院不予支持。所以选项 C 正确。身体受到伤害要求赔偿的，也适用普通诉讼时效。所以选项 D 正确。当事人约定同一债务分期履行的，诉讼时效期间从最后一期履行期限届满之日起计算。所以选项 E 正确。

10. AB 【解析】本题考核诉讼时效。（1）诉讼时效因提起诉讼，当事人一方提出要求或者同意履行义务而中断；"催收"属于"提出要求"，"请求延期"属于"同意履行"，均引起诉讼时效的中断。所以选项 A 正确，选项 D、E 错误。（2）没有特殊情况，适用 3 年普通诉讼时效。提起诉讼可导致诉讼时效中断，本案的诉讼时效从提出请求之日起中断，诉讼时效届满日为 2021 年 2 月 18 日。所以选项 B 正确，选项 C 错误。

本章知识串联

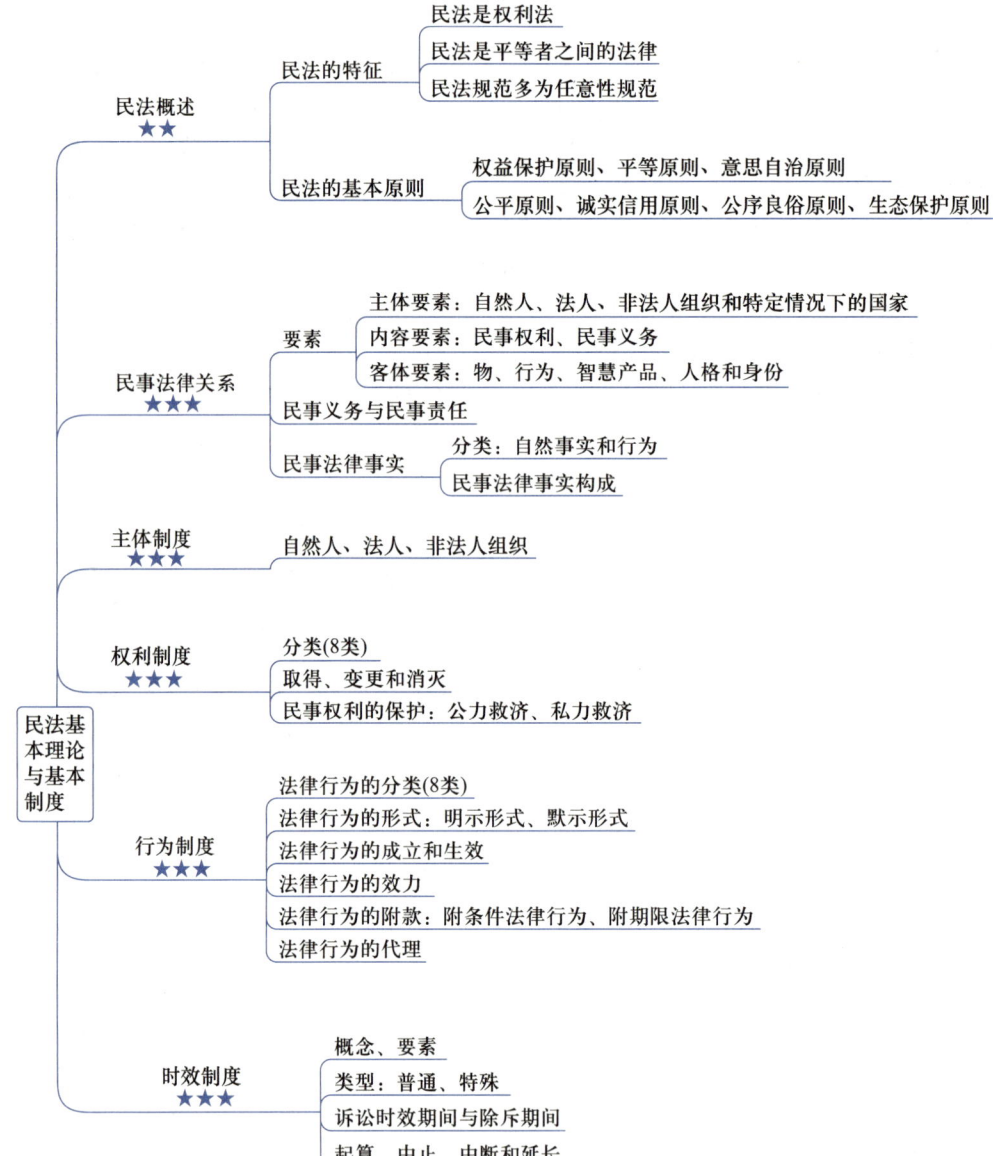

第8章 物权法律制度

考情解密

历年考情概况

本章近年分值呈上升趋势,预计2021年的分值为10分左右,综合分析题至少有一个大题出自本章。通过近几年的考题可以看出本章整体出题范围,主要涉及物权的变动、所有权的取得和消灭、善意取得、抵押权的设立及效力等。

本章考题难度较大,通常会以小案例的形式给出题目,要求考生灵活运用所学内容分析、判断,因此建议考生对于本章内容要结合生活中的"买房""买车"及抵押贷款等事例深入透彻的理解相关条文。

近年考点直击

考点	主要考查题型	考频指数	考查角度
物权的变动	单选题、综合分析题	★★★	(1)结合具体案例,同所有权、用益物权、担保物权相结合,判断物权变动的原因及公示方式;(2)结合具体案例,判断不动产登记的效力;(3)结合具体案例,判断观念交付中物权变动的时间
所有权	单选题、多选题	★★★	(1)给出具体案例,判断所有权的取得、消灭情形;(2)结合具体案例,判断是否构成善意取得及其产生的效果
用益物权	单选题、多选题	★★	(1)直接考核用益物权的特征;(2)直接考核地役权的特征
担保物权	单选题、多选题、综合分析题	★★★	(1)直接考核担保物权的特征;(2)结合具体案例,判断抵押权的设立和效力;(3)将抵押权、质权、留置权相结合,判断担保物权竞合的优先效力
占有	多选题	★	直接考核占有的分类

本章2021年考试主要变化

本章变动较大。

2021年教材根据《最高院关于适用〈民法典〉有关担保制度的解释》调整了基于法律规定的价款优先权的限制,正常经营买受人规则;根据《最高院关于适用〈民法典〉物权篇解释(一)》调整了预告登记内容;增加了浮动抵押、数种担保并存时的效力规则等内容。

考点详解及精选例题

一、物权法基本理论

扫我解疑难

(一)物的特征 ★

1. 物的法律特征：客观物质性；可支配性；可使用性；特定性；独立性；稀缺性。

『示例』行为(债权客体)、汽车尾气、太阳、月亮等都不是民法上的物。

2. 物是民事法律关系最普遍的客体。如所有权关系，直接以物为客体。

(二)物的分类 ★

1. 动产和不动产(见表8-1)

表8-1 动产和不动产

类型	示例	生效要件	诉讼管辖
动产	如电脑、手机、汽车	一般以实际交付为要件	管辖不受限制
不动产	如土地、房屋	登记为要件	纠纷由不动产所在地法院管辖

2. 流通物、限制流通物和禁止流通物(见表8-2)

表8-2 流通物、限制流通物和禁止流通物

类型	示例
流通物	允许自由流通的物，如衣服、电视机等
限制流通物	如黄金、白银、外币、麻醉药、毒品、运动枪支等
禁止流通物	如国家专有物资、土地、矿藏、水流、淫秽出版物

3. 特定物和种类物(见表8-3)

表8-3 特定物和种类物

项目	特定物	种类物
示例	××字画、房屋	同种粮食
合同	有些只能是特定物，如租赁合同、使用借贷合同	有些只能是种类物，如金钱借贷合同
所有权转移时间	物的交付或者法律规定或者当事人的约定	以物的交付时间
灭失后果	可免除实际交付原物，过错者承担损失	应交付同等种类物

4. 主物和从物

(1)判断标准：①同属一人；②独立存在；③主要和从属关系。

『示例』甲的杯子和乙的杯盖不是主从物；房子和门不是主从物；甲的电视机与甲的遥控器是主从物。

(2)在法律或合同没有相反规定时，主物所有权转移时，从物所有权也随之移转。

5. 可分物和不可分物

(1)共有物分割：可分物，采取实物分割方式；不可分物，只能采取变价分割或作价补偿的方式。

(2)债权债务：标的物为可分物的，为按份债权和按份债务；标的物为不可分物的，为连带债权和连带债务。

6. 原物和孳息物

(1)原物与孳息：孳息必须与原物分离，为独立物。

『示例』母牛肚子里的小牛不是孳息，只有母牛生出来的小牛才是孳息。

(2)天然孳息与法定孳息(见表8-4)。

表8-4 天然孳息与法定孳息

项目	示例	权利归属
天然孳息	母鸡下的蛋	由所有权人取得;既有所有权人又有用益物权人的,由用益物权人取得。当事人另有约定的,按照约定
法定孳息	租金、利息	有约定,按约定;没约定或约定不明确,按交易习惯(约定→习惯)

7. 消耗物(如食品)和不消耗物(如汽车)
8. 单一物、合成物和集合物

【知识点拨】明确单一物、合成物、集合物,在作为权利标的时,在法律观念上都是一个完整的物,且一物之上只有一个所有权。

『示例』单一物:一杯酒;合成物:鸡尾酒=烈酒+辅助材料;集合物:鸡尾酒,酒吧(房产)。

9. 定着物和附着物(见表8-5)

表8-5 定着物和附着物

类型	特征	示例	划分的法律意义
定着物	不是它所定着的物的一部分,也不是从物,而是独立的物	如房屋、地下管道	属于不动产
附着物	可以与所附着之物分离、但分离之后不能正常发挥其用途	如中央空调、挂橱等	有的是动产,有的是不动产

10. 特殊种类的物包括:货币与证券(见表8-6)

表8-6 货币与证券

种类	特征
货币	(1)货币的所有权与占有不能分离; (2)货币所有权的让与,是事实行为; (3)货币进行借贷时,借用人即时取得对货币的所有权
证券	(1)证券直接代表财产权利; (2)证券上权利的行使,离不开证券; (3)证券权利的转移,以证券的交付为要件; (4)证券的债务人是固定的,债权人则可因证券的转让而变更; (5)证券上的债务,是"无条件给付"券面载明的财产义务

(三)物权法的基本原则★★

1. **一物一权原则**(客体特定原则)

(1)一个标的物上只能存在一个所有权。

【知识点拨】只能有一个所有权,但所有权人可能是多个(如共有),物权也可能有多个。

(2)不允许有互不相容的两个以上的物权同时存在于同一标的物上。

【知识点拨】相容是可以的:同一物上既有所有权又有抵押权可以;同一物上既有所有权又有质押权可以;同一动产上既有抵押权又有质押权可以。

2. **物权法定原则**

物权的种类、内容均由法律规定,不得由当事人自由创设。

【知识点拨1】《民法典》未规定不动产质权,就不得自行创设。

【知识点拨2】法律规定动产质押必须移

转占有,当事人不得设立不转移占有的动产质押。

3. 公示、公信原则

(1)公示原则:不动产要登记,动产要交付占有。

(2)公信原则:物权的存在与变动因公示而取得法律上的可信赖性,即使公示的物权名义人不是真正的物权人,善意受让人基于对公示的信赖,仍能取得物权,善意受让人不负返还义务。

(四)物权的分类★

1. 自物权与他物权(见图8-1)

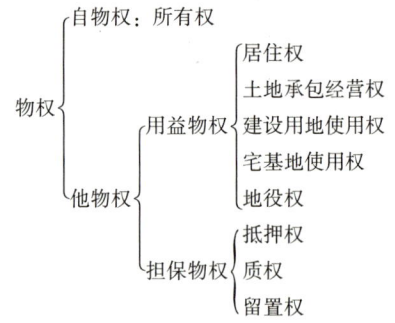

图8-1 自物权与他物权

2. 主物权与从物权(见表8-7)

表8-7 主物权与从物权

类型	范围	特征
主物权	所有权、建设用地使用权	独立存在
从物权	担保物权、地役权	主权利消灭时,从物权也随之消灭

3. 用益物权与担保物权(见表8-8)

表8-8 用益物权与担保物权

类型	示例
用益物权	如建设用地使用权、地役权、土地承包经营权、居住权
担保物权	如抵押权、质权、留置权

【例题1·单选题】(2016年)甲从商场购得一台电视机,发现缺少遥控器,于是向商场索要,商场称:"遥控器需另外购买"。双方因此产生纠纷。下列关于本案纠纷处理及商场行为性质的说法中,正确的是( )。

A. 商场的行为构成缔约过失

B. 商场应当在交付电视机的同时交付遥控器

C. 商场拒绝交付遥控器的行为合法,因为遥控器和电视机是两个不同的物

D. 本案中的合同关系属于选择之债,商场有选择交付标的物的权利

解析 本题考核主物与从物。电视机和遥控器属于主物和从物的关系,在法律无相反规定或合同无相反约定时,主物所有权转移时,从物所有权也随之转移,即对主物的处分及于从物。因此,商场在交付电视机的时候应当同时交付遥控器。 答案 B

【例题2·单选题】(2013年)不同种类的物有不同的法律特征。下列关于这些特征的说法中,正确的是( )。

A. 集合物上存在多个所有权

B. 合成物上存在多个所有权

C. 共有物之上集两个或者两个以上所有权为一体

D. 单一物独立成一体

解析 本题考核物的分类。单一物、合成物、集合物,在作为权利标的时,在法律观念上都是一个完整的物,且一物之上只有一个所有权。共有物之上只有一个所有权。 答案 D

【例题3·单选题】(2014年)下列用益物权中,属于从物权的是( )。

A. 建设用地使用权

B. 土地承包经营权
C. 地役权
D. 宅基地使用权

解析 本题考核物权的分类。从物权是指从属于其他权利,并为所从属的权利服务的物权。担保物权、地役权均属于从物权。

答案 C

【例题4·多选题】(2015年)不可以在同一物上并存的物权有( )。
A. 建设用地使用权
B. 所有权
C. 抵押权
D. 质权
E. 宅基地使用权

解析 本题考核物权法律制度的基本原则。一物一权,是指一个物上不允许有互不相容的两个以上的物权同时存在。一物一权是物权排他性的要求。如一物之上只能设立一个所有权。

答案 ABE

(五)物权的效力
1. 物权的支配力
2. 物权的妨害排除力
3. 物权的追及效力
4. 物权的优先力
(1)通常物权优先于债权
例外:①买卖不得击破租赁;②经预告登记的债权优先于物权。
(2)成立在先的物权通常优先于成立在后的物权
例外:①基于当事人意思的限制。用益物权或者担保物权优于在先存在的所有权。
②基于法律规定的价款优先权的限制。
③基于法律规定的法定担保物权优于约定担保物权的限制。

扫我解疑难

二、物权的变动

(一)物权变动的原因(见表8-9)★★

表8-9 物权变动的原因

类型	内容
法律行为	买卖、赠与、互易等。一般情况下,动产看交付;不动产看登记
法律行为之外的法律事实	(1)先占、无主物的取得、合法建造、拆除房屋等,事实行为成就时发生效力; (2)继承:继承开始时发生效力
公法上的原因	法律文书/征收:自法院或仲裁机构的法律文书或政府的征收决定生效时发生效力 【司法解释】上述"导致物权设立、变更、转让或者消灭的人民法院、仲裁机构的法律文书",包括:人民法院、仲裁机构在分割共有不动产或者动产等案件中作出并依法生效的改变原有物权关系的判决书、裁决书、调解书,以及人民法院在执行程序中作出的拍卖成交裁定书、变卖成交裁定书、以物抵债裁定书

【知识点拨】 非基于法律行为的物权变动,不以登记为生效要件,但事后处分时仍要登记。

(二)我国的物权变动立法★★
1. 一般规定
(1)不动产物权的变动,以"登记"为生效要件。
(2)动产物权的变动,以"交付"为生效要件。
2. 特殊规定

(1)当事人之间订立有关设立、变更、转让和消灭不动产物权的合同,除法律另有规定或者当事人另有约定外,自合同成立时生效;未办理物权登记的,不影响合同效力。

【知识点拨】财产法律行为有:债权行为与物权行为。

例如房屋买卖合同只是债权行为,并不足以导致房屋所有权转让。房屋所有权的转让依赖于出卖人向买受人为了履行买卖合同而转让所有权的行为(在债权行为的意义上称合同的履行行为，在转让物权的意义上则称物权行为)。

(2)特殊规定(见表8-10)

表8-10 特殊规定

情形	效力
国家所有的自然资源	所有权可以不登记
船舶、航空器和机动车	未经登记，不得对抗善意第三人
土地承包经营权	自土地承包经营权合同生效时设立
地役权	自地役权合同生效时设立

(三)不动产登记★★

1. 更正登记与异议登记(见表8-11)

表8-11 更正登记与异议登记

项目	内容
更正登记	前提：不动产登记簿记载的事项错误(包括权利主体、内容、客体错误)；权利人或利害关系人提出更正申请；"登记名义人"书面同意更正或申请人确有证据证明登记错误
	处理：符合条件的，登记机构予以更正
异议登记	前提：不动产登记簿记载的权利人不同意更正，利害关系人申请
	失效：申请人在异议登记之日起15日内不提起诉讼，异议登记失效。 【知识点拨】异议登记并不能阻碍权利人行使其对于不动产的处分权
	责任：异议登记不当，造成权利人损害的，权利人可以向申请人请求损害赔偿

2. 预告登记：预告登记后，未经预告登记的权利人同意，处分该不动产的，不发生"物权效力"。

【司法解释】未经预告登记的权利人同意，转让不动产所有权等物权，或者设立建设用地使用权、居住权、地役权、抵押权等其他物权的，应当依照《民法典》的规定，认定其不发生物权效力。

『提示』预告登记失效：预告登记后，债权消灭或者自能够进行不动产登记之日起90日内未申请登记的，预告登记失效。

【司法解释】认定为"债权消灭"的情形主要有：①预告登记的买卖不动产物权的协议被认定无效；②预告登记的买卖不动产物权的协议被撤销；③预告登记的权利人放弃债权。

(四)动产交付★★

1. 现实交付：出让人将其直接管理支配下的动产"现实地移转"给受让人。

【知识点拨】拟制交付：是以仓单、提单的交付来代替动产的现实交付。

2. 交付替代——观念交付

(1)简易交付

动产物权设立和转让前，权利人已经占有该动产的，物权自法律行为生效时发生效力。

【知识点拨】风险也于此时发生转移。

『示例』甲公司依据租赁合同交付给乙公司工程设备一套，乙公司使用后表示满意，向甲公司提出购买该套设备，甲公司表示同意，买卖合同订立时该套设备的所有权转移。此时交付方式属于简易交付。

(2)占有改定

占有改定，是指动产物权的让与人与受让人之间特别约定，标的物仍然由出让人继续占有，而受让人则取得对标的物的间接占有以代替标的物的实际交付。

『示例』甲在乙的画展上看中一幅画，并

提出购买,双方以5万元成交。甲同意待画展结束后,再将属于自己的画取走。此时交付方式属于占有改定。

(3)指示交付

在设立和转让动产物权时,如果动产尚为第三人所占有,则出让人可将其对第三人享有的返还请求权转让给受让人,以代替动产的现实交付。

『示例』甲企业将一套生产设备租给乙企业使用,租期未满,甲企业将该设备卖给了丙企业,并在买卖合同中约定将甲企业对乙企业享有的返还该设备的请求权转让给丙企业。此时交付方式属于指示交付。

『总结』三种观念交付(见表8-12)

表8-12 三种观念交付

方式	当事人	核心识别标志	物权转移时间
简易交付	两方	买方先借(租)后买	买卖合同生效时
指示交付	三方	购买前为第三人占有	转让返还原物请求协议生效时
占有改定	两方	卖方先卖后借(租)	借用(租赁)合同生效时

【例题5·单选题】(2019年)下列物权变动中,未经登记,不得对抗善意第三人的是( )。

A. 甲将其收藏的字画出售给乙
B. 甲将其新能源汽车赠与好友乙
C. 甲在其宅基地上建成一幢楼房
D. 甲将一套机器设备质押给乙用来作借款合同担保

解析 ▶ 本题考核物权变动。船舶、航空器和机动车等物权的设立、变更、转让和消灭,未经登记,不得对抗善意第三人。所以选项B正确。
答案 ▶ B

【例题6·单选题】(2018年)2017年5月10日,甲借用乙的自行车,双方约定借期1个月。5月19日,甲决定买下该自行车,于是发微信告知乙。5月20日,乙回复同意。5月25日,甲将自行车款通过微信支付给乙。根据《民法典》规定,甲取得该自行车所有权的时间是( )。

A. 5月10日 B. 5月19日
C. 5月20日 D. 5月25日

解析 ▶ 本题考核简易交付。动产所有权一般是交付转移。标的物在订立合同之前已为买受人占有的,合同生效的时间为交付时间。题目中5月20日双方意思表示达成一致,买卖合同成立且生效,此时视为交付,所有权转移。
答案 ▶ C

【例题7·单选题】(2016年)甲将自己电脑出租给乙使用,租赁期间,甲又将电脑卖给丙,并与丙约定于租期届满时由丙直接向乙请求返还电脑。甲与丙之间变动物权的交付方式属于( )。

A. 指示交付 B. 现实交付
C. 占有改定 D. 简易交付

解析 ▶ 本题考核动产交付。指示交付指的是动产物权设立和转让前,第三人(乙)占有该动产的,负有交付义务的人(甲)可以通过转让请求第三人返还原物的权利代替交付。
答案 ▶ A

三、所有权制度

扫我解疑难

(一)所有权的类型★

1. 国家所有权(见表8-13)

表8-13 国家所有权

类型	示例
专属于国家所有	矿藏、水流、海域;无居住海岛;城市的土地;无线电频谱资源;国防资产

续表

类型	示例
非专属于国家所有	森林、山岭、草原、荒地、滩涂；野生动植物资源；文物；基础设施；农村和城郊的土地等

2. 集体所有权：具有集体财产成员集体所有、集体事务集体管理、集体利益集体分享等特征。

3. 私人所有权：主体包括自然人、法人和非法人组织。

(二)所有权的取得★★★

1. 所有权的取得方式(见表8-14)

表8-14 所有权的取得方式

类型	含义	示例
原始取得	非依他人既存的权利取得，而是基于法律规定直接取得	先占、生产、收取孳息、添附、无主物和罚没物的法定归属、善意取得、没收等
继受取得	基于他人既存的权利而取得	如买卖、赠与、继承等

2. 不动产所有权的取得(见表8-15)

表8-15 不动产所有权的取得

(1)依法律行为而取得	双方法律行为	如基于买卖合同、赠与合同、互易合同而为的权利让与"交付"
	单方法律行为	如受遗赠
(2)依法律行为以外的事实而取得	①继承、建造、公用征收、没收等 ②善意取得。适用条件：受让人受让该不动产时是善意的；以合理的价格转让；转让的不动产依照法律规定应当登记的已经登记	

3. 动产所有权的取得：基本上同不动产，对于动产是需要完成交付而非登记才会完成所有权的转移。

(1)特殊情况(见表8-16)

表8-16 动产所有权取得的特殊情况

类型	权利归属
收取孳息(天然孳息)	一般由所有权人取得。既有所有权人又有用益物权人的，由用益物权人取得，当事人另有约定的，按照约定
不明的埋藏物、隐藏物、遗失物、漂流物	自发布招领公告之日起1年内无人认领的：归国家所有
无人继承遗产	无人继承又无人受遗赠：归国家用于公益事业；死者生前是集体所有制组织成员：归集体组织所有

(2)先占：以所有的意思，占有"无主动产"而取得其所有权的法律事实。

(3)添附(见表8-17)

表8-17 添附

类型	概念	示例
附合	不同所有人的物的结合形成新物；新物非毁损不能分离或分离于经济上不合理，从而发生所有权变动的法律事实	如房屋刷漆

续表

类型	概念	示例
混合	不同所有人的动产相互混杂或交融；混合而成的新物所有权的归属协商确定。协商不成的，新物由原物价值较大的一方取得所有权。若原物价值相当，则发生共有	如红酒加可乐
加工	加工物所有权的归属协商确定。协商不成的，所有权的归属依加工所生成的新物价值是否大于原物价值而定：大于者，由加工人取得；否则，由原物所有人取得	如木雕是木材的加工物

4. 不动产或动产善意取得的适用规则（见表8-18）

表8-18　不动产或动产善意取得的适用规则

项目	内容
善意认定	受让人受让不动产或者动产时，"不知道"转让人无处分权，且"无重大过失"的，应当认定受让人为善意
举证责任	真实权利人主张受让人不构成善意的，应当承担举证证明责任
知情认定	应当认定不动产受让人知道转让人无处分权情形： (1)登记簿上存在有效的异议登记； (2)预告登记有效期内，未经预告登记的权利人同意； (3)登记簿上已经记载司法机关或者行政机关依法裁定、决定查封或者以其他形式限制不动产权利的有关事项； (4)受让人知道登记簿上记载的权利主体错误； (5)受让人知道他人已经依法享有不动产物权
重大过失认定	(1)真实权利人有证据证明不动产受让人"应当知道"转让人无处分权的，应当认定受让人具有重大过失。 (2)受让人受让动产时，交易的对象、场所或者时机等不符合交易习惯的，应当认定受让人具有重大过失
善意的时间点	(1)简易交付：转让动产法律行为"生效时"为动产交付之时； (2)指示交付：转让人与受让人之间有关转让返还原物请求权的"协议生效时"为动产交付之时
交付就取得	船舶、航空器和机动车等特殊动产的善意取得
善意取得的排除适用	(1)转让合同被认定无效； (2)转让合同被撤销

(三)所有权的消灭(见表8-19) ★★★

表8-19　所有权的消灭

项目	内容
因法律行为而消灭	(1)所有权的抛弃；(2)所有权的出让，如赠与、买卖、互易等
因法律行为以外的事实而消灭	(1)作为所有权人的自然人死亡或法人终止； (2)标的物灭失； (3)判决、强制执行、罚款、没收、纳税等； (4)动产因添附于他人的不动产或动产，由他人取得动产所有权

(四)共有 ★

1. 共有特征

(1)共有的所有权,在形态上是一个所有权。只有同一个所有权由多数人享有,才成立共有。

(2)对所有权以外的其他物权的共有,构成准共有。如共同享有用益物权、担保物权的权利状态。

2. 共有的效力(见表8-20)

表8-20 共有的效力

类型	按份共有	共同共有
示例	3人合起来了买了辆车,各占1/3	以共同关系的存在为前提,如家庭关系、夫妻关系存续期间共有的财产
份额	依份额享有共有权	平等和不分份额地共同享有所有权
分割	对共有物有分割请求权	存续期间,共同共有人无分割请求权。【知识点拨】共有的基础丧失或有重大理由需要分割时,可以请求分割
优先权	同等条件下享有优先购买权	存续期间,共同共有人无优先购买权
担保	在其份额上设定担保物权	—
物上请求	受到妨害,各共有人可单独或共同行使物上请求权	
处分(重大修缮、变更性质或用途)	应经占份额2/3以上的按份共有人同意(约定除外)	应经全体共有人一致同意(约定除外)
债权债务	共有人一般对外享有连带债权、承担连带债务	
分割方式	实物分割、变价分割、作价分割	

3. 按份共有的特别规则(见表8-21)

表8-21 按份共有的特别规则

项目	内容
优先购买权的限制	共有份额的权利主体因"继承、遗赠等原因"发生变化时,其他按份共有人不得主张优先购买,但按份共有人之间另有约定的除外
优先购买权的行使期限	有约定按约定,没有约定或约定不明的: (1)转让人向其他按份共有人发出的包含同等条件内容的通知中载明行使期间的,以该期间为准; (2)通知中未载明行使期间,或者载明的期间短于通知送达之日起15日的,为15日; (3)转让人未通知的,为其他按份共有人知道或者应当知道最终确定的同等条件之日起15日; (4)转让人未通知,且无法确定其他按份共有人知道或者应当知道最终确定的同等条件的,为共有份额权属转移之日起6个月
不支持优先购买权的情形	(1)并非同等条件:未按期主张优先购买,或者虽主张优先购买,但提出减少转让价款、增加转让人负担等实质性变更要求; (2)并非主张购买:以其优先购买权受到侵害为由,仅请求撤销共有份额转让合同或者认定该合同无效
共有人之间转让	按份共有人之间转让共有份额,其他按份共有人不得主张优先购买;但按份共有人之间另有约定的除外
优先购买权的行使	两个以上按份共有人主张优先购买且协商不成时,请求按照转让时各自"份额比例"行使优先购买权的,应予支持

四、建筑物区分所有权

扫我解疑难

(一)建筑物区分所有权的概念和特征 ★

建筑物区分所有权是指由区分所有建筑物的专有部分所有权、共有部分的共有权以及对建筑物进行共同管理的成员权三者构成的特别所有权。法律特征见表8-22。

表8-22 建筑物区分所有权的特征

特征	含义
复合性	由三项权利构成的特别所有权
主导性	专有部分所有权的主导性:取得专有部分所有权就取得其他;专有部分所有权大小决定其他的大小;只登记专有部分所有权
一体性	权利变动,须一体变动
多重性	主体身份的多重性:集所有权人、共有人、成员三重身份
客体	客体是兼有独立用途部分和必要共同设施的建筑物

(二)内容 ★

1. 专有部分所有权(空间所有权):具有排他性且可独立使用的建筑物部分,并能登记成为特定业主所有权的客体。

2. 共有部分共有权:建筑区划内的道路,属于业主共有,但是属于城镇公共道路的除外。建筑区划内的绿地,属于业主共有,但是属于城镇公共绿地或者明示属于个人的除外。建筑区划内的其他公共场所、公用设施和物业服务用房,属于业主共有。占用业主共有的道路或者其他场地用于停放汽车的车位,属于业主共有。

【知识点拨】业主对建筑物内的住宅、经营性用房等专有部分享有所有权,对专有部分以外的共有部分享有共有和共同管理的权利。业主转让建筑物内的住宅、经营性用房,其对共有部分享有的共有和共同管理的权利一并转让。

3. 成员权——表决权(见表8-23)

表8-23 表决权

类型	具体规定
应当经参与表决专有部分面积过半数的业主且参与表决人数过半数的业主同意情形	①制定和修改业主大会议事规则; ②制定和修改管理规约; ③选举业主委员会或者更换业主委员会成员; ④选聘和解聘物业服务企业或者其他管理人; ⑤使用建筑物及其附属设施的维修资金
应当经参与表决专有部分面积3/4以上的业主且参与表决人数3/4以上的业主同意情形	⑥筹集建筑物及其附属设施的维修资金; ⑦改建、重建建筑物及其附属设施; ⑧改变共有部分的用途或者利用共有部分从事经营活动

【例题8·单选题】(2020年)下列物权取得方式中,属于继受取得的是( )。

A. 丁基于添附而取得添附物的所有权
B. 乙取得其从海中垂钓所得石斑鱼的所有权
C. 甲因建造而取得自建房屋所有权
D. 丙自土地承包经营权人处受让土地经营权

解析 本题考核物权的继受取得。原始取得,是指权利人不依赖他人既有的权利和意志,而是基于法律规定的特定法律事实而取得物权。如,基于添附而取得添附物的所有权,因先占而取得无主物的所有权,基于建造而取得不动产的所有权等。继受取得,是指基于他人既有的权利而取得物权。如,基于合同而设定用益物权或者担保物权。所以选项D正确。

答案 D

【例题9·单选题】(2020年)下列关于善意取得适用条件的说法中,不符合《民法典》规定的是( )。

A. 须受让财产是以合理价格有偿取得的
B. 须受让的财产限于动产
C. 须受让人受让财产时是善意的
D. 须出让人为无权处分人

解析 本题考核善意取得。不动产与动产均适用善意取得制度。所以选项B说法错误。

答案 B

【例题10·单选题】(2020年)甲乙合伙购买1辆卡车从事运输。双方约定,按2∶1的比例分成。某日,乙在为客户丙运送货物途中发生交通事故,造成丙货物损失30万元。根据《民法典》规定,对于该30万元的损失,丙可以向乙请求赔偿的最高数额为( )。

A. 10万元 B. 20万元
C. 30万元 D. 15万元

解析 本题考核按份共有。因共有的不动产或者动产产生的债权债务,在对外关系上,共有人享有连带债权、承担连带债务,但是法律另有规定或者第三人知道共有人不具有连带债权债务关系的除外;在共有人内部关系上,除共有人另有约定外,按份共有人按照份额享有债权、承担债务,共同共有人共同享有债权、承担债务。偿还债务超过自己应当承担份额的按份共有人,有权向其他共有人追偿。所以选项C正确。

答案 C

【例题11·单选题】(2016年)甲、乙、丙三人共有一套房屋,分别持1/3份额。为提高房屋的价值,甲主张将该房屋地面铺上实木地板,乙表示赞同,但丙反对。根据《民法典》及司法解释规定,下列关于本案是否可以铺实木地板的说法中,正确的是( )。

A. 未经全体共有人同意,甲、乙不得铺实木地板
B. 因甲、乙所占份额合计为2/3,故甲、乙可以铺实木地板
C. 甲、乙只能在自己的应有部分之上铺实木地板
D. 若甲、乙坚持铺实木地板,则须先分割共有房屋

解析 本题考核按份共有。处分共有的不动产或者动产以及对共有的不动产或动产作重大修缮的,应当经占份额2/3以上的按份共有人同意。本题中,甲、乙、丙为按份共有,他们分别持有1/3的份额,甲、乙同意,份额达到了2/3,因此可以将该房屋铺上实木地板(进行重大修缮)。

答案 B

【例题12·多选题】(2016年)独资企业经理王某办公用的一台电脑损坏,王某遂嘱咐秘书张某扔到垃圾站。张某想,与其扔了不如给儿子用,于是,张某便将电脑搬回家,经修理后,电脑可以正常使用,王某得知电脑能正常使用后,遂要求张某返还。下列关于本案中电脑所有权变动的说法中,正确的有( )。

A. 张某违反委托合同,不能取得电脑的所有权
B. 张某基于先占取得电脑的所有权
C. 王某有权请求返还电脑,但应当对张某予以补偿
D. 因抛弃行为尚未完成,王某可以撤回其意思表示收回对电脑的所有权
E. 王某因抛弃的意思表示而丧失电脑的所有权

解析 本题考核所有权的取得和消灭。"抛弃"所有权为单方法律行为,仅由行为人(王某)一方意思表示即可成立。王某作

出抛弃的意思表示时即丧失电脑的所有权，故选项 E 正确；张某基于"先占"取得无主动产"电脑"的所有权，王某无权请求张某返还，故选项 B 正确，选项 ACD 错误。

答案 ▶ BE

【例题 13·多选题】（2012 年）根据民法上的共有理论，关于共有的说法，正确的有（　　）。

A. 按份共有可以存在于不动产之上，不能存在于动产之上

B. 按份共有的共有人可在其份额上设定担保物权

C. 在共同共有关系存续期间，共有人可随时请求分割共有物

D. 共有是两个以上的人对同一个物拥有数个所有权，它是所有权排他性的一个例外

E. 共有是数人享有同一个所有权

解析 ▶ 本题考核共有。(1) 按份共有既可以存在于不动产之上，也可以存在于动产之上，选项 A 错误；(2) 在共同共有存续期间，共同共有人原则上无分割请求权，选项 C 错误；(3) 共有的所有权在形态上是一个所有权，选项 D 错误。

答案 ▶ BE

五、用益物权制度

扫我解疑难

（一）用益物权特征 ★★★

用益物权是指对他人所有的不动产或者动产，依法享有占有、使用、收益的权利。

【知识点拨】根据我国《民法典》的规定，将用益物权的客体扩展为不动产和动产。

1. 特征

(1) 限定物权：只有一定范围内的占有、使用、收益；

(2) 以使用收益为目的的限定物权；

(3) 以对物之占有为前提（地役权除外）；

(4) 独立的物权；

(5) 用益物权的客体包括不动产和动产。

2. 种类：土地承包经营权、建设用地使用权、宅基地使用权、居住权和地役权。

【知识点拨】还宣示性地规定了海域使用权、探矿权、采矿权、取水权和捕捞权等准物权。

（二）建设用地使用权 ★

建设用地使用权是指对国家所有的土地享有的占有、使用和收益的权利。

1. 建设用地使用权取得和内容（见表 8-24）

表 8-24　建设用地使用权取得和内容

项目	内容
取得方式	出让、划拨、转让、继承等方式。 【知识点拨 1】建设用地使用权自登记时设立。 【知识点拨 2】工业、商业、旅游、娱乐和商品住宅等经营性用地以及同一土地有两个以上意向用地者的，应当采取招标、拍卖等公开竞价的方式出让
取得形式	当事人应当采用书面形式订立相应的合同
期限	使用期限由当事人约定，但不得超过建设用地使用权的剩余期限
处分权	建设用地使用权转让、互换、出资或者赠与的，附着于该土地上的建筑物、构筑物及其附属设施一并处分

2. 建设用地使用权消灭

(1) 建设用地使用权期限届满未续期；

(2) 建设用地使用权的收回、抛弃、撤销、混同；

(3) 建设用地使用权的客体——土地灭失。

【知识点拨】建设用地使用权消灭的，应当及时办理注销登记，证书收回。

(三)宅基地使用权★

宅基地使用权：指农村集体经济组织成员依法享有的，在集体所有的土地上建造住宅及其附属设施的权利。具体内容见表8-25。

表8-25 宅基地使用权

项目	内容
主体	限于农村集体经济组织成员
客体	限于集体所有的土地
内容	①在宅基地上建造住宅且为保有住宅而长期使用宅基地的权利；②在宅基地空闲处修建其他建筑物及其附属设施的权利；③在宅基地空闲处从事种植获取收益的权利；④依法转让宅基地使用权的权利
期限	存续无期限限制
使用权	"一户一宅"原则，"无偿"取得，"失去"应当重新分配宅基地

(四)土地承包经营权★

土地承包经营权是指依承包合同，对农民集体所有或国家所有由农民集体使用的耕地、林地、草地以及其他用于农业的土地享有的，占有、使用和收益的权利。具体内容见表8-26。

表8-26 土地承包经营权

项目	内容
主体	限于从事农业生产的**集体组织或自然人**
客体	**农民集体所有或国家所有**由农民集体使用的耕地、林地、草地及其他用于农业的土地
设立	土地承包经营权自土地承包经营权合同生效时设立，权利存续设有具体期限。如耕地的承包期为30年，草地的承包期为30-50年，林地的承包期为30-70年
流转	(1)土地承包经营权人有权将土地承包经营权互换、转让 。但未经依法批准，不得将承包地用于非农建设。 (2)土地承包经营权人可以自主决定依法采取出租、入股或者其他方式向他人流转土地经营权。 (3)通过招标、拍卖、公开协商等方式承包农村土地，经依法登记取得权属证书的，可以依法采取出租、入股、抵押或者其他方式流转土地经营权； (4)流转期限为五年以上的土地经营权，自流转合同生效时设立。当事人可以向登记机构申请土地经营权登记；未经登记，不得对抗善意第三人

(五)居住权(见表8-27)

居住权：指按照合同约定，对他人的住宅及其附属设施享有的占有、使用的权利。

表8-27 居住权

项目	内容
主体	限于特定的自然人
客体	为他人所有的住宅
内容	是为满足生活居住需要而占有、使用他人住宅的权利

续表

法律特征	(1)居住权属于用益物权，旨在为满足生活居住需要而对他人住宅予以占有和使用。 (2)居住权具有期限性。 【知识点拨】居住权的期限可由当事人在居住权合同或者遗嘱中确定或者约定，若合同或者遗嘱未对居住权期限予以明确，则应推定居住权期限为居住权人的终身。 (3)居住权通常具有无偿性。居住权无偿设立，当事人另有约定的除外。 (4)居住权具有专属性。不能与权利人分离，居住权不得转让、继承。设立居住权的住宅不得出租，但是当事人另有约定的除外
取得和消灭	(1)设立居住权，当事人应当采用书面形式订立居住权合同，并应当向登记机构申请居住权登记。居住权自登记时设立。 (2)居住权期间届满或者居住权人死亡的，居住权消灭

(六)地役权 ★★★

地役权是指为自己不动产的便利而使用他人不动产的一种用益物权。提供便利的不动产称"供役地"，享受便利的不动产称"需役地"。

『示例』学校为方便学生乘坐地铁，与旁边的工厂约定，学校借工厂道路通行，每年1万元。学校就是需役地，工厂就是供役地。

1. 地役权与相邻关系的差异（见表8-28）

表8-28 地役权与相邻关系的差异

二者差异	相邻关系	地役权
产生方式	法定	约定
权利性质	自物权、不是独立的物权	用益物权、独立的物权
权利限制	最低限度内的法定必要限制或扩张	超越相邻关系限度的约定限制
对价与否	一般为无偿	一般为有偿
存续期限	无期限限制	通常有期限限制

【知识点拨】相邻权的类型包括土地的相邻权，如邻地通行权、邻地使用权；水流的相邻权，如相邻水流使用权、相邻水流排放权；建筑物的相邻权，如相邻通风、采光权，相邻通行权。

2. 地役权特征

(1)地役权是存在于他人不动产上的物权。

(2)地役权具有**从属性**：从属于需役地，不得与需役地分离而单独让与。

(3)地役权具有不可分性。

①在需役地被分割时，地役权为分割后的各部分的利益仍然存在；如果地役权的行使按其性质只关系到需役地的一部分的，则分割后地役权仅在该部分存在。

②在供役地被分割时，地役权就分割后的各部分仍然存在；如果地役权的行使按其性质只关系到供役地的一部分的，则分割后地役权仅在该部分有效。

(4)地役权是为需役地的便利而设定的物权。

(5)地役权的享有和行使通常以对不动产的占有为要件，但有例外。如眺望地役权。

3. 地役权的取得

(1)地役权可基于设立、让与、法律直接规定、继承等原因而取得。

(2)地役权的设立应以书面形式订立地役权合同，地役权自地役权合同生效时设立。

【例题14·单选题】（2020年）下列关于物权设立时间的说法中，符合《民法典》规定的是( )。

A. 居住权自居住权合同生效时设立

B. 建设用地使用权自建设用地使用出让合同生效时成立

C. 地役权自地役权合同生效时设立

D. 以正在建造的船舶、航空器抵押的，抵押权自完成抵押登记时设立

解析 ▶ 本题考核物权的设立。设立居住权的，应当向登记机构申请居住权登记。居住权自登记时设立。所以选项A错误。建设用地使用权自登记时设立。所以选项B错误。地役权自地役权合同生效时设立。所以选项C正确。以正在建造的船舶、航空器抵押的，抵押权自抵押合同生效时设立。所以选项D错误。

答案 ▶ C

【例题15·单选题】（2019年）下列有关用益物权的说法中，正确的是( )。

A. 用益物权是完全性物权

B. 用益物权属于对人权

C. 用益物权的客体包括不动产和动产

D. 用益物权属于价值权

解析 ▶ 本题考核用益物权的特征。用益物权是限定物权。所以选项A错误。物权属于对世权，债权属于对人权。所以选项B错误。《民法典》将用益物权的客体扩展为不动产和动产。所以选项C正确。用益物权是以使用收益为目的的限定物权，不是价值权。担保物权是价值权。所以选项D错误。

答案 ▶ C

扫我解疑难

六、担保物权制度

(一)担保物权的概念和特征 ★★★

担保物权是指以确保债务履行为目的，于债务人或者第三人的特定物上所设定的一种限定物权。包括抵押权、质权和留置权。

1. 目的：取得标的物的"交换价值"（不在于使用价值），因而属于价值权。

2. 特征（见表8-29）

表8-29 担保物权的特征

特征	含义
从属性、附随性	为确保债权实现而设立，随债权的存在而存在，随债权的转移而转移，随债权的消灭而消灭
不可分性	担保物的分割、部分灭失或者转让，被担保债权的分割或部分转让，均不影响担保物权
物上代位性	担保物灭失、毁损而有保险金、赔偿金或补偿金时，"三金"为担保物的代替物，担保物权人有权就"三金"行使权利

(二)担保物权的分类 ★★★

1. 法定担保物权和意定担保物权（见表8-30）

表8-30 法定担保物权和意定担保物权

类型	范围
意定担保	抵押权(动产、不动产抵押)和质权
法定担保	留置权

2. 优先性担保物权和占有性担保物权（见表8-31）

表8-31 优先性担保物权和占有性担保物权

类型	范围
优先性的担保	抵押权(动产、不动产抵押)
占有性的担保	质权和留置权

3. 动产(抵押、质押、留置)担保物权、不动产(抵押)担保物权与权利(质押)担保物权。

4. 登记(不动产)担保物权与非登记(动产)担保物权。

5. 固定财产担保物权与非固定财产担保物权(浮动抵押)。

七、抵押权

扫我解疑难

(一)抵押权的概念与特征 ★★★

抵押权是指债权人于债务人不履行到期债务或者发生当事人约定的实现抵押权的情形时,可以对债务人或者第三人提供的、不移转占有的担保财产进行变价处分并优先受偿的权利。

【知识点拨】抵押权特征:担保物权;意定;不转移占有;以对抵押物变价处分权和就卖得的价金优先受偿权为内容。

(二)抵押权的设定 ★★★

抵押人和抵押权人应当以书面形式订立抵押合同,抵押合同为法定的要式合同。

【知识点拨1】抵押合同的内容:①被担保债权的种类、数额。②债务人履行债务的期限。③抵押财产的名称、数量等情况。④担保的范围。

【知识点拨2】抵押合同中约定"绝押条款"的处理:抵押权人在债务履行期限届满前,与抵押人约定债务人不履行到期债务时抵押财产归债权人所有的,只能依法就抵押财产优先受偿。

(三)抵押财产的范围(见表8-32) ★★★

表8-32 抵押财产的范围

抵押的财产范围	禁止抵押财产
(1)建筑物和其他土地附着物。 (2)建设用地使用权。 (3)海域使用权。 (4)生产设备、原材料、半成品、产品。 (5)正在建造的建筑物、船舶、航空器。 (6)交通运输工具。 (7)法律、行政法规未禁止抵押的其他财产	(1)土地所有权。 (2)宅基地、自留地、自留山等集体所有的土地使用权。 【知识点拨】法律规定可以抵押的除外。 (3)学校、幼儿园、医疗机构等以公益为目的成立的非营利法人的教育设施、医疗卫生设施和其他公益设施。 (4)所有权、使用权不明或有争议的财产。 (5)依法被查封、扣押、监管的财产。 (6)法律、行政法规规定不得抵押的其他财产

(四)抵押登记(见表8-33) ★★★

表8-33 抵押登记

类型	范围	效力
不动产:登记生效	(1)建筑物和其他土地附着物; (2)建设用地使用权; (3)海域使用权; (4)正在建造的建筑物	(1)抵押权自登记之日起设立; (2)未办理登记,不影响抵押合同生效
动产:登记对抗	(1)生产设备、原材料、半成品、产品; (2)正在建造中的船舶、航空器; (3)交通运输工具	(1)抵押权自抵押合同生效时设立; (2)未经登记,不得对抗善意第三人; (3)动产抵押,不得对抗正常经营活动中已支付合理价款并取得抵押物的买受人

(五)抵押权的效力 ★★★

1. 范围:有约定按约定,没有约定包括"主债权及利息、违约金、损害赔偿金和实现抵押权的费用"。

2. 抵押权人的权利:变价处分权;优先受偿权;保全抵押财产价值权;抵押权的处分权。

3. 重复抵押时的清偿顺序

①已登记的,优于未登记的清偿:登记>未登记;

②均已登记的，按照登记时间的先后顺序清偿；

③未登记的，按债权比例清偿（不是按抵押合同订立的先后）。

4. 抵押权的物上代位效力：担保期间，担保财产毁损、灭失或者被征收等，担保物权人可以就获得的保险金、赔偿金或者补偿金等优先受偿。被担保债权的履行期限未届满的，也可以提存该保险金、赔偿金或者补偿金等。

5. 抵押权的追及效力：抵押期间，抵押人可以转让抵押财产。当事人另有约定的，按照其约定。抵押财产转让的，抵押权不受影响。抵押权追及效力的法律限制：

（1）善意取得制度：第三人善意取得抵押财产的，可以阻断抵押权的追及效力。

（2）抵押权未按法定方式公示：以动产抵押的，抵押权自抵押合同生效时设立；未经登记，不得对抗善意第三人。

（3）正常经营买受人规则：以动产抵押的，不得对抗正常经营活动中已经支付合理价款并取得抵押财产的买受人。

【司法解释】买受人在出卖人正常经营活动中通过支付合理对价取得已被设立担保物权的动产，担保物权人请求就该动产优先受偿的，人民法院不予支持，但是有下列情形之一的除外：①购买商品的数量明显超过一般买受人；②购买出卖人的生产设备；③订立买卖合同的目的在于担保出卖人或者第三人履行债务；④买受人与出卖人存在直接或者间接的控制关系；⑤买受人应当查询抵押登记而未查询的其他情形。

（六）抵押权的消灭 ★★★

1. 主债权消灭。

2. 抵押权实现。

3. 抵押物因不可归责于任何人的事由而灭失。

4. 抵押权人放弃抵押权。

（七）特殊抵押 ★★★

1. 最高额抵押：抵押物固定，债权不固定。

2. 浮动抵押

（1）抵押人限于企业、个体工商户、农业生产经营者；

（2）抵押财产限于生产设备、原材料、半成品、产品等动产；

（3）抵押财产不固定，可以是现有的也可以是将有的，在抵押权实现前一直处于不断增减变化的浮动状态，到抵押权实现时才固定下来；

（4）抵押期间，抵押人对抵押财产的使用、收益及处分不受抵押权的影响。

八、质权

扫我解疑难

（一）动产质权 ★★★

1. 质权：指债权人于债务人不履行债务时，得就债务人或第三人**移转占有**而供担保的特定动产（动产质权）或权利（权利质权）卖得的价金优先受偿的权利。

2. 生效：质权自出质人"交付"质押财产时设立。

3. 范围：有约定按约定，没约定包括"主债权及利息、违约金、损害赔偿金、质押财产的保管费用和实现质权的费用"。

4. 质权人的权利：①占有、留置质押财产；②优先受偿；③收取孳息；④转质，限于原质权的范围之内；⑤保全质权的权利；⑥物上代位权。

（二）权利质权（见表8-34）★★★

表8-34 权利质权

类型	效力
（1）汇票、本票、支票、债券、存款单；仓单、提单	**交付**生效；没有权利凭证，自办理出质**登记**时设立。法律另有规定除外

(2)知识产权(商标权、专利权、著作权)中的财产权	自办理出质登记时设立
(3)现有的以及将有的应收账款	自办理出质登记时设立
(4)基金份额、股权	自办理出质登记时设立

九、留置权

扫我解疑难

(一)留置权的概念和特征 ★★★

留置权是债权人按照合同的约定占有债务人的动产,当债务人逾期不履行与该动产有关的债务时,留置该动产的担保物权。

『总结』担保物权客体(见表8-35)

表8-35 担保物权客体

类型	客体
抵押权	不动产、动产
质押权	动产、权利
留置权	动产

1. 性质:法定担保物权
2. 条件

(1)须债权人依法占有债务人的动产为前提。

【知识点拨】该合同包括承揽合同、运输合同、保管合同、仓储合同、行纪合同等。

(2)债权的发生与留置财产属于同一法律关系,但企业之间留置的除外。

『示例』甲公司电脑坏了,送去乙维修公司修理,如果乙公司以甲公司上次的电脑维修费用未支付为由将甲公司这次维修的电脑留置,那么是可以的,乙公司具有留置权。如果是个人电脑坏了送去乙公司修理,那么乙公司是不能以上次未支付维修费用为由行使留置权的,因为不是基于同一法律关系。

(3)须债权已届清偿期而未获清偿。

(二)留置权的效力 ★★★

留置权人与债务人应当约定留置财产后的债务履行期间;没有约定或者约定不明确的,留置权人应当给债务人60日以上履行债务的期间,但是鲜活易腐等不易保管的动产除外。

十、数种担保并存时的效力规则

扫我解疑难

1. 意定担保物权并存时的效力规则

同一财产既设立抵押权又设立质权的,拍卖、变卖该财产所得的价款按照登记、交付的时间先后确定清偿顺序。

2. 意定担保物权和法定担保物权并存时的效力规则

同一动产上已经设立抵押权或者质权,该动产又被留置的,留置权人优先受偿。

3. 意定担保物权和保证担保并存时的效力规则

(1)有约定的:被担保的债权既有物的担保又有人的担保的,债务人不履行到期债务或者发生当事人约定的实现担保物权的情形,债权人应当按照约定实现债权。

(2)没有约定或约定不明的,见表8-36。

表8-36 没有约定或约定不明的

项目	具体规定
债务人自己提供物的担保的(有先后顺序)	债权人应当先就该物的担保实现债权,保证人在物保不足清偿时承担补充清偿责任
第三人提供物的担保的(没有先后顺序)	债权人可以就物的担保实现债权,也可以请求保证人承担保证责任。提供担保的第三人承担担保责任后有权向债务人追偿

4. 意定担保物权并存效力规则的例外规则

动产抵押担保的主债权是抵押物的价款，标的物交付后**10日内**办理抵押登记的，该抵押权人优先于抵押物买受人的其他担保物权人受偿，但是留置权人除外。

【司法解释】 担保人在设立动产浮动抵押并办理抵押登记后又购入或者以融资租赁方式承租新的动产，下列权利人为担保价款债权或者租金的实现而订立担保合同，并在该动产交付后10日内办理登记，主张其权利优先于在先设立的浮动抵押权的，人民法院应予支持：①在该动产上设立抵押权或者保留所有权的出卖人；②为价款支付提供融资而在该动产上设立抵押权的债权人；③以融资租赁方式出租该动产的出租人。同一动产上存在多个价款优先权的，人民法院应当按照登记的时间先后确定清偿顺序。

【例题16·单选题】（2019年）下列有关抵押权的说法中，正确的是( )。

A. 抵押权属于主物权
B. 抵押权具有物上代位性
C. 抵押权的客体限于不动产
D. 抵押权是以使用收益为目的的物权

解析 本题考核抵押权的概念与特征、抵押财产。担保物权属于从物权。所以选项A错误。抵押权的客体包括动产、不动产、不动产用益物权。所以选项C错误。担保物权以取得标的物的交换价值为目的，因而属于价值权。所以选项D错误。**答案** B

【例题17·单选题】（2016年）甲因急需用钱，以其价值15 000元的相机作抵押，分别向乙借款6 000元、向丙借款4 000元。甲与乙于1月8日签订了相机抵押合同，双方未办理抵押物登记；甲与丙于1月9日签订了相机抵押合同，双方亦未办理抵押物登记。后因甲无力偿还借款，乙、丙行使抵押权，依法拍卖甲的相机，拍卖所得款9 000元。下列关于乙、丙对相机拍卖所得款的分配方案中，正确的是( )。

A. 乙分得5 400元、丙分得3 600元
B. 乙分得6 000元、丙分得3 000元
C. 乙分得4 500元、丙分得4 500元
D. 乙分得5 000元、丙分得4 000元

解析 本题考核抵押权的实现。重复抵押，而抵押权均未登记时，按照债权比例受偿。乙可受偿 = 9 000 ×（6 000/10 000）= 5 400（元）；丙可受偿 = 9 000 ×（4 000/10 000）= 3 600（元）。**答案** A

【例题18·单选题】（2020年）根据《民法典》规定，下列财产权利中，设立权利质权需要办理出质登记的是( )。

A. 支票   B. 提单
C. 存款单   D. 基金份额

解析 本题考核权利出质。以汇票、本票、支票、债券、存款单、仓单、提单出质的，质权自权利凭证交付质权人时设立；没有权利凭证的，质权自办理出质登记时设立。法律另有规定的，依照其规定。所以选项ABC错误。以基金份额、股权出质的，质权自办理出质登记时设立。所以选项D正确。**答案** D

【例题19·单选题】（2020年）甲将其电动自行车借给乙使用，乙在使用时发生故障，遂将电动自行车交给丙修理中心修理。丙修理中心将电动自行车修好后，乙却以电动自行车非其所有为由拒付维修费。因乙在催告期内仍未支付维修费，丙修理中心遂变卖该电动自行车以实现其维修费债权。根据《民法典》规定，下列关于丙修理中心权利行使及行为效力的说法中，正确的是( )。

A. 丙修理中心可以对电动自行车行使留置权
B. 丙修理中心不能对电动自行车行使留置权，因乙对电动自行车无处分权
C. 丙修理中心变卖电动自行车的行为对甲构成侵权
D. 丙修理中心变卖电动自行车的行为效力待定

解析 本题考核留置权。债务人不履行

到期债务,债权人可以留置已经合法占有的债务人或第三人的动产,并有权就该动产优先受偿。

<u>答案</u> A

【例题 20·多选题】(2019 年)2019 年 5 月 3 日,甲、乙签订汽车买卖合同,约定甲以 20 万元的价格将其汽车卖给乙。5 月 8 日,甲向乙交付汽车,并与乙约定:乙于 6 月 6 日付清全部车款,甲于 6 月 8 日协助乙办理机动车过户登记。5 月 20 日,乙为筹措购车款而以该车质押向丙借款 10 万。双方签订了借款合同和质押合同,但事后乙并未将汽车交付给丙。根据《民法典》规定,下列有关汽车所有权归属和物权变动的说法中,正确的有( )。

A. 6 月 6 日,付清全部车款时,乙取得汽车所有权

B. 5 月 8 日,甲交付汽车时,乙取得汽车所有权

C. 5 月 3 日,汽车所有权归属于甲

D. 5 月 20 日,乙、丙间质押合同有效,但质权未设立

E. 6 月 8 日,办理完过户登记手续时,乙取得汽车所有权

<u>解析</u> 本题考核动产物权变动。动产物权的设立和转让,自交付时发生效力,但法律另有规定的除外。所以选项 B、C 正确,选项 A、E 错误。质权自出质人交付质押财产时设立。所以选项 D 正确。

<u>答案</u> BCD

【例题 21·多选题】(2020 年)下列不动产物权登记中,属于发生物权变动效力的登记有( )。

A. 甲将继承所得房屋登记到自己名下

B. 丁在自己承包地上为同村村民设立通行地役权并办理登记

C. 乙在其房屋上为再婚老伴设立居住权并办理登记

D. 戊以其建造中的房屋抵押向银行贷款并办理抵押登记

E. 丙将其继承的房屋卖给同事并办理过户登记

<u>解析</u> 本题考核物权的变动。因继承取得物权的,自继承开始时发生效力。之后进行处分物权变动的,需办理登记。不动产物权的设立、变更、转让和消灭,应当依照法律规定登记。所以选项 A 错误,选项 E 正确。地役权自地役权合同生效时设立。所以选项 B 错误。设立居住权的,应当向登记机构申请居住权登记。居住权自登记时设立。所以选项 C 正确。正在建造的建筑物抵押的,应当办理抵押登记。抵押权自登记时设立。所以选项 D 正确。

<u>答案</u> CDE

十一、占有制度

扫我解疑难

(一)占有的分类 ★★

占有是指人对物进行管领与控制的事实。占有作为一种事实予以保护。具体分类见表 8-37。

表 8-37 占有的分类

标准	分类	意义
有无占有权源	有权占有:合同占有	(1)有权占有人可拒绝他人为本权的行使,无权占有人有返还义务; (2)因侵权行为占有他人之物,不生留权发生的效果
	无权占有:遗失物的占有	
是否知其无占有的权源	善意占有	(1)善意取得须以善意受让为要件; (2)回复义务因善意占有与恶意占有而有所不同
	恶意占有	
是否具有所有的意思	自主占有:买受、窃取占有	先占及占有物毁灭灭失时占有人的赔偿责任范围等,均对自主占有和他主占有有不同的具体要求
	他主占有:借用、质押占有	

续表

标准	分类	意义
占有人在事实上是否直接占有	直接占有：质权人、保管人	(1)间接占有不能独立存在，直接占有可以独立存在； (2)对占有的保护，有时仅限于直接占有人； (3)使动产的交付能依占有改定而进行，便于物的交易
	间接占有：出质人、出租人	

(二)占有的保护效力(见表8-38)★★

表8-38 占有的保护效力

占有保护请求权	占有物返还请求权	原物返还请求权的除斥期间为"1年"，自侵占发生之日起算
	占有妨害排除请求权	占有人在其占有受到他人妨害时，有权请求除去妨害，如在他人占有房屋的门前堆放垃圾
	占有妨害防止请求权	占有人的占有可能遭受他人的妨害时，占有人有权请求他人采取一定的措施防止发生损害占有的后果
自力救济权	自力防御权	占有权被侵夺或妨害的，以己力进行防御的权利
	自力取回权	占有人可取回其物
损害赔偿请求权	使用收益的损害	如车位被侵占而无法停车
	支出费用的损害	如占有物被侵夺而毁损，所应支出的费用
	责任损害	如占有物被第三人侵夺而致毁损灭失应负损害赔偿责任
必要费用偿还请求权	善意占有人	有权请求必要费用的支出
	恶意占有人	未定论

【例题22·多选题】(2016年)甲、乙签订合同。甲承租乙的房屋。租期届满后，甲拒绝退出房屋。这种情形下，甲对该房屋的占有属于( )。

A. 无权占有 B. 恶意占有
C. 善意占有 D. 直接占有
E. 有权占有

解析 ▶ 本题考核占有的分类。有权占有，又称正权源占有，是指基于本权即基于法律上的原因而为的占有。无权占有，又称无权源占有，是指非基于本权或说是欠缺法律上原因的占有。善意占有，指占有人不知无占有的权源，而误信有正当权源且无怀疑地占有。恶意占有，指占有人明知无占有的权源，或对是否有权源虽怀疑而仍为占有。直接占有，指占有人事实上占有其物，即直接对物有事实上的管领力。如质权人、保管人对质物、保管物的占有。间接占有，指基于一定法律关系而对事实上占有其物之人有返还请求权的占有。如出质人、寄托人对质物、保管物的占有。本案中，甲明知租期已满仍继续占有，则甲的占有为无权占有、恶意占有、直接占有。所以选项A、B、D正确。

答案 ▶ ABD

【例题23·多选题】(2019年)丙向乙借款，并将其1辆电动三轮车出质给乙。在质押期间，为向丙借款，乙擅自将该三轮车出质给不知情的丙，丙欠丁借款到期，丁多次催讨未果。某日，丁趁丙不在家，将该三轮车偷偷骑走。之后向丙声称："如不还借款，就以三轮车抵债。"下列有关三轮车占有的性质及效力的说法中，符合《民法典》规定的有( )。

A. 丙可基于占有返还请求权请求丁返还三轮车

B. 丙可基于物权请求权请求丁返还三轮车

C. 乙因甲的出质而善意占有三轮车

D. 丁对三轮车的占有属于恶意占有

E. 丁基于对三轮车的占有而取得留置权

解析 本题考核占有。占有的不动产或者动产被侵占的，占有人有权请求返还原物。所以选项 A 正确。丙基于善意取得制度而取得对车的质权，因此丙可以基于物权请求权请求丁返还。所以选项 B 正确。乙是基于出质而有权占有，善意占有属于无权占有。所以选项 C 错误。丁是恶意偷走车，是无权占有中的恶意占有。所以选项 D 正确。留置权的前提是"合法占有债务人的动产"，丁未取得留置权。所以选项 E 错误。 **答案** ABD

【例题 24·综合题】（2018 年）2017 年 2 月 3 日，甲继承了一套座落于市中心的房屋。2017 年 4 月 8 日，甲因急需用钱，在尚未办理继承房屋产权登记的情况下，即与乙签订买卖合同，将该房屋卖给乙，并交给乙居住。2017 年 6 月 9 日，甲将继承的房屋登记于自己名下，2017 年 6 月 15 日，甲将该房屋卖给丙并办理了所有权移转登记。2017 年 7 月 20 日，丙受丁胁迫将房屋低价卖给丁并完成了房屋所有权移转登记。2017 年 8 月 22 日，丁又将该房屋加价转手卖给戊，并完成了房屋所有权移转登记（戊不知丁胁迫丙）。戊请求乙腾退房屋遭拒，由此引发纠纷。

1. 2017 年 2 月 3 日，甲对房屋的权利状态属于（　　）。

A. 已经原始取得房屋所有权

B. 所取得的房屋所有权不能对抗善意第三人

C. 已经继受取得房屋所有权

D. 所取得的房屋所有权可以对抗善意第三人

E. 尚未取得房屋所有权

解析 本题考核所有权的取得。继承属于继受取得。所以选项 A 错误，选项 C 正确。甲因继承而取得房屋，无需办理登记即可取得所有权，但未经登记不能对抗善意第三人。所以选项 B 正确，选项 DE 错误。 **答案** BC

2. 2017 年 4 月 8 日，乙对房屋的占有事实及权利状态属于（　　）。

A. 善意占有 B. 他主占有

C. 有权占有 D. 直接占有

E. 尚未取得房屋所有权

解析 本题考核占有的分类。乙是基于与甲的买卖合同而占有，是有权占有，不是无权占有中的善意占有。所以选项 A 错误，选项 C 正确。乙是以所有的意思占有，是自主占有，不是他主占有。所以选项 B 错误。房屋已经交付，乙直接占有该房屋，是直接占有。所以选项 D 正确。因为未办理登记，乙没有取得房屋的所有权。所以选项 E 正确。 **答案** CDE

3. 2017 年 6 月 9 日及以后，房屋所有权的变动情况有（　　）。

A. 2017 年 6 月 15 日，甲的房屋所有权绝对消灭

B. 2017 年 6 月 15 日，丙继受取得房屋所有权

C. 2017 年 6 月 9 日，甲取得所继承房屋的所有权

D. 2017 年 7 月 20 日，丁继受取得房屋所有权

E. 2017 年 8 月 22 日，戊有权请求乙返还房屋的占有

解析 本题考核不动产所有权的取得和消灭。所有权转让，属于物权的相对消灭，不是绝对消灭；所以选项 A 错误。6 月 15 日，甲将房屋过户登记给丙，丙基于合同行为取得所有权，这是继受取得，所以选项 B 正确。因继承取得物权的，自继承开始时发生效力；因此甲在 2 月 3 日就取得所有权，而不是 6 月 9 日才取得所有权；所以选项 C 错误。7 月 20 日，丁通过过户登记而取得所有权，所以选项 D 正确。戊享有所有权，可以要求乙返还房屋，所以选项 E 正确。 **答案** BDE

4. 丙受丁胁迫将房屋低价出售给丁，丙可以行使撤销权。根据《民法典》规定，丙行使撤销权应遵循的规则有（　　）。

A. 自丁的胁迫行为终止之日起 1 年内行

使撤销权

　　B. 自丁的胁迫行为开始之日起 3 个月内行使撤销权

　　C. 自丁的胁迫行为开始之日起 1 年内行使撤销权

　　D. 自丁的胁迫行为终止之日起 3 个月内行使撤销权

　　E. 自 2017 年 7 月 20 日起 5 年内行使撤销权

解析 本题考核可撤销的法律行为撤销权的行使时间。当事人受胁迫，自胁迫行为终止之日起 1 年内没有行使撤销权，撤销权消灭。所以选项 A 正确。当事人自民事法律行为发生之日起 5 年内没有行使撤销权的，撤销权消灭。所以选项 E 正确。 **答案** AE

同步训练 限时65分钟

扫我做试题

一、单项选择题

1. 蔡永父母在共同遗嘱中表示，二人共有的某处房产由蔡永继承。蔡永父母去世前，该房由蔡永之姐蔡花借用，借用期未明确。2018 年上半年，蔡永父母先后去世，蔡永一直未办理该房屋所有权变更登记，也未要求蔡花腾退。2021 年下半年，蔡永因结婚要求蔡花腾退，蔡花拒绝搬出。对此，下列选项正确的是（　　）。

　　A. 因未办理房屋所有权变更登记，蔡永无权要求蔡花搬出

　　B. 因诉讼时效期间届满，蔡永的房屋腾退请求不受法律保护

　　C. 蔡花系合法占有，蔡永无权要求其搬出

　　D. 蔡永对该房屋享有物权请求权

2. 甲公司开发写字楼一幢，于 2020 年 5 月 5 日将其中一层卖给乙公司，约定半年后交房，乙公司于 2020 年 5 月 6 日申请办理了预告登记。2020 年 6 月 2 日甲公司因资金周转困难，在乙公司不知情的情况下，以该层楼向银行抵押借款并登记。现因甲公司不能清偿欠款，银行要求实现抵押权。下列判断正确的是（　　）。

　　A. 抵押合同有效，抵押权设立

　　B. 抵押合同无效，但抵押权设立

　　C. 抵押合同有效，但抵押权不设立

　　D. 抵押合同无效，抵押权不设立

3. 中州公司依法取得某块土地建设用地使用权并办理报建审批手续后，开始了房屋建设并已经完成了外装修。对此，下列选项正确的是（　　）。

　　A. 中州公司因为享有建设用地使用权而取得了房屋所有权

　　B. 中州公司因为事实行为而取得了房屋所有权

　　C. 中州公司尚未进行房屋登记，因此未取得房屋所有权

　　D. 中州公司转让房屋的所有权也无需登记

4. 根据物权法律制度的规定，下列关于更正登记与异议登记的表述中，正确的是（　　）。

　　A. 提起更正登记之前，须先提起异议登记

　　B. 更正登记的申请人可以是权利人，也可以是利害关系人

　　C. 异议登记之日起 10 日内申请人不起诉的，异议登记失效

　　D. 异议登记不当造成权利人损害的，登记机关应承担损害赔偿责任

5. 绝大多数的民事法律关系都和物有着密切的联系。对此，关于物的分类，下列说法错误的是（　　）。

A. 动产和不动产的划分意义在于物权变动

B. 集合物是数个单一物和合成物集合而成，其拥有多个所有权

C. 民事主体违反有关限制流通、禁止流通物的有关规定的，行为无效

D. 特定物的转让可以以物的交付为所有权转移的标志

6. 鲁某通过招标方式取得了一块国有土地的建设用地使用权后，在该土地上修建了一座游乐园，并在该土地的地下建了地下停车场。鲁某取得的建设用地使用权属于(　　)。

　　A. 相对权　　　　B. 对世权
　　C. 形成权　　　　D. 请求权

7. 甲、乙是夫妻，共有一套房屋，所有权登记在甲的名下。后甲、乙因感情破裂向法院起诉离婚。2018年1月1日法院二审判决甲、乙离婚，判决房子归乙所有，但乙没有办理所有权变更登记。3月1日甲把该房子出卖给不知情的丙，并给丙办理了所有权过户登记手续。对此，下列说法正确的是(　　)。

　　A. 1月1日至3月1日，房屋的所有权人是甲
　　B. 1月1日至3月1日，房屋的所有权人是乙
　　C. 甲丙签订的房屋买卖合同无效
　　D. 丙没有取得房屋的所有权

8. 根据《民法典》及相关法律规定，下列选项中不属于能引起所有权消灭的原因是(　　)。

　　A. 朱某将自己所有的电视机转让给纪某
　　B. 王某将自己所有的一头牛抛弃
　　C. 张某购买的化妆品被消耗掉
　　D. 刘某将自己所有的房屋出租给马某

9. 红光、金辉、绿叶和彩虹公司分别出资50万元、20万元、20万元、10万元建造一栋楼房，约定建成后按投资比例使用，但对楼房管理和所有权归属未作约定。对此，下列说法中错误的是(　　)。

A. 该楼发生的管理费用应按投资比例承担

B. 红光、金辉、绿叶和彩虹公司对该楼所有权为按份共有

C. 红光公司投资占50%，有权决定该楼的重大修缮事宜

D. 彩虹公司对其享有的份额有权转让

10. 甲、乙共用小河的水灌溉农田，甲的承包地在乙的上游。为确保农田灌溉，甲在河中筑了一条水坝，截留了大部分河水。甲、乙为此发生冲突，对其纠纷的解决方案，下列说法不正确的是(　　)。

　　A. 乙可以请求甲拆除水坝
　　B. 乙可以请求甲赔偿损失
　　C. 甲侵犯了乙的相邻水流使用权
　　D. 甲侵犯了乙的地役权

11. 以依法应当办理抵押登记的财产设定抵押的，抵押权的生效时间为(　　)。

　　A. 交付抵押物之日
　　B. 登记之日
　　C. 合同签订之日
　　D. 当事人协商一致之日

12. 以汇票、本票、支票、债券、存款单、仓单、提单出质的，出质人和债权人应当订立质押合同，质权自(　　)起生效。

　　A. 权利凭证交付之日
　　B. 主管机关批准之日
　　C. 进行权利登记之日
　　D. 双方签字盖章

13. 物可分为原物和孳息物，下列选项中属于孳息物的是(　　)。

　　A. 鹿头上的鹿茸
　　B. 奶牛体内的牛奶
　　C. 苹果树上掉下的苹果
　　D. 电灯发出的灯光

14. 根据民法理论，下列导致所有权消灭的法律事实中，属于民事法律行为的是(　　)。

　　A. 抛弃所有权　　B. 自然人死亡
　　C. 纳税　　　　　D. 标的物灭失

15. 根据民法理论，担保物权的特征之一是( )。
    A. 担保物权的设立以物的利用为目的
    B. 担保物权具有不可分性，即可以不依附于债权而单独设立
    C. 担保物权具有物上代位性
    D. 担保物权是为确保物权的实现而设立

16. 根据民法原理，留置权的特征之一是( )。
    A. 留置权的标的物属于债务人的种类物
    B. 留置权是债的保全的特殊形态
    C. 留置权是约定的担保物权
    D. 留置权的标的物是债务人依法而交付于债权人占有的动产

17. 甲遗失一部相机，乙拾得后放在办公桌的抽屉内，并张贴了招领启事。丙盗走该相机，卖给了不知情的丁，丁出质于戊。根据《民法典》的规定，下列表述中，不正确的是( )。
    A. 乙对相机的占有属于无权占有
    B. 丙对相机的占有属于他主占有
    C. 丁对相机的占有属于自主占有
    D. 戊对相机的占有属于直接占有

18. 下列选项属于所有权的继受取得的是( )。
    A. 甲通过遗嘱继承其兄房屋一间
    B. 乙的3万元存款得利息1 000元
    C. 丙购来木材后制成椅子一把
    D. 丁拾得他人搬家时丢弃的旧电扇一台

19. 甲、乙、丙、丁按份共有一艘货船，份额分别为10%、20%、30%、40%。甲欲将其共有份额转让，戊愿意以50万元的价格购买，价款一次付清。关于甲的共有份额转让，下列说法正确的是( )。
    A. 甲向戊转让其共有份额，无须经乙、丙、丁同意
    B. 如乙、丙、丁均以同等条件主张优先购买权，则丁的主张应得到支持
    C. 如丙在法定期限内以50万元分期付款的方式要求购买该共有份额，应予支持

    D. 如甲改为向乙转让其共有份额，丙、丁在同等条件下享有优先购买权

20. 甲公司为生产经营需要向乙合伙企业借款300万元，由丙个人独资企业提供价值200万元的房屋作抵押，乙合伙企业、丙个人独资企业签订了房屋抵押合同，但未办理抵押登记。另外，甲公司又以一张汇票出质，与乙合伙企业签订了质押合同，甲公司将汇票交付给乙合伙企业，但未办理出质登记，根据《民法典》规定，下列关于本案合同效力和担保物权设立效力的说法中，正确的是( )。
    A. 质押合同无效
    B. 抵押合同无效
    C. 抵押权设立无效
    D. 质权设立无效

二、多项选择题

1. 物权法律制度中，能成为所有权客体的有( )。
   A. 土地
   B. 存储程序的光盘
   C. 云南白药
   D. 人身体内的血液
   E. 太阳

2. 根据法律规定，特定物转让( )。
   A. 可以物的交付作为所有权转移的标志
   B. 只能以占有移转的时间作为所有权转移的时间
   C. 可以按照法律的规定确定所有权转移的时间
   D. 可以按照当事人的约定确定所有权转移的时间
   E. 须以登记来确定所有权转移的时间

3. 下列各选项中，属于民法上孳息的有( )。
   A. 出租柜台所得租金
   B. 果树上已成熟的果实
   C. 动物腹中的胎儿
   D. 银行存款所得利息
   E. 母鸡腹中的蛋

4. 我国物权法律制度中规定的所有权有( )。
   A. 国家所有权   B. 集体所有权
   C. 个人所有权   D. 私人所有权
   E. 法人所有权
5. 属于所有权原始取得的方式包括( )。
   A. 动产的善意取得
   B. 接受继承
   C. 接受遗赠
   D. 先占
   E. 罚没物的法定归属
6. 下列关于不动产物权的说法中正确的有( )。
   A. 不动产纠纷由不动产所在地法院管辖
   B. 房屋的建造属于依法律行为以外的事实取得和继受取得
   C. 继承房产属于依法律行为以外的事实取得
   D. 不动产和动产同样适用善意取得
   E. 土地属于限制流通物
7. 王某、高某结婚多年，因王某沉迷于微信交友，双方协议离婚，王某同意家庭的主要财产由高某取得。离婚后不久，高某发现王某曾在婚姻存续期间私自购买了两处房产并登记在自己名下，于是起诉王某，要求法院再次分割房产，经审理法院判决高某分得房产。则高某取得房屋所有权的方式属于( )。
   A. 原始取得
   B. 继受取得
   C. 依法律行为取得
   D. 依法律行为以外的事实取得
   E. 善意取得
8. 根据《民法典》的规定，可以质押的权利包括( )。
   A. 汇票、支票、本票、债券
   B. 依法可以转让的股份、股票
   C. 依法可以转让的著作权中的人身权
   D. 建设用地使用权
   E. 存款单、仓单、提单

9. 根据规定，当事人以下列财产设定抵押，应当办理抵押物登记的有( )。
   A. 已竣工的厂房
   B. 正在建造的商品房
   C. 大型客机
   D. 正在建造的远洋货轮
   E. 建设用地使用权
10. 农民王某获得一块宅基地的使用权，遂在该宅基地上自建平房三间。关于该宅基地使用权和平房所有权的说法中，正确的有( )。
    A. 该宅基地使用权没有存续期限的限制
    B. 该宅基地使用权可以抵押
    C. 该宅基地使用权属于限定物权
    D. 该三间平房建成之日王某取得所有权
    E. 该三间平房登记之日王某取得所有权
11. 根据《民法典》及相关法律规定，下列关于担保法律制度的说法中正确的有( )。
    A. 保证人除依法负有担保债权实现的义务外，还享有属于主债务人的抗辩权
    B. 抵押权设立前抵押财产已出租并转移占有的，原租赁关系不受该抵押权的影响
    C. 在有保证人的情况下，债权人可以直接向保证人提出要求其履行债务
    D. 抵押期间抵押物转让的价款超过债权数额的部分归债务人所有
    E. 在同一物上同时存在抵押权和质权的，质权优先于抵押权获得清偿
12. 下列关于动产质权的表述中，正确的有( )。
    A. 出质人必须按照质押合同的约定，将质物转移给质权人占有
    B. 质权人在债务履行期届满前，与出质人约定债务人不履行到期债务时质押财产归债权人所有，发生所有权转移效力
    C. 质权人有占有、留置财产的权利
    D. 质权自出质人交付质押财产时设立
    E. 动产质权的当事人之间应以书面的形式订立质押合同

13. 业主的建筑物区分所有权的特征有( )。
    A. 它是集所有权、共有权和成员权三种权力于一身的权利
    B. 它是按份共有权
    C. 它属于用益物权
    D. 它的客体是兼有独立用途部分和必要共同设施的建筑物
    E. 它的权源是我国物权法律制度中所规定的占有制度

14. 根据《民法典》的规定,下列有关地役权的表述中正确的有( )。
    A. 地役权是自物权
    B. 设定地役权应当签订书面合同
    C. 地役权自地役权合同生效时设立
    D. 地役权属于用益物权
    E. 地役权是供役地所有人或者使用人享有的权利

15. 根据担保法理论,不移转担保物的占有,且其成立需要当事人约定的担保物权有( )。
    A. 动产抵押   B. 不动产抵押
    C. 动产质押   D. 权利质押
    E. 留置

16. 根据《民法典》规定,由业主共同决定事项,应当经参与表决专有部分面积过半数的业主且参与表决人数过半数的业主同意情形有( )。
    A. 制定和修改业主大会议事规则
    B. 筹集建筑物及其附属设施的维修资金
    C. 改建、重建建筑物及其附属设施
    D. 使用建筑物及其附属设施的维修资金
    E. 改变共有部分的用途或者利用共有部分从事经营活动

17. 根据《民法典》规定了居住权制度。下列有关居住权的表述中正确的有( )。
    A. 居住权是自物权
    B. 设定居住权应当签订书面合同
    C. 居住权自居住权合同生效时设立
    D. 居住权属于用益物权
    E. 居住权不能与权利人分离,居住权不得转让、继承

18. 张某与李某因房屋产权问题发生纠纷,产权登记在李某名下,但法院判决房屋归张某所有,判决生效后,张某因工作繁忙未能及时变更登记。之后李某以市价将房屋卖给不知情的刘某,并且办理了过户登记。刘某将房屋抵押给银行,尚未办理抵押登记。下列说法正确的有( )。
    A. 李某构成无权处分
    B. 李某为有权处分
    C. 刘某将房屋抵押给银行构成无权处分
    D. 刘某善意取得房屋的所有权
    E. 银行因未支付合理对价而不享有抵押权

三、综合分析题

(一)

甲公司为扩大生产经营规模而多方筹措资金,其中,以厂房作抵押向乙银行借款200万元,双方签订了书面抵押合同,并办理了抵押登记;以其2套机器设备(进口、国产各1套)作抵押向丙信用社借款100万,双方签订了书面抵押合同,但未进行抵押登记。甲公司还向生意伙伴个体老板丁借款30万,未提供任何担保。抵押期间,甲公司为临时资金周转之需将抵押给丙信用社的国产机器设备出售给戊公司,并完成交付,但未告知戊公司该机器设备已设立抵押的情况。

后来,甲公司因其产品滞销回款受阻而无力偿还上述三笔到期借款。于是,乙银行和丙信用社均主张实现抵押权。丁因多次催讨借款无果,强行开走甲公司的一辆奥迪轿车,以迫使甲公司偿还借款。乙银行和丙信用社在主张实现抵押权时发现:甲公司用来抵押的厂房和进口机器设备已被法院查封,原因是甲公司拖欠己公司货款被起诉,且不履行法院生效判决;甲公司的国产机器设备则已被其出售给戊公司。
请根据案情,回答下列问题:

1. 下列关于本案抵押合同效力及抵押权设立与否的说法中,符合法律规定的有( )。

A. 甲、丙抵押合同因未登记而无效
B. 乙银行对厂房的抵押权已经依法设立
C. 丙信用社对2套机器设备的抵押权已依法设立,但不能对抗善意第三人
D. 丙信用社对2套机器设备的抵押权未设立
E. 甲、乙抵押合同有效

2. 若法院拍卖所查封的厂房和进口机器设备,则甲公司的债权人乙银行、丙信用社、丁、己公司就拍卖所得价款主张的下列权利中,能获得法律支持的有( )。
A. 丁对全部拍卖所得价款主张优先受偿权
B. 丙信用社对进口机器设备拍卖所得价款主张优先受偿权
C. 乙银行对厂房拍卖所得价款主张优先受偿权
D. 己公司对全部拍卖所得价款主张受偿权
E. 乙银行对全部拍卖所得价款主张优先受偿权

3. 下列关于国产机器设备权利变动及行使的说法中,符合《民法典》规定的有( )。
A. 丙信用社因抵押合同的生效而取得对国产机器设备的抵押权
B. 戊公司善意取得国产机器设备所有权,因其不知设备已抵押
C. 戊公司有权阻止丙信用社对国产机器设备行使抵押权
D. 戊公司自甲公司交付国产机器设备时继受取得该设备所有权
E. 甲公司将国产机器出售并交付给戊公司,应通知丙信用社

4. 甲公司和丁对奥迪轿车权利行使的下列主张和做法中,能获得法律支持的有( )。
A. 甲与丁协商以奥迪轿车抵债
B. 甲基于占有返还请求权而请求丁返还奥迪轿车
C. 丁基于对奥迪轿车的占有而主张行使留置权

D. 丁基于对奥迪轿车的占有而主张行使质权
E. 甲基于对物权请求权而请求丁返还奥迪轿车

(二)

甲向乙购买价值25万元的汽车一辆。双方约定:甲先交付10万元,乙即将车交付甲,其余款项由甲分三次付清,乙保留汽车所有权至甲付清全部车款之时。收到甲交付的10万元购车款后,乙将车交付给甲,但未办理车辆过户登记。在甲付清全部车款前,乙又以30万元的价格将该车卖给了不知情的丙,双方办理了车辆过户登记,按约定由丙直接向甲请求返还该汽车,丙向乙付清30万元车款后即向甲请求交付,方知该汽车已被甲出质给不知情的债权人丁。因丁保管不当致汽车毁损,遂将汽车送至戊修理厂维修。因丁无力支付8万元维修费,汽车被戊扣留,丙向戊请求返还汽车遭拒,遂向法院提起诉讼。

1. 下列关于甲、乙之间买卖合同效力及类型的说法中,正确的有( )。
A. 甲、乙之间的买卖合同属于附条件买卖合同
B. 甲、乙之间的买卖合同属于附期限买卖合同
C. 甲、乙之间的买卖合同属于分期付款买卖合同
D. 甲、乙之间的买卖合同效力待定
E. 甲、乙之间的买卖合同有效

2. 下列关于本案物权变动的说法中,正确的有( )。
A. 丙善意取得汽车的所有权
B. 丁善意取得对汽车的质权
C. 甲付清余款前,该汽车所有权仍属于乙
D. 丙继受取得汽车的所有权
E. 乙向甲完成汽车交付时,甲即取得该汽车的所有权

3. 根据乙、丙的约定,该汽车所有权变动的

交付方式属于( )。
A. 简易交付　　B. 指示交付
C. 拟制交付　　D. 占有改定
E. 观念交付

4. 诉讼发生时，该汽车上存在的有效物权包括( )。

A. 丙对该汽车的所有权
B. 丁对该汽车的质权
C. 乙对该汽车的所有权
D. 戊对该汽车的留置权
E. 甲对该汽车的所有权

同步训练答案及解析

一、单项选择题

1. D　【解析】本题考核不动产所有权的取得。(1)因继承取得物权的，自继承开始时发生效力。据此可知，蔡永自继承开始时取得该房屋的所有权，对该房屋享有物权请求权，其有权要求蔡花搬出；选项AC错误，选项D正确。(2)蔡永的房屋腾退请求属于不动产的物上请求权，不受诉讼时效的限制；选项B错误。

2. C　【解析】本题考核预告登记。(1)预告登记后，未经预告登记的权利人同意，处分该不动产的，不发生物权效力。选项A错误，C正确。(2)当事人之间订立有关设立、变更、转让和消灭不动产物权的合同，除法律另有规定或者合同另有约定外，自合同成立时生效；未办理物权登记的，不影响合同效力；选项BD错误。

3. B　【解析】本题考核物权变动的原因。因合法建造、拆除房屋等事实行为设立或消灭物权的，自事实行为成就时发生效力，所以选项B正确，选项A、C错误；取得不动产物权之人再处分物权时，依照法律规定需要办理登记的，未经登记，不发生物权效力，所以选项D错误。

4. B　【解析】本题考核不动产登记。根据规定，权利人、利害关系人认为不动产登记簿记载的事项错误的，可以申请更正登记。所以选项B正确。不动产登记簿记载的权利人不同意更正的，利害关系人可以申请异议登记；因此一般是先更正登记，得不到实现的才异议登记。所以选项A错误。登记机构予以异议登记的，申请人在异议登记之日起15日内不起诉，异议登记失效。所以选项C错误。异议登记不当，造成权利人损害的，权利人可以向申请人请求损害赔偿。所以选项D错误。

5. B　【解析】本题考核物的分类。集合物是指多个的单一物或合成物集合在一起构成的聚合体，在交易和法律上当作一物对待的物的总称，其物上只拥有一个所有权。

6. B　【解析】本题考核物权的特征。物权具有如下法律特征：(1)物权是对物的支配权；(2)物权是排他性财产权；(3)物权是对世权；(4)物权是绝对权。

7. B　【解析】本题考核物权变动公示、公信原则。《民法典》规定，因人民法院、仲裁机构的法律文书或者人民政府的征收决定等，导致物权设立、变更、转让或者消灭的，自法律文书或者人民政府的征收决定等生效时发生效力。本题中，法院将房屋判归乙所有，因此，乙自判决书生效之日起享有该房屋的所有权。所以选项A错误，选项B正确。根据规定，无权处分的买卖合同原则上有效。所以选项C错误。丙因善意取得而取得该房屋的所有权，并且办理了所有权变更登记手续，所以丙取得房屋的所有权。所以选项D错误。

8. D　【解析】本题考核所有权消灭的原因。选项D将房屋出租，所有权并未消灭，只是使用权发生转移。

9. C　【解析】本题考核按份共有。对共有物的管理费用以及其他负担，有约定的，按照约定；没有约定或者约定不明确的，按份共有人按照其份额负担，共同共有人共同负担。所以选项A说法正确。共有人对共有的不动产或者动产没有约定为按份共有或者共同共有，或者约定不明确的，除共有人具有家庭关系等外，视为按份共有。所以选项B说法正确。按份共有人对共有的不动产或者动产作重大修缮、变更性质或者用途的，应当经占份额2/3以上的按份共有人同意，但共有人之间另有约定的除外。所以选项C说法错误。按份共有人对其享有的份额有处分自由。所以选项D说法正确。

10. D 【解析】本题考核相邻关系——相邻水流使用权。相邻各方在共同使用同一自然水流时，应当依其自然形成的流向，按照由远至近、由高到低的原则依次使用。任何一方为自身利益擅自改变流向或堵截水源，以致影响他方正常的生产、生活的，他方有请求排除妨碍、恢复原状和赔偿损失的权利。

11. B 【解析】本题考核抵押权的生效时间。

12. A 【解析】本题考核权利质权。

13. C 【解析】本题考核原物与孳息。选项A、B中的鹿茸和牛奶未与原物脱离；选项C属于天然孳息；选项D的灯光并非电灯产生的收益。

14. A 【解析】本题考核所有权的消灭、民事法律行为。民事法律行为是民事主体通过意思表示设立、变更、终止民事法律关系的行为。事实行为不以意思表示为必备要素，而是依照法律规定引起民事法律后果。选项BCD属于因法律行为以外的事实导致所有权消灭的情形。除选项A以外，所有权的出让（赠与、出卖、互易等）也属于因法律行为导致所有权消灭的情形。

15. C 【解析】本题考核担保物权的特征。担保物权的设立并不是以物的利用为目的，而是以确保债务履行为目的。所以

选项A错误。担保物权的从属性体现为其存在以债权的存在为前提。所以选项B错误。担保物权是为确保债权实现而设立的。所以选项D错误。

16. D 【解析】本题考核留置权。留置权的特征：（1）留置权属于担保物权，具有从属性、不可分性、物上代位性；（2）留置权以债务人的特定动产为客体；（3）留置权的产生以债权人依法而占有留置财产为前提；（4）留置权所担保的债权与留置财产属于同一法律关系，但企业之间留置的除外；（5）留置权是法定担保物权。

17. B 【解析】本题考核占有的分类。丙对相机的占有属于自主占有。

18. A 【解析】本题考核所有权的继受取得。所有权的取得分为原始取得和继受取得。所谓原始取得是指基于事实行为而不是民事法律行为（意思表示）的取得，例如对遗失物、漂流物等的拾得；继受取得是指由他人的转移（基于民事法律行为）而取得，包括继承和转让。本题中，选项A中甲基于遗嘱继承取得房屋，是继受取得，当选，选项BCD都是原始取得。

19. A 【解析】本题考核按份共有。（1）按份共有人可以转让其享有的共有的不动产或者动产份额。其他共有人在同等条件下享有优先购买的权利。据此可知，甲转让其共有份额时，无须经乙、丙、丁同意；选项A正确。（2）两个以上按份共有人主张优先购买且协商不成时，请求按照转让时各自份额比例行使优先购买权的，应予支持。据此可知，乙、丙、丁应按照转让时各自份额比例行使优先购买权；选项B错误。（3）民事法律规定所称的"同等条件"，应当综合共有份额的转让价格、价款履行方式及期限等因素确定。本案中，戊的付款方式是一次性付清，丙是分期付款，戊的付款条件优于丙，故丙的主张不能得到法院的支

持；选项C错误。(4)按份共有人之间转让共有份额，其他按份共有人主张优先购买的，不予支持，但按份共有人之间另有约定的除外。据此可知，若甲向乙转让其共有份额的，丙、丁不享有优先购买权；选项D说法错误。

20. C 【解析】本题考核合同效力和担保物权设立。抵押合同与质押合同，均是依法成立即生效。所以选项A、B错误。不动产抵押，抵押权是登记设立。所以选项C正确。以汇票、支票、本票、债券、存款单、仓单、提单出质的，当事人应当订立书面合同；质权自权利凭证交付质权人时设立；没有权利凭证的，质权自办理出质登记时设立。所以选项D错误。

二、多项选择题

1. ABC 【解析】本题考核物权法律制度上的物。人是权利主体，一般不能成为物权客体。太阳不具有可支配性与稀缺性的特点，因此不是民法中的物即也不能成为所有权的客体。

2. ACD 【解析】本题考核物的分类。特定物的转让，可以物的交付为所有权转移的标志，也可以按照法律规定或当事人的约定，确定所有权转移的时间。

3. AD 【解析】本题考核孳息。根据民法原理，孳息是指由某一特定物产生的收益，可分为天然孳息和法定孳息。一般孳息与原物相对应，因此可认为是两个独立的物，所以选项B、C、E错误。

4. ABD 【解析】本题考核所有权。所有权的类型：(1)国家所有权；(2)集体所有权；(3)私人所有权。

5. ADE 【解析】本题考核所有权原始取得的方式。选项B、C属于所有权继受取得的方式。

6. ACD 【解析】本题考核不动产物权。房屋的建造属于依法律行为以外的事实取得和原始取得。所以选项B错误。土地属于禁止流通物，而不是限制流通物。所以选项E错误。

7. AD 【解析】本题考核所有权的取得。高某依据法院的判决取得房屋所有权，属于原始取得和依法律行为以外的事实取得。

8. ABE 【解析】本题考核权利质押。(1)著作权中的"财产权"可以质押，人身权不得质押。所以选项C错误。(2)不动产物权不适用质押，适用抵押。所以选项D错误。

9. ABE 【解析】本题考核抵押权的设定。以建筑物和正在建造的建筑物、建设用地使用权设定抵押，应当办理抵押登记。交通运输工具和正在建造的船舶可以设定抵押，但属于自愿登记的范围，抵押权自抵押合同生效时设立。

10. ACD 【解析】本题考核宅基地使用权。宅基地使用权基于法律的直接规定无偿取得，且宅基地使用权的存续无期限限制，宅基地不得抵押。所以选项A正确，选项B错误。宅基地使用权属于用益物权，用益物权属于限定物权。所以选项C正确。房屋建造属于事实行为，建成之日即享有所有权，无须登记。所以选项D正确，选项E错误。

11. AB 【解析】本题考核抵押权的效力。在一般保证中，保证人享有先诉抗辩权，只有在债权人已经依法对主债务人的财产诉请执行后仍不能获得清偿时，才负清偿责任。所以选项C错误。抵押期间，抵押物转让的价款超过债权数额的部分归抵押人所有，不是归债务人所有。所以选项D错误。同一财产既设立抵押权又设立质权的，拍卖、变卖该财产所得的价款按照登记、交付的时间先后确定清偿顺序。所以选项E错误。

12. ACDE 【解析】本题考核动产质权。质权人在债务履行期限届满前，与出质人约定债务人不履行到期债务时质押财产归债权人所有的，只能依法就质押财优先受偿。

13. AD 【解析】本题考核建筑物区分所有权。

14. BCD 【解析】本题考核地役权。(1)地役权,是用益物权、他物权,是需役地所有人或使用人享有的权利。所以选项A、E错误,选项D正确。(2)根据《民法典》的规定,地役权自地役权合同生效时设立。当事人要求登记的,可以向登记机构申请地役权登记;未经登记,不得对抗善意第三人。所以选项C正确。

15. AB 【解析】本题考核担保物权的种类。质权,是指债权人于债务人不履行债务时,就债务人或第三人移转占有而提供担保的特定动产或权利卖得的价金优先受偿的权利。留置权,是指债权人按照合同的约定占有债务人的动产,当债务人逾期不履行与该动产有关的债务时,留置该动产的担保物权。

16. AD 【解析】本题考核建筑物区分所有权。由业主共同决定事项,其中应当经参与表决专有部分面积过半数的业主且参与表决人数过半数的业主同意情形包括:①制定和修改业主大会议事规则;②制定和修改管理规约;③选举业主委员会或者更换业主委员会成员;④选聘和解聘物业服务企业或者其他管理人;⑤使用建筑物及其附属设施的维修资金;应当经参与表决专有部分面积3/4以上的业主且参与表决人数3/4以上的业主同意情形包括:筹集建筑物及其附属设施的维修资金;改建、重建建筑物及其附属设施;改变共有部分的用途或者利用共有部分从事经营活动;选项AD当选。

17. BDE 【解析】本题考核居住权。(1)居住权是用益物权、他物权,是为满足生活居住需要而占有、使用他人住宅的权利;选项A错误,D正确。(2)设立居住权,当事人应当采用书面形式订立居住权合同,并应当向登记机构申请居住权登记。居住权自登记时设立;选项B正确;C错误。居住权具有专属性。不能与权利人分离,居住权不得转让、继承;选项E正确。

18. AD 【解析】本题考核无权处分与善意取得制度。无处分权人处分他人财产,构成无权处分。本题中,张某属于该房屋的真正权利人,李某将其卖给不知情的刘某,构成无权处分。当事人善意取得物权的,享有该物的所有权,因此,刘某可以因善意取得制度取得该房屋的所有权。

三、综合分析题

(一)

1. BCE 【解析】本题考核抵押权的设立。抵押人和抵押权人应当以书面形式订立抵押合同,甲、乙,甲、丙之间均订立书面抵押合同,抵押合同有效。所以选项A错误,选项E正确。不动产抵押权登记设立。所以选项B正确。动产抵押权自抵押合同生效时设立,未经登记不能对抗善意第三人。所以选项C正确,选项D错误。

2. BCD 【解析】本题考核抵押权的实现。丁不享有担保物权,没有优先受偿权;所以选项A错误。丙信用社已经取得抵押权。人民法院对被执行人所有的其他人享有抵押权、质押权或留置权的财产,可以采取查封、扣押措施。财产拍卖、变卖后所得价款,应当在抵押权人、质押权人或留置权人优先受偿后,其余额部分用于清偿申请执行人的债权。所以选项B、D正确。乙银行仅对房产有抵押权,对机器设备并没有抵押权。所以选项E错误。

3. ACDE 【解析】本题考核抵押权的设立、权利的取得。动产抵押权自抵押合同生效时设立,未经登记不能对抗善意第三人。所以选项AC正确。权利的继受取得,是指自前手权利人处承受而来的权利取得,戊公司通过买卖合同取得国产机器设备所有权,属于继受取得。所以选项D正确。

抵押期间，抵押人可以转让抵押财产。当事人另有约定的，按照其约定。抵押财产转让的，抵押权不受影响。抵押人转让抵押财产的，应当及时通知抵押权人。所以选项 B 错误，选项 E 正确。

4. ABE 【解析】本题考核占有的保护效力。留置权产生的条件之一是须债权人依法占有债务人的动产。丁是强制占有甲的奥迪车，并不是依法占有。丁无法取得留置权。所以选项 C 错误。甲和丁没有设定质权的合意，没有书面订立质权合同，丁无法取得质权。所以选项 D 错误。

（二）

1. CE 【解析】本题考核买卖合同的效力及类型。本案中，甲、乙约定：货款分期支付，乙保留汽车所有权至甲付清全部车款之时。此合同为所有权保留的分期付款买卖合同，该合同合法有效。

2. BCD 【解析】本题考核物权的变动。甲、乙签订的汽车买卖合同中约定了所有权保留条款，在甲付清全款之前，该汽车的所有权仍属于乙。后乙将汽车又卖给丙，属于有权处分，丙继受取得汽车的所有权，而非善意取得汽车的所有权。所有选项 A、E 错误，选项 C、D 正确。丁是善意第三人，可以善意取得质权。所以选项 B 正确。

3. BE 【解析】本题考核动产交付方式。《民法典》规定了现实交付、简易交付、占有改定和指示交付四种形态。其中，简易交付、占有改定和指示交付合称为观念交付。指示交付，是指在设立和转让动产物权时，如果动产尚为第三人所占有，则出让人可将其对第三人享有的返还请求权转让给受让人，以代替动产的现实交付。因此，乙、丙关于交付方式的约定属于指示交付、观念交付。

4. ABD 【解析】本题考核物权的变动。丙通过指示交付的方式取得了该汽车的所有权。所以选项 A 正确，选项 C、E 错误。丁对甲不享有汽车所有权的事实不知情，为善意第三人，其善意取得了汽车的质权。所以选项 B 正确。戊依据维修合同的约定依法占有汽车，丁无力支付维修费时，戊有权留置该汽车。所以选项 D 正确。

本章知识串联

- 物权法律制度
  - 物权法基本理论 ★★
    - 物权的客体—物
    - 物权的概念和特征 —— 特征：对物的支配权；排他性财产权；对世权；绝对权
    - 物权法的基本原则 —— 一物一权；物权法定；公示、公信
    - 物权的分类
    - 物权的效力 —— 支配力；优先力；妨害排除力；追及效力
    - 物权的变动
  - 所有权制度 ★★★
    - 所有权特征
    - 所有权的取得和消灭
      - 取得
        - 原始取得：善意取得，添附，先占等
        - 继受取得：买卖、互易、赠与、遗赠等
        - 基于法律行为的取得：买卖、互易、赠与等
        - 非基于法律行为的取得：善意取得，添附等
      - 消灭
        - 因法律行为而消灭：抛弃和出让
        - 因法律行为以外的事实而消灭
          - 作为所有人的自然人死亡或法人终止
          - 标的物灭失
          - 判决、强制执行、罚款、没收、纳税等
          - 动产因添附于他人的不动产或动产，他人取得所有权
    - 共有
      - 按份共有
      - 共同共有
      - 共有物的分割 —— 实物分割，变价分割，作价分割
    - 业主的建筑物区分所有权
    - 相邻权 —— 类型：土地的相邻权，水流的相邻权，建筑物的相邻权
  - 用益物权制度 ★★★
    - 用益物权的概念和特征 —— 限定物权；以使用收益为目的的限定物权；享有和行使以对物之占有为前提（地役权除外）；独立的物权
    - 用益物权的类型及变动 —— 建设用地使用权；宅基地使用权；土地承包经营权；居住权；地役权
  - 担保物权制度 ★★★
    - 担保物权的概念和特征 —— 特征：从属性和附随性；不可分性；物上代位性
    - 担保物权 —— 抵押、质押、留置
    - 数种担保并存时的效力规则
  - 占有制度 ★★
    - 占有的概念和构成
    - 占有的分类
    - 占有的取得、变更与消灭
    - 占有的效力

第9章 债权法律制度

考情解密

历年考情概况

本章有两个之最：内容最多、分值最高。历年平均分值比较稳定，基本在20分左右，预计2021年依然会保持高分值。本章内容包括了合同总则、合同分则、担保法律制度、侵权法律制度四大部分，每个部分考试中都是可以单独命题的，而且考查的细致程度远胜于其他会计类考试，所以即便通过了注册会计师等考试的考生，依然不能掉以轻心。

近年考点直击

考点	主要考查题型	考频指数	考查角度
债的保全	单选题、多选题、综合分析题	★★★	(1)给出具体规定，判断债的保全的运用是否正确；(2)结合具体案例，判断债的保全的效力
债的担保	单选题、多选题	★★	(1)结合担保物权，考核保证的具体制度；(2)直接考核定金的适用规则
债的转移	多选题	★★	结合具体案例，考核债权让与、债务承担适用规则
合同的效力	单选题、多选题、综合分析题	★★	给出具体案例，判断合同的效力
合同责任	单选题、多选题	★★	(1)直接考核违约责任的内容；(2)给出具体情形，判断是否属于缔约过失责任
买卖合同	单选题、多选题、综合分析题	★★	(1)结合具体案例，考核买卖合同的效力；(2)结合具体案例，考核风险转移规则
侵权法律制度	单选题、多选题、综合分析题	★★★	(1)给出具体规定，判断适用何种归责原则；(2)结合具体案例，考核各具体侵权行为的责任

本章2021年考试主要变化

本章变动较大。主要调整了债权让与的效力、数人担保同一债务的特别规定、特殊保证的内容、违约责任的承担方式、所有权保留买卖等内容。

考点详解及精选例题

一、债法基本理论

(一)债的概念和构成要素 ★★★

1. 债是指特定人之间请求为特定行为的财产性民事法律关系。
2. 债的构成要素(见表9-1)

表9-1 债的构成要素

主体	参加债的法律关系的当事人,包括债权人和债务人
内容	债权特征:①财产权;②请求权;③对人权;④相对权;⑤相容性;⑥平等性;⑦债权的类型既可法定也可约定;⑧期限性。 【知识点拨】债权的权能:①请求权;②抗辩权;③抵销权;④给付受领权;⑤代位权;⑥撤销权;⑦解除权等
	债务特征:①特定性,或由当事人约定或由法律规定;②期限性;③强制性
客体	给付(特定行为)。如:交付财物、支付金钱、提交成果等

(二)债的发生 ★★★

1. 合同:债的发生及内容,皆由当事人合意确认。

2. 缔约过失:是指在合同成立前的缔约过程中,缔约人一方所具有的、造成对方信赖利益损失的过失。

【知识点拨】当事人在订立合同过程中,造成对方损失的缔约过失行为主要有:①假借订立合同,恶意进行磋商;②故意隐瞒与订立合同有关的重要事实或者提供虚假情况;③泄露或者不正当使用在订立合同过程中知悉的商业秘密或者信息;④其他违背诚信原则的行为。

3. 单方允诺:表意人向相对人作出的为自己设定某种义务,使相对人取得某种权利的意思表示。如悬赏广告。

4. 侵权行为:由加害人的单方行为所引起不法行为,属于法定之债,侵权行为之债的内容主要为赔偿损害。

5. 无因管理之债的构成要件:(1)管理他人事务;(2)管理人有为他人利益而管理的意思;(3)管理人无法定或者约定的义务。

【知识点拨】无因管理的效力:(1)妥善管理义务。管理人管理他人事务,应当采取有利于受益人的方法;(2)通知义务。能够通知受益人的,应当及时通知受益人;(3)报告和结算义务。管理结束后,应当向受益人报告管理事务的情况,应当及时转交给受益人;(4)准合同效力转换。管理人管理事务经受益人事后追认的,从管理事务开始时起,适用委托合同的有关规定。

6. 不当得利

(1)不当得利之债的构成要件:①一方取得财产上的利益;②他方受有损失;③取得利益与受有损失之间存在因果关系;④没有法律上的根据。

(2) 不当得利的类型(见表9-2)。

表9-2 不当得利的类型

给付不当得利	①因法律行为无效、不成立、被撤销、不被追认而发生的不当得利； ②因合同解除而发生的不当得利； ③因非债清偿而发生的不当得利
	下列给付不适用不当得利：①为履行道德义务而进行的给付，如养子女对亲生父母并无赡养义务而赡养。②债务到期之前的清偿。③明知无给付义务而进行的债务清偿
非给付不当得利	①受益人的行为，如税务机关多收税款； ②受损人的行为，如纳税人多缴税款； ③第三人的行为，如送报员将甲订的报纸投入乙的报箱； ④自然事件，如因连降暴雨致鱼塘水位升高，甲鱼塘中的鱼跃入相邻的乙鱼塘中

(3) 不当得利的效力(见表9-3)。

表9-3 不当得利的效力

善意得利人的返还义务及其免除	得利人不知道且不应当知道取得的利益没有法律根据，仅返还现存利益。取得的利益已经不存在的，不承担返还该利益的义务
恶意得利人的返还义务和赔偿义务	得利人知道或者应当知道获得的利益没有法律根据的，受损失的人可以请求得利人返还其取得的利益并依法赔偿损失
第三人的返还义务	得利人已经将取得的利益无偿转让给第三人的，受损失的人可以请求第三人在相应范围内承担返还义务

(三)债的分类(见表9-4)★★

表9-4 债的分类

分类	标准	注意
意定之债与法定之债	内容是否法定	意定(如合同)与法定(如侵权)
实物之债、货币之债、利息之债、劳务之债、智慧成果之债、损害赔偿之债	给付的标的	实物之债：特定物之债与种类物之债 劳务之债：不得强制履行
单数主体之债与复数主体之债	主体双方人数	复数主体之债指当事人一方或双方为两人或两人以上的债
按份之债与连带之债	按多数债权人或债务人之间的对外关系	前提是复数主体之债
可分之债与不可分之债	标的是否可分	不可分之债：如两人共同完成一件艺术品
简单之债、选择之债与任意之债	有无选择性	选择之债：如购买机票，选择经济舱或商务舱 任意之债：如约定债务人可以交付冰箱一台代替交付洗衣机一台的履行
主债与从债	两个债之间主从关系	主债与从债既具有相对独立性，又具有从属性
一时之债与持续之债	给付方法	一时之债：如一次性结清现金买卖合同 持续之债：如房租的给付
自然之债与法定之债(广义)	债有无强制执行力	自然之债：如超过了法定诉讼时效的债

(四)债的效力★★★

1. 债权的效力(见表9-5)

表9-5 债权的效力

种类	含义	注意事项
请求力	债权人依其债权请求债务人履行债务以实现债权的效力	任何债权均需具有
执行力	债务人不履行债务时,债权人得请求法院通过执行程序强制债务人履行以实现其债权的效力	只有请求力不足时才需要
保持力	债权人得以保持所受领债务人给付的效力	虽不具有请求力与执行力,但仍具有保持力。如诉讼时效届满的债权

2. 债权人受领迟延(见表9-6)

表9-6 债权人受领迟延(债权效力的减损)

含义	(1)债权人对债务人已提出的给付,未受领或者未为给付完成提供必要协助的事实; (2)受领迟延是债权人对协助义务的违反
构成要件	(1)须有履行上需要债权人协助的债务; (2)须债务人已按债的内容提出给付,使债权人处于可予受领的状态; (3)须债权人未予受领,包括不能受领和拒绝受领两种情况
法律后果	(1)减免债务人的责任; (2)使债权人承受不利益。如债务人注意义务减轻、停止支付利息、孳息返还范围缩小、危险负担转移、费用赔偿产生及债务人可以自行消灭债务等

3. 债务的效力(见表9-7)

表9-7 债务的效力

给付义务 (最主要的义务)	①主给付义务与从给付义务	主给付义务:债的关系所固有的、必备的并决定债的关系类型的基本义务。如交付汽车、交付房屋、付款
		从给付义务:辅助义务,它并不决定债的关系类型。如交付汽车的相关文件或者资料
	②原给付义务与次给付义务	原给付义务:指债原本存在的给付义务
		次给付义务:指当原给付义务在履行过程中,因特定事由发生变化而产生的义务。如因合同解除而产生的恢复原状的义务
附随义务	依债的关系发展情形所发生的对相对人的告知、照顾、保护等义务。如承运人在运输过程中,对患有急病、分娩、遇险旅客的救助义务	
前合同义务	①当事人为订立合同而进行接触时所负担的说明、告知、保护、注意等义务; ②该义务是法定义务,是缔约过失责任的构成基础	
后合同义务	合同之债消灭后,当事人为了维护给付效果或者为了协助相对方终了善后事务所负担的作为或者不作为义务。如受雇人离职后不得泄露雇主的商业秘密	

4. 债务违反及其效力(见表9-8)

表9-8 债务违反及其效力

种类	形式及构成要件	效力
给付不能	①事实不能与法律不能 ②自始不能与嗣后不能 ③客观不能与主观不能 ④永久不能与一时不能	不可归责的给付不能：①免除给付义务且不承担违约责任；②债务人及时告知；③第三人致损或有保险的，债权人享有让与请求权；④债权人免除对待给付义务
给付不能	⑤全部不能和部分不能 ⑥可归责的给付不能与不可归责的给付不能	可归责的给付不能：①能履行的部分继续履行，不能履行的部分，损害赔偿；②债权人解除合同和损害赔偿
给付拒绝	须存在合法的债务；须给付尚可能；须债务人有拒绝给付的表示；拒绝给付须无合法理由	预期拒绝给付：债权人可选择强制履行或要求其承担违约责任或选择解除合同
不完全给付	须债务人虽然已为给付，但给付不完全；须可归责于债务人	①能补正的可以要求债务人补正给付（更换、重做、修理）；②不能补正的赔偿损失
给付迟延	债务已届履行期；给付须为可能；须有可归责于债务人的事由	①继续履行有意义时，诉请法院强制履行和赔偿损失；②继续履行无意义时，解除合同+赔偿损失

【例题1·单选题】（2018年）连带之债的特征之一是( )。

A. 债务人之间约定按照一定的比例负担债务

B. 债权人之间约定按照份额享有权利

C. 债权人可以依法或依约请求任一债务人履行全部债务

D. 各债务人仅负有履行部分债务的义务

解析 ▶ 本题考核连带之债。连带之债，各债权人均得请求债务人为全部债务的履行，各债务人均负有为全部履行的义务。

答案 ▶ C

【例题2·单选题】（2019年）下列有关给付义务类型的说法中，正确的是( )。

A. 买卖合同中出卖人交付标的物使用说明书的义务是附随义务

B. 宾馆对旅客财产的安全保障义务是从给付义务

C. 合同已履行的，因合同解除而产生的恢复原状义务是次给付义务

D. 租赁合同订立后出租人交付租赁物的义务是后合同义务

解析 ▶ 本题考核债务的效力。从给付义务是辅助主给付义务的义务，交付说明书的义务属于从给付义务。所以选项A错误。附随义务，是指根据诚实信用原则，依债的关系发展情形所发生的对相对人的告知、照顾、保护等义务。例如，承运人在运输过程中，对患有急病、分娩、遇险旅客的救助义务。所以选项B错误。次给付义务，是指当原给付义务在履行过程中，因特定事由发生变化而产生的义务。例如，因合同解除而产生的恢复原状的义务。所以选项C正确。主给付义务是债的关系所固有的、必备的并决定债的关系类型的基本义务。交付租赁物属于主给付义务。所以选项D错误。

答案 ▶ C

【例题3·多选题】（2020年）根据《民法典》规定，下列法律事实中，能够引起无因管理之债发生的有( )。

A. 承揽人为定作人保管其提供的原材料

B. 抢险队员奋力抢救被洪水围困的群众

C. 路人将晕倒的伤者送医并垫付医药费

D. 邻居赡养被子女遗弃的老人

E. 居民委员会照料父母因疫情被隔离的

幼童

解析 本题考核无因管理。无因管理，是指无法定或者约定的义务，为避免他人利益受损而管理他人事务的行为。选项A中，根据《民法典》规定，承揽人应当妥善保管定作人提供的材料以及完成的工作成果，因保管不善造成毁损、灭失的，应当承担赔偿责任。所以选项A错误。选项BE中，抢险队员、居民委员会是有法定的义务，不构成无因管理。所以选项BE错误。**答案** CD

【例题4·多选题】（2017年）下列关于债权人受领迟延及其构成要件的说法中，正确的有( )。

A. 构成受领迟延须债务人已按债的内容提出给付，使债权人处于可领受状态

B. 受领迟延是指债务人违反诚信原则

C. 构成受领迟延须债权人未予受领，包括不能受领和拒绝受领

D. 受领迟延是债权人对协助义务的违反

E. 受领迟延是指债务人超过时间未予给付

解析 本题考核债权人受领迟延。债权人受领迟延的构成要件：（1）须有履行上需要债权人协助的债务；（2）须债务人已按债的内容提出给付，使债权人处于可予受领的状态；（3）须债权人未予受领，包括不能受领和拒绝受领两种情况。所以选项A、C正确。根据诚信原则，当债务人的履行性质上需要债权人予以协助时，债权人即负有协助履行的义务。受领迟延是债权人对协助义务的违反。所以选项B错误，选项D正确。债权人受领迟延，是指债权人对债务人已提出的给付，未受领或者未为给付完成提供必要协助的事实。所以选项E错误。**答案** ACD

二、债的保全

（一）代位权★★★

1. 债权人代位权的构成要件

（1）债务人怠于行使其债权以及与该债权有关的从权利。

【知识点拨】 "怠于行使"权利是指未以诉讼或仲裁方式主张债权及其从权利。

（2）须有保全到期债权的必要。

（3）须债权人的债权已届履行期。

【知识点拨】 但是法律另有规定的，不受此条件限制。如《民法典》规定，债权人的债权到期前，债务人的债权或者与该债权有关的从权利存在诉讼时效期间即将届满或者未及时申报破产债权等情形，影响债权人的债权实现的，债权人可以代位向债务人的相对人请求其向债务人履行、向破产管理人申报或者作出其他必要的行为。

2. 债权人代位权的行使

（1）行使方法，必须通过诉讼方式行使；

（2）代位权行使的范围，以债权人的到期债权为限；

（3）代位行使的权利，以非专属于债务人的财产权利为限。

【知识点拨】 专属于债务人的财产权利包括：①基于亲属关系而发生的扶养、继承等给付请求权；②专属于自然人的人身损害赔偿请求权、人寿保险金请求权；③禁止让与的养老金、抚恤金等救济金请求权；④禁止扣押的劳动报酬请求权等。

3. 债权人代位权行使的效力

（1）债权人接受债务人的相对人履行后，债权人与债务人、债务人与相对人之间相应的权利义务终止。

（2）相对人对债务人的抗辩，可以向债权人主张。

（3）债权人行使代位权的必要费用，由债务人负担。

（二）撤销权★★★

1. 债权人撤销权的构成要件

（1）须有债务人将财产赠与他人、放弃债权、为他人债务提供担保、放弃债权担保、恶意延长到期债权的履行期限、以明显不合理的低价转让财产、以明显不合理的高价受让他人财产等减少其财产或者增加其财产负

担的行为。

(2) 债务人减损责任财产的行为,将导致债权不能实现。

(3) 须债务人的行为在债权成立之后所为。

(4) 对于有偿行为,须债务人于行为之际主观上存有恶意且须债务人的相对人知道或者应当知道债务人的该恶意。

2. 债权人撤销权的行使(见表 9-9)

表 9-9 债权人撤销权的行使

(1) 行使方法	应由债权人以自己的名义,通过诉讼的方式行使
(2) 行使期限	应当自债权人知道或者应当知道撤销事由之日起 1 年内行使,但自债务人行为发生之日起 5 年内不行使的,撤销权消灭
(3) 行使范围	以债权人的债权为限
(4) 行使费用	因行使撤销权而支出的必要费用,由债务人负担

3. 债权人撤销权行使的效力

(1) 债务人影响债权人的债权实现的行为因债权人撤销权的行使而被撤销的,自始没有法律约束力。

(2) 债务人影响债权人的债权实现的行为被撤销后,第三人因该行为取得的财产应返还债务人。

(3) 行使撤销权的债权人,有权请求第三人返还财产,但就收取的财产并无优先受偿权。

三、债的担保

扫我解疑难

(一) 债的担保的分类(见表 9-10)★★★

表 9-10 债的担保的分类

信用担保	保证
财产担保	抵押、质押、留置和定金

【知识点拨 1】 留置、定金等方式不适用于纳税担保。

【知识点拨 2】 抵押权、质权和留置权作为担保物权已在物权法律制度论述,故本部分仅论述保证和定金两种债的担保方式。

【知识点拨 3】 数人担保同一债务的特别规则

①同一债务有两个以上第三人提供担保,担保人之间约定相互追偿及分担份额,承担了担保责任的担保人可以请求其他担保人按照约定分担份额;担保人之间约定承担连带共同担保,或者约定相互追偿但是未约定分担份额的,各担保人按照比例分担向债务人不能追偿的部分。

②同一债务有两个以上第三人提供担保,担保人之间未对相互追偿作出约定且未约定承担连带共同担保,但是各担保人在同一份合同书上签字、盖章或者按指印,承担了担保责任的担保人可以请求其他担保人按照比例分担向债务人不能追偿的部分。

③除前述两种情形外,承担了担保责任的担保人无权请求其他担保人分担向债务人不能追偿的部分。

(二) 保证★★★

1. 保证的概念

保证是指合同当事人"以外的第三人"向债权人担保债务人履行合同义务的协议。保证人不是原来的债务人,而是第三人。

【知识点拨】 不能做保证人的情形:(1) 机关法人,但是经国务院批准为使用外国政府或者国际经济组织贷款进行转贷的除外;(2) 以公益为目的的非营利法人、非法人组织。

2. 保证的特征

(1) 从属性;(2) 补充性;(3) 独立性。

3. 保证合同的书面形式

(1) 主从合同式(分开签);

(2) 主从条款式(一起签);

(3) 第三人单方面的保证承诺,债权人接收且未提出异议;

(4) 第三人以保证人的身份在主合同上签章,表明主合同与保证人有关。

保证合同属于单务、无偿、诺成、要式合同以及从合同。

【知识点拨】保证、抵押、质押、定金都属于要式合同，留置为特殊情况。

4. 保证的方式

(1) 一般保证：指当事人在保证合同中约定，债务人不能履行债务时，由保证人承担保证责任的保证方式。一般保证中，保证人享有先诉抗辩权。

【知识点拨1】先诉抗辩权：指一般保证的保证人在主合同纠纷未经审判或者仲裁，并就债务人财产依法强制执行仍不能履行债务前，可以拒绝向债权人承担保证责任的权利。但在下列四种情形下保证人不得行使先诉抗辩权：

①债务人下落不明，且无财产可供执行；
②人民法院已经受理债务人破产案件；
③债权人有证据证明债务人的财产不足以履行全部债务或者丧失履行债务能力；
④保证人以书面形式放弃先诉抗辩权。

【知识点拨2】保证人担保责任的特别免除：一般保证的保证人在主债务履行期限届满后，向债权人提供债务人可供执行财产的真实情况，债权人放弃或者怠于行使权利致使该财产不能被执行的，保证人在其提供可供执行财产的价值范围内不再承担保证责任。

(2) 连带责任保证：指当事人在合同中约定保证人和债务人对债务承担连带责任的保证方式。

【知识点拨1】当事人在保证合同中对保证方式没有约定或者约定不明确的，按照一般保证承担保证责任。

【知识点拨2】履行保证责任时，"一般保证"有先后顺序(先债务人后保证人)，"连带保证"没有先后顺序(所以说"保证人的责任不是补充性的")，债务人不履行到期债务或发生当事人约定的情形，保证人就负有全部清偿的义务。

(3) 数人保证：指同一债有两个以上证人的，保证人应当按照保证合同约定的保证份额，承担保证责任；没有约定保证份额的，债权人可以请求任何一个保证人在其保证范围内承担保证责任。

(4) 最高额保证：保证人与债权人协议在最高额限度内，就一定期间连续发生的债权订立的保证合同。

5. 保证期间(见表9-11)

表9-11　保证期间

含义	(1) 保证期间是确定保证人承担保证责任的期间，不发生中止、中断和延长。 (2) 债权人未在保证期间内确定保证人责任的，保证人不再承担保证责任
起点	(1) 可以约定保证期间。 『解释』但是约定的保证期间早于主债务履行期限或者与主债务履行期限同时届满的，视为没有约定。 (2) 没有约定或者约定不明确的：保证期间为主债务履行期限届满之日起6个月。 『解释』债权人与债务人对主债务履行期限没有约定或者约定不明确的，保证期间自债权人请求债务人履行债务的宽限期届满之日起计算

6. 保证合同的诉讼时效（见表9-12）

表9-12　保证合同的诉讼时效

一般保证	从保证人拒绝承担保证责任的权利消灭之日起，开始计算保证债务的诉讼时效
连带责任保证	从债权人请求保证人承担保证责任之日起，开始计算保证债务的诉讼时效

7. 合同变更对保证责任的影响

(1) 债权人和债务人未经保证人书面同意，协商变更主债权债务合同内容(见表9-13)。

表 9-13　债权人和债务人未经保证人书面同意，协商变更主债权债务合同内容

减轻债务的	保证人仍对变更后的债务承担保证责任
加重债务的	保证人对加重的部分不承担保证责任

（2）债权人与债务人对主债权债务合同履行期限作了变更，未经保证人书面同意的，保证期间不受影响。

（3）债权人转让全部或者部分债权，未通知保证人的，该转让对保证人不发生效力。

【知识点拨】保证人与债权人约定禁止债权转让，债权人未经保证人书面同意转让债权的，保证人对受让人不再承担保证责任。

（4）债权人未经保证人书面同意，允许债务人转移全部或者部分债务，保证人对未经其同意转移的债务不再承担保证责任，但是债权人和保证人另有约定的除外。

【知识点拨】第三人加入债务的，保证人的保证责任不受影响。

(三)定金★

1. 定金合同是实践合同。定金合同自实际交付定金时成立。

2. 定金的数额由当事人约定，但是不得超过主合同标的额的20%，超过部分不产生定金的效力。

【知识点拨】实际交付的定金数额多于或者少于约定数额的，视为变更约定的定金数额。

3. 定金与预付款的区别（见表9-14）

表 9-14　定金与预付款的区别

	定金	预付款
是否有担保作用	√	×
是否为单独的合同(从合同)	√	×
是否有罚则	√	×
是否适用非金钱履行义务的合同	√	×
是否可以分期交付	一般一次性	√

4. 定金与违约金的区别（见表9-15）

表 9-15　定金与违约金的区别

	定金	违约金
给付时间	订立时或订立后履行前	违约时
证约和预先给付作用	√	×
作用	担保作用、合同违约责任	合同违约责任
数额	不超过主合同标的额的20%	没有固定的比例限制

【知识点拨】当定金和违约金同时存在的时候，只能选择适用。

5. 定金的效力（见表9-16）

表 9-16　定金的效力

(1)证约效力	给付定金后，如无相反证据，主合同视为成立
(2)充抵价金和返还效力	债务人履行债务后，定金应当抵作价款或者收回
(3)定金罚则	给付定金的一方不履行债务或履行债务不符合约定，致使不能实现合同目的的，无权请求返还定金；收受定金的一方不履行债务或履行债务不符合约定，致使不能实现合同目的的，应当双倍返还定金

续表

(4)替代赔偿金效力	约定的定金不足以弥补一方违约造成的损失的,对方可以请求赔偿超过定金数额的损失
(5)违约定金效力	当事人既约定违约金,又约定定金的,一方违约时,对方可以选择适用违约金或者定金条款

四、债的移转和消灭

(一)债的移转★★★

1. 债权让与

『示例』A企业向B银行借款100万元,如果B银行将债权转让给甲银行,B银行需与甲银行达成协议。

(1)要件(见表9-17)。

表9-17 债权让与的要件

生效要件	①存在有效债权;②让与人享有债权处分权;③具有可转让性(不能是因人身权产生的债权,如抚恤金);④应办理手续才生效的,应当办理相应的手续
对债务人生效	债权人转让权利的,无须债务人同意,但应当通知债务人,通知到达债务人时对债务人生效;未经通知,该转让对债务人不发生效力

(2)禁止债权转让的情形。

①根据债权性质不得转让的债权,如雇佣、委托、租赁中的债权等。

②按照当事人约定不得转让的债权。

③依照法律规定不得转让的债权,如精神损害抚慰金请求权。

2. 债务承担

(1)债务人将债务的全部或者部分转移给第三人的,应当经债权人同意。债务人或者第三人可以催告债权人在合理期限内予以同意,债权人未作表示的,视为不同意。

『示例』A、B两个企业签订100万元的买卖合同,约定A向B发货。实际发货过程中,A表示由C向B发货,当债务人A转让债务时,必须经过债权人B的同意,债务人将合同的义务全部或者部分转移给第三人,应当经债权人同意。

(2)并存的债务承担:第三人与债务人约定加入债务并通知债权人,或者第三人向债权人表示愿意加入债务,债权人未在合理期限内明确拒绝的,债权人可以请求第三人在其愿意承担的债务范围内和债务人承担连带债务。

【知识点拨】债务承担合同的生效要件:

①有效债务的存在;

②具有可转移的特点;

③必须得到债权人的同意;

④应办理手续才生效的,应当办理相应的手续。

3. 债的概括移转

(1)产生:可以是基于法律的直接规定产生,也可以因当事人之间的合同产生。

(2)主要形式:产生于合同权利义务的概括移转和企业的合并。

(3)条件:必须得到对方的同意。

(二)债的消灭

1. 清偿

(1)清偿地,又称履行地。清偿地可由双方合意选择确定,也可依给付的性质确定。若双方没有约定或者约定不明确的,则根据

《民法典》规定的准则确定。(见表9-18)

表9-18　清偿地

①给付货币的	"送钱上门"在接受货币一方所在地履行
②交付不动产的	"原地不动"在不动产所在地履行
③其他给付	"上门提货"在履行义务一方所在地履行

(2) 清偿期,也称履行期。

①当事人有约定的,从其约定;

②当事人未约定或者约定不明确的:债务人可以随时履行,债权人也可以随时请求履行,但是应当给对方必要的准备时间。

(3) 清偿费用:清偿费用由**债务人**承担。但因债权人原因增加的清偿费用,由**债权人**承担。法律有特别规定或者当事人有特别约定除外。

2. 抵销

(1) 法定抵销应具备下列条件:①须双方互享债权、互负债务;②须双方互负债务属于同一种类;③须对方债务届满清偿期;④须债权债务依其性质或者法律规定可以为抵销。

(2) 合意抵销的要件及效力:可由当事人**自由商定**,且不受法定抵销要件的约束。

(3) 抵销的方法和效力(见表9-19)。

表9-19　抵销的方法和效力

法定抵销	当事人主张抵销的,应当通知对方;通知自到达对方时生效。抵销不得附条件或者附期限
合意抵销	自双方达成抵销合意时生效,双方对等数额的债权债务即归于消灭

3. 提存

(1) 提存的发生原因。

①债权人无正当理由拒绝受领;②债权人下落不明;③债权人死亡未确定继承人、遗产管理人或者丧失民事行为能力未确定监护人。

(2) 提存的效力。

①自提存成立之日起,债权人与债务人之间的债权债务关系归于消灭。

②提存物的所有权自提存成立之时起移转于债权人。

③提存物在提存期间所产生的孳息归**债权人**所有。

④提存物在提存期间毁损、灭失的风险由债权人承担。

⑤提存费用由提存受领人即债权人承担。

⑥债权人可以随时领取提存物。

【知识点拨1】债权人领取提存物的权利,自提存之日起5年内不行使而消灭,提存物在扣除提存费用后**归国家所有**。

【知识点拨2】提存期间,债权人对债务人负有到期债务的,在债权人未履行债务或者提供担保之前,提存部门根据债务人的要求应当拒绝其领取提存物。

4. 免除:作为法律行为,适用法律行为的规定,可以附条件,也可以附期限。

5. 混同:债权和债务同归于一人的,债权债务终止,但是损害第三人利益的除外。如企业合并、继承、债权债务的概括承受等。

【例题5·单选题】(2012年)根据合同法律制度,债权人行使代位权(　　)。

A. 可以采取私力救济方式

B. 必须通过诉讼方式

C. 可以通过申请支付令方式

D. 可以通过仲裁方式

解析　本题考核代位权的行使方式。因债务人怠于行使其债权或者与该债权有关的从权利,影响债权人的到期债权实现的,债权人可以向人民法院请求以自己的名义代位行使债务人对相对人的权利,但是该权利专属于债务人自身的除外。　答案　B

【例题6·单选题】(2013年改)《民法典》规定了债权人行使撤销权的规则。下列关于撤销权的说法中,正确的是(　　)。

A. 撤销权属于债的保全措施之一

B. 承租人将租赁物私自转让,第三人善意取得的,出租人可以行使撤销权

C. 自债务人的行为发生之日起2年内没有行使撤销权的,该撤销权消灭

D. 行使撤销权而支付的律师代理费由债权人自行承担或者由第三人负担

解析 本题考核撤销权。选项B属于迷惑选项，《民法典》并没有该规定。 **答案** A

【例题7·单选题】（2017年）下列关于定金和预付款的说法中，正确的是( )。

A. 定金合同自合同订立时生效
B. 预付款具有担保性质
C. 定金合同是实践合同
D. 定金等同于预付款

解析 本题考核定金和预付款。定金合同是实践合同，定金合同自交付定金之日起成立。所以选项A错误，选项C正确。定金具有担保作用，而预付款不具有这个作用。所以选项B错误。交付定金是成立定金合同的要件，而交付预付款是合同履行的一部分。所以选项D错误。 **答案** C

【例题8·多选题】（2018年）下列关于保证及保证合同特征的说法中，正确的有( )。

A. 保证属于人的担保
B. 保证合同属于要式合同
C. 保证合同属于从合同
D. 保证合同属于要物合同
E. 保证属于信用担保

解析 本题考核保证与保证合同。保证是信用担保，即人保；不是要物合同。 **答案** ABCE

【例题9·多选题】（2019年）甲公司欠乙公司货款5万元到期未还。乙公司需付甲公司5万元加工费，但已过诉讼时效。下列有关甲、乙公司主张抵销的说法中，正确的有( )。

A. 甲、乙公司均不可以单方主张抵销
B. 若甲公司主张抵销，须经乙公司同意方可
C. 若甲公司主张抵销，通知乙公司即可
D. 若乙公司主张抵销，通知甲公司即可
E. 若乙公司主张抵销，须经甲公司同意方可

解析 本题考核抵销。法定抵销：当事人互负债务，该债务的标的物种类、品质相同的，任何一方可以将自己的债务与对方的到期债务抵销；但是，根据债务性质、按照当事人约定或者依照法律规定不得抵销的除外。当事人主张抵销的，应当通知对方。通知自到达对方时生效。合意抵销：当事人互负债务，标的物种类、品质不相同的，经双方协商一致，也可抵销。本题中，甲的债权已过诉讼时效，不能主动提起法定抵销。若想抵销，须通过合意抵销的方式，经过乙同意。所以选项B正确，选项C错误。乙可主张法定抵销，通知甲即可，并非须经甲同意。所以选项A、E错误，选项D正确。 **答案** BD

五、合同的分类

扫我解疑难

1. 双务合同与单务合同（见表9-20）

表9-20 双务合同与单务合同

分类	双务合同	单务合同
示例	买卖合同	赠与合同
抗辩权适用	√	×
风险负担	可能债务人或债权人	一律由债务人负担

2. 有偿合同与无偿合同（见表9-21）

表9-21 有偿合同与无偿合同

分类	有偿合同	无偿合同
示例	买卖合同	赠与合同

续表

分类	有偿合同	无偿合同
责任轻重	注意义务较高	注意义务较低
撤销权	行使严格(要求恶意时)	行使不严格(无论善恶)
善意取得	适用,可以不返还财产	不适用,应当返还

3. 诺成性合同与实践性合同：是否以交付标的物为成立要件

常见的实践合同：保管合同、自然人借款合同、定金合同。

4. 典型合同与非典型合同

(1)典型合同：我国民事法律中规定的买卖合同、租赁合同、承揽合同等若干具体合同类型。

(2)非典型合同,也称无名合同：是指法律未设特别规定,也未赋予特定名称,任由当事人自由创设的合同。

【知识点拨】非典型合同适用合同编通则的规定,并可以参照适用最相类似的典型合同的规定。

5. 要式合同与非要式合同：成立是否需要特定的法律形式。

6. 预约与本约：预约以订立本约为债务,属于债权合同,重在当事人之间的信用,故预约的债权债务不得让与；本约可以是物权合同、身份合同、债权合同。

7. 束己合同与涉他合同：根据是否严格贯彻合同相对性原则划分。涉他合同包括利他合同和负担合同(见表9-22)。

表9-22 涉他合同

利他合同	如人寿保险合同。当事人约定由债务人向第三人履行债务,债务人未向第三人履行债务或者履行债务不符合约定的,应当向债权人承担违约责任
负担合同	如融资租赁合同。当事人约定由第三人向债权人履行债务,第三人不履行债务或者履行债务不符合约定的,债务人应当向债权人承担违约责任

8. 确定合同与射幸合同：根据合同的效果在缔约时是否确定划分。射幸合同,也称"机会性合同",如保险合同、博彩合同。

六、合同的订立形式

扫我解疑难

(一)要约★★★

1. 要约的构成要件：

(1)要约须是特定人作出的意思表示。

(2)要约须向要约人希望与之订立合同的相对人发出。

(3)要约的内容具体确定。

(4)要约须是受相对人承诺拘束的意思表示。

2. 要约与要约邀请(见表9-23)

表9-23 要约与要约邀请

	含义	判断要点
要约	希望和他人订立合同的意思表示	(1)要约人发出**内容具体确定**； (2)经受要约人承诺,要约人即受该意思表示的约束。 【知识点拨】一定是要约：悬赏广告
要约邀请	希望他人向自己发出要约	(1)一定是要约邀请：拍卖公告、招标公告、招股说明书、债券募集说明书、基金招募说明书、寄送的价目表。 (2)要约邀请或要约：商业广告和宣传

【知识点拨】招标流程：招标公告(要约邀请)→投标(要约)→定标(承诺)。

3. 要约(承诺)的生效时间

(1)要约生效的时间(见表9-24)。

表9-24 要约生效的时间

①以对话方式作出的要约	受要约人**知道其内容时**生效
②以非对话方式作出的要约	**到达**受要约人时生效
③以非对话方式作出的采用数据电文形式的要约	指定特定系统接收数据电文的，该数据电文进入**该特定系统时**生效
	未指定特定系统的，受要约人**知道或应当知道**该数据电文进入其系统时生效

(2)承诺不需要通知的，自根据交易习惯或者要约的要求作出承诺的行为时生效。

【知识点拨】承诺生效时合同成立，但是法律另有规定或者当事人另有约定的除外。

4. 要约的撤回与撤销(见表9-25)

表9-25 要约的撤回与撤销

要约的撤回	撤回要约的通知应当在要约到达受要约人之前或同时到达受要约人
要约的撤销	(1)撤销要约的意思表示以对话方式作出，该内容应当在受要约人作出承诺前为受要约人所知；(2)撤销要约的意思表示以非对话方式作出，应当在受要约人发出承诺通知之前到达受要约人

【知识点拨】不得撤销要约情形：

(1)要约人确定了承诺期限或者其他形式明示要约不可撤销；

(2)受要约人有理由认为要约是不可撤销的，并已经为履行合同做了合理准备工作。

5. 要约的失效

(1)要约被拒绝；

(2)要约依法被撤销；

(3)承诺期限届满，受要约人未作出承诺；

(4)受要约人对要约的内容作出"实质性"变更。

【知识点拨1】有关合同标的、数量、质量、价款或者报酬、履行期限、履行地点和方式、违约责任和解决争议方法等内容的变更，是对要约内容的实质性变更。

【知识点拨2】交叉要约，指当事人双方互为意思内容相同的要约。互达于相对人时，合同即成立。

现物要约，指未经订购而当事人一方向相对人径寄物品的行为。现物要约的相对人不负有承诺义务，但在要约人领回物品前，有保管义务。

(二)承诺★★★

1. 承诺的构成要件

(1)承诺须由受要约人向要约人作出。

(2)承诺的内容应当与要约的内容一致。

(3)承诺须在承诺期限内到达要约人。

2. 承诺的撤回(不存在撤销)：撤回承诺的通知应当在承诺通知到达要约人之前或者与承诺通知同时到达要约人。

3. 承诺的迟延与迟到(见表9-26)

表9-26 承诺的迟延与迟到

界定	一般	例外
迟到：超过承诺期限发出或期内发出但通常不能及时到达	新要约	除非要约人及时通知承诺有效
迟延：承诺期限内发出，其他原因导致迟到	承诺有效	除非要约人及时表示不接受

4. 合同成立的时间

①承诺生效时合同成立。

②当事人采用合同书形式订立合同的，自当事人均签字、盖章或者按指印时合同成立。

【知识点拨】在签字、盖章或者按指印之前，当事人一方已经履行主要义务，对方接受时，该合同成立。

③法律、行政法规规定或者当事人约定合同应当采用书面形式订立，当事人未采用书面形式但是一方已经履行主要义务，对方接受时，该合同成立。

④当事人采用信件、数据电文等形式订立合同要求签订确认书的，签订确认书时合同成立。

⑤当事人一方通过互联网等信息网络发布的商品或者服务信息符合要约条件的，对方选择该商品或者服务并提交订单成功时合同成立，但是当事人另有约定的除外。

5. 合同成立的地点

①承诺生效的地点为合同成立的地点。

②采用数据电文形式订立合同的，收件人的主营业地为合同成立的地点。

【知识点拨】没有主营业地的，其住所地为合同成立的地点。当事人另有约定的，按照其约定。

③当事人采用合同书形式订立合同的，最后签字、盖章或者按指印的地点为合同成立的地点，但是当事人另有约定的除外。

(三)免责条款与格式条款★★★

1. 免责条款无效情形：

(1)造成对方人身损害的。

(2)因故意或者重大过失造成对方财产损失的。

2. 格式条款(见表9-27)

表9-27 格式条款

(1)格式条款无效	①提供格式条款一方不合理地免除或者减轻其责任、加重对方责任、限制对方主要权利的条款无效。 ②提供格式条款一方排除对方主要权利的条款无效。 ③违反法律强制性规定的格式条款无效
(2)提示或者说明义务	①提供格式条款的一方应当采取合理的方式提示对方注意免除或减轻其责任等与对方有重大利害关系的条款，并按照对方的要求，对该条款予以说明。 ②提供格式条款的一方未履行提示或者说明义务，致使对方没有注意或者理解与其有重大利害关系的条款，对方可以主张该条款不成为合同的内容
(3)理解发生争议	①对格式条款的理解发生争议的，应当按照通常理解予以解释。 ②对格式条款有两种以上解释的，应当作出不利于提供格式条款一方的解释。 ③格式条款和非格式条款不一致的，应当采用非格式条款

(四)合同的内容和形式★★★

1. 合同的内容由当事人约定，一般包括下列条款：①当事人的姓名或者名称和住所；②标的；③数量；④质量；⑤价款或者报酬；⑥履行期限、地点和方式；⑦违约责任；⑧解决争议的方法。

2. 当事人订立合同，可以采用书面形式、口头形式或者其他形式。

(1)以电子数据交换、电子邮件等方式能够有形地表现所载内容，并可以随时调取查用的数据电文，视为书面形式。

(2)法律、行政法规规定采用书面形式或者当事人约定采用书面形式的，应当采用书面形式。

七、双务合同履行中的抗辩权

扫我解疑难

(一)同时履行抗辩权★★

双务合同的当事人应同时履行义务的，一方在对方未履行前，有权拒绝对方请求自己履行合同的权利。

(二)顺序履行抗辩权★★

双务合同中负有先履行义务的一方当事人未履行时，后履行义务一方当事人有拒绝其履行请求的权利。

(三)不安抗辩权★★

1. 情形：应当<u>先履行债务的当事人</u>，有确切证据证明对方有下列情形之一的，可以中止履行(暂时中止)。

(1)经营状况严重恶化；
(2)转移财产、抽逃资金，以逃避债务；
(3)丧失商业信誉；
(4)有丧失或者可能丧失履行债务能力的其他情形。

2. 义务：及时通知对方。

3. 权利

(1)对方恢复了履行能力或提供了担保，应当恢复履行；

(2)合理期限内未恢复履行能力，并不提供适当担保，先履行义务方可以解除合同并可请求对方承担违约责任。

八、合同的解除类型（见表9-28）★

表9-28 合同的解除类型

约定解除	当事人协商一致，可以解除合同。当事人可以约定一方解除合同的事由。解除合同的事由发生时，解除权人可以解除合同
法定解除	(1)因不可抗力致使不能实现合同目的； (2)在履行期限届满之前，当事人一方明确表示或者以自己的行为表明不履行主要债务； (3)当事人一方迟延履行主要债务，经催告后在合理期限内仍未履行； (4)当事人一方迟延履行债务或者有其他违约行为致使不能实现合同目的； (5)以持续履行的债务为内容的不定期合同，当事人在合理期限之前通知对方后可以解除
解除权的行使	(1)通知解除：当事人一方依法主张解除合同的，应当通知对方。 (2)诉讼或者仲裁解除：当事人一方未通知对方，直接以提起诉讼或者申请仲裁的方式依法主张解除合同
解除权的消灭	(1)法律规定或者当事人约定的解除权行使期限届满，当事人不行使的，解除权消灭。 (2)法律没规定或当事人没有约定，自解除权人知道或者应当知道解除事由之日起一年内不行使的，解除权消灭。 (3)法律没有规定或者当事人没有约定解除权行使期限，经对方催告后在合理期限内不行使的，解除权消灭

九、缔约过失责任与违约责任

(一)缔约过失责任★★★

当事人在订立合同中有下列情形之一，给对方造成损失的，应当承担损害赔偿责任：

1. 假借订立合同，恶意进行磋商；
2. 故意隐瞒与订立合同有关的重要事实或者提供虚假情况；
3. 泄露或者不正当地使用在订立合同中知悉的商业秘密或信息；

4. 有其他违背诚实信用原则的行为。

【知识点拨】缔约过失责任产生于<u>合同订立阶段</u>，如果进入合同履行阶段，则承担违约责任。

(二)违约责任★★★

1. 责任相对性：当事人一方因第三人的原因造成违约的，应当向"对方"承担违约责任；当事人一方和第三人之间的纠纷，按照法律规定或者按照约定解决。

2. 不可抗力免责：因不可抗力不能履行合同的，根据不可抗力的影响，部分或者全部免除责任，但法律另有规定的除外。

3. 承担方式

(1)强制履行(见表9-29)。

表9-29 强制履行

金钱	当事人一方未支付价款或报酬的,对方可以要求其支付价款或者报酬
非金钱	当事人一方不履行非金钱债务或者履行非金钱债务不符合约定的,对方可以要求履行,但有下列情形之一的除外:①法律上或者事实上不能履行;②债务的标的不适于强制履行或者履行费用过高;③债权人在合理期限内未要求履行

【知识点拨】间接强制履行:当事人一方不履行债务或者履行债务不符合约定,根据债务的性质不得强制履行的,对方可以请求其负担由第三人替代履行的费用。

(2)赔偿损失。

损失赔偿额应当相当于因违约造成的损失,包括合同履行后可以获得的利益,但不得超过违反合同一方订立合同时预见到或者应当预见到的因违反合同可能造成的损失。

【知识点拨】赔偿损失以完全赔偿为原则,但受下列规则限制:①可预见性规则;②减损规则;③混合过错规则;④损益相抵规则。

(3)支付违约金。

①约定的违约金低于造成的损失:可请求人民法院或者仲裁机构予以增加,增加后的违约金数额以不超过实际损失额为限。

【知识点拨】增加违约金后,当事人又请求对方赔偿损失的,人民法院不予支持。

②约定的违约金<u>过分高于</u>造成的损失:可请求人民法院或者仲裁机构予以适当减少。

【知识点拨】当事人约定的违约金超过造成损失的30%,一般认定为"过分高于"。

③当事人就延迟履行约定违约金的,违约方支付违约金后,还应当继续履行债务。

(4)采取补救措施。

违约后可采取的补救措施主要有:修理、更换、重作、退货、减少价款或报酬等。

【例题10·单选题】(2019年)下列有关要约的说法中,正确的是( )。

A. 拍卖公告属于要约

B. 要约对受要约人没有拘束力

C. 要约作出后不得撤回

D. 要约对要约人具有拘束力

解析 本题考核要约。寄送的价目表、拍卖公告、招标公告、招股说明书等为要约邀请。所以选项A错误。要约对要约人与受要约人均有拘束力。所以选项B错误,选项D正确。要约可以撤回与撤销。所以选项C错误。 答案 D

【例题11·单选题】(2018年)下列关于承诺的说法中,正确的是( )。

A. 承诺均须以通知的方式作出

B. 承诺由受要约人或第三人向要约人作出

C. 承诺到达要约人时生效

D. 撤回承诺的通知与承诺同时到达要约人的,不发生撤回效力

解析 本题考核承诺。承诺应当以通知的方式作出,但根据交易习惯或者要约表明可以通过行为作出承诺的除外。所以选项A错误。承诺是受要约人同意要约的意思表示;因此是受要约人向要约人作出。所以选项B错误。承诺可以撤回。撤回承诺的通知应当在承诺通知到达要约人之前或者与承诺通知同时到达要约人。所以选项D错误。 答案 C

【例题12·多选题】(2018年)下列关于格式条款法律规制的说法中,正确的有( )。

A. 格式条款的解释应当有利于相对人

B. 格式条款的提供者对免责条款负有提请注意义务和说明义务

C. 格式条款排除对方权利的一律无效

D. 对格式条款理解发生争议的,应当按照通常理解予以解释

E. 格式条款与非格式条款不一致的,应

当采用非格式条款

解析 本题考核格式条款。提供格式条款一方不合理地免除或者减轻其责任、加重对方责任、限制对方主要权利；以及提供格式条款一方排除对方主要权利的，该条款无效。所以选项C错误。**答案** ABDE

[例题13·多选题]（2013年）根据《民法典》规定，应当先履行债务的当事人，有确切证据证明对方存在特定情形的，可以中止履行。这些情形有（ ）。

A. 经营状况严重恶化
B. 欠薪不付
C. 丧失商业信誉
D. 与第三人有重大涉讼民事纠纷
E. 转移财产、抽逃资金，以逃避债务

解析 本题考核不安抗辩权。应当先履行债务的当事人，有确切证据证明对方有下列情形之一的，可以中止履行：(1)经营状况严重恶化；(2)转移财产、抽逃资金，以逃避债务；(3)丧失商业信誉；(4)有丧失或者可能丧失履行债务能力的其他情形。当事人没有确切证据中止履行的，应当承担违约责任。**答案** ACE

[例题14·多选题]（2016年）根据《民法典》规定，承担缔约过失责任的情形有（ ）。

A. 订立合同时，隐藏真实情况的
B. 履行合同后，不适当履行损害合同相对方利益的
C. 合同订立后，违反约定向他人泄漏合同中的商业秘密的
D. 订立合同时，提供虚假情况的
E. 假借订立合同，恶意磋商的

解析 本题考核缔约过失责任。当事人在订立合同过程中有下列情形之一，给对方造成损失的，应当承担损害赔偿责任：(1)假借订立合同，恶意进行磋商；(2)故意隐瞒与订立合同有关的重要事实或者提供虚假情况；(3)泄露或者不正当地使用在订立合同中知悉的商业秘密或信息；(4)有其他违背诚实信用原则的行为。**答案** ADE

[例题15·多选题]（2011年）韩某患病去医院治疗，需要开刀手术。陈医生为韩某施行手术，将纱布遗留在韩某体内。在韩某接受复查时，张医生发现这一情况，并经再次手术，才将纱布取出。下列关于本案性质、提起诉讼事项的表述中，正确的有（ ）。

A. 本案性质属于违约而不是侵权
B. 本案性质属于侵权而不是违约
C. 本案性质属于违约和侵权的竞合
D. 韩某只能选择侵权或者违约中的一项向法院提起诉讼
E. 韩某可以向法院同时提起违约诉讼和侵权诉讼

解析 本题考核违约责任和侵权责任的区别和竞合。韩某在医院进行手术，实际上是与医院签订了一个治疗合同。陈医生在手术时操作失误，将纱布遗留在韩某体内的情形属于未履行合同义务的行为，构成违约。同时该行为对韩某的人身造成了一定的损害，所以也构成侵权。根据法律规定，一行为同时构成违约和侵权时，构成责任的竞合。韩某只能选择其中一种责任提起诉讼，要求对方承担责任。**答案** CD

十、典型合同

扫我解疑难

（一）买卖合同 ★★

1. 买卖合同是转移财产所有权、<u>诺成</u>、<u>双务和有偿</u>合同。

2. 标的物的风险负担

(1)一般情况下，标的物毁损、灭失的风险，自标的物"交付时"转移。

【知识点拨】 但标的物的所有权转移和风险的承担可能不一致，因此所有权转移与否不是确定风险转移的标准。

(2)因买受人的原因致使标的物不能按照约定的期限交付的，买受人应当自"违反约定之日"起承担标的物毁损、灭失的风险。

【知识点拨】 房屋毁损、灭失的风险，在交付使用前由出卖人承担，交付使用后由买

受人承担；买受人接到出卖人的书面交房通知，无正当理由拒绝接收的，房屋毁损、灭失的风险自书面交房通知确定的交付使用之日起由买受人承担，但法律另有规定或者当事人另有约定的除外。

(3)当事人没有约定交付地点或者约定不明确，标的物需要运输的，出卖人将标的物交付给"第一承运人"，标的物毁损、灭失的风险由买受人承担。

(4)出卖人出卖交由承运人运输的"在途标的物"，除当事人另有约定的以外，毁损、灭失的风险自"合同成立之日"起由买受人承担。

【知识点拨】出卖人出卖交由承运人运输的在途标的物，在合同成立时知道或者应当知道标的物已经毁损、灭失却未告知买受人，买受人主张出卖人负担标的物毁损、灭失的风险的，人民法院应予支持。

(5)因标的物不符合质量要求，致使不能实现合同目的，买受人可以拒绝接受标的物或者解除合同。买受人拒绝接受标的物或者解除合同的，标的物毁损、灭失的风险由出卖人承担。

3. 买卖合同标的物孳息的归属：标的物在交付之前产生的孳息，归出卖人所有，交付之后产生的孳息，归买受人所有。

4. 分期付款买卖中出卖人的解除权

分期付款的买受人未支付到期价款的金额达到全部价款的五分之一，经催告后在合理期限内仍未支付的，出卖人可以要求买受人支付全部价款或解除合同。

出卖人解除合同的，可以向买受人要求支付该标的物的使用费。

(二)赠与合同★★

1. 赠与合同是转移财产所有权的合同；诺成、无偿、单务合同、不要式合同。

2. 赠与合同的撤销

(1)任意撤销。

赠与人在赠与财产的权利"转移之前可以撤销"赠与。

【知识点拨】具有救灾、扶贫、助残等公益、道德义务性质的赠与合同或者经过公证的赠与合同，不得撤销。

(2)法定撤销。

受赠人有下列法定情形之一的，无论赠与财产的权利是否转移，赠与是否具有救灾、扶贫、助残性质或者经过公证，赠与人均可以撤销赠与：

①严重侵害赠与人或其近亲属的合法权益；②对赠与人有扶养义务而不履行；③不履行赠与合同约定的义务。

3. 撤销权的时效

(1)赠与人的撤销权，自知道或者应当知道撤销原因之日起"1年内"行使；

(2)赠与人的继承人或者法定代理人的撤销权，应当自知道或者应当知道撤销事由之日起"6个月内"行使。

4. 赠与人的义务

(1)因赠与人故意或者重大过失，致使应当交付的赠与财产毁损、灭失的，赠与人应承担损害赔偿责任。

(2)赠与人故意不告知赠与的财产有瑕疵或者保证赠与的财产无瑕疵，造成受赠人损失的，赠与人应承担赔偿责任。

【知识点拨】赠与人的经济状况显著恶化，严重影响其生产经营或者家庭生活的，可以不再履行赠与义务。

(三)借款合同★★

1. 借款合同类型(见表9-30)

表9-30 借款合同类型

商业借款	诺成、要式、有偿合同
民间借贷	自然人借款：实践合同、不要式合同。交付借款时成立
	其他民间借贷(法人、其他组织等)：除当事人另有约定或者法律另有规定外，当事人可以主张合同成立即生效

2. 民间借贷的利息与利率(见表9-31)

表 9-31 民间借贷的利息与利率

利息	没有约定：全部视为无息 约定不明，区分处理： (1)自然人借款：视为无息； (2)其他民间借贷：结合合同内容，并根据当地或者当事人的交易方式、交易习惯、市场报价利率等因素确定利息
利率	(1)借期利率： 上限：一年期贷款市场报价利率的4倍 (2)逾期利率： 有约定按约定，但不能超过一年期贷款市场报价利率的4倍； 未约定，分情况处理： ①未约定借期利率，又未约定逾期利率：逾期参照1年期贷款市场利率报价标准计算； ②约定了借期利率，未约定逾期利息：逾期按借期利率计算

3. 民间借贷合同的无效

具有下列情形之一的，人民法院应当认定民间借贷合同无效：

(1)套取金融机构贷款转贷的；

(2)以向其他营利法人借贷、向本单位职工集资，或者以向公众非法吸收存款等方式取得的资金转贷的；

(3)未依法取得放贷资格的出借人，以营利为目的向社会不特定对象提供借款的；

(4)出借人事先知道或者应当知道借款人借款用于违法犯罪活动仍然提供借款的；

(5)违反法律、行政法规强制性规定的；

(6)违背公序良俗的。

(四)租赁合同★

1. 租赁合同是诺成、双务、有偿合同。

2. 租赁合同的期限

(1)租赁合同的期限超过 20 年的，超过部分无效。

(2)租赁期间届满，当事人可以续订租赁合同，但约定的租赁期限自续订之日起仍不得超过20年。

3. 不定期租赁

(1)租赁期限6个月以上的，合同应当采用书面形式。当事人未采用书面形式无法确定租赁期限的，视为不定期租赁；

(2)当事人对租赁期限没有约定或者约定不明确，依照《民法典》有关规定仍不能确定的，视为不定期租赁；

(3)租赁期届满，承租人继续使用租赁物，出租人没有提出异议的，原租赁合同继续有效，但租赁期限为不定期。

【知识点拨】对于不定期租赁，"双方当事人"均可以随时解除合同，但解除合同应当在合理期限之前通知对方。

4. 出租人的义务

(1)出租人应当履行租赁物的维修义务，另有约定的除外；

(2)出租人未履行维修义务的，承租人可自行维修，维修费用由出租人负担；

(3)因维修影响使用的，应相应减少租金或延长租期。

5. 承租人的义务(见表9-32)

表 9-32 承租人的义务

租金支付	(1)期限未确定，协议补充→合同相关条款或交易习惯→不满1年，期限届满时支付；1年以上，每届满1年时支付，剩余部分届满时支付。 (2)承租人无正当理由未付或延付租金：合理期限内支付→逾期不支付，出租人可解除合同

续表

禁止任意添附	承租人经出租人同意，可对租赁物进行改善或增设他物，如未经出租人同意，可要求承租人恢复原状或赔偿损失
依约使用	(1) 承租人按约定的方法或根据租赁物的性质使用租赁物，致使租赁物受到损耗的，不承担损害赔偿责任。 (2) 承租人未按约定的方法或未根据租赁物的性质使用租赁物，致使租赁物受到损失的，出租人可以解除合同并要求赔偿损失
禁止任意转租	(1) 承租人未经出租人同意转租：出租人可以解除合同。出租人知道或者应当知道承租人转租，但是在6个月内未提出异议的，视为出租人同意转租。 (2) 承租人经出租人同意转租：承租人与出租人的租赁合同继续有效，第三人对租赁物造成损失的，承租人应当赔偿损失（指承担违约责任）

6. 买卖不破租赁

租赁物在承租人按合同占有期限内发生所有权变动的，不影响租赁合同的效力，即"买卖不破租赁"。

【知识点拨】所有的所有权让与均不破租赁，并非局限于买卖。

7. 房屋租赁合同：出租人出卖租赁房屋的，应当在出卖之前的合理期限内通知承租人，承租人享有在同等条件下优先购买的权利。但房屋共有人行使优先购买权或出租人将房屋卖给近亲属的除外。

【知识点拨1】只有在房屋租赁中才有优先购买权，对于其他标的的租赁，并不适用优先购买权。

【知识点拨2】租期届满，房屋承租人有以同等条件优先承租的权利。

（五）融资租赁合同★★

1. 定义：出租人根据承租人对出卖人、租赁物的选择，向出卖人购买租赁物，提供给承租人使用，承租人支付租金的合同。

2. 特征

(1) 涉及两个合同关系，买卖和租赁。涉及三方当事人：出租人（买受人）、承租人、供货商（出卖人）；

(2) 与传统租赁合同不同，融资租赁合同的出租人对租赁物无瑕疵担保责任；

(3) 融资租赁合同的期限较长且无上限限制；

(4) 承租人于租赁期满享有选择权：留购、退租、续租；

(5) 融资租赁合同的出租人须为专营融资租赁业务的法人；

(6) 融资租赁合同为诺成、双务、有偿、要式合同。

（六）保理合同

1. 保理合同：是指应收账款债权人将现有的或者将有的应收账款转让给保理人，保理人提供资金融通、应收账款管理或者催收、应收账款债务人付款担保等服务的合同。

2. 保理合同应当采用书面形式。

3. 保理合同可准用借款、委托、担保等相应的典型合同规定。

4. 保理合同为诺成、要式、双务、有偿合同。

5. 多个保理合同并存的效力规则

应收账款债权人就同一应收账款订立多个保理合同，致使多个保理人主张权利的，适用下列规则：

(1) 已登记的先于未登记的取得应收账款；

(2) 均已登记的，按照登记的先后顺序取得应收账款；

(3) 均未登记的，由最先到达应收账款债务人的转让通知中载明的保理人取得应收账款；

(4) 既未登记也未通知的，按照应收账款比例取得应收账款。

（七）承揽合同★

1. 承揽合同是双务、诺成、有偿合同。

2. 承揽人将其承揽的"主要工作"交由第三人完成的，应当就该第三人完成的工作成果向定作人负责；未经定作人同意的，定作人可以解除合同。

3. 定作人可以"**随时解除**"承揽合同，但定作人因此造成承揽人损失的，应当赔偿损失。

（八）建设工程合同★

1. 形式：建设工程合同应当采用书面形式，属于要式合同。

2. 承包人：应当具备相应的资质。

3. 分包和转包（见表9-33）

表 9-33　分包和转包

分包	经发包人同意，总承包人可以将自己承包的"部分工作"交由有资质的第三人完成。第三人就其完成的工作成果与总承包人向发包人承担"连带责任"。主体结构的施工必须由总承包人自行完成。禁止分包人将其承包的工程再分包。 【知识点拨】分包的四个条件：同意、资质、不得再分包、主体自行完成
转包	总承包人不得将其承包的建设工程全部转包给第三人或者将其承包的全部建设工程支解后以分包的名义分别转包给第三人

4. 承包人的优先受偿权：发包人未按照约定支付工程价款的，承包人可以催告发包人在合理期限内支付价款。发包人逾期不支付的，除根据建设工程的性质不宜折价、拍卖外，承包人可以与发包人协议将工程折价，也可以申请人民法院将该工程依法拍卖，建筑工程的价款享有优先受偿权。

（九）运输合同★

运输合同的特征：（1）双务、有偿合同；（2）大部分运输合同是诺成性合同；（3）运输合同多为定型化合同。

1. 客运合同

（1）承运人擅自降低服务标准的，应当根据旅客的要求退票或者减收票款；提高服务标准的，不应当加收票款。

（2）承运人应当对运输过程中旅客的伤亡承担损害赔偿责任，但伤亡是旅客"自身健康原因"造成的或者承运人证明伤亡是旅客"故意、重大过失"造成的除外。

2. 货运合同

（1）在承运人将货物交付收货人之前，托运人可以要求承运人中止运输、返还货物、变更到达地或者将货物交给其他收货人，但应当赔偿承运人因此受到的损失。

（2）承运人对运输过程中货物的毁损、灭失承担损害赔偿责任；但承运人证明货物的毁损、灭失是因不可抗力、托运人的过错造成的，不承担损害赔偿责任。

（3）货物在运输过程中因不可抗力灭失，未收取运费的，承运人不得要求支付运费；已经收取运费的，托运人可以要求返还。

3. 单式联运合同

两个以上承运人以**同一运输方式**联运的，与托运人订立合同的承运人应当对全程运输承担责任。损失发生在某一运输区段的，与托运人订立合同的承运人和该区段的承运人承担连带责任。

（十）保管合同★

1. 保管合同的法律特征

（1）多是践成合同。

（2）标的是保管行为；

（3）可以有偿，也可以无偿；

（4）保管合同为不要式合同。

2. 寄存人寄存货币、有价证券或者其他贵重物品的，应当向保管人声明，由保管人验收或者封存。寄存人未声明的，该物品毁损、灭失后，保管人可以按照一般物品予以赔偿。

3. 寄存人未按照约定支付保管费以及其他费用的，保管人对保管物享有留置权，但当事人另有约定的除外。

（十一）仓储合同★

1. 仓储合同特征：（1）保管人须为有仓储设备并专事仓储保管业务的人；（2）仓储物应当是动产；（3）诺成、双务、有偿合同；

(4)存货人主张货物已交付或行使返还请求权以仓单为凭证。

2. 存货人或者仓单持有人在仓单上背书并经保管人签字或者盖章的，可以转让提取仓储物的权利。

3. 储存期间届满，仓单持有人逾期提取的，应当加收仓储费；提前提取的，"不减收"仓储费。

（十二）委托合同★

1. 委托合同的法律特征

（1）标的是处理事务的行为。

（2）受托人须在委托人授权范围内进行活动，活动的法律效果包括风险均由委托人承担。

（3）是诺成性、不要式合同。

（4）委托合同可有偿，亦可无偿。

2. 委托合同的随时解除

"委托人或者受托人"可以随时解除委托合同，因解除合同给对方造成损失的，除不可归责于该当事人的事由以外，应当赔偿损失。

『总结』随时解除的合同：承揽合同的定作人；委托合同的双方；运输合同的托运人；不定期租赁合同的双方。

（十三）物业服务合同

1. 物业服务合同：指物业服务人在物业服务区域内，为业主提供建筑物及其附属设施的维修养护、环境卫生和相关秩序的管理维护等物业服务，业主支付物业费的合同。

2. 物业服务合同应当采用书面形式。

（1）物业服务合同是一种**特殊的委托合同**。

（2）物业服务合同是**以劳务给付**为客体的合同。

（3）物业服务合同为**诺成、有偿、双务、要式**合同。

3. 物业服务人的权利和义务

（1）收取物业费的权利。

（2）亲自提供物业服务义务。物业服务人应当按照约定提供物业服务，不得将其应当提供的全部物业服务转委托给第三人，或者将全部物业服务支解后分别转委托给第三人。

（3）有权随时解除不定期物业服务合同，但是应当提前60日书面通知对方。

4. 业主的权利和义务

（1）选择物业服务人的权利。

（2）与物业服务人签订物业服务合同的权利。

（3）支付物业费义务。

（4）有权随时解除不定期物业服务合同，但是应当提前60日书面通知对方。

（十四）行纪合同★

1. 定义：当事人约定，一方接受他方的委托，以自己的名义用他方的费用，为他方从事贸易（办理购销、寄售等）并获得报酬的合同。

2. 特征：双务、有偿、诺成、不要式合同。

3. 卖高或卖低

行纪人低于委托人指定的价格卖出或高于委托人指定的价格买入，应当经委托人同意。不经同意，行纪人补偿差额。

4. 与自己交易：行纪人卖出或者买入市场定价的商品，除委托人有相反的意思表示外，行纪人自己可以作为买受人或者出卖人。在此情况下，行纪人仍然可以要求委托人支付报酬。

5. 责任承担：行纪人与第三人订立合同的，行纪人对该合同直接享有权利、承担义务。第三人不履行义务致使委托人受到损害的，"行纪人"应当承担损害赔偿责任，但行纪人与委托人另有约定的除外。

6. 委托人逾期不支付报酬的，行纪人对委托物享有留置权。

『总结』有留置权的合同：保管、运输、仓储、承揽、行纪合同。

（十五）中介合同★

1. 定义：一方为他方提供与第三人订约的机会或为订约提供媒介服务，他方给付一定报酬的合同。

2. 特征：双务、有偿、诺成、不要式合同。

3. 费用

(1)中介人促成合同成立的,中介活动的费用,由中介人负担。

(2)中介人未促成合同成立的,不得要求支付报酬,但可以按照约定要求委托人支付从事中介活动支出的必要费用。

(十六)合伙合同

1. 合伙合同:指二个以上合伙人为了共同的事业目的,订立的互约出资、共享利益、共担风险的合同。

(1)合伙合同是多方法律行为;

(2)合伙合同是诺成、不要式合同;

(3)合伙合同以经营共同事业为目的。

2. 合伙人的权利

(1)合伙人的出资、因合伙事务依法取得的收益和其他财产,属于合伙财产。合伙合同终止前,合伙人不得请求分割合伙财产。

(2)合伙人对合伙期限没有约定或者约定不明确,根据相关法律规定仍不能确定的,视为不定期合伙。合伙人可以随时解除不定期合伙合同,但是应当在合理期限之前通知其他合伙人。

3. 合伙人的义务和责任

(1)合伙人应当按照约定的出资方式、数额和缴付期限,履行出资义务。一个或者数个合伙人不履行出资义务的,其他合伙人不能因此拒绝出资。

(2)合伙人对合伙债务承担连带责任。

【例题16·单选题】(2020年)甲乙在干洗机买卖合同中约定,在乙付清全部货款之前,干洗机所有权仍属于甲。随后,甲将干洗机交付给乙。根据《民法典》规定,下列关于甲乙约定的效力及干洗机所有权归属的说法中,正确的是( )。

A. 甲乙约定有效,在货款付清之前,干洗机所有权归属于甲

B. 甲乙约定可撤销,在货款付清之前,乙可以撤销

C. 甲乙约定效力待定,在货款付清之时确定生效

D. 甲乙约定无效,在货款付清之前,干洗机所有权归属于乙

解析 本题考核所有权保留的买卖合同。当事人可以在买卖合同中约定买受人未履行支付价款或者其他义务的,标的物的所有权属于出卖人。所以甲乙的约定有效,在货款付清之前,干洗机的所有权归甲所有。所以选项A正确。 答案 A

【例题17·单选题】(2016年)甲以分期付款方式购买乙的房屋,将自己的汽车"押"给乙作为购房的担保。双方约定,担保期间该车仍由甲使用;房屋产权变更登记于甲付清最后一笔房款后办理。下列关于本案当事人之间法律关系的说法中,正确的是( )。

A. 甲、乙之间存在所有权保留买卖关系

B. 甲、乙之间存在债权债务关系

C. 甲、乙之间存在保证合同关系

D. 甲、乙之间存在质押担保关系

解析 本题考核买卖合同、质押。所有权保留的规定不适用于不动产,本题是房屋买卖,房屋属于不动产,不适用所有权保留买卖的规定。所以选项A错误。甲、乙之间存在有效的房屋买卖合同,属于合同之债。所以选项B正确。甲、乙之间的买卖合同没有第三人提供保证,不存在保证合同关系。所以选项C错误。质权自出质人交付质押财产时成立。本题中,甲未将质物汽车交付给乙,故质权未设立。所以选项D错误。

答案 B

【例题18·单选题】(2020年)甲公司租用乙公司的仓库,租期3年,租金月付。租期届满后,甲公司继续缴纳租金,乙公司亦未拒绝。3个月后,乙公司将该仓库出租给丙公司。因丙公司要求甲公司限期腾退仓库而引发纠纷。根据《民法典》规定,下列关于本案租期届满后甲乙租赁合同效力的说法中,正确的是( )。

A. 租期届满后甲乙租赁合同效力待定,若乙事后明确同意续租则有效

B. 租期届满后因双方并未续订,甲乙租

赁合同终止

C. 租期届满后甲乙租赁合同继续有效，且乙有权随时解除租赁合同

D. 租期届满后乙仍接受甲缴纳的租金，可视为双方租赁合同续订3年

解析 ▶ 本题考核租赁合同。租赁期限届满，承租人继续使用租赁物，出租人没有提出异议的，原租赁合同继续有效，但是租赁期限为不定期。不定期租赁合同的当事人可以随时解除合同。所以选项 C 正确。

答案 ▶ C

【**例题 19·单选题**】（2020 年）甲委托乙房产中介公司帮其寻找合适的房源。乙公司经筛选发现丙的待售房屋满足甲的要求，遂向甲报告。之后，甲与丙约定 10 日内签订房屋买卖合同。丙因意外事故未能在 10 日内从国外返回，导致甲丙房屋买卖合同未能签订。根据《民法典》规定，下列关于乙中介公司报酬及费用请求权的说法中，正确的是( )。

A. 因未促成甲丙签订房屋买卖合同，乙公司不能请求甲支付报酬

B. 乙公司可以请求甲与丙各支付一半报酬

C. 乙公司可以请求甲支付其从事中介活动的报酬及产生的必要费用

D. 乙公司可以请求丙支付其从事中介活动产生的全部必要费用

解析 ▶ 本题考核中介合同。中介人未促成合同成立的，不得请求支付报酬；但是，可以按照约定请求委托人支付从事中介活动支出的必要费用。所以选项 A 正确。

答案 ▶ A

十一、侵权法律制度

（一）侵权行为界定★

侵权行为是一种侵害他人"民事权益"，而依法律的规定，应对所生损害负赔偿责任的致害行为。

【**知识点拨**】"民事权益"包括生命权、身体权、健康权、姓名权、肖像权、名誉权、荣誉权、隐私权、婚姻自主权、个人信息、物权、债权、知识产权、继承权、股权、数据、网络虚拟财产等人身、财产权益。

（二）侵权责任法的归责原则（见表 9-34）★★

表 9-34 侵权责任法的归责原则

类型	概念	举证	情形
过错责任原则	因过错侵害他人民事权益，应当承担侵权责任	原告举证	一般情况
过错推定责任原则	推定行为人有错，行为人不能证明自己没错，就应承担侵权责任	被告举证	建筑物等物件致害等
无过错责任原则	无论行为人有无过错，法律规定应当承担侵权责任	无须举证	产品责任、高度危险作业、污染环境、监护、雇主侵权

（三）侵权责任的构成要件★★★

1. 过错侵权责任的构成要件有：（1）损害；（2）加害行为违法；（3）加害行为与损害之间存在因果关系；（4）行为人有过错。

2. 无过错责任的构成要件主要有：（1）损害；（2）加害行为违法；（3）加害行为与损害之间的因果关系。

（四）免除责任和减轻责任事由★★★

1. 正当理由包括：（1）依法执行职务；（2）正当防卫；（3）紧急避险；（4）**紧急救助**；（5）自助行为。

2. 外来原因包括：（1）自甘冒险、受害人过错；（2）第三人的过错；（3）不可抗力。

（五）数人侵权★★

1. 教唆、帮助他人实施侵权行为的，应当与行为人承担连带责任。

2. 教唆、帮助无民事行为能力人、限制民事行为能力人实施侵权行为的，应当承担侵权责任。

【知识点拨】该无民事行为能力人、限制民事行为能力人的监护人未尽到监护责任的，应当承担相应的责任。

3. 共同危险行为：二人以上实施危及他人人身、财产安全的行为，其中一人或者数人的行为造成他人损害，能够确定具体侵权人的，由侵权人承担责任；不能确定具体侵权人的，行为人承担连带责任。

（六）关于主体的特殊规定★★

1. 监护侵权（无过错责任的归责原则）

（1）无民事行为能力人、限制民事行为能力人造成他人损害的，由监护人承担侵权责任。监护人尽到监护责任的，可以减轻其侵权责任。

（2）有财产的无民事行为能力人、限制民事行为能力人造成他人损害的，从本人财产中支付赔偿费用。不足部分，由监护人赔偿。

2. 意识丧失侵权

（1）完全民事行为能力人对自己的行为暂时没有意识或者失去控制造成他人损害有过错的，应当承担侵权责任；没有过错的，根据行为人的经济状况对受害人进行适当补偿。

（2）完全民事行为能力人因醉酒、滥用麻醉药品或者精神药品对自己的行为暂时没有意识或者失去控制造成他人损害的，应当承担侵权责任。

3. 雇主责任

（1）用人单位的工作人员因执行工作任务造成他人损害的，由用人单位承担侵权责任。

（2）劳务派遣期间，被派遣的工作人员因执行工作任务造成他人损害的，由接受劳务派遣的用工单位承担侵权责任；劳务派遣单位有过错的，承担相应的责任。

（3）个人之间形成劳务关系，提供劳务一方因劳务造成他人损害的，由接受劳务一方承担侵权责任。提供劳务期间因第三人的行为造成提供劳务一方损害的，提供劳务一方有权请求第三人承担侵权责任，也有权请求接受劳务一方给予补偿。

4. 网络侵权（过错责任）（见表9-35）

表9-35　网络侵权

网络用户、网络服务提供者利用网络侵权	承担侵权责任	
网络用户利用网络服务侵权	网络服务提供者接到被侵权人的通知后，未及时采取必要措施	对损害的扩大部分与该网络用户承担连带责任
	网络服务提供者知道或应当知道，未采取必要措施	与该网络用户承担连带责任

5. 安全保障义务人侵权

（1）宾馆、商场、银行、车站、娱乐场所等公共场所的管理人或者群众性活动的组织者，未尽到安全保障义务，造成他人损害的，应当承担侵权责任。

（2）因第三人的行为造成他人损害的，由第三人承担侵权责任；管理人或者组织者未尽到安全保障义务的，承担相应的补充责任。

6. 教育机构侵权

（1）过错推定责任：无民事行为能力人在幼儿园、学校或者其他教育机构学习、生活期间受到人身损害的，幼儿园、学校或者其他教育机构应当承担责任，但能够证明尽到教育、管理职责的，不承担责任（过错推定责任原则）。

（2）过错责任：限制民事行为能力人在学校或者其他教育机构学习、生活期间受到人身损害，学校或者其他教育机构未尽到教育、管理职责的，应当承担责任（过错责任原则）。

（3）补充责任：无民事行为能力人或者限制民事行为能力人在幼儿园、学校或者其他教育机构学习、生活期间，受到幼儿园、学校或者其他教育机构以外的第三人人身损害的,由第三人承担侵权责任;幼儿园、学校或者其他教育机构未尽到管理职责的,承担相应的补充责任。

(七)危险活动及物件致害侵权★★

1. 产品责任(无过错责任原则)

(1)因产品存在缺陷造成他人损害的,被侵权人可以向产品的生产者请求赔偿,也可以向产品的销售者请求赔偿。

产品缺陷由生产者造成的,销售者赔偿后,有权向生产者追偿。因销售者的过错使产品存在缺陷的,生产者赔偿后,有权向销售者追偿。

因运输者、仓储者等第三人的过错使产品存在缺陷,造成他人损害的,产品的生产者、销售者赔偿后,有权向第三人追偿。

(2)因产品缺陷危及他人人身、财产安全的,被侵权人有权请求生产者、销售者承担停止侵害、排除妨碍、消除危险等侵权责任。

明知产品存在缺陷仍然生产、销售,或者没有依法采取有效补救措施,造成他人死亡或者健康严重损害的,被侵权人有权请求相应的惩罚性赔偿。

2. 机动车交通事故责任

(1)当事人之间已经以买卖或者其他方式转让并交付机动车但是未办理登记,发生交通事故造成损害,属于该机动车一方责任的,由受让人承担赔偿责任。

(2)以挂靠形式从事道路运输经营活动的机动车,发生交通事故造成损害,属于该机动车一方责任的,由挂靠人和被挂靠人承担连带责任。

(3)以买卖或者其他方式转让拼装或者已达到报废标准的机动车,发生交通事故造成损害的,由转让人和受让人承担连带责任。

(4)非营运机动车发生交通事故造成无偿搭乘人损害,属于该机动车一方责任的,应当减轻其赔偿责任,但是机动车使用人有故意或者重大过失的除外。

3. 医疗损害侵权(见表9-36)

表9-36 医疗损害侵权

患者在诊疗活动中受到损害,医疗机构及其医务人员有过错的	过错责任
医疗人员在诊疗活动中未尽到与当时的医疗水平相应的诊疗义务	过错责任
对因药品、消毒产品、医疗器械的缺陷,或输入不合格的血液造成患者损害:**可向药品上市许可持有人、生产者或血液提供机构请求赔偿,也可向医疗机构请求赔偿**	无过错责任
泄露患者隐私和个人信息或未**经患者同意公开病历资料**	

4. 环境污染侵权(适用无过错责任原则)

(1)因污染环境、破坏生态造成他人损害的,侵权人应当承担侵权责任。

(2)侵权人违反国家规定故意污染环境、破坏生态造成严重后果的,被侵权人有权请求相应的**惩罚性赔偿**。

(3)因第三人的过错污染环境、破坏生态的,被侵权人可以向侵权人请求赔偿,也可以向第三人请求赔偿。侵权人赔偿后,有权向第三人追偿。

5. 高度危险作业侵权(无过错归责原则)(见表9-37)

表9-37 高度危险作业侵权

民用核设施事故	(1)经营者承担责任; (2)免责情形:战争等情形、受害人故意
民用航空器致害	(1)经营者承担责任; (2)免责情形:受害人故意

续表

易燃、易爆、剧毒、高放射性等高度危险物致害	(1)占有人或者使用人承担责任； (2)免责情形：受害人故意、不可抗力； (3)减责情形：被侵权人有重大过失
高空、高压、地下挖掘活动或者高速轨道运输工具侵权	(1)经营者承担责任； (2)免责情形：受害人故意、不可抗力； (3)减责情形：被侵权人有重大过失
遗失、抛弃高度危险物致害	(1)所有人承担责任； (2)所有人交由他人管理的，由管理人承担侵权责任；所有人有过错的，与管理人承担连带责任
非法占有高度危险物致害	(1)由非法占有人承担责任；——无过错 (2)所有人、管理人不能证明对防止他人非法占有尽到高度注意义务的，与非法占有人承担连带责任——过错推定+连带
未经许可进入高度危险活动(或高度危险物存放)区域受到损害	管理人能够证明已经采取安全措施并尽到警示义务的，可以减轻或者不承担责任

6. 饲养动物侵权(无过错归责原则)

(1)饲养的动物造成他人损害的，动物饲养人或者管理人应当承担侵权责任，但能够证明损害是因被侵权人故意或者重大过失造成的，可以不承担或者减轻责任。

(2)禁止饲养的烈性犬等危险动物造成他人损害的，动物饲养人或者管理人应当承担侵权责任。

(3)动物园的动物造成他人损害的，动物园应当承担侵权责任；但是，能够证明尽到管理职责的，不承担侵权责任。

(4)遗弃、逃逸的动物在遗弃、逃逸期间造成他人损害的，由动物原饲养人或者管理人承担侵权责任(过错推定责任)。

(5)因第三人的过错致使动物造成他人损害的，被侵权人可以向动物饲养人或者管理人请求赔偿，也可以向第三人请求赔偿。

【知识点拨】动物饲养人或者管理人赔偿后，有权向第三人追偿。

7. 物件致害侵权(见表9-38)

表9-38　物件致害侵权

无过错责任	(1)倒塌致损 ①质量问题倒塌：建筑物、构筑物或其他设施倒塌、塌陷造成他人损害的，由建设单位与施工单位承担连带责任。赔偿后，有其他责任人的，有权向其他责任人追偿。 ②非质量问题倒塌：因其他责任人的原因，建筑物、构筑物或者其他设施倒塌造成他人损害的，由其他责任人承担侵权责任。 (2)在公共道路上堆放、倾倒、遗撒妨碍通行的物品造成他人损害的，由行为人承担侵权责任
过错推定	(1)建筑物、构筑物或其他设施及其搁置物、悬挂物发生脱落、坠落造成损害，由不能证明自己没有过错的所有人、管理人或使用人承担责任。赔偿后有其他责任人，有权追偿。 (2)从建筑物中抛掷物品或从建筑物上坠落的物品造成他人损害，难以确定具体侵权人，除能够证明自己不是侵权人的外，由可能加害的建筑物使用人给予补偿。 (3)堆放物倒塌造成他人损害，由不能证明自己没有过错的堆放人承担责任。 (4)因林木折断造成他人损害，由不能证明自己没有过错的林木的所有人或管理人承担责任。 (5)在公共场所或者道路上挖坑、修缮安装地下设施等造成他人损害，施工人不能证明已经设置明显标志和采取安全措施的，由施工人承担侵权责任。窨井等地下设施造成他人损害，由不能证明尽到管理职责的管理人承担侵权责任

【例题20·单选题】（2020年）甲公司铺设燃气管道，在道路中挖一条深沟，设置了明显路障和警示标志。乙驾车撞倒全部标志，致丙摩托车路经该地时避让不及而驶向人行道，撞伤行人丁。根据《民法典》规定，丁所受损害应当（ ）。

A. 由甲乙共同承担连带赔偿责任
B. 由乙承担赔偿责任
C. 由乙丙共同承担连带赔偿责任
D. 由甲乙丙共同承担连带赔偿责任

解析 本题考核建筑物和物件损害责任。在公共场所或者道路上挖掘、修缮安装地下设施等造成他人损害，施工人不能证明已经设置明显标志和采取安全措施的，应当承担侵权责任。这里甲公司已经设置了明显的路障和警示标志，不需要承担侵权责任。所以选项AD错误。因紧急避险造成损害的，由引起险情发生的人承担民事责任。所以选项B正确，选项C错误。**答案** B

【例题21·单选题】（2019年）下列侵权行为中，适用过错推定责任原则的是（ ）。

A. 甲医生给乙做手术时将纱布遗漏在乙体内，致乙损害
B. 甲驾车超速将路人乙撞成重伤
C. 甲挂在阳台外侧晾晒的物品脱落将行人乙砸伤
D. 甲化工厂排放污水对乙承包人的农田造成污染

解析 本题考核危险活动及物件致害侵权。患者在诊疗活动中受到损害，医疗机构及其医务人员有过错的，由医疗机构承担赔偿责任。由此可知适用过错责任原则。所以选项A错误。机动车与行人、非机动车之间发生交通事故的，适用无过错责任。所以选项B错误。建筑物、构筑物或者其他设施及其搁置物、悬挂物发生脱落、坠落造成他人损害，所有人、管理人或者使用人不能证明自己没有过错的，应当承担侵权责任。由此可知适用过错推定责任原则。所以选项C正确。因污染环境造成损害的，污染者应当

承担侵权责任。由此可知适用无过错责任原则。所以选项D错误。**答案** C

【例题22·单选题】（2012年）甲、乙各自赶一头牛，同乘一条船过河。当时天下着大雨，船被洪水冲下来的石头击中，危及到人与船的安全。甲急中生智，将自己的牛推至河中，接着又将乙的牛推至河中，甲、乙才得以安全渡河，但两头牛均被大水冲走。乙提出，甲只能将自己的牛推下河，不应该将乙的牛也推下河，要求甲赔偿损失。甲不承担赔偿责任的抗辩事由是（ ）。

A. 甲的行为属于正当防卫
B. 甲的行为属于紧急避险
C. 甲的行为与损害结果没有因果关系
D. 本案属于意外事件

解析 本题考核免责事由。为了使本人或者第三人的人身或财产或者公共利益免遭正在发生的、实际存在的危险而不得已采取的一种加害于他人人身或财产的损害行为，称为紧急避险。**答案** B

【例题23·单选题】（2017年）根据《民法典》规定，在环境污染侵权纠纷中，污染者应当承担举证责任的是（ ）。

A. 损害事实
B. 污染者自身没有过失
C. 污染者自身没有故意
D. 污染行为与损害之间不存在因果关系

解析 本题考核环境污染侵权。《民法典》规定，污染者应当就法律规定的不承担责任或者减轻责任的情形及其行为与损害之间不存在因果关系承担举证责任。**答案** D

【例题24·多选题】（2020年）根据《民法典》规定，下列侵权行为中，适用过错推定责任的有（ ）。

A. 抛弃剧毒物品造成他人损害
B. 林木折断造成他人损害
C. 产品缺陷造成他人损害
D. 堆放物倒塌造成他人损害
E. 动物园的动物造成他人损害

解析 本题考核过错推定责任。遗失、

抛弃高度危险物造成他人损害的，由所有人承担侵权责任。此时适用无过错责任。所以选项A错误。因林木折断、倾倒或者果实坠落等造成他人损害，林木的所有人或者管理人不能证明自己没有过错的，应当承担侵权责任。此时适用过错推定责任。所以选项B正确。因产品存在缺陷造成他人损害的，生产者应当承担侵权责任。此时适用无过错责任。所以选项C错误。堆放物倒塌、滚落或者滑落造成他人损害，堆放人不能证明自己没有过错的，应当承担侵权责任。此时适用过错推定责任。所以选项D正确。动物园的动物造成他人损害的，动物园应当承担侵权责任；但是，能够证明尽到管理职责的，不承担侵权责任。此时适用过错推定责任。所以选项E正确。

答案 ▶ BDE

【例题25·综合题】（2019年）骑行爱好者甲因一次交通意外致右腿重度伤残，无法再从事骑行活动，遂有意出售其两辆名牌山地车。6月5日，甲在其"骑友微信群"中发信息，"本人有黑色、红色两辆九成新山地车出售，欢迎垂询。"甲还在此条信息下面上传了两辆山地车的图片。骑友乙于6月6日在微信群中向甲询价，甲当即在微信群中回复，"两辆车均卖7 000元"。乙觉得有些贵，犹豫两天后，于6月8日私信甲，"若5 000元，我就买一辆。"6月9日，甲微信回复乙："这样吧，我们各让一步，6 000元，不能再低了。"乙于6月10日微信回复甲，"好吧，就6 000元，至于买哪个颜色的，我再考虑考虑，15日之前告知你。"甲当即表示同意，但要求乙支付2 000元定金，6月11日，乙向甲微信转账1 500元作为定金，甲即刻微信收款1 500元。

6月12日，骑友丙私信甲称，"我参加6月13日的骑行活动，借你的山地车应急用一下，活动一结束就还给你"。甲微信回复丙同意出借。6月13日清早，丙到甲家将黑色山地车骑走。当日，丁驾驶货车闯红灯将丙撞伤，丙所骑山地车被货车辗轧报废。

6月14日，甲私信乙称："我不想卖红色山地车了，想留作纪念。"乙表示理解，但双方就定金返还数额主张不一，遂引起纠纷。

请根据案情，回答下列问题：

1. 下列有关甲、乙意思表示的性质认定的说法中，正确的有（　　）。

A. 6月8日乙的意思表示属于要约
B. 6月6日甲的意思表示属于要约邀请
C. 6月10日乙的意思表示属于承诺
D. 6月9日甲的意思表示属于承诺
E. 6月5日甲的意思表示属于要约邀请

解析 ▶ 本题考核要约与承诺。要约邀请是希望他人向自己发出要约的表示，所以选项E正确。6月6日甲的意思表示内容明确，属于要约。所以选项B错误。6月8日乙的意思表示内容明确，属于要约。所以选项A正确。6月9日甲的意思表示对乙的要约进行实质性变更，是新要约，不是承诺。所以选项D错误。承诺是受要约人同意要约的意思表示，乙6月10日的意思表示属于承诺。所以选项C正确。

答案 ▶ ACE

2. 下列有关甲、乙间买卖合同成立时间及所生之债类型归属的说法中，正确的有（　　）。

A. 甲、乙间买卖合同所生之债在合同成立时属于选择之债
B. 甲、乙间买卖合同在乙确定山地车颜色并告知甲时成立
C. 甲、乙间买卖合同所生之债在合同成立时属于任意之债
D. 甲、乙间买卖合同所生之债在黑色山地车受损报废之后属于简单之债
E. 甲、乙间买卖合同于6月10日成立

解析 ▶ 本题考核债的分类、合同的成立。选择之债，是指债的标的有数宗，当事人可以选择其中之一为履行标的的债，所以选项A正确。承诺生效时合同成立。所以选项B错误，选项E正确。任意之债，是指债权人或债务人可以约定用原定给付之外的其他给付来代替原定给付的债。所以选项C错

误。简单之债,是指债的标的只有一宗,当事人只能按该宗标的履行的债。所以选项D正确。

答案 ADE

3. 黑色山地车受损报废,对此,下列当事人的索赔主张及其理由中,能获得法律支持的有( )。

A. 甲基于侵权向丁主张索赔
B. 甲基于侵权向丙主张索赔
C. 丙基于侵权向丁主张索赔
D. 乙基于侵权向丁主张索赔
E. 甲基于借用合同向丙主张索赔

解析 本题考核侵权法律制度。甲作为所有权人,可以要求侵权人丁承担侵权责任;甲也可以基于借用合同追究借用人丙的赔偿责任。丙作为受害人可以基于侵权追究丁的赔偿责任。所以选项A、C、E正确。

答案 ACE

4. 本案中,甲、乙基于合同所提出的下列主张中,能获得法律支持的有( )。

A. 甲主张仅向乙返还1 500元
B. 乙主张甲返还3 000元
C. 乙主张甲返还2 700元
D. 甲主张仅向乙返还2 400元
E. 甲以乙未足额交付定金为由,主张乙承担违约责任

解析 本题考核定金。给付定金的一方不履行约定的债务的,致使不能实现合同目的的,无权要求返还定金;收受定金的一方不履行约定的债务的,致使不能实现合同目的的,应当双倍返还定金;而且定金不能超过主合同标的额的20%,所以是按照定金1 200双倍返还2 400元,多出的300元原数返还,合计是返还2 700元。所以选项C正确。实际交付的定金数额多于或者少于约定数额,视为变更定金合同;收受定金一方提出异议并拒绝接受定金的,定金合同不成立;甲未提出异议而接受了定金,定金合同成立。所以选项E错误。

答案 C

同步训练 限时60分钟

扫我做试题

一、单项选择题

1. 甲公司推出一款新手机,在其促销活动中称:"试用7天满意再付款",乙交了800元押金拿回一部手机试用,用了3天即发现该手机经常出现白屏且常自动关机,遂送回手机,取回押金,甲公司与乙之间手机买卖未做成的原因是( )。

A. 甲公司违约
B. 乙解除买卖合同
C. 买卖合同未生效
D. 乙违约

2. 周某到家具店买家具,看中了一套家具,并与家具店签订了合同,合同价款8 000元。周某预付货款4 000元,家具店保证3天内将货送到周某家。因为车辆紧张,家具店没有在3天内送货,而第4天家具店失火,此套家具被焚毁。根据法律规定,对本案正确的处理是( )。

A. 由周某承担损失,周某应补交所欠货款4 000元
B. 由家具店承担损失,家具店应退还周某预付货款4 000元
C. 由周某、家具店双方平均分担损失,周某不补交货款,家具店不退还预付货款
D. 主要由家具店承担损失,周某也应适当承担损失

3. 抗辩权是可以阻止请求权效力发生的权利,下列抗辩权中,合同双方当事人均可行使的是( )。

A. 不安抗辩权

B. 顺序履行抗辩权

C. 同时履行抗辩权

D. 先诉抗辩权

4. 甲、乙与丙就交通事故在交管部门的主持下达成《调解协议书》，由甲、乙分别赔偿丙5万元，甲当即履行。乙赔了1万元，余下4万元给丙打了欠条。乙到期后未履行，丙多次催讨未果，遂持《调解协议书》与欠条向法院起诉。对此，下列表述中正确的是（　　）。

A. 本案属侵权之债

B. 本案属合同之债

C. 丙可要求甲对剩余的4万元承担连带责任

D. 丙可要求甲对剩余的4万元承担补充责任

5. 甲常年在外地打工，家中的稻田闲置，同村乙便将甲的土地稍加改造后变成鱼塘养鱼。甲春节回家后发现自己的稻田变成了鱼塘，就向乙要求赔偿土地肥力的损失，并把鱼儿全部据为己有，到市场出卖。以下说法中错误的是（　　）。

A. 乙的行为构成侵权

B. 乙的行为构成无因管理

C. 乙应当赔偿甲土地的肥力损失

D. 乙有权要求甲返还卖鱼款

6. 根据合同法律制度的规定，下列选项可以作为债权人代位权的行使对象的是（　　）。

A. 刘海与刘洋之间因赡养关系而产生的赡养费请求权

B. 某学校教师汪洋享有的工资请求权

C. 郭林享有的其父母为其设定的人寿保险金领取权

D. 某天雨夜，孙倩替外出的邻居修理被风刮跑的屋顶而享有对其邻居的无因管理费用请求权

7. 徐某向高某借款，杨某为此提供连带保证担保，保证期间为1年。按照借款合同约定，徐某的还款日期为2013年10月1日。但直到2017年5月1日，高某从来没有向徐某或者杨某提出过任何还款请求。时至2017年5月2日，高某请求徐某还款。徐某说："我虽然也知道已经超过了3年的诉讼时效期限，但我还是愿意偿还借款。可是我现在没有钱，你可以请求杨某承担保证责任。"高某便请求杨某承担保证责任。对此，下列表述中正确的是（　　）。

A. 杨某应当无条件承担保证责任，因为徐某已经表示愿意继续承担债务

B. 杨某应当承担保证责任，因为其承担的是连带保证责任

C. 杨某应当承担保证责任，因为保证诉讼时效未经过

D. 杨某不再承担保证责任，因为高某未在保证期间内向其主张保证责任

8. 甲乙约定，甲向乙购买100万元货物，甲向乙交付30万元定金。3日后甲向乙交付25万元定金，乙称定金给付不足并拒绝接受，关于该定金合同的说法中，正确的是（　　）。

A. 定金合同已成立，因为甲、乙已达成约定

B. 定金合同已变更，因为甲向乙支付的定金数额少于约定的数额

C. 定金合同不成立，因为乙提出异议并拒绝接受定金

D. 定金合同无效，因为定金的数额超过主合同标的额的20%

9. 根据合同法律制度的规定，下列关于提存法律效果的表述中，正确的是（　　）。

A. 标的物提存后，债务人的债务归于消灭

B. 提存期间，标的物的孳息归债务人所有

C. 提存费用由债务人负担

D. 债权人提取提存物的权利，自提存之日起2年内不行使而消灭

10. 根据传统民法理论，下列合同中属于双务、有偿、诺成性的合同是（　　）。

A. 保管合同　　B. 借用合同

C. 委托合同　　D. 行纪合同

11. 华新公司与洪泽公司签订买卖钢材合同。

合同约定华新公司先交货。交货前夕，华新公司派人调查洪泽公司的偿债能力，有确切材料证明洪泽公司负债累累，根本不能按时支付货款。华新公司遂决定暂时不向洪泽公司交货。华新公司的行为是（　　）。

A. 违约行为
B. 行使顺序履行辩权
C. 行使不安抗辩权
D. 行使同时履行抗辩权

12. 甲商场为了抢占节日市场，在2017年11月向乙文化公司订购一批春联和福字，合同价款100万元，约定在农历十二月到来之前交付全部货物，甲先预付定金20万元。后甲实际给付25万元，乙公司没有表示异议，合同签订之后，乙公司没有按照约定的期限交付货物，下列说法正确的是（　　）。

A. 甲乙之间关于交付定金的协议是买卖合同的一部分
B. 乙公司迟延履行合同义务，根据定金罚则，甲商场可以要求乙公司双倍返还定金50万元
C. 乙公司迟延履行合同义务，甲商场有权要求乙公司支付违约金
D. 如果乙公司在春节的前一天履行交付义务，此时甲商场有权解除合同

13. 甲是羊贩，乙去甲处买羊，甲对乙说："你先牵回去试用，满意的话你就买下，价款2 000元。"乙牵回了3只羊，未付款。现在试用期限届满，乙决定购买该3只羊，但5天前甲与丙又签订了一份买卖合同，将该3只羊卖给丙，未说明与乙之间试用买卖的情况。现丙由于不能取得该3只羊，欲起诉甲，依照法律，甲不应承担的责任是（　　）。

A. 缔约过失责任　B. 违约责任
C. 赔偿损失　　　D. 履行不能

14. 下列关于融资租赁合同租赁物所有权归属的说法中，错误的是（　　）。

A. 在融资租赁合同存续期间，出租人享有租赁物的所有权
B. 出租人和承租人可以约定租赁期满租赁物的归属
C. 当事人对租赁期满租赁物归属没有约定的，依相关规定仍不能确定的，租赁物所有权归出租人
D. 当事人对租赁期满租赁物归属没有约定的，依相关规定仍不能确定的，租赁物所有权归承租人

15. 甲公司与乙公司签订行纪合同，约定乙公司以每套不低于3 000元的价格将甲公司的10套限量纪念邮票卖出。在销售过程中乙公司发现市场对该种邮票认同度并不高，最后经乙公司努力，其勉强以每套2 000元的价格全部售出。因乙公司低价售出行为未经甲公司同意，为此引起纠纷。下列说法正确的是（　　）。

A. 该买卖行为当然对甲公司发生效力
B. 该买卖行为对甲公司当然不发生效力
C. 乙公司补偿甲公司差额的，该买卖行为对甲公司发生效力
D. 该买卖行为对甲公司发生效力，但对其差额部分，甲、乙两公司应分担

16. 俊星商场委托浩天广告公司制作了一块宣传企业形象的广告牌，并由浩天公司负责安装在商场外墙。某日风大，广告牌被吹落砸伤过路人徐某。经查，广告牌的安装存在质量问题。关于徐某的损害，下列说法中正确的是（　　）。

A. 俊星商场承担赔偿责任，浩天公司承担补充赔偿责任
B. 浩天公司承担赔偿责任，俊星商场承担补充赔偿责任
C. 俊星商场承担赔偿责任，但其有权向浩天公司追偿
D. 浩天公司承担赔偿责任，俊星商场不承担责任

17. 张某在海角公司所开发的互联网网络社区中发帖，诽谤其同事包某，由于海角

网络社区影响力较广，包某的家人、朋友都看到此帖。包某遂联系海角公司要求其删掉相关内容，遭到海角公司的拒绝。该信息一直持续的在网络上传播，给包某的名誉造成极大损害。关于海角公司拒绝删帖后给包某造成的扩大损失的责任承担的说法中，正确的是(　　)。

A. 仅由海角公司承担全部责任
B. 仅由张某承担全部责任
C. 应由张某与海角公司承担连带责任
D. 应由张某承担主要责任，海角公司承担补充责任

18. 2020年5月10日，张某到某村送沙子，其经过王某家门前时，王某所养的烈性犬冲出院子扑向张某，张某往路旁躲闪，该犬将迎面走来的路人武某咬伤，武某为此支付医药费6 000余元，关于武某医药费的责任承担的说法中正确的是(　　)。

A. 应由张某承担全部责任
B. 应由王某承担全部责任
C. 张某属于紧急避险，由武某自担全部损失
D. 应由王某和张某承担连带责任

二、多项选择题

1. 甲发现一只羊在自家的田里吃麦苗，便将此羊牵回家，并精心喂养，一周后，乙发现自家丢失的羊在甲家的羊圈里，便向甲索要羊。甲同意乙将羊牵回，但提出了一些请求，甲的下列请求中，能够获得法律支持的有(　　)。

A. 请求乙支付麦苗损失费
B. 请求乙支付拾羊报酬
C. 请求乙支付饲料费
D. 请求乙支付为照顾羊产生的误工损失费
E. 请求乙支付精神损失费

2. 甲公司欠乙公司40万元，一直无力偿还；丙公司欠甲公司30万元，已到期，但甲公司怠于行使对丙公司的债权。对甲公司的行为，乙公司可以(　　)。

A. 提起代位权诉讼，要求丙公司偿还30万元
B. 以债务承担为由要求丙公司代甲公司偿还30万元
C. 要求甲公司承担乙公司因行使代位权所支出的必要费用
D. 以债权让与为由要求丙公司代甲公司偿还30万元
E. 以甲公司名义起诉丙公司，但不能以自己的名义起诉

3. 根据担保法律制度及相关规定，下列关于保证期间及保证债务诉讼时效的说法中，正确的有(　　)。

A. 保证期间是不变期间
B. 一般保证中，保证债务的诉讼时效从主债务履行届满时开始计算2年
C. 连带保证的债权人在保证期间届满前要求保证人承担保证责任的，从债权人要求保证人承担保证责任之日起，开始计算保证合同的诉讼时效
D. 保证的诉讼时效不因任何事由发生中断、中止、延长的法律后果
E. 对保证期间无约定或约定不明的，保证期间为6个月

4. 下列合同中，具有实践性特征的有(　　)。

A. 保管合同
B. 融资租赁合同
C. 行纪合同
D. 经过公证的赠与合同
E. 自然人之间的借款合同

5. 甲公司向包括乙公司在内的十余家厂商发出关于某项目的招标书。乙公司在接到招标书后向甲公司发出了投标书。甲公司经过决标，确定乙公司中标，并向其发出中标通知书。则下列各项正确的有(　　)。

A. 甲发出招标书的行为在性质上属于要约邀请
B. 甲发出招标书的行为为要约
C. 乙发出投标书的行为为要约
D. 甲发出中标通知书的行为为承诺

E. 乙发出投标书的行为为承诺

6. 甲租用乙的一台笔记本电脑，后甲将该电脑转让给丙，丙不知道该笔记本电脑为乙的财产，以与市场同类产品相同的价格受让了该电脑。根据相关规定，下列说法正确的有( )。

   A. 甲、丙之间的买卖合同效力待定
   B. 甲、丙之间的买卖合同有效
   C. 丙可以依据买卖合同来取得电脑的所有权
   D. 丙可以依据善意取得制度来取得电脑的所有权
   E. 丙不能取得该电脑的所有权

7. 根据合同法律制度规定，属于可撤销合同的有( )。

   A. 违反行政法规的强制性规定订立的合同
   B. 以欺诈手段使对方在违背真实意思的情况下订立的合同
   C. 以胁迫手段使对方在违背真实意思的情况下订立的合同
   D. 乘人之危使对方在违背真实意思的情况下订立的合同
   E. 因重大误解订立的合同

8. 关于损害赔偿和支付违约金的关系，下列表述正确的有( )。

   A. 损害赔偿和违约金都是违约责任的主要形式
   B. 损害赔偿主要是一种补偿性的责任形式，而违约金则是具有补偿性和惩罚性双重性质
   C. 损害赔偿以实际损失为前提，而违约金数额与实际损失之间并无必要联系，即使在没有损害的情况下，也应支付违约金
   D. 约定的违约金过分低于造成的损失的，当事人才可以请求人民法院或者仲裁机构予以增加
   E. 约定的违约金高于实际损失20%，当事人可以请求人民法院或仲裁机构予以适当减少

9. 当事人签订货物买卖合同，下列关于合同解除的说法正确的有( )。

   A. 标的物质量不符合履行要求，买受人可以解除合同
   B. 标的物从物不符合约定而解除合同，解除效力亦及于主物
   C. 标的物主物不符合约定而解除合同，解除效力亦及于从物
   D. 分期付款买受人未支付到期价款金额达全部价款的1/5，经催告合理期限仍未支付的，出卖人可以解除合同
   E. 因为不可抗力导致卖方不能交付货物，致使买卖合同目的无法实现的，买方可以解除合同

10. 在买卖合同中，双方就标的物毁损灭失的风险负担问题没有特别约定，则下列表述正确的有( )。

    A. 一般情况下，标的物的风险自标的物交付时起转移给买受人
    B. 一般情况下，标的物的风险自合同签订时起转移给买受人
    C. 出卖由承运人运输的在途标的物的，自承运人交付买受人时风险移转
    D. 标的物需运输的，出卖人交付于第一承运人后，风险由该承运人负担；承运人交付于买受人后，风险移转于买受人
    E. 买受人未按照约定收取标的物的，标的物的风险自违反约定之日起转移给买受人

11. 甲公司与乙希望小学签订赠与合同，决定赠给该小学价值20万元的电脑，且办理了公证手续。后因甲公司法定代表人更换，甲公司不愿意履行该合同而引发争议。下列关于该赠与合同效力的表述正确的有( )。

    A. 该赠与合同尚未生效，因赠与合同为实践性合同
    B. 该赠与合同已经生效
    C. 乙希望小学有权请求甲公司履行合同
    D. 甲公司享有任意撤销权，故可不履行

合同

E. 因为该合同已经公证，所以甲公司不得撤销赠与

12. 根据合同法律制度及相关规定，下列关于租赁合同的说法中，正确的有（ ）。

A. 租赁期间届满，当事人可以续订租赁合同，但约定的租赁期限自续订之日起不得超过20年

B. 租赁合同的租赁期限不得超过20年，超过20年的，租赁合同无效

C. 租赁期限6个月以上的，应当采用书面形式

D. 租赁物在租赁期间发生所有权变动的，不影响租赁合同的效力

E. 承租人在房屋租赁期限死亡的，与其生前共同居住的人可以按照原租赁合同租赁该房屋

13. 根据合同法律制度的规定，下列关于承揽合同的说法正确的有（ ）。

A. 承揽合同的标的是按照定作人的要求完成工作的行为

B. 未经承揽人同意，定作人不可以解除承揽合同

C. 承揽人将辅助工作交由第三人完成的，承揽人与第三人对第三人的工作成果向定作人负责

D. 承揽人交付的工作成果不符合质量要求的，定作人可以要求承揽人承担修理、重作、减少报酬、赔偿损失等违约责任

E. 定作人未向承揽人支付报酬或者材料费等价款的，承揽人对完成的工作成果享有留置权，但当事人另有约定的除外

14. 根据合同法律制度的规定，下列关于委托合同的表述中，正确的有（ ）。

A. 无偿的委托合同，因受托人一般过失给委托人造成损失的，委托人可以要求赔偿损失

B. 原则上受托人有权转委托，不必征得委托人同意

C. 有偿的委托合同，因不可归责于受托人的事由，委托事务不能完成的，委托人有权拒绝支付报酬

D. 两个以上的受托人共同处理委托事务的，对委托人承担连带责任

E. 委托人或受托人可以随时解除委托合同

15. 潘某系甲化工厂的职工，与其家人共同居住在该厂提供的由库房改建的宿舍内。数月后，潘某及其家人不同程度地出现身体肌肉疼痛等症状，确诊为多发性神经病变。后经查，潘某所居住的宿舍曾经是该化工厂存放剧毒化工产品的库房，潘某及其家人受伤系由该剧毒化工产品残留物质所致。关于潘某及其家人所受伤害的赔偿责任，下列说法中正确的有（ ）。

A. 由该化工厂承担主要赔偿责任

B. 由该化工厂承担全部责任

C. 由潘某自己承担主要赔偿责任

D. 适用无过错责任原则

E. 适用过错推定责任原则

16. 根据我国《民法典》的规定，当事人可以解除合同的情形包括（ ）。

A. 不可抗力

B. 在履行期限届满之前，当事人一方明确表示或者以自己的行为表明不履行主要债务

C. 当事人一方迟延履行主要债务，经催告后在合理期限内仍未履行

D. 当事人一方迟延履行债务或者有其他违约行为致使不能实现合同目的

E. 以持续履行的债务为内容的不定期合同，当事人在合理期限之前通知对方后可以解除

17. 张红去商场购买自行车，见商场摆放有20辆同一型号的自行车。张红从中挑选了一辆。张红付款时突接电话，被告知有急事，需马上离开。于是，张红与营业员商定：先付款，第二天来取自行车。当夜，安保人员疏忽大意未锁大门致商

场发生盗窃案，5 辆自行车被盗（其中包括张红挑选并做了记号的自行车）。下列关于本案合同标的物和法律关系的说法中，正确的有（ ）。

A. 本案合同标的物是张红所挑选的自行车，属于特定物
B. 张红与商场之间的买卖合同已生效
C. 张红与商场之间的买卖合同未成立
D. 所选自行车被盗的损失应由张红自己承担
E. 张红与商场之间存在保管合同关系

18. 下列关于各类侵权行为应适用的归责原则的说法中，正确的有（ ）。
A. 物件致人损害侵权适用无过错责任原则
B. 高度危险作业致人损害侵权适用无过错责任原则
C. 网络用户或者网络服务提供者侵权适用过错责任原则
D. 环境污染侵权适用过错推定责任原则
E. 违反安全保障义务侵权适用无过错责任原则

三、综合分析题

（一）

姚某是某大学大四学生，因即将毕业，便在校内论坛上发布一些出售二手货的信息。某日姚某和同校的大三学生郭某在论坛上洽谈关于买卖二手单反相机的相关事宜。8 月 5 日姚某称"我有单反相机一台，配置较高，八成新，附有照片可供参考，1 800 元要不要？"郭某回复称"东西不错，1 500 元的话可以接受。"8 月 6 日姚某回复："可以，8 月 10 日到我这来取货。"8 月 8 日郭某回复："同意。"8 月 10 日下午郭某到姚某处来取相机，发现相机的像素和清晰度不是特别高，比约定的标准要差，便拒绝接受，姚某遂决定降低价格，拟 1 200 元出手，郭某同意。由于郭某资金紧张，于是姚某和郭某便约定分 3 期付款，每期 400 元，于每月月初支付，郭某当即支付了 400 元，并取走相机。临走时郭某问姚某相机在使用之前是否需要杀毒，姚某说自己没有使用过几次，也没有感染过病毒，于是郭某放心地离开姚某处。

请根据案情，回答下列问题。

1. 关于姚某和郭某之间订立的合同，下列表述正确的有（ ）。
A. 8 月 5 日姚某的发帖属于要约邀请
B. 8 月 5 日姚某的发帖属于要约
C. 8 月 6 日姚某的回复属于承诺
D. 8 月 6 日姚某的回复属于新要约
E. 8 月 8 日郭某的回复属于承诺

2. 假设本案中郭某已支付 800 元，但最后一期未能支付，姚某多次催告，郭某仍然没有支付。则关于本案，下列表述中正确的有（ ）。
A. 姚某在征得郭某同意的情况下，可以解除合同
B. 姚某可以要求郭某支付违约金，但不得解除合同
C. 姚某可以退回货款，收回相机，并要求郭某支付相应的使用费
D. 姚某可以不经郭某的同意，直接解除合同
E. 姚某不仅可以直接解除合同，且可以要求郭某支付违约金

3. 假设本案中郭某在使用相机时致使自己的电脑瘫痪，后花了大笔的维修费才把电脑修好，经查是因单反相机的病毒传染所致，则下列表述中正确的有（ ）。
A. 郭某可以要求姚某承担违约责任
B. 郭某可以要求姚某承担侵权责任
C. 郭某可以要求姚某承担违约责任的同时要求其承担侵权责任
D. 郭某可以要求姚某承担双倍赔偿
E. 郭某不可以要求姚某承担侵权责任

4. 如果郭某在回去的路上碰到朋友曹某，曹某要随老师去外地采风，正好急需一台相机，郭某便把相机转卖给了曹某，后曹某在乘车过程中，相机被小偷刘某盗走。则

下列表述中错误的有(　　)。
A. 郭某属于无权处分,因此郭某和曹某之间的合同无效
B. 郭某属于无权处分,因此郭某和曹某之间的合同效力待定
C. 郭某和曹某之间的合同有效
D. 郭某有权请求小偷刘某返还相机
E. 曹某有权请求小偷刘某返还相机

(二)

2013年7月2日,甲公司向乙公司订购一套总价值150万元的精密仪器设备,双方签订了买卖合同,约定由乙公司代办托运。7月8日,甲公司为筹集购买精密仪器设备的贷款向丙公司借款100万,双方签订了借款合同,约定借款期限为3个月,由丁公司和戊公司分别提供担保。7月9日,丁公司与丙公司签订了保证合同,但双方未约定保证的方式,同日戊公司以价值80万元的房屋向丙公司提供抵押担保,双方签订了房屋抵押合同并办理了抵押登记。

请根据案情,回答下列问题:

1. 在甲、乙双方未约定交付地点的情况下,乙公司办理好托运手续,将该套精密仪器设备交付通达运输公司承运。在运输途中,发生山体滑坡,该套精密仪器设备全部毁损。下列关于本案损害赔偿及风险负担的说法中,正确的有(　　)。
A. 乙公司有权要求通达运输公司赔偿
B. 通达公司无须赔偿
C. 甲公司有权要求通达运输公司赔偿
D. 乙公司负担风险,无权要求甲公司支付150万元货款
E. 甲公司负担风险,应当向乙公司支付150万元货款

2. 如果借款期限届满,丙公司未获清偿,则下列关于丙公司债权行使的相关说法中,正确的有(　　)。
A. 丁提供的是一般保证
B. 丙公司应当先就戊公司的抵押担保实现其债权
C. 丙公司要求丁公司承担保证责任时,丁公司可以依法行使先诉讼抗辩权
D. 丙公司应当先要求丁公司承担保证责任
E. 丙公司可以就戊公司的抵押担保实现债权,也可以要求丁公司承担保证责任

3. 下列关于甲公司与丙公司借款合同诉讼时效期间的届满及届满后相应法律后果的说法中,正确的有(　　)。
A. 甲公司与丙公司借款合同诉讼时效期间于2015年10月8日届满
B. 诉讼时效期间届满后,若甲公司向丙公司进行了清偿,则事后不得以不当得利为由要求丙公司返还
C. 甲公司与丙公司借款合同诉讼时效期间于2015年7月8日届满
D. 诉讼时效期间届满后,若丁公司向丙公司进行了清偿,则丁公司有权向甲公司追偿
E. 诉讼时效期间届满后,若甲公司向丙公司作出了还款计划,则借款合同的诉讼时效期间中止

4. 如果7月9日戊公司与丙公司签订房屋抵押合同后并未办理抵押登记,则戊、丙之间的房屋抵押合同的效力应为(　　)。
A. 无效　　　　B. 可撤销
C. 有效　　　　D. 效力待定
E. 可变更

同步训练答案及解析

一、单项选择题

1. C 【解析】本题考核合同效力。甲公司交付手机时,其与乙之间的试用买卖合同成立,但买卖合同要想发生效力应由乙对标

的物表示认可；之后乙退回手机取回押金，是不予以认可标的物，买卖合同不发生效力。

2. B 【解析】本题考核买卖合同的风险转移。标的物毁损、灭失的风险，在标的物交付之前由出卖人承担，交付之后由买受人承担，但法律另有规定或者当事人另有约定的除外。本题中标的物尚未交付，所以风险由出卖人承担。

3. C 【解析】本题考核合同抗辩权。（1）选项A：不安抗辩权由先履行义务的当事人行使；（2）选项B：顺序履行抗辩权由后履行义务一方行使；（3）选项D：先诉抗辩权由一般保证人行使。

4. B 【解析】本题考核债的分类、债的履行。甲、乙与丙在交通事故发生后，在交管部门的主持下达成《调解协议书》：由甲、乙分别赔偿丙5万元。甲、乙对丙的债务内容是当事人之间协议的结果，并非直接因交通事故产生的赔偿，因而是合同之债而非侵权之债。所以选项A错误，选项B正确。甲、乙对丙的赔偿额已经明确约定，甲、乙对丙成立的是按份之债，而非连带之债。因此，若乙不履行，丙无权要求甲赔偿。所以选项C、D错误。

5. B 【解析】本题考核侵权行为与无因管理。本题中，乙将甲的土地稍加改造后变成鱼塘养鱼，其主观上并无管理甲事务的意思，客观上也并非是管理甲的土地，不符合无因管理的构成要件，不构成无因管理。乙的行为是为了自身的利益，其属于擅自对甲土地的利用行为，构成侵权，应当承担侵权责任，赔偿甲的损失。但是，尽管乙存在侵权行为，但鱼儿的所有权仍然属于乙，甲无权取得该鱼儿的所有权，其应当返还卖鱼所得。

6. D 【解析】本题考核代位权。代位权的行使对象以金钱债权为限。对于专属于债务人自身的债权，如基于扶养关系、抚养关系、赡养关系、继承关系产生的给付请求权和劳动报酬、退休金、养老金、抚恤金、安置费、人寿保险、人身伤害赔偿请求权等权利，不能作为代位权的行使对象。本题中，只有选项D属于金钱债权，且不属于专属于债务人自身的债权。

7. D 【解析】本题考核保证期间、保证责任。本题中，高某与杨某约定的保证期间为1年，但高某在此期间内未请求杨某承担保证责任，因此，杨某应当免除保证责任。

8. C 【解析】本题考核定金。当事人约定的定金数额不得超过主合同标的额的20%。如果超过20%的，超过部分无效。实际交付的定金数额多于或者少于约定数额，视为变更定金合同；收受定金一方提出异议并拒绝接受定金的，定金合同不成立。

9. A 【解析】本题考核提存。提存期间，标的物的孳息归债权人所有。提存费用由债权人负担。债权人领取提存物的权利，自提存之日起5年内不行使而消灭，提存物扣除提存费用后归国家所有。

10. D 【解析】本题考核合同的分类。本题中，借用合同属于单务、无偿的合同；委托合同、保管合同既可以是有偿合同又可以是无偿合同，而且保管合同属于实践性合同。

11. C 【解析】本题考核不安抗辩权。华新公司是先履行义务的一方，有证据证明后履行合同义务方洪泽公司有可能不能履行合同，可以行使不安抗辩权。

12. D 【解析】本题考核定金的相关规定。交付定金的协议是从合同。所以选项A错误。甲商场实际支付的定金大于合同价款的20%，超出的部分，不能作为定金。所以选项B错误。甲商场和乙公司没有约定违约金，甲商场不得要求乙公司支付违约金。所以选项C错误。

13. A 【解析】本题考核试用买卖合同的规定。本题中，甲、丙之间的合同有效，但是因为甲的过错，导致合同不能履行，那么甲应当承担违约责任。缔约过失责任发生在合同订立阶段，与本题无关。

14. D 【解析】本题考核融资租赁合同。出租人和承租人可以约定租赁期限届满租赁物的归属。对租赁物的归属没有约定或者约定不明确，依照《民法典》的规定仍不能确定的，租赁物的所有权归出租人。

15. C 【解析】本题考核行纪合同。行纪人低于委托人指定的价格卖出或者高于委托人指定的价格买入的，应当经委托人同意。未经委托人同意，行纪人补偿其差额的，该买卖对委托人发生效力。

16. C 【解析】本题考核物件致害侵权。本题中，广告牌的安装存在质量问题，俊星商场是广告牌的所有者，因此，应当承担赔偿责任。另外，承揽人交付的工作成果不符合质量要求的，定作人可以要求承揽人承担修理、重作、减少报酬、赔偿损失等违约责任。俊星商场与浩天广告公司之间存在加工承揽合同关系，安装广告牌是整个承揽合同任务的一部分。浩天广告公司对广告牌的安装存在质量问题，构成违约，应当承担违约责任。因此，俊星商场承担侵权责任后，有权向浩天广告公司进行追偿。

17. C 【解析】本题考核特殊主体责任。网络用户利用网络服务实施侵权行为的，被侵权人有权通知网络服务提供者采取删除、屏蔽、断开链接等必要措施。网络服务提供者接到通知后未及时采取必要措施的，对损害的扩大部分与该网络用户承担连带责任。选项 C 正确。

18. B 【解析】本题考核饲养动物损害责任。禁止饲养的烈性犬等危险动物造成他人损害的，动物饲养人或者管理人应当承担侵权责任。本案中送沙子张某没有过错，武某医药费的责任应有烈性犬饲养人王某承担全部责任；选项 B 正确。

二、多项选择题

1. ACD 【解析】本题考核无因管理。无因管理是指没有法定或约定的义务而为他人管理事务；在无因管理中，本人负有偿还必要费用(选项 CD)、赔偿损失(选项 A)等义务，从而在管理人和本人之间形成债的关系。如果乙发布公告明确称拾得遗失物者可以给予一定的报酬，则甲可以请求乙支付相应的报酬。

2. AC 【解析】本题考核代位权。(1)债权人的代位权行使界限，以保全债权人的必要为限度；所以选项 A 正确。(2)债权人行使代位权的必要费用，由债务人负担；所以选项 C 正确。(3)代位权是债权人为保全自己的债权，以自己的名义代位行使债务人对第三人的权利；所以选项 E 错误。(4)债务承担，第三人必须与债权人或者债务人就债务的移转形成合意；所以选项 B 错误。(5)债权让与不要求履行特别的合同形式，只要第三人与债权人达成一致意思表示即可，但需要通知债务人丙公司，如果未通知丙公司，丙有权拒绝乙公司的清偿要求；所以选项 D 错误。

3. ACE 【解析】本题考核保证债务诉讼时效。一般保证的诉讼时效从保证人拒绝承担保证责任的权利消灭之日起，开始计算保证债务 3 年的诉讼时效。所以选项 B 错误。保证的诉讼时效可以发生中止、中断的法律后果，而保证期间不因任何事由发生中断、中止、延长的法律后果。所以选项 D 错误。

4. AE 【解析】本题考核合同的特征。融资租赁合同、行纪合同、经过公证的赠与合同是诺成性合同。

5. ACD 【解析】本题考核招标投标中各环节的法律性质问题。在招标投标中，招标公告属于要约邀请，投标行为属于要约，中标通知为承诺。

6. BD 【解析】本题考核无权处分合同的效力、所有权的取得。甲虽然属于无权处分，但甲、丙之间的买卖合同有效。所以选项 A 错误。虽然甲、丙之间的买卖合同有效，但实际上甲属于无权处分，丙不能依据合同来继受取得电脑的所有权，因丙属于善意，其可以依据物权法律制度规定的善意取得制度来取得电脑的所有权。所以选项 C、E 错误。

7. BCDE 【解析】本题考核合同可撤销的情形。根据规定，可撤销合同的情形包括：(1)因重大误解订立的；(2)在订立合同时显失公平的。(3)一方以欺诈、胁迫的手段或者乘人之危，使对方在违背真实意思的情况下订立的合同。所以选项 B、C、D、E 正确，选项 A 属于无效合同。

8. ABC 【解析】本题考核损害赔偿金、违约金的关系。约定的违约金低于造成的损失的，当事人可以请求人民法院或者仲裁机构予以增加；约定的违约金过分高于造成的损失的，当事人可以请求人民法院或者仲裁机构予以适当减少。约定的违约金高于实际损失30%的，一般认为是"过分高于"。

9. CDE 【解析】本题考核合同的解除。因标的物质量不符合质量要求，致使不能实现合同目的的，买受人可以拒绝接受标的物或者解除合同。因标的物的主物不符合约定而解除合同的，解除合同的效力及于从物。因标的物的从物不符合约定被解除的，解除的效力不及于主物。

10. AE 【解析】本题考核标的物的风险承担。出卖人出卖交由承运人运输的在途标的物，除当事人另有约定外，自合同成立时起，在途风险由买受人承担。对于需要运输的标的物，没有约定交付地点或约定不明确的，自出卖人将标的物交付给第一承运人起，风险由买受人承担。

11. BC 【解析】本题考核赠与合同的撤销。具有救灾、扶贫、助残等公益、道德义务性质的赠与合同或者经过公证的赠与合同是诺成性合同。所以选项 A 错误。甲公司与乙希望小学签订的赠与合同属于具有救灾、扶贫性质的社会公益性赠与合同，且经过了公证。因此，甲公司对该赠与合同不享有任意撤销权，但其仍然享有法定撤销权。所以选项 D、E 错误。

12. ACDE 【解析】本题考核租赁合同的有关规定。租赁期限不得超过 20 年。超过 20 年的，"超过部分"无效，而不是租赁合同无效。

13. DE 【解析】本题考核承揽合同。承揽合同的标的是按照定作人的要求完成的工作成果。所以选项 A 错误。未经承揽人同意，定作人可以解除承揽合同。所以选项 B 错误。承揽人将辅助工作交由第三人完成的，应当就该第三人完成的工作成果向定作人负责。所以选项 C 错误。

14. DE 【解析】本题考核委托合同。无偿的委托合同，因受托人的故意或者重大过失给委托人造成损失的，委托人可以要求赔偿损失。所以选项 A 错误。经委托人同意，受托人可以转委托。所以选项 B 错误。因不可归责于受托人的事由，委托合同解除或者委托事务不能完成的，委托人应当向受托人支付相应的报酬。当事人另有约定的，按照其约定。所以选项 C 错误。

15. BD 【解析】本题考核高度危险作业侵权。甲化工厂使用存放过剧毒化工产品的库房作为员工宿舍造成潘某及其家人伤害，应由该化工厂承担全部责任，高度危险作业侵权应适用无过错责任原则。

16. BCDE 【解析】本题考核合同的解除。当事人可以解除合同的情形包括：(1)因不可抗力致使不能实现合同目的；(2)在履行期限届满之前，当事人一方明确表示或者以自己的行为表明不履行主要债务；(3)当事人一方迟延履行主要债务，经催告后在合理期限内仍未履行；(4)当事人一方迟延履行债务或者有其他违约行为致使不能实现合同目的；(5)以持续履行的债务为内容的不定期合同，当事人在合理期限之前通知对方后可以解除。BCDE 正确。

17. AB 【解析】本题考核买卖合同、保管合同。本案中张红与商场之间的买卖合同已经成立并生效，只是合同的标的物还未交付。标的物毁损、灭失的风险，在标的物交付之前由出卖人承担，在交付之后由买受人承担，所以张红所选自行车被盗的损失应当由商场承担。张红与商场之间并不存在保管合同关系。

18. BC 【解析】本题考核侵权责任归责原则。(1)物件致人损害侵权一般采取过错推定责任的归责原则；A 错误。(2)环境污染侵权适用无过错责任原则；D 错误。(3)违反安全保障义务侵权适用过错责任原则；E 错误。

三、综合分析题

（一）

1. BDE 【解析】本题考核要约邀请、要约、新要约和承诺。要约，是一方当事人以订立合同为目的而发出的，由相对人受领的意思表示。要约邀请是指希望他人向自己发出要约的表示。因此，姚某 8 月 5 日在论坛上的发帖属于要约，而不是要约邀请。承诺的内容应当与要约的内容一致。受要约人对要约的内容作出实质性变更的，为新要约。有关合同标的、数量、质量、价款或者报酬、履行期限、履行地点和方式、违约责任和解决争议方法等的变更，是对要约内容的实质性变更。因此，姚某 8 月 6 日的回复属于新要约，而不是承诺。

2. CD 【解析】本题考核分期付款买卖合同。分期付款的买受人未支付到期价款的金额达到全部价款的1/5，经催告在合理期限仍未支付的，出卖人可以要求买受人支付全部价款或者解除合同。出卖人解除合同的，可以向买受人要求支付该标的物的使用费。本案姚某与郭某没有约定违约金，姚某不能要求郭某支付违约金。

3. AB 【解析】本题考核违约责任和侵权责任。出卖人有义务保证标的物符合质量要求，质量不符合要求的，应当承担违约责任。本题中郭某可以要求姚某承担违约责任。同时因相机感染病毒致使郭某的电脑瘫痪，侵犯了郭某的财产权，因此郭某也可以要求姚某承担侵权责任，但违约责任和侵权责任二者只能择一主张。

4. ABD 【解析】本题考核合同效力。本题中双方没有约定在郭某付款之前由姚某保留所有权，因此相机自交付时起所有权转移，郭某的行为不构成无权处分，郭某和曹某的合同有效。所以，选项 A、B 说法错误。郭某和曹某之间的买卖合同有效，曹某取得该相机的所有权，郭某无权要求小偷返还相机，而是曹某有权要求小偷返还相机。所以选项 D 说法错误。

（二）

1. BE 【解析】本题考核买卖合同中的风险转移。在货运合同中，因不可抗力造成的货损，承运人不承担损害赔偿责任。故在运输途中，因山体滑坡致该套精密仪器设备全部毁损的损失，通达运输公司不承担赔偿责任。所以选项 B 正确，选项 A、C 错误。甲、乙两公司没有约定交货地点，且标的物需要运输，故标的物毁损、灭失的风险自出卖人将标的物交付给第一承运人时转移给买受人甲公司承担。所以选项 D 错误，选项 E 正确。

2. ACE 【解析】本题考核混合担保。本案中，被担保的债权既有物保（第三人提供的物保）又有人保，且对实现债权的顺序没有约定。借款期限届满，丙公司未获清偿时，丙公司可以就物的担保实现债权，也可以要求保证人承担保证责任。所以选项 B、D 错误，选项 E 正确。丁公司与丙公司对保证方式没有约定，按照一般保证承担保证责任，故丁公司享有先诉抗辩权。所以选项 AC 正确。

3. B 【解析】本题考核诉讼时效。本案中，甲、丙公司之间的借款合同约定了履行期限，诉讼时效应当自约定的履行期限届满之日起开始起算，即从 2013 年 10 月 8 日开始计算，时效期间是 3 年，故时效期间于 2016 年 10 月 8 日届满。所以选项 A、C 错误。诉讼时效期间届满，当事人一方向对方当事人作出同意履行义务的意思表示或者自愿履行义务后，又以诉讼时效期间届满为由进行抗辩的，人民法院不予支持。所以选项 B 正确。主债务诉讼时效期间届满，保证人享有主债务人的诉讼时效抗辩权。保证人未主张前述诉讼时效抗辩权，承担保证责任后向主债务人行使追偿权的，人民法院不予支持，但主债务人同意给付的情形除外。所以选项 D 错误。诉讼时效期间届满后，不再有诉讼时效中止、中断的问题。所以选项 E 错误。

4. C 【解析】本题考核抵押合同的效力。不动产抵押合同自签订之日起生效，未登记的，抵押权未设立，但不影响抵押合同的效力。

本章知识串联

第 9 章 债权法律制度

- 债法基本理论 ★★★
  - 债的概念和构成要素
  - 债的发生：合同、缔约过失、单方允诺、侵权行为、无因管理、不当得利
  - 债的分类
  - 债的效力
  - 债的保全和担保：代位权，撤销权，保证，定金
  - 债的移转和消灭
    - 债的移转：债权让与，债务承担，债的概括转移
    - 债的消灭原因：清偿，抵销，提存，免除，混同

- 合同法律制度 ★★★
  - 合同概述
  - 合同的分类：双务与单务；有偿与无偿；诺成性与实践性；要式与非要式；典型与非典型等
  - 合同的订立
    - 合同的内容和形式
    - 合同的效力：有效合同，无效合同，可撤销合同，效力待定合同
  - 双务合同履行中的抗辩权：同时履行抗辩权；顺序履行抗辩权；不安抗辩权
  - 合同的变更和解除
  - 缔约过失责任和违约责任
  - 合同的主要种类

- 侵权法律制度 ★★★
  - 侵权行为
  - 归责原则
  - 构成要件：损害、加害行为违法、过错、因果关系
  - 免除责任和减轻责任事由
    - 正当理由：依法执行职务，正当防卫，紧急避险，紧急救助
    - 外来原因：自甘冒险受害人过错，第三人过错，不可抗力
  - 法律特别规定的侵权责任类型：数人侵权；特殊主体侵权；危险活动及物件致害侵权责任

第10章 婚姻家庭与继承法律制度

考情解密

历年考情概况

本章是2020年考查了综合分析题，分值高达13分；预计2021年分值会回归正常水平，5分左右。

本章重点是婚姻制度，家庭关系中的亲子关系、继承法律制度中的法定继承及遗嘱继承内容。

近年考点直击

考点	主要考查题型	考频指数	考查角度
夫妻财产法律关系	单选题	★★★	直接考核夫妻财产法律关系的内容

本章2021年考试主要变化

本章变动较大。增加了《民法典婚姻家庭编司法解释》《民法典继承编司法解释》的内容。

（1）新增：亲系和亲等、婚姻无效时的处理、补办婚姻登记的效力、《民法典》完善离婚制度总结、离婚法律后果、收养评估、夫妻间的扶养、父母子女间的扶养、继承的种类、被收养人等能够法定继承的情况、《民法典》及其司法解释对代位继承的规定、不能作为遗嘱见证人的情况、附义务的遗嘱、遗产的分割原则等。

（2）调整：将婚姻效力和夫妻财产合并为婚姻效力。

（3）删除：亲子关系有异议的处理。

考点详解及精选例题

一、婚姻家庭法基本原则 ★

扫我解疑难

1. 婚姻家庭受国家保护原则
2. 婚姻自由原则：婚姻自由权是一项人身权利，具有专属性，只能由婚姻当事人本人行使。
（1）法律禁止包办、买卖婚姻和其他干涉婚姻自由的行为。
（2）禁止借婚姻索取财物。
3. 一夫一妻制原则：法律禁止重婚；禁止有配偶者与他人同居。

4. 男女平等原则
5. 保护妇女、未成年人、老年人和残疾人的合法权益原则
6. 禁止家庭暴力，禁止家庭成员间的虐待和遗弃原则
7. 家庭成员间相互关系的倡导性规定

二、亲属关系 ★★

扫我解疑难

亲属是指因婚姻、血缘或收养而形成的社会关系。

亲属的特征包括：①亲属是人与人之间

的社会关系,有固定的身份和称谓。②亲属不仅是社会关系,而且是一种法律关系。③亲属作为人际互动关系,具有特定的组织形式或共同体结构。

(一)亲属种类(见表10-1)

表10-1 亲属种类

配偶	指男女双方因结婚而形成的亲属关系
血亲	指有血缘联系的亲属。血亲可以分为自然血亲(如同父同母、同父异母、同母异父)和拟制血亲(如收养)
姻亲	指以婚姻为中介而形成的亲属关系,但**配偶本身除外**

(二)亲系和亲等(2021年新增)

1. 亲系(见表10-2)

表10-2 亲系

分类		内涵及举例
(1)	直系亲 直系血亲	如父母、祖父母、外祖父母、子女、孙子女、外孙子女
	直系姻亲	直系晚辈血亲的配偶:如儿媳、女婿、孙媳、孙女婿、养儿媳、养女婿等配偶的直系长辈血亲:如公婆、岳父母等
	旁系亲 旁系血亲	如兄弟姐妹、侄子女、伯、姑、舅、姨、堂兄弟姐妹、表兄弟姐妹等
	旁系姻亲	旁系血亲的配偶:如兄嫂、弟媳、侄媳、侄女婿、伯(叔)母、姑父、姨夫、舅母等。配偶的旁系血亲:如妻的兄弟姐妹和伯、叔、姑,夫的兄弟姐妹和伯、叔、姑等。配偶的旁系血亲的配偶:如妯娌、连襟等
(2)	长辈亲	高于己身辈分的亲属
	同辈亲	与己身辈分相同的亲属
	晚辈亲	低于己身辈分的亲属

2. 我国法律关于近亲属和家庭成员范围的规定

《民法典》将近亲属的范围确定为:配偶、父母、子女、兄弟姐妹、祖父母、外祖父母、孙子女、外孙子女。

(三)亲属关系的发生和终止

1. 配偶关系因婚姻的成立而发生。配偶关系的终止的法律事实可以是因配偶一方的死亡而终止,也可以因双方的离婚而终止。

2. 自然血亲因出生而产生亲属关系,因死亡而终止自然血亲关系。拟制血亲中,养父母与养子女关系因收养关系成立而发生,因一方的死亡或因收养解除而终止。

3. 姻亲关系以婚姻的成立而发生。配偶一方死亡后是否继续保持姻亲关系,可由当事人自行决定。

三、婚姻制度★★★

扫我解疑难

(一)婚姻

1. 婚姻成立的特点

(1)结婚行为的主体必须是**男女两性**,**同性**不能成立婚姻。

(2)结婚行为是**民事法律行为**。婚姻必须依法成立,否则不具有法律效力。

(3)**结婚的后果**是确立夫妻关系。

2. 结婚的条件

(1)结婚的必备条件。

①须有**结婚合意**。

②须达到法定婚龄。

【知识点拨】男性不得早于22周岁,女

性不得早于20周岁。

③必须符合一夫一妻制；直系血亲和三代以内的旁系血亲禁止结婚。

(2)结婚的禁止条件。

直系血亲或者三代以内的旁系血亲禁止结婚。

3. 结婚程序

要求结婚的男女双方**必须亲自**到婚姻登记机关申请结婚登记。符合规定的，予以登记，发给结婚证。**完成结婚登记，即确立婚姻关系**。

【知识点拨】未办理结婚登记的，应当补办登记。

(二)婚姻无效和可撤销婚姻

1. 婚姻无效

(1)无效婚姻的情形：

①重婚的；

②有禁止结婚的亲属关系的；

③未到法定婚龄的。

(2)宣告婚姻无效的诉讼程序：

①婚姻效力的案件：应适用**特别程序**，应以判决的形式结案，而不应以调解的形式结案。判决一经作出，即发生法律效力(**即一审终审**)。

②涉及财产分割和子女抚养的：适用**普通程序或简易程序**。可以调解结案。对判决不服的，当事人可以上诉。

③人民法院亦可根据有关事实**主动否认**违法婚姻的效力，并在相关案件的判决中予以宣告。

(3)有权申请宣告婚姻无效的主体，包括**婚姻当事人及利害关系人**。

2. 可撤销婚姻(见表10-3)

表10-3 可撤销婚姻

撤销事由	撤销机关	撤销期间
因胁迫而结婚	人民法院	自胁迫行为终止之日起1年内提出。『注』被非法限制人身自由，应当自恢复人身自由之日起1年内提出
一方患有重大疾病的，结婚登记前不如实告知的		应当自知道或者应当知道撤销事由之日起1年内提出

3. 婚姻无效和被撤销的法律后果：**自始无效**。

【知识点拨】被确认无效或者被撤销的婚姻，当事人同居期间所得的财产，除有证据证明为当事人一方所有的以外，**按共同共有处理**。

4. 事实婚姻和同居

(1)事实婚姻：未办理结婚登记即以夫妻名义同居生活的男女双方之间，如果当事人补办了婚姻登记，期间为合法的婚姻关系；如果没有补办婚姻登记，期间就不是合法的婚姻关系。男女双方依据《民法典》规定补办结婚登记的，婚姻关系的效力从双方均符合《民法典》所规定的结婚的实质要件时起算。

(2)同居(见表10-4)

表10-4 同居

未婚同居	应当补办结婚登记手续。如果向法院起诉离婚而又没有补办结婚登记的，法院应按**解除同居关系处理**
有配偶者与他人的同居	有配偶者与他人同居属于非法同居，为我国《**民法典**》所禁止

(三)婚姻的效力

1. 配偶身份权

配偶身份权是夫妻之间在配偶身份状态下相互享有权利和承担义务的统称。

配偶身份权的内容包括：

(1)夫妻独立姓名权和婚姻姓氏权。

(2)夫妻人身自由权。
(3)夫妻双方有平等的婚姻住所决定权。
(4)夫妻日常家事代理权。
(5)夫妻之间有相互继承遗产的权利。
(6)配偶同居、忠实的权利和义务。
(7)夫妻之间有相互抚养的权利和义务。

2. 夫妻财产制

(1)夫妻共同财产。

夫妻在婚姻关系存续期间所得的下列财产为夫妻共同财产,为夫妻**共同所有**:

①工资、奖金、劳务报酬;
②生产、经营、投资的收益;
③知识产权的收益;
④继承或者受赠的财产,但《民法典》特别规定的属夫妻一方的个人财产除外;
⑤其他应当归共同所有的财产,如:《民法典婚姻家庭编司法解释(一)》规定,夫妻一方个人财产在婚后产生的收益,除孳息和自然增值外,应认定为夫妻共同财产;由一方婚前承租、婚后用共同财产购买的房屋,登记在一方名下的,应当认定为夫妻共同财产。

(2)个人财产。

下列财产为夫妻一方的财产:

①一方的婚前财产。
②一方因受到人身损害获得的赔偿和补偿。

【知识点拨】军人的伤亡保险金、伤残补助金、医药生活补助费属于个人财产。

③遗嘱或者赠与合同中确定只归一方的财产。

【知识点拨】当事人结婚前,父母为双方购置房屋出资,该出资应当认定为对自己子女个人的赠与,但父母明确表示赠与双方的除外。当事人结婚后,父母为双方购置房屋出资的,依照约定处理;没有约定或者约定不明确的,按照继承或者受赠的财产处理,但遗嘱或者赠与合同中确定只归一方的财产除外。

④一方专用的生活用品。
⑤其他应当归一方的财产。

【知识点拨】《民法典》规定为夫妻一方的个人财产,不因婚姻关系的延续而转化为夫妻共同财产。但当事人另有约定的除外。

(3)男女双方可以约定婚姻关系存续期间所得的财产以及婚前财产归各自所有、共同所有或者部分各自所有、部分共同所有。约定应当采用书面形式。没有约定或者约定不明确的,适用《民法典》关于夫妻共同财产和夫妻一方的个人财产的规定。

(4)夫妻共同债务。

①夫妻双方共同签名或者夫妻一方事后追认等共同意思表示所负的债务,以及夫妻一方在婚姻关系存续期间以个人名义为**家庭日常生活**需要所负的债务,属于夫妻共同债务。

【知识点拨】夫妻一方在婚姻关系存续期间以个人名义**超出**家庭日常生活需要所负的债务,不属于夫妻共同债务;但是,债权人能够证明该债务用于夫妻共同生活、共同生产经营或者基于夫妻双方共同意思表示的除外。

②夫或者妻一方死亡的,生存一方应当对婚姻关系存续期间的夫妻共同债务承担清偿责任。

③债权人就一方婚前所负个人债务向债务人的配偶主张权利的,人民法院不予支持。但债权人能够证明所负债务用于婚后家庭共同生活的除外。

④夫妻一方与第三人串通,虚构债务,第三人主张该债务为夫妻共同债务的,人民法院不予支持。

⑤夫妻一方在从事赌博、吸毒等违法犯罪活动中所负债务,第三人主张该债务为夫妻共同债务的,人民法院不予支持。

⑥当事人的离婚协议或者人民法院生效判决、裁定、调解书已经对夫妻财产分割问题作出处理的,债权人仍有权就夫妻共同债务向男女双方主张权利。一方就夫妻共同债务承担清偿责任后,主张由另一方按照离婚协议或者人民法院的法律文书承担相应债务的,人民法院应予支持。

(四)离婚

1. 协议离婚(见表10-5)

表10-5 协议离婚

双方自愿	离婚协议应当载明双方自愿离婚的意思表示和对子女抚养、财产及债务处理等事项协商一致的意见
冷静期	(1)自婚姻登记机关收到离婚登记申请之日起 30 日内任何一方不愿意离婚的,可以向婚姻登记机关撤回离婚登记申请。 (2)在规定期间届满后 30 日内,双方应当亲自到婚姻登记机关申请发给离婚证;未申请的,视为撤回离婚登记申请

2. 判决离婚

(1)人民法院审理离婚案件,应当进行调解,如感情确已破裂,调解无效,应准予离婚。

(2)有下列情形之一调解无效的,应当准予离婚:

①重婚或者与他人同居;②实施家庭暴力或者虐待、遗弃家庭成员;③有赌博、吸毒等恶习屡教不改的;④因感情不和分居满 2 年的。

(3)一方被宣告失踪,另一方提出离婚诉讼的,应准予离婚。

(4)经人民法院判决不准离婚后,双方又分居满 1 年,一方再次提起离婚诉讼的,应当准予离婚。

(5)现役军人的配偶要求离婚,应当征得军人同意,但是军人一方有重大过错的除外。

(6)女方在怀孕期间、分娩后 1 年内或者终止妊娠后 6 个月内,男方不得提出离婚;但是,女方提出离婚或者人民法院认为确有必要受理男方离婚请求的除外。

(五)离婚时的夫妻共同财产处理

1. 夫妻的共同财产由双方协议处理;协议不成的,由人民法院根据财产的具体情况,按照照顾子女、女方和无过错方权益的原则判决。

(1)夫或妻在家庭土地承包经营中享有的权益等,应当依法予以保护。

(2)夫妻一方因抚育子女、照料老年人、协助另一方工作等负担较多义务的,离婚时有权向另一方请求补偿,另一方应当给予补偿,具体办法由双方协议;协议不成的,由人民法院判决。

2. 离婚时,夫妻共同债务,应当共同偿还。

(1)夫妻共同债务:指夫妻双方共同签字或者夫妻一方事后追认等共同意思表示所负的债务,以及夫妻一方在婚姻关系存续期间以个人名义为家庭日常生活需要所负的债务。

(2)不属于夫妻共同债务:夫妻一方在婚姻关系存续期间以个人名义超出家庭日常生活需要所负的债务;债权人能够证明该债务用于夫妻共同生活、共同生产经营或者基于夫妻双方共同意思表示的除外。

(3)有下列情形之一导致离婚的,无过错方有权请求损害赔偿:①重婚;②与他人同居;③实施家庭暴力;④虐待、遗弃家庭成员;⑤有其他重大过错。

(4)夫妻一方隐藏、转移、变卖、毁损、挥霍夫妻共同财产或者伪造夫妻共同债务企图侵占另一方财产的,在离婚分割夫妻共同财产时,对该方可以少分或者不分。

3. 父母与子女间的关系,不因父母离婚而消除。

(1)离婚后,不满两周岁的子女,以由母亲抚养为原则。

(2)已满两周岁的子女,父母双方对抚养问题协议不成的,由人民法院根据双方的具体情况按照最有利于未成年子女的原则判决。

(3)离婚后,不直接抚养子女的父或者母,有探望子女的权利,另一方有协助的义务。

【例题1·单选题】（2019年）下列婚姻关系存续期间夫妻一方取得的财产中，属于夫妻一方单独所有的是( )。

A. 奖金
B. 知识产权收益
C. 生产、经营收益
D. 因身体受到伤害获赔的医疗费

解析 本题考核夫妻财产法律关系的内容。下列财产为夫妻一方的财产：①一方的婚前财产。②一方因受到人身损害获得的赔偿和补偿。③遗嘱或者赠与合同中确定只归一方的财产。④一方专用的生活用品。⑤其他应当归一方的财产。所以选项D正确。

答案 D

四、家庭关系——父母子女间的关系 ★★★

扫我解疑难

1. 婚生子女：指在婚姻关系存续期间所生的子女。

司法实践中，对在夫妻关系存续期间，一方与他人通奸生育了子女，隐瞒真情，另一方受欺骗而抚养了非亲生子女，其中离婚后给付的抚育费，受欺骗方要求返还的可酌情返还。

2. 非婚生子女：是指没有合法婚姻关系的男女所生的子女。法律有关父母子女间的权利义务同样适用于非婚生父母子女间。

(1)夫妻一方向法院起诉请求确认亲子关系不存在，并已提供必要证据予以证明，另一方没有相反证据又拒绝做亲子鉴定的，法院可以推定请求确认亲子关系不存在一方的主张成立。

【知识点拨】 当事人一方起诉请求确认亲子关系，并提供必要证据予以证明，另一方没有相反证据又拒绝做亲子鉴定的，人民法院可以推定请求确认亲子关系一方的主张成立。

(2)继父母与继子女间，不得虐待或歧视。继父或继母和受其抚养教育的继子女间的权利和义务，适用我国民事法律对父母子女关系的有关规定。

3. 父母与子女间的权利和义务
(1)父母对子女有抚养教育的义务。
(2)成年子女对父母有赡养扶助的义务。
(3)子女应当尊重父母的婚姻权利，不得干涉父母离婚、再婚以及婚后的生活。子女对父母的赡养义务，不因父母的婚姻关系变化而终止。
(4)父母和子女有相互继承遗产的权利。

五、收养和扶养 ★★

扫我解疑难

(一)收养
1. 收养成立
(1)一般收养成立的法定条件(见表10-6)

表10-6 一般收养成立的法定条件

被收养人应具备的条件	①丧失父母的孤儿；②查找不到生父母的未成年人；③生父母有特殊困难无力抚养的子女
收养人应具备的条件	①无子女或者只有1名子女；②有抚养、教育和保护被收养人的能力；③未患有在医学上认为不应当收养子女的疾病；④无不利于被收养人健康成长的违法犯罪记录；⑤年满30周岁
送养人应具备的条件	①孤儿的监护人；②儿童福利机构；③有特殊困难无力抚养子女的生父母

(2)特殊收养成立的条件
①收养三代以内旁系同辈血亲的子女，可以不受《民法典》第1093条第3项、第1094条第3项和第1102条规定的限制。
②华侨收养三代以内旁系同辈血亲的子女，还可以不受《民法典》第1098条第1项规定的限制。
③收养孤儿、残疾未成年人或者儿童福利机构抚养的查找不到生父母的未成年人，可以不受《民法典》第1100条第1款和第

1098 条第 1 项规定的限制。

④继父或者继母经继子女的生父母同意，可以收养继子女，并可以不受"生父母有特殊困难无力抚养的子女""有特殊困难无力抚养子女的生父母""收养人应具备的条件"和"无子女的收养人可以收养两名子女；有 1 名子女的收养人只能收养 1 名子女"规定的限制。

（3）收养关系自登记之日起成立。

2. 收养的效力

（1）养父母与养子女间产生拟制的父母子女关系。适用我国民事法律关于父母子女关系的规定。

（2）无效的收养行为自始没有法律约束力。

3. 收养关系的解除

（1）因双方协议而解除。

（2）诉讼解除。收养人在被收养人成年以前，不得解除收养关系，但是收养人、送养人双方协议解除的除外。养子女 8 周岁以上的，应当征得本人同意。

（3）收养关系解除后，经养父母抚养的成年养子女，对缺乏劳动能力又缺乏生活来源的养父母，应当给付生活费。

（二）扶养

扶养，是指特定亲属之间根据法律的明确规定而存在的经济上相互供养、生活上相互扶助的权利和义务。扶养的特点：①法定性；②具有债的属性；③具有鲜明的身份性；④具有社会保障的替代功能。

1. 夫妻间的扶养

夫妻有相互扶养的义务。需要扶养的一方，在另一方不履行扶养义务时，有要求其给付扶养费的权利。

2. 父母子女间的扶养

父母对未成年子女负有抚养、教育和保护的义务。成年子女对父母负有赡养、扶助和保护的义务。父母不履行抚养义务的，未成年子女或者不能独立生活的成年子女，有要求父母给付抚养费的权利。成年子女不履行赡养义务的，缺乏劳动能力或者生活困难的父母，有要求成年子女给付赡养费的权利。子女应当尊重父母的婚姻权利，不得干涉父母离婚、再婚以及婚后的生活。子女对父母的赡养义务，不因父母的婚姻关系变化而终止。

3. 祖孙间的扶养

4. 兄弟姐妹关系间的扶养

六、继承法基础★

扫我解疑难

（一）继承人

1. 继承人可分为法定继承人和遗嘱继承人。继承人的特征：

（1）继承人是自然人。

（2）继承人是《民法典》规定的自然人。任何法律规定继承人范围以外的取得遗产的人都不是继承人，如受遗赠人、酌情分得遗产的人等。

（3）继承人必须是没有丧失继承权的自然人。

【相关链接 1】继承开始后，继承人放弃继承的，应当在遗产处理前，以书面形式作出放弃继承的表示。没有表示的，视为接受继承。

【相关链接 2】涉及遗产继承、接受赠与等胎儿利益保护的，胎儿视为具有民事权利能力。但是胎儿娩出时为死体的，其民事权利能力自始不存在。

2. 法定继承人的范围

我国法定继承人的范围包括配偶、子女、父母、兄弟姐妹、祖父母、外祖父母。

孙子女、外孙子女及其直系晚辈血亲，以及兄弟姐妹的子女可以作为代位继承人；对公婆、岳父母尽了主要赡养义务的丧偶儿媳、丧偶女婿可以作为第一顺序的继承人。

（二）继承权

1. 继承权的实现以被继承人死亡或宣告死亡时开始。

2. 继承权的行使，是指继承人实现自己的继承权。

3. 继承权的放弃

（1）继承权可以放弃。继承权的放弃是继

承人对其继承权的一种处分。是一种单方法律行为，须以书面形式作出。

（2）继承开始后，继承人放弃继承的，应当在遗产处理前，以书面形式作出放弃继承的表示；没有表示的，视为接受继承。继承人因放弃继承权，致其不能履行法定义务的，放弃继承权的行为无效。

（3）继承人放弃继承应当以书面形式向遗产管理人或者其他继承人表示。在诉讼中，继承人向人民法院以口头方式表示放弃继承的，要制作笔录，由放弃继承的人签名。

（4）继承人放弃继承的意思表示，应当在继承开始后、遗产分割前作出。遗产分割后表示放弃的不再是继承权，而是所有权。

（5）遗产处理后，继承人对放弃继承反悔的，不予承认。放弃继承的效力，追溯到继承开始的时间。

4. 受遗赠权的放弃

受遗赠人应当在知道受遗赠后60日内，作出接受或者放弃受遗赠的表示；到期没有表示的，视为放弃受遗赠。继承开始后，受遗赠人表示接受遗赠，并于遗产分割前死亡的，其接受遗赠的权利转移给他的继承人。

5. 继承权丧失的法定条件：①故意杀害被继承人；②为争夺遗产而杀害其他继承人；③遗弃被继承人或者虐待被继承人情节严重；④伪造、篡改、隐匿或者销毁遗嘱，情节严重；⑤以欺诈、胁迫手段迫使或者妨碍被继承人设立、变更或者撤回遗嘱，情节严重。

【知识点拨】继承人有第③项至第⑤项行为，确有悔改表现，被继承人表示宽恕或者事后在遗嘱中将其列为继承人的，该继承人不丧失继承权。

6. 受遗赠人有故意杀害被继承人行为的，丧失受遗赠权。

（三）遗产

遗产的特征：（1）必须是自然人死亡时遗留的财产；（2）必须是自然人个人所有的财产；（3）必须是合法财产。

（四）继承的开始

1. 继承从被继承人死亡时开始。死亡为继承开始的唯一原因。

（1）相互有继承关系的数人在同一事件中死亡，难以确定死亡时间的，推定没有其他继承人的人先死亡。

（2）都有其他继承人，辈分不同的，推定长辈先死亡；辈分相同的，推定同时死亡，相互不发生继承。

2. 继承开始后，知道被继承人死亡的继承人应当及时通知其他继承人和遗嘱执行人。继承人中无人知道被继承人死亡或者知道被继承人死亡而不能通知的，由被继承人生前所在单位或者住所地的居民委员会、村民委员会负责通知。

七、法定继承★★★

扫我解疑难

（一）法定继承的适用范围

1. 遗嘱继承优先于法定继承适用。

2. 在下列情况下，遗产中的有关部分按照法定继承办理：

（1）遗嘱继承人放弃继承或者受遗赠人放弃受遗赠的；

（2）遗嘱继承人丧失继承权或者受遗赠人丧失受遗赠权；

（3）遗嘱继承人、受遗赠人先于遗嘱人死亡或者终止；

（4）遗嘱无效部分所涉及的遗产；

（5）遗嘱未处分的遗产。

（二）法定继承人的继承顺序

1. 第一顺序的法定继承人

配偶、子女（婚生子女、非婚生子女、养子女和有扶养关系的继子女）、父母（生父母、养父母和有扶养关系的继父母）、对公婆或岳父母尽了主要赡养义务的丧偶儿媳或女婿。

2. 第二顺序的法定继承人

兄弟姐妹、祖父母、外祖父母。

(三)代位继承

1. 代位继承的特征

(1)被代位继承人只限于被继承人的先死子女或者先于被继承人死亡又享有继承权的兄弟姐妹。

(2)代位继承人只限于被代位继承人的直系晚辈血亲或者先于被继承人死亡的,并对被继承人享有继承权的兄弟姐妹的子女。

(3)代位继承人作为第一顺序继承人参加继承,一般只能继承被代位人应继承的遗产份额。

(4)先于被继承人死亡的子女具备丧失继承权的条件且被法院判决丧失继承权的,其晚辈直系血亲不得代位继承。

2.《民法典》及其司法解释对代位继承的规定

(1)被继承人的子女先于被继承人死亡的,由被继承人的子女的直系晚辈血亲代位继承。被继承人的兄弟姐妹先于被继承人死亡的,由被继承人的兄弟姐妹的子女代位继承。

(2)代位继承人一般只能继承被代位继承人有权继承的遗产份额。

(3)被继承人的孙子女、外孙子女、曾孙子女、外曾孙子女都可以代位继承,代位继承人**不受辈数的限制**。

(4)被继承人的养子女、已形成扶养关系的继子女的生子女可以代位继承;被继承人亲生子女的养子女可以代位继承;被继承人养子女的养子女可以代位继承;与被继承人已形成扶养关系的继子女的养子女也可以代位继承。

(5)代位继承人缺乏劳动能力又没有生活来源,或者对被继承人尽过主要赡养义务的,分配遗产时,**可以多分**。

(6)继承人丧失继承权的,其晚辈直系血亲不得代位继承。如该代位继承人缺乏劳动能力又没有生活来源,或者对被继承人尽赡养义务较多的,可以适当分给遗产。

(7)丧偶儿媳对公婆、丧偶女婿对岳父母,无论其是否再婚,依照《民法典》规定作为第一顺序继承人时,不影响其子女代位继承。

(四)转继承

1. 转继承是指继承人在被继承人死亡之后,遗产分割之前,因为某种缘故尚未实际取得遗产而死亡或被宣告死亡,其应继份额转由他的法定继承人继承。

2. 转继承与代位继承的区别(见表10-7)

表10-7 转继承与代位继承的区别

(1)性质不同	转继承是在继承开始,继承人直接继承后,又转给转继承人继承被继承人的遗产,转继承具有**连续继承**的性质	
	代位继承具有**替补性质**	
(2)发生条件不同	转继承发生在**继承开始后遗产分割前**,并且可因任何一继承人的死亡而发生	
	代位继承只能是因被继承人的**子女或有继承权的兄弟姐妹先于被继承人死亡**而发生	
(3)适用范围不同	转继承**可以**发生在法定继承中,**也可以**发生在遗嘱继承中	
	代位继承**只是用于**法定继承,在遗嘱继承中不适用	

(五)应继份和酌情分得遗产

1. 同一顺序继承人继承遗产的份额,一般应当均等。

2. 在下列情况下,同一顺序的法定继承人的应继份额可以不均等:

(1)对生活有特殊困难又缺乏劳动能力的继承人,分配遗产时,应当予以照顾;

(2)对被继承人尽了主要扶养义务或者与被继承人共同生活的继承人,分配遗产时,可以多分;

(3)有扶养能力和有扶养条件的继承人,不尽扶养义务的,分配遗产时,可以不分或者少分；

(4)继承人协商同意的，可不均分。

3. 非继承人酌情分得遗产的权利

对继承人以外的依靠被继承人扶养的人，或者继承人以外的对被继承人扶养较多的人，可以分给他们适当的遗产。

(六)继承纠纷处理

1. 继承人应当本着互谅互让、和睦团结的精神，协商处理继承问题。

2. 遗产分割的时间、办法和份额，由继承人协商确定。协商不成的，可以由人民调解委员会调解或者向人民法院提起诉讼。

八、遗嘱继承★★★

(一)遗嘱和遗嘱能力

1. 遗嘱的特征

(1)遗嘱是单方法律行为。

(2)遗嘱人必须具备完全民事行为能力。

(3)设立遗嘱不能进行代理。

2. 遗嘱能力是指自然人依法享有的设立遗嘱，依法处分其财产的资格。

(二)遗嘱的内容和形式

1. 遗嘱的形式

(1)自书遗嘱：由遗嘱人亲笔书写，签名，注明年、月、日。

【知识点拨】自然人在遗书中涉及死后个人财产处分的内容，确为死者的真实意思表示，有本人签名并注明了年、月、日，又无相反证据的，可以按自书遗嘱对待。

(2)代书遗嘱：应当有两个以上见证人在场见证，由其中一人代书，并由遗嘱人、代书人和其他见证人签名，注明年、月、日。

(3)打印遗嘱：应当有两个以上见证人在场见证，遗嘱和见证人应当在遗嘱每一页签名，注明年、月、日。

(4)录音录像遗嘱：以录音录像形式立的遗嘱，应当有两个以上见证人在场见证。

(5)口头遗嘱：遗嘱人在危急情况下，可以立口头遗嘱。

(6)公证遗嘱：由遗嘱人经公证机构办理。

2. 遗嘱见证人

(1)除公证遗嘱、自书遗嘱外，都需要有两个见证人作为合法有效遗嘱的条件。

(2)法律规定不能作为遗嘱见证人的有：①无民事行为能力人、限制民事行为能力人以及其他不具有见证能力的人；②继承人、受遗赠人；③与继承人、受遗赠人有利害关系的人。

【知识点拨】相关司法解释规定，继承人、受遗赠人的债权人、债务人，共同经营的合伙人，也应当视为与继承人、受遗赠人有利害关系，不能作为遗嘱的见证人。

(三)有效遗嘱

1. 有效遗嘱必须具备的条件

(1)立遗嘱时，遗嘱人必须具有遗嘱能力。

(2)遗嘱人的意思表示真实。

(3)遗嘱的内容不违反法律和公序良俗。

(4)遗嘱的形式应当符合法律规定的要求。

2. 无效遗嘱

(1)无行为能力人或者限制行为能力人所立的遗嘱无效；

(2)受欺诈、胁迫所立的遗嘱无效；

(3)伪造的遗嘱无效；

(4)遗嘱被篡改的，篡改的内容无效；

(5)遗嘱没有为缺乏劳动能力又没有生活来源的继承人保留必要的遗产份额的，对应当保留的必要份额处分无效。

(四)遗嘱的变更和撤回

1. 自然人变更或撤回遗嘱应由遗嘱人本人亲自进行。

2. 立有数份遗嘱，内容相抵触的，以最后的遗嘱为准。

(五)遗嘱的执行

1. 遗嘱人可以在遗嘱中指定一个或数个法定继承人执行遗嘱，也可以指定在法定继承人以外的人执行遗嘱，还可以指定某些单位或组织充当遗嘱执行人。

2. 如果遗嘱人没有指定遗嘱执行人，则**全体继承人都可以参加执行遗嘱**。

(六)附义务的遗嘱

1. 特点

(1)附义务遗嘱为单独的无偿民事法律行为。

(2)遗嘱效力的发生不以义务的履行为条件。

(3)遗嘱义务具有附随性和不可免责性。

遗嘱继承或者遗赠附有义务的，继承人或者受遗赠人应当履行义务。没有正当理由不履行义务的，经利害关系人或者有关组织请求，人民法院可以取消其接受附义务部分遗产的权利。附义务的遗嘱继承或者遗赠，如义务能够履行，而继承人、受遗赠人无正当理由不履行，经受益人或者其他继承人请求，人民法院可以取消其接受附义务部分遗产的权利，由提出请求的继承人或者受益人负责按遗嘱人的意愿履行义务，接受遗产。

2. 义务的内容

(1)遗嘱中所指定义务的义务人应当是遗嘱继承人或者受遗赠人。

(2)所附义务应是法律上的义务。

(3)指定的义务应当是可能实现的。

(4)指定所履行的义务不得超过继承人或者受遗赠人所取得的遗产利益。

(5)所附义务不得违反法律或者公序良俗。

(七)遗赠和遗赠扶养协议

1. 遗赠的特征

(1)是一种**单方民事法律行为**。

(2)遗赠人必须是**自然人**，遗赠受领人既**可以是自然人，也可以是法人**。

(3)遗赠是给予法定继承人范围以外的人**财产利益的民事法律行为**。

(4)遗赠是**死后法律行为**。

【知识点拨】自然人可以立遗嘱将个人财产赠与国家、集体或者法定继承人以外的组织、个人。

2. 遗赠与遗嘱继承的区别(见表10-8)

表10-8 遗赠与遗嘱继承的区别

(1)主体范围不同	受遗赠人**可以是**法定继承人以外的任何自然人，**也可以**是国家或者集体，但**不能是**法定继承人范围之内的人
	遗嘱继承人**只能是法定继承人范围之内**的人
(2)行使方式不同	受遗赠人应当在知道受遗赠后**60日内**，作出接受或者放弃受遗赠的表示；到期没有表示的，视为放弃遗赠
	遗嘱继承人接受继承的，**无须作出明示的意思表示**。自继承开始后遗产分割前，遗嘱继承人未表示放弃继承的，视为接受继承
(3)取得遗产的方式不同	受遗赠人**不能直接参与**遗产的分配，而是从遗嘱执行人处取得受遗赠的财产
	遗嘱继承人**可直接参与**遗产分配而取得遗产

3. 遗赠与赠与的区别

(1)遗赠是遗赠人生前的**单方法律行为**；赠与是赠与人和受赠人**双方的民事法律行为**。

(2)遗赠是**遗赠人死后生效**的民事法律行为；赠与是**赠与人和受赠人生前生效**的民事法律行为。

4. 遗赠扶养协议

(1)遗赠扶养协议的特征

①遗赠扶养协议是**双方**民事法律行为。

②遗赠扶养协议是**有偿、诺成、双务**民事法律行为。

③遗赠扶养协议是**生前**行为和**死后**行为的统一。

(2)效力：从协议**成立之日**起开始发生法律效力，而遗赠是从**遗赠人死亡之日**起发生法律效力。

(3)被继承人生前与他人订有遗赠扶养协议，同时又立有遗嘱的，继承开始后，如果遗赠扶养协议与遗嘱没有抵触，遗产分别按协议和遗嘱处理；如果有抵触，按协议处理，与协议抵触的遗嘱全部或者部分无效。

九、遗产的处理规则 ★★

扫我解疑难

1. 夫妻在婚姻关系存续期间所得的共同所有的财产，除有约定的以外，如果分割遗产，应当先将共同所有的财产的一半分出为配偶所有，其余的为被继承人的遗产。

【知识点拨】遗产在家庭共有财产之中的，遗产分割时，应当先分出他人的财产。

2. 遗产管理人应当依法履行职责，因故意或者重大过失造成继承人、受遗赠人、债权人损害的，应当承担民事责任。

【知识点拨】遗产管理人可以依照法律规定或者按照约定获得报酬。

3. 遗产的分割原则
(1)遗产分割自由原则。
(2)有利生产和生活原则。
(3)不得损害遗产效用原则。
(4)保留胎儿应继承份额原则。

【知识点拨】遗产分割时，应当保留胎儿的继承份额。胎儿娩出时是死体的，保留的份额按照法定继承办理。应当为胎儿保留的遗产份额没有保留的，应从继承人所继承的遗产中扣回。为胎儿保留的遗产份额，如胎儿出生后死亡的，由其继承人继承；如胎儿娩出时是死体的，由被继承人的继承人继承。

(5)故意隐匿、侵吞、争夺遗产者酌减原则。

4. 遗产的分割：应当有利于生产和生活需要，不损害遗产的效用。不宜分割的遗产，可以采取折价、适当补偿或者共有等方法处理。

【知识点拨】分割遗产，应当清偿被继承人依法应当缴纳的税款和债务；但是，应当为缺乏劳动能力又没有生活来源的继承人保留必要的遗产。

5. 无人继承又无人受遗赠的遗产：归国家所有，用于公益事业；死者生前是集体所有制组织成员的，归所在集体所有制组织所有。

【例题2·单选题】(2020年)下列关于收养的说法中，符合《民法典》规定的是( )。

A. 收养人应当年满40周岁
B. 配偶一方可以独自收养子女
C. 监护人不得将未成年子女送养
D. 无子女的收养人可以收养两名子女

解析 本题考核收养。收养人应当同时具备下列条件：(1)无子女或者只有一名子女；(2)有抚养、教育和保护被收养人的能力；(3)未患有在医学上认为不应当收养子女的疾病；(4)无不利于被收养人健康成长的违法犯罪记录；(5)年满30周岁。所以选项A错误。有配偶者收养子女，应当夫妻共同收养。所以选项B错误。未成年人的父母均不具备完全民事行为能力且可能严重危害该未成年人的，该未成年人的监护人可以将其送养。所以选项C错误。无子女的收养人可以收养两名子女；有子女的收养人只能收养一名子女。所以选项D正确。 答案 D

【例题3·单选题】(2020年)下列关于确定遗产管理人的说法中，正确的是( )。

A. 继承人均放弃继承的，由被继承人生前住所地的居委会担任遗产管理人
B. 没有继承人的，由被继承人生前工作单位担任遗产管理人
C. 对遗产管理人的确定有争议的，利害关系人可以申请被继承人生前住所地的民政部门指定
D. 没有遗嘱执行人的，继承人又未推选遗产管理人的，由继承人共同担任遗产管理人

解析 本题考核遗产管理人。没有继承人或者继承人均放弃继承的，由被继承人生前住所地的民政部门或者村民委员会担任遗

产管理人。所以选项 AB 错误。对遗产管理人的确定有争议的,利害关系人可以向人民法院申请指定遗产管理人。所以选项 C 错误。继承开始后,遗嘱执行人为遗产管理人;没有遗嘱执行人的,继承人应当及时推选遗产管理人;继承人未推选的,由继承人共同担任遗产管理人。所以选项 D 正确。**答案** ▶ D

【例题 4·多选题】(2020 年)下列遗嘱形式中,依法须有两个以上见证人见证的有( )。

A. 口头遗嘱　　B. 打印遗嘱
C. 录音录像遗嘱　D. 自书遗嘱
E. 代书遗嘱

解析 ▶ 本题考核遗嘱的形式。代书遗嘱、打印遗嘱、录音录像遗嘱、口头遗嘱应当有两个以上见证人在场见证。所以选项 ABCE 正确。自书遗嘱由遗嘱人亲笔书写,签名,注明年、月、日。所以选项 D 错误。

答案 ▶ ABCE

同步训练　限时20分钟

扫我做试题

一、单项选择题

1. 张某(21 岁,女)与刘某(25 岁,男)通过他人介绍成为男女朋友,后刘某要求结婚,张某不同意,刘某威胁"不结婚就弄死张某全家",张某只好同意结婚并办理了登记。对此,下列说法正确的是( )。

   A. 张某可以自婚姻登记之日起 2 年内要求撤销该婚姻
   B. 张某可以刘某胁迫其结婚为由起诉要求离婚
   C. 张某有权主张该婚姻无效
   D. 张某无权主张该婚姻无效

2. 刘山峰、王翠花系老夫少妻,刘山峰婚前个人名下拥有别墅一栋。关于婚后该别墅的归属,下列选项正确的是( )。

   A. 该别墅不可能转化为夫妻共同财产
   B. 婚后该别墅自动转化为夫妻共同财产
   C. 婚姻持续满八年后该别墅即依法转化为夫妻共同财产
   D. 刘、王可约定婚姻持续八年后该别墅转化为夫妻共同财产

3. 根据婚姻家庭法律制度的规定,下列不属于婚姻家庭法的基本原则的是( )。

   A. 婚姻自由原则
   B. 一夫一妻制原则
   C. 保护妇女、儿童和老年人合法权益原则
   D. 公平公正原则

4. 下列关于亲子关系的说法,错误的是( )。

   A. 婚生子女是指在婚姻关系存续期间所生的子女
   B. 父母和子女有相互继承遗产的权利
   C. 继父母与继子女关系解除后,对年老体弱的继父母不必承担赡养义务
   D. 子女对父母的赡养义务,不因父母的婚姻关系变化而终止

5. 甲(女)与乙自由恋爱而结婚,婚后甲因体质较弱一直未育,乙遂想收养一名女童。在律师提供的咨询意见中,下列选项错误的是( )。

   A. 收养必须经甲同意
   B. 乙必须年满 30 周岁
   C. 乙不能患有医学上认为不应当收养子女的疾病
   D. 乙与被收养女童的年龄应当相差 40 岁以上

6. 苗家有三兄弟大苗、二苗、小苗。小苗自幼过继给老苗的远房表弟郑某作养子,形

成了合法的收养关系。后小苗结婚时，郑某为其盖了新房，后因失火致使该房屋被烧毁。小苗的生母就将自己的住房腾出一间来，让小苗夫妇及郑某居住，不久小苗的生母病故。大苗和二苗想要收回房子，小苗认为自己有权继承母亲遗产，拒不搬出。下列选项中，可以继承苗母遗产的是（　　）。

A. 大苗和二苗
B. 大苗、二苗和小苗
C. 大苗、二苗、小苗和郑某
D. 大苗、二苗和郑某

7. 下列遗嘱形式中，不需要证人在场见证即为有效的是（　　）。

A. 口头遗嘱　　B. 录音遗嘱
C. 自书遗嘱　　D. 代书遗嘱

8. 吴某死后留有房屋一套和存款若干，其子吴晓是法定继承人。吴某生前立有遗嘱，将其存款赠与其侄女吴丽。吴晓和吴丽被告知3个月后参与吴某的遗产分割，但直到遗产分割时，吴晓与吴丽均未作出是否接受遗产的意思表示。对此，下列说法正确的是（　　）。

A. 吴晓、吴丽视为放弃接受遗产
B. 吴晓视为接受继承，吴丽视为放弃接受遗赠
C. 吴晓视为放弃继承，吴丽视为接受遗赠
D. 吴晓、吴丽均应视为接受遗产

9. 李某订立一份遗嘱将自己的一套房屋留给儿子小李，后李某因为小李不孝顺而更改了遗嘱，将其房屋留给女儿李丽，随后李某又更改了遗嘱将自己的房屋还是留给了小李。后李某死亡，下列表述正确的是（　　）。

A. 李某无权更改遗嘱
B. 房屋归李丽所有
C. 房屋由小李和李丽共同所有
D. 房屋归小李所有

10. 小宋幼年时被张某夫妇收养，小宋结婚后与张某夫妇不和，张某夫妇遂解除了与小宋的收养关系。张某夫妻无子女，年老体衰且无生活来源。张某夫妇要求小宋给付生活费，遭到小宋的拒绝，为此引起纠纷。下列表述正确的是（　　）。

A. 因为解除收养关系是张某夫妇提出的，所以小宋没有给予张某夫妇生活费的义务
B. 因为小宋与张某夫妇的收养关系已经解除，所以小宋没有给予张某夫妇生活费的义务
C. 因为张某夫妇年老体衰丧失劳动能力又无生活来源，所以小宋应当给予张某夫妇生活费
D. 小宋没有给予张某夫妇生活费的法律义务，但是负有道义上的义务

11. 关于遗赠扶养协议，下列说法错误的是（　　）。

A. 遗赠扶养协议是单务有偿的法律行为
B. 遗赠扶养协议是生前行为和死后行为的统一
C. 遗赠扶养协议从协议成立之日起开始发生法律效力
D. 遗赠扶养协议是双方民事法律行为

12. 根据《民法典》规定，下列有关附义务的遗嘱，表述错误的是（　　）。

A. 附义务遗嘱为单独的无偿民事法律行为
B. 遗嘱义务具有附随性和免责性
C. 遗嘱中所指定义务的义务人应当是遗嘱继承人或者受遗赠人
D. 指定所履行的义务不得超过继承人或者受遗赠人所取得的遗产利益

二、多项选择题

1. 根据《民法典》的规定，婚姻登记机关不予办理结婚登记的情形有（　　）。

A. 未到法定结婚年龄的
B. 非双方自愿的
C. 患有医学上认为不应当结婚的疾病的
D. 离婚未满一年的
E. 甲男是乙女姑姑家的儿子

2. 甲男有妻，与乙女结婚，下列选项中可以作为宣告甲、乙婚姻无效的请求权人有（　　）。
   A. 甲的父亲
   B. 乙
   C. 甲的妻子
   D. 甲乙同居地的村民委员会
   E. 乙的舅妈

3. 关于受胁迫结婚，下列说法正确的有（　　）。
   A. 受胁迫而与他人结婚的，该婚姻无效
   B. 受胁迫的一方撤销婚姻的请求，都应当自结婚登记之日起1年内提出
   C. 受胁迫而与他人结婚的，该婚姻有效，但受胁迫方可向人民法院申请撤销该婚姻
   D. 被非法限制人身自由的当事人请求撤销婚姻的，应当自恢复人身自由之日起1年内提出
   E. 受欺诈而与他人结婚的，该婚姻无效

4. 田某死后留下五间房屋、一批字画以及数十万元的存款。田某生有三子一女，长子早已病故，留下一子一女。就在两个儿子和一个女儿办理完丧事协商如何处理遗产时，小儿子因交通意外不治身亡，其女儿刚满周岁。下列选项中可以继承田某遗产的有（　　）。
   A. 二儿子和女儿
   B. 小儿子
   C. 小儿子之女
   D. 大儿子之子
   E. 大儿子之女

5. 下列行为中，可以引起继承权丧失的有（　　）。
   A. 甲为争夺遗产，而杀害了同是继承人的乙
   B. 甲因过失而杀害了被继承人乙
   C. 甲在其父生前多次对其打骂、虐待，随后甲异常悔恨，并且得到了其父的宽恕
   D. 甲因其母常年卧床花费巨额医药费，遂将其母遗弃
   E. 甲因盗窃罪被判有期徒刑3年，后释放的

6. 宋某与江某是夫妻，育有三个儿子，分别是宋大，宋二和宋小。宋大英年早逝，留下一子宋小庆。宋二收入颇丰，但却拒绝赡养宋某和江某。后宋某因病去世，留下两栋房子和存款50万元。在办理丧事期间，宋小因太过悲痛导致心脏病发而死亡，留下一女宋倩倩。则下列表述正确的有（　　）。
   A. 宋小庆是第一顺序继承人
   B. 宋小庆对宋某遗产的继承属于代位继承
   C. 宋倩倩属于转继承人
   D. 宋二因拒绝赡养宋某，导致其丧失继承资格
   E. 宋倩倩是第一顺序继承人

同步训练答案及解析

一、单项选择题

1. D 【解析】本题考核婚姻终止。本题为胁迫婚姻，自胁迫行为终止之日起1年内当事人有权撤销婚姻。选项A错误。判决离婚条件：(1)重婚或与他人同居的；(2)实施家庭暴力或虐待、遗弃家庭成员的；(3)有赌博、吸毒等恶习屡教不改的；(4)感情不和分居满2年的；(5)一方被宣告失踪，另一方提出离婚诉讼的，应准予离婚。选项B错误。本题不具有无效婚姻的情形，张某无权主张该婚姻无效。选项C错误，选项D正确。

2. D 【解析】本题考核夫妻财产法律关系的内容。《民法典》规定为夫妻一方所有的财产，不因婚姻关系的延续而转化为夫妻共同财产。但当事人另有约定的除外。据此可知，刘山峰婚前个人名下的别墅不会因结婚或经过一定的年限转变为夫妻共同财

产，但当事人可以通过约定将其转化为夫妻共同财产，该约定是有效的。

3. D 【解析】本题考核婚姻家庭法的基本原则。

4. C 【解析】本题考核亲子关系。继父母与继子女关系解除后，对年老体弱、生活困难的继父母仍应当承担赡养义务。

5. D 【解析】本题考核收养的条件。收养人应当同时具备下列条件：（1）无子女或者只有1名子女；（2）有抚养、教育和保护被收养人的能力；（3）未患有在医学上认为不应当收养子女的疾病；（4）无不利于被收养人健康成长的违法犯罪记录；（5）年满30周岁；选项ABC表述正确。"收养人与被收养人年龄相差40岁以上"是对无配偶者收养异性子女时所适用的限制条件。选项D表述错误。

6. A 【解析】本题考核法定继承。养子女与生父母以及其他近亲属间的权利义务关系，因收养关系的成立而消除。所以养子女失去了对生父母遗产的继承权，而有权继承养父母的遗产。因此，小苗无权继承其生母的遗产，而有权继承其养父母的遗产。

7. C 【解析】本题考核遗嘱的形式。自书遗嘱由遗嘱人亲笔书写，签名，注明年、月、日。

8. B 【解析】本题考核遗赠。继承开始后，继承人放弃继承的，应当在遗产处理前，以书面形式作出放弃继承的表示。没有表示的，视为接受继承。受遗赠人应当在知道受遗赠后60日内，作出接受或者放弃受遗赠的表示，到期没有表示的，视为放弃受遗赠。

9. D 【解析】本题考核遗嘱的变更和撤回。遗嘱人可以撤回、变更自己所立的遗嘱。选项A错误。立有数份遗嘱，内容相抵触的，以最后的遗嘱为准。本题中，李某生前立有三份遗嘱，但应以最后一份遗嘱为准，则该房屋应当归小李所有。选项D正

确，选项B、C错误。

10. C 【解析】本题考核收养的解除。解除收养关系时养子女已由养父母抚养长大成人，而养父母都已年老体衰丧失劳动能力又无生活来源，该养子女应当承担养父母的生活费。因养子女成年后虐待、遗弃养父母而解除收养关系的，养父母可以要求养子女补偿收养期间支出的抚养费。

11. A 【解析】本题考核遗赠扶养协议的特征。遗赠扶养协议是双务、有偿的法律行为。选项A错误。

12. B 【解析】本题考核附义务的遗嘱。遗嘱义务具有附随性和不可免责性。

二、多项选择题

1. ABE 【解析】本题考核结婚的条件。根据《民法典》规定，结婚须具备的要件包括：①须有结婚合意。②须达到法定婚龄（男不得早22周岁，女不得早于20周岁）。③符合一夫一妻制。禁止结婚的条件：直系血亲和三代以内的旁系血亲。

2. ABCD 【解析】本题考核婚姻无效。有权申请宣告婚姻无效的主体，包括婚姻当事人及利害关系人。利害关系人包括以重婚为由申请宣告婚姻无效的，为当事人的近亲属及基层组织。本题中，乙为当事人，甲父、甲妻为当事人的近亲属，甲乙同居地的村民委员会为基层组织，均为宣告甲乙重婚无效的请求权人。

3. CD 【解析】本题考核可撤销婚姻。因胁迫结婚的，受胁迫的一方可以向人民法院请求撤销该婚姻。请求撤销婚姻，应当自胁迫行为终止之日起1年内提出。被非法限制人身自由的当事人请求撤销婚姻的，应当自恢复人身自由之日起1年内提出。无效或被撤销的婚姻，自始无效。

4. ABDE 【解析】本题考核法定继承。被继承人的配偶、子女、父母、对公婆、岳父母尽了主要赡养义务的丧偶儿媳和女婿为第一顺序继承人。所以选项A、B正确。

如果被继承人的子女在继承开始后遗产分割前死亡的,则其应该继承的遗产份额转由其合法继承人继承,这不是代位继承而是转继承。此时小儿子之女是小儿子的继承人,而不是田某的继承人。所以选项 C 错误。大儿子的子女是代位继承,其不是法定继承人,只是在代位继承时可以享有继承权,其仍是有权继承田某遗产的。所以选项 DE 正确。

5. AD 【解析】本题考核继承权的丧失。继承人有下列行为之一的,丧失继承权:(1)故意杀害被继承人的;(2)为争夺遗产而杀害其他继承人的;(3)遗弃被继承人的,或者虐待被继承人情节严重的;(4)伪造、篡改、隐匿或者销毁遗嘱,情节严重的;(5)以欺诈、胁迫手段迫使或者妨碍被继承人设立、变更或者撤回遗嘱,情节严重。继承人有前述第(3)项至第(5)项行为,确有悔改表现,被继承人表示宽恕或者事后在遗嘱中将其列为继承人的,该继承人不丧失继承权。选项 BCE 错误。

6. ABC 【解析】本题考核代位继承和转继承。被继承人的子女先于被继承人死亡的,由被继承人的子女的晚辈直系血亲代位继承。本题中宋小庆是代位继承人,是第一顺序继承人。选项 AB 正确。继承开始后,继承人没有表示放弃继承,并于遗产分割前死亡的,其继承遗产的权利转移给他的合法继承人。而宋倩情是转继承人,不是第一顺序继承人。选项 C 正确、选项 E 错误。有扶养能力和有扶养条件的继承人,不尽扶养义务的,分配遗产时,应当不分或者少分。由此可知,宋二不尽扶养义务的,分配遗产时,应当不分或少分,而不是直接丧失继承资格。选项 D 错误。

本章知识串联

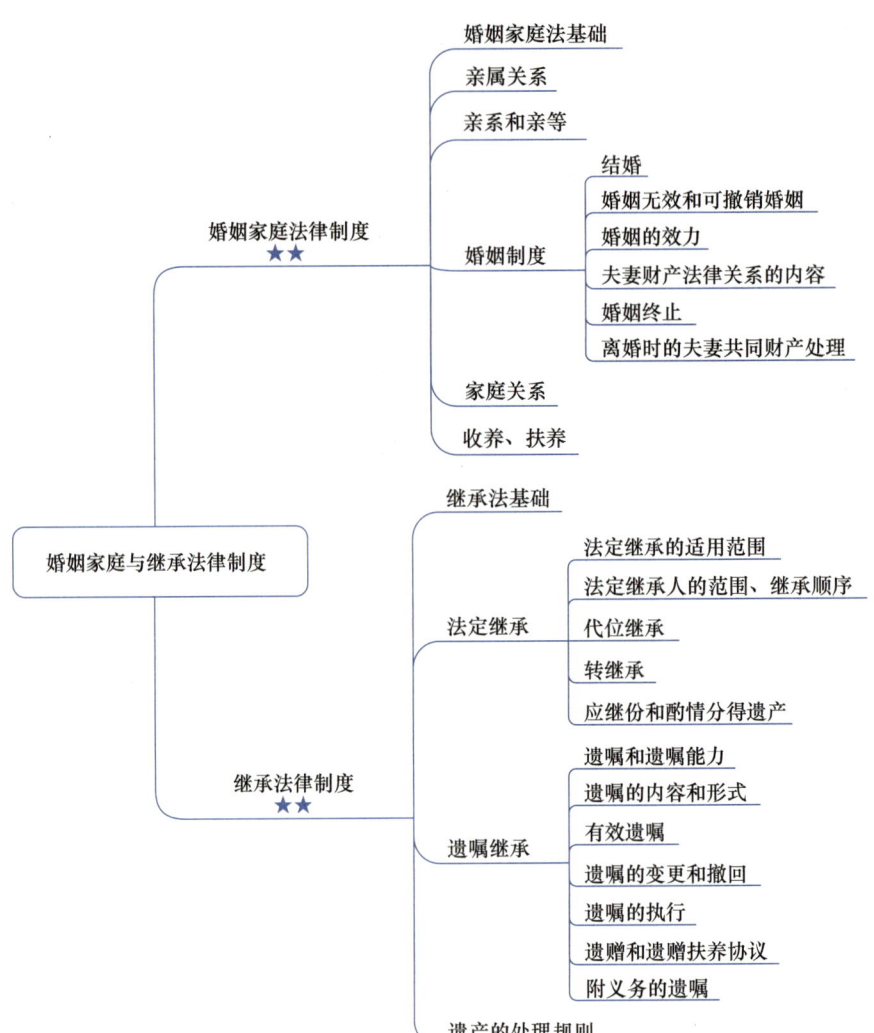

你真正的、永远的、最大的靠山是你自己,你真正的、永远的、最大的敌人也是你自己。

——先相信自己能战胜自己,然后别人才会相信你。

赵俊峰

2021年度全国税务师职业资格考试

涉税服务相关法律

应试指南 下册

■ 赵俊峰 中华会计网校 编

感恩21年相伴 助你梦想成真

中国商业出版社

目 录
CONTENTS

下 册

第11章 个人独资企业法律制度 ……………… 271
    考情解密 ………………………… 271
    考点详解及精选例题 …………… 271
    同步训练 ………………………… 275
    同步训练答案及解析 …………… 277
    本章知识串联 …………………… 278

第12章 合伙企业法律制度 …………………… 279
    考情解密 ………………………… 279
    考点详解及精选例题 …………… 279
    同步训练 ………………………… 288
    同步训练答案及解析 …………… 290
    本章知识串联 …………………… 292

第13章 公司法律制度 ………………………… 293
    考情解密 ………………………… 293
    考点详解及精选例题 …………… 294
    同步训练 ………………………… 320
    同步训练答案及解析 …………… 325
    本章知识串联 …………………… 329

第14章 破产法律制度 ………………………… 330
    考情解密 ………………………… 330
    考点详解及精选例题 …………… 331
    同步训练 ………………………… 354
    同步训练答案及解析 …………… 358

　　　　本章知识串联 …………………………………………………………… 361

第15章　电子商务法律制度 …………………………………………… 362
　　　　考情解密 ………………………………………………………………… 362
　　　　考点详解及精选例题 …………………………………………………… 362
　　　　同步训练 ………………………………………………………………… 369
　　　　同步训练答案及解析 …………………………………………………… 371
　　　　本章知识串联 …………………………………………………………… 372

第16章　民事诉讼法律制度 …………………………………………… 373
　　　　考情解密 ………………………………………………………………… 373
　　　　考点详解及精选例题 …………………………………………………… 374
　　　　同步训练 ………………………………………………………………… 391
　　　　同步训练答案及解析 …………………………………………………… 394
　　　　本章知识串联 …………………………………………………………… 396

第三篇　刑事法律制度 ………………………………………………………… 397

第17章　刑事法律制度 ………………………………………………… 399
　　　　考情解密 ………………………………………………………………… 399
　　　　考点详解及精选例题 …………………………………………………… 400
　　　　同步训练 ………………………………………………………………… 425
　　　　同步训练答案及解析 …………………………………………………… 429
　　　　本章知识串联 …………………………………………………………… 432

第18章　刑事诉讼法律制度 …………………………………………… 434
　　　　考情解密 ………………………………………………………………… 434
　　　　考点详解及精选例题 …………………………………………………… 435
　　　　同步训练 ………………………………………………………………… 462
　　　　同步训练答案及解析 …………………………………………………… 465
　　　　本章知识串联 …………………………………………………………… 467

第三部分　易错易混知识点辨析

　　2021年易错易混知识点辨析 ……………………………………………… 471

第四部分　考前模拟试卷

2021 年考前模拟试卷 …………………………………………………… 491
模拟试卷（一） ……………………………………………………… 491
模拟试卷（一）参考答案及详细解析 ……………………………… 504
模拟试卷（二） ……………………………………………………… 513
模拟试卷（二）参考答案及详细解析 ……………………………… 526

第11章　个人独资企业法律制度

考情解密

历年考情概况

本章复习难度不大。历年考试分值不高,预计2021年的分值在3分左右。

近年考点直击

考点	主要考查题型	考频指数	考查角度
个人独资企业的债务承担	单选题、多选题	★★	结合具体案例,考核个人独资企业的债务承担
个人独资企业的设立、解散	单选题、多选题	★★	(1)直接考核个人独资企业的解散;(2)结合具体案例,考核个人独资企业的设立

本章2021年考试主要变化

本章变动不大。主要为结构调整:
(1)增加"个人独资企业分支机构登记"。
(2)增加"个人独资企业的变更"。
(3)增加"第三节 个人独资企业的营业转让"。

考点详解及精选例题

一、个人独资企业法基础

扫我解疑难

(一)个人独资企业的概念和特征(见表11-1)★

个人独资企业,是指依照《个人独资企业法》在中国境内设立,由一个自然人投资,财产为投资人个人所有,投资人以其个人财产对企业债务承担无限责任的经营实体。属于非法人组织。

表11-1　个人独资企业的特征

项目	内容
"人"	(1)出资人只能是一个自然人。 【知识点拨】该自然人应具有完全民事行为能力,不能是法律、行政法规禁止从事营利性活动的人(如国家公务员、党政机关领导干部、警察、法官、检察官、商业银行人员等)
"财"	(2)投资人以其个人财产对企业债务承担无限责任(先企业后个人)。 【知识点拨】申报出资的财产可以是个人财产或家庭共有财产;未注明时,意味着以个人名义出资
名"责"	(3)不能独立的承担民事责任:个人独资企业不具有法人资格。 (4)能独立从事民事活动:个人独资企业可以起字号,并可对外以"企业名义"从事生产经营活动

(二)个人独资企业与其他民事主体的区别★★

1. 个人独资企业与个体工商户的区别(见表11-2)

表11-2 个人独资企业与个体工商户的区别

区别	个人独资企业	个体工商户
出资人	只能是一个自然人	既可以由一个自然人,也可以由家庭共同出资设立
承担责任的财产范围	一般以个人财产对企业债务承担无限责任,设立登记时明确家庭共有财产出资的除外	个人经营的,以个人财产承担;家庭经营的,以家庭财产承担;无法区分的,以家庭财产承担
适用的法律	《个人独资企业法》	《民法典》和《个体工商户条例》(国务院令第666号)
法律地位	经营实体,是一种企业组织形态	不采用企业形式

【知识点拨】区分二者的关键在于是否办理了独资企业登记,并领取独资企业营业执照。

2. 个人独资、合伙与一人公司的区别(见表11-3)

表11-3 个人独资企业与合伙企业的区别

	个人独资企业	合伙企业	一人公司
出资人	只能是一个自然人	两个以上自然人、法人或其他组织共同出资设立	一个中国自然人或法人股东
事务管理	可以自行管理,也可以委托或聘用他人管理	可由全体合伙人,也可以委托一名或数名合伙人管理	组织机构执行,如:公司的董事会、监事会
责任承担	个人财产与企业财产不分离,投资人以其个人财产对企业债务承担无限责任	合伙人的财产与合伙企业的财产相对分离,债务清偿先合伙企业,后合伙人	属于法人组织;股东通常仅以对公司出资额为限对公司债务承担有限责任
名称	不得使用"有限""有限责任""公司"等字样	合伙企业的名称要标明合伙企业的类型;如"特殊普通合伙""有限合伙"等	必须在公司名称中表明"有限责任公司"或者"有限公司"的字样
企业财产所有权	由出资人控制,内部机构设置简单,经营管理方式灵活	归全体合伙人共有	归公司所有
出资	不得以劳务作为出资	普通合伙人允许以劳务出资	不得以劳务作为出资

二、个人独资企业的设立、变更与终止

扫我解疑难

(一)个人独资企业的设立★★★

1. 设立条件

(1)投资人为一个"自然人"。

【知识点拨】即使以家庭财产投资,也只能以一个自然人的名义投资。

(2)有合法的企业名称。

【知识点拨】名称中不得使用"有限""有限责任"或者"公司"字样。

(3)有投资人申报的出资。

(4)有固定的生产经营场所和必要的生产经营条件。

(5)有必要的从业人员。

【知识点拨】条件中不包括"企业章程"和"设立的注册资本"。

(6)申请设立登记。

登记事项包括:①企业名称;②企业住所;③投资人姓名和居所;④出资额和出资方式;⑤经营范围。

2. 营业执照的"签发日期"为个人独资企业成立日期。

【知识点拨】个人独资企业可以设立分支机构，其民事责任由设立该分支机构的个人独资企业承担。

(二)个人独资企业的事务管理★★★

1. 管理方式

投资人可以自行管理企业事务，也可以委托或者聘用他人负责企业的事务管理。

2. 投资人的内部限制

个人独资企业的投资人对受托人或者被聘用的人员的限制，不得对抗善意第三人，受托人或者被聘用的人员超出投资人的限制与善意第三人的有关业务交往应当有效(对外无效，对内有效)。

『示例』老赵投资设立个人独资企业A，委托老李管理企业事务，老赵授权老李对外签订合同不得超过100万元，该限制属于任意限制。某日，老李代表A企业与B签订200万元的买卖合同，该合同是否有效取决于B是否为善意第三人。如果B不知道老赵对老李的职权限制，那么为善意的第三人，该合同有效。

3. 对受托人的法定限制

(1)不得利用职务上的便利，索取或者收受贿赂；(2)不得利用职务或者工作上的便利侵占企业财产；(3)不得挪用企业的资金归个人使用或者借贷给他人；(4)不得擅自将企业资金以个人名义或者以他人名义开立账户储存；(5)不得擅自以企业财产提供担保；(6)未经投资人同意，不得从事与本企业相竞争的业务；(7)未经投资人同意，不得同本企业订立合同或者进行交易；(8)未经投资人同意，不得擅自将企业商标或者其他知识产权转让给他人使用；(9)不得泄露本企业的商业秘密；(10)法律、行政法规禁止的其他行为。

(三)个人独资企业的变更

1. 个人独资企业存续期间登记事项发生变更的，应当办理变更登记。

2. 委托代理人申请变更登记的，应当提交投资人的委托书和代理人的身份证明或者资格证明。

3. 登记机关应当在收到投资人所提交且符合法律规定的全部文件之日起15日内，对符合条件的予以核准的，换发《营业执照》。对不符合《个人独资企业法》规定条件的变更登记申请，作出不予登记的决定，发给企业登记驳回通知书。

4. 个人独资企业变更住所跨登记机关辖区的，应当向迁入地登记机关申请变更登记。

(四)个人独资企业终止

1. 解散事由

(1)投资人决定解散；

(2)投资人死亡或者被宣告死亡，无继承人或者继承人决定放弃继承；

(3)依法被吊销营业执照；

(4)法律、行政法规规定的其他情形。

2. 清算人

投资人可以自行清算或者由债权人申请人民法院指定清算人进行清算。

3. 债权申报期限

债权人应当在接到通知之日起30日内，未接到通知的债权人应当在公告之日起60日内，向投资人申报债权。

4. 个人独资企业解散后，原投资人对个人独资企业存续期间的债务仍应承担偿还责任，但债权人在5年内未向债务人提出偿债要求的，该责任消灭。

5. 个人独资企业解散的，财产应当按照下列顺序清偿：

(1)所欠职工工资和社会保险费用；

(2)所欠税款；

(3)其他债务。

【知识点拨】个人独资企业财产不足以清偿债务的，投资人应当以其个人的其他财产予以清偿。

三、个人独资企业的营业转让

(一)个人独资企业营业转让的内容

1. 商号和知识产权等无形资产营业转让时，主要会涉及转让方与受让方协商作价的问题。当双方协商不成时，可以通过聘请有关专业机构予以评估作价解决。

2. 对于个人独资企业的债权债务的转让，一般按照转让人与受让人之间的协议处理。

(二)个人独资企业营业转让的法律效果

1. 企业债权债务的承继处理问题。

一般会出现三种效果：

(1)企业营业整体转让后，免除了原企业主的偿债义务，原企业的债权债务由受让人整体承继。

(2)整体营业转让后转让人与受让人对原企业债权债务承担连带责任。

(3)整体营业转让后，原企业主对原企业债权债务承担责任，受让人对转让后发生的债权债务承担责任。

2. 个人独资企业作为遗产，只能是营业的概括继承。其与公司股权、合伙人出资份额的继承不同。

【例题1·单选题】(2020年)下列关于个人独资企业出资、权限和事务管理的说法中，正确的是( )。

A. 个人独资企业出资人可以自行管理个人独资企业事务

B. 个人独资企业出资人可以以劳务出资

C. 个人独资企业出资人对受聘人员职权的限制，可以对抗第三人

D. 个人独资企业的名称中可以使用"有限"字样

解析 本题考核个人独资企业出资、权限和事务管理。个人独资企业投资人可以自行管理企业事务，也可以委托或者聘用其他具有民事行为能力的人负责企业的事务管理。投资人对受托人或者被聘用的人员职权的限制，不得对抗善意第三人。所以选项A正确，选项C错误。个人独资企业出资人不得以劳务出资。所以选项B错误。个人独资企业的名称中不得使用"有限""有限责任"或者"公司"字样。所以选项D错误。 **答案** A

【例题2·单选题】(2019年)根据《个人独资企业法》规定，下列有关个人独资企业的说法中，正确的是( )。

A. 投资人对个人独资企业财产享有的财产权利可以依法转让

B. 投资人不能委托他人管理个人独资企业

C. 个人独资企业具有法人资格

D. 投资人对所聘用人员职权的限制，可以对抗第三人

解析 本题考核个人独资企业。个人独资企业投资人可以自行管理企业事务，也可以委托或者聘用其他具有民事行为能力的人负责企业的事务管理。所以选项B错误。个人独资企业属于非法人组织，没有法人人格。所以选项C错误。投资人对受托人或者被聘用的人员职权的限制，不得对抗善意第三人。所以选项D错误。 **答案** A

【例题3·多选题】(2019年)张某从单位辞职后，拟采取个人独资企业形式从事肉类进口业务。下列有关个人独资企业的出资、财产归属及责任承担的说法中，符合法律规定的有( )。

A. 张某是个人独资企业财产的所有权人

B. 张某不能以家庭财产作为个人出资

C. 张某以投资到个人独资企业的财产对独资企业债务承担有限责任

D. 张某应以其个人财产对独资企业债务承担无限责任

E. 张某可以劳务出资

解析 本题考核个人独资企业。个人独资企业，是指依照《个人独资企业法》在中国境内设立，由一个自然人投资，财产为投资人个人所有，投资人以其个人财产对企业债务承担无限责任的经营实体。所以选项A、D正确、选项C错误。个人独资企业投资人在申请企业设立登记时明确以其家庭共有财产作为个人出资的，应当依法以家庭共有财产对企业债务承担无限责任。所以选项B错误。只有普通合伙人可以劳务出资，个人独资企业投资者不能以劳务出资。所以选项E错误。 **答案** AD

【例题 4·多选题】（2017 年）根据《个人独资企业法》规定，导致个人独资企业应当解散的情形有( )。

A. 投资人决定解散
B. 投资人丧失行为能力
C. 投资人死亡且无继承人
D. 投资人被宣告死亡且其继承人放弃继承
E. 被依法吊销营业执照

解析 本题考核个人独资企业的解散。个人独资企业有下列情形之一时，应当解散：(1)投资人决定解散；(2)投资人死亡或者被宣告死亡，无继承人或者继承人放弃继承；(3)被依法吊销营业执照；(4)法律、行政法规规定的其他情形。所以选项 A、C、D、E 正确。

答案 ACDE

同步训练　限时15分钟

扫我做试题

一、单项选择题

1. 下列关于个人独资企业特征及其设立的说法中，正确的是( )。
   A. 家庭可以申请设立个人独资企业
   B. 个人独资企业的企业财产归投资者个人所有
   C. 个人独资企业应按照我国民事法律和《城乡个体工商户管理暂行条例》的规定设立
   D. 个人独资企业不得设立分支机构

2. 下列关于个人独资企业特点的表述中，正确的是( )。
   A. 由一人出资成立的公司
   B. 由多个自然人合伙成立的企业
   C. 以"户"作为投资者而成立的企业
   D. 有固定的生产经营场所

3. 根据个人独资企业法律制度的规定，下列关于个人独资企业的表述中，错误的是( )。
   A. 个人独资企业虽然不具有法人资格，但可以起字号，可以自己的名义从事民事活动
   B. 个人独资企业是由一个自然人投资的企业，并且该自然人对企业的债务承担无限责任
   C. 个人独资企业的投资人以家庭共有财产作为个人出资的，以家庭共有财产对企业债务承担无限责任
   D. 企业名称中可以使用"公司"字样

4. 根据个人独资企业法律制度的规定，下列各项中，不可以作为个人独资企业出资的是( )。
   A. 投资人的外汇资产
   B. 投资人的劳务
   C. 投资人的机器设备
   D. 投资人家庭共有的房屋

5. 根据个人独资企业法律制度的规定，下列表述不正确的是( )。
   A. 个人独资企业的投资人可以是自然人、法人或其他组织
   B. 个人独资企业应当依法设置会计账簿，进行会计核算
   C. 个人独资企业解散时，可由投资人自行清算，也可由债权人申请人民法院指定清算人进行清算
   D. 个人独资企业解散清偿债务时，所欠职工工资和社会保险费用应作为第一顺序清偿

6. 张东东是应届毕业大学生，为响应国家"千人创业，万人创新"号召，准备创办一家个人独资企业从事软件开发，经张东东查阅相关资料后，张东东对个人独资企业法律规定有了一定的了解。下列关于张东

东对个人独资企业法律规定的理解错误的是( )。

A. 个人独资企业投资人只能是一个自然人

B. 个人独资企业财产归投资人个人所有

C. 个人独资企业投资人须自行管理企业事务

D. 个人独资企业投资人对企业债务承担无限责任

7. 为开拓市场需要,个人独资企业主张水决定在某市设立一个分支机构,委托朋友李火为分支机构负责人。关于李火的权利和义务,下列表述正确的是( )。

A. 应承担该分支机构的民事责任

B. 可以从事与企业总部相竞争的业务

C. 可以将自己的货物直接出卖给分支机构

D. 经张水同意可以分支机构财产为其弟提供抵押担保

8. 下列关于个人独资企业解散后原投资人责任的表述中,符合《个人独资企业法》规定的是( )。

A. 原投资人对个人独资企业存续期间的债务不再承担责任

B. 原投资人对个人独资企业存续期间的债务承担责任,但债权人在1年内未向债务人提出偿债请求的,该责任消灭

C. 原投资人对个人独资企业存续期间的债务承担责任,但债权人在2年内未向债务人提出偿债请求的,该责任消灭

D. 原投资人对个人独资企业存续期间的债务承担责任,但债权人在5年内未向债务人提出偿债请求的,该责任消灭

二、多项选择题

1. 根据《个人独资企业法》的规定,下列关于个人独资企业的说法中正确的有( )。

A. 可以设立分支机构

B. 个人独资企业是经营实体,是一种企业组织形态

C. 以投资者个人的全部资产承担无限责任

D. 可以接纳其他投资者入股

E. 可以委任或聘任其他具有民事行为能力的人负责企业的事务管理

2. 根据《个人独资企业法》的规定,下列各项中,属于个人独资企业应当解散的情形有( )。

A. 投资人死亡,继承人决定继承

B. 投资人决定解散

C. 投资人被宣告死亡,无继承人

D. 被依法吊销营业执照

E. 营业期限届满

3. 甲欲开饭店,与高级厨师乙商量请其加盟,并说:"你无需投资,店面、餐具和资金由我负责,你只负责炒菜就行,利润三七分成,我得七,你得三。"乙应允。此后,甲以投资人的名义开了饭店,饭店的营业执照上登记为个人独资企业丙。第一年,饭店获利颇丰,按三七分成,甲获利21万元,乙获利9万元。第二年,饭店经营期间发生中毒事件,顾客丁索赔70万元。根据有关法律,关于丁索赔的说法,正确的有( )。

A. 丁应向丙索赔

B. 丁应首先向丙索赔,不足部分向乙索赔

C. 丁应向甲索赔49万元,向乙索赔21万元

D. 丁应向乙、丙共同索赔70万元

E. 丁不能向乙索赔,因为乙与丁之间不存在直接的法律关系

4. 张先生在谈论《个人独资企业法》的有关规定时讲到以下内容,其中说法正确的有( )。

A. 个人独资企业可对外以企业名义从事生产经营活动

B. 个人独资企业可以设立分支机构

C. 个人独资企业解散时,可由投资人自行清算,也可由债权人申请人民法院指定清算人进行清算

D. 个人独资企业解散清偿债务时,所欠职工工资和社会保险费用应作为第一顺序清偿

E. 个人独资企业解散后，原投资人对个人独资企业存续期间的债务仍应承担偿还责任，但债权人在 2 年内未向债务人提出偿债请求的，该责任消灭

同步训练答案及解析

一、单项选择题

1. B 【解析】本题考核个人独资企业。个人独资企业的出资人是一个自然人，家庭不能设立个人独资企业。所以选项 A 错误。个人独资企业应当依照《个人独资企业法》设立。所以选项 C 错误。个人独资企业可以设立分支机构。所以选项 D 错误。

2. D 【解析】本题考核个人独资企业的特征。一人出资成立的公司只能是一人有限责任公司，公司具备法人资格；而个人独资企业是一个自然人投资，成立的是不具有法人资格的经营实体。所以选项 A 错误。由多个自然人合伙成立的企业是合伙企业，个人独资企业强调的是一个自然人出资。所以选项 B 错误。个人独资企业是以一个自然人作为投资者，有别于个体工商户，个体工商户既可以由一个自然人出资设立，也可以由家庭共同出资设立；可以个人经营，也可以家庭经营。所以选项 C 错误。

3. D 【解析】本题考核个人独资企业。根据规定，个人独资企业名称中不能有"有限""有限责任"或"公司"字样。

4. B 【解析】本题考核个人独资企业的特点。个人独资企业不得以劳务作为出资。

5. A 【解析】本题考核个人独资企业的解散清算。个人独资企业的投资人只能是自然人，而合伙企业的投资人可以是自然人、法人或其他组织。选项 A 错误。

6. C 【解析】本题考核个人独资企业。个人独资企业投资人可以自行管理企业事务，也可以委托或者聘用其他具有民事行为能力的人负责企业的事务管理。

7. D 【解析】本题考核个人独资企业。(1)分支机构的民事责任由设立该分支机构的个人独资企业承担；选项 A 错误。(2)投资人委托或者聘用的管理个人独资企业事务的人员不得有下列行为：擅自以企业财产提供担保；未经投资人同意，从事与本企业相竞争的业务；未经投资人同意，同本企业订立合同或者进行交易。受托人或被聘用人不是绝对不可以从事上述行为，关键前提是看投资人是否同意。(1)未经投资人同意，不可以；(2)如果投资人同意，则可以。选项 BC 错误，D 正确。

8. D 【解析】本题考核个人独资企业的解散。根据规定，个人独资企业解散后，原投资人对个人独资企业存续期间的债务仍应承担偿还责任，但债权人在 5 年内未向债务人提出偿债请求的，该责任消灭。

二、多项选择题

1. ABCE 【解析】本题考核个人独资企业的规定。个人独资企业只能由一个自然人投资，不能接纳其他人入股，否则就是合伙企业了。

2. BCD 【解析】本题考核个人独资企业的解散和清算。根据规定，个人独资企业有下列情形之一时，应当解散：投资人决定解散；投资人死亡或者被宣告死亡，无继承人或者继承人放弃继承；被依法吊销营业执照；法律、行政法规规定的其他情形。所以选项 BCD 正确。

3. AE 【解析】本题考核个人独资企业的债务承担。投资人以其个人财产对企业债务承担无限责任。

4. ABCD 【解析】本题考核个人独资企业。个人独资企业解散后，原投资人对个人独资企业存续期间的债务仍应承担偿还责任，但债权人在 5 年内未向债务人提出偿债请求的，该责任消灭；因此选项 E

错误。

本章知识串联

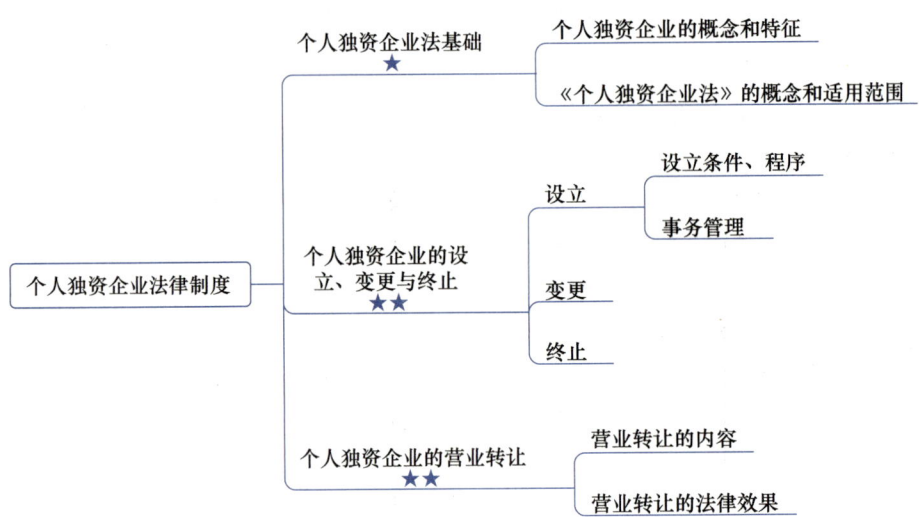

第12章 合伙企业法律制度

考情解密

历年考情概况

本章复习难度不大,但有很多容易混淆的内容,如普通合伙与有限合伙制度的区别。历年考试分值不高,个别年份若考综合分析题时例外,预计2021年的分值在5分左右。

近年考点直击

考点	主要考查题型	考频指数	考查角度
普通合伙企业	单选题、多选题 综合分析题	★★	(1)直接考核普通合伙企业的设立;(2)结合具体案例,考核合伙企业的财产
特殊普通合伙企业	单选题、多选题	★★	结合具体案例,考核合伙人的责任承担方式
有限合伙企业	多选题	★	直接考核有限合伙企业及合伙人的内容

本章2021年考试主要变化

本章变动不大,主要为结构调整,内容无实质变化。

考点详解及精选例题

一、合伙企业法基础

扫我解疑难

1. 合伙企业的概念和特征

合伙企业,是指在中国境内设立的、由合伙人订立合伙协议共同出资、共担风险、共享经营收益、对合伙企业债务依照《合伙企业法》承担责任的经营性组织。合伙企业属于非法人组织。

合伙属于商事合伙,特征有:

(1)全体合伙人订立书面合伙协议。

(2)合伙人共同出资、共担风险、共享经营收益、合伙经营。

(3)合伙企业是不具备法人资格的营利性经济组织。具有人合的团体性;组织形式的持续存在性。

(4)普通合伙人对合伙企业债务承担无限连带责任。

2. 合伙企业的法律地位

合伙企业作为民事主体,以自己的名义独立从事经营活动,从而享受权利承担义务的资格。

【例题1·单选题】(2018年)下列关于合伙企业特征的说法中,正确的是( )。

A. 合伙企业具有资合的团体性

B. 合伙企业从事非固定的营利性活动

C. 合伙企业属于非商事合伙

D. 合伙人对合伙企业债务通常承担无限连带责任

解析 本题考核合伙企业的特征。合伙企业具有人合的团体性。所以选项A错误。合伙企业从事较为固定的营利性活动。所以选项B错误。合伙企业属于商事合伙。所以选项C错误。 答案 D

二、普通合伙企业

(一)普通合伙企业概念与设立条件★★

1. 普通合伙企业的概念

由**普通合伙人**组成,合伙人对合伙企业债务承担**无限连带**责任。

2. 设立普通合伙企业的条件

(1)有**两个以上**合伙人。合伙人为自然人的,应当具有完全民事行为能力。

【知识点拨】国有独资公司、国有企业、上市公司以及公益性的事业单位、社会团体"**不得**"成为普通合伙人。

(2)有书面合伙协议。

①合伙协议经全体合伙人签名、盖章后生效。

②修改或者补充合伙协议,应当经"全体合伙人一致"同意;但是,合伙协议另有约定的除外。

(3)有合伙人认缴或者实缴的出资。

①合伙人可以用货币、实物、知识产权、土地使用权或者其他财产权利出资,也可以用**劳务**出资。

②劳务出资:评估办法协商确定并载明。

(4)有合伙企业的名称和生产经营场所。

(二)合伙企业的财产

1. 合伙企业财产的构成

合伙企业的财产包括合伙人的出资、以合伙企业名义取得的收益和依法取得的其他财产(如接受赠与的财产)。

除《合伙企业法》另有规定外,合伙人在合伙企业清算前,不得请求分割合伙企业的财产。这里的分割财产包括合伙人撤回原始投入的财产和分割由原始投资财产所获收益转化的或其他方面的增量资产。

2. 财产份额的处分

合伙人在合伙企业清算前私自转移或者处分合伙企业财产的,合伙企业**不得对抗善意第三人**。

3. 财产份额的转让(见表12-1)

表12-1 财产份额的转让

对外	①除合伙协议另有约定外,普通合伙人向合伙人以外的人转让其在合伙企业中的全部或者部分财产额时,须经"其他合伙人一致"同意(约定→一致同意)。 ②合伙人向合伙人以外的人转让其在合伙企业中的财产份额的,在同等条件下,其他合伙人有优先购买权;但是合伙协议另有约定的除外(约定→优先购买权)
对内	普通合伙人之间转让其在合伙企业中的全部或部分财产份额时,应**通知**其他合伙人

4. 出质

(1)普通合伙人以其在合伙企业中的财产份额出质的,须经其他合伙人一致同意(强制性规定);

(2)未经其他合伙人一致同意,其行为无效,由此给善意第三人造成损失的,由行为人依法承担赔偿责任。

(三)合伙事务执行

1. 合伙事务执行的概念

指合伙企业的经营管理及对内对外关系中的事务处理的活动。

2. 合伙事务执行的形式

(1)全体合伙人共同执行合伙事务。

(2)委托一个或者数个合伙人执行合伙事务。

【知识点拨】合伙人在合伙企业中享有平等的(NOT按照出资比例)管理权、经营权、表决权、监督权和代表权。

(3)聘请合伙人以外的人执行合伙事务。

3. 合伙人的权利和义务(见表12-2)

第12章 合伙企业法律制度

表12-2 合伙人的权利和义务

权利	①合伙人对执行合伙事务享有同等的权利。 ②执行合伙事务的合伙人对外代表合伙企业。 ③不执行合伙事务的合伙人的监督权利。 ④(所有)合伙人查阅合伙企业会计账簿等财务资料的权利。 ⑤合伙人有提出异议的权利和撤销委托的权利
义务	①合伙事务执行人**应当**向不参加执行事务的合伙人报告企业经营状况和财务状况。 ②合伙人**不得**自营或者同他人合作经营与本合伙企业相竞争的业务(强制)。 ③合伙人**不得**同本合伙企业进行交易,合伙协议另有约定或经全体合伙人一致同意除外(任意)

4. 事务执行的决议办法

(1)合伙协议约定优先适用。

(2)合伙协议未约定的或者约定不明确的,实行**合伙人一人一票并经全体合伙人过半数**通过的表决办法。

(3)《合伙企业法》对合伙企业的表决办法另有规定的,从其规定。

【知识点拨】下列事项应当经全体合伙人一致同意(约定除外):

①改变合伙企业的**名称**;②改变合伙企业的**经营范围**、**主要经营场所**的地点;③处分合伙企业的"**不动产**";④转让或者处分合伙企业的知识产权和其他财产权利;⑤以合伙企业名义为他人提供担保;⑥聘任合伙人以外的人担任合伙企业的"**经营管理人员**"。

5. 合伙企业的利润分配与亏损承担(见表12-3)

表12-3 合伙企业的利润分配与亏损承担

有约定	按约定的比例分配和分担
未约定或约定不明确	①首先由合伙人协商决定
	②协商不成的,由合伙人按照"**实缴出资**"比例分配、分担
	③无法确定出资比例的,由合伙人"**平均**"分配、分担

【知识点拨】绝对性禁止:普通合伙企业合伙协议不得约定将全部利润分配给部分合伙人或者由部分合伙人承担全部亏损。

相对性禁止:有限合伙企业不得将全部利润分配给部分合伙人;但是,**合伙协议另有约定的除外**。

(四)合伙企业与第三人关系

1. 合伙企业对合伙人执行合伙事务以及对外代表合伙企业权利的限制,不得**对抗善意第三人**。

2. 合伙企业的债务清偿(先企业后个人,对外连带,对内按份)。

(1)合伙企业对其债务,应先以其**全部财产**进行清偿。

(2)合伙企业不能清偿到期债务的,合伙人承担"**无限连带责任**"。

(3)合伙人由于承担无限连带责任,清偿数额超过分担比例的,有权向其他合伙人追偿。

3. 合伙人的债务清偿

(1)合伙人发生与合伙企业"无关"的债务,相关债权人"**不得**"以其债权抵销其对合伙企业的债务;也"**不得**"代位行使合伙人在合伙企业中的权利。

(2)合伙人的自有财产不足清偿其与合伙企业无关的债务的,该合伙人"**可以**"以其从合伙企业中分取的收益用于清偿;债权人"**也可以**"依法请求人民法院强制执行该合伙人在合伙企业中的财产份额用于清偿。

(3)人民法院强制执行合伙人的财产份额

时，应当"通知"全体合伙人，其他合伙人有优先购买权。

(五)入伙、退伙

1. 入伙

(1)新合伙人入伙，应当经全体合伙人一致同意，并依法订立书面入伙协议；合伙协议另有约定除外。

(2)新合伙人对入伙前(后)合伙企业的债务承担无限连带责任。

2. 退伙

退伙的普通合伙人对"退伙前"发生的合伙企业债务，承担无限连带责任。

(1)协议退伙情形(约定合伙期限)。

①合伙协议约定的退伙事由出现；

②经全体合伙人一致同意；

③发生合伙人难以继续参加合伙的事由；

④其他合伙人严重违反合伙协议约定的义务。

【知识点拨】合伙协议未约定合伙期限的，合伙人在不给合伙企业事务执行造成不利影响的情况下，可以退伙，但应当提前30日通知其他合伙人。

(2)声明退伙：指合伙人基于自己的意愿而表示退伙。

①合伙人声明退伙应当有正当的理由，没有正当理由的被视为违规退伙。

②合伙人违规退伙的，应当赔偿由此给合伙企业造成的损失。

(3)法定退伙(当然退伙)(见表12-4)。

表12-4 法定退伙(当然退伙)

普通合伙人	有限合伙人
a. 作为合伙人的自然人死亡或者被依法宣告死亡； b. 个人丧失偿债能力； c. 作为合伙人的法人或者其他组织依法被吊销营业执照、责令关闭、撤销，或者被宣告破产； d. 法律规定或者合伙协议约定合伙人必须具有相关资格而丧失该资格； e. 合伙人在合伙企业中的全部财产份额被人民法院强制执行	a. 作为合伙人的自然人死亡或者被依法宣告死亡； b. 作为合伙人的法人或者其他组织依法被吊销营业执照、责令关闭、撤销，或者被宣告破产； c. 法律规定或者合伙协议约定合伙人必须具有相关资格而丧失该资格； d. 合伙人在合伙企业中的全部财产份额被人民法院强制执行。 【知识点拨】不存在丧失偿债能力的情形

【知识点拨1】普通合伙人被依法认定为无民事行为能力人或者限制民事行为能力人的，经其他合伙人一致同意，可以依法转为有限合伙人，普通合伙企业依法转为有限合伙企业。

其他合伙人未能一致同意的，该无民事行为能力或者限制民事行为能力的合伙人退伙。

【知识点拨2】作为有限合伙人的自然人在有限合伙企业存续期间丧失民事行为能力的，其他合伙人"不得"因此要求其退伙。

(4)除名退伙。

①未履行出资义务；

②因故意或者重大过失给合伙企业造成损失；

③执行合伙事务时有不正当行为；

④发生合伙协议约定的事由。

【知识点拨】对合伙人的除名决议"应当书面通知"被除名人。被除名人接到除名通知之日，除名生效，被除名人退伙。被除名人对除名决议有异议的，可以自接到除名通知之日起"30日"内，向人民法院起诉。

3. 退伙的法律规则

(1)普通合伙人死亡(见表12-5)。

表 12-5 普通合伙人死亡

继承人	完全民事行为能力人	按照合伙协议的约定或者经全体合伙人一致同意，从继承开始之日起，取得普通合伙人资格
		退伙：一财产继承；二退伙结算
	无、限制民事行为能力人	经全体合伙人一致同意，可以依法成为有限合伙人，普通合伙企业依法转为有限合伙企业
		退伙：全体合伙人未能一致同意的，合伙企业应当将被继承合伙人的财产份额退还该继承人

(2)有限合伙人死亡：其继承人或者权利承受人可以"依法取得"该有限合伙人在有限合伙企业中的资格。

【知识点拨】 直接取得，无需任何人同意，不看继承人行为能力。

【例题 2·单选题】(2020 年)在合伙协议没有特别约定的情况下，下列关于合伙企业入伙规则的说法中，正确的是( )。

A．新入伙的合伙人对其入伙前合伙企业债务不承担责任

B．新入伙的合伙人与原合伙人享有同等权利，但不承担同等义务

C．签订入伙协议时，原合伙人应当向新合伙人如实告知原合伙企业的经营财务状况

D．新合伙人入伙应得到 2/3 以上原合伙人同意

解析 本题考核合伙企业的入伙。新入伙的普通合伙人对入伙前合伙企业的债务承担无限连带责任。新入伙的有限合伙人对入伙前有限合伙企业的债务，以其认缴的出资额为限承担责任。所以选项 A 错误。入伙的新合伙人与原合伙人享有同等权利，承担同等责任。入伙协议另有约定的，从其约定。所以选项 B 错误。订立入伙协议时，原合伙人应当向新合伙人如实告知原合伙企业的经营状况和财务状况。所以选项 C 正确。新合伙人入伙，除合伙协议另有约定外，应当经全体合伙人一致同意，并依法订立书面入伙协议。所以选项 D 错误。 答案 C

【例题 3·单选题】(2019 年)根据《合伙企业法》规定，下列有关普通合伙企业财产、财产份额转让以及出质的说法中，正确的是( )。

A．合伙企业的原始财产是指以合伙企业名义依法取得的全部收益

B．合伙人之间转让在合伙企业中的财产份额，须经其他合伙人同意

C．合伙人以其在合伙企业中的财产份额出质的，须经其他合伙人一致同意

D．合伙人向合伙人以外的人转让其在合伙企业中的财产份额的，应当通知其他合伙人

解析 本题考核合伙企业财产。原始财产是指全体合伙人的认缴的出资。所以选项 A 错误。合伙人之间转让在合伙企业中的全部或者部分财产份额时，应当通知其他合伙人。所以选项 B 错误。合伙人以其在合伙企业中的财产份额出质的，须经其他合伙人一致同意；未经其他合伙人一致同意，其行为无效，由此给善意第三人造成损失的，由行为人依法承担赔偿责任。所以选项 C 正确。除合伙协议另有约定外，合伙人向合伙人以外的人转让其在合伙企业中的全部或者部分财产份额时，须经其他合伙人一致同意。所以选项 D 错误。 答案 C

【例题 4·多选题】(2020 年)根据《合伙企业法》规定，可能导致合伙人被除名的事由有( )。

A．因重大过失给合伙企业造成损失

B．执行合伙事务时有不正当行为

C．未履行出资义务

D．合伙人个人丧失对外偿债能力

E．因故意给合伙企业造成损失

解析 本题考核除名退伙。合伙人有下

列情形之一的，经其他合伙人一致同意，可以决议将其除名：(1)未履行出资义务；(2)因故意或者重大过失给合伙企业造成损失；(3)执行合伙事务时有不正当行为；(4)发生合伙协议约定的事由。**答案** ▶ ABCE

【例题5·多选题】(2019年)根据《合伙企业法》规定，下列有关普通合伙企业合伙事务执行的说法中，正确的有( )。

A. 不执行合伙事务的合伙人有权对执行合伙事务的合伙人执行合伙事务情况进行监督

B. 经全体合伙人决定，可以委托一个或者数个合伙人对外代表合伙企业执行合伙事务

C. 执行合伙事务的合伙人必须是自然人

D. 作为合伙人的法人、其他组织不能对外代表合伙企业执行合伙事务

E. 执行合伙事务的合伙人应当定期向其他合伙人报告事务执行情况

解析 ▶ 本题考核合伙事务执行。作为合伙人的法人、其他组织执行合伙事务的，由其委派的代表执行。所以选项C、D错误。

答案 ▶ ABE

【例题6·多选题】(2018年)根据《合伙企业法》规定，下列关于合伙事务执行及合伙管理的说法中，正确的有( )。

A. 受托执行合伙事务的合伙人是合伙企业的负责人

B. 合伙人一律不得同本合伙企业进行交易

C. 合伙企业可以委托一个或数个合伙人对外代表合伙企业，执行合伙事务

D. 合伙人可以分别执行合伙事务

E. 执行事务合伙人对其他合伙人执行合伙事务提出异议时，其他合伙人应当暂停该事务的执行

解析 ▶ 本题考核合伙事务执行。受托执行合伙企业事务的合伙人不一定是合伙企业的负责人。所以选项A错误。除合伙协议另有约定或者经全体合伙人一致同意外，合伙

人不得同本合伙企业进行交易。所以选项B错误。

答案 ▶ CDE

三、特殊的普通合伙企业

扫我解疑难

1. 概念和适用范围

(1)特殊的普通合伙企业(有限责任合伙)：以专业知识和专门技能为客户提供有偿服务的"专业机构性质"的合伙企业。非专业机构不能采取特殊的普通合伙企业形式。

(2)特殊的普通合伙企业名称中应当标明"<u>特殊普通合伙</u>"字样。

2. 特殊的普通合伙企业应当建立执业风险基金、办理职业保险。执业风险基金用于偿付合伙人执业活动造成的债务。执业风险基金应当单独立户管理。

3. 责任形式

(1)有限责任与无限责任相结合：如果是合伙人因"<u>故意或重大过失</u>"造成合伙企业债务的，该合伙人应当承担无限责任或者无限连带责任，其他合伙人以其在合伙企业中的财产份额为限承担责任。

(2)无限连带责任：如果是合伙人<u>非因</u>"<u>故意或者重大过失</u>"造成的合伙企业债务以及合伙企业的其他债务，由全体合伙人承担无限连带责任。

(3)责任追偿：合伙人执业活动中因故意或者重大过失造成的合伙企业债务，以合伙企业财产对外承担责任后，该合伙人应当按照合伙协议的约定对给合伙企业造成的损失承担赔偿责任。

【例题7·单选题】(2018年)下列关于特殊普通合伙企业的性质、法律责任承担的说法中，正确的是( )。

A. 它是以专业知识和专门技能为客户提供有偿服务的专业机构性质的合伙企业

B. 数个合伙人在执业过程中因重大过失造成合伙企业债务的，由全体合伙人承担无限连带责任

C. 某一合伙人在执业活动中因故意造成合伙企业债务的，由全体合伙人承担无限连带责任

D. 某一合伙人在执业活动中因故意造成合伙企业债务的，该合伙人承担无限责任，其他合伙人不承担责任

解析 本题考核特殊的普通合伙企业。特殊普通合伙企业中，一个合伙人或者数个合伙人在执业活动中因故意或者重大过失造成合伙企业债务的，应当承担无限责任或者无限连带责任，其他合伙人以其在合伙企业中的财产份额为限承担责任。所以选项BCD错误。

答案 A

【例题8·多选题】（2013年）下列关于特殊的普通合伙企业的说法中，正确的有（ ）。

A. 特殊的普通合伙企业是指既有普通合伙人又有有限合伙人的合伙企业

B. 特殊的普通合伙企业对外承担有限责任

C. 特殊的普通合伙企业建立的执业风险基金应当单独立户管理

D. 特殊的普通合伙企业是以专业知识和专门技能为客户提供有偿服务的专业机构

E. 特殊的普通合伙企业的组织形式需要执行公示制度

解析 本题考核特殊的普通合伙企业。特殊的普通合伙企业，其实也属于普通合伙，由普通合伙人组成。所以选项A错误。特殊的普通合伙企业对外承担无限责任，合伙人承担责任的方式是无限与有限相结合。所以选项B错误。

答案 CDE

四、有限合伙企业

1. 设立

（1）有限合伙企业由2个以上50个以下合伙人设立；但是，法律另有规定的除外。

（2）有限合伙企业至少应当有一个普通合伙人。

（3）有限合伙企业名称中应当标明"有限合伙"字样。

【知识点拨】 有限合伙企业合伙人有上限，普通合伙企业没有。

2. 出资

有限合伙人可以用货币、实物、知识产权、土地使用权或者其他财产权利作价出资。

【知识点拨】 有限合伙人不得以劳务出资。

3. 合伙事务执行

（1）有限合伙企业由普通合伙人执行合伙事务。有限合伙人不执行合伙事务，不得对外代表有限合伙企业。

（2）有限合伙人的下列行为，不视为执行合伙事务：

①参与决定普通合伙人入伙、退伙；

②对企业的经营管理提出建议；

③参与选择承办有限合伙企业审计业务的会计师事务所；

④获取经审计的有限合伙企业财务会计报告；

⑤对涉及自身利益的情况，查阅有限合伙企业财务会计账簿等财务资料；

⑥在有限合伙企业中的利益受到侵害时，向有责任的合伙人主张权利或者提起诉讼；

⑦执行事务合伙人怠于行使权利时，督促其行使权利或者为了本企业的利益以自己的名义提起诉讼；

⑧依法为本企业提供担保。

4. 表见普通合伙人

（1）第三人有理由相信有限合伙人为普通合伙人并与其交易的，该有限合伙人对该笔交易承担与普通合伙人同样的责任（有限合伙人的表见代理）。

（2）有限合伙人未经授权以有限合伙企业名义与他人进行交易，给有限合伙企业或者其他合伙人造成损失的，该有限合伙人应当承担赔偿责任（有限合伙人的无权代理）。

5. 有限合伙企业的其他特殊规定（见表12-6）

表 12-6　有限合伙企业的其他特殊规定

	有限合伙人	普通合伙人
关联交易	有限合伙人**可以**同本有限合伙企业进行交易；有约定的除外(**约定→可以**)	合伙人**不得**同本合伙企业进行交易，有约定或全体合伙人一致同意除外(**约定或一致同意→不得**)
竞业禁止	有限合伙人**可以**自营或同他人合作经营与本有限合伙企业相竞争的业务；合伙协议另有约定的除外(**约定→可以**)	合伙人**不得**自营或同他人合作经营与本合伙企业相竞争的业务(**强制**)
出质	有限合伙人**可以**将其在有限合伙企业中的财产份额出质；约定的除外(**约定→可以**)	普通合伙人以其在合伙企业中的财产份额出质的，须经其他合伙人一致同意(**强制**)
对外转让	有限合伙人**可以**向合伙人以外的人转让其在有限合伙企业中的财产份额，应提前 30 日通知其他合伙人	除合伙协议另有约定外，普通合伙人向合伙人以外的人转让财产份额时，须经其他合伙人一致同意

6. 入伙、退伙和身份转变责任承担(见表 12-7)

表 12-7　入伙、退伙和身份转变责任承担

	普通合伙人	有限合伙人
入伙	新合伙人对入伙前合伙企业的债务承担**无限连带责任**	新入伙的有限合伙人对入伙前有限合伙企业的债务，以其**认缴的出资额**为限承担责任
退伙	退伙人对基于其退伙前的原因发生的合伙企业债务，承担**无限连带责任**	有限合伙人退伙后，对基于其退伙前原因发生的有限合伙企业债务，以其退伙时从有限合伙企业中**取回的财产承担责任**
身份转变	有限合伙人转变为普通合伙人的，对其作为有限合伙人期间合伙企业发生的债务承担无限连带责任(**有→普：前后都无限**) 普通合伙人转变为有限合伙人的，对其作为普通合伙人期间合伙企业发生的债务承担无限连带责任(**普→有：前无限，后有限**)	

五、合伙企业解散、清算

扫我解疑难

(一)合伙企业的解散★★

合伙企业的解散事由：
(1)合伙期限届满，合伙人决定不再经营；
(2)合伙协议约定的解散事由出现；
(3)"**全体合伙人**"决定解散；
(4)合伙人已不具备法定人数"满 30 天"；
(5)合伙协议约定的合伙目的已经实现或者无法实现；
(6)依法被吊销营业执照、责令关闭或者被撤销；
(7)法律、行政法规规定的其他原因。

(二)合伙企业清算(见表 12-8)★

表 12-8　合伙企业的清算

项目	内容
清算人	(1)清算人由全体合伙人担任。 (2)经全体合伙人**过半数**同意，可以自合伙企业解散事由出现后 15 日内指定一个或者数个合伙人，或者委托第三人，担任清算人。 (3)自合伙企业解散事由出现之日起**15 日内**未确定清算人的，**合伙人或者其他利害关系人可以申请**人民法院指定清算人

续表

项目	内容
债权申报	自被确定之日起10日内将合伙企业解散事项通知债权人，并于60日内在报纸上公告。债权人应当自接到通知书之日起30日内，未接到通知书的自公告之日起45日内，向清算人申报债权
顺序	清算费用→职工工资、社会保险费用和法定补偿金→所欠税款→清偿债务
后续	企业注销后，原普通合伙人对合伙企业存续期间的债务仍应承担无限连带责任

【例题9·单选题】（2020年）下列关于合伙企业解散的说法中，正确的是（　）。

A. 合伙企业解散应得到2/3以上合伙人同意

B. 合伙企业解散是中止民事主体资格的法律行为

C. 合伙企业解散是消灭民事主体资格的法律行为

D. 合伙企业经营亏损的，合伙人不得通过协议解散合伙企业

解析 ▶ 本题考核合伙企业的解散。合伙企业解散，是指合伙企业因某种法律事实的发生而使其民事主体资格归于消灭的法律行为。所以选项B错误，选项C正确。合伙企业有下列情形之一的，应当解散：（1）合伙期限届满，合伙人决定不再经营；（2）合伙协议约定的解散事由出现；（3）全体合伙人决定解散；（4）合伙人已不具备法定人数满30天；（5）合伙协议约定的合伙目的已经实现或者无法实现；（6）依法被吊销营业执照、责令关闭或者被撤销；（7）法律、行政法规规定的其他原因。法律没有规定合伙企业解散应得到2/3以上合伙人同意。所以选项A错误。合伙企业经营亏损，合伙人可以协商一致解散合伙企业。所以选项D错误。 答案 ▶ C

【例题10·多选题】（2017年）甲、乙、丙3人订立合伙协议共同投资设立一家普通合伙企业，经营一年后，甲欲将其在合伙企业中的财产份额转让给合伙人之外的丁，合伙协议中没有关于份额转让的相关约定，根据《合伙企业法》规定，下列关于甲之份额转让条件及效力的说法中，正确的有（　）。

A. 若甲欲将其份额转让给乙，则无须征得丙的同意

B. 丁购得甲转让的份额之后，丁对合伙企业以前的债务不承担责任

C. 甲将其份额转让给丁之后，甲对合伙企业以前的债务不再承担责任

D. 乙、丙在同等条件下享有优先购买权

E. 甲转让其份额必须经乙和丙一致同意

解析 ▶ 本题考核普通合伙人财产份额的转让。合伙人之间转让在合伙企业中的全部或者部分财产份额时，应当通知其他合伙人。而无须征得其他合伙人同意。所以选项A正确。合伙人向合伙人以外的人转让其在合伙企业中的财产份额的，在同等条件下，其他合伙人有优先购买权；但是，合伙协议另有约定的除外。本题中合伙协议没有另外的约定。所以选项D正确。除合伙协议另有约定外，合伙人向合伙人以外的人转让其在合伙企业中的全部或者部分财产份额时，须经其他合伙人一致同意。所以选项E正确。 答案 ▶ ADE

同步训练 限时20分钟

扫我做试题

一、单项选择题

1. 下列关于合伙企业性质、合伙人以及法律适用的说法中，正确的是（ ）。
   A. 合伙企业应当适用《民法典》关于个人合伙的规定
   B. 合伙企业是商事合伙
   C. 合伙企业的合伙人只能是自然人
   D. 我国合伙企业的合伙人可以是隐名合伙人

2. 洪恩有限合伙企业的有限合伙人李某，以普通合伙人的身份与迪奥公司进行交易，迪奥公司有理由相信其为普通合伙人。根据《合伙企业法》的规定，下列说法正确的是（ ）。
   A. 迪奥公司自行承担责任
   B. 洪恩合伙企业不承担责任
   C. 李某以其对合伙企业的出资额对该笔交易承担有限责任
   D. 李某针对该笔交易承担与普通合伙人同样的责任

3. 甲、乙、丙共同投资设立一普通合伙企业，合伙协议对合伙人的资格取得或丧失未作约定。合伙企业存续期间，甲因车祸去世，甲妻丁是唯一继承人。下列表述中，符合合伙企业法律制度规定的是（ ）。
   A. 丁自动取得该企业合伙人资格
   B. 经乙、丙一致同意，丁取得该企业合伙人资格
   C. 丁不能取得该企业合伙人资格，只能由该企业向丁退还甲在企业中的财产份额
   D. 丁自动成为有限合伙人，该企业转为有限合伙企业

4. 根据《合伙企业法》的规定，在普通合伙企业存续期间，合伙人的下列行为中，无须经全体合伙人一致同意的是（ ）。
   A. 合伙人之间转让其在合伙企业中的财产份额，合伙协议未另有约定
   B. 合伙人向合伙人以外的人转让其在合伙企业中的部分财产份额，合伙协议未另有约定
   C. 合伙人以其在合伙企业中的财产份额出质
   D. 执行合伙企业事务的合伙人处分合伙企业的不动产，合伙协议未另有约定

5. 某有限合伙企业由甲、乙、丙、丁四人出资设立，其中，甲、乙为普通合伙人，丙、丁为有限合伙人。后丙因故退伙。对于在丙退伙前有限合伙企业既有的债务，丙应承担责任的正确表述是（ ）。
   A. 丙以其认缴的出资额为限承担责任
   B. 丙以其实缴的出资额为限承担责任
   C. 丙以其退伙时从有限合伙企业中取回的财产承担责任
   D. 丙不承担责任

6. 下列关于普通合伙企业的说法中，正确的是（ ）。
   A. 普通合伙企业的设立只能由两个以上的自然人组成
   B. 普通合伙企业的合伙人只能是法人或者其他组织，但国有企业、上市公司均不得成为普通合伙人
   C. 设立普通合伙企业，合伙人应当签订书面合伙协议
   D. 普通合伙企业的合伙人不得以劳务作为出资

7. 根据《合伙企业法》，除合伙协议另有约定之外，合伙人向合伙人以外的人转让其在

合伙企业中的全部或者部分财产份额时,须经( )同意。
A. 所有其他合伙人
B. 1/3 以上合伙人
C. 2/3 以上合伙人
D. 半数以上合伙人

8. 根据《合伙企业法》的规定,合伙协议未约定合伙利润分配和亏损分担比例的,经合伙人协商不成的,合伙人之间分配利润和分担亏损的原则是( )。
A. 按各合伙人的实缴出资比例分配和分担
B. 按各合伙人贡献大小分配和分担
C. 在全体合伙人之间平均分配和分担
D. 由人民法院裁定

9. 关于合伙企业的清算,下列说法中不正确的是( )。
A. 清算人自被确定之日起 10 日内将合伙企业解散事项通知债权人,并于 60 日内在报纸上公告
B. 清算期间,合伙企业存续,但不得开展与清算无关的经营活动
C. 合伙企业注销后,原普通合伙人对合伙企业存续期间的债务不再承担无限连带责任
D. 合伙企业不能清偿到期债务的,债权人可以依法向人民法院提出破产清算申请,也可以要求普通合伙人清偿

10. 甲普通合伙企业的合伙人赵某欠个体工商户王某 10 万元债务,王某欠甲合伙企业 5 万元债务已到期。赵某的债务到期后一直未清偿。王某的下列做法中,符合《合伙企业法》规定的是( )。
A. 代位行使赵某在甲合伙企业中的权利
B. 自行接管赵某在甲合伙企业中的财产份额
C. 请求人民法院强制执行赵某在甲合伙企业中的财产份额用于清偿
D. 主张以其债权抵销其对甲合伙企业的债务

11. 李某为一有限合伙企业中的有限合伙人,根据《合伙企业法》的规定,李某的下列行为中,不符合法律规定的是( )。
A. 对企业的经营管理提出建议
B. 对外代表有限合伙企业
C. 参与决定普通合伙人入伙
D. 依法为本企业提供担保

12. 根据合伙企业法律制度的规定,下列各项中,有限合伙人可用作合伙企业出资的是( )。
A. 为合伙企业提供财务管理
B. 为合伙企业提供战略咨询
C. 知识产权
D. 社会关系

二、多项选择题

1. 根据《合伙企业法》的规定,下列关于特殊的普通合伙企业的描述正确的有( )。
A. 合伙人对合伙企业债务承担无限连带责任
B. 特殊的普通合伙企业应当建立执业风险基金、办理职业保险
C. 合伙形式的律师事务所、会计师事务所可以采用特殊普通合伙企业形式
D. 非专业服务机构也可以采取特殊的普通合伙企业形式
E. 特殊的普通合伙企业与普通合伙企业承担责任的原则是一样的

2. 下列关于合伙人清偿与合伙企业无关的债务的表述中,正确的有( )。
A. 合伙人可以用自有财产清偿
B. 合伙人的债权人不得以其债权抵销其对合伙企业的债务
C. 合伙人的自有财产不足以清偿债务的,可以其从合伙企业分取的收益用于清偿
D. 债权人可以请求人民法院强制执行债务人在合伙企业中的财产份额
E. 合伙人的自有财产不足以清偿债务的,通知其他合伙人后,可以将自己在合伙企业的财产份额转让给债权人

3. 根据《合伙企业法》有关普通合伙企业的规

定，下列说法正确的有( )。
A. 合伙企业可设立分支机构，领取法人营业执照
B. 合伙企业存续期间，合伙人的出资和所有以合伙企业名义取得的收益属合伙企业所有
C. 合伙人在清算前，私自转移企业财产的，合伙企业不得对抗善意第三人
D. 入伙的新合伙人对入伙前合伙企业的债务承担无限连带责任
E. 合伙企业中退伙的合伙人不再对退伙前合伙企业债务承担责任

4. 普通合伙人的义务包括( )。
A. 任何情况下，合伙人不得自营与本合伙企业相竞争的业务
B. 任何情况下，合伙人不得与他人合作经营与本合伙企业相竞争的业务
C. 任何情况下，合伙人不得同本合伙企业进行交易
D. 执行合伙企业事务的合伙人，应当依照约定向其他不参加执行事务的合伙人报告事务执行情况以及合伙企业的经营状况和财务状况
E. 合伙人不得从事损害本合伙企业利益的活动

5. 甲、乙、丙于2016年成立一家普通合伙企业，三人均享有合伙事务执行权。2018年3月1日，甲被法院宣告为无民事行为能力人。3月5日，丁因不知情找到甲商谈一笔生意，甲以合伙人身份与丁签订合同。下列选项中表述错误的有( )。
A. 因丁不知情，故该合同有效，对合伙企业具有约束力
B. 乙与丙可以以甲丧失行为能力为由，一致决议将其除名
C. 乙与丙可以以甲丧失行为能力为由，一致决议将其转为有限合伙人
D. 若乙与丙不同意甲转为有限合伙人，则甲退伙
E. 如甲因丧失行为能力而退伙，甲对退伙前发生的合伙企业债务，承担无限连带责任

6. 下列有关合伙企业清算的说法中，正确的有( )。
A. 合伙企业解散，全体合伙人可以担任清算人
B. 合伙企业解散后不能在规定时间内确定清算人的，其他利害关系人可以申请人民法院指定清算人
C. 合伙企业进入清算后，应由清算人代表合伙企业参加诉讼活动
D. 清算人应自被确定之日起15日内将合伙企业解散事项通知债权人
E. 清算开始，则合伙企业消灭

同步训练答案及解析

一、单项选择题

1. B 【解析】本题考核合伙企业概述。合伙企业属于商事合伙，适用《合伙企业法》的规定。所以选项A错误，选项B正确。《合伙企业法》规定，不仅自然人可以是合伙人，法人或其他组织也可以是合伙人，但国有独资公司、国有企业、上市公司以及公益性的事业单位、社会团体不得成为普通合伙人。所以选项C错误。隐名合伙是指合伙中存在一个或一部分不公开合伙人姓名并不参与合伙事务执行的合伙人。我国目前并没有设立隐名合伙的规定。所以选项D错误。

2. D 【解析】本题考核有限合伙人的表见代理行为。第三人有理由相信有限合伙人作为普通合伙人并与其交易的，该有限合伙人对该笔交易承担与普通合伙人同样的责任。

3. B 【解析】本题考核退伙的效果。合伙人死亡或者被依法宣告死亡的，对该合伙人

在合伙企业中的财产份额享有合法继承权的继承人，按照合伙协议的约定或者经全体合伙人一致同意，从继承开始之日起，取得该合伙企业的合伙人资格。

4. A 【解析】本题考核合伙企业事务的执行。合伙人之间转让在合伙企业中的全部或者部分财产份额时，应当通知其他合伙人，但无须经全体合伙人一致同意。

5. C 【解析】本题考核有限合伙人退伙时应承担的责任。有限合伙人退伙后，对基于其退伙前的原因发生的有限合伙企业债务，以其退伙时从有限合伙企业中取回的财产承担责任。

6. C 【解析】本题考核普通合伙企业的设立。普通合伙企业可以由自然人组成，也可以由法人或其他组织组成，但需要有2个以上合伙人。普通合伙企业的合伙人可以用劳务出资，有限合伙人不得以劳务出资。

7. A 【解析】本题考核合伙企业的财产。除合伙协议另有约定外，合伙人向合伙人以外的人转让其在合伙企业中的全部或者部分财产份额时，须经"其他合伙人"一致同意。

8. A 【解析】本题考核合伙企业的内部关系。合伙协议未约定或者约定不明确的，由合伙人协商决定；协商不成的，由合伙人按照"实缴出资"比例分配、分担；无法确定出资比例的，由合伙人平均分配、分担。

9. C 【解析】本题考核合伙企业解散、清算。合伙企业注销后，原普通合伙人对合伙企业存续期间的债务仍应承担无限连带责任。

10. C 【解析】本题考核合伙人债务清偿。合伙人发生与合伙企业无关的债务，相关债权人不得以其债权抵销其对合伙企业的债务；也不得代位行使合伙人在合伙企业中的权利。合伙人的自有财产不足清偿其与合伙企业无关的债务的，该合伙人可以以其从合伙企业中分取的收益用于清偿；债权人也可以依法请求人民法院强制执行该合伙人在合伙企业中的财产份额用于清偿。

11. B 【解析】本题考核有限合伙企业。根据规定，有限合伙人不执行企业事务，不对外代表合伙企业。

12. C 【解析】本题考核有限合伙人的出资。有限合伙人不得以劳务出资。

二、多项选择题

1. BC 【解析】本题考核特殊的普通合伙企业的规定。特殊的普通合伙企业，其实也属于普通合伙，这一形式只在一种情况下减轻了合伙人的责任，就是当一个合伙人或者数个合伙人在执业活动中因故意或者重大过失造成合伙企业债务的，应当承担无限责任或者无限连带责任，其他合伙人以其在合伙企业中的财产份额为限承担责任。所以选项 A 错误。非专业服务机构不能采取特殊的普通合伙企业形式。所以选项 D 错误。特殊的普通合伙企业与普通合伙企业承担责任的原则不同。所以选项 E 错误。

2. ABCD 【解析】本题考核合伙企业的外部关系。除合伙协议另有约定外，普通合伙人向合伙人以外的人转让其在合伙企业中的全部或者部分财产份额时，须经其他合伙人一致同意。

3. BCD 【解析】本题考核普通合伙企业的有关规定。合伙企业可设立分支机构，领取营业执照，但不是法人的营业执照，因为合伙企业不是法人。所以选项 A 错误。合伙企业中退伙的普通合伙人对退伙前已发生的债务，与其他合伙人承担无限连带责任。所以选项 E 错误。

4. ABDE 【解析】本题考核合伙事务执行的相关规定。除合伙协议另有约定或经全体合伙人一致同意外，普通合伙人不得同本合伙企业进行交易。

5. AB 【解析】本题考核合同的效力、退伙、合伙企业形式的转化。无民事行为能力人实施的民事行为无效。甲作为无民事行为能力人与丁签订的合同无效。所以选项 A 表述错误。普通合伙人丧失行为能力不属于除名退伙的条件。所以选项 B 表述错误。

6. ABC 【解析】本题考核合伙企业清算。(1)清算人应自被确定之日起 10 日内将合伙企业解散事项通知债权人，并于 60 日内在报纸上公告；所以选项 D 错误。(2)清算结束，清算人应当编制清算报告，经全体合伙人签名、盖章后，在 15 日内向企业登记机关报送清算报告，申请办理合伙企业注销登记，办理注销登记后，合伙企业消灭；所以选项 E 错误。

本章知识串联

合伙企业法律制度
- 合伙企业法基础 ★
- 普通合伙企业 ★★
  - 设立
    - 有2个以上合伙人；为自然人的，具有完全民事行为能力
    - 有书面合伙协议
    - 有合伙人认缴或者实际缴付的出资
    - 有合伙企业的名称和生产经营场所
    - 法律、行政法规规定的其他条件
  - 出资：货币、实物、知识产权、土地使用权或者其他财产权利、劳务
  - 合伙财产：除另有约定外，合伙人对外转让财产份额，须经其他合伙人一致同意
  - 合伙事务执行：可以委托一个或者数个合伙人对外代表合伙企业，执行合伙事务
  - 合伙企业与第三人关系
  - 入伙、退伙
    - 退伙：协议退伙，通知退伙，当然退伙，除名退伙
- 特殊的普通合伙企业 ★★
  - 名称中应当标明"特殊普通合伙"字样
  - 责任形式
- 有限合伙企业 ★★
  - 设立：由2个以上50个以下合伙人设立；名称中应当标明"有限合伙"字样
  - 出资：不得以劳务出资
  - 合伙事务执行：由普通合伙人执行合伙事务
  - 入伙、退伙
- 合伙企业解散、清算 ★
  - 解散事由
  - 清算：全体合伙人担任清算人
  - 清算人在清算期间执行事务

第13章 公司法律制度

考情解密

历年考情概况

本章在历年考试中分值一直处于高位,而且每年都会考查一道综合分析题,预计2021年分值在12分左右。本章考点主要涉及公司设立、变更、解散与清算、公司组织机构、股东诉讼,考生在复习时应予以重视。

学习本章不仅要掌握《公司法》的重点内容,也需要理解相关司法解释的规定。建议考生采用对比的方式进行学习,通过对比掌握有限责任公司和股份有限公司的不同点、相同点以及特别规定。

近年考点直击

考点	主要考查题型	考频指数	考查角度
公司设立	单选题、多选题、综合分析题	★★★	(1)直接考核股东出资的形式;(2)直接考核股东出资责任;(3)结合具体案例,考核股东的出资
公司的解散与清算	单选题、多选题、综合分析题	★★★	(1)结合具体案例,判断公司解散情形的适用是否正确;(2)结合具体案例,考核公司解散和清算的内容
公司组织机构	单选题、综合分析题	★★	(1)直接考核股东会、董事会的职权;(2)结合具体案例,考核公司董事会的内容;(3)给出规定,判断召开临时股东大会的具体情形
一人有限责任公司	单选题、多选题	★★	直接考核一人有限责任公司的内容
国有独资公司	单选题	★★	(1)直接考核国有独资公司的内容;(2)直接考核国有独资公司董事会的内容
股东诉讼	单选题、多选题、综合分析题	★★★	(1)直接考核股东诉讼的内容;(2)结合具体案例,考核股东诉讼的适用是否正确

本章2021年考试主要变化

本章变动不大。

主要为:

(1)新增了"名义股东与实际出资人""涉及利润分配诉讼""优先购买权诉讼""党的基层组织"等内容。

(2)"公司资本及资本确定原则""股东与公司的诉讼"的相关内容表述有所增加。

(3)"公司及公司法概念"的相关内容有所删减。

考点详解及精选例题

一、公司法基础

（一）公司类型与分类★

1. 公司的类型（见表13-1）

表13-1 公司的类型

有限责任公司	有限责任公司（一人有限责任公司只有一个自然人股东或法人股东出资） 【知识链接】有限责任公司有两种特殊形式：一人有限责任公司和国有独资公司，详细讲解见八、特殊形式
股份有限公司	**发起设立**：由发起人认购公司应发行的全部股份而设立的公司
	募集设立：由发起人认购公司应发行股份的一部分，其余股份向社会公开募集或者向特定对象募集而设立的公司

2. 公司分类

（1）以公司股东的责任范围为标准，可将公司分为无限责任公司、两合公司、有限责任公司和股份有限公司。

（2）以一个公司对另一个公司的控制和依附关系为标准，可将公司分为母公司和子公司。母公司和子公司都具有法人资格，依法独立承担民事责任。当母公司控制的子公司较多时，则可能形成集团公司或企业集团。

（3）以公司内部组织机构的地位为标准，可将公司分为总公司和分公司。分公司因不具有法人的资格，其业务活动的结果由总公司承受，其债务也由总公司以自己的全部财产承担责任。

（4）以公司的信用基础为标准，可将公司分为人合公司、资合公司和人合兼资合公司。

（5）以公司的国籍为标准，可将公司分为本国公司、外国公司和跨国公司。

（二）公司的权利能力★★

1. 性质上的限制（见表13-2）

表13-2 性质上的限制

项目	内容
公司不能享有专属于自然人的权利	如：生命权、健康权、姓名权、身体权、肖像权、婚姻权、隐私权等
公司享有	名称权、名誉权、荣誉权等权利

2. 公司经营范围的限制

（1）公司的经营范围必须由公司章程作出规定，必须依法登记；必须在登记的经营范围内从事经营活动；

（2）公司的经营范围中属于**法律、行政法规或者国务院决定**规定须经批准的项目，应当依法经过批准；

（3）公司可以修改公司章程，改变经营范围，但是应该办理变更登记；

（4）公司不得超越经营范围进行活动，如果当事人超越经营范围订立合同，为了保护善意相对人的利益，**人民法院不因此认定合同无效**。但是违反国家限制经营、特许经营以及法律、行政法规禁止经营规定的除外。

（三）公司的行为能力★★

1. 公司的行为能力与公司的权利能力同

时产生，同时终止，范围和内容和权利能力一致。

2. 两个阶段

(1) 公司的意思能力：通过公司的法人机关(股东会、董事会、监事会)形成和表示；

(2) 公司的行为能力：由公司的法定代表人实现，法定代表人的行为就是公司行为。

【知识点拨】公司的法定代表人依照公司章程的规定，由董事长、执行董事或者经理担任，并依法登记(法定范围内约定)。

3. 投资能力的限制

(1) 对象：公司可以向其他企业(包括合伙企业)投资。

【知识点拨】除法律另有规定外，不得成为对所投资企业的债务承担连带责任的出资人。

国有独资公司、国有企业、上市公司以及公益性的事业单位、社会团体不得成为普通合伙人，但可以成为有限合伙人。

(2) 决议机构：由"董事会或者股东会、股东大会"决议；具体依"公司章程"规定。

(3) 投资额度：公司章程对投资的总额及单项投资的数额有限额规定的，不得超过规定的限额(意思自治)。

4. 对外担保限制(见表13-3)

表13-3　对外担保限制

项目		内容
决议	为股东或实际控制人(自家人)	股东会(股东大会)决议；接受担保的股东或受实际控制人支配的股东，不得参加表决。该表决由"出席会议"的"其他股东"所持"表决权"的"过半数"(大于1/2)通过
	为他人	董事会或股东会(股东大会)决议
数额		公司章程对担保总额及单项担保的数额有限额，不得超过限额(意思自治)

(四) 公司章程 ★★

1. 公司章程的订立(见表13-4)

表13-4　公司章程的制定

有限责任公司	一般：由股东共同制定章程
	一人有限责任公司：股东制定
	国有独资公司： ①国有资产监督管理机构制定； ②董事会制订报国有资产监督管理机构批准
股份有限公司	发起方式设立：由发起人制定公司章程
	募集方式设立：发起人制定公司章程后需经创立大会通过

2. 效力：公司章程对公司、股东、董事、监事、高级管理人员具有约束力。公司章程作为公司的内部规章，效力仅及于公司和相关当事人，不具有普遍约束力。

『解释』高级管理人员：指公司的经理、副经理、财务负责人、上市公司董事会秘书和公司章程规定的其他人员。

3. 变更

(1) 修改公司章程由董事会提出，最后由股东会(股东大会)表决通过。

①有限责任公司必须经"代表2/3以上表决权的股东"通过。

②股份有限公司必须经出席会议的股东所持表决权的2/3以上通过。

(2) 公司章程变更涉及登记事项的，公司应当向原公司登记机关申请变更登记。

【知识点拨】有关"股东出资额或发起人认购股份、出资时间及方式"的规定未涉及登记事项的，应当向公司登记机关依法申请办理公司章程或者公司章程修正案备案。

(五) 公司资本 ★★★

1. 公司资本的种类（见表13-5）

表13-5 公司资本的种类

注册资本	公司登记机关依法登记的全体股东或者发起人实缴或认缴的出资额
授权资本	公司根据章程授权可发行的全部资本
认缴资本	公司实际上已向股东发行的股本总额
认购资本	出资人同意缴付的出资总额
待缴资本	股东已经认缴但还未缴纳的资本
实缴资本	全体股东或者发起人实际交付并经公司登记机关依法登记的出资额或者股本总额

2. 公司资本三原则

(1) 资本确定原则

①公司设立时，须在章程中对公司的资本总额予以明确，且须由股东全部认足或募足资本的最低限额，否则公司不能成立。

②公司资本指公司章程载明且已全部发行的资本，公司成立后增加资本，须经股东（大）会作出决议，变更公司章程的资本数额，并办理相应的变更登记手续。

(2) 资本维持原则

①有限责任公司的股东在公司登记成立后**不得抽逃出资**。

②股份有限公司的发起人、认股人**缴纳股款或者交付抵作股款的出资**后，原则上不得抽回股本。

【知识点拨】股份有限公司发起人、认股人可以抽回出资的情形：①未按期募足股份；②发起人未按期（30日）召开创立大会；③创立大会决议不设立公司。

③股份有限公司不得收购本公司的股份，但是有表13-6情形的除外。

表13-6 公司可以收购本公司股份的情形

项目	内容
①减少公司注册资本 ②与持有本公司股份的其他公司合并 ③将股份用于员工持股计划或者股权激励 ④股东因对股东大会作出的公司合并、分立决议持异议，要求公司收购其股份 ⑤将股份用于转换上市公司发行的可转换为股票的公司债券 ⑥上市公司为维护公司价值及股东权益所必需	公司因①、②项规定的情形收购本公司股份的，应当经股东大会决议；公司因③、⑤、⑥项规定的情形收购本公司股份的，可以依照公司章程的规定或者股东大会的授权，经2/3以上董事出席的董事会会议决议。 公司收购本公司股份后，属于第①项情形的，应当自收购之日起10日内注销；属于第②项、第④项情形的，应当在6个月内转让或者注销；属于第③项、第⑤项、第⑥项情形的，公司合计持有的本公司股份数不得超过本公司已发行股份总额的10%，并应当在3年内转让或者注销

④公司**不得**接受本公司股票作为质押权标的。

(3) 资本不变原则：公司资本总额一旦确定，非经法定程序，不得任意变动。

3. 注册资本

(1) 缴纳时间：公司股东（发起人）自主约定认缴出资额、出资方式、出资期限等，并记载于公司章程。

(2) 缴纳形式：不限制公司设立时股东（发起人）的首次出资比例；不限制股东（发起人）的货币出资比例。

(3) 最低限额：取消了公司最低注册资本的限制。银行、证券、保险、劳务派遣公司等有最低限额要求，从其规定。

(六)公司的独立法人地位★★

1. 股东有限责任

(1)有限责任公司的股东以其"认缴的出资额"为限对公司承担责任；

(2)股份有限公司的股东以其"认购的股份"为限对公司承担责任。

2. 公司人格否认制度

意味着股东或关联公司将对公司债务承担连带责任。

3. 法条解读

《公司法》第20条：滥用股东有限责任(人格否认原则)

(1)公司股东"不得"滥用股东权利损害公司或者其他股东的利益；

【知识点拨】公司股东滥用股东权利给公司或者其他股东造成损失的，应当依法承担赔偿责任。

(2)公司股东"不得"滥用公司法人独立地位和股东有限责任损害公司"债权人"的利益。

【知识点拨】公司股东滥用公司法人独立地位和股东有限责任，逃避债务，严重损害公司"债权人"利益的，应当对公司债务承担连带责任。

《公司法》第63条：股东自证独立

一人有限责任公司的股东不能证明公司财产独立于股东自己财产的，应当对公司债务承担连带责任。

4. 人格混同的认定

认定公司人格与股东人格是否存在混同，最根本的判断标准是公司是否具有独立意思和独立财产，最主要的表现是公司的财产与股东的财产是否混同且无法区分。

在认定是否构成人格混同时，应当综合考虑以下因素：

(1)股东无偿使用公司资金或者财产，不作财务记载的。

(2)股东用公司的资金偿还股东的债务，或者将公司的资金供关联公司无偿使用，不作财务记载的。

(3)公司账簿与股东账簿不分，致使公司财产与股东财产无法区分的。

(4)股东自身收益与公司盈利不加区分，致使双方利益不清的。

(5)公司的财产记载于股东名下，由股东占有、使用的。

(6)人格混同的其他情形。

【知识点拨】在出现人格混同的情况下，往往同时出现以下混同：公司业务和股东业务混同；公司员工与股东员工混同，特别是财务人员混同；公司住所与股东住所混同。

5. 过度支配与控制的认定

根据《九民纪要》规定，公司控制股东对公司过度支配与控制，操纵公司的决策过程，使公司完全丧失独立性，严重损害公司债权人利益，应当否认公司人格，由滥用控制权的股东对公司债务承担连带责任。常见情形包括：

(1)母子公司之间或者子公司之间进行利益输送的；

(2)母子公司或者子公司之间进行交易，收益归一方，损失却由另一方承担的；

(3)先从原公司抽走资金，然后再成立经营目的相同或者类似的公司，逃避原公司债务的；

(4)先解散公司，再以原公司场所、设备、人员及相同或者相似的经营目的另设公司，逃避原公司债务的；

(5)过度支配与控制的其他情形。

【例题1·单选题】(2018年)下列关于公司经营范围的说法中，正确的是( )。

A. 公司的经营范围不得改变

B. 公司的经营范围由公司章程规定

C. 公司申请登记的经营范围由出资人决定

D. 公司超越经营范围订立的合同一律无效

解析 本题考核公司经营范围。公司可以修改公司章程，改变经营范围，但是应该办理变更登记。所以选项A错误。公司的经营范围必须由公司章程作出规定，必须依法登记。选项B正确，选项C错误。公司不得超越经营范围进行活动，如果当事人超越经营范围订立合同，为了保护善意相对人的利益，人民法院不因此认定合同无效；但是违反国家限制经营、特许经营以及法律、行政法规禁止经营规定的除外。所以选项D错误。

答案 ▶ B

【例题 2·多选题】（2012年）根据《公司法》，关于公司提供担保的说法，正确的有（ ）。

A. 公司可以对外提供担保，但不可以为本公司股东或者实际控制人提供担保

B. 董事会、股东会或者股东大会均有权决定公司对外提供担保事宜

C. 公司章程可以对公司提供担保的数额作出限制性规定

D. 公司为公司股东提供担保，必须经股东会或者股东大会决议通过，但接受担保的股东不得参加担保事项的表决

E. 公司股东会或者股东大会可以决定为本公司股东提供担保，但是具体事项表决时需由公司半数以上股东同意才能通过

解析 ▶ 本题考核公司对外提供担保的规定。公司向其他企业投资或者为他人提供担保，依照公司章程的规定，由董事会或者股东会、股东大会决议；公司章程对投资或者担保的总额及单项投资或者担保的数额有限额规定的，不得超过规定的限额。公司为公司股东或者实际控制人提供担保的，必须经股东会或者股东大会决议。受公司担保的股东或者受实际控制人支配的股东，不得参加对该担保事项的表决。该项表决由出席会议的其他股东所持表决权的过半数通过。

答案 ▶ BCD

【例题 3·多选题】（2020年）下列公司、股东的行为中，可以作为公司人格混同认定依据的有（ ）。

A. 用公司的资金偿还股东债务，不作财务记载

B. 控股股东操纵公司决策过程

C. 母子公司之间进行利益输送

D. 不区分公司账簿与股东账簿

E. 股东无偿使用公司资金，不作财务记载

解析 ▶ 本题考核公司的人格混同。在认定是否构成人格混同时，应当综合考虑以下因素：（1）股东无偿使用公司资金或者财产，不作财务记载的（选项E）；（2）股东用公司的资金偿还股东的债务，或者将公司的资金供关联公司无偿使用，不作财务记载的（选项A）；（3）公司账簿与股东账簿不分，致使公司财产与股东财产无法区分的（选项D）；（4）股东自身收益与公司盈利不加区分，致使双方利益不清的；（5）公司的财产记载于股东名下，由股东占有、使用的；（6）人格混同的其他情形。所以选项AE正确。选项D中缺少"致使公司财产与股东财产无法区分"这个条件，所以错误。控股股东操纵公司决策过程、母子公司之间进行利益输送属于过度支配与控制的情况。所以选项BC错误。

答案 ▶ AE

二、公司设立

扫我解疑难

（一）公司设立方式

（1）有限责任公司由全体股东出资设立。股份有限公司设立，可以采取发起设立和募集设立两种方式。

（2）作为公司发起人的要求：①自然人、法人、非法人组织以及中国人和外国人都可以成为发起人，但是，无民事行为能力人和限制民事行为能力人、国家公职人员、受到竞业禁止的人不宜成为发起人；②要签订发起人协议；③要为公司设立承担相应责任。

(二)公司设立条件(见表 13-7)★★★

表 13-7 公司设立的条件

区别	有限责任公司	股份有限公司
人数	50 个以下股东出资设立	2 人以上 200 人以下为发起人,其中须有半数以上的发起人在中国境内有住所
注册资本	在公司登记机关登记的全体股东认缴的出资额	(1)发起设立的:全体发起人认购的股本总额。 (2)募集设立的:在公司登记机关登记的实收股本总额
制定章程	由股东共同制定	(1)发起方式:发起人制定公司章程。 (2)募集方式:发起人制订后经创立大会通过
组织机构	一般公司应当设立股东会	必须设立股东大会、董事会和监事会

【知识点拨 1】人数较少或规模较小的公司:有限责任公司可以不设董事会,设 1 名执行董事;可以不设监事会,设 1~2 名监事。

【知识点拨 2】一人公司和国有独资公司不设股东会。

(三)公司设立登记★★★

1. 有限责任公司的登记要求(见表 13-8)

表 13-8 登记要求

公司类型	登记要求
一般的有限责任公司	由全体股东指定的代表或共同委托的代理人申请
国有独资公司	国务院或地方人民政府授权的本级人民政府国有资产监督管理机构作为申请人
经批准设立的有限责任公司	自批准之日起 90 日内向公司登记机关申请设立登记

2. 股份有限公司的设立

(1)发起设立程序:书面认购股份→缴纳出资→选举组织机构→申请登记。

(2)募集设立程序:发起人认购股份(≥35%)→公开募集股份→召开创立大会→申请登记。

【知识点拨】创立大会(见表 13-9)

表 13-9 创立大会

项目	内容
召开时间	发起人自股款缴足之日起 30 日内主持
通知或公告	在创立大会召开 15 日前将会议日期通知各认股人或予以公告
出席	代表股份总数过半数的发起人、认股人出席,方可举行
决议	必须经出席会议的认股人所持表决权过半数通过
设立登记	董事会应于创立大会结束后 30 日内,申请设立登记

(四)公司设立责任★★★

1. 赔偿责任(见表 13-10)

表 13-10 赔偿责任

公司成立的	公司承担侵权赔偿责任
公司未成立	(1)全体发起人对设立中的债权债务承担连带赔偿责任。 (2)公司或者无过错的发起人承担赔偿责任后,可向有过错的发起人追偿

2. 合同责任（见表13-11）

表13-11 合同责任

以发起人名义订立	找发起人	①发起人为设立公司以"自己名义"订立的合同，原则上应当由"发起人承担合同责任"
	找公司	②如果公司成立后"确认"了该合同，或者公司已"实际成为合同主体"，而且合同"相对人也要求公司承担责任"，则由"公司承担"合同责任。 『总结』公司确认或实际成为主体+相对人要求公司承担→公司承担
以设立中公司名义订立	找公司	①发起人在公司设立阶段以"设立中公司名义"订立合同，原则上应当由成立后的"公司承担责任"
	找发起人	②如果公司"有证据证明发起人是为自己利益"而签订该合同，且合同"相对人对此是明知（恶意）"的，即非善意时，则由"发起人承担"。 『总结』有证据为发起人利益+相对人恶意→发起人承担

3. 公司未设立的责任（见表13-12）

表13-12 公司未设立的责任

外部责任	请求因故未成立的公司，全体或者部分发起人对设立公司行为所产生的费用和债务向债权人承担连带清偿责任
内部责任	①无责任人：按照约定的责任承担比例；没有约定的，按照约定的出资比例；没有约定出资比例的，均等份额分担责任。（约定→出资比例→平均） ②有责任人：因部分发起人的过错导致公司未成立，其他发起人主张其承担设立行为所产生的费用和债务的，法院应当根据过错确定责任范围

4. 股款的处理（股份有限公司）：公司不能成立时，发起人对认股人已缴纳的股款，负返还股款并加算银行同期存款利息的连带责任。

三、股东出资

（一）出资方式（见表13-13）★★★

表13-13 公司的出资方式

项目	内容
一般规定	股东可以用货币出资，也可以用实物、知识产权、土地使用权等可以用货币估价并可以依法转让的非货币财产出资。 【知识点拨】股东不得以劳务、信用、自然人姓名、商誉、特许经营权或者设定担保的财产等作价出资
出资手续	(1)股东以货币出资的：(有限责任公司)存入公司在银行开设的账户；(募集设立的股份有限公司)经依法设立的验资机构验资并出具证明。 (2)以非货币财产出资的，应当评估作价，核实财产，依法办理财产权的转移手续
股权不得用于出资情形	(1)股权所在公司注册资本尚未缴足。 (2)已被设立质权。 (3)已被冻结。 (4)股权所在公司章程约定不得转让。 (5)法律、行政法规或者国务院决定规定，股权所在公司股东转让股权应当报经批准而未经批准。 (6)法律、行政法规或者国务院决定规定不得转让的其他情形

续表

项目	内容
债转股应符合的情形	(1)债权人已经履行债权所对应的合同义务，且不违反法律、行政法规、国务院决定或公司章程的禁止性规定。 (2)经人民法院生效裁判或者仲裁机构裁决确认。 (3)公司破产重整或者和解期间，列入经人民法院批准的重整计划或者裁定认可的和解协议

(二)出资责任★★★

1. 虚假出资

(1)不按规定缴纳出资的责任(见表13-14)。

表13-14 不按规定缴纳出资的责任

法定情形	责任承担	请求主体
①股东或发起人不按照公司章程缴纳出资	其他发起人、股东与其承担连带责任。 【知识点拨】公司的发起人承担责任后，可以向被告股东追偿	①公司； ②其他股东； ③公司的债权人。债权人可以要求未尽出资义务的股东在未出资本息范围内对公司债务不能清偿的部分承担"补充"赔偿责任。 【知识点拨】债权人还可以要求抽逃出资的股东承担同样的责任
②增资过程股东未尽出资义务	违反勤勉义务的董事、高管人员应当承担相应的责任。 【知识点拨】"董、高"人员承担责任后，可以向被告股东追偿	
③未尽出资义务的股东转让股权	知道情形的受让人应当与该股东承担连带责任	

(2)公司内部责任。

①股东未履行或者未全面履行出资义务，公司或者其他股东可以请求其向公司依法全面履行出资义务。

②股东未履行或者未全面履行出资义务，公司可以根据公司章程或者股东会决议对其利润分配请求权、新股优先认购权、剩余财产分配请求权等股东权利作出相应的合理限制。

【知识点拨】该股东请求认定该限制无效的，人民法院不予支持。

③有限责任公司的股东未履行出资义务或者抽逃全部出资，经公司催告缴纳或者返还，其在合理期间内仍未缴纳或者返还出资，公司可以以股东会决议解除该股东的股东资格。

2. 出资不实

(1)出资不实：公司成立后，发现作为设立公司出资的非货币财产的实际价额显著低于公司章程所定价额的，应当由交付该出资的股东或发起人补足其差额；公司"设立时"的其他股东或发起人承担连带责任。

(2)出资后贬值：出资后因市场或其他客观因素导致资产减值，不能认定未依法履行出资义务；当事人另有约定除外。

(3)以不享有处分权的财产出资：只要公司取得该财产符合善意取得条件，该财产可以最终为公司所有(看公司是否善意)。

【知识点拨】公司如果不符合善意取得条件，所有权人则有权取回该财产，此时应当视为出资人未履行出资义务。

(4)以房屋、土地使用权、知识产权的出资不实(见表13-15)。

表 13-15 房屋、土地使用权、知识产权的出资不实

出资要求	交付+权属变更
已交付使用+未办理权属变更	出资人未履行出资义务的,法院应当责令在指定的合理期间内办理;在前述期间内办理的,认定其已经履行了出资义务
	实质大于形式;要求只办理手续。出资人可以主张自其"实际交付"财产给公司使用时享有相应股东权利
未交付使用+已经办理权属变更手续	公司或者其他股东可以主张其向公司交付,并在实际交付之前不享有相应股东权利

3. 抽逃出资

(1)抽逃出资的形态。

①制作虚假财务会计报表虚增利润进行分配;

②通过虚构债权债务关系将其出资转出;

③利用关联交易将出资转出;

④其他未经法定程序将出资抽回的行为。

(2)抽逃出资的民事责任(见表13-16)。

表 13-16 抽逃出资的民事责任

提起主体	责任承担者
公司或其他股东	抽逃出资的股东;"协助"抽逃出资的"其他股东、董事、高级管理人员或实际控制人"(不包括监事)承担"连带责任"
公司债权人	抽逃出资的股东在"抽逃出资本息范围内"对公司债务不能清偿的部分承担"补充赔偿责任";协助抽逃出资的其他股东、董事、高级管理人员或实际控制人对此承担"连带责任"。 【知识点拨】抽逃出资的股东已经承担上述责任,其他债权人"不得"提出相同请求

四、股东资格

扫我解疑难

(一)股东特征★

1. 在公司章程上被记载为股东,并在公司章程上签名盖章,表明自己受公司章程的约束;

2. 向公司投入在章程中承诺投入的资产,实际履行了出资义务;

3. 在登记机关登记的公司文件中列名为股东;

4. 在公司成立后取得公司签发的出资证明书;

5. 被载入公司股东名册;

6. 在公司中享有"资产受益、重大决策和选择管理者"等权利。

(二)股东资格取得(见表13-17)★★

表 13-17 股东资格取得

原始取得	设立	认缴出资+公司成立
	增资	股东(大)会作出增资协议+缴纳出资
继受取得		转让、继承、赠与、公司合并

(三)股东资格证明★★

记载于股东名册的,可以依"股东名册"主张行使股东权利。未在公司登记机关登记的,不得对抗第三人。

『案例』刘、关、张拟共同出资100万元设立一有限公司。公司成立后,在其设置的股东名册中记载了刘、关、张三人的姓名与出资额等事项,但在办理公司登记时遗漏了张某,使得公司登记的文件中股东只有刘、关二人。张某是否取得股东资格,能否参与

当年利润分红？请回答并说明理由。

『分析』张某取得股东资格，可以参与当年的分红。股东资格自将股东记载于股东名册时取得，在公司登记机关进行登记不是股东资格的取得要件；未经登记的，不具有对抗效力，但不影响股东资产收益（利润分配）权利的享有。

（四）名义股东与实际出资人（新增）

1. 股份代持协议的效力

有限责任公司的实际出资人可以与名义股东订立合同，约定由实际出资人出资，并享有投资权益，以名义出资人为名义股东。如无法律规定的无效情形，实际出资人与名义股东签订的合同均为有效合同。

2. 名义股东与实际出资人的权利义务

实际出资人实际履行了出资义务，可向名义股东主张权利。名义股东不能以公司股东名册记载、公司登记机关登记为由否认实际出资人权利。

3. 实际出资人"显名"程序

实际出资人请求公司变更股东、签发出资证明书、记载于股东名册、记载于公司章程并办理公司登记机关登记的，必须经公司其他股东半数以上同意。

4. 名义股东"无权处分"股权

名义股东将登记于其名下的股权转让、质押或者以其他方式处分的，实际出资人可以其对股权享有实际权利为由请求认定处分股权行为无效，法院可以参照《民法典》第311条的规定（善意取得制度）处理。名义股东处分股权造成实际出资人损失的，应当承担赔偿责任。

五、股东权利

扫我解疑难

（一）财产权★★★

1. 利润分配权和优先认购权（见表13-18）

表13-18 利润分配权和优先认购权

项目	内容
股利分配请求权	例如：有限责任公司股东按照实缴的出资比例分取红利，另有约定的除外
新股优先认购权	例如：有限责任公司股东有权优先按照实缴的出资比例认缴出资，另有约定的除外

2. 股份转让权限制

（1）记名股票，由股东以背书方式或者法律、行政法规规定的其他方式转让。

（2）无记名股票的转让，由股东将该股票交付给受让人后即发生转让的效力。

（3）对特殊主体转让股份的限制（见表13-19）。

表13-19 对特殊主体转让股份的限制

主体	限制性规定
发起人	①发起人持有的本公司股份，自公司成立之日起1年内不得转让。 ②公司公开发行股份前已发行的股份，自股票在证券交易所上市交易之日起1年内不得转让
董事、监事、高级管理人员	①自公司股票上市交易之日起1年内不得转让。 ②在任职期间每年转让的股份不得超过其所持有本公司股份总数的25%（≤25%的可以）。 ③离职后6个月内，不得转让其所持有的本公司股份

（4）"一股二卖"的处理规则。

①股权转让后尚未向公司登记机关办理变更登记，原股东将仍登记于自己名下的股权转让、质押或者以其他方式处分，受让股东可以其对股权享有实际权利为由，向法院请求认定处分股权行为无效。

②原股东处分股权造成受让股东损失，受让股东有权请求原股东承担赔偿责任，对

于未及时办理变更登记有过错的董事、高级管理人员或者实际控制人应该承担相应责任；受让股东对于未及时办理变更登记也有过错的，可以适当减轻董事、高级管理人员或者实际控制人的责任。

3. 股权优先购买权

该项权利只适用于有限责任公司股东。

(1) 公司章程对股权转让有规定的，从其规定。

【知识点拨】 只有在章程没有另外规定的情况下，才适用《公司法》的股权转让限制条件。

(2) 内部转让：有限责任公司的股东之间可以相互转让其全部或者部分股权。

【知识点拨】 普通合伙人之间转让在合伙企业中的全部或者部分财产份额时，应当"通知"其他合伙人。

(3) 外部转让(见表13-20)。

表13-20 股权的外部转让

项目	内容
条件	股东向股东之外的人转让股权，应当经其他股东过半数(大于1/2)同意。 【知识点拨】 股东向股东之外的人转让股权无需经过股东会作出决议
视为同意	①其他股东自接到书面通知之日起满30日未答复的； ②其他股东半数以上不同意转让的，不同意的股东应当购买该股权，不购买的
优先购买	在同等条件下，其他股东有优先购买权；两个以上股东主张行使优先购买权，协商确定购买比例；协商不成，按"转让时"各自的出资比例行使优先购买权(协商→出资)

(4) 法院强制转让：应当通知公司及全体股东，其他股东在同等条件下有优先购买权。其他股东自人民法院通知之日起满"20日"不行使优先购买权的，视为放弃优先购买权。

4. 请求收购股权(股份)权

(1) 有限责任公司股东退出公司的法定条件

有下列情形之一的，对股东会该项决议投反对票的股东可以请求公司按照合理的价格收购其股权：

①公司连续5年不向股东分配利润，而公司该5年连续盈利，并且符合法律规定的分配利润条件的；

②公司合并、分立、转让主要财产的；

③公司章程规定的营业期限届满或者章程规定的其他解散事由出现，股东会会议通过决议修改章程使公司存续的。

『总结』5年盈利未分红，合并分立转财产，公司到期还继续，股东反对可退出。

【知识点拨】 股份有限公司仅有在合并、分立决议投反对票的股东才可以要求公司回购。

(2) 请求公司收购股权诉讼权

自股东会会议决议通过之日起60日内，股东与公司不能达成股权收购协议的，股东可以自股东会会议决议通过之日起90日内向人民法院提起诉讼。

5. 股东继承权

该项权利适用于有限责任公司股东。自然人股东死亡后，其合法继承人可以继承股东资格；但是，公司章程另有规定的除外。

(二) 参与决策权★★★

1. 参加股东会议权：股东会议分为有限责任公司股东会和股份有限公司股东大会，由"全体股东"组成。

2. 表决权(见表13-21)

表13-21 表决权

有限责任公司	约定→出资比例；按照出资比例行使表决权，公司章程另有规定的除外
股份有限公司	所持每一股份有一表决权。 【知识点拨】 公司持有的本公司股份没有表决权

(三)知情权★★★

1. 股东会议知情权(见表13-22)

表13-22　股东会议知情权

有限责任公司召开股东会	应当于会议召开15日前通知全体股东。 【知识点拨】公司章程另有规定或全体股东另有约定的除外
股份有限公司召开股东大会	应当将会议召开的时间、地点和审议的事项于会议召开20日前通知各股东
	临时股东大会应当于会议召开15日前通知各股东
	发行无记名股票的,应当于会议召开30日前公告会议召开的时间、地点和审议事项

2. 查阅、复制公司重要文件权(见表13-23)

表13-23　查阅、复制公司重要文件权

有限责任公司	(1)股东有权查阅、复制公司章程、股东会会议记录、董事会会议决议、监事会会议决议和财务会计报告。 (2)股东可以要求查阅"会计账簿"。 【知识点拨】股东要求查阅公司会计账簿而被公司以股东查阅会计账簿有不正当目的,可能损害公司合法利益为由拒绝提供查阅的,股东可以向人民法院起诉,要求公司提供查阅
股份有限公司	股东有权查阅公司章程、股东名册、债券存根、股东大会会议记录、董事会会议决议、监事会会议决议、财务会计报告

六、股东诉讼

(一)股东诉讼种类★

按照诉讼中被告的身份不同,可以将股东诉讼分为股东代表诉讼和股东直接诉讼,如表13-24所示。

表13-24　股东诉讼种类

股东诉讼种类	具体规定
股东代表诉讼 (股东间接诉讼)	侵犯公司的利益
	"董事、监事、高级管理人员"或者"他人"的违反法律、行政法规或者公司章程的行为给"公司"造成损失,公司"拒绝或者怠于"向该违法行为人请求损害赔偿时,"具备资格的股东"有权以自己的名义,代替公司提起诉讼,请求违法行为人赔偿公司损失的行为
股东直接诉讼	侵犯个别股东的利益
	"董事、高级管理人员"违反法律、行政法规或者公司章程的规定,损害股东利益的,股东(以自己的名义)可以依法直接向人民法院提起诉讼

(二)股东诉讼情形★★★

1. 股东与股东的诉讼(见表13-25)

表 13-25　股东与股东的诉讼

类型	具体规定
出资违约诉讼	未按公司章程中规定按期足额缴纳所认缴的出资额的有限责任公司股东,对未书面认足公司章程规定应认购的股份并缴纳出资的发起方式设立的股份有限公司发起人,已按期足额缴纳出资的股东,可向人民法院起诉,要求其按照章程规定或者发起人协议承担违约责任
补足出资诉讼	以非货币财产出资的,应当依法办理其财产权的转移手续。公司成立后,发现作为设立公司出资的非货币财产实际价额显著低于公司章程所定价额的,已按期足额缴纳出资的其他股东可以起诉以非货币财产出资的股东,要求其补足出资差额并承担违约责任
优先购买权诉讼	①有限责任公司的股东向股东以外的人转让股权,应就其股权转让事项以书面或者其他能够确认收悉的合理方式通知其他股东征求同意。其他股东半数以上不同意转让,不同意的股东不购买的,视为同意转让。经股东同意转让的股权,在同等条件下,转让股东以外的其他股东有权优先购买,但转让股东在其他股东主张优先购买后又不同意转让股权的除外。 ②有限责任公司的股东向股东以外的人转让股权,未就其股权转让事项征求其他股东意见,或者以欺诈、恶意串通等手段,损害其他股东优先购买权,其他股东有权主张按照同等条件购买该转让股权,但其他股东自知道或者应当知道行使优先购买权的同等条件之日起30日内没有主张,或者自股权变更登记之日起超过1年的除外

2. 股东与公司的诉讼

(1) 涉及股东会或董事会决议撤销或无效的诉讼。

①公司股东会或者股东大会、董事会的决议内容违反法律、行政法规的无效。

②股东会或者股东大会、董事会决议存在下列情形之一,当事人主张决议不成立的,人民法院应当予以支持：a. 公司未召开会议的,但依据《公司法》第37条第2款或者公司章程规定可以不召开股东会或者股东大会而直接作出决定,并由全体股东在决定文件上签名、盖章的除外；b. 会议未对决议事项进行表决的；c. 出席会议的人数或者股东所持表决权不符合公司法或者公司章程规定的；d. 会议的表决结果未达到公司法或者公司章程规定的通过比例的；e. 导致决议不成立的其他情形。

【知识点拨】对股东会或者股东大会、董事会决议是否无效或者不成立,公司股东和董事、监事等可以请求人民法院予以确认。

③股东会或者股东大会、董事会的会议召集程序、表决方式违反法律、行政法规或者公司章程,或者决议内容违反公司章程的,股东可以自决议作出之日起60日内,请求人民法院撤销。但会议召集程序或者表达方式仅有轻微瑕疵,且对决议未产生实质影响的除外。

【知识点拨】股东会或者股东大会、董事会决议被人民法院判决确认无效或者撤销的,公司依据该决议与善意相对人形成的民事法律关系不受影响。

『总结』决议无效或撤销的诉讼(见表13-26)

表 13-26　决议无效或撤销的诉讼

	违反法律、行政法规	违反公司章程
决议内容	无效	可撤销
召集程序、表决方式	可撤销	可撤销

(2) 涉及股东知情权的诉讼(见表13-27)。

表13-27 涉及股东知情权的诉讼

项目	具体内容
知情权的范围	有限责任公司：股东有权查阅、复制公司章程、股东会会议记录、董事会会议决议、监事会会议决议和财务会计报告。股东可以要求查阅公司会计账簿
	股份有限公司：股东有权查阅公司章程、股东名册、公司债券存根、股东大会会议记录、董事会会议决议、监事会会议决议、财务会计报告
程序性规定	股东要求查阅公司会计账簿的，应当向公司提出书面请求，说明目的。公司拒绝提供查阅的，股东可以请求人民法院要求公司提供查阅
拒绝提供查阅	公司有合理根据认为股东查阅会计账簿有不正当目的，可能损害公司合法利益的，可以拒绝提供查阅。并应当自股东提出书面请求之日起15日内书面答复股东并说明理由。 有证据证明股东存在下列情形之一的，人民法院应当认定股东有不正当目的： ①股东自营或者为他人经营与公司主营业务有实质性竞争关系业务的，但公司章程另有规定或者全体股东另有约定的除外； ②股东为了向他人通报有关信息查阅公司会计账簿，可能损害公司合法利益的； ③股东在向公司提出查阅请求之日前的3年内，曾通过查阅公司会计账簿，向他人通报有关信息损害公司合法利益的； ④股东有不正当目的的其他情形
不得拒绝提供查阅	公司章程、股东之间的协议等实质性剥夺股东依据《公司法》第33条、第97条规定查阅或者复制公司文件材料权利的，公司不能以此为由拒绝股东查阅或者复制
知情权的行使	①股东依据人民法院生效判决查阅公司文件材料的，在该股东在场的情况下，可以由会计师、律师等依法或者依据执业行为规范负有保密义务的中介机构执业人员辅助进行。 ②辅助股东查阅公司文件材料的会计师、律师等泄露公司商业秘密导致公司合法利益受到损害，公司请求其赔偿相关损失的，人民法院应当予以支持

(3) 涉及利润分配诉讼。

①股东提交载明具体分配方案的股东会或者股东大会的有效决议，请求公司分配利润，公司拒绝分配利润且其关于无法执行决议的抗辩理由不成立的，人民法院应当判决公司按照决议载明的具体分配方案向股东分配利润。

②股东未提交载明具体分配方案的股东会或者股东大会决议，请求公司分配利润的，人民法院应当驳回其诉讼请求，但违反法律规定滥用股东权利导致公司不分配利润，给其他股东造成损失的除外。

(4) 涉及公司股权收购的诉讼。(见请求收购股份权)

(5) 涉及解散公司的诉讼(见表13-28)。

表 13-28 涉及解散公司的诉讼

受理的情形	公司具有下列事由之一，并且符合《公司法》规定的：单独或者合计持有公司全部股东表决权10%以上的股东，可以下列事由之一提起解散公司诉讼： ①公司持续2年以上无法召开股东会或股东大会，公司经营管理发生严重困难的； ②股东表决时无法达到法定或者章程规定的比例，持续2年以上不能作出有效的股东会或者股东大会决议，公司经营管理发生严重困难； ③公司董事长期冲突，并且无法通过股东(大)会解决，公司经营管理发生严重困难； ④经营管理发生其他严重困难，继续存续会使股东利益受到重大损失
不予受理的情形	①以知情权、利润分配请求权等权益受到损害为由提起解散公司诉讼； ②以公司亏损、财产不足以偿还全部债务为由提起解散公司诉讼； ③以公司被吊销企业法人营业执照未进行清算为由提起解散公司诉讼。 【知识点拨】股东提起解散公司诉讼，同时有申请人民法院对公司进行清算的，人民法院对其提出的清算申请不予受理
保全	股东提起解散公司诉讼时，向人民法院申请财产保全或者证据保全的，在股东提供担保且不影响公司正常经营情况下，人民法院可予以保全

3. 股东与公司董事、监事、高级管理人员的诉讼
(1)股东与公司董事、监事、高级管理人员的诉讼(见表13-29)。

表 13-29 股东与公司董事、监事、高级管理人员的诉讼

	侵权人	侵害对象	起诉股东资格	诉讼程序
股东直接诉讼	董事、高级管理人员	股东个人利益	股东	直接提起诉讼
股东代表诉讼	董事、高级管理人员	公司利益	有限责任公司：股东 股份有限公司： 连续180日以上单独或合计持有公司1%以上股份的股东	→监事会(监事)→以自己名义直接向人民法院起诉
	监事			→董事会(执行董事)→以自己名义直接向人民法院起诉

(2)公司董事、高级管理人员等未依法履行职责，导致公司未依法制作或者保存《公司法》第33条、第97条规定的公司文件材料，给股东造成损失的，股东可以依法请求负有相应责任的公司董事、高级管理人员承担民事赔偿责任。

(3)公司的控股股东、实际控制人、董事、监事、高级管理人员的关联交易损害公司利益的股东诉讼。

①根据《公司法》第21条规定，公司的控股股东、实际控制人、董事、监事、高级管理人员不得利用其关联关系损害公司利益。违反上述规定，给公司造成损失的，应当承担赔偿责任。

②根据《公司法司法解释五》规定，关联交易损害公司利益，公司没有依据《公司法》第21条规定提起诉讼，请求控股股东、实际控制人、董事、监事、高级管理人员赔偿所造成的损失，有限责任公司的股东、股份有限公司连续180日以上单独或者合计持有公司1%以上股份的股东，可以书面请求监事会、不设监事会的有限责任公司的监事或董事会(执行董事)向人民法院提起诉讼；监事会、不设监事会的有限责任公司的监事或董事会(执行董事)，收到股东书面请求后拒绝提起诉讼，或者自收到请求之日起30日内未提起诉讼，或者情况紧急、不立即提起诉讼将会使公司利益受到难以弥补的损害的，前述规定的股东有权为了公司的利益以自己的名义直接向人民法院提起诉讼。

③关联交易合同存在无效或者可撤销情形，公司没有起诉合同相对方的，有限责任公司的股东、股份有限公司连续 180 日以上单独或者合计持有公司 1% 以上股份的股东，可以书面请求监事会、不设监事会的有限责任公司的监事或董事会（执行董事）向人民法院提起诉讼；监事会、不设监事会的有限责任公司的监事或董事会（执行董事），收到前述规定的股东书面请求后拒绝提起诉讼，或者自收到请求之日起 30 日内未提起诉讼，或者情况紧急、不立即提起诉讼将会使公司利益受到难以弥补的损害的，前述规定的股东有权为了公司的利益以自己的名义直接向人民法院提起诉讼。

4. 股东与公司和公司管理人员外第三方当事人的诉讼（见表 13-30）

表 13-30　股东与公司和公司管理人员外第三方当事人的诉讼

情形	公司"董、监、高管"以外的他人侵犯公司合法权益，给公司造成损失
诉讼主体	①有限责任公司的任何一个"股东"；②股份有限公司连续 180 日以上单独或合计持有公司 1% 以上股份的股东
诉讼列置	应当将公司列为诉讼第三人

【例题 4·单选题】（2019 年）下列有关股份有限公司设立规则的说法中，正确的是（　）。

A. 采取发起方式设立的，设立前发起人应缴足公司章程规定其认购的股份

B. 采取募集方式设立的，发起人向社会公开募集股份时，应公告招股说明书，可以由发起人自行承销

C. 采取募集方式设立的，注册资本为在公司登记机关登记的实收股本总额

D. 采取募集方式设立的，创立大会仅由发起人组成，不包括认股人

解析　本题考核股份公司的设立。发起设立股份公司，允许在公司设立后分期出资。所以选项 A 错误。发起人必须公告招股说明书，制作认股书，同证券公司签订承销协议、同银行签订代收股款协议。所以选项 B 错误。创立大会由发起人、认股人组成。所以选项 D 错误。

答案　C

【例题 5·单选题】（2016 年）根据《公司法》规定，下列关于股份转让的说法中，正确的是（　）。

A. 发起人持有的本公司股份，自公司成立之日起 2 年内不得转让

B. 公司经理在任职期间内不得转让其所持有的本公司股份

C. 公司董事所持有的本公司股份，自公司股票上市交易之日起 1 年内不得转让

D. 公司监事离职后 1 年内不得转让其所持有的原任职公司股份

解析　本题考核股份转让。发起人持有的本公司股份，自公司成立之日起 1 年内不得转让。所以选项 A 错误。董事、监事、高级管理人员（经理、副经理、财务负责人、上市公司董事会秘书）在任职期间每年转让的股份不得超过其所持有本公司股份总数的 25%（≤25%），并非完全不得转让。所以选项 B 错误。董事、监事、高级管理人员所持有的本公司股份，自公司股票上市交易之日起 1 年内不得转让。所以选项 C 正确。董事、监事、高级管理人员离职后半年内，不得转让其所持有的本公司股份。所以选项 D 错误。

答案　C

【例题 6·多选题】（2013 年）根据《公司法》规定，股东可提起撤销公司决议诉讼，其适用的情形包括（　）。

A. 公司高管侵占公司财产

B. 董事会会议召集程序违反法律、行政法规或者公司章程

C. 董事会决议表决方式违反法律、行政法规或者公司章程

D. 公司高管损害股东利益

E. 股东会或者股东大会决议内容违反公司章程

解析 本题考核涉及股东会或董事会决议撤销的诉讼。股东会或者股东大会、董事会的会议召集程序、表决方式违反法律、行政法规或者公司章程，或者决议内容违反公司章程的，股东可以自决议作出之日起60日内，请求人民法院撤销。

答案 BCE

【例题7·多选题】（2013年）根据公司法律制度的规定，对股东以下列理由提起解散公司的诉讼，人民法院依法不予受理的有（ ）。

A. 股东利润分配请求权受到损害

B. 公司持续2年以上无法召开股东会或者股东大会，经营管理发生严重困难且符合《公司法》相关规定

C. 公司财产不足以偿还全部债务

D. 公司被市场监督管理机关吊销《企业法人营业执照》后，未依法成立清算组进行清算

E. 公司董事之间长期冲突，且无法通过股东会解决，公司经营管理发生严重困难

解析 本题考核涉及解散公司的诉讼。(1)股东以知情权、利润分配请求权等权益受到损害，或者公司亏损、财产不足以偿还全部债务，以及公司被吊销企业法人营业执照未经行清算等为由，提起解散公司诉讼的，人民法院不予受理；选项ACD正确。(2)选项BE属于人民法院应当受理的情形。

答案 ACD

七、公司组织机构

（一）股东会（股东大会）

1. 股东会的职权

(1)决定公司的经营方针和投资计划。

【知识点拨】决定公司的经营计划和投资方案属于董事会的职权。

(2)选举和更换非由职工代表担任的董事、监事，决定有关董事、监事的报酬事项。

(3)审议批准董事会的报告。

(4)审议批准监事会或者监事的报告。

(5)审议批准公司的年度财务预算方案、决算方案。

(6)审议批准公司的利润分配方案和弥补亏损方案。

(7)对公司增加或者减少注册资本作出决议。

(8)对发行公司债券作出决议。

(9)对公司合并、分立、变更公司形式、解散和清算作出决议。

(10)修改公司章程。

(11)公司章程规定的其他职权。

【知识点拨1】董事会的职权

董事会的一般职权是"制订方案"，提交股东会表决通过。董事会有权"决定"的事项包括：

(1)决定公司的经营计划和"投资方案"。

(2)决定公司"内部管理机构"的设置。

(3)决定"聘任或者解聘公司经理及其报酬事项"；根据经理的提名，聘任或者解聘公司副经理、财务负责人，并决定其报酬事项。

(4)制定公司的基本管理制度。

【知识点拨2】公司的具体规章由经理制定。

【知识点拨3】监事会（不设监事会的监事）的职权

(1)检查公司财务。

(2)对"董事、高级管理人员"执行公司职务的行为进行监督，对违反法律、行政法规、公司章程或者股东会决议的董事、高级管理人员提出罢免的建议。

(3)当董事、高级管理人员的行为损害公司的利益时，要求董事、高级管理人员予以纠正。

(4)提议召开临时股东会会议，在董事会不履行召集和主持股东会会议职责时召集和主持股东会会议。

(5)向股东会会议提出提案。

(6)对董事、高级管理人员提起诉讼。

(7)发现公司经营情况异常，可以进行

调查。

监事可以列席董事会会议,并对董事会决议事项提出质询或者建议。

2. 股东会(股东大会)的召集和主持

(1)有限责任公司

①首次股东会会议由出资最多的股东召集和主持。

②以后的股东会会议召集和主持:

召集会议顺序:董事会→监事会或者不设监事会的监事→代表 1/10 以上表决权的股东。

主持会议顺序:董事长→副董事长→半数以上董事推举一名董事→监事会或者不设监事会的监事→代表 1/10 以上表决权的股东。

③召开股东会会议,应当于会议召开 15 日以前通知全体股东,但公司章程另有规定或者全体股东另有约定的除外。

(2)股份有限公司

①召集会议顺序:董事会→监事会→连续 90 日以上单独或者合计持有公司 10%以上股份的股东。

②主持会议顺序:董事长→副董事长→半数以上董事推举一名董事→监事会→连续 90 日以上单独或者合计持有公司 10%以上股份的股东。

3. 股东会(股东大会)的召开(见表 13-31)

表 13-31 股东会(股东大会)的召开

项目	有限责任公司	股份有限公司
定期会议	依照公司章程规定按时召开;	每年召开 1 次;
临时会议	临时会议召开: ①代表 1/10 以上表决权股东提议; ②1/3 以上董事提议; ③监事会或不设监事会的监事提议	临时会议提议召开: ①董事人数不足法定人数(<5)或章程所定人数的 2/3; ②公司未弥补的亏损达到实收股本总额 1/3(≥1/3); ③单独或合计持有 10%以上股份的股东请求; ④董事会认为必要时(董事长、董事不可以); ⑤监事会(监事不可以)提议
临时提案权	—	股东大会不得对向股东通知中未列明的事项作出决议。 ①单独或者合计持有公司 3%以上股份的股东,可以在股东大会召开 10 日前提出临时提案并书面提交董事会; ②董事会应当在收到提案后 2 日内通知其他股东,并将该临时提案提交股东大会审议

4. 股东会(股东大会)决议

(1)股东会会议由股东按照出资比例行使表决权,但公司章程另有规定的除外。

(2)有限责任公司股东会的特别决议必须经"代表"2/3 以上表决权的股东通过:①修改公司章程;②增加或者减少注册资本的决议;③公司合并、分立、解散;④变更公司形式。

(3)股份有限公司股东大会的决议:

①普通事项:必须经"出席会议"的股东"所持表决权过半数"通过。

②特别事项:必须经出席会议的股东所持表决权的 2/3 以上通过(见表 13-32)。

表 13-32 股东大会的特别决议

股份公司	①修改公司章程;②增加或者减少注册资本;③公司合并、分立、解散;④变更公司形式
上市公司:特殊规定	上市公司在一年内购买、出售重大资产或者担保金额超过公司资产总额 30%的,应当由股东大会特别决议通过

(二)董事会(执行董事)及经理★★★

1. 董事会的组成(见表13-33)

表13-33 董事会的组成

	有限责任公司	国有独资公司	股份有限公司
人数	3~13人	3~13人	5~19人
职工代表	(1)国有投资:"应当"有职工代表;(2)其他有限责任公司:"可以"有职工代表	应当有公司职工代表	可以有职工代表
董事长	董事长、副董事长的产生办法由公司章程规定	董事长、副董事长由国有资产监督管理机构从董事会成员中"指定"	董事长和副董事长由董事会以全体董事的过半数选举产生
任期	每届任期不得超过3年,连选可以连任		

2. 董事会召集

召集和主持:①董事长→②副董事长→③半数以上董事推举一名董事。

3. 议事规则:董事会应当对所议事项的决定作成会议记录,出席会议的董事应当在会议记录上签名。董事会决议的表决,实行"一人一票"。

【知识点拨1】股份有限公司:董事会会议应有过半数的董事出席方可举行。董事会作出决议,须经全体董事的过半数通过。

【知识点拨2】董事任期届满前被股东会或者股东大会有效决议解除职务,其主张解除不发生法律效力的,人民法院不予支持。

4. 有限责任公司可以设经理,经理是董事会的执行机构,负责组织公司的日常经营管理活动,由董事会决定聘任或者解聘,对董事会负责,列席董事会会议。

股份有限公司设经理,由董事会决定聘任或者解聘。

(三)监事会(监事)★

1. 监事会的组成(见表13-34)

表13-34 监事会的组成

	有限责任公司	国有独资公司	股份有限公司
人数	不得少于3人	不得少于5人	不得少于3人
主席	全体监事过半数选举产生	监事会主席由国有资产监督管理机构"指定"	全体监事过半数选举产生
次数	1年1次		6个月1次
代表	监事会应当包括职工代表,职工代表的比例不得低于1/3		
任期	任期3年,连选可以连任(法定)		
限制	董事、高级管理人员(经理、副经理、财务负责人等)不得兼任监事		

2. 股东人数较少或者规模较小的有限责任公司,可以设1~2名监事,不设立监事会。

【知识点拨】股东人数较少或者规模较小的有限责任公司,可以设1名执行董事,不设立董事会,执行董事可以兼任公司经理。

(四)党的基层组织(新增)

(1)在公司中,根据《中国共产党章程》规定,设立中国共产党的组织,开展党的活动。公司应当为党组织的活动提供必要条件。

(2)企业、农村、机关、学校、科研院所、街道社区、社会组织、人民解放军连队和其他基层单位,凡是有正式党员3人以上的,都应当成立党的基层组织。

(3)党的基层组织,根据工作需要和党员人数,经上级党组织批准,分别设立党的基层委员会、总支部委员会、支部委员会。

（4）基层委员会由党员大会或代表大会选举产生，总支部委员会和支部委员会由党员大会选举产生，提出委员候选人要广泛征求党员和群众的意见。

八、特殊形式

扫我解疑难

（一）一人有限责任公司★★

1. 概念：只有一个自然人股东或者一个法人股东的有限责任公司。

2. 股东限制：一个自然人只能投资设立一个一人有限责任公司。该一人有限责任公司不能投资设立新的一人有限责任公司。

3. 一人公司章程：由股东制定。

4. 组织机构：不设股东会。

【知识点拨】股东作出决定时，应当采用书面形式，并由股东签名后置备于公司。

5. 强制审计：应当在每一会计年度终了时编制财务会计报告，并经会计师事务所审计。

6. 人格否定：一人有限责任公司的股东不能证明公司财产独立于股东自己的财产的，应当对公司债务承担连带责任。

（二）国有独资公司★★

1. 公司章程

国有独资公司章程由国有资产监督管理机构制定，或者由董事会制订报国有资产监督管理机构批准。

2. 股东会

（1）不设股东会，由国有资产监督管理机构行使股东会职权。

（2）股东会职权

①部分职权由董事会行使。

②公司的合并、分立、解散、增加或者减少注册资本和发行公司债券，必须由国有资产监督管理机构决定。

③重要的国有独资公司合并、分立、解散、申请破产的，由国有资产监督管理机构审核，报本级人民政府批准。

3. 董事会（见表13-35）

表13-35 国有独资公司的董事会

职工代表	董事会成员由国有资产监督管理机构委派；但是董事会成员中应当有公司职工代表，由公司职工代表大会选举产生。 【知识点拨】一般有限责任公司中，非由职工代表担任的董事、监事由股东会选举产生。同时不一定必须有职工代表
董事长	董事长、副董事长由国有资产监督管理机构从董事会成员中"指定"。 【知识点拨】有限责任公司董事长、副董事长由章程规定
限制	（1）经国有资产监督管理机构的同意，董事会成员可以兼任经理。 （2）国有独资公司的董事长、副董事长、董事、高级管理人员，未经国有资产监督管理机构同意，不得在其他有限责任公司、股份有限公司或其他机构兼职

4. 监事会

（1）监事会成员"不得少于5人"，其中职工代表的比例不得低于1/3。

【知识点拨】一般有限责任公司的监事会成员不得少于3人。

（2）监事会成员由国有资产监督管理机构委派，但监事会中的职工代表由职工代表大会选举产生。

（3）监事会主席由国有资产监督管理机构从监事会成员中"指定"。

【知识点拨】一般有限责任公司的监事会主席由全体监事过半数"选举"产生。

九、公司董事、监事、高级管理人员★★

扫我解疑难

1. 不得担任公司的董事、监事、高级管理人员的情形

（1）无民事行为能力或者限制民事行为能力；

(2)因贪污、贿赂、侵占财产、挪用财产或者破坏社会主义市场经济秩序,被判处刑罚,执行期满未逾5年,或者因犯罪被剥夺政治权利,执行期满未逾5年;

(3)担任破产清算的公司、企业的董事或者厂长、经理,对该公司、企业的破产负有个人责任的,自该公司、企业破产清算完结之日起未逾3年;

(4)担任因违法被吊销营业执照、责令关闭的公司、企业的法定代表人,并负有个人责任的,自该公司、企业被吊销营业执照之日起未逾3年;

(5)个人所负数额较大的债务到期未清偿。

2. 公司董事、高级管理人员不得有下列行为

(1)挪用公司资金;

(2)将公司资金以其个人名义或者以其他个人名义开立账户存储;

(3)违反公司章程的规定,未经股东会、股东大会或者董事会同意,将公司资金借贷给他人或者以公司财产为他人提供担保;

(4)违反公司章程的规定或者未经股东会、股东大会同意,与本公司订立合同或者进行交易;

【知识点拨】如果公司章程事先有规定,或者事先经股东(大)会同意,董事、高级管理人员可以同本公司进行交易。

(5)未经股东会或者股东大会同意,利用职务便利为自己或者他人谋取属于公司的商业机会,自营或者为他人经营与所任职公司同类的业务;

(6)接受他人与公司交易的佣金归为己有;

(7)擅自披露公司秘密;

(8)违反对公司忠实义务的其他行为。

【知识点拨】公司董事、高级管理人员违反上述规定所得的收入应当归公司所有。

3. 公司董事、监事、高级管理人员执行公司职务时违反法律、行政法规或者公司章程的规定,给公司造成损失的,应当承担赔偿责任。

十、公司财务会计

扫我解疑难

(一)公积金★

1. 公积金的种类(见表13-36)

表13-36 公积金的种类

盈余公积	法定公积金(强制公积金)	(1)按照公司税后利润的10%提取; (2)当法定公积金累计额为公司注册资本的50%以上时可以不再提取; (3)提取法定公积金之前,应当先用当年利润弥补亏损
	任意公积金	按照公司章程或股东会或者股东大会决议,没有限制
资本公积		直接由"资本、资产或者收益"形成的公积金

2. 公积金的用途

(1)弥补公司亏损。资本公积金不得用于弥补公司的亏损。

(2)扩大公司生产经营。

(3)转增公司资本。任意公积金转增资本,法律没有限制。法定公积金转增资本,转增后所留存的该项公积金不得少于"转增前"公司注册资本的25%。

『示例』某公司注册资本100万元,法定公积金60万元,留存的法定公积金至少=100×25%=25(万元),所以,最多可以转增60-25=35(万元)。

(二)收益分配★

1. 收益分配顺序:(1)弥补以前年度的亏损(5年补亏)→(2)缴纳所得税→(3)弥补"税前利润"补亏后仍存在的亏损→(4)提取法定公积金→(5)任意公积金→(6)向股东分配利润

2. 股东利润的分配：约定→实缴(持股)（见表13-37）

表13-37 股东利润的分配

有限责任公司	约定**除外**→按照股东"**实缴**"的出资比例分配
股份有限公司	章程规定**除外**→按照股东持有的股份比例分配

【知识点拨1】公司持有的本公司股份不得分配利润。

【知识点拨2】分配利润的股东会或者股东大会决议作出后，公司应当在决议载明的时间内完成利润分配。决议没有载明时间的，以公司章程规定的为准。决议、章程中均未规定时间或者时间超过1年的，公司应当自决议作出之日起1年内完成利润分配。决议中载明的利润分配完成时间超过公司章程规定时间的，股东可以依据《公司法》规定请求人民法院撤销决议中关于该时间的规定。

【例题8·单选题】（2019年）下列有关股东会或股东大会的说法中，正确的是( )。

A. 有限责任公司选举职工监事，由参加股东会的股东表决通过

B. 全体股东以书面形式一致同意修改公司章程的，可以不召开股东会会议

C. 股东大会选举董事可以实行累积投票制，但选举监事不可以实行累积投票制

D. 股东大会表决时，公司持有的本公司股份具有同等表决权

解析 ▶ 本题考核股东（大）会。监事会中的职工代表由公司职工通过职工代表大会、职工大会或者其他形式民主选举产生。所以选项A错误。股东大会选举董事、监事，可以依照公司章程的规定或者股东大会的决议，实行累积投票制。所以选项C错误。股东出席股东大会会议，所持每一股有一表决权。但是，公司持有的本公司股份没有表决权。所以选项D错误。 答案 ▶ B

【例题9·单选题】（2013年）某股份有限公司董事会由11名董事组成。2005年8月20日，公司董事长胡某召集并主持董事会会议，共有8名董事出席会议，其他3名董事因事请假。董事会会议讨论了下列事项：一是鉴于公司董事会成员工作任务加重，拟给每位董事涨工资30%；二是鉴于监事会成员中的职工代表张某生病，拟由公司职工王某替换张某担任监事；三是鉴于公司发展的实际情况，拟将本公司与另一公司合并，组建新的公司。经表决，有6名董事同意而通过前述事项。董事会就此作出最终决定。本案董事会的做法中，符合《公司法》规定的是( )。

A. 公司董事长召集并主持董事会会议

B. 董事会决定给每位董事涨工资

C. 董事会决定公司职工王某参加监事会

D. 董事会决定公司合并

解析 ▶ 本题考核股份有限公司董事会。(1)根据法律规定，股份有限公司董事长召集和主持董事会会议。所以选项A正确。(2)决定有关董事、监事的报酬事项是股东大会的职权。所以选项B错误。(3)监事会中的职工代表由公司职工通过职工代表大会、职工大会或者其他形式民主选举产生，而不是由董事会决议。所以选项C错误。(4)决定公司合并是股东大会的职权。所以选项D错误。 答案 ▶ A

【例题10·单选题】（2018年）一人有限责任公司是有限责任公司的特殊形式，下列关于一人有限责任公司设立的说法中，正确的是( )。

A. 一人有限责任公司只能由一个自然人出资设立

B. 一个自然人可以出资设立多个一人有限责任公司

C. 合伙企业可以出资设立一人有限责任公司

D. 一个法人可以出资设立多个一人有限责任公司

解析 ▶ 本题考核一人有限责任公司。一人有限责任公司，是指只有一个自然人股东或者一个法人股东的有限责任公司。一个自然人只能投资设立一个一人有限责任公司；该一人有限责任公司不能投资设立新的一人有限责任公司。法人则没有该限制，一个法人可以设立多个一人公司。 答案 ▶ D

【例题 11·单选题】（2015 年）下列关于国有独资公司的表述中，正确的是（　）。

A. 国有独资公司所有董事会成员均由国有资产监督管理机构指定

B. 国有独资公司经理由国有资产监督管理机构聘任

C. 国有独资公司监事会成员不得少于 3 人

D. 国有资产监督管理机构可以授权公司董事会行使股东会的部分职权

解析 ▶ 本题考核国有独资公司的特别规定。国有独资公司董事会成员由国有资产监督管理机构委派；但是，董事会成员中的职工代表由公司职工代表大会选举产生。所以选项 A 错误。国有独资公司经理由董事会聘任或者解聘。所以选项 B 错误。国有独资公司监事会成员不得少于 5 人，其中职工代表的比例不得低于 1/3，具体比例由公司章程规定。所以选项 C 错误。 答案 ▶ D

【例题 12·多选题】（2016 年）下列关于公司董事会召开会议的说法中，符合法律规定的有（　）。

A. 董事会的议事方式一律由法律规定

B. 董事会应当对所议事项的决定作成会议记录

C. 董事会的表决程序一律由公司章程规定

D. 应当在会议记录上签名的董事仅限于出席会议并投赞成票的董事

E. 董事会决议的表决实行一人一票

解析 ▶ 本题考核董事会。有限公司董事会的议事方式和表决程序除《公司法》有规定的外，由公司章程规定。所以选项 A、C 错误。董事会应当对所议事项的决定作成会议记录，出席会议的董事应当在会议记录上签名。所以选项 B 正确，选项 D 错误。董事会决议的表决，实行一人一票。所以选项 E 正确。 答案 ▶ BE

十一、公司变更、解散与清算

扫我解疑难

(一)公司的变更★★

1. 公司的合并与分立

(1)合并与分立方式(见表 13-38)。

表 13-38　公司的合并与分立方式

公司合并	吸收合并	A+B＝A	合并各方的债权、债务应当由合并后存续的公司或者新设的公司承继
	新设合并	A+B＝C	
公司分立	新设分立	A＝B+C	公司分立前的债务由分立后的公司承担连带责任。但是，公司在分立前与债权人就债务清偿达成的书面协议另有约定的除外
	派生分立	A＝A+B	

(2)合并与分立程序。

①股东(大)会决议：有限责任公司须经"代表 2/3 以上表决权"的股东通过；股份有限公司须经"出席会议"的股东所持"表决权"的"2/3 以上"通过。

②编制资产负债表及财产清单。

③通知公告债权人：合并、分立各方应当自"合并、分立决议作出之日"起"10 日内"通知债权人，并于"30 日内"在报纸上公告。

2. 公司增资与减资(见表 13-39)

表 13-39 公司增资与减资

项目	内容
公司增资	必须由**股东大会(股东会)**会议作出决议
公司减资	应当由**董事会(执行董事)**制订减资方案,提交股东大会(或股东会)决议。 (1)编制资产负债表及财产清单。 (2)通知和公告：自作出减资决议之日起**10日内**通知债权人,并于**30日内**在报纸上公告。 (3)清偿债务或者提供担保：债权人自接到通知书之日起**30日内**,未接到通知书的自公告之日起**45日内**,有权要求公司清偿债务或者提供相应的担保。 (4)办理变更登记：自公告之日起**45日后**申请变更登记

(二)公司的解散★★★

1. **除合并、分立豁免清算外**,其他解散的公司应当依照《公司法》的规定进行清算。

(1)因合并、分立而解散公司,因其债权债务由合并、分立后继续存续的公司承继,**在解散时不需要清算**；

(2)公司债权债务无人承继的,**在解散时应当清算**。

2. 解散中的公司,其法人资格仍然存在,但公司的权利能力仅限于清算活动必要的范围内。

3. 公司清算完毕,由注册登记机关办理注销登记后,公司法律人格消灭。

(三)公司的清算★★★

公司清算分为破产清算程序和非破产清算程序。破产清算程序适用《破产法》的规定；非破产清算程序适用《公司法》的规定。

1. 清算组(见表 13-40)

表 13-40 清算组

分类	成立时间或情形	清算组成员	
自行组成清算组的	在**解散事由出现之日起15日内**成立	有限责任公司	由**股东**组成
		股份有限公司	由**董事或股东大会确定的人员**组成
人民法院指定组成清算组的	(1)公司解散逾期不成立清算组的；(2)虽成立清算组但故意拖延清算的；(3)违法清算可能严重损害债权人或股东利益的	(1)公司股东、董事、监事、高级管理人员；(2)依法设立的律师事务所、会计师事务所、破产清算事务所等社会中介机构；(3)依法设立的律师事务所、会计师事务所、破产清算事务所等社会中介机构中具备相关专业知识并取得执业资格的人员	

2. 清算组的职权

(1)清理公司财产,分别编制资产负债表和财产清单；

(2)通知、公告债权人；

(3)处理与清算有关的公司未了结的业务；

(4)清缴所欠税款以及清算过程中所产生的税款；

(5)清理债权、债务；

(6)处理公司清偿债务后的剩余财产；

(7)代表公司参与民事诉讼活动。

【知识点拨1】公司依法清算结束并办理注销登记前,有关公司的民事诉讼,应当以"**公司的名义**"进行。公司成立清算组的,由"**清算组负责人**"代表公司参加诉讼；尚未成立清算组的,由"**原法定代表人**"代表公司参加诉讼。

【知识点拨2】通知和公告时间(见表 13-41)

表 13-41 通知和公告时间总结

合并、减资	应当自作出决议之日起10日内通知债权人，并于30日内在报纸上公告；债权人自接到通知书之日起30日内，未接到通知书的自公告之日起45日内可以要求公司清偿债务或者提供相应的担保
合伙企业的清算	清算人被确定之日起10日内将合伙企业解散事项通知债权人，并于60日内在报纸上公告。债权人应当自接到通知书之日起30日内，未接到通知书的自公告之日起45日内，向清算人申报债权
个人独资企业的清算	债权人应当在接到通知之日起30日内，未接到通知的债权人在公告之日起60日内，向投资人申报其债权

3. 公司解散时，股东"尚未缴纳的出资"均应作为清算财产。

【知识点拨】股东尚未缴纳的出资，包括到期应缴未缴的出资，以及依法分期缴纳尚未届满缴纳期限的出资。

4. 清算中公司破产的情形

（1）人民法院指定的清算组在清理公司财产、编制资产负债表和财产清单时，发现公司财产不足清偿债务的，可以与债权人协商制作有关债务清偿方案。债务清偿方案经全体债权人确认且不损害其他利害关系人利益的，和人民法院可依清算组的申请裁定予以认可。

（2）清算组依据该清偿方案清偿债务后，应当向人民法院申请裁定终结清算程序。债权人对债务清偿方案不予确认或者法院不予认可的，清算组应当依法向人民法院申请宣告破产。

（3）债权人或者清算组，以公司尚未分配财产和股东在剩余财产分配中已经取得的财产，不能全额清偿补充申报的债权为由，向人民法院提出破产清算申请的，人民法院不予受理。

【例题13·单选题】（2014年改编）公司出现解散事由，应按规定进行清算。下列关于清算组活动规则的说法中，符合《公司法》规定的是（ ）。

A. 人民法院指定的清算组在清理公司财产、编制资产负债表和财产清单时，发现公司财产不足清偿债务的，只能与债务人协商制作有关债务清偿方案

B. 清算组故意拖延清算的，只能由人民法院依职权另行指定清算组

C. 清算组成员损害个别股东利益的，人民法院可以依申请或者依职权更换清算组成员

D. 清算组在清算期间参与民事诉讼应当以公司名义进行

解析 本题考核公司清算。人民法院指定的清算组在清理公司财产、编制资产负债表和财产清单时，发现公司财产不足清偿债务的，可以与债权人协商制作有关债务清偿方案。所以选项A错误。清算组故意拖延清算的，由债权人、公司股东、董事或其他利害关系人申请人民法院指定清算组进行清算。所以选项B错误。人民法院可依申请或依职权更换清算组成员的情形中包括严重损害"公司或者债权人"利益的行为，但不包括损害"个别股东"利益的行为。损害个别股东利益的，股东可以自己名义直接提起诉讼。所以选项C错误。 答案 D

【例题14·单选题】（2015年）下列关于公司合并的表述中，正确的是（ ）。

A. 应当经董事会全体董事一致通过

B. 公司应当自作出合并决议之日起30日内通知各自的债权人

C. 未接到通知书的债权人，自公告之日起45日内，可以要求公司清偿债务

D. 应当经全体股东过半数同意

解析 本题考核公司合并。公司合并，有限责任公司必须经代表2/3以上表决权的股东通过；股份有限公司须经出席股东大会会议的股东所持表决权的2/3以上通过。所以选项A、D错误。公司应当自作出合并决

议之日起 10 日内通知债权人，并于 30 日内在报纸上公告。债权人自接到通知书之日起 30 日内，未接到通知书的自公告之日起 45 日内，可以要求公司清偿债务或者提供相应的担保。所以选项 B 错误，选项 C 正确。

答案 ▶ C

【例题 15·多选题】（2019 年）下列有关公司合并、分立规则的说法中，正确的有（ ）。

A. 有限责任公司分立，应由股东会作出决议

B. 公司合并时，合并各方的债权、债务由合并后存续的公司承继

C. 股份有限公司合并的决议，需经该公司代表 2/3 以上表决权的股东通过

D. 公司分立，应当编制资产负债表及财产清单

E. 公司分立时，通知债权人和公告是必经程序

解析 ▶ 本题考核公司合并、分立。股东大会作出修改公司章程、增加或者减少注册资本的决议，以及公司合并、分立、解散或者变更公司形式的决议，必须经"出席会议的"股东所持表决权的三分之二以上通过。所以选项 C 错误。

答案 ▶ ABDE

【例题 16·综合题】（2016 年）华兴服装公司因管理不善造成亏损，未弥补的亏损达公司股本的 1/4，公司董事长李某决定 2008 年 4 月 6 日召开临时股东大会。讨论如何解决公司面临的困境。2008 年 4 月 1 日，董事长李某发出召开临时股东大会通知，内容如下：讨论解决本公司面临的亏损问题，凡持有股份 10 万股以上的股东直接参加临时股东大会，小股东不必参加。股东大会如期召开。有 90 名股东出席会议。会议议程为两项：(1)讨论解决公司经营所遇困难问题的措施；(2)改选公司监事 2 人，经讨论，大家认为目前公司效益太差，无扭转希望，经表决，80 名股东同意解散。会后，未出席股东大会的小股东黄某认为公司侵犯了其合法权益，向法院提起诉讼。

1. 根据《公司法》规定，应当召开临时股东大会的法定情形有（ ）。

A. 公司高级管理人员认为必要时

B. 持公司 5% 以上股份的股东请求时

C. 监事会提议召开时

D. 董事会认为必要时

E. 公司未弥补的亏损达实收股本总额 1/3 时

解析 ▶ 本题考核临时股东大会。有下列情形之一的，应当在两个月内召开临时股东大会：(1)董事人数不足公司法规定人数或者公司章程所定人数的 2/3 时；(2)公司未弥补的亏损达实收股本总额 1/3 时；(3)单独或者合计持有公司 10% 以上股份的股东请求时；(4)董事会认为必要时；(5)监事会提议召开时；(6)公司章程规定的其他情形。

答案 ▶ CDE

2. 根据《公司法》规定，下列关于临时股东大会召开的说法中，正确的有（ ）。

A. 股东无论持有股份多少，均有权参加临时股东大会

B. 临时股东大会不得对通知中未列明的事项作出决议

C. 临时股东大会会议由董事长李某召集，总经理主持

D. 召开临时股东大会，应当将会议中审议的事项于会议前 30 日通知各股东

E. 召开临时股东大会通知的发出人应为董事会而非李某

解析 ▶ 本题考核临时股东大会的相关规定。参会是股东的权利，任何一位股东，无论其持股多少，均有权参加临时股东大会。所以选项 A 正确。股东大会（包括临时股东大会）不得对通知中未列明的事项作出决议。所以选项 B 正确。临时股东大会应当由董事会召集，董事长李某主持。故召开临时股东大会通知的发出人是董事会而非李某。所以选项 C 错误，选项 E 正确。召开临时股东大会应当于会议召开 15 日前通知各股东。所以选项 D 错误。

答案 ▶ ABE

3. 根据《公司法》，下列关于公司解散决

议的说法中，正确的有（ ）。

A. 临时股东大会作出有关华兴公司解散的决议，必须经出席会议股东过半数通过

B. 临时股东大会作出有关华兴公司解散的决议，必须经出席会议股东2/3以上通过

C. 临时股东大会作出有关华兴公司解散的决议，必须经出席会议股东所持表决权的2/3以上通过

D. 有关华兴公司解散的决议，只能由股东大会作出

E. 有关华兴公司解散的决议，股东大会和临时股东大会均可作出

解析 本题考核公司解散决议。有关公司解散的决议，股东大会和临时股东大会均可作出，该决议必须经出席会议的股东所持表决权的2/3以上通过。 **答案** CE

4. 小股东黄某受到侵害的合法权益有（ ）。

A. 参与公司决策权利
B. 出席临时股东会议的权利
C. 参与股东管理的权利
D. 知情权
E. 查阅权

解析 本题考核股东权利。股东地位一律平等，各股东包括小股东均享有参会权，"通知"中限制小股东黄某参会，侵害了其出席临时股东大会的权利、参与公司决策的权利及知情权。 **答案** ABD

同步训练 限时50分钟

扫我做试题

一、单项选择题

1. 下列关于子公司法人资格和民事责任承担的表述中，符合公司法律制度规定的是（ ）。

A. 子公司不具有法人资格，其民事责任由母公司承担
B. 子公司不具有法人资格，其财产不足以清偿的民事责任，由母公司承担
C. 子公司具有法人资格，独立承担民事责任
D. 子公司不具有法人资格，应与母公司共同承担民事责任

2. 关于公司的设立条件，下列选项表述不正确的是（ ）。

A. 有限责任公司股东人数最多不超过50人
B. 股份有限公司最少应为2个股东
C. 股份有限责任公司可以采用发起设立或募集设立的方式
D. 有限责任公司可以采用发起设立或募集设立的方式

3. 根据《公司法》的规定，下列关于公司章程的表述，正确的是（ ）。

A. 公司章程对股东有约束力，对董事、监事、高级管理人员无约束力
B. 募集设立的股份公司，公司章程由发起人制定即可
C. 公司法定代表人依照公司章程的规定，由董事长、执行董事或者经理担任，并依法登记
D. 股份有限公司股东大会作出修改章程的决议，必须经2/3以上的股东通过

4. 根据《公司法》的规定，下列有关股份有限公司股份转让限制的表述中，错误的是（ ）。

A. 公司发起人持有的本公司股份自公司成立之日起1年内不得转让
B. 公司高级管理人员离职后1年内不得转让其所持有的本公司股份
C. 公司监事所持本公司股份自公司股票上

市交易之日起 1 年内不得转让

D. 公司董事在任职期间每年转让的股份不得超过其所持有本公司股份总数的 25%

5. 公司登记机关依法登记的全体股东或者发起人实缴或者认缴的出资额为( )。

A. 注册资本 B. 授权资本
C. 认缴资本 D. 实缴资本

6. 李某为甲股份公司的董事长。赵某为乙股份公司的董事长。甲公司持有乙公司 60% 的股份。甲、乙公司的下列行为中，公司法不予禁止的是( )。

A. 乙公司向李某提供 200 万元购房借款
B. 甲公司向赵某提供 200 万元购房借款
C. 甲公司向李某提供 200 万元购房借款
D. 乙公司向赵某提供 200 万元购房借款

7. 甲公司欠乙公司货款 100 万元，后甲公司分立为丙、丁、戊三个公司，且丙、丁、戊三个公司约定由丙公司承担原甲公司欠乙公司的债务。对于原甲公司欠乙公司的 100 万元货款，下列说法正确的是( )。

A. 乙公司只能要求丙公司单独承担责任
B. 乙公司应当要求丙、丁、戊三个公司分别按照从原甲公司承继的资产比例承担责任
C. 乙公司可以要求丙、丁、戊三个公司对该债务承担连带责任
D. 乙公司只能要求丙公司承担该笔债务，但是丁公司、戊公司应当承担补充责任

8. 下列关于公司解散的说法中，正确的是( )。

A. 公司解散的，都要进行清算
B. 解散过程中的公司，其法人资格仍然存在
C. 在公司经营管理发生严重困难，继续存续会使股东利益受到重大损失，股东通过其他途径不能解决的，持有公司全部表决权 1% 以上的股东，可以请求人民法院解散公司
D. 公司章程规定的解散事由出现，由公司持有 2/3 以上表决权的股东通过，可以修改公司章程，使公司得以存续

9. 某有限责任公司股东会通过了解散公司的决议，并决定在 15 日内成立清算组。下列有关该公司清算组的组成中，符合公司法律制度规定的是( )。

A. 由人民法院指定股东、有关机关及有关专业人员组成
B. 由公司的股东组成
C. 由公司股东会确定的人员组成
D. 由主管部门指定股东、有关机关及有关专业人员组成

10. 甲、乙、丙三人是 A 有限公司的股东，甲为执行董事，丙为唯一监事。公司经营不善，持有公司 15% 股权的乙半年来多次要求甲、丙召集临时股东会寻求解决方案均遭到拒绝。乙可以( )。

A. 自行召集临时股东会
B. 申请市场监督管理机关撤销甲的执行董事职务
C. 向法院提起诉讼，请求解散公司
D. 请求公司以合理的价格收购自己的股权

11. 有限责任公司成立后，发现作为设立公司出资的非货币财产的实际价额显著低于公司章程所定价额的，应当由交付该出资的股东补足其差额；公司设立时的其他股东承担( )。

A. 按份责任 B. 违约责任
C. 公平责任 D. 连带责任

12. 根据《公司法》的规定，下列有关股份有限公司创立大会的表述中，正确的是( )。

A. 创立大会由发起人、认股人组成，自股款缴足之日起 30 日内由发起人主持召开
B. 董事会应于创立大会结束后 60 日内，依法向公司登记机关申请设立登记
C. 召开创立大会，应有代表股份总数 2/3 以上的发起人、认股人出席
D. 创立大会有权作出不设立公司的决

议，该决议需经出席会议的持表决权2/3以上的认股人通过

13. 公司董事、监事、高级管理人员的下列行为符合《公司法》规定的是（ ）。
   A. 将公司资金以个人名义开立账户存储
   B. 未经股东会同意，与本公司订立合同
   C. 接受他人与公司交易的佣金据为己有
   D. 对公司的违法行为进行披露

14. 根据《公司法》，关于国有独资公司的说法，正确的是（ ）。
   A. 董事会可以制订公司章程，但需报国有资产监督管理机构批准
   B. 公司不设股东会，其职权由董事会行使
   C. 董事会所有成员均须由国有资产监督管理机构委派
   D. 监事会成员中的职工代表比例不得低于1/2

15. 下列关于股份有限公司监事会的表述中，正确的是（ ）。
   A. 监事会成员不得少于9人
   B. 监事会中职工代表的比例不得低于1/3
   C. 监事会成员须由股东大会选举产生
   D. 未担任公司行政管理职务的董事可以兼任监事

16. 某有限责任公司的股东张某发现本公司经理在经营中收受贿赂，给公司股东造成了损失。如果张某准备对该经理提起诉讼，下列说法正确的是（ ）。
   A. 张某必须通过股东会提起诉讼
   B. 张某必须通过监事会提起诉讼
   C. 张某必须联合其他持有公司1%以上表决权的股东提起诉讼
   D. 张某可以直接提起诉讼

17. 泰昌有限公司共有6个股东，公司成立两年后，决定增加注册资本500万元。下列表述正确的是（ ）。
   A. 股东会关于新增注册资本的决议，须经2/3以上股东同意
   B. 股东认缴的新增出资额可分期缴纳
   C. 股东有权要求按照认缴出资比例来认缴新增注册资本的出资
   D. 出资者只要按照出资协议实际缴纳出资，即使增资未经股东会决议通过，也可取得股东资格

18. 某有限责任公司董事会由11名董事组成。2020年8月，董事长王某召集并主持召开董事会会议。关于此次会议召开及讨论决议事项的做法，符合《公司法》规定的是（ ）。
   A. 制订公司的利润分配方案
   B. 确定公司对外投资计划，经表决，有6名董事同意，决定获得通过
   C. 根据公司经营情况，会议决定从9月起每位董事提高30%的报酬
   D. 鉴于监事会成员中的职工代表张某生病致短时间内不能正常履行职责，会议决定将监事张某更换为本公司王某

19. 王某为甲有限责任公司的董事长和总经理，甲公司主要经营办公家具销售业务。在任职期间，王某未经股东会同意，利用职务便利，代理乙公司从国外进口一批办公家具并将其销售给丙公司。对此，下列说法中不正确的是（ ）。
   A. 王某的行为违反了公司法律制度的规定
   B. 如果经过股东会同意的，王某可以从事以上的活动
   C. 如果经过董事会同意的，王某可以从事以上的活动
   D. 甲公司有权决定将王某取得的收入归入本公司

20. 下列关于公司利润分配的表述中，不符合公司法律制度的是（ ）。
   A. 公司持有的本公司股份不得分配利润
   B. 公司发生重大亏损，税后利润不足弥补的，可用公司的资本公积金弥补
   C. 公司的任意公积金可转化为公司资本
   D. 公司章程可以规定股东对公司可分配利润的分配比例

21. 下列关于公司收益分配的表述中，不符合公司法律制度的是( )。
    A. 股东会、股东大会或者董事会违反规定，在公司弥补亏损和提取法定公积金之前向股东分配利润的，股东必须将违反规定分配的利润退还公司
    B. 分配利润的股东会决议作出后，公司应当在决议载明的时间内完成利润分配
    C. 决议没有载明时间的，以公司章程规定的为准
    D. 决议、章程中均未规定时间或者时间超过1年的，公司应当自公司成立之日起1年内完成利润分配

二、多项选择题

1. 下列关于分公司法律地位的表述中，正确的有( )。
    A. 分公司具有独立的法人资格
    B. 分公司独立承担民事责任
    C. 分公司可以依法独立从事生产经营活动
    D. 分公司从事经营活动的民事责任由其总公司承担
    E. 分公司从事经营活动的民事责任必须先由分公司承担，不足部分由总公司承担

2. 公司的董事和高级管理人员必须履行一定的义务，贾某所在股份有限公司的董事、高级管理人员的下列行为中属于不得从事的有( )。
    A. 挪用公司资金
    B. 经股东大会同意，将公司资金借贷给他人
    C. 接受他人与公司交易的佣金归为己有
    D. 擅自披露公司秘密
    E. 未经股东大会同意，利用职务便利为自己谋取属于公司的商业机会

3. 根据《公司法》的规定，下列关于公司章程的表述中，正确的有( )。
    A. 章程对股东、董事、监事有约束力，对高级管理人员无约束力
    B. 章程可以修改，但必须由董事会表决通过
    C. 有限责任公司股东会作出修改章程的决议，必须经代表2/3以上表决权的股东通过
    D. 股份有限公司股东大会作出修改章程的决议，必须经2/3以上的股东通过
    E. 有限公司的章程应对公司的机构及其产生办法、职权、议事规则进行记载

4. 甲股份有限公司副经理李某侵犯公司的合法权益，给公司造成了损失，连续1年持股的股东欲向人民法院提起诉讼，其中有持股比例为0.5%的股东张某、持股比例为0.6%的余某、持股比例为1.2%的梁某，则下列情形中说法正确的有( )。
    A. 余某通过股东大会向人民法院提起诉讼
    B. 张某通过董事会向人民法院提起诉讼
    C. 张某和余某一起通过监事会向人民法院提起诉讼
    D. 监事会拒绝起诉的，梁某直接向人民法院提起诉讼
    E. 梁某通过董事会向人民法院提起诉讼

5. 下列关于有限责任公司股东会召开的说法中，正确的有( )。
    A. 股东会会议分为定期会议和临时会议
    B. 代表10%以上表决权的股东，可以提议召开临时股东会
    C. 1/3以上的监事可以提议召开临时股东会
    D. 首次股东会由董事长召集和主持
    E. 董事长和副董事长不主持股东会的，由代表表决权1/10的股东共同推选一名股东主持股东会

6. 关于股份有限公司股份转让限制，下列选项符合法律规定的有( )。
    A. 公司董事、监事、高级管理人员离职后半年内，不得转让其所持有的本公司股份
    B. 公司董事、监事、高级管理人员所持本公司股份自公司股票上市交易之日起半年内不得转让
    C. 公司董事、监事、高级管理人员在任职期间每年转让的股份不得超过其所持有本公司股份总数的5%
    D. 公司公开发行股份前已发行的股份，自公司股票在证券交易所上市交易之日起

1 年内不得转让

E. 发起人持有的本公司股份，自公司成立之日起 1 年内不得转让

7. 股份有限公司的发起人应当承担的责任有（　　）。

A. 公司不能成立时，对认股人已缴纳的股款，负返还股款并加算银行同期存款利息的连带责任

B. 公司不能成立时，对设立行为所产生的债务和费用按各自的份额负按份责任

C. 在公司设立过程中，由于发起人的过失致使公司利益受到损害的，应当对公司承担赔偿责任

D. 在公司设立过程中，由于发起人的过失致使公司利益受到损害的，不承担赔偿责任

E. 公司不能成立时，对设立行为所产生的债务和费用负连带责任

8. 下列关于人格混同的认定应当综合考虑因素表述中，正确的有（　　）。

A. 股东无偿使用公司资金或者财产，已作财务记载的

B. 股东用公司的资金偿还股东的债务，或者将公司的资金供关联公司无偿使用，不作财务记载的

C. 公司账簿与股东账簿不分，致使公司财产与股东财产无法区分的

D. 股东自身收益与公司盈利不加区分，致使双方利益不清的

E. 公司的财产记载于股东名下，由股东占有、使用的

9. 根据《公司法》，下列关于股权转让的说法中，正确的有（　　）。

A. 有限责任公司股东之间可以相互转让其全部或者部分股权

B. 有限责任公司股东向股东以外的人转让股权，应当经其他股东所持表决权 2/3 以上同意

C. 有限责任公司股东向股东以外的人转让股权，应当经其他股东过半数同意

D. 有限责任公司若发生股权转让，应相应修改股东名册

E. 有限责任公司股东转让股权，应经董事会批准

10. 根据《公司法》，有（　　）情形的，对股东会该项决议投反对票的股东，可以请求公司按照合理的价格收购其股权。

A. 在公司连续 5 年不向股东分配利润、5 年连续盈利，且符合《公司法》规定的分配利润条件的情况下，股东会会议决议不向股东分配利润

B. 股东会会议决议与其他公司合并，或者公司分立、转让主要财产

C. 股东会会议决议为公司股东或者实际控制人提供担保

D. 公司章程规定的营业期限届满或者章程规定的其他解散事由出现，股东会会议通过决议修改章程使公司存续

E. 股东会会议决议减少注册资本

11. 根据公司法的规定，股份有限公司可以收购本公司股份用于员工持股计划或者股权激励。下列有关该收购本公司股份事项的表述中，正确的有（　　）。

A. 该收购本公司股份事项，必须经股东大会决议

B. 因该事项所收购的股份，应当在 2 年内转让给职工

C. 用于该事项收购的资金，应当从公司的税后利润中支出

D. 因该事项收购的本公司股份，不得超过本公司已发行股份总额的 10%

E. 上市公司应当通过公开的集中交易方式进行

12. 下列关于公司解散和清算的说法中，正确的有（　　）。

A. 清算期间，公司存续，但不得开展与清算无关的经营活动

B. 公司应当在解散事由出现之日起 15 日内成立清算组

C. 股份有限公司的清算组由董事或者股

东大会确定的人员组成

D. 公司清算程序分为破产清算程序与非破产清算程序

E. 有限责任公司的清算组由董事、监事或股东组成

三、综合分析题

甲、乙等11人共同出资设立众智有限责任公司（下称"众智公司"），其中甲以工业产权出资，协议作价金额1 200万元；乙出资1 400万元，是出资最多的股东。公司成立后，召开了第一次股东会会议。公司章程的部分内容为：公司股东会除召开定期会议外，还可以召开临时会议。公司经过一段时间的运作后，经济效益较好，董事会制定了一个增加注册资本的方案，方案提出将公司现有的注册资本由1亿元增加到1.5亿元。增资方案提交股东会讨论表决时，有7名股东赞成增资，占表决权总数的58.3%；有4名股东不赞成增资，占表决权总数的41.7%。股东会通过了增资决议，并授权董事会执行。

1. 有关第一次股东会会议的下列情况中，符合我国《公司法》规定的有(   )。

   A. 会议由甲召集和主持

   B. 会议由乙召集和主持

   C. 会议决定不设董事会，由甲任执行董事，甲为公司法定代表人

   D. 会议决定设1名监事，任期3年

   E. 会议选举了公司章程所定的全部监事，包括两名职工代表出任的监事

2. 关于临时股东会会议和公司增资的说法，正确的有(   )。

   A. 董事长有权提议召开临时股东会会议

   B. 监事会有权提议召开临时股东会会议

   C. 公司1/3以上的董事可提议召开临时股东会会议

   D. 增资决议符合规定

   E. 增资应办理变更登记

3. 若公司章程未对股权转让做出规定。甲拟将所持公司股权转让给股东以外的人丙，并签署了股权转让协议。关于本次股权转让，下列表述正确的有(   )。

   A. 甲、丙签订股权转让协议后，丙即取得股东资格

   B. 甲向丙转让股权，无需征得乙同意，但应通知乙

   C. 甲向丙转让股权，无需经过股东会决议

   D. 甲应就股权转让事项，书面通知乙征求同意，乙自接到书面通知之日起满30日未答复的，视为不同意转让

   E. 公司章程可以规定，一定条件下可以强制股东转让其股权

4. 若股东在公司设立时未履行或者未全面履行出资义务的，公司相关权利人的下列请求中，人民法院应予以支持的有(   )。

   A. 其他股东请求其向公司依法全面履行出资义务

   B. 请求公司设立时的发起人与被告股东承担连带责任

   C. 公司债权人请求未履行或者未全面履行出资义务的股东在未出资本息范围内对公司债务不能清偿的部分承担补充赔偿责任

   D. 请求公司设立后加入的股东与被告股东承担连带责任

   E. 未履行或者未全面履行出资义务的股东已经在未出资本息范围内对公司债务不能清偿的部分承担补充赔偿责任的，其他债权人可以提出相同请求

同步训练答案及解析

一、单项选择题

1. **C** 【解析】本题考核公司的种类。子公司具有法人资格，依法独立承担民事责任。

2. **D** 【解析】本题考核公司类型及设立条件。《公司法》规定，股份有限公司的设立，可以采取发起设立或者募集设立的方

式。有限责任公司只能发起设立。

3. C 【解析】本题考核公司章程。(1)公司章程对公司、股东、董事、监事、高级管理人员具有约束力。所以选项A错误。(2)募集设立的股份公司，公司章程由发起人制定，且须经创立大会通过。所以选项B错误。(3)股份有限公司股东大会作出修改公司章程的决议，必须经出席会议的股东所持表决权的2/3以上通过。所以选项D错误。

4. B 【解析】本题考核股份转让权。公司董事、监事、高级管理人员离职后"半年内"，不得转让其所持有的本公司股份。所以选项B错误。

5. A 【解析】本题考核公司资本种类。注册资本，是指公司登记机关依法登记的全体股东或者发起人实缴或者认缴的出资额。

6. B 【解析】本题考核公司借款的限制。公司不得直接或者通过子公司向董事、监事、高级管理人员提供借款。

7. C 【解析】本题考核公司分立。公司分立前的债务由分立后的公司承担连带责任。但是，公司在分立前与债权人就债务清偿达成的书面协议另有约定的除外。甲公司分立为丙、丁、戊三个公司时约定由丙公司承担原甲公司欠乙公司的债务，并没有与债权人达成书面协议，因此，不改变其对原债权人应该承担的连带责任。

8. B 【解析】本题考核公司解散的相关规定。公司解散应当依据法定程序进行，除公司合并、分立豁免清算外，其他公司解散的情形都须清算。所以选项A错误。公司经营管理发生严重困难，继续存续会使股东利益受到重大损失，通过其他途径不能解决的，持公司全部股东表决权10%以上的股东，可以请求人民法院解散公司。所以选项C错误。公司章程规定的营业期限届满或者公司章程规定的其他解散事由出现，可以通过修改公司章程而存续。修改公司章程，有限责任公司须经代表2/3以上表决权的股东通过，股份有限公司须经出席股东大会会议的股东所持表决权的2/3以上通过。所以选项D错误。

9. B 【解析】本题考核有限责任公司清算组。(1)有限责任公司的清算组由股东组成；(2)股份有限公司的清算组由董事或者股东大会确定的人员组成。

10. A 【解析】本题考核临时股东会的召开、提起解散公司诉讼的情形、异议股东股权回购请求权。有限公司股东间产生争议时，可以通过召开临时股东会、转让股权退出公司或请求解散公司等途径解决。代表1/10以上表决权的股东提议召开临时会议的，应当召开临时股东会议。所以选项A正确。选举和更换非由职工代表担任的董事属于股东会的职权。所以选项B错误。公司经营不善，不是请求解散公司诉讼的法定情形，也不是可以请求公司收购股权的法定情形。所以选项C、D错误。

11. D 【解析】本题考核股东非货币财产出资不足时其他股东的责任。

12. A 【解析】本题考核股份有限公司创立大会的相关规定。董事会应于创立大会结束后30日内，申请设立登记。所以选项B错误。会议应有代表股份总数过半数的发起人、认股人出席，方可举行。所以选项C错误。创立大会可以作出不设立公司的决议，该决议必须经出席会议的认股人所持表决权过半数通过。所以选项D错误。

13. D 【解析】本题考核公司董事、监事、高级管理人员的义务。对公司的违法行为进行披露是正当合法的行为。

14. A 【解析】本题考核国有独资公司。(1)国有独资公司不设股东会，由国有资产监督管理机构行使股东会职权；所以选项B错误。(2)董事会成员由国有资产监督管理机构委派；但是，董事会成员中的职工代表由公司职工代表大会选举

15. B 【解析】本题考核股份有限公司的监事会。股份公司的监事会成员不得少于3人，由股东代表和适当比例的公司职工代表组成，其中职工代表的比例不得低于1/3，具体比例由公司章程规定。董事、高级管理人员不得兼任监事。

16. D 【解析】本题考核股东直接诉讼。公司董事、高级管理人员违反法律、行政法规或者公司章程的规定，损害股东利益的，股东可以依法向人民法院提起诉讼。

17. B 【解析】本题考核增资。有限责任公司增资决议须经代表2/3以上表决权的股东通过，而不是经2/3以上股东同意。所以选项A错误。公司新增资本时，股东有权优先按照实缴（而非认缴）的出资比例认缴出资。但是，全体股东约定不按照出资比例优先认缴出资的除外。所以选项C错误。如果增资未经股东会决议通过，即使出资者与公司达成出资协议并实际缴纳了出资，出资者无法取得股东资格。所以选项D错误。

18. A 【解析】本题考核董事会职权。股东会决定公司的投资计划，董事会决定公司的投资方案。所以选项B不符合规定。决定有关董事的报酬事项，属于股东会职权。所以选项C不符合规定。监事会中的职工代表由公司职工通过职工代表大会、职工大会或者其他形式民主选举产生。所以选项D不符合规定。

19. C 【解析】本题考核董事、高级管理人员的职责及其责任。如果经过股东会（而非董事会）同意，王某可以从事以上活动。

20. B 【解析】本题考核收益分配。根据《公司法》的规定，资本公积金不得用于弥补公司的亏损。

21. D 【解析】本题考核股东利润分配。决议、章程均未规定时间或者时间超过1年的，公司应当自"决议作出之日"起1年内完成利润分配；选项D错误，当选。

二、多项选择题

1. CD 【解析】本题考核分公司。分公司只是总公司管理的分支机构，不具有法人资格，但可以依法独立从事生产经营活动，其民事责任由设立分公司的总公司承担。因此选项ABE是错误的。

2. ACDE 【解析】本题考核董事、高级管理人员的特定义务。

3. CE 【解析】本题考核公司章程。公司章程对公司、股东、董事、监事、高级管理人员具有约束力。所以选项A错误。公司章程的修改需由股东会（股东大会）表决通过。所以选项B错误。股份有限公司股东大会作出修改公司章程的决议，必须经出席会议的股东所持表决权的2/3以上通过。所以选项D错误。

4. CD 【解析】本题考核股东诉讼。董事、高级管理人员执行职务违反法律、行政法规、公司章程的规定，给公司造成损失的，有限责任公司的股东、股份有限公司连续180日以上单独或者合计持有公司1%以上股份的股东，可以书面请求监事会或者不设监事会的有限责任公司的监事向人民法院提起诉讼。监事会、监事拒绝提起诉讼，或者情况紧急、不立即提起诉讼将会使公司利益受到难以弥补的损害等情况下，股东可以直接提起诉讼。

5. AB 【解析】本题考核股东会的相关规定。代表1/10以上表决权的股东，1/3以上的董事，监事会或者不设监事会的公司的监事提议召开临时会议的，应当召开临时会议。首次股东会会议由出资最多的股东召集和主持。所以选项C、D错误。有限责任公司设立董事会的，股东会会议由董事会召集，董事长主持；董事长不能履行职务或者不履行职务的，由副董事长主持；副董事长不能履行职务或者不履行职务的，由半数以上董事共同推举一名董事主持。有限

6. ADE 【解析】本题考核股份有限公司股份转让的限制。公司董事、监事、高级管理人员应当向公司申报所持有的本公司的股份及其变动情况，在任职期间每年转让的股份不得超过其所持有的本公司股份总数的25%；所持本公司股份自公司股票上市交易之日起1年内不得转让。

7. ACE 【解析】本题考核股份有限公司发起人的责任。公司不能成立时，对设立行为所产生的债务和费用负连带责任。在公司设立过程中，由于发起人的过失致使公司利益受到损害的，应当对公司承担赔偿责任。

8. BCDE 【解析】本题考核公司人格混同的认定。人格混同的认定应当综合考虑以下因素：(1)股东无偿使用公司资金或者财产，不作财务记载的；(2)股东用公司的资金偿还股东的债务，或者将公司的资金供关联公司无偿使用，不作财务记载的；(3)公司账簿与股东账簿不分，致使公司财产与股东财产无法区分的；(4)股东自身收益与公司盈利不加区分，致使双方利益不清的；(5)公司的财产记载于股东名下，由股东占有、使用的；选项BCDE正确。

9. ACD 【解析】本题考核股权转让。(1)有限责任公司的股东之间可以相互转让其全部或者部分股权。所以选项A正确。(2)股东向股东以外的人转让股权，应当经其他股东过半数同意。所以选项B错误，选项C正确。(3)转让股权后，公司应当注销原股东的出资证明书，向新股东签发出资证明书，并相应修改公司章程和股东名册中有关股东及其出资额的记载。所以选项D正确。选项E的说法没有法律依据。所以选项E错误。

10. ABD 【解析】本题考核异议股东股权回购请求权。有下列情形之一的，对股东会该项决议投反对票的股东可以请求公司按照合理的价格收购其股权：(1)公司连续5年不向股东分配利润，而公司该5年连续盈利，并且符合法律规定的分配利润条件的；(2)公司合并、分立、转让主要财产的；(3)公司章程规定的营业期限届满或者章程规定的其他解散事由出现，股东会会议通过决议修改章程使公司存续的。注意与股份有限公司收购本公司股份的情形相区分。

11. DE 【解析】本题考核公司资本原则。根据规定，将股份用于员工持股计划或者股权激励，可以依章程的或股东大会的授权，经2/3以上董事出席的董事会会议决议；公司合计持有的本公司股份数不得超过本公司已发行股份总额的10%，并应当在3年内转让或者注销；上市公司应当通过公开的集中交易方式进行。

12. ABCD 【解析】本题考核公司的解散与清算。有限责任公司的清算组由股东组成。

三、综合分析题

1. B 【解析】本题考核股东会的召集和主持。有限责任公司的首次股东会议应由出资最多的股东召集和主持。所以选项A不符合规定。《公司法》规定：股东人数较少或者规模较小的公司，可以设1名执行董事，1~2名监事。该公司11名股东，注册资本1亿元，所以应设董事会和监事会。所以选项C、D不符合规定。有限责任公司股东会的职权之一是"选举和更换由股东代表出任的监事"，由职工代表出任的监事是由职工民主选举产生的。所以选项E不符合规定。

2. BCE 【解析】本题考核临时股东会会议和公司增资。代表1/10以上表决权的股东，1/3以上的董事，监事会或者不设监事会的公司的监事提议召开临时会议的，应当召开临时会议。所以选项A错误。股东会会议作出增加注册资本的决议，必须经代表2/3以上表决权的股东通过。本题中赞成增资的占表决权总数的58.3%，不足2/3，该增资决议不符合规定。所以选项 D 错误。

3. C 【解析】本题考核有限责任公司股权转让。有限责任公司中，股东向股东以外的人转让股权，应当经其他股东过半数同意。股东应就其股权转让事项书面通知其他股东征求同意，其他股东自接到书面通知之日起满 30 日未答复的，视为同意转让。其他股东半数以上不同意转让的，不同意的股东应当购买该转让的股权；不购买的，视为同意转让。公司不可以强制股东转让股权。

4. ABC 【解析】本题考核股东未履行或未全面履行出资义务的责任承担。股东在公司设立时未履行或者未全面履行出资义务，公司或其他股东请求公司的发起人与被告股东承担连带责任的，人民法院应予支持；公司的发起人承担责任后，可以向被告股东追偿。公司债权人请求未履行或者未全面履行出资义务的股东在未出资本息范围内对公司债务不能清偿的部分承担补充赔偿责任的，人民法院应予支持；未履行或者未全面履行出资义务的股东已经承担上述责任，其他债权人提出相同请求的，人民法院不予支持。

本章知识串联

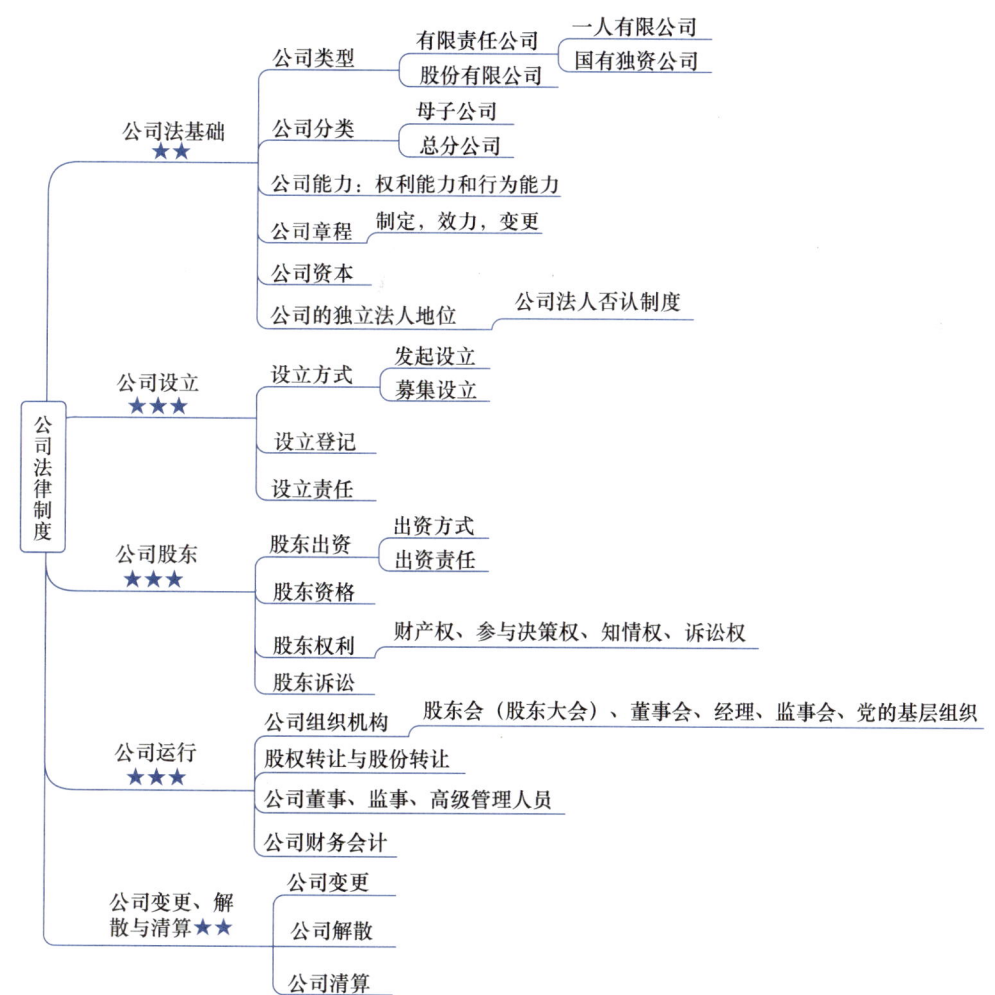

第14章 破产法律制度

考情解密

历年考情概况

本章考核分值相对较高,平均在10分左右,且单选题、多选题、综合分析题都有所涉及。本章不仅考点多,而且考查细致,考题主要涉及破产案件的申请与受理、管理人制度、债务人财产以及破产法司法解释的内容。建议考生多在细节之处下功夫,突破本章的考点。

近年考点直击

考点	主要考查题型	考频指数	考查角度
破产案件的申请与受理	单选题、多选题、综合分析题	★★★	(1)直接考核提出破产申请的主体;(2)直接考核破产申请程序;(3)直接考核破产申请受理的法律后果;(4)结合具体案例,判断破产受理程序是否正确
管理人制度	单选题、多选题、综合分析题	★★★	(1)直接考核管理人的职责;(2)结合具体案例,判断管理人制度的具体内容
破产债权与债权人组织	单选题、多选题、综合分析题	★★★	(1)直接考核债权人会议的职权;(2)直接考核债权人委员会的内容;(3)结合具体案例,判断具体债权是否属于破产债权
债务人财产	单选题、多选题	★★	(1)直接考核破产财产的内容;(2)给出具体规定,判断涉及债务人财产行为的撤销与无效情形;(3)给出具体规定,判断追回权、取回权、抵销权的适用是否正确
破产费用和共益债务	单选题、多选题	★★	(1)给出具体情形,判断是否属于共益债务;(2)结合具体案例,考核破产费用的情形
重整程序与和解程序	单选题、多选题	★★	(1)直接考核重整计划草案的内容;(2)直接考核重整申请人的内容

本章2021年考试主要变化

本章变动较大。主要体现在结构、内容变动较大;重新编写了"管理人制度""债权申报""债务人财产的认定、处分与保全"等内容。

考点详解及精选例题

一、破产法适用范围

1.《企业破产法》适用于所有类型企业法人。

2. 合伙、个人独资企业等非法人组织的破产清算可以参照适用。

【知识点拨】不适用于个体工商户、农村承包经营户、具有商事主体资格的自然人。

二、破产原因

（一）判断标准（见表14-1）★

表14-1 判断标准

破产认定原因	适用情形
债务人不能清偿到期债务，且资不抵债	债务人提出破产+资不抵债情况形式审查即可判断
债务人不能清偿到期债务，且明显缺乏清偿能力	(1)债权人提出破产； (2)债务人提出破产+资不抵债状况形式审查难以判断

（二）破产原因具体分析（见表14-2）★★★

表14-2 破产原因具体分析

项目	内容
不能清偿到期债务	同时存在下列三条：(1)债权债务关系依法成立；(2)债务履行期限已经届满；(3)债务人未完全清偿债务
资不抵债	债务人的资产负债表，或者审计报告、资产评估报告等显示其全部资产不足以偿付全部负债的，人民法院应当认定债务人资产不足以清偿全部债务，但有相反证据足以证明债务人资产能够偿付全部负债的除外
明显缺乏清偿能力	债务人账面资产虽大于负债，但存在下列情形之一的，人民法院应当认定其明显缺乏清偿能力： (1)因资金严重不足或者财产不能变现等原因，无法清偿债务； (2)法定代表人下落不明且无其他人员负责管理财产，无法清偿债务； (3)经人民法院强制执行，无法清偿债务； (4)长期亏损且经营扭亏困难，无法清偿债务； (5)导致债务人丧失清偿能力的其他情形

三、破产案件的管辖 ★

1. 破产开始的标志：法院受理破产申请（不是裁定送达日、申请日）。

【知识点拨】人民法院裁定受理破产申请的，应当同时指定管理人。

2. 破产案件的管辖：由债务人住所地人民法院管辖。

申请人可以在人民法院受理破产申请前请求撤回申请。

(1)管辖权的转移：受理破产申请的人民法院管辖的有关债务人的第一审民事案件，可以依据《民事诉讼法》的规定，由上级人民法院提审，或报请上级人民法院批准后交下级人民法院审理。

(2)指定管辖：受理破产申请的人民法

院,如对有关债务人的海事纠纷、专利纠纷、证券市场因虚假陈述引发的民事赔偿纠纷等案件不能行使管辖权的,可以依据《民事诉讼法》的规定,由上级人民法院指定管辖。

3. 法院受理破产申请后,有关债务人的"民事诉讼",只能向受理破产申请的人民法院提出。

【知识点拨】有关债务人的"行政诉讼或刑事诉讼"的管辖问题,不受破产程序的影响。

四、管理人制度

扫我解疑难

(一)管理人的种类 ★

1. 管理人的种类

(1)清算组。企业破产案件有下列情形之一的,人民法院可以指定清算组为管理人:

①破产申请受理前,根据有关规定已经成立清算组,人民法院认为符合规定的;
②审理《企业破产法》第 133 条规定的案件;
③有关法律规定企业破产时成立清算组;
④人民法院认为可以指定清算组为管理人的其他情形。

(2)社会中介机构。

(3)专业人员。个人担任管理人的,应当参加职业责任保险。

2. 不得担任管理人情形

(1)因故意犯罪受过刑事处罚;
(2)曾被吊销相关专业执业证书;
(3)与本案有利害关系;
(4)人民法院认为不宜担任管理人的其他情形。

『解释1』 利害关系的界定(见表14-3)

表 14-3 利害关系的界定

	时间	与××的关系	情形
中介机构、清算组成员;中介机构、清算组派出成员、个人管理员	—	债务人、债权人	未了结的债权债务关系
	前 3 年内	债务人	提供相对固定的中介服务
	现在或前 3 年内	债务人、债权人	控股股东或者实际控制人
	现在或前 3 年内	债务人、债权人	财务顾问、法律顾问
中介机构、清算组派出人员、个人管理人	现在或前 3 年内	债务人、债权人	董事、监事、高级管理人员
	—	债务人、债权人	与控股股东、董监高存在夫妻、直系血亲、三代以内旁系血亲或者近姻亲关系

『解释2』 属于"人民法院认为不宜担任管理人的其他情形"

(1)因执业、经营中故意或者重大过失行为,受到行政机关、监管机构或者行业自律组织行政处罚或者纪律处分之日起未逾 3 年;

(2)因涉嫌违法行为正被相关部门调查;因不适当履行职务或者拒绝接受人民法院指定等原因,被人民法院从管理人名册除名之日起未逾 3 年;

(3)缺乏担任管理人所应具备的专业能力;

(4)缺乏承担民事责任的能力。

(二)管理人的指定、更换 ★★

1. 管理人的指定

(1)管理人由"人民法院"在受理破产案件申请时"指定"。

(2)人民法院指定管理人的方式主要有三种:随机方式,竞争方式,推荐方式。

(3)对于事实清楚、债权债务关系简单、债务人财产相对集中的企业破产案件,可以指定管理人名册中的个人为管理人。

2. 社会中介机构管理人的更换

(1)执业许可证或者营业执照被吊销或者注销;

(2)出现解散、破产事由或者丧失承担执

业责任风险的能力;

(3)与本案有利害关系;

(4)履行职务时,因故意或者重大过失导致债权人利益受到损害;

(5)社会中介机构有重大债务纠纷或者因涉嫌违法行为正在被相关部门调查的。

3. 个人管理人的更换

(1)执业资格被取消、吊销;

(2)与本案有利害关系;

(3)履行职务时,因故意或者重大过失导致债权人利益受到损害;

(4)失踪、死亡或者丧失民事行为能力;

(5)因健康原因无法履行职务;

(6)执业责任保险失效;

(7)个人有重大债务纠纷或者因涉嫌违法行为正被相关部门调查的。

【知识点拨1】清算组成员的派出人员、社会中介机构的派出人员可以参照适用前述规定。

【知识点拨2】在一定情形下,人民法院可以根据债权人会议的申请或者依职权径行决定更换管理人。

(三)管理人的职责★★★

1. 基本职责与特定职责(见表14-4)

表14-4 基本职责与特定职责

	基本职责	特定职责
财产管理	(1)接管债务人的财产、印章和账簿、文书等资料; (2)调查债务人财产状况,制作财产状况报告; (3)决定债务人的内部管理事务; (4)决定债务人的日常开支和其他必要开支; (5)管理和处分债务人的财产	—
代表权	(6)在第一次债权人会议召开之前,决定继续或者停止债务人的营业; (7)代表债务人参加诉讼、仲裁或者其他法律程序; (8)提议召开债权人会议	(1)对破产申请受理前成立而债务人和对方当事人均未履行完毕的合同,有权决定是否解除或者继续履行
方案制订	—	(2)自人民法院裁定债务人重整之日起6个月内,向人民法院和债权人会议提交重整计划草案; (3)拟订破产财产变价方案; (4)拟订破产财产分配方案。 【知识点拨】破产申请受理后,经债权人会议决议通过,或者第一次债权人会议召开前经人民法院许可,管理人或者自行管理的债务人可以为债务人继续营业而借款

2. 管理人责任

(1)管理人未依法勤勉尽责,忠实执行职务的,人民法院可以依法处以罚款,给债权人、债务人或第三人造成损失的,依法承担赔偿责任。

(2)管理人因过错未依法行使撤销权导致债务人财产不当减损,债权人可以提起诉讼主张管理人对其损失承担相应赔偿责任。

(3)管理人或者相关人员在执行职务过程中,因故意或者重大过失不当转让他人财产或者造成他人财产毁损、灭失,导致他人损害产生的债务作为共益债务,由债务人财产随时清偿不足弥补损失,权利人向管理人或者相关人员主张承担补充赔偿责任的,人民法院应予支持。

【知识点拨】上述债务作为共益债务由债务人财产随时清偿后,债权人以管理人或者相关人员执行职务不当导致债务人财产减少给其造成损失为由提起诉讼,主张管理人或者相关人员承担相应赔偿责任的,人民法院应予支持。

(四)管理人的报酬★

1. 管理人的报酬由"人民法院"确定。

2. 债权人会议对管理人的报酬有异议的,应当向人民法院书面提出具体的请求和理由,并附有相应的债权人会议决议。

3. 管理人的报酬应列入破产财产分配方案,从债务人财产中优先支付。

4. 人民法院可以根据破产案件和管理人履行职责的实际情况对管理人报酬进行调整,由管理人接到人民法院通知后3日内向债权人委员或者债权人会议主席报告调整内容。

5. 在和解、重整程序中,管理人报酬方案内容应列入和解协议草案或重整计划草案报债权人会议审查通过。

五、破产申请与受理

扫我解疑难

(一)破产申请★★★

申请的主体(见表14-5)

表14-5 申请的主体

申请主体	申请的类型
债权人申请	(1)重整;(2)破产清算
债务人申请	(1)重整;(2)和解;(3)破产清算
依法负有清算责任的人申请	破产清算
国务院金融监督管理机构申请	(1)重整;(2)破产清算

【知识点拨】企业法人已解散但未清算或者未在合理期限内清算完毕,债权人申请债务人破产清算的,原则上法院应予受理。

(二)破产申请的受理★

1. 期限(见表14-6)

表14-6 破产申请的受理审查期限

受理期限	债务人或清算人申请	收到破产申请之日起15日内裁定(特殊情况,上级批准,延长15日)
	债权人申请	5日法院通知债务人→7日债务人提异议→异议期满10日内法院裁定
结果	受理送达	债务人或清算人申请	裁定作出之日起5日内送达申请人
		债权人申请	裁定作出之日起5日内送达债务人→债务人自裁定送达之日起15日提交文件
	不受理	自裁定作出之日起5日内送达申请人并说明理由→对裁定不服,自裁定送达之日起10日内向上一级人民法院提起上诉
	受理后驳回	人民法院受理破产申请后至破产宣告前,可以裁定驳回申请→对裁定不服,自裁定送达之日起10日内向上一级人民法院提起上诉
接收	人民法院认为申请人应当补充、补正材料的,应当自收到破产申请之日起5日内告知申请人。【知识点拨】补正时间不计入裁定是否受理的时间
通知债权人	人民法院自裁定受理破产申请之日起25日内通知已知债权人,并予以公告

2. 不予受理与破产申请的驳回(见表14-7)

表14-7 不予受理与破产申请的驳回

不予受理	人民法院收到申请人提出的破产申请后,发现具有以下情形,裁定不予受理: (1)债务人有隐匿、转移财产等行为,为了逃避债务而申请破产的; (2)债权人借破产申请毁损债务人商业信誉,意图损害公平竞争的

| 破产申请的驳回 | 人民法院受理破产申请后，经审查发现债务人有巨额财产下落不明且不能合理解释财产去向等情形（即不具备破产原因），可以裁定驳回申请 |

『总结』 破产案件中，一般裁定不能上诉，只能对不受理申请和驳回申请的裁定上诉。

(三)破产申请受理的法律后果★★★

1. 人民法院受理破产申请后，债务人对个别债权人的债务清偿无效。

2. 债务人的有关人员（包括法定代表人、财务管理人员和经理、监事等其他管理人员）自人民法院受理破产申请的裁定送达债务人之日起至破产程序终结之日承担下列义务。

(1)妥善保管其占有和管理的财产、印章和账簿、文书等资料；

(2)根据人民法院、管理人的要求进行工作，并如实回答询问；

(3)列席债权人会议并如实回答债权人的询问；

(4)未经人民法院许可，不得离开住所地；

(5)不得新任其他企业的董事、监事、高级管理人员。

3. 人民法院受理破产申请后，债务人的债务人或者财产持有人应当向管理人清偿债务或者交付财产。

4. 双方均未履行完毕合同的处理

(1)前提：破产申请受理前成立，受理时债务人和对方当事人均未履行完毕的合同，"管理人"有权决定"解除或者继续履行"，并通知对方当事人。

(2)视为合同解除的情形

①管理人自破产申请受理之日起"2个月内"未通知对方当事人；

②管理人自收到对方当事人催告之日起"30日内"未答复；

③管理人决定继续履行合同的，对方当事人有权要求管理人提供担保，管理人不提供担保的。

(3)双方均未履行完毕合同的结果处理

①继续履行的：共益债务；②解除合同有损失的：普通债权，只能就实际损失部分申报，违约金不能申报。

5. 保全措施的解除和执行程序的中止

(1)人民法院受理破产申请后，有关债务人财产的保全措施应当解除。

(2)人民法院受理破产申请后，执行程序(已审结但未执行完毕)应当"中止"。

6. 民事诉讼或者仲裁的中止与继续

(1)人民法院受理破产申请后，已经开始而尚未终结的有关债务人的民事诉讼或者仲裁应当中止。

【知识点拨】 在管理人接管债务人的财产后，该诉讼或仲裁继续进行。

(2)破产申请受理前，债权人就债务人财产提起下列诉讼，破产申请受理时案件尚未审结的，人民法院应当中止审理：

①主张次债务人代替债务人直接向其偿还债务的；

②主张债务人的出资人、发起人和负有监督股东履行出资义务的董事、高级管理人员，或者协助抽逃出资的其他股东、董事、高级管理人员、实际控制人等直接向其承担出资不实或者抽逃出资责任的；

③以债务人的股东与债务人法人人格严重混同为由，主张债务人的股东直接向其偿还债务人对其所负债务的；

④其他就债务人财产提起的个别清偿诉讼。

【例题1·单选题】（2018年）根据《企业破产法》及司法解释规定，下列关于管理人的说法中，错误的是( )。

A. 个人依法也可以担任管理人

B. 管理人可以由财政、审计部门担任

C. 管理人可以由依法设立的社会中介机构担任

D. 管理人可以由有关部门、机构人员组

成的清算组担任

解析 本题考核管理人的种类。管理人可以由有关部门、机构的人员组成的清算组或者依法设立的律师事务所、会计师事务所、破产清算事务所等社会中介机构担任。人民法院根据债务人的实际情况,可以在征询有关社会中介机构的意见后,指定该机构具备相关专业知识并取得执业资格的人员担任管理人。

答案 B

【例题2·单选题】(2019年)当债务人不能清偿到期债务,并且资产不足以清偿全部债务时,可以向人民法院提出和解申请的是( )。

A. 管理人　　B. 债权人
C. 清算组　　D. 债务人

解析 本题考核和解申请。只有债务人可以向法院提出和解申请。所以选项D正确。

答案 D

【例题3·单选题】(2012年)根据《企业破产法》,关于破产申请受理程序的说法,正确的是( )。

A. 除法律另有规定外,人民法院应当自收到破产申请之日起5日内裁定是否受理

B. 法院不予受理破产申请和驳回破产申请均应以裁定形式作出

C. 债务人应在人民法院受理破产申请的裁定送达之日起45日内,向人民法院提交财产状况说明、债务债权清册、财务会计报告等资料

D. 人民法院裁定受理破产申请后,应当自裁定受理破产申请之日起30日内通知已知债权人,并予以公告

解析 本题考核破产案件的受理。(1)债权人提出破产申请的,人民法院应当自收到申请之日起5日内通知债务人。债务人对申请有异议的,应当自收到人民法院的通知之日起7日内向人民法院提出。人民法院应当自异议期满之日起10日内裁定是否受理。除前述规定的情形外,人民法院应当自收到破产申请之日起15日内裁定是否受理;所以选项A错误。(2)债务人应当自裁定送达之日起15日内,向人民法院提交财产状况说明、债务清册、债权清册、有关财务会计报告以及职工工资的支付和社会保险费用的缴纳情况;所以选项C错误。(3)人民法院应当自裁定受理破产申请之日起25日内通知已知债权人,并予以公告;所以选项D错误。

答案 B

【例题4·单选题】(2013年)法院裁定受理破产申请后,下列有关各方的做法中,符合法律要求的是( )。

A. 债务人的债务人向债务人清偿债务

B. 债务人指定破产管理人

C. 对管理人决定继续履行的合同,对方当事人要求债务人提供担保

D. 对破产申请受理前成立而双方均未履行完毕的合同,管理人决定解除

解析 本题考核破产申请受理后的工作及法律后果。人民法院受理破产申请后,债务人的债务人或者财产持有人应当向管理人清偿债务或者交付财产。所以选项A错误。人民法院受理破产申请后,应同时指定管理人。所以选项B错误。管理人决定继续履行合同的,对方当事人应当履行;但是对方当事人有权要求管理人提供担保。所以选项C错误。

答案 D

六、破产债权

扫我解疑难

(一)可以申报债权的情形 ★★★

1. 附利息的债权:<u>受理时</u>起停止计息。

【知识点拨1】 未到期的债权,在破产申请受理时视为到期。

【知识点拨2】 无利息的债权,无论是否到期,均以本金申报债权。

【知识点拨3】 人民法院受理债务人破产案件后,债权人请求担保人承担担保责任,担保人主张担保债务自人民法院受理破产申请之日起停止计息,人民法院应予支持。

2. 特定债权：附条件、附期限的债权和诉讼、仲裁未决的债权均可申报。

3. 连带债权：连带债权人可以由其中一人代表全体连带债权人申报债权，也可以共同申报债权。

『示例』A、B 为连带债权人，共有债权 50 元，A 单独申报 50 元是可以的，A、B 一起申报 50 元也是可以的，A 申报 50 元且 B 申报 50 元是不可以的。

4. 连带债务人的代位求偿权

(1) 债务人的保证人或者其他连带债务人，已经代替债务人清偿债务的，以其对债务人的将来求偿权申报债权。

(2) 债务人的保证人或者其他连带债务人尚未代替债务人清偿债务的，以其对债务人的将来求偿权申报债权。但是，债权人已经向管理人申报全部债权的除外。

(3) 连带债务人数人被裁定适用法律规定的程序的，其债权人有权就全部债权分别在各破产案件中申报债权。

5. 保证人被裁定进入破产程序的，债权人有权申报其对保证人的保证债权。主债务未到期的，保证债权在保证人破产申请受理时视为到期。一般保证人不能主张行使先诉抗辩权，但债权人在一般保证人破产程序中的分配额应予提存，待一般保证人应承担的保证责任确定后再按照破产清偿比例予以分配。保证人被确定应当承担保证责任的，保证人的管理人可以就保证人实际承担的清偿额向主债务人或其他债务人行使求偿权。

6. 债务人、保证人均被裁定进入破产程序的，债权人有权向债务人、保证人分别申报债权。债权人向债务人、保证人均申报全部债权的，从一方破产程序中获得清偿后，其对另一方的债权额不作调整，但债权人的受偿额不得超出其债权总额。保证人履行保证责任后不再享有求偿权。

7. 管理人或者债务人依照破产法规定解除合同的，对方当事人以因合同解除所产生的损害赔偿请求权(不包括违约金)申报债权。

8. 债务人是委托合同的委托人，被裁定适用破产法规定的程序，受托人不知该事实，继续处理委托事务的，受托人以由此产生的请求权申报债权。

9. 债务人是票据的出票人，被裁定适用破产法规定的程序，该票据的付款人继续付款或者承兑的，付款人以由此产生的请求权申报债权。

10. 人民法院裁定受理破产申请前债务人尚未支付的案件受理费、执行申请费，可以作为破产债权申报。但破产申请受理后，债务人欠缴款项产生的滞纳金，包括债务人未履行生效法律文书应当加倍支付的迟延利息和劳动保险金的滞纳金，债权人不能作为破产债权申报。

【知识点拨】债务人所欠职工的工资和医疗、伤残补助、抚恤费用，所欠的应当划入职工个人账户的基本养老保险、基本医疗保险费用，以及法律、行政法规规定应当支付给职工的补偿金，不必申报，由管理人调查后列出清单并予以公示。职工对清单记载有异议的，可以要求管理人更正；管理人不予更正的，职工可以向人民法院提起债权确认诉讼。

(二)申报债权应提交的材料★(见表 14-8)

表 14-8 申报债权应提交的材料

债权申报书	(1)写明债权发生的时间、原因、金额、有无财产担保、是否申请抵销、是否为连带债权等； (2)对破产企业拥有多笔债权的，逐笔申报
	债权人为担保人的，写明担保成立的时间、担保的方式、被担保的主债权情况、被担保人履行债务的期限、担保的范围、担保期间、财产担保的担保物情况、代替债务人清偿的情况
	债权人为连带债务人的，写明连带债务发生的时间、原因、金额、代替债务人清偿的情况

续表

债权证据材料	债权产生或存在的证据材料,如合同、判决书等,债权人不能仅提供明细账,应将记账用原始凭证全部复印或出具书面说明
	债权受偿情况的证据材料,如进账单、抵偿协议等
	债权没有超过诉讼时效或申请执行期限的证据材料
其他	如计算利息,应附详细的计息清单;法定代表人或负责人身份证明书;加盖公章的营业执照副本复印件;授权委托书和受托人有效的身份证明

(三)债权登记与确认★(见表14-9)

表14-9 债权登记与确认

债权登记	(1)管理人收到债权申报材料后,应当依照《企业破产法》的规定对所申报的债权进行登记造册,详尽记载申报人的姓名、单位、代理人、申报债权额、担保情况、证据、联系方式等事项,形成债权申报登记册。 (2)管理人应当依照《企业破产法》的规定对申报的债权性质、数额、担保财产、是否超过诉讼时效期间、是否超过强制执行期间等情况进行审查,编制债权表并提交第一次债权人会议核查。 (3)债权表、债权申报登记册及债权申报资料在破产期间由管理人保存,债权人、债务人、债务人职工及其他利害关系人有权查阅
债权确认	(1)债务人、债权人对债权表记载的债权无异议的,由人民法院裁定确认。 (2)债务人、债权人对债权表记载的债权有异议的,应当说明理由和法律依据。经管理人解释或调整后,异议人仍然不服的,或者管理人不予解释或调整的,异议人应当在债权人会议核查结束后15日内向人民法院提起债权确认的诉讼。当事人之间在破产申请受理前订立有仲裁条款或仲裁协议的,应当向选定的仲裁机构申请确认债权债务关系。 (3)债务人、债权人对债权表记载的债权有异议而向受理破产申请的人民法院提起诉讼的,应将被异议债权人列为被告。债权人对债权表记载的他人债权有异议的,应将被异议债权人列为被告;债权人对债权表记载的本人债权有异议的,应将债务人列为被告。对同一笔债权存在多个异议人,其他异议人申请参加诉讼的,应当列为共同原告
	(1)已经生效法律文书确定的债权,管理人应当予以确认。 (2)管理人认为债权人据以申报债权的生效法律文书确定的债权错误,或者有证据证明债权人与债务人恶意通过诉讼、仲裁或者公证机关赋予强制执行力公证文书的形式虚构债权债务的,应当依法通过审判监督程序向作出该判决、裁定、调解书的人民法院或者上一级人民法院申请撤销生效法律文书,或者向受理破产申请的人民法院申请撤销或者不予执行仲裁裁决、不予执行公证债权文书后,重新确定债权

(四)申报期限、要求及效果(见表14-10)★★

表14-10 申报期限、要求及效果

项目	内容
债权申报期限	破产申请公告之日(不是受理之日)起最短不得少于30日,最长不得超过3个月
期限的确定者	人民法院受理破产申请后,应当确定债权人申报债权的期限
申报的要求	(1)债权人应当在人民法院确定的债权申报期限内向管理人申报债权;(2)债权人申报债权时,应当书面说明债权的数额和有无财产担保,并提交有关证据。申报的债权是连带债权的,应当说明

续表

项目	内容
申报的后果	(1)取得破产程序当事人地位；(2)诉讼时效因债权申报而中断；(3)逾期申报或未按规定申报债权的，将产生失权或其他不利后果
未按期申报处理	在法院确定的债权申报期限内，债权人未申报债权的，可以在破产财产最后分配前补充申报；但是，此前已进行的分配，不再对其补充分配。为审查和确认补充债权发生的费用，由补充申报人承担

（五）债权申报后的做法★

（1）申报人向管理人提交债权申报资料后，要积极参加第一次债权人会议，可以在债权人会议核查债权前，询问管理人自己申报的债权是否还需补充证据资料，以使债权能够得到应有的确认。

（2）在债权人会议核查债权后，申报人应向管理人索要经债权人会议确认的债权登记表，并要求管理人出具对自己申报债权的债权审查意见或审查通知，如申报人对债权表内的记载事项有异议，可以向人民法院提起诉讼，以使自己的债权能够得到充分的保护和确认。

（3）债权人申报的债权得到管理人确认并经债权人会议核查通过后，要积极行使自己债权人的权利，通过债权人会议、债权人委员会监督管理人的工作，并可以时常了解管理人的工作进展，以使自己的权益不受损害。

（4）单个债权人有权查阅债务人财产状况报告、债权人会议决议、债权人委员会决议、管理人监督报告等参与破产程序所必需的债务人财务和经营信息资料。管理人无正当理由不予提供的，债权人可以请求人民法院作出决定；人民法院应当在 5 日内作出决定。上述信息资料涉及商业秘密的，债权人应当依法承担保密义务或者签署保密协议；涉及国家秘密的应当依照相关法律规定处理。

（5）对于管理人的违法行为致使自己损失的，债权人亦可以提起诉讼，要求管理人赔偿损失。

七、债权人会议及债权人委员会

扫我解疑难

（一）债权人会议★★★

1. 职权

（1）核查债权。

（2）监督管理人。

（3）申请人民法院更换管理人，审查管理人的费用和报酬。

『解释』 债权人会议只能申请法院更换管理人，不能直接更换。

（4）选任和更换债权人委员会成员。

（5）决定继续或停止债务人的营业。

【知识点拨】 第一次债权人会议之前由管理人决定，之后由债权人会议决定。

（6）通过重整计划、和解协议、债务人财产的管理方案、变价方案和分配方案。

2. 召开（见表 14-11）

表 14-11 债权人会议的召开

	第一次会议的召开	以后的会议的召开
情形	人民法院召集	(1)人民法院认为必要时； (2)管理人、债权人委员会、占债权总额1/4以上的债权人向债权人会议主席提议时
时间	债权申报期限届满之日起15日内	管理人应当提前15日通知已知的债权人

【知识点拨】债权人会议设主席 1 人，由人民法院在有表决权的债权人中指定。

3. 表决

（1）现场表决。依法申报债权的债权人为债权人会议的成员，有权参加债权人会议，享有表决权。

①第一次债权人会议：凡申报债权者均有权参加。

②以后的债权人会议：只有债权得到确认才有表决权，包括有担保和无担保的债权人。

【知识点拨】有担保债权且未放弃优先受偿权的债权人对通过和解协议、通过破产财产分配方案不得行使表决权。

③债权人可以委托代理人出席债权人会议，行使表决权。代理人出席债权人会议，应当向人民法院或者债权人会议主席提交债权人的授权委托书。

④债务人的职工和工会的代表有权参加债权人会议，但不享有表决权，只能对有关事项发表意见。

（2）非现场表决。债权人会议的决议除现场表决外，可以由管理人事先将相关决议事项告知债权人，采取通信、网络投票等非现场方式进行表决。

①采取非现场方式进行表决的，管理人应当在债权人会议召开后的 3 日内，以信函、电子邮件、公告等方式将表决结果告知参与表决的债权人。

②对重整计划草案进行分组表决时，权益因重整计划草案受到调整或者影响的债权人或者股东，有权参加表决；权益未受到调整或者影响的债权人或者股东，不参加重整计划草案的表决。

（3）撤销表决的情形。

①债权人会议的决议具有以下情形之一，损害债权人利益，债权人可以申请撤销：

A. 债权人会议的召开违反法定程序；

B. 债权人会议的表决违反法定程序；

C. 债权人会议的决议内容违法；

D. 债权人会议的决议超出债权人会议的职权范围。

②人民法院可以裁定撤销全部或者部分事项决议，责令债权人会议依法重新作出决议。

③债权人申请撤销债权人会议决议的，应当提出书面申请。

④债权人会议采取通信、网络投票等非现场方式进行表决的，债权人申请撤销的期限自债权人收到通知之日起算。

4. 决议

（1）要求（见表 14-12）

表 14-12　债权人会议决议要求

一般情况	出席会议的有表决权的债权人过半数（>1/2）通过，并且其所代表的债权额占"无财产担保债权总额"的 1/2 以上（≥1/2）
和解	出席会议的有表决权的债权人过半数通过，并且其所代表的债权额占"无财产担保债权总额"的 2/3 以上
重整	出席会议的同一表决组的债权人过半数通过，并且其所代表的债权额占债权总额的 2/3 以上

（2）效力：对于全体债权人（无论有无担保、有无出席）均有约束力。

（3）表决未通过的处理

①债权人会议表决"债务人财产的管理方案"和"通过破产财产的变价方案"时未通过的（一次表决），由"人民法院"裁定。

②债权人会议表决"破产财产的分配方案"时，经"两次表决"仍未通过的，由人民法院裁定。

③债权人（没有份额要求）对人民法院有关财产管理方案和破产财产变价方案作出的裁定不服的，债权额占"无财产担保债权总额 1/2 以上"的债权人对人民法院有关破产财产的"分配方案"作出的裁定不服的，可以自裁定宣布之日或者收到通知之日起 15 日内向该"人民法院申请复议"。

【知识点拨】 复议期间不停止裁定的执行。

5. 委托授权

债权人会议可以依照《企业破产法》的规定，委托债权人委员会行使债权人会议职权中：申请人民法院更换管理人，审查管理人的费用和报酬、监督管理人、决定继续或者停止债务人的营业的职权。

但债权人会议不得作出概括性授权，委托其行使债权人会议所有职权。

(二)债权人委员会★★★

1. 必要性：是否设立，由**债权人会议**根据案件具体情况决定。

2. 组成：由债权人会议选任的债权人代表和1名债务人的职工代表或者工会代表组成。

3. 人数：债权人委员会成员**不得超过9人**，由**人民法院以书面决定认可**。

4. 职权：(1)监督债务人财产的管理和处分；(2)监督破产财产分配；(3)提议召开债权人会议。

【知识点拨】 债权人委员会行使职权应当接受债权人会议的监督，以适当的方式向债权人会议及时汇报工作，并接受人民法院的指导。

5. 决议

债权人委员会决定所议事项应获得全体成员过半数通过，并作成议事记录。债权人委员会成员对所议事项的决议有不同意见的，应当在记录中载明。

【例题5·单选题】(2020年)下列关于破产债权申报的说法中，正确的是( )。

A. 债权人应当在法院确定的债权申报期限向法院申报债权

B. 债权人应当在法院确定的债权申报期限向债权人会议申报债权

C. 债权人应当在法院确定的债权申报期限向管理人申报债权

D. 债权人应当在法院确定的债权申报期限向债权人委员会申报债权

解析 本题考核破产债权的申报。债权人应当在人民法院确定的债权申报期限内向管理人申报债权。所以选项C正确。

答案 C

【例题6·单选题】(2016年)根据《企业破产法》及司法解释规定，可以作为破产债权的是( )。

A. 破产申请受理时诉讼时效已经届满的债权

B. 破产申请受理前成立的设定质押担保的债权

C. 未到期债权在破产申请受理后产生的利息

D. 因管理人在破产申请受理后变卖破产财产形成的债权

解析 本题考核破产债权。诉讼时效已经届满的债权不得申报破产债权。所以选项A错误。有财产担保的债权和无财产担保的债权均属于破产债权，均在申报之列。所以选项B正确。附利息的债权，自破产申请受理时停止计息，故破产申请受理后产生的利息不可作为破产债权申报。所以选项C错误。破产申请受理后，管理人为破产财产的管理、变价、分配等而进行的必要民事活动中形成的债权，属于破产费用，优先从破产财产中拨付，不在破产债权之列。所以选项D错误。

答案 B

【例题7·单选题】(2014年)根据《企业破产法》，债权人会议可以行使的职权是( )。

A. 监督债务人财产的管理和处分

B. 审查管理人的费用和报酬

C. 批准重整计划

D. 监督破产财产分配

解析 本题考核债权人会议的职权。选项A、D是债权人委员会的职权；选项C是法院的权利。

答案 B

【例题8·多选题】(2020年)下列关于破产债权申报的说法中，正确的有( )。

A. 债权人申报债权时，应当书面说明债权数额和有无财产担保并提交有关证据

B. 债权人在确定的债权申报期限内未申报债权的，此前已经进行的分配，不再对其补充分配

C. 连带债权人可以由其中一人代表全体连带债权人申报债权

D. 债权人在确定的债权申报期限内未申报债权的，可以在破产财产最后分配后补充申报

E. 债权人在确定的债权申报期限内未申报债权的，可以在破产财产最后分配前补充申报

解析 本题考核破产债权的申报。债权人申报债权时，应当书面说明债权的数额和有无财产担保，并提交有关证据。申报的债权是连带债权的，应当说明。所以选项 A 正确。在确定的债权申报期限内未申报债权的，可以在破产财产最后分配前补充申报；但是，此前已进行的分配，不再对其补充分配。所以选项 BE 正确，选项 D 错误。连带债权人可以由其中一人代表全体连带债权人申报债权，也可以共同申报债权。所以选项 C 正确。

答案 ▶ ABCE

八、债务人财产

(一)债务人财产的范围与认定 ★

1. 债务人财产范围

债务人财产是指在破产申请受理时属于债务人的"全部财产"，以及"破产申请受理后至破产程序终结前"债务人取得的财产。

(1)受理时的财产(见表14-13)。

表14-13 受理时的财产

项目		内容
一般		除债务人所有的货币、实物外，债务人依法享有的可以用货币估价并可以转让的债权、股权、知识产权、用益物权等财产和财产权益，均应认定为债务人财产
担保财产		①债务人已依法设定担保物权的特定财产，应当认定为债务人财产。 ②对债务人的特定财产在担保物权消灭或者实现担保物权后剩余部分，在破产程序中可用以清偿破产费用、共益债务和其他破产债权
共有财产	范围	债务人对按份享有所有权的共有财产的相关份额，或者共同享有所有权的共有财产的相应财产权利，以及依法分割共有财产所得部分，人民法院均应认定为债务人财产
	是否可分割	①宣告债务人破产清算，属于共有财产分割的法定事由。 ②基于重整或者和解的需要必须分割共有财产，管理人请求分割的，人民法院应予准许
	后果	因分割共有财产导致其他共有人损害产生的债务，其他共有人请求作为共益债务清偿的，人民法院应予支持

(2)破产申请受理后至破产程序终结前的财产。

①财产追回：确认无效或可撤销后追回的，股东补足的出资等。

②执行回转的财产：依法执行回转的财产，法院应当认定为债务人财产。

2. 不属于债务人财产范围(见表14-14)

表14-14 不属于债务人财产范围

原则	凡债务人不享有所有权的财产
具体	(1)债务人基于仓储、保管、承揽、代销、借用、寄存、租赁等合同或者其他法律关系占有、使用的他人财产； (2)债务人在所有权保留买卖中尚未取得所有权的财产； (3)所有权专属于国家且不得转让的财产

3. 债务人财产的处分

（1）管理人处分债务人重大财产的，应当事先制作财产管理或者变价方案并提交债权人会议进行表决，债权人会议表决未通过的，管理人不得处分。

（2）管理人实施处分前，应当提前10日书面报告债权人委员会或者人民法院。债权人委员会可以要求管理人对处分行为作出相应说明或者提供有关文件依据。

（3）债权人委员会认为管理人实施的处分行为不符合债权人会议通过的财产管理或变价方案的，有权要求管理人纠正。管理人拒绝纠正的，债权人委员会可以请求人民法院作出决定。

（4）人民法院认为管理人实施的处分行为不符合债权人会议通过的财产管理或变价方案的，应当责令管理人停止处分行为。管理人应当予以纠正，或者提交债权人会议重新表决通过后实施。

4. 债务人财产的保全

（1）破产申请受理后，对于可能因有关利益相关人的行为或者其他原因，影响破产程序依法进行的，受理破产申请的人民法院可以根据管理人的申请或者依职权，对债务人的全部或者部分财产采取保全措施。

（2）对债务人财产已采取保全措施的相关单位，在知悉人民法院已裁定受理有关债务人的破产申请后，应当及时解除对债务人财产的保全措施。

（3）人民法院受理破产申请后至破产宣告前裁定驳回破产申请，或者依据《企业破产法》的规定裁定终结破产程序的，应当及时通知原已采取保全措施并已依法解除保全措施的企业按照原保全顺位恢复相关保全措施。在已依法解除保全的单位恢复保全措施或者表示不再恢复之前，受理破产申请的人民法院不得解除对债务人财产的保全措施。

（二）涉及债务人财产的撤销（一看时间、二看行为）★★★

1. 行使撤销权的主体：原则是管理人，重整程序中可以是债务人。

2. 人民法院受理破产申请前1年内，管理人有权请求人民法院予以撤销情形：

（1）无偿转让财产的。

（2）以明显不合理的价格进行交易的。

①人民法院根据管理人的请求撤销涉及债务人财产的以明显不合理价格进行的交易的，买卖双方应当依法返还从对方获取的财产或者价款。

②因撤销该交易，债务人应返还受让人已支付价款所产生的债务，作为共益债务清偿。

（3）对没有财产担保的债务提供财产担保的。

『解释』原来已经成立的无财产担保的债务"事后"补充设置担保（只要补充设置担保的行为发生在人民法院受理破产申请前1年内，就可以撤销）。

【知识点拨】不包括债务人在可撤销期间内设定债务的"同时"提供的财产担保（该情形并未造成债务人财产的不当减少）。

（4）对未到期的债务提前清偿的。

①破产申请受理前1年内债务人提前清偿的未到期债务，在破产申请受理前已经到期，管理人不得请求撤销该清偿行为的。

②该清偿行为发生在破产申请受理前6个月内且债务人达到破产原因的除外。

（5）放弃债权的。

3. 《民法典》撤销权在破产中的适用

（1）破产申请受理后，管理人未请求撤销债务人无偿转让财产、以明显不合理价格交易、放弃债权行为的，债权人依据《民法典》（债的保全中的撤销权）规定提起诉讼，请求撤销债务人上述行为并将因此追回的财产归入债务人财产的，人民法院应予受理。

（2）相对人以债权人行使撤销权的范围超出债权人的债权抗辩的，人民法院不予支持。

4. 个别清偿的撤销

人民法院受理破产"申请前6个月内"，债务人不能清偿到期债务，并且资产不足以清偿全部债务或者明显缺乏清偿能力，仍对个别债权人进行清偿的，管理人有权请求人民法院予以撤销，但是，个别清偿使债务人财产受益的除外。

【知识点拨】破产申请受理后，债务人对个别债权人的债务清偿无效。

5. 不可撤销的情形(见表14-15)

表14-15　不可撤销的情形

类型	内容
有担保不可撤	债务人对以自有财产设定担保物权的债权进行的个别清偿，管理人请求撤销，人民法院**不予**支持。但是，债务清偿时担保财产的价值低于债权额的**除外**
必要的不可撤	债务人对债权人进行的以下个别清偿，管理人请求撤销的，人民法院**不予**支持： ①债务人为维系基本生产需要而支付水费、电费等的； ②债务人支付劳动报酬、人身损害赔偿金的； ③使债务人财产受益的其他个别清偿
执行不可撤	债务人经过诉讼、仲裁、执行程序对债权人进行的个别清偿，管理人请求撤销的，人民法院**不予**支持。但是，债务人与债权人恶意串通损害其他债权人利益的**除外**

6. 特别情形下可撤销行为的起算点(见表14-16)

表14-16　特别情形下可撤销行为的起算点

情形	起算点
债务人经过"行政清理程序"转入破产程序的	为行政监管机构作出撤销决定之日
债务人经过"强制清算程序"转入破产程序的	为法院裁定受理强制清算申请之日

(三)涉及债务人财产无效的情形(绝对无效，没有时间限制)★★★

1. 为逃避债务而隐匿、转移财产的。
2. 虚构债务或者承认不真实的债务的。

【知识点拨】管理人无效行为追回权：管理人可以提起诉讼，主张被隐匿、转移财产的实际占有人返还债务人财产，或者主张债务人虚构债务或者承认不真实债务的行为无效并返还债务人财产的，人民法院应予支持。

(四)破产费用和共益债务★★

1. 破产费用

破产费用是指在破产程序进行中为全体债权人的共同利益而耗费的，需在破产程序进行中支出，从债务人财产中拨付的费用。破产费用包括：

(1)破产案件的诉讼费用；
(2)管理、变价和分配债务人财产的费用；
(3)管理人执行职务的费用、报酬和聘用工作人员的费用。

(4)法院裁定受理破产申请的，此前债务人尚未支付的公司强制清算费用、未终结的执行程序中产生的评估费、公告费、保管费等执行费用，可以参照《企业破产法》关于破产费用的规定，由债务人财产随时清偿。

【知识点拨】此前债务人尚未支付的案件受理费、执行申请费，可以作为破产债权清偿。

2. 共益债务

共益债务是指人民法院受理破产申请后，为了全体债权人的共同利益以及破产程序顺利进行而发生的应由债务人财产负担的债务总称。包括：

(1)因管理人或者债务人请求对方当事人履行双方均未履行完毕的合同所产生的债务；
(2)债务人财产受无因管理所产生的债务；
(3)因债务人不当得利所产生的债务；

(4) 为债务人继续营业而应支付的劳动报酬和社会保险费用以及由此产生的其他债务；

(5) 管理人或者相关人员执行职务致人损害所产生的债务；

(6) 债务人财产致人损害所产生的债务。

3. 清偿原则

(1) 破产费用和共益债务由债务人财产<u>随时清偿</u>。

(2) 债务人财产不足以清偿所有破产费用和共益债务的，先行清偿"<u>破产费用</u>"。

(3) 债务人财产不足以清偿所有破产费用或者共益债务的，按照"<u>比例清偿</u>"。

(4) 如果债务人财产不足以支付破产费用的，管理人应当提请人民法院终结破产程序。

【知识点拨】债务人财产不足以支付所有破产费用，但破产案件的债权人、管理人、债务人的出资人或者其他利害关系人<u>愿意垫付相关费用</u>的，经人民法院同意，破产程序可以继续进行。

九、追回权、取回权、抵销权

扫我解疑难

(一) 追回权 ★★★

1. 对因《企业破产法》规定的可撤销行为和无效行为而取得的债务人的财产，管理人有权追回。

2. 债务人的董事、监事和高级管理人员利用职权从企业获取的<u>非正常收入和侵占的企业财产，管理人</u>应当追回。

『解释』债务人发生破产原因，"董、监、高"利用职权获得的以下收入界定为非正常收入：

(1) 绩效奖金；

(2) 普遍拖欠职工工资情况下获取的工资性收入；

(3) 其他非正常收入。

【知识点拨】"董、监、高"的债权申报（见表14-17）

表14-17 "董、监、高"的债权申报

因返还第(1)、(3)项非正常收入形成的债权	作为<u>普通债权</u>
因返还第(2)项非正常收入形成的债权	按照该企业职工平均工资计算的部分作为<u>拖欠职工工资</u>清偿；高出平均工资部分，作为<u>普通债权清偿</u>

3. 出资追回

管理人可以代表债务人提起诉讼，主张出资人向债务人依法缴付未履行的出资或者返还抽逃的出资本息。

【知识点拨】出资人不得以认缴出资尚未届至公司章程规定的缴纳期限或者违反出资义务已经超过诉讼时效为由进行抗辩（不受出资期限、诉讼时效的限制）。

4. 人民法院受理破产申请后，管理人可以通过清偿债务或提供为债权人接受的担保，取回质物、留置物。

(二) 取回权 ★★★

1. 一般取回权

(1) 人民法院受理破产申请后，债务人占有的不属于债务人的财产，该财产的权利人可以通过<u>管理人</u>取回。

(2) 重整期间取回权（见表14-18）

表14-18 重整期间取回权

项目	内容
不得行使	权利人要求取回债务人合法占有的权利人的财产，<u>不符合双方事先约定条件的</u>，人民法院不予支持
可以行使	因管理人或者自行管理的债务人违反约定，可能导致取回物被转让、毁损、灭失或者价值明显减少的除外

(3)取回权行使要求

①取回权行使义务：权利人行使取回权时"未依法"向管理人支付相关的加工费、保管费、托运费、委托费、代销费等费用，管理人有权拒绝其取回相关财产。

②取回权诉讼：权利人依法向管理人主张取回相关财产，管理人不予认可，权利人以"债务人"为被告向人民法院提起诉讼请求行使取回权的，人民法院应予受理。

【知识点拨】权利人依据人民法院或者仲裁机关的相关生效法律文书向管理人主张取回所涉争议财产，管理人以生效法律文书错误为由拒绝其行使取回权的，人民法院不予支持。

2. 取回权行使时间

(1)权利人依法行使取回权，应当在破产财产变价方案或和解协议、重整计划草案提交债权人会议"表决前"向"管理人"提出。

【知识点拨】权利人在上述期限后主张取回相关财产的，应当承担延迟行使取回权增加的相关费用。

(2)变价款取回权的行使：对债务人占有的权属不清的、鲜活易腐等不易保管的财产或者不及时变现价值将严重贬损的财产，管理人及时变价并提存变价款后，有关权利人就该变价款行使取回权的，人民法院应予支持。

3. 取回权行使标的

(1)第三人善意取得违法转让物的取回权处理

债务人占有的他人财产被违法转让给第三人，第三人已善意取得财产所有权，原权利人无法取回该财产的，人民法院应当按照以下规定处理，见表14-19。

表14-19　第三人善意取得违法转让物的取回权处理

转让行为发生在破产申请受理前	原权利人因财产损失形成的债权，作为"普通破产债权"
转让行为发生在破产申请受理后	因管理人或者相关人员执行职务导致原权利人损害产生的债务，作为"共益债务"

(2)第三人支付价款未取得违法转让物的取回权处理

债务人占有的他人财产被违法转让给第三人，第三人已向债务人支付了转让价款，未取得财产所有权，原权利人依法追回转让财产的，对因第三人已支付对价而产生的债务，人民法院应当按照以下规定处理，见表14-20。

表14-20　第三人支付价款未取得违法转让物的取回权处理

转让行为发生在破产申请受理前	作为"普通破产债权"
转让行为发生在破产申请受理后	作为"共益债务"

4. 几种特殊情形

(1)物上代位取回权

①债务人占有的他人财产毁损、灭失，因此获得的保险金、赔偿金、代偿物尚未交付给债务人，或者代偿物虽已交付给债务人但能与债务人财产予以区分的，权利人主张取回就此获得的保险金、赔偿金、代偿物的，人民法院应予支持。

②保险金、赔偿金已经交付给债务人，或者代偿物已经交付给债务人且不能与债务人财产予以区分的，人民法院应当按照以下规定处理：

A. 财产毁损、灭失发生在破产申请"受理前"的，权利人因财产损失形成的债权，作为"普通破产债权"清偿；

B. 财产毁损、灭失发生在破产申请"受理后"的，因管理人或者相关人员执行职务导致权利人损害产生的债务，作为"共益债务"清偿。

『解释』债务人占有的他人财产毁损、灭

失，没有获得相应的保险金、赔偿金、代偿物，或者保险金、赔偿物、代偿物不足以弥补其损失的部分，人民法院应当按照上述规定处理。

(2)管理人员的责任承担

①管理人或者相关人员在执行职务过程中，因故意或者重大过失不当转让他人财产或者造成他人财产毁损、灭失，导致他人损害产生的债务作为"**共益债务**"；

②由债务人财产随时清偿不足弥补损失，权利人**可以**向"管理人或者相关人员"主张承担补充赔偿责任。

5. 出卖人取回权

(1)人民法院受理破产申请时，出卖人已将买卖标的物向作为买受人的债务人发运，债务人尚未收到且未付清全部价款的，**出卖人**可以取回在运途中的标的物。但是，管理人可以支付全部价款，请求出卖人交付标的物。

(2)出卖人依据上述规定，通过通知承运人或者实际占有人中止运输、返还货物、变更到达地，或者将货物交给其他收货人等方式，对在运途中标的物主张了取回权但未能实现，或者在货物"**未达管理人前**"已向管理人主张取回在运途中标的物，在买卖标的物到达管理人后，出卖人向管理人主张取回的，管理人应予准许。

(3)出卖人对在运途中标的物未及时行使取回权，在买卖"**标的物到达管理人后**"向管理人行使在运途中的物取回权的，管理人不应准许。

6. 所有权保留买卖合同的处理

(1)所有权保留按未履行完毕的合同处理

买卖合同双方当事人在合同中约定标的物所有权保留，在标的物所有权未依法转移给买受人前，一方当事人破产的，该买卖合同属于双方均未履行完毕的合同，管理人有权决定"**解除或者继续履行**"合同。

(2)出卖人破产(见表14-21)

表14-21 出卖人破产

管理人决定继续履行	出卖人破产，其管理人决定继续履行所有权保留买卖合同的，买受人应当按照原买卖合同的约定支付价款或者履行其他义务
	买受人**未依约**支付价款或者履行完毕其他义务，或者将标的物出卖、出质或者作出其他不当处分，给出卖人造成损害，出卖人管理人依法主张**取回标的物**的，人民法院应予支持。
	【知识点拨】出卖人管理人不得主张取回标的物的情形：①买受人已经支付标的物总价款75%以上；②第三人善意取得标的物所有权或者其他物权。
	未能取回标的物，出卖人管理人可依法主张买受人继续支付价款、履行完毕其他义务，以及承担相应赔偿责任
管理人决定解除	出卖人破产，其管理人决定解除所有权保留买卖合同，并依据企业破产法规定要求买受人向其交付买卖标的物的，人民法院**应予**支持。
	买受人以其不存在未依约支付价款或者履行完毕其他义务，或者将标的物出卖、出质或者作出其他不当处分情形抗辩的，人民法院**不予**支持
	买受人依法履行合同义务并依据规定将买卖标的物交付出卖人管理人后，买受人已支付价款损失形成的债权作为"共益债务"(全额随时)清偿。
	【知识点拨】买受人违反合同约定，出卖人管理人主张上述债权作为"普通破产债权"清偿的，人民法院应予支持

(3) 买受人破产(见表14-22)

表14-22 买受人破产

管理人决定继续履行	买受人破产，管理人决定继续履行所有权保留买卖合同，原买卖合同中约定的买受人支付价款或者履行其他义务的期限在破产申请受理时视为到期，买受人管理人应当及时向出卖人支付价款或者履行其他义务
	买受人管理人"**无正当理由**"未及时支付价款或者履行完毕其他义务，或者将标的物出卖、出质或作出其他不当处分，给出卖人造成损害，出卖人可依据规定主张取回标的物。 【知识点拨】出卖人不得主张取回标的物的情形：①买受人已支付标的物总价款75%以上；②第三人善意取得标的物所有权或者其他物权的除外。
	未能取回标的物，出卖人可以依法主张买受人继续支付价款、履行完毕其他义务，以及承担相应赔偿责任
	对因买受人未支付价款或者未履行完毕其他义务，以及买受人管理人将标的物出卖、出质或者作出其他不当处分导致出卖人损害产生的债务，出卖人可以主张作为"**共益债务**"(全额随时)清偿
管理人决定解除	买受人破产，其管理人决定解除所有权保留买卖合同，出卖人依法主张取回买卖标的物的，人民法院**应予**支持。出卖人取回买卖标的物，买受人管理人主张出卖人返还已支付价款的，人民法院**应予**支持
	取回的标的物价值明显减少给出卖人造成损失的，出卖人可从买受人已支付价款中优先予以抵扣后，将剩余部分返还给买受人。 【知识点拨】对买受人已支付价款不足以弥补出卖人标的物价值减损损失形成的债权，出卖人可以主张作为"**共益债务**"清偿

(三)抵销权★★★

1. 禁止抵销情形

(1)债务人的债务人在破产申请受理后取得他人对债务人的债权的。

『示例』甲企业欠乙企业20万元，10月1日人民法院受理了甲企业的破产案件；丙企业与债务人甲企业之间也有合同的交易，丙企业欠甲企业20万元的货款，在破产受理后，丙企业不可以通过取得乙企业的20万元的债权，与甲企业进行债权债务的抵销。

(2)债权人已知债务人有不能清偿到期债务或者破产申请的事实，对债务人负担债务的。

【知识点拨】但是债权人因为法律规定或有破产申请1年前所发生的原因而负担债务的除外。

(3)债务人的债务人已知债务人有不能清偿到期债务或者破产申请的事实，对债务人取得债权的。

【知识点拨】但是债务人的债务人因为法律规定或有破产申请1年前所发生的原因而取得债权的除外。

(4)债务人的股东抵销权的禁止

①债务人股东因欠缴债务人的出资或者抽逃出资对债务人所负的债务；

②债务人股东滥用股东权利或者关联关系损害公司利益对债务人所负的债务。

2. 破产抵销权的行使

(1)债权人向管理人主张抵销。

①债权人依法行使抵销权，应当向"**管理人**"提出抵销主张。

②管理人**不得**主动抵销债务人与债权人的互负债务，但抵销使债务人财产受益的除外。

『解释』管理人主张抵销，个别债权人全额清偿，对其他债权人不公平。

(2)抵销权审查。

①管理人收到债权人提出的主张债务抵销的通知后，经审查"**无异议**"的，抵销自管理人收到通知之日起生效。

②管理人对抵销主张"**有异议**"的，应当在约定的异议期限内或者自收到主张债务抵销的通知之日起3个月内向人民法院提起诉讼。无正当理由逾期提起的，人民法院不予

③人民法院判决驳回管理人提起的抵销无效诉讼请求的，该抵销自管理人收到主张债务抵销的通知之日起生效。

（3）债权人主张抵销，管理人以下列理由提出异议的，人民法院不予支持：

①破产申请受理时，债务人对债权人负有的债务尚未到期；

②破产申请受理时，债权人对债务人负有的债务尚未到期；

③双方互负债务标的物种类、品质不同。

（4）抵销无效的情形。

破产申请受理<u>前 6 个月内</u>，债务人具备破产原因的，债务人与个别债权人以抵销方式对个别债权人清偿，其抵销的债权债务属于企业破产法禁止抵销②③项的情形之一，管理人在破产申请受理之日起 3 个月内向人民法院提起诉讼，主张该抵销无效的，人民法院应予支持。

【例题 9·单选题】（2015 年）根据《企业破产法》的规定，属于债务人财产的是（ ）。

A. 债务人为他人保管的财产

B. 他人抵押给债务人的财产

C. 债务人以分期付款方式购买但尚未办理过户的房屋

D. 债务人已依法设定担保物权的特定财产

解析 ▶ 本题考核债务人财产。债务人基于仓储、保管、承揽、代销、借用、寄存、租赁等合同或者其他法律关系占有、使用的他人财产，不应认定为债务人财产。所以选项 A、B 错误。房屋未过户，所有权仍属于出卖人，不属于买受人，不应认定为债务人财产。所以选项 C 错误。债务人已依法设定担保物权的特定财产，人民法院应当认定为债务人财产。所以选项 D 正确。 答案 ▶ D

【例题 10·单选题】（2018 年）对因《企业破产法》规定的撤销行为、无效行为而取得的债务人财产行使追回权的主体是（ ）。

A. 债权人　　B. 管理人

C. 债务人　　D. 破产申请人

解析 ▶ 本题考核追回权。对因《企业破产法》规定的可撤销行为、无效行为而取得的债务人的财产，管理人有权追回。 答案 ▶ B

【例题 11·多选题】（2016 年）法院受理破产申请后，为全体债权人共同利益而支出的费用为破产费用，包括（ ）。

A. 为债务人继续营业而支付的劳动报酬和社保费

B. 管理人员执行职务的费用

C. 破产案件诉讼费用

D. 债务人财产变价费用

E. 债务人财产致人损害所产生的费用

解析 ▶ 本题考核破产费用和共益债务。选项 AE 为共益债务。 答案 ▶ BCD

【例题 12·多选题】（2018 年）根据《企业破产法》及司法解释规定，下列关于追回权和取回权的说法中，正确的有（ ）。

A. 人民法院受理破产申请后，债务人占有的不属于债务人的财产，该财产的权利人有权通过管理人取回

B. 人民法院受理破产申请后，债务的出资人尚未完全履行出资义务的，管理人有权要求其缴纳出资

C. 对因《企业破产法》规定的无效行为而取得的债务人的财产，管理人有权追回

D. 权利人主张取回权，管理人不予认可的，权利人有权以管理人为被告提起诉讼，请求行使取回权

E. 权利人行使取回权，应当在破产财产变价方案或者和解协议、重整计划草案交债权人会议表决前提出

解析 ▶ 本题考核追回权和取回权。选项 D 中，应当以"债务人"为被告，而不是以"管理人"为被告。 答案 ▶ ABCE

十、重整与和解

扫我解疑难

(一)重整申请(见表14-23)★★

表14-23　重整申请

直接重整	债务人	债务人不能清偿到期债务+资产不足以清偿全部债务或者明显缺乏清偿能力
	债权人	当债务人不能清偿到期债务时
转入重整	债务人	债权人申请对债务人进行破产清算，法院受理破产申请后宣告债务人破产前，债务人可以向人民法院申请重整
	10%出资人	受理破产申请后宣告债务人破产前，债权人申请对债务人进行破产清算，出资额占债务人注册资本1/10以上的出资人，可以向人民法院申请重整

(二)重整期间★★

1. 重整期间：自人民法院裁定债务人重整之日起至重整程序终止(不包括计划的执行期间)。

2. 管理者

(1)经债务人申请，法院批准，债务人可在管理人的监督下自行管理财产和营业事务。

(2)管理人负责管理财产和营业事务，可聘任债务人的经营管理人员负责营业事务。

3. 重整期间的效力(见表14-24)

表14-24　重整期间的效力

项目	内容
担保权受限	重整期间，对债务人的特定财产享有的担保权暂停行使
新担保	重整期间，债务人或者管理人为继续营业而借款，可为该借款设定担保
取回权受限	债务人合法占有的他人财产，该财产的权利人在重整期间要求取回的，应当符合事先约定的条件
对出资人的限制	重整期间，债务人的出资人不得请求投资收益分配
对管理层的限制	重整期间，债务人的董事、监事、高级管理人员不得向第三人转让其持有的债务人的股权。但是，经人民法院同意的除外

(三)重整计划★★★

1. 重整计划草案

(1)制定人：债务人(债务人管理的情况)或管理人(管理人管理的情况)

(2)时间：应当自人民法院裁定债务人重整之日起6个月内，同时向人民法院和债权人会议提交重整计划草案。前述规定的期限届满，经债务人或者管理人请求，有正当理由的，人民法院可以裁定延期3个月。仍不能，裁定终止重整程序(NOT终止重整计划的执行)。

2. 重整计划的表决(见表14-25)

表14-25　重整计划的表决

项目	内容
时间	法院应当自收到重整计划草案之日起30日内召开债权人会议表决

续表

项目	内容
表决方式	分组表决：①对债务人的特定财产享有担保权的债权；②职工债权；③债务人所欠税款；④普通债权。 【知识点拨】债务人的出资人代表可以列席讨论重整计划草案的债权人会议。重整计划草案涉及出资人权益调整事项的，应当设出资人组，对该事项进行表决
通过	出席会议的同一表决组的债权人过半数同意重整计划草案，并且其所代表的债权额占该组债权总额的 2/3 以上

3. 重整计划的批准

(1) 正常批准：各表决组均通过重整计划草案时，重整计划即为通过。自重整计划通过之日起10 日内，债务人或者管理人应当向人民法院提出批准重整计划的申请。人民法院经审查认为符合《破产法》规定的，应当自收到申请之日起 30 日内裁定批准，终止重整程序，并予以公告。

(2) 部分表决组未通过重整计划草案的，债务人或者管理人可以同未通过重整计划草案的表决组协商。该表决组可以在协商后再表决一次。但双方协商的结果不得损害其他表决组的利益。

(3) 强制批准：未通过重整计划草案的表决组拒绝再次表决或者再次表决仍未通过重整计划草案，但重整计划草案符合法律规定条件的，债务人或者管理人可以申请人民法院批准重整计划草案。

4. 重整计划的执行：由债务人负责执行；监督重整计划执行的主体是管理人。

5. 重整计划的效力(见表 14-26)

表 14-26 重整计划的效力

项目	内容
约束力	(1) 对债务人和全体债权人均有约束力。 (2) 对债务人的保证人和其他连带债务人的权利，不受重整计划的影响
执行后	自重整计划执行完毕时起，债务人不再承担清偿责任
未按期申报	债权人未依照规定申报债权的，在重整计划执行期间不得行使权利；在重整计划执行完毕后，可以按照重整计划规定的同类债权的清偿条件行使权利

6. 重整计划终止

(1) 重整计划的利害关系人发现债务人在重整计划执行期间有不利于债权人的行为，严重损害债权人利益的，可以申请人民法院裁定终止重整计划的执行，同时宣告债务人破产。

(2) 债务人不能执行或者不执行重整计划的，人民法院经管理人或者利害关系人请求，应当裁定终止重整计划的执行(不是终止重整程序)，并宣告债务人破产。

(3) 债权人在重整计划中作出的债权调整的承诺失去效力。

(4) 为重整计划的执行提供的担保继续有效。

(5) 债权人因执行重整计划所受的清偿仍然有效，债权未受清偿的部分只能作为破产债权，在其他同顺位债权人同自己所受的清偿达到同一比例时，才能继续接受分配。

(四)重整程序终止(见表14-27)★★

表14-27 重整程序终止

重整程序终止的情形	后果
(1)重整期间,债务人的经营状况和财产状况继续恶化,缺乏挽救的可能性;债务人有欺诈、恶意减少债务人财产或者其他显著不利于债权人的行为;由于债务人的行为致使管理人无法执行职务的,<u>经管理人或者利害关系人请求(法院不主动)</u>,并经法院审理确认; (2)债务人或管理人未按期提出重整计划草案; (3)重整计划草案未获得通过且未获批准,或已通过的重整计划未获得批准; (4)法院经审查认为表决通过的重整计划不符合有关规定	裁定终止重整程序,<u>宣告破产</u>
法院裁定批准重整计划草案的	裁定终止重整程序,予以公告

(五)和解程序★

1. 和解决议与申请

(1)决议:表决无须分组,债权人会议通过和解协议的决议,由出席会议的有表决权的债权人<u>过半数</u>同意,并且其所代表的债权额应占无财产担保债权总额的<u>2/3 以上</u>。

(2)和解申请

①债务人可以直接向法院申请和解;

②债务人可以在人民法院受理破产申请后宣告债务人破产前,向人民法院申请和解。

2. 和解协议

(1)经人民法院裁定认可的和解协议,对债务人和<u>全体和解债权人</u>(无财产担保债权)均有约束力。

(2)和解债权人对债务人的保证人和其他连带债务人的权利,不受和解协议的影响。

(3)和解债权人未依照规定申报债权的,在和解协议执行期间不得行使权利;在和解协议执行完毕后,可以按照和解协议规定的清偿条件行使权利。

(4)如果债务人不能执行或者不执行和解协议的,人民法院经和解债权人请求,<u>应当裁定终止和解协议的执行</u>,并宣告债务人破产。

(5)按照和解协议减免的债务,自和解协议执行完毕时起,债务人不再承担清偿责任。除依法不能免除的或者和解协议有特别规定的以外。

3. 和解程序的终止

(1)经债权人会议通过和解协议的,由人民法院裁定认可,终止和解程序,并予以公告。和解协议自公告之日起具有法律效力。

(2)和解协议草案经债权人会议表决未获得通过,或者已经债权人会议通过的和解协议未获得人民法院认可的,人民法院应当<u>裁定终止和解程序</u>,并宣告债务人破产。

十一、破产宣告与破产清算

扫我解疑难

(一)破产宣告★★

1. 概念:人民法院对具备破产原因的债务人的破产事实作出判定,并使债务人进入破产清算程序的一种司法裁定行为。

『解释』提出破产申请不一定必然引起破产宣告。

2. 情形:直接宣告破产;重整中出问题;和解中出问题。

3. 破产宣告前,有下列情形之一的,人民法院应当裁定终结破产程序,并予以公告:

(1)第三人为债务人提供足额担保或者为债务人清偿全部到期债务的;

(2)债务人已清偿全部到期债务的。

4. 破产宣告裁定的作出,是破产企业真正开始进入清算的标志。

(二)破产财产的变价和分配★★

1. 表决:由<u>出席会议</u>有表决权的债权人的<u>过半数</u>通过,并且其所代表的债权额<u>占无财产担保债权总额的1/2 以上</u>。

【知识点拨】经债权人会议表决未通过的，由人民法院裁定。

2. 破产财产的分配

由管理人拟订，提交债权人会议讨论，提请人民法院裁定许可。

3. 破产财产的清偿顺序

（1）有财产担保的债权；

（2）破产费用和共益债务；

（3）职工债权（破产人所欠职工的工资和医疗、伤残补助、抚恤费用，所欠的应当划入职工个人账户的基本养老保险、基本医疗保险费用，以及法律、行政法规规定应当支付给职工的补偿金）；

（4）破产人欠缴的除前项以外的社会保险费用和破产人所欠税款；

（5）普通破产债权。

【知识点拨】破产财产不足以清偿同一顺序的清偿要求的，按照比例分配。

4. 特殊规定（见表14-28）

表14-28 特殊规定

借款债权	破产申请受理后，经债权人会议决议通过，或者第一次债权人会议召开前经人民法院许可，管理人或者自行管理的债务人可以为债务人继续营业而借款。提供借款的债权人可以主张优先于普通破产债权清偿，但不能主张优先于此前已就债务人特定财产享有担保的债权清偿	
附生效条件或者解除条件的债权	①最后分配公告日，生效条件未成就或者解除条件成就的，应当分配给其他债权人；②在最后分配公告日，生效条件成就或者解除条件未成就的，应当交付给债权人	管理人提存
未受领的破产财产分配额	债权人自最后分配公告之日起满2个月仍不领取的，视为放弃受领分配的权利，管理人或者法院将提存的分配额分配给其他债权人	
诉讼或者仲裁未决的债权	自破产程序终结之日起满2年仍不能受领分配的，人民法院应当将提存的分配额分配给其他债权人	

（三）别除权★★★

别除权是指债权人因债权设有担保物，而就破产人（债务人被宣告破产后的称谓）特定担保财产在破产程序中享有的优先受偿权利。

『解释』别除权是基于担保物权及特别优先权产生的，其优先受偿权的行使不受破产清算与和解程序的限制，但在重整程序中受到限制。

1. 对债务人的特定财产享有担保权的债权人，未放弃优先受偿权利的，对通过"和解协议和破产财产的分配方案"的事项不享有表决权。

2. 担保物仍属于破产财产，有财产担保的债权仍属于破产债权。因此，有财产担保的债权人仍应当申报债权。

（1）对破产人的特定财产享有优先受偿权的债权人，行使优先受偿权利未能完全受偿的，其未受偿的债权作为普通债权，与其他债权人的债权一起依破产程序清偿。

（2）对破产人的特定财产享有优先受偿权的债权人，可以放弃优先受偿的权利，放弃优先受偿权利的，其债权作为普通债权，与其他债权人的债权一起依破产程序清偿。

（四）破产终结★★

1. 破产人无财产可供分配的，管理人应当请求人民法院裁定终结破产程序。破产程序终结，破产人未能清偿的债务，依法予以免除。

2. 自破产程序终结之日起2年内，债权人可以请求人民法院按照破产财产分配方案进行追加分配情形：

（1）发现有依照《破产法》规定（如可撤销行为、无效行为等）应当追回的财产的；

（2）发现破产人有应当供分配的其他财产的。

3. 破产人的保证人和其他连带债务人，在破产程序终结后，对债权人依照破产清算程序未受清偿的债权，依法应当继续承担清偿责任。

【知识点拨】债权人对债务人的保证人和其他连带债务人所享有的权利，不受重整计划(和解协议)的影响。

『示例』A向B银行借款100万元，C为保证人，A进入重整期间，根据重整计划，重整期限为2年，到期后清偿60%。这种情况下，保证人C的保证责任不能减少为原保证金额的60%，B银行有权要求C清偿100万元。

【例题13·单选题】(2015年)下列关于破产重整的说法中，正确的是( )。

A. 破产重整期间，是指法院受理破产申请至重整程序终止的期间

B. 破产重整期间，除债务人管理破产财产受管理人监督外，债务人的营业事务不受管理人干预

C. 破产重整期间，债务人的出资人请求投资收益分配的权利受保护

D. 破产重整期间，债务人可以决定内部管理事务

解析 本题考核破产重整。重整期间，是指法院裁定债务人重整之日起至重整程序终止的期间。所以选项A错误。在重整期间，债务人管理破产财产和营业事务，均受管理人的监督。所以选项B错误。在重整期间，债务人的出资人不得请求投资收益分配。所以选项C错误。 答案 D

【例题14·单选题】(2019年)在破产程序中，对破产财产中其上已经设定担保物权的财产，债权人可以行使的权利是( )。

A. 别除权　　B. 追回权
C. 抵销权　　D. 取回权

解析 本题考核别除权。别除权，是指债权人因债权设有担保物，而就破产人特定担保财产在破产程序中享有的优先受偿权利。所以选项A正确。 答案 A

同步训练 限时30分钟

扫我做试题

一、单项选择题

1. 破产申请是破产程序开始的前提。根据《企业破产法》，关于破产申请及管辖的说法，正确的是( )。

A. 破产申请只能由债务人向人民法院提出

B. 破产申请在人民法院受理前不能撤回

C. 破产案件由债务人住所地人民法院管辖

D. 破产案件由破产财产所在地法院管辖

2. 某公司经营不善，现进行破产清算。关于本案的诉讼费用，下列说法错误的是( )。

A. 在破产申请人未预先交纳诉讼费用时，法院应裁定不予受理破产申请

B. 该诉讼费用可由债务人财产随时清偿

C. 债务人财产不足时，诉讼费用应先于共益费用受清偿

D. 债务人财产不足以清偿诉讼费用等破产费用的，破产管理人应提请法院终结破产程序

3. 根据《企业破产法》及相关规定，破产管理人确定模式是( )。

A. 由债权人委员会确定

B. 由债权人会议选任

C. 由债务人选任

D. 由法院指定

4. 因A公司未能偿还对B公司的债务，B公司向人民法院提出对A公司进行破产清算

的申请。以下能够成为法院不受理破产申请理由的是( )。

A. A 公司对 B 公司的债务尚未到期

B. A 公司认为自己虽然长期亏损且经营扭亏困难，但账面资产超过负债，只是一时不能偿债而已

C. A 公司认为自己账面资产超过负债，只是实物资产难以变现，暂时无法清偿债务

D. A 公司认为自己账面资产超过负债，只是法定代表人下落不明，没有人员管理财产，不便清偿债务

5. 债权人甲于 2021 年 3 月 11 日向法院提出要求乙公司破产的申请，法院于 3 月 14 日通知乙公司，并于 3 月 27 日裁定受理破产申请。下列说法中，错误的是( )。

A. 乙公司于 3 月 30 日对丙公司债权的清偿无效

B. 人民法院 2 月 7 日对乙公司财产实施的保全措施应予解除

C. 丁公司对乙公司提出的个别清偿诉讼尚未终结，现在应予中止

D. 3 月 27 日之后，有关乙公司的民事诉讼，所有法院不再受理

6. 根据《企业破产法》及相关法律的规定，下列选项中属于共益债务的是( )。

A. 管理人对破产财产进行分配而发生的费用

B. 管理人为破产财产的估价聘请的资产评估专业人员而支付的劳动报酬

C. 管理人请求对方当事人履行双方均未履行完毕的合同所产生的债务

D. 人民法院受理债务人的破产案件依照职权发生的由债务人负担的调查费用、公告费和文件送达费用

7. 某破产企业的财产为 500 万元，破产费用为 400 万元，共益债务为 200 万元。下列清偿顺序正确的是( )。

A. 优先支付破产费用，共益债务的清偿比例是 1/2

B. 优先支付共益债务，破产费用的清偿比例是 3/4

C. 破产费用和共益债务的清偿比例是 5/6

D. 按照 2∶1 的比例分别支付破产费用和共益债务

8. 在债权人会议上，对债务人的特定财产享有担保权的债权人，未放弃优先受偿权利的情况下，不享有表决权的是( )。

A. 决定继续或者停止债务人的营业

B. 通过和解协议

C. 核查债权

D. 通过破产财产的变价方案

9. 下列各项中，除下列情形中的( )外，人民法院应当裁定终止和解程序，并宣告债务人破产。

A. 和解协议草案经债权人会议表决未获得通过

B. 债权人会议通过和解协议且获得人民法院的认可

C. 债权人会议通过和解协议但未获得人民法院的认可

D. 债务人未提出和解协议草案

10. 2020 年 10 月 1 日，人民法院受理了乙企业的破产案件，管理人清查后发现，乙企业欠甲企业 1 000 万元尚未偿还，有乙企业依法以自己的价值 5 000 万元厂房提供的抵押担保，同时，甲企业 2020 年 7 月 5 日时知道乙企业有不能清偿到期债务的事实，于是故意对其负担债务 1 000 万元，在人民法院受理破产案件后，甲企业向管理人提出抵销申请，对此，下列说法正确的是( )。

A. 由于甲企业形成的债务不合法，属于不得抵销的情形，管理人因此主张不能抵销的，人民法院予以支持

B. 乙企业的管理人以抵销存在企业破产法规定的禁止抵销情形而提出异议的，人民法院不予支持

C. 甲企业应先向乙企业清偿 1 000 万元之后才能行使有财产担保的债权 1 000 万元，互负债务不得抵销

D. 管理人可以自行决定是否抵销

11. 根据企业破产法律制度的规定，在重整期间，有关当事人的下列行为中，符合规定的是（ ）。

  A. 对债务人的厂房享有抵押权的 A 银行行使了抵押权

  B. 管理人为继续营业向 B 银行借款 500 万元，并以厂房为该笔借款设定了抵押担保

  C. 债务人的出资人 C 请求投资收益分配

  D. 债务人的监事 D 未经人民法院的同意，将其持有的债务人的股权全部转让给第三人 E

12. 根据《企业破产法》，下列有关重整计划草案的表述中，正确的是（ ）。

  A. 重整计划草案由债权人委员会负责制作

  B. 债务人或者管理人应当自人民法院裁定重整之日起 6 个月内完成重整计划草案

  C. 重整计划草案经债权人会议表决通过后，重整程序即告终止

  D. 重整计划草案经人民法院裁定批准后，重整程序即告中止

13. 根据《企业破产法》的规定，下列关于和解协议效力的表述中，正确的是（ ）。

  A. 和解协议生效后，对债务人和全体债权人均有约束力

  B. 和解协议生效后，债务人应当按照和解协议规定的条件清偿债务

  C. 和解协议对债务人的保证人或连带债务人发生法律效力

  D. 和解协议具有强制执行的效力

14. 根据《企业破产法》的规定，下列有关和解的表述中，正确的是（ ）。

  A. 对债务人的特定财产享有担保权的权利人，自人民法院裁定和解之日起可行使权利

  B. 债务人、债权人均可提出和解申请，并经人民法院裁定许可

  C. 和解协议草案未获债权人会议通过的，人民法院应当裁定中止和解程序

  D. 经出席债权人会议的有表决权的债权人过半数同意，债权人会议即可决议通过和解协议草案

15. 根据企业破产法律制度的规定，下列债务中，在清偿破产费用和共益债务后，应从破产财产中按第一顺位获得清偿的是（ ）。

  A. 破产人所欠职工的伤残补助

  B. 破产人所欠税款

  C. 破产人所欠红十字会的捐款

  D. 破产人所欠环保部门的罚款

二、多项选择题

1. 根据《企业破产法》规定，下列有关债权申报的法律效力和未按期申报债权的处理方式的说法中，正确的有（ ）。

  A. 债权的诉讼时效因债权申报而中断

  B. 所有已申报债权的债权人有权对提交债权人会议讨论的事项行使表决权

  C. 债权人因申报债权而有权参加债权人会议

  D. 未按期申报债权的，已经进行的分配不再对未申报债权人进行补充分配

  E. 在人民法院确定的债权申报期限内，债权人未申报债权的，可以在破产财产最后分配前补充申报

2. 根据《企业破产法》的规定，下列属于管理人职责的有（ ）。

  A. 接管债务人的财产、印章和账簿、文书等资料

  B. 提议召开债权人会议

  C. 选任和更换债权人委员会成员

  D. 管理和处分债务人的财产

  E. 召开第一次债权人会议

3. 下列有关破产债权申报的说法中，符合《企业破产法》规定的有（ ）。

  A. 附条件、附期限的债权可以申报

  B. 债权人只能在确定的债权申报期限内申报债权，过期不能补充申报

  C. 管理人或者债务人依照《企业破产法》

的规定解除合同的，对方当事人以因合同解除所产生的损害赔偿请求权申报债权

D. 债务人是票据的出票人，在法院受理其破产申请后，该票据的付款人继续付款或者承兑的，付款人以由此产生的请求权申报债权

E. 债权申报期限最少不得少于30日，最长不得超过3个月

4. 人民法院受理甲企业破产申请后，甲企业将租用乙企业的一套机器设备，未经乙企业同意，转让给了知情的丙企业，丙企业支付了对价。关于本案说法正确的有（　　）。

A. 乙企业有权追回该机器设备

B. 若乙企业追回该设备后，甲企业应返还丙企业支付的价款

C. 甲企业与丙企业之间因返还价款产生的债务属于普通破产债权

D. 甲企业与丙企业之间因返还价款产生的债务属于共益债务

E. 该机器设备属于甲企业的破产财产

5. 根据《企业破产法司法解释（二）》的规定，下列财产中不应认定为债务人财产的有（　　）。

A. 债务人已依法设定担保物权的特定财产

B. 破产申请受理后，依法执行回转的财产

C. 债务人在所有权保留买卖中尚未取得所有权的财产

D. 所有权专属于国家且不得转让的财产

E. 债务人基于保管合同占有、使用的他人财产

6. 根据《企业破产法》，下列涉及债务人财产的行为中，无效的有（　　）。

A. 无偿转让财产

B. 以明显不合理的价格进行交易

C. 虚构债务或者承认不真实的债务

D. 对没有担保的债务提供担保

E. 为逃避债务而隐匿、转移财产的

7. 根据《企业破产法》及其司法解释的规定，以下关于取回权的表述中正确的有（　　）。

A. 权利人行使取回权时未依法向管理人支付相关的加工费、保管费、托运费、委托费、代销费等费用，管理人可以拒绝其取回相关财产

B. 权利人行使取回权的，应当在破产财产变价方案或者和解协议、重整计划草案提交债权人会议表决前向管理人提出

C. 人民法院受理破产申请后，债务人占有的不属于债务人的财产，该财产的权利人可以通过人民法院取回

D. 权利人向管理人主张取回相关财产，管理人不予认可的，权利人可以债务人为被告向法院提起取回权之诉

E. 取回权属于民法上物的请求权的表现形式，针对不特定财产

8. 根据《企业破产法》的规定，下列财产中，属于债务人财产的有（　　）。

A. 破产申请受理时属于债务人的房屋

B. 破产宣告后破产人得到的银行存款利息

C. 破产申请受理时债务人用于抵押担保的财产

D. 破产申请受理后至破产程序终结前债务人取得的财产

E. 破产申请受理时属于债务人基于租赁而占有租赁物

9. 根据《企业破产法》及司法解释规定，针对债务人处理财产的有关行为。管理人提出撤销而法院不予支持的情形有（　　）

A. 债务人支付劳动报酬

B. 债务人与债权人串通经执行程序对债权人进行个别清偿

C. 债务人因经营失误而支付赔偿金

D. 债务人为维系基本生产需要而支付水、电费

E. 债务人支付人身损害赔偿金

10. 根据《企业破产法》，下列选项中，人民法院应当裁定终止重整程序的有（　　）。

A. 债务人或者管理人未按期提出重整计划草案的

B. 已通过的重整计划未获得人民法院

批准

C. 重整计划草案未获得通过且未获批准的

D. 债务人不能执行或者不执行重整计划的，经管理人或者利害关系人请求

E. 人民法院裁定批准重整计划草案的

同步训练答案及解析

一、单项选择题

1. C 【解析】本题考核破产申请和管辖。破产申请人包括债务人、债权人以及依法负有清算责任的人。根据规定，申请人可以在人民法院受理破产申请以前请求撤回申请。破产案件由债务人住所地人民法院管辖。

2. A 【解析】本题考核诉讼费用。(1)向人民法院申请破产还债的，可以不予交纳诉讼费用。相关当事人以申请人未预先交纳诉讼费用为由，对破产申请提出异议的，人民法院不予支持，所以选项A说法错误。(2)破产费用和共益债务具有优先受偿性，不属于破产债权；(3)破产费用优先于共益债务；(4)不足以完全清偿其中一种债务的，按比例清偿，所有财产不能清偿破产费用的，终结破产程序；所以选项BCD说法正确。

3. D 【解析】本题考核管理人的确定。人民法院受理破产申请后，应当同时指定管理人。

4. A 【解析】本题考核破产原因。债务人账面资产虽大于负债，但资金严重不足或财产无法变现不能清偿债务、经法院强制执行无法清偿、法定代表人下落不明且无其他人员负责管理财产或长期亏损且经营扭亏困难，无法清偿债务的，属于明显缺乏清偿能力，构成破产原因。

5. D 【解析】本题考核破产受理的法律后果。破产申请受理后，债务人个别清偿行为无效，所以选项A说法正确。破产申请受理后，针对债务人财产的保全措施应当解除，所以选项B说法正确。破产申请受理后，个别清偿诉讼应中止，所以选项C说法正确。破产申请受理后，有关债务人的民事诉讼应当由受理破产案件的法院受理，所以选项D说法错误。

6. C 【解析】本题考核共益债务。本题选项A是管理、变价和分配债务人财产的费用；选项B是管理人聘用工作人员的费用；选项D是破产案件的受理费用，都属于破产费用。

7. A 【解析】本题考核破产费用和共益债务的清偿顺序。债务人财产不足以清偿所有破产费用和共益债务的，先行清偿破产费用；债务人财产不足以清偿所有破产费用或者共益债务的，按照比例清偿。

8. B 【解析】本题考核债权人会议。对债务人的特定财产享有担保权的债权人，未放弃优先受偿权利的，对于通过和解协议及通过破产财产的分配方案不享有表决权。

9. B 【解析】本题考核和解协议的裁定。和解协议经债权人会议通过后，由人民法院裁定认可并予以公告，终止和解程序。

10. B 【解析】本题考核破产抵销权。根据规定，企业破产法所列不得抵销情形的债权人，主张以其对债务人特定财产享有优先受偿权的债权，与债务人对其不享有优先受偿权的债权抵销，债务人管理人以抵销存在企业破产法规定的禁止抵销情形提出异议的，人民法院不予支持。但是，用以抵销的债权大于债权人享有优先受偿权财产价值的除外。

11. B 【解析】本题考核重整程序。重整期间，对债务人的特定财产享有的担保权暂停行使。但是担保物有损坏或者价值明显减少的可能，足以危害担保权人权利的，担保权人可以向人民法院请求恢

复行使担保权。在重整期间，债务人或者管理人为继续营业而借款的，可以为该借款设定担保。所以选项 A 错误，选项 B 正确。重整期间，债务人的出资人不得请求投资收益分配。债务人的董事、监事、高级管理人员不得向第三人转让其持有的债务人的股权。但是，经人民法院同意的除外。所以选项 C、D 错误。

12. B 【解析】 本题考核重整计划草案。（1）债务人自行管理财产和营业事务的，由债务人制作重整计划草案。管理人负责管理财产和营业事务的，由管理人制作重整计划草案；所以选项 A 错误。（2）各表决组均通过重整计划草案时，重整计划即为通过。重整计划通过之日起 10 日内，债务人或者管理人应当向人民法院提出批准重整计划的申请。人民法院经审查认为符合《企业破产法》规定的，应当自收到申请之日起 30 日内裁定批准，终止重整程序，并予公告；所以选项 CD 错误。

13. B 【解析】 本题考核和解协议的效力。（1）经人民法院裁定认可的和解协议，对债务人和全体和解债权人有约束力。对债务人的保证人或连带债务人没有法律效力；AC 错。（2）和解协议生效后，债务人应当按照和解协议规定的条件清偿债务。如果债务人不能执行或者不执行和解协议的，人民法院经和解债权人请求，应当裁定终止和解协议的执行，并宣告债务人破产。而不是由债权人申请法院强制执行。和解协议没有强制执行力；B 正确，D 错误。

14. A 【解析】 本题考核和解制度。（1）对债务人的特定财产享有担保权的权利人，自人民法院裁定和解之日起可以行使权利；所以选项 A 正确。（2）破产和解申请只能由债务人提出，债权人以及其他利害关系人不能申请同债务人和解；所以选项 B 错误。（3）和解协议草案经债权人会议表决未获得通过，或者已经债权人会议通过的和解协议未获得人民法院认可的，人民法院应当裁定终止（而非中止）和解程序，并宣告债务人破产；所以选项 C 错误。（4）债权人会议通过和解协议的决议，由出席会议的有表决权的债权人过半数同意，并且其所代表的债权额应占无财产担保债权总额的 2/3 以上；所以选项 D 错误。

15. A 【解析】 本题考核破产财产分配顺序。破产财产在优先清偿破产费用和共益债务后，依照下列顺序清偿：（1）破产人所欠职工的工资和医疗、伤残补助、抚恤费用，所欠的应当划入职工个人账户的基本养老保险、基本医疗保险费用，以及法律、行政法规规定应当支付给职工的补偿金；（2）破产人欠缴的除前项以外的社会保险费用和破产人所欠税款；（3）普通破产债权。

二、多项选择题

1. ACDE 【解析】 本题考核债权申报。申报破产债权，相当于权利人提起诉讼，导致诉讼时效中断。所以选项 A 正确。债权尚未确定的债权人，除人民法院能够为其行使表决权而临时确定债权额的外，不得行使表决权。所以选项 B 错误。在人民法院确定的债权申报期限内，债权人未申报债权的，可以在破产财产最后分配前补充申报；但是，此前已进行的分配，不再对其补充分配。所以选项 D、E 正确。

2. ABD 【解析】 本题考核管理人的职责。选任和更换债权人委员会成员属于债权人会议的职权，不是管理人的职责范围。所以选项 C 错误。第一次债权人会议由人民法院召集，而不是由管理人召集。所以选项 E 错误。

3. ACDE 【解析】 本题考核破产债权申报。在确定的债权申报期限内未申报债权的，可以在破产财产最后分配前补充申报。

4. ABD 【解析】 本题考核共益债务及破产

财产。题目条件交代丙企业是知情的,即非善意,不构成善意取得,所有权人乙企业有权追回该机器设备。该转让行为发生在破产申请受理后,应作为共益债务清偿。

5. CDE 【解析】本题考核债务人财产。债务人已依法设定担保物权的特定财产,人民法院应当认定为债务人财产。所以选项A错误。破产申请受理后,依法执行回转的财产,人民法院应当认定为债务人财产。所以选项B错误。

6. CE 【解析】本题考核涉及债务人财产的无效行为的规定。涉及债务人财产的下列行为无效:为逃避债务而隐匿、转移财产的;虚构债务或者承认不真实的债务的。选项A、B、D属于管理人有权请求法院依法撤销的情形。

7. ABD 【解析】本题考核破产取回权。应通过管理人(而非法院)取回。所以选项C错误。取回权属于民法上物的请求权的一种表现形式,针对的是特定财产。所以选项E错误。

8. ABCD 【解析】本题考核债务人财产。债务人财产包括破产申请受理时属于债务人的全部财产(选项A、C),以及破产申请受理后至破产程序终结前债务人取得的财产(选项B、D)。

9. ADE 【解析】本题考核涉及债务人财产行为的撤销与无效。债务人对债权人进行的以下个别清偿,管理人请求撤销的,人民法院不予支持:一是债务人为维系基本生产需要而支付水费、电费等的;二是债务人支付劳动报酬、人身损害赔偿金的;三是使债务人财产受益的其他个别清偿。所以选项A、D、E正确。债务人经诉讼、仲裁、执行程序对债权人进行的个别清偿,管理人请求撤销的,人民法院不予支持。但是,债务人与债权人恶意串通损害其他债权人利益的除外。

10. ABCE 【解析】本题考核重整程序的终止。债务人不能执行或者不执行重整计划的,人民法院经管理人或者利害关系人请求,应当裁定终止重整计划的执行,并宣告债务人破产。

本章知识串联

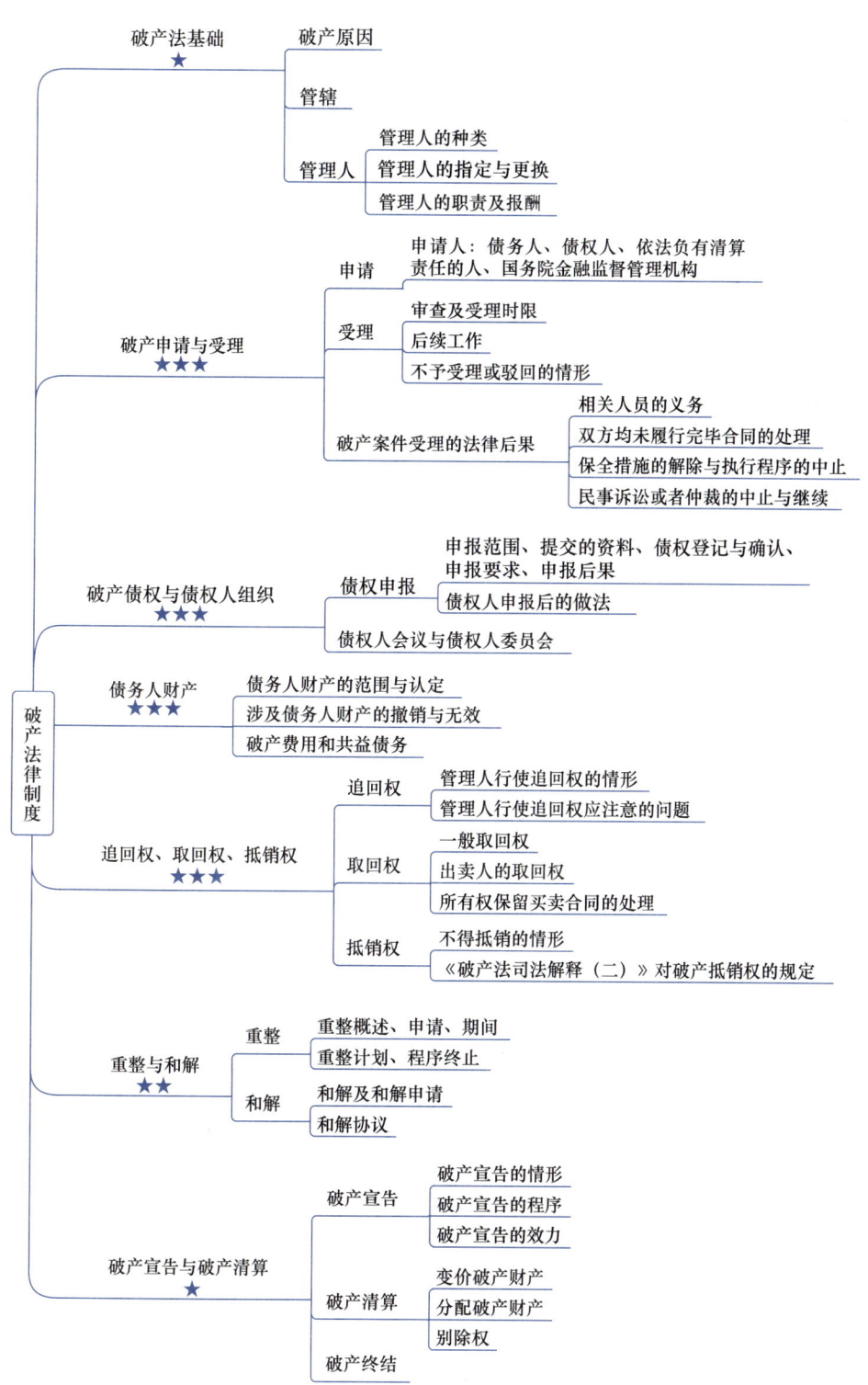

第15章 电子商务法律制度

考情解密

历年考情概况

本章预计 2021 年考核 3 分左右，考试难度系数不大，重点关注涉及电子商务经营主体、经营行为、合同、快递物流、电子支付等内容；电子商务税收法律制度现阶段还没有完整的法律体系，在探索实践阶段，了解即可。

近年考点直击

考点	主要考查题型	考频指数	考查角度
电子商务税收法律制度	多选题	★★	直接考核电子商务税收法律制度的内容

本章 2021 年考试主要变化

本章变动较大。

主要为：

(1) 涉及较多节名、标题名称的变化。

(2) 删除了《侵权责任法》的相关规定。

(3) 细化电子商务经营者的特征。

(4) 新增电子经营者登记效力。

(5) 电子商务经营一般规则由"第二节 电子商务经营者"移至"第三节 电子商务法的基本规则"。

(6) 新增电子商务经营中的搭售和用户信息管理。

(7) 新增数据电文的发出和接收时间。

(8) 新增电子商务合同的效力规则。

(9) 新增电子认证的概念。

(10) 电子商务税收法律由"第四节 电子商务税收法律"移至"第三节 电子商务法的基本规则"。

考点详解及精选例题

一、电子商务法基础 ★

扫我解疑难

1. 电子商务的概念

电子商务，是指通过互联网等信息网络销售商品或者提供服务的经营活动。

(1) 广义的电子商务，是指一切以电子技术手段所进行的、一切与商业有关的活动。

(2) 狭义的电子商务，是指以互联网为运行平台的商事交易活动。

2. 电子商务的特征

(1) 虚拟性。

(2) 跨越时空性。

(3)信息化和无纸化交易性。
(4)高效性。
(5)低成本性。

3.《电子商务法》概念及立法目的

(1)《电子商务法》的概念。

电子商务法是调整电子商务活动中形成的各种法律关系、规范电子商务活动的法律规范的总和。

(2)《电子商务法》立法目的。

①调整电子商务法律关系。如涉及平等主体之间的民商法律关系，包括电子商务经营者与消费者之间的关系、电子商务经营者之间的关系、电子商务经营者与线下经营者之间的关系；涉及行政机关与相关主体的行政法律关系，包括市场监管关系、税收法律关系、行政许可法律关系等。

②规范电子商务活动。电子商务活动具有如下特点：电子商务活动必须是通过互联网等信息网络进行交易的活动；电子商务活动以商品或者服务为交易内容；电子商务活动必须是经营活动。

4.《电子商务法》适用范围(见表15-1)

表15-1 《电子商务法》适用范围

项目	相关规定
适用的范围	中华人民共和国境内的电子商务活动适用《电子商务法》 『理解』①电子商务活动的境内外属性不以主体的国籍为判断标准，而以行为所在地划分境内和境外的界限； ②一个电子商务活动往往包含若干行为，对于是否属于"境内"，应当根据具体行为的所在地作出判断；而在判断具体行为的所在地时，应先确定该行为是否可分割； ③电子商务活动不仅包括交易者自身的行为，还包括交易双方以电子商务平台为交易媒介和场所的行为，所以，某些平台所在地也是行为的所在地； ④对于有些不属于境内电子商务活动，但法律、行政法规对销售商品或者提供服务有规定的，适用其规定
不适用范围	①金融类产品和服务，如支付宝、借贷宝、理财产品； ②利用信息网络提供新闻信息、音视频节目、出版以及文化产品等内容方面的服务，不适用《电子商务法》

二、电子商务经营主体★★

扫我解疑难

(一)电子商务经营主体(电子商务经营者)的概念及特征

1. 电子商务经营者的概念

电子商务经营者，是指通过互联网等信息网络从事销售商品或者提供服务的经营活动的自然人、法人和非法人组织。

2. 电子商务经营者的特征

(1)互联网等信息网络是电子商务经营者从事经营行为的媒介和手段。

(2)电子商务经营者的经营行为包括销售商品和提供服务。

(3)电子商务经营者的组织形式包括自然人、法人和非法人组织。

(二)电子商务经营者的种类(见表15-2)

表15-2 电子商务经营者的种类

类型	具体规定
电子商务平台经营者	(1)通称"电商平台"，如：淘宝网、美团、滴滴出行等。 (2)属于增值电信与信息服务业务，只有法人或者非法人组织才可以注册成为电商平台

续表

平台内经营者	(1) 通称"商家"或"网店",商家包括法人、非法人组织或自然人。 (2) 平台内经营者依附于第三方交易平台开展电子商务经营活动,既要遵守相关的法律法规,也要遵守第三方交易平台的相关规则
其他电商经营者	(1) 通过自建网站、其他网络服务销售商品或者提供服务的电子商务经营者。 (2) 许多通过微信等软件进行电子商务活动的经营者被统称为"微商"。"微商"不属于平台内经营者,而属于通过网络服务销售商品或提供服务的经营者

(三)电子商务经营者的准入和登记

1. 电子商务经营者的准入

(1) 电子商务经营者准入制度包括行政许可和市场登记。

(2) 一般经营事项,电子商务经营者无需获得行政许可,其通过登记制度获得市场主体资格即可开展经营活动。

(3) 对于法律规定的特定经营事项,如生产食品、出版书籍等事项,电子商务经营者不仅需要完成市场登记,还需要获得行政许可才可以从事相关经营活动。

市场主体应当办理主体设立登记。自然人、法人或非法人组织都是已经存在的民事主体,其登记行为的后果是获得电子商务的经营资格,而并非设立的新的民事主体。根据《电子商务法》规定进行市场主体登记就可以进入电子商务市场,而无需注册成为个体工商户等其他类型主体。

2. 电子商务经营者登记

(1) 电子商务经营者登记的性质。

①我国法律规定电子商务经营者应当依法办理市场主体登记。

②登记行为后果:是市场准入登记,而非主体设立登记。

③登记部门:市场监督管理部门,并非平台登记。

(2) 电子商务经营者登记的必要性。

①被虚化的市场经过登记而实化;

②虚拟的市场更依赖登记的信息;

③虚拟市场的交易安全更需要登记程序的保障;

④电子商务经营者登记是政府落实行政监督、税收监督等行政职能的基础。

(3) 电子商务经营者登记的内容和效力。

①自然人电子商务经营者的登记事项。

a. 自然人电子商务经营者的个人信息。个人信息包括自然人的姓名、性别、住址、联系方式等。

b. 自然人电子商务经营者的经营范围和营业期限。

②不需要办理电子商务经营者登记的例外。

a. 个人销售自产农副产品、家庭手工业产品;

b. 个人利用自己的技能从事依法无须取得许可的便民劳务活动和零星小额交易活动;

c. 依照法律、行政法规不需要进行登记的。

③电子商务经营者登记的效力。

a. 生效效力。没有办理市场主体登记的经营者从事电子商务活动的,属于违法经营,要承担相应的法律责任。

b. 电子商务经营者的公示义务。电子商务经营者应当在其首页显著位置,持续公示营业执照信息、与其经营业务有关的行政许可信息等信息;信息发生变更的,电子商务经营者应当及时更新公示信息。

(四)电子商务平台经营者的义务和责任

1. 电子商务平台经营者的义务

(1) 电子商务平台经营者核验登记、信息报送和提示义务。

(2) 服务协议和交易规则的制定与公示义务。

(3) 建立健全信用评价制度的义务。

(4) 搜索结果显示和竞价排名提示义务。

(5) 电子商务交易安全保障义务。

(6)电子商务平台经营者信息记录、保存义务。

(7)违法经营处置义务。

(8)平台业务与平台自营业务区分义务。

(9)与平台内经营者的公平交易义务。

(10)知识产权保护义务。

2. 电子商务平台经营者的责任

(1)电子商务平台经营者知道或者应当知道平台内经营者销售的商品或者提供的服务不符合保障人身、财产安全的要求,或者有其他侵害消费者合法权益行为,未采取必要措施的,依法与该平台内经营者承担连带责任。

(2)对关系消费者生命健康的商品或者服务,电子商务平台经营者对平台内经营者资质资格未尽到审核义务,或者对消费者未尽到安全保障义务,造成消费者损害的,依法承担相应的责任。

三、电子商务法的基本规则★★

(一)电子商务经营一般规则

1. 电子商务经营的行政许可

电子商务行政许可的情形一般包括:①从事药品批发零售的行政许可;②从事食品销售的行政许可。

2. 电子商务经营者的纳税登记和纳税申报

(1)电子商务经营者应当依法履行纳税义务。

①电子商务经营者为企业时,适用《企业所得税法》及相关法律法规。

②电子商务经营者为自然人、个人独资企业、合伙企业或个体工商户时,适用《个人所得税法》及相关法律法规。

③电子商务平台经营者有义务配合税务部门提供平台内经营者在经营方面的真实完整信息,以确定相应的税收基础数据,平台内经营者也有如实申报和进行纳税的义务。

(2)电子商务经营者的税收优惠。

①行业与环节税收优惠。如企业从事农、林、牧、副、渔业项目的所得可以免征、减征企业所得税。

②特定类型企业的税收优惠。如符合条件的小型微利企业减按20%的税率征收企业所得税;国家需要重点扶持的高新技术企业,减按15%的税率征收企业所得税。

③个人所得税的减征和免征。

(3)电子商务经营者的税务登记。

电子商务经营者的税务登记包括依法进行工商登记的电子商务经营者的税务登记和依法无需市场主体登记的电子商务经营者的税务登记。

(4)电子商务经营者的纳税申报。

①如期、如实报送纳税资料。

②税务报送形式多元化。作为纳税人的电子商务经营者可以直接到税务机关办理纳税申报,也可以按照规定采取邮寄、数据电文或者其他方式办理。

③延期申报应经批准。

3. 电子商务经营者的安全保障和环境保护

(1)电子商务经营者的安全保障义务。

所有电子商务经营者应当承担安全保障义务。电子商务经营安全保障的具体内容包括:①安全商品和安全服务提供义务。②危险防范义务。③危险排除义务。④止损协助义务。

(2)电子商务经营的环境保护。

电子商务经营者销售的商品或者提供的服务应当符合环境保护要求。

4. 电子商务经营信息的公示

企业形态经营的电子商务经营者不仅需要按照企业信息公示制度的要求,通过企业信用信息公示系统在规定的期限内报送年度报告,对依法需要公示的信息在一定时间内予以公示,还应当按照《电子商务法》的规定,在首页显著位置持续公示。

(1)电子商务经营信息公示的主要内容:

①企业通信地址、邮政编码、联系电话、电子邮箱等信息；

②企业开业、歇业、清算等存续状态的信息；

③企业投资设立企业、购买股权信息；

④企业为有限责任公司或者股份有限责任公司的，其股东或者发起人认缴和实缴的出资额、出资时间、出资方式等信息；

⑤有限责任公司股东股权转让等股权变更信息；

⑥企业网站以及从事网络经营的网店的名称、网址等信息；

⑦企业从业人数、资产总额、负债总额、对外提供保证担保、所有者权益合计、营业总收入、主营业务收入、利润总额、净利润、纳税总额信息。

『提示』①-⑥为必须公示的信息；⑦为企业自主选择是否向社会公示。

（2）公示的位置：必须在首页显著位置公示。

（3）公示的方式：可以公式具体信息，也可以公示具体信息的链接标识。

（4）公示的期限：持续进行公示。

（5）公示的类型：

①初始经营信息的持续公示。

②变更经营信息的更新公示。

③自行终止经营的提前公示。

5. 电子商务经营凭据的出具

①电子商务经营者应当依法出具购货凭证或者服务单据。

②电子商务经营凭据除了纸质发票和电子发票外，还有收据、机打小票等表现形式。

6. 电子商务经营中的搭售

电子商务经营者搭售商品或者服务应当以显著方式提醒消费者注意，不得将搭售商品或者服务作为默认同意的选项。

电子商务中的搭售行为与传统的搭售行为存在着以下区别：①电子商务搭售行为主要表现形式是软件捆绑、链接捆绑、服务捆绑等；②电子商务搭售行为更具有隐蔽性和技术性；③让消费者难以感受到被搭售的客观存在和真实感；④由于电子商务经营者向消费者提供大篇幅的使用条件，使得消费者因忽略阅读而选择同意，进而导致自己权益受损。

7. 电子商务经营中的用户信息管理

（1）电子商务经营中的用户信息包括经营性用户信息和消费性用户信息。

（2）自然人的个人信息受法律保护。任何组织或者个人需要获取他人个人信息的，应当依法取得并确保信息安全，不得非法收集、使用、加工、传输他人个人信息，不得非法买卖、提供或者公开他人个人信息。

（二）电子商务合同规则

1. 电子商务合同的特征

（1）电子商务合同是一种<u>民事法律行为</u>。

（2）交易主体的<u>虚拟和广泛</u>。

（3）合同订立方式的<u>技术化、标准化</u>。

（4）合同订立方式的<u>电子化</u>。

（5）合同中的<u>意思表示电子化</u>。

2. 电子商务合同一般法律规则

（1）订立和成立规则。

①要约承诺规则。

电子商务合同中的承诺，是指当事人选择相应商品或者服务并提交订单成功，合同经承诺后即告成立。

【知识点拨1】合同订立中数据电文的处理规则

数据电文有下列情形之一的，视为发件人发送：a. 经发件人授权发送的；b. 发件人的信息系统自动发送的；c. 收件人按照发件人认可的方法对数据电文进行验证后结果相符的。当事人对前述规定的事项另有约定的，从其约定。法律、行政法规规定或者当事人约定数据电文需要确认收讫的，应当确认收讫。发件人收到收件人的收讫确认时，数据电文视为已经收到。

【知识点拨2】数据电文进入发件人控制之外的某个信息系统的时间，视为该数据电文的发送时间。

【知识点拨3】收件人指定特定系统接收数据电文的，数据电文进入该特定系统的时间，视为该数据电文的接收时间；未指定特定系统的，数据电文进入收件人的任何系统的首次时间，视为该数据电文的接收时间。当事人对数据电文的发送时间、接收时间另有约定的，从其约定。

【知识点拨4】发件人的主营业地为数据电文的发送地点，收件人的主营业地为数据电文的接收地点。没有主营业地的，其经常居住地为发送或者接收地点。当事人对数据电文的发送地点、接收地点另有约定的，从其约定。

②自动信息系统。电子商务当事人使用自动信息系统订立或者履行合同的行为对使用该系统的当事人具有法律效力。

③电子商务合同主体的确认。电子合同的主体是数据电文的发出者及其代理人；使用电子自动信息系统发出数据电文的，电子合同的主体是发出者。

④电子商务经营者订立合同时的义务。

A. 告知及保障阅读下载的义务。
B. 保证更正输入错误的义务。

⑤电子商务合同成立的特殊规则

电子商务经营者发布的商品或者服务信息符合要约条件的，用户选择该商品或者服务并提交订单成功，合同成立。当事人另有约定的，从其约定。

(2)电子商务合同的效力规则。

①电子商务合同的效力一般应当按照《民法典》有关合同效力的规则执行。

②当事人民事行为能力推定规则。电子商务当事人使用自动信息系统订立或者履行合同的行为对使用该系统的当事人具有法律效力。在电子商务中推定当事人具有相应的民事行为能力。但是，有相反证据足以推翻的除外。

(3)电子商务合同的履行和快递物流规则。

①电子商务合同的履行应当遵守民事法律制度关于合同履行的相应规则。

②交付方式及时间(见表15-3)。

表15-3 交付方式及时间

交付方式	交付时间
交付商品并采用快递物流方式交付的	收货人签收时间为交付时间
合同标的为提供服务的	生成的电子凭证或者实物凭证中载明的时间为交付时间
	前述凭证没有载明时间或者载明时间与实际提供服务时间不一致的，实际提供服务的时间为交付时间
采用在线传输方式交付的	合同标的进入对方当事人指定的特定系统并且能够检索识别的时间为交付时间

【知识点拨】合同当事人对交付方式、交付时间另有约定的，从其约定。

③快递物流方式交付商品规定。

A. 快递物流服务提供者为电子商务提供快递物流服务，应当遵守法律、行政法规，并应当符合承诺的服务规范和时限。

B. 快递物流服务提供者在交付商品时，应当提示收货人当面查验；交由他人代收的，应当经收货人同意。

C. 快递物流服务提供者应当按照规定使用环保包装材料，实现包装材料的减量化和再利用。

D. 快递物流服务提供者在提供快递物流服务的同时，可以接受电子商务经营者的委托提供代收货款服务。

(三)电子签名和电子认证规则

1. 电子签名

(1)电子签名特点：

①电子签名是以**电子形式**出现的数据。

②电子签名是**附着于数据电文**的。

【知识点拨】数据电文，是指以电子、光学、磁或者类似手段生成、发送、接收或者储存的信息。

③电子签名必须**能够识别签名人身份并表明签名人认可**与电子签名相联系的数据电文的内容。

(2) 电子签名的形式。

①电子介质；②磁介质：如银行卡、PIN码；③采用特定生物技术识别工具：如指纹或者眼虹膜透视辨别法。

(3) 电子签名的法律效力：

①在排除四种特殊情况（包括涉及**人身关系、不动产权益转让、公共事业服务以及法律行政法规规定的不适用**电子文书的其他情形等）的前提下，全面认可了民商事活动中产生的各类电子签名、数据电文的法律效力。

②当事人约定使用电子签名、数据电文的文书，**不得仅因为**其采用电子签名、数据电文的形式而否定其法律效力。

③能够有形地表现所载内容，并可以随时调取查用的数据电文，视为符合法律、法规要求的**书面形式**。

④可靠的电子签名与手写签名或者盖章**具有同等**的法律效力。

⑤可靠的电子签名应具备的条件：

a. 电子签名制作数据用于电子签名时，属于**电子签名人专有**；

b. 签署时电子签名制作数据**仅由电子签名人控制**；

c. 签署后对电子签名的**任何改动能够被发现**；

d. 签署后对数据电文内容和形式的任何改动能够被发现。

⑥电子签名人的法律义务：

a. 应当妥善保管电子签名制作数据。

b. 电子签名人知悉电子签名制作数据已经失密或者可能已经失密时，应当及时告知有关各方，并终止使用该电子签名制作数据。

2. 电子认证

(1) 电子认证的概念。

①广义的电子认证是使用者以电子形式向信息系统核实其身份并建立信任。一般可采用三种方式：使用者所知的资料；使用者拥有的凭证；使用者的特征和行为。

②狭义的电子认证指一个国家承认的认证机构通过颁发数字证书和管理公钥来检验带有电子签名的文件所有人及其内容的真实性。

(2) 电子认证的规则。

①电子认证服务机构的设立及其条件。

向社会公众提供服务的电子认证服务机构应当依法设立。电子认证服务机构的设立应当具备的条件：

a. 取得企业法人资格；b. 具有与提供电子认证服务相适应的专业技术人员和管理人员；c. 具有与提供电子认证服务相适应的资金和经营场所；d. 具有符合国家安全标准的技术和设备；e. 具有国家密码管理机构同意使用密码的证明文件；f. 法律、行政法规规定的其他条件。

②电子认证关系。

在电子认证关系中，电子签名人是电子认证服务机构的客户，是接受电子认证服务一方。电子签名人除了应履行一般的支付费用义务外，还应当履行诚信义务。

③电子签名认证证书的取得。

电子签名人向电子认证服务提供者申请电子签名认证证书，应当提供**真实、完整和准确**的信息。

电子认证服务提供者收到电子签名认证证书申请后，应当对申请人的身份进行查验，并对有关材料进行审查。

(四) 电子支付规则

1. 电子支付的特征

(1) 电子支付都是通过**数字化的方式**进行款项支付的。

(2) 电子支付**以互联网**为基础。

(3) 电子支付需要**使用先进的通信**手段。

(4) 电子支付具有**便利、快捷、高效、经济**的优点。

第15章 电子商务法律制度

2. 电子支付法律关系(见表15-4)

表15-4 电子支付法律关系

主体	包括发端人(付款人)、受益人(收款人)、银行和认证机构
内容	一般包括：发端人与受益人的商务合同；发端人、受益人与银行之间的金融服务合同；认证机构与用户之间的认证服务合同
客体	电子支付行为

3. 电子支付服务提供者的义务和责任

(1)应当依法依规告知用户电子支付服务的功能、使用方法、注意事项、相关风险和收费标准等事项，不得附加不合理交易条件。

(2)应当确保电子支付指令的完整性、一致性、可跟踪稽核和不可篡改。

(3)应当向用户免费提供对账服务以及最近3年的交易记录。

(4)因提供电子支付服务不符合国家有关支付安全管理要求，造成用户损失的，应当承担赔偿责任。

(5)对支付指令发生错误的，电子支付服务提供者应当及时查找原因，并采取相关措施予以纠正。

【知识点拨】造成用户损失应当承担赔偿责任(但能够证明支付错误非自身原因造成的除外)。

(6)完成电子支付后，应当及时准确地向用户提供符合约定方式的确认支付的信息。

(7)未经授权的支付造成的损失，由电子支付服务提供者承担(电子支付服务提供者能够证明未经授权的支付是因用户的过错造成的，不承担责任)。

(8)电子支付服务提供者发现支付指令未经授权，或者收到用户支付指令未经授权的通知时，应当立即采取措施防止损失扩大。

【知识点拨】未及时采取措施导致损失扩大的，对损失扩大部分承担责任。

(五)电子商务税收法律

1. 对电子商务征税的一般税收原则

(1)中性原则。

(2)公平效率原则。

(3)税收法定原则。

(4)灵活原则。

2. 电子商务的税收征管

(1)对信用卡支付的税收征管。

(2)对通过顾客账户支付的税收征管。

(3)对电子货币支付的税收征管。

【例题·多选题】(2019年改编)对电子商务征税的一般税收原则包括( )。

A. 公序良俗原则

B. 中性原则

C. 公平效率原则

D. 意思自治原则

E. 过错责任原则

解析 本题考核对电子商务征税的一般税收原则。对电子商务征税的一般税收原则包括：中性原则、公平效率原则、税收法定原则、灵活原则。 答案 BC

同步训练 限时15分钟

扫我做试题

一、单项选择题

1. 根据《电子商务法》的规定，下列关于自然人网店必须办理市场主体登记的是( )。

A. 卖自家土鸡蛋

B. 卖自己做的窗花剪纸

C. 提供的裁剪裤脚服务

D. 大额交易活动

2. 下列选项中,不能成为电子商务平台经营者的是( )。

A. 自然人甲　　B. 淘宝

C. 京东　　　　D. 拼多多

3. 下列关于电子商务经营表述错误的是( )。

A. 从事食品零售需要获得电子商务行政许可

B. 电子商务经营者应当依法履行纳税义务

C. 电子商务经营信息的公示期限为1年

D. 收据、机打小票属于电子商务经营凭据

4. 在电子支付中,下列关于支付指令发生错误的说法,不正确的是( )。

A. 电子支付服务提供者应当及时查找原因

B. 电子支付服务提供者应当及时采取相关措施予以纠正

C. 如果不是电子支付服务提供者故意或者重大过失造成的用户损失,则不承担赔偿责任

D. 如果不是电子支付服务提供者的自身原因造成的用户损失,则不承担赔偿责任

5. 下列关于电子商务经营者的说法,不正确的是( )。

A. 网店从事电子商务的,属于平台内电子商务经营商

B. 通过朋友圈、订阅号进行宣传,通过内置的支付功能等完成销售商品或提供服务,属于平台内电子商务经营者

C. 只有法人或者非法人组织才可以注册成为电商平台

D. 平台内电子商务经营者可以是自然人

6. 下列关于电子商务合同订立与履行的说法,错误的是( )。

A. 快递物流服务提供者在提供快递物流服务的同时,不能接受电子商务经营者的委托提供代收货款服务

B. 快递物流服务提供者在交付商品时,应当提示收货人当面查验

C. 合同标的为交付商品并采用快递物流方式交付的,收货人签收时间为交付时间

D. 电子商务经营者应当清晰、全面、明确地告知用户订立合同的步骤、注意事项、下载方法等事项

7. 下列关于电子商务合同订立与履行的说法,错误的是( )。

A. 电子商务当事人使用自动信息系统订立或者履行合同的行为对使用该系统的当事人具有法律效力

B. 电子商务经营者应当保证用户在提交订单前可以更正输入错误

C. 电子商务当事人可以约定采用快递物流方式交付商品

D. 快递物流服务提供者尽量使用环保包装材料,实现包装材料的减量化和再利用

8. 下列关于电子支付的说法中,错误的是( )。

A. 电子商务当事人应当采用电子支付方式支付价款

B. 电子支付服务提供者应当确保电子支付指令的完整性、一致性、可跟踪稽核和不可篡改

C. 支付指令发生错误的,电子支付服务提供者应当及时查找原因,并采取相关措施予以纠正

D. 电子支付服务提供者应当向用户免费提供对账服务以及最近3年的交易记录

二、多项选择题

1. 下列选项不适用《电子商务法》调整的有( )。

A. 网络股票交易

B. 电子书

C. 网贷

D. 电子支付

E. 通过网络销售游戏

2. 电子支付服务提供者为电子商务提供电子支付服务,应当遵守国家规定,告知用户

电子支付服务( )。
A. 功能
B. 使用方法
C. 注意事项
D. 相关风险和收费标准等事项
E. 附加的不合理交易条件

3. 电子商务经营信息必须公示的内容有( )。
A. 企业通信地址、联系电话等信息
B. 企业投资设立企业、购买股权信息
C. 企业网站以及从事网络经营的网店的名称、网址等信息
D. 企业从业人数、利润总额、净利润、纳税总额等信息
E. 有限责任公司股东股权转让等股权变更信息

4. 电子认证服务机构的设立应当具备的条件包括( )。
A. 取得企业法人资格
B. 取得企业组织资格
C. 具有与提供电子认证服务相适应的专业技术人员和管理人员
D. 具有与提供电子认证服务相适应的资金和经营场所
E. 具有国家密码管理机构同意使用密码的证明文件

同步训练答案及解析

一、单项选择题

1. D 【解析】本题考核电子商务经营者登记的内容和效力。电子商务经营者应当依法办理市场主体登记。但是，个人销售自产农副产品(选项 A 不当选)、家庭手工业产品(选项 B 不当选)，个人利用自己的技能从事依法无须取得许可的便民劳务活动(选项 C 不当选)和零星小额交易活动(选项 D 当选)，以及依照法律、行政法规不需要进行登记的除外。

2. A 【解析】本题考核电子商务经营者的种类。从事电子商务平台经营的主体只能是法人或者非法人组织，自然人不能成为电子商务平台经营者。

3. C 【解析】本题考核电子商务经营的一般规则。电子商务经营信息的公示期限为持续进行公示。

4. C 【解析】本题考核电子支付规则。支付指令发生错误的，电子支付服务提供者应当及时查找原因，并采取相关措施予以纠正。造成用户损失的，电子支付服务提供者应当承担赔偿责任，但能够证明支付错误非自身原因造成的除外。

5. B 【解析】本题考核电子商务经营者的种类。选项 B 属于通过自建网站、其他网络服务销售商品或提供服务的电子商务经营者。

6. A 【解析】本题考核电子商务合同的一般法律规则。快递物流服务提供者在提供快递物流服务的同时，可以接受电子商务经营者的委托提供代收货款服务；所以选项 A 错误。

7. D 【解析】本题考核电子商务合同一般法律规则。快递物流服务提供者应当按照规定使用环保包装材料，实现包装材料的减量化和再利用，所以选项 D 说法错误。

8. A 【解析】本题考核电子支付规则。电子商务当事人可以约定采用电子支付方式支付价款，所以选项 A 错误。

二、多项选择题

1. ABCE 【解析】本题考核电子商务法的适用范围。金融类产品和服务，利用信息网络提供新闻信息、音视频节目、出版以及文化产品等内容方面的服务，不适用《电子商务法》。

2. ABCD 【解析】本题考核电子支付规则。电子支付服务提供者为电子商务提供电子支付服务，应当遵守国家规定，告知用户

电子支付服务的功能、使用方法、注意事项、相关风险和收费标准等事项，不得附加不合理交易条件。

3. ABCE 【解析】本题考核电子商务经营信息的公示。电子商务经营信息公示包括：①企业通信地址、邮政编码、联系电话、电子邮箱等信息；②企业开业、歇业、清算等存续状态的信息；③企业投资设立企业、购买股权信息；④企业为有限责任公司或者股份有限责任公司的，其股东或者发起人认缴和实缴的出资额、出资时间、出资方式等信息；⑤有限责任公司股东股权转让等股权变更信息；⑥企业网站以及从事网络经营的网店的名称、网址等信息；⑦企业从业人数、资产总额、负债总额、对外提供保证担保、所有者权益合计、营业总收入、主营业务收入、利润总额、净利润、纳税总额信息。①至⑥为必须公示的信息；⑦项为企业自主选择是否向社会公示。

4. ACDE 【解析】本题考核电子认证。电子认证服务机构的设立应当具备的条件：①取得企业法人资格；②具有与提供电子认证服务相适应的专业技术人员和管理人员；③具有与提供电子认证服务相适应的资金和经营场所；④具有符合国家安全标准的技术和设备；⑤具有国家密码管理机构同意使用密码的证明文件；⑥法律、行政法规规定的其他条件。

本章知识串联

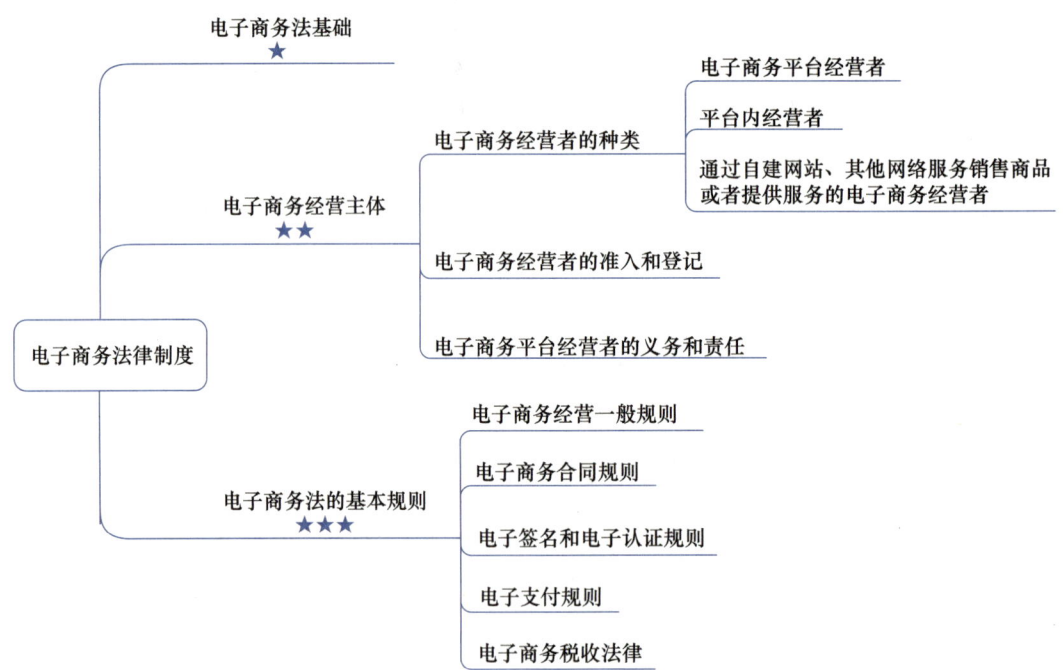

第16章　民事诉讼法律制度

考情解密

历年考情概况

根据近几年考试情况来看，本章内容考查分值在5分左右，民事诉讼管辖、民事诉讼参加人、证据等是重点考查内容。本章在考试中所占分值并不太多，一般以单选题、多选题方式考查，或者结合第二篇民商法律制度的相关内容考查综合分析题，在考试中多是起到"锦上添花"的作用。

近年考点直击

考点	主要考查题型	考频指数	考查角度
管辖	多选题、综合分析题	★★	（1）给出具体情形，判断是否属于民事诉讼特别管辖；（2）结合具体案例，判断属于何种管辖
民事诉讼参加人	单选题、多选题	★	（1）直接考查普通共同诉讼的特征；（2）直接考核民事诉讼委托代理
民事诉讼证据	单选题、综合分析题	★★	（1）给出具体情形，判断是否属于物证；（2）结合具体案例，判断是否属于直接证据
普通程序	单选题、多选题、综合分析题	★★	（1）直接考核民事诉讼起诉的内容；（2）直接考核第一审普通程序的相关内容

本章2021年考试主要变化

本章变动不大。

新增：（1）公益诉讼原告的相关内容。

（2）证据的作用。

（3）证明责任与证明责任分配的概念。

补充：民事诉讼当事人的特征。

删除：（1）当事人的诉讼权利能力和诉讼行为能力中法人的法定代表人和其他组织、分支机构的相关内容。

（2）证据的保全中关于鉴定、勘验、摘录证据以及书证的相关内容。

考点详解及精选例题

一、民事诉讼法概述与管辖

（一）民事诉讼法的基本原则（见表 16-1）★

表 16-1 民事诉讼法的基本原则

原则	具体内容
当事人诉讼权利平等原则	『解释』诉讼权利平等≠诉讼权利完全相同。 【知识点拨】诉讼行为能力不平等
辩论原则	(1)贯穿于诉讼的整个过程中； (2)辩论的内容，既包括程序事项，也包括实体争议； (3)辩论的形式，既可以是口头的，也可以是书面的
自愿与合法的调解原则	(1)凡能调解结案，就不采用判决方式。不能强行调解，调解不成，及时判决； (2)调解原则适用于民事审判程序，而不适用民事执行程序。 『总结』行政复议调解适用于自由裁量权的案件、行政赔偿和补偿案件；行政诉讼一般不适用调解，但行政赔偿补偿和自由裁量权的案件可以调解
诚实信用原则	对当事人适用主要体现在：(1)不得滥用诉讼权利，恶意制造诉讼状态；(2)禁止伪证行为和虚假陈述；(3)禁反言；(4)不得实施突袭诉讼行为等 对法院适用主要体现在：(1)禁止滥用审判权；(2)禁止突袭裁判；(3)禁止滥用自由裁量权；(4)法官裁判民事案件都要对法律进行理解、解释
处分原则	当事人有权在法律规定范围内处分自己的民事权利（实体部分）和诉讼权利（程序部分）。 『解释』超出法律规定的范围内处分权利，法院将代表国家实行干预
民事检察监督原则	不仅限于民事审判活动，还包括民事执行活动实施法律监督
支持起诉原则	(1)支持起诉的主体：机关、社会团体、企业事业单位； (2)支持起诉的内容：①从精神、道义、舆论上支持受害人提起诉讼；②帮助受害人收集提供证据，协助法院发现事实真相；③提供法律、科学知识、技术方面的支持；④支持受害人参与法庭辩论；⑤为受害人提供物质上的支持

（二）法院受理民事案件的范围★

1. 平等主体之间发生的财产权和人身权纠纷。

2. 因劳动关系引起的纠纷。

3. 其他法律调整的社会关系引起的纠纷。如宣告失踪或者宣告失踪人死亡案件、认定公民无民事行为能力或限制民事行为能力案件、认定财产无主案件等。

二、管辖的种类

（一）级别管辖★

1. 四级法院：基层、中级、高级和最高人民法院。专门法院，即军事法院、海事法院和知识产权法院等。

2. 中级人民法院管辖：（1）重大涉外案

件;(2)在本辖区内有重大影响的案件;(3)最高人民法院确定由中级人民法院管辖的案件。

(二)地域管辖★★★

1. 一般地域管辖

实行"原告就被告"原则(由被告住所地人民法院管辖)。

【知识点拨1】住国外、找不到人、被关押→原告住所地。

【知识点拨2】住所地与经常居住地(连续居住一年以上的地方)不一致→经常居住地。

2. 特殊地域管辖(见表16-2)

特殊地域管辖是指以诉讼标的所在地、争议的法律事实发生地为标准确定的管辖。

表16-2 特殊地域管辖

纠纷	管辖法院			
①合同纠纷	合同履行地			被告住所地
②票据纠纷	票据支付地			
③运输合同纠纷	运输始发地、目的地			
④侵权行为	侵权行为地	侵权行为实施地		
		侵权结果发生地		
⑤保险合同纠纷	保险标的物所在地	保险标的物是运输工具或者运输中的货物	运输工具登记注册地、运输目的地、保险事故发生地	
		人身保险	被保险人住所地	
⑥交通事故请求损害赔偿	事故发生地或者车辆、船舶最先到达地、航空器最先降落地			
⑦公司设立、确认股东资格、分配利润、解散等纠纷是由公司住所地人民法院管辖				

『解释』特别管辖不排除一般管辖。

【知识点拨】合同履行地的界定

①有约定,按约定。

②没有约定或约定不明确(见表16-3)。

表16-3 没有约定或约定不明确合同的履行地界定

类型	履行地
争议标的为给付货币的	接收货币一方所在地
其他标的(主要指动产)	履行义务一方所在地为合同履行地
交付不动产的	不动产所在地
即时结清的合同	交易行为地为合同履行地
没实际履行,双方均不在约定的履行地的	被告住所地法院管辖
财产租赁合同、融资租赁合同	租赁物使用地为合同履行地
信息网络方式订立的买卖合同	通过网络交付标的,买受人住所地为履行地 通过其他方式交付标的物的,收货地为合同履行地

3. 协议管辖(见表16-4)

协议管辖是指当事人在争议发生之前或发生之后,用书面协议的方式,选择管辖法院。

表 16-4　协议管辖

项目	内容
协议案件性质	合同或者其他财产权益纠纷，人身关系的民事纠纷**不得**协议管辖（同居或解除婚姻、收养关系后**发生财产争议**可以协议）
协议法院级别	仅适用于"合同或者和其他财产权益纠纷中"的**第一审**案件
协议法院范围	可以选择**被告住所地**、**合同履行地**、**合同签订地**、**原告住所地**、**标的物所在地**等与争议有实际联系的地点的人民法院管辖
协议法院特点	管辖协议不得违反有关**级别**管辖和**专属管辖**的规定
协议管辖形式	须采用"书面形式"
协议管辖无效	经营者使用格式条款与消费者订立管辖协议，未采取合理方式提请消费者注意，消费者有权主张管辖协议无效
协议管辖变更	协议一方当事人住所在签订后变更，由**签订**管辖协议时的住所地人民法院管辖；约定除外 合同转让的，协议管辖对合同**受让人有效**，但转让时受让人不知道，或转让协议另有约定且原合同相对人同意的除外

4. 专属管辖（见表 16-5）

专属管辖是指基于法律规定，某些案件必须由特定的人民法院管辖，其他法院无权管辖，也不准许当事人协议变更管辖。

表 16-5　专属管辖

类型	管辖法院
因不动产纠纷	不动产所在地法院管辖
因港口作业发生纠纷	港口所在地法院管辖
因继承遗产纠纷提起的诉讼	由被继承人死亡时住所地或主要遗产所在地法院管辖

【知识点拨1】不动产纠纷指因不动产的**权利确认**、**分割**、**相邻关系**等引起的物权纠纷。

【知识点拨2】农村土地承包经营合同纠纷、房屋租赁合同纠纷、建设工程施工合同纠纷、政策性房屋买卖合同纠纷，按照**不动产纠纷确定**管辖。

【知识点拨3】不动产已登记：以不动产**登记簿记载的所在地**为不动产所在地；不动产未登记的，以**不动产实际所在地**为不动产所在地。

5. 共同管辖

共同管辖是指依法律规定，就同一诉讼，两个或两个以上人民法院都有管辖权。

（1）共同管辖：原告同时向两个以上有管辖权的人民法院起诉，则由**最先立案**的法院管辖（同行政诉讼）。

（2）两个以上人民法院都有管辖权的诉讼，先立案的人民法院**不得**将案件移送给另一个有管辖权的人民法院。

（3）人民法院在立案前发现其他有管辖权的人民法院**已先立案**的，不得重复立案；立案后发现其他有管辖权的人民法院已先立案的，**裁定**将案件移送给先立案的人民法院。

6. 选择管辖

选择管辖是指依照法律规定，对同一案件两个以上法院都有管辖权时，当事人可以选择其中一个法院起诉。

（三）移送管辖★★★

移送管辖是指人民法院受理案件后，发现无管辖权时，将案件移送给有管辖权的法院审理。

1. 移送管辖符合条件：（1）移送法院已经受理案件；（2）移送法院对案件无管辖权；（3）受移送法院对案件有管辖权。

2. 管辖权的转移：由上级法院决定或同意把案件的管辖权由下级法院转移给上级法院；或由上级法院转移给下级法院审理。

（四）指定管辖★★★

指定管辖是指上级人民法院依照法律规定，指定其辖区内下级人民法院对某一具体案件行使管辖权。

1. 受移送法院认为自己对移送来的案件无管辖权，报请上级人民法院指定管辖。

2. 有管辖权的法院由于特殊原因不能行使管辖权。

3. 两个或者两个以上的法院都认为自己对案件有管辖权，或者两个或两个以上法院都认为自己对案件没有管辖权，通过协商未能解决管辖争议，报请共同上级法院指定管辖。

【知识点拨】如双方为跨省、自治区、直辖市的法院，先由双方的高级法院协商，协商不成的，由最高法院指定管辖。

三、民事诉讼参加人

扫我解疑难

（一）民事诉讼当事人的概念和特征

1. 民事诉讼当事人的概念

民事诉讼中的当事人，是指因民事上的权利义务关系发生纠纷，以自己的名义进行诉讼，并受人民法院裁判、调解协议约束的利害关系人。

2. 当事人的诉讼权利能力和诉讼行为能力

（1）诉讼权利能力，又称当事人能力，是指能够享有民事诉讼权利和承担民事诉讼义务的能力。具有这种能力，即是作为民事诉讼当事人的法律资格。

（2）诉讼行为能力，又称诉讼能力，是指以自己的行为行使诉讼权利、履行诉讼义务的能力，也就是亲自进行诉讼活动的能力。在特殊情况下，如未成年人、精神病人，虽有诉讼权利能力，却没有诉讼行为能力，只能由其法定代理人代理其诉讼。

公民、法人和其他组织诉讼权利能力与诉讼行为能力的区别，如表16-6所示。

表16-6 公民、法人和其他组织诉讼权利能力与诉讼行为能力的区别

区别	公民	法人和其他组织
诉讼权利能力	始于出生，终于死亡	始于依法成立，终于注销
诉讼行为能力	始于成年，终于死亡或宣告无行为能力	

（3）法人非依法设立的分支机构，或者虽依法设立，但没有领取营业执照的分支机构，以设立该分支机构的法人为当事人。

（二）共同诉讼人★

1. 种类（见表16-7）

表16-7 共同诉讼人的种类

必要共同诉讼	（1）定义：指当事人一方或双方为2人以上，其诉讼标的是共同的，人民法院认为必须合并审理，并作出同一判决的诉讼。 （2）效力：其中1人的行为经其他共同诉讼人承认，对其他共同诉讼人发生效力	『示例』"刘、关、张"共同侵权案
普通共同诉讼	（1）定义：指诉讼标的属于同一种类，人民法院认为可以合并审理并经当事人同意的诉讼。 （2）前提：必须属于同一人民法院管辖、同一种诉讼程序。 （3）效力：其中一人的行为，对其他共同诉讼人不发生效力	『示例』59户业主诉物业公司案

2. 必要共同诉讼与普通共同诉讼条件（见表16-8）

表16-8　必要共同诉讼与普通共同诉讼条件

区别	必要共同诉讼	普通共同诉讼
诉讼标的	共同的	同一种类
合并	必须合并审理	可以合并审理
一人行为效力	一人行为经其他共同诉讼人承认，对其他共同诉讼人发生效力	一人行为对其他共同诉讼人不产生影响
裁判结果	结果同一	结果独立

3. 必要共同诉讼的情形

（1）劳务派遣工作人员因执行工作任务造成他人损害的，可以用工单位与劳务派遣单位为共同被告。

（2）营业执照上登记的经营者与实际经营者不一致的，以登记的经营者和实际经营者为共同诉讼人。

（3）在诉讼中，未依法登记领取营业执照的个人合伙的全体合伙人为共同诉讼人。

（4）企业法人分立的，因分立前的民事活动发生的纠纷，以分立后的企业为共同诉讼人。

（5）借用业务介绍信、合同专用章、盖章的空白合同书或者银行账户的，出借单位和借用人为共同诉讼人。

（6）保证合同纠纷（见表16-9）。

表16-9　保证合同纠纷

连带保证	债权人向保证人和被保证人一并主张权利的	应将保证人和被保证人列为共同被告
	债权人仅起诉被保证人	只列被保证人为被告
	债权人仅起诉保证人的	无需通知被保证人作为共同被告参加诉讼
一般保证	债权人仅起诉保证人的	应当通知保证人作为共同被告参加诉讼
	债权人仅起诉被保证人的	可只列被保证人为被告

（7）无民事行为能力人、限制民事行为能力人造成他人损害的，"无、限人和其监护人"为共同被告。

（8）原告起诉被代理人和代理人，要求承担连带责任的，被代理人和代理人为共同被告。

（9）共有财产权受到他人侵害，部分共有权人起诉的，其他共有权人为共同诉讼人。

（10）以挂靠形式从事民事活动，该挂靠人和被挂靠人为共同诉讼人。

（11）在继承遗产的纠纷中，部分继承人起诉的，人民法院应通知其他继承人作为共同原告参加诉讼；被通知的继承人不愿意参加诉讼又未明确表示放弃实体权利的，人民法院仍应将其列为共同原告。

（三）诉讼代表人★

1. 代表人诉讼

代表人诉讼是指在共同诉讼中，当事人一方人数众多（≥10人）时，可以由当事人推选代表人进行诉讼。

2. 代表人诉讼的代表人为2~5人，每位代表人可以委托1~2人作为诉讼代理人。

3. 下列三件事必须经被代表的当事人同意，诉讼代表人才可以做：

（1）变更、放弃诉讼请求；

（2）承认对方当事人的诉讼请求；

（3）进行和解。

4. 代表人诉讼的类型（见表16-10）

表 16-10　代表人诉讼的类型

项目	内容
(1) 人数确定的代表人诉讼	—
(2) 人数不能确定的代表人诉讼	法院可以发出公告(由法院确定,不少于 30 日),通知权利人向人民法院登记 登记的权利人应当证明其与对方当事人的法律关系和所受到的损害;证明不了的,不予登记,权利人可以另行起诉

5. 法院判决的效力范围

人民法院作出的判决、裁定,对参加登记的全体权利人发生效力。未参加登记的权利人在诉讼时效期间提起诉讼的,适用该判决、裁定。

6. 代表人的产生方法(见表 16-11)

表 16-11　代表人的产生方法

类型	办法
人数确定的代表人诉讼	全体当事人推选/部分当事人推选→推选不出,在必要的共同诉讼中可以自己参加诉讼,在普通的共同诉讼中可以另行起诉
人数不能确定的代表人诉讼	当事人推选代表人→当事人推选不出的,可以由人民法院提出人选与当事人协商;协商不成的,也可以由人民法院在起诉的当事人中指定代表人

(四)民事公益诉讼★★

1. 案件类型：污染环境、侵害众多消费者合法权益等损害社会公共利益的行为。

【知识点拨】法院受理公益诉讼案件,不影响同一侵权行为的受害人根据《民事诉讼法》规定的起诉条件提起诉讼。

2. 公益诉讼的诉讼主体(见表 16-12)

表 16-12　公益诉讼的诉讼主体

主体	具体规定
环境公益诉讼的原告	《民事诉讼法》第 55 条规定：对污染环境、侵害众多消费者合法权益等损害社会公共利益的行为,法律规定的机关和有关组织可以向人民法院提起诉讼。 人民检察院在履行职责中发现破坏生态环境和资源保护、食品药品安全领域侵害众多消费者合法权益等损害社会公共利益的行为,在没有前述规定的机关和组织或者前款规定的机关和组织不提起诉讼的情况下,可以向人民法院提起诉讼
消费者公益诉讼的原告	法律规定的机关和有关组织对侵害众多消费者合法权益等损害社会公共利益的行为,根据《民事诉讼法》第 55 条提起公益诉讼

3. 公益诉讼案件的管辖(见表 16-13)

表 16-13　公益诉讼案件的管辖

类型	管辖法院
公益诉讼案件	一般由侵权行为地或被告住所地中级人民法院管辖
污染海洋环境	由污染发生地、损害结果地或采取预防污染措施地海事法院管辖
向两个以上法院提起公益诉讼	由最先立案的人民法院管辖,必要时由它们的共同上级人民法院指定管辖

4. 程序(见表16-14)

表16-14 公益诉讼案件的程序

项目	内容
(1)和解与调解	可以和解,人民法院可以调解
	达成和解或调解协议后,法院应当将和解或者调解协议进行公告。公告期间不得少于30日
(2)撤诉	公益诉讼案件的原告在法庭辩论终结后申请撤诉的,人民法院不予准许
(3)重复起诉	公益诉讼裁判发生效力后,其他依法具有原告资格的机关和有关组织就同一侵权行为另行提起公益诉讼的,法院裁定不予受理,法律、司法解释另有规定的除外

(五)第三人★

1. 第三人的特征

(1)第三人对于他人之间的诉讼标的享有全部或者部分独立请求权(有独立请求权第三人),或者案件处理结果与其有法律上的利害关系(无独立请求权第三人);

(2)第三人是在他人已经开始诉讼后再加入其中;

(3)第三人参加诉讼的目的在于维护自己的权益。

2. 第三人的种类(见表16-15)

表16-15 第三人的种类

	有独立请求权的第三人	无独立请求权的第三人
依据	享有全部或部分的独立请求权	没有独立的请求权,但案件的处理结果与其有法律上的利害关系
地位	诉讼中的地位相当于原告,以本诉中的原告和被告为共同被告	既非原告,也非被告,只能参加到当事人一方进行诉讼
权利	享有原告的诉讼权利,无权提出管辖权异议	一审中无权对管辖权提出异议,也无权放弃、变更诉讼请求或申请撤诉。但法院判决承担责任的第三人,则享有与当事人同一的诉讼权利义务,可以和解、上诉、请求执行判决
方式	通过起诉	申请参加诉讼,或依法院通知参加诉讼

(六)诉讼代理人★

1. 诉讼代理人特征

(1)诉讼代理人必须以被代理人的名义进行诉讼;(2)诉讼代理人是有诉讼行为能力的人;(3)同一诉讼代理人只能代理一方当事人,不能同时代理双方当事人;(4)在代理权限内实施诉讼行为;(5)代理诉讼行为所产生的法律后果直接由被代理人承担。

2. 种类(见表16-16)

表16-16 诉讼代理人的种类

	法定代理人	委托代理人
取得	代理无诉讼行为能力人,基于亲权、监护权	基于当事人、法定代表人、法定代理人的委托,代理人可以是当事人的近亲属、律师、基层法律工作者、社会团体和当事人所在单位推荐的人等
证明	身份证明,无须授权委托书	提交授权委托书

续表

	法定代理人	委托代理人
权限	全权代理	诉讼代理人代为承认、放弃、变更诉讼请求，进行和解，提起反诉或者上诉，必须有委托人的特别授权

【例题1·单选题】(2019年)下列有关民事诉讼当事人的说法中，正确的是( )。

　　A. 虽依法设立但没有领取营业执照的法人分支机构，以该分支机构的负责人为当事人

　　B. 以未成年人为被告的诉讼，未成年人的法定代理人是当事人

　　C. 当事人应当具有民事诉讼权利能力

　　D. 以无民事行为能力人为被告的诉讼，无民事行为能力人的监护人是当事人

　　解析▶ 本题考核民事诉讼当事人。法人非依法设立的分支机构，或者虽依法设立，但没有领取营业执照的分支机构，以设立该分支机构的法人为当事人。所以选项A错误。无诉讼行为能力人由他的监护人作为法定代理人代为诉讼。选项BD中法定代理人、监护人只是代理人，不是诉讼当事人。所以选项B、D错误。　　　答案▶ C

【例题2·单选题】(2016年)下列关于民事诉讼委托代理，说法正确的是( )。

　　A. 委托诉讼代理权于委托代理人死亡时消灭

　　B. 解除委托诉讼代理自法院接到书面解除通知时生效

　　C. 未成年人的父母可以成为委托诉讼代理人

　　D. 授权书上写明"全权委托"意味着可以行使代为承认、变更和放弃诉讼请求

　　解析▶ 本题考核民事诉讼委托代理。委托代理人死亡或者丧失诉讼行为能力，即失去了行使诉讼代理权的能力，无法代理诉讼，诉讼代理权随之丧失。所以选项A正确。委托代理人辞却或解除委托，当事人必须书面告知人民法院，并由人民法院通知对方当事人，否则，不发生辞却或解除的效力。所以选项B错误。未成年人的父母作为其监护人，是法定诉讼代理人，不是委托诉讼代理人。所以选项C错误。授权委托书仅写"全权代理"而无具体授权的，诉讼代理人无权代为承认、放弃、变更诉讼请求，进行和解，提出反诉或者提起上诉。所以选项D错误。　　　答案▶ A

【例题3·单选题】(2012年)关于民事诉讼法基本原则的说法，正确的是( )。

　　A. 当事人诉讼权利平等原则意味着当事人拥有相同的诉讼权利

　　B. 处分原则意味着法院无权干涉当事人民事权利或者诉讼权利的行使

　　C. 原告提起诉讼与被告进行答辩是辩论原则的表现

　　D. 调解原则适用于民事审判程序和民事执行程序

　　解析▶ 本题考核民事诉讼法基本原则。(1)当事人诉讼权利平等原则，是地位上的平等，诉讼权利内容并不一定相同。所以选项A错误。(2)民事诉讼当事人要在法律规定的范围内处分自己的民事权利和诉讼权利，如果违法，法院将代表国家实行干预。所以选项B错误。(3)调解原则适用于民事审判程序。所以选项D错误。　　　答案▶ C

【例题4·多选题】(2019年)下列有关民事诉讼法管辖类型的说法中，正确的有( )。

　　A. 两个法院依法对同一诉讼都有管辖权的管辖是共同管辖

　　B. 以当事人的住所地与法院辖区的联系确定的管辖是普通管辖

　　C. 上级法院指定其辖区内下级法院管辖的是级别管辖

　　D. 依法必须由特定人民法院管辖的管辖是专属管辖

　　E. 以诉讼标的物所在地、争议的法律事实发生地为标准确定的管辖是特别管辖

解析 本题考核民事诉讼管辖的种类。指定管辖是指上级人民法院依照法律规定,指定其辖区内下级人民法院对某一具体案件行使管辖权,所以选项C错误。

答案 ABDE

【例题5·多选题】(2018年)下列关于民事诉讼地域管辖的说法中正确的有( )。

A. 因侵权行为提起的诉讼,由侵权结果地法院管辖

B. 因追索扶养费、抚育费、赡养费案件的几个被告住所地不在同一辖区的,可以由原告住所地法院管辖

C. 因票据纠纷提起的诉讼,由票据支付地或者被告住所地法院管辖

D. 因合同纠纷提起的诉讼,由被告住所地或者合同履行地法院管辖

E. 因公司解散、公司合并、公司分立、公司增资、公司减资、公司决议、股东知情权等纠纷提起的诉讼,由公司住所地法院管辖

解析 本题考核民事诉讼地域管辖。因侵权行为提起的诉讼,由侵权行为地或者被告住所地人民法院管辖。所以选项A错误。追索赡养费、抚育费、扶养费案件的几个被告住所地不在同一辖区的,可以由原告住所地人民法院管辖。所以选项B正确。因票据纠纷提起的诉讼,由票据支付地或者被告住所地人民法院管辖。所以选项C正确。因合同纠纷提起的诉讼,由被告住所地或者合同履行地人民法院管辖。所以选项D正确。因公司设立、确认股东资格、分配利润、解散、股东名册记载、请求变更公司登记、股东知情权、公司决议、公司合并、公司分立、公司减资、公司增资等纠纷提起的诉讼,由公司住所地人民法院管辖。所以选项E正确。

答案 BCDE

【例题6·多选题】(2015年)下列关于普通共同诉讼特征的表述中,正确的有( )。

A. 其诉讼标的是共同的

B. 2人以上应诉,其相互间有连带关系

C. 2人以上起诉,其相互间有连带关系

D. 其诉讼案件适用同一种诉讼程序

E. 其诉讼案件必须属于同一人民法院管辖

解析 本题考核普通共同诉讼的特征。选项ABC属于必要共同诉讼的特征。

答案 DE

四、民事诉讼证据和证明

扫我解疑难

民事诉讼证据主要发挥以下作用:①证明当事人的事实主张;②反驳对方当事人的事实主张;③有助于法院查明事实真相。

(一)民事诉讼证据的种类 ★★

1. 民事诉讼证据的理论分类(见表16-17)

表16-17 民事诉讼证据的理论分类

标准	分类	内容
按证据的来源	原始证据	第一手材料:如借款合同原件
	派生证据	第二手材料:如借款合同复印件
按证据与待证事实之间的关系	直接证据	单独证明:如借款合同
	间接证据	形成证据链一起证明:如转账凭据
按证据与当事人主张的关系	本证	能够证明当事人一方所主张的事实存在
	反证	证明当事人一方主张的事实不存在

2. 民事诉讼法定证据种类

(1)当事人陈述;(2)书证;(3)物证;(4)视听资料;(5)电子数据;(6)证人证言;(7)鉴定意见;(8)勘验笔录。

【知识点拨】与行政诉讼证据不同的是没有现场笔录。

（二）证据的调查收集

法院收集证据可以分为根据当事人申请收集的证据和法院依职权收集的证据。

（1）人民法院调查收集的书证，可以是原件，也可以是经核对无误的副本或者复制件。是副本或者复制件的，应当在调查笔录中说明来源和取证情况。

（2）人民法院调查收集的物证应当是原物。被调查人提供原物确有困难的，可以提供复制品或者影像资料。提供复制品或者影像资料的，应当在调查笔录中说明取证情况。

（3）人民法院调查收集视听资料、电子数据，应当要求被调查人提供原始载体。提供原始载体确有困难的，可以提供复制件。提供复制件的，人民法院应当在调查笔录中说明其来源和制作经过。

（三）证据的保全

1. 保全的提出

当事人在证据可能灭失或者以后难以取得的情况下申请证据保全的，应当在举证期限届满前向人民法院提出。

2. 保全担保及数额

当事人或者利害关系人申请采取查封、扣押等限制保全标的物使用、流通等保全措施，或者保全可能对证据持有人造成损失的，人民法院应当责令申请人提供相应的担保。

担保方式或者数额由人民法院根据保全措施对证据持有人的影响、保全标的物的价值、当事人或者利害关系人争议的诉讼标的金额等因素综合确定。

（四）民事诉讼证明★（见表16-18）

表16-18 民事诉讼中的证明

需证明的对象	无需证明的事实
（1）当事人主张的民事实体权益所根据的事实；（如借钱的事实） （2）当事人主张的具有程序性质的法律事实；（如管辖地点正确与否） （3）外国法律和地方性法规、习惯	（1）一方当事人对另一方当事人对己不利的事实，明确表示承认的； （2）众所周知的事实和自然规律及定理、定律； （3）根据法律规定推定的事实； （4）已为人民法院发生法律效力的裁判所确定的事实； （5）已为仲裁机构的生效裁决所确认的事实； （6）已为有效公证书所证明的事实； （7）根据已知的事实和日常生活经验法则推定出的另一事实

（五）举证时限与证据交换★

1. 举证期限的确定（见表16-19）

表16-19 举证期限的确定

法院应当在审理前的准备阶段确定	第一审普通程序案件不得少于15日，当事人提供新的证据的第二审案件不得少于10日
举证期限可以由当事人协商	并经人民法院准许

2. 举证期限届满

（1）举证期限届满后，当事人对已经提供的证据，申请提供反驳证据或者对证据来源、形式等方面的瑕疵进行补正的，人民法院可以酌情再次确定举证期限，且该期限不受前述15天、10天最长限制的限制。

（2）申请延长

①当事人申请延长举证期限的，应当在举证期限届满前向人民法院提出书面申请。

②申请理由成立的，人民法院应当准许，适当延长举证期限，并通知其他当事人。

③延长的举证期限适用于其他当事人。

（3）当事人逾期提供证据的，人民法院应当责令其说明理由，必要时可以要求提供相应的证据。

【知识点拨】拒不说明理由或者理由不成

立的,人民法院根据不同情形可以不予采纳该证据,或者采纳该证据但予以训诫、罚款。

(4)证据交换

通过组织证据交换进行审理前准备的,证据交换之日举证期限届满。证据交换的时间可以由当事人协商一致并经人民法院认可,也可以由人民法院指定。当事人申请延期举证经人民法院准许的,证据交换日相应顺延。

(六)质证与证据的审核认定★

1. 质证

(1)证据应当在法庭上出示,并由当事人互相质证。

(2)对涉及国家秘密、商业秘密和个人隐私的证据应当保密,需要在法庭出示的,不得在公开开庭时出示。

(3)不能正确表达意思的人,不能作为证人。待证事实与其年龄、智力状况或者精神健康状况相适应的无民事行为能力人和限制民事行为能力人,可以作为证人。

人民法院应当要求证人出庭作证,接受审判人员和当事人的询问。证人在审理前的准备阶段或者人民法院调查、询问等双方当事人在场时陈述证言的,视为出庭作证。双方当事人同意证人以其他方式作证并经人民法院准许的,证人可以不出庭作证。无正当理由未出庭的证人以书面等方式提供的证言,不得作为认定案件事实的根据。

2. 认证

下列证据不能单独作为认定案件事实的根据:

(1)当事人的陈述;

(2)无民事行为能力人或者限制民事行为能力人所作的与其年龄、智力状况或者精神健康状况不相当的证言;

(3)与一方当事人或者其代理人有利害关系的证人陈述的证言;

(4)存有疑点的视听资料、电子数据;

(5)无法与原件、原物核对的复制件、复制品。

一方当事人控制证据无正当理由拒不提交,对待证事实负有举证责任的当事人主张该证据的内容不利于控制人的,人民法院可以认定该主张成立。

五、民事诉讼的起诉和受理

扫我解疑难

(一)起诉条件★

1. 原告是与本案有直接利害关系的公民、法人或其他组织;
2. 有明确的被告;
3. 有具体的诉讼请求和事实、理由;
4. 属于人民法院受理民事诉讼的范围和受诉人民法院管辖。

【知识点拨】以书面形式提出,特别情况可以以口头形式。

『总结』行政诉讼、行政复议均可以书面也可以口头。

(二)受理★★★

1. 立案(见表16-20)

表16-20 立案

程序	符合起诉条件	7日内立案(同行政诉讼)
	不符合起诉条件	(1)7日内裁定不予受理,立案后发现裁定驳回; (2)原告对裁定不服的,可以提起上诉
处理	法院接到起诉状时	对符合起诉条件规定,且不属于法律规定的特别情形的,应当登记立案
	当场不能判定是否符合起诉条件	应当接收起诉材料,并出具注明收到日期的书面凭证
	需要补充必要相关材料的	法院应当及时告知当事人;在补齐相关材料后,应当在7日内决定是否立案

2. 特别情形

(1)依照《行政诉讼法》的规定,属于行政诉讼受案范围的,告知原告提起行政诉讼。

(2)依照法律规定,双方当事人达成书面

仲裁协议申请仲裁、不得向人民法院起诉的,告知原告向仲裁机构申请仲裁。

(3)依照法律规定,应当由其他机关处理的争议,告知原告向有关机关申请解决。

(4)对不属于本院管辖的案件,告知原告向有管辖权的人民法院起诉。

(5)对判决、裁定、调解书已经发生法律效力的案件,当事人又起诉的,告知原告申请再审,但人民法院准许撤诉的裁定除外。

【知识点拨】原告撤诉或者人民法院按撤诉处理后,原告以同一诉讼请求再次起诉的,人民法院应予受理。但原告撤诉或者按撤诉处理的离婚案件,没有新情况、新理由,6个月内又起诉的,不予受理。

(6)依照法律规定,在一定期限内不得起诉的案件,在不得起诉的期限内起诉的,不予受理。

(7)判决不准离婚和调解和好的离婚案件,判决、调解维持收养关系的案件,没有新情况、新理由,原告在6个月内又起诉的,不予受理。

3. 当事人起诉到人民法院的民事纠纷,适宜调解的,先行调解,但当事人拒绝调解的除外。

六、民事诉讼第一审普通程序

(一)审理前的准备★

1. 人民法院应当在立案之日起5日内将起诉状副本发送被告,被告应当在收到之日起15日内提出答辩状。

2. 管辖权异议(见表16-21)

表16-21 管辖权异议

时间	当事人(被告)对管辖权有异议的,应当在提交答辩状期间(接到起诉状副本之日起15日内)提出
对象	**第一审**民事案件的管辖权,对第二审民事案件不得提出管辖权异议
处理	(1)异议成立的,裁定将案件移送有管辖权的法院(移送管辖);(2)异议不成立,裁定驳回
上诉	对管辖权异议裁定不服,当事人可以在10日内向上一级人民法院提起上诉。 『总结』可以上诉的裁定:管辖权异议、驳回起诉、不予受理

3. 通知追加当事人

必须共同进行诉讼的当事人没有参加诉讼的,人民法院应当通知其参加诉讼。

(二)开庭审理★★

1. 公开审判

(1)人民法院审理民事案件,原则上应当公开进行。

(2)以下案件不宜公开审理(见表16-22)。

表16-22 以下案件不宜公开审理

法定不公开	①涉及国家秘密的案件;②涉及个人隐私的案件
申请不公开	①离婚案件;②涉及商业秘密的案件

【知识点拨】法院对公开审理或者不公开审理的案件,**一律公开宣告判决**。

2. 裁定的适用范围

(1)不予受理;(可以上诉)

(2)对管辖权有异议的;(可以上诉,小额诉讼案件除外)

(3)驳回起诉;(可以上诉,小额诉讼案件除外)

(4)保全和先予执行;

(5)准许或者不准许撤诉;

(6)中止或者终结诉讼;

(7)补正判决书中的笔误;

(8)中止或者终结执行；
(9)撤销或者不予执行仲裁裁决；
(10)不予执行公证机关赋予强制执行效力的债权文书；
(11)其他需要裁定解决的事项。

3. 一审在立案之日起**6个月内**审结，有特殊情况需延长的，由本院院长批准，可**延长6个月**；还需延长的，报请上级法院批准。

『解释』"6个月"，是指从立案之日起至裁判宣告、调解书送达之日止的期间，但公告期间、鉴定期间、双方当事人和解期间、审理当事人提出的管辖异议以及处理人民法院之间的管辖争议期间不应计算在内。

(三)审理过程中的几种情况及处理★★

1. 撤诉(见表16-23)

表16-23 申请撤诉和按撤诉处理

申请撤诉	(1)必须是原告提出申请。 (2)向受诉法院提出。 (3)必须在**诉讼程序开始之后，法院宣告判决之前**提出。 (4)**申请撤诉是否准许由法院裁定**
按撤诉处理	原告(包括无民事行为能力的当事人的法定代理人、有独立请求权的第三人)经传票传唤，无正当理由拒不到庭的，或者未经法庭许可中途退庭的，可以按撤诉处理

2. 反诉

(1)反诉对象的特定性：只能由本诉被告针对本诉原告而向法院提出。

(2)反诉请求的独立性：作为一种独立的诉讼请求而存在，本诉撤回并不影响反诉的继续审理。

(3)反诉目的的对抗性：被告提起反诉是为了对抗原告的本诉请求，以抵销、吞并本诉或使本诉失去作用。

(4)反诉的请求和理由与本诉具有牵连性。

【知识点拨】本诉是反诉的前提，没有本诉就没有反诉。

3. 延期审理、诉讼中止与诉讼终结(见表16-24)

表16-24 延期审理、诉讼中止与诉讼终结

延期审理	(1)必须到庭的当事人和其他诉讼参与人有"**正当理由**"没有到庭的。 【知识点拨】若无正当理由，被告为缺席判决，原告是按撤诉处理。 (2)当事人**临时提出回避**申请。 (3)需要通知**新的证人**到庭，调取新的证据，重新鉴定、勘验，或需要补充调查。 『解释』延期审理前的诉讼行为，对延期后的审理仍然有效
诉讼中止	(1)一方当事人死亡，需要等待继承人表明是否参加诉讼； (2)一方当事人丧失诉讼行为能力，尚未确定法定代理人； (3)作为一方当事人的法人或其他组织终止，尚未确定权利义务承受人的； (4)一方当事人因不可抗拒的事由，不能参加诉讼； (5)本案必须以另一案的审理结果为依据，而另一案尚未审结等
诉讼终结	(1)原告死亡，没有继承人，或者继承人放弃诉讼权利； (2)被告死亡，没有遗产，也没有应承担义务的人； (3)离婚案件的**一方当事人死亡**； (4)追索赡养费、抚养费、抚育费以及解除收养关系案件的**一方当事人死亡**

七、简易程序

（一）简易程序特点（见表 16-25）★★★

表 16-25　简易程序的特点

项目	内容
方式	可以口头起诉
程序	可以当即审理，也可以另定日期审理
传唤	可以用简便方式随时传唤
组织	实行独任制
开庭	无须事前通知、公告，无须遵循普通程序规定的审理阶段
审限	在立案之日起3个月内审结。审理期限到期后，双方当事人同意继续适用简易程序的，由本院院长批准，可以延长审理期限。延长后的审理期限累计不得超过6个月

（二）小额诉讼的特别规定★★

1. 适用范围（见表 16-26）

表 16-26　适用范围

适用	基层人民法院和其派出的法庭审理简单的民事案件，标的额为各省、自治区、直辖市上年度就业人员年平均工资30%以下的，实行一审终审
禁止适用	（1）人身关系、财产确权纠纷； （2）涉外民事纠纷； （3）知识产权纠纷； （4）需要评估、鉴定或者对诉前评估、鉴定结果有异议的纠纷； （5）其他不宜适用一审终审的纠纷

2. 一审终审

（1）小额诉讼案件管辖异议，法院应当作出裁定，裁定一经作出即生效。

（2）小额诉讼案件不符合起诉条件，裁定驳回起诉，裁定一经作出即生效。

3. 转为适用简易程序的其他规定审理

（1）因当事人申请增加或者变更诉讼请求、提出反诉、追加当事人等，致使案件不符合小额诉讼案件条件的，应当适用简易程序的其他规定审理。

（2）当事人对按照小额诉讼案件审理有异议的，应当在"开庭前提出"。

八、第二审程序

（一）上诉的提起★

1. 必须就法律规定允许上诉的判决或裁定而提起。

『解释』判决可上诉，裁定只有不予受理、驳回起诉、管辖权异议可上诉，决定不能上诉。

2. 对判决的上诉期为15天，对裁定的上诉期为10天（同行政诉讼）。

3. 必须提交上诉状（必须书面）。

4. 必要共同诉讼人中的一人或者部分人提出上诉的，按下列情况处理（见表 16-27）。

表 16-27 上诉当事人

情形	示例
(1)该上诉仅对对方当事人,不涉及其他共同诉讼人,对方当事人为被上诉人,未上诉的同一方当事人依原审诉讼地位列明	一审:原告"刘、关、张",被告:"王" 二审:上诉人"刘"→被上诉人"王" "关、张"原审原告
(2)该上诉仅对共同诉讼人,不涉及对方,未上诉的同一方当事人为被上诉人,对方依原审诉讼地位列明	一审:原告"刘、关、张",被告:"王" 二审:上诉人"刘"→被上诉人"关、张" "王"原审被告
(3)该上诉对双方当事人之间以及共同诉讼人之间权利义务承担有意见的,未提出上诉的其他当事人均为被上诉人	一审:原告"刘、关、张",被告:"王" 二审:上诉人"刘"→被上诉人"关、张、王"

(二)上诉案件的审理★

1.审理范围:第二审人民法院审理案件,应当对上诉请求的有关事实和适用法律进行审查。

2.审判组织:上诉案件的审理应当组成合议庭。

3.审理方式

(1)以开庭审理为原则。

(2)第二审人民法院对下列上诉案件,可以不开庭审理:

①不服不予受理、管辖权异议和驳回起诉裁定的;

②当事人提出的上诉请求明显不能成立的;

③原判决、裁定认定事实清楚,但适用法律错误的;

④原判决严重违反法定程序,需要发回重审的。

4.上诉案件,可以进行调解。

5.撤回上诉:在第二审程序中,当事人申请撤回上诉,人民法院经审查认为一审判决确有错误,或者当事人之间恶意串通损害国家利益、社会公共利益、他人合法权益的,不应准许。

6.审限(见表16-28)

表 16-28 审限

判决	立案之日起3个月内审结,有特殊情况需延长的,由本院院长批准
裁定	立案之日起30日内作出终审裁定

九、审判监督程序

扫我解疑难

(一)概念和特点(见表16-29)★

表 16-29 审判监督程序的概念和特点

项目	内容
性质	并不是必经程序
对象	已经生效且确有错误的判决书、裁定书和调解书
主体	(1)当事人;(2)各级人民法院院长及其审判委员会、最高人民法院、上级人民法院;(3)最高人民检察院、上级人民检察院
法院	作出生效裁判的上一级法院、原审法院
时间	原则上当事人申请再审的期限规定为裁判生效后6个月内提出

(二)当事人申请再审★

1.经当事人的申请,人民法院应当再审的情形,包括但不限于:

(1)有新的证据,足以推翻原判决、裁定

的；(2)原判决、裁定认定的基本事实缺乏证据证明的；(3)原判决、裁定认定事实的主要证据是伪造的；(4)原判决、裁定认定事实的主要证据未经质证的；(5)对审理案件需要的主要证据，当事人因客观原因不能自行收集，书面申请人民法院调查收集，人民法院未调查收集的；(6)原判决、裁定适用法律确有错误的；(7)审判组织的组成不合法或者依法应当回避的审判人员没有回避的；(8)无诉讼行为能力人未经法定代理人代为诉讼或者应当参加诉讼的当事人，因不能归责于本人或者其诉讼代理人的事由，未参加诉讼的；(9)违反法律规定，剥夺当事人辩论权利的；(10)未经传票传唤，缺席判决的；(11)原判决、裁定遗漏或者超出诉讼请求的；(12)据以作出原判决、裁定的法律文书被撤销或者变更的；(13)审判人员审理该案件时有贪污受贿，徇私舞弊，枉法裁判行为的。

2. 当事人对已生效的解除婚姻关系的判决，不得申请再审。

3. 申请再审应当向作出发生法律效力的判决、裁定的上一级人民法院提出。

【知识点拨】当事人一方人数众多或者当事人双方为公民的案件，也可以向原审人民法院申请再审。

(三)法院决定再审★

1. 各级人民法院院长对本院作出的生效判决、裁定、调解书提起审判监督的程序；本法院提起再审由院长提交审委会讨论决定。

2. 最高人民法院对地方各级人民法院已经发生法律效力的裁判、调解书发现确有错误，提审或指令下级人民法院再审。

3. 上级人民法院发现下级人民法院已经发生法律效力的裁判、调解书确有错误的，提审或指令下级人民法院再审。

(四)检察院民事抗诉提起的再审★

1. 抗诉的主体是上级人民检察院与最高人民检察院。地方同级人民检察院发现同级人民法院已经发生法律效力的裁判、调解书确有错误，不得直接进行抗诉，提请上级人民检察院按照审判监督程序进行抗诉。

2. 人民检察院提出抗诉的案件，人民法院应当再审。

(五)再审案件的审理★

1. 裁定中止原判决、裁定、调解书的执行

【知识点拨】追索赡养费、扶养费、抚育费、抚恤金、医疗费用、劳动报酬等案件，可以不中止执行。

2. 组成合议庭。人民法院审理再审案件，应当另行组成合议庭。

3. 处理(见表16-30)

表16-30 处理

情形	处理办法	
一审法院作出	按照一审再审	判决裁定可上诉
二审法院作出	按照二审再审	不得上诉

4. 再审的审理范围

法院审理再审案件应当围绕再审请求进行。当事人的再审请求超出原审诉讼请求的，不予审理；符合另案诉讼条件的，告知当事人可以另行起诉。

【例题7·单选题】(2020年)根据《民事诉讼法》规定，下列事实中，当事人无须举证证明的是( )。

A. 当事人主张的具有程序性质的法律事实

B. 习惯

C. 自然规律

D. 当事人主张的实体权益所根据的事实

解析 本题考核民事诉讼中当事人无须举证的情况。下列事实，当事人无须举证证明：(1)自然规律以及定理、定律；(选项C正确)(2)众所周知的事实；(3)根据法律规定推定的事实；(4)根据已知的事实和日常生

活经验法则推定出的另一事实；(5)已为仲裁机构生效裁决所确认的事实；(6)已为人民法院发生法律效力的裁判所确认的事实；(7)已为有效公证文书所证明的事实。前述第(2)项至第(5)项规定的事实，当事人有相反证据足以反驳的除外；第(6)项至第(7)项规定的事实，当事人有相反证据足以推翻的除外。

答案 ▶ C

[例题8·单选题]（2012年）甲对乙提起请求偿还借款的诉讼。根据民事诉讼证据理论，相关当事人提供的证据中，属于直接证据的是( )。

A. 甲向法院提交的其向乙的银行卡转款的银行凭条

B. 丙向法院提供的曾听甲说乙要向甲借钱的证词

C. 甲向法院提交的乙向其借款时出具的借据复印件

D. 丁向法院提供的曾陪同甲到银行汇款给乙的证词

解析 ▶ 本题考核直接证据。直接证据是能够单独地直接证明待证事实的证据。不能单独地、直接地证明待证事实，但一系列事实组合在一起可以证明待证事实的证据，是间接证据。

答案 ▶ C

[例题9·单选题]（2018年）下列关于民事诉讼起诉和受理的说法中，正确的是( )。

A. 符合起诉条件的，法院应当在3日内立案

B. 不符合起诉条件的，法院应当裁定驳回原告诉讼请求

C. 起诉应有明确的被告

D. 起诉状列写被告信息不明确的，法院可以判决驳回起诉

解析 ▶ 本题考核民事诉讼的起诉和受理。符合起诉条件的，法院应当在7日内立案。所以选项A错误。不符合起诉条件的，应当在7日内作出裁定书，不予受理。所以选项B错误。起诉应当有明确的被告。所以选项C正确。起诉状列写被告信息不足以认定明确的被告的，人民法院可以告知原告补正；原告补正后仍不能确定明确的被告的，人民法院裁定不予受理。所以选项D错误。

答案 ▶ C

[例题10·多选题]（2016年）下列民事诉讼证据中，属于物证的有( )。

A. 证明甲公司财务情况的会计账簿

B. 证明甲、乙婚姻关系存在的结婚证

C. 证明甲伤害乙侵权事实的沾上乙血迹的木棒

D. 证明甲、乙谈话内容的录音

E. 证明甲、乙在共同伤人现场的鞋印

解析 ▶ 本题考核民事诉讼证据的分类。凡是用物品的外形、特征、质量等证明待证事实的一部分或全部的，称为物证。物证具有的特点有：具有较强的客观性；具有较强的稳定性；具有特定性和不可替代性。所以选项C、E正确。会计账簿、证明婚姻关系的结婚证属于书证。谈话录音属于视听资料。所以选项A、B、D错误。

答案 ▶ CE

[例题11·多选题]（2019年）下列民事诉讼事项中，法院应当采用裁定方式处理的有( )。

A. 不予受理

B. 驳回起诉

C. 驳回诉讼请求

D. 先予执行

E. 诉讼中止

解析 ▶ 本题考核民事诉讼裁定适用范围。裁定适用于下列范围：(1)不予受理；(2)对管辖权有异议的；(3)驳回起诉；(4)保全和先予执行；(5)准许或者不准许撤诉；(6)中止或者终结诉讼；(7)补正判决书中的笔误；(8)中止或者终结执行；(9)撤销或者不予执行仲裁裁决；(10)不予执行公证机关赋予强制执行效力的债权文书；(11)其他需要裁定解决的事项。

答案 ▶ ABDE

[例题12·多选题]（2016年）下列关于民事诉讼一审开庭、审理及判决事项的说法中，正确的有( )。

A. 庭前进行证据交换的，当事人在庭审中不得再提出证据

B. 法院审理民事案件，应当在开庭 3 日前通知当事人和其他诉讼参加人

C. 被告提出反诉的，法院可以合并审理

D. 判决书应当写明判决理由

E. 驳回原告起诉的，应当采用判决方式

解析 ▶ 本题考核民事诉讼一审程序。当事人在法庭上可以提出新的证据。所以选项 A 错误。人民法院审理民事案件，应当在开庭 3 日前通知当事人和其他诉讼参与人。公开审理的，应当公告当事人姓名、案由和开庭的时间、地点。所以选项 B 正确。原告增加诉讼请求，被告提出反诉，第三人提出与本案有关的诉讼请求，可以合并审理。所以选项 C 正确。判决书应当写明判决结果和作出该判决的理由。所以选项 D 正确。驳回起诉应当适用裁定。所以选项 E 错误。

答案 ▶ BCD

同步训练 限时25分钟

扫我做试题

一、单项选择题

1. 下列关于民事诉讼管辖的说法中，正确的是（　　）。

   A. 对同一案件两个以上法院都有管辖权的，称为协议管辖

   B. 法院受理案件后发现无管辖权时，将案件移送给有管辖权的法院审理，称为移送管辖

   C. 对同一案件两个以上法院都有管辖权的，当事人选择其中一个法院起诉的，是指定管辖

   D. 对同一个案件两个以上法院都有管辖权的，当事人选择其中一个法院起诉的，是专属管辖

2. 下列关于地域管辖的表述中，符合民事诉讼法律制度规定的是（　　）。

   A. 对被监禁的人提起的诉讼，可由监狱所在地人民法院管辖

   B. 因公路事故请求损害赔偿提起的诉讼，可由事故发生地人民法院管辖

   C. 因保险合同纠纷提起的诉讼，当事人对管辖法院未约定的，可由合同履行地人民法院管辖

   D. 因票据纠纷提起的诉讼，当事人对管辖法院未约定的，可由出票地人民法院管辖

3. 下列关于协议管辖的表述中，符合民事诉讼法律制度规定的是（　　）。

   A. 协议仅适用于合同纠纷中的第一审案件

   B. 管辖协议不得违反有关级别管辖和专属管辖的规定

   C. 协议管辖形式可以采用书面或口头形式

   D. 经营者使用格式条款与消费者订立管辖协议，未采取合理方式提请消费者注意，消费者无权主张管辖协议无效

4. 关于民事案件的级别管辖，下列选项中说法正确的是（　　）。

   A. 涉外案件由中级人民法院审理

   B. 海事案件由高级人民法院管辖

   C. 专利纠纷案件均由中级人民法院审理

   D. 协议管辖不能违背我国级别管辖和专属管辖的规定

5. 田某将邻居邱某和邱某的哥哥打伤，邱某以田某为被告向法院提起诉讼。在法院受理该案时，邱某的哥哥也向法院起诉，对田某提出索赔请求。法院受理了邱某哥哥的起诉，在征得当事人同意的情况下决定

将上述两案并案审理。在本案中，邱某的哥哥在诉讼中是（　　）。

A. 必要共同诉讼的共同原告

B. 有独立请求权的第三人

C. 普通共同诉讼的共同原告

D. 无独立请求权的第三人

6. 某公益诉讼案件，当事人达成了和解。对此，下列说法错误的是（　　）。

A. 和解无效，公益诉讼案件不能进行和解，可以调解

B. 当事人达成和解协议后，人民法院应当将和解协议进行公告

C. 人民法院对当事人达成和解协议进行公告的时间不得少于30日

D. 公告期满后，人民法院经审查，和解协议不违反社会公共利益的，应当出具调解书

7. 沈某和钱某就两间房屋的所有权发生纠纷并诉至法院，孔某闻讯后，向人民法院提起诉讼，认为无论沈某还是钱某都不是房屋的所有人，自己才对这两间房屋享有所有权。关于孔某在沈某、钱某争讼案件的法律地位，说法正确的是（　　）。

A. 原告

B. 有独立请求权的第三人

C. 无独立请求权的第三人

D. 共同被告

8. 根据最高人民法院《关于民事诉讼证据的若干规定》关于举证时限的规定，下列说法中，正确的是（　　）。

A. 举证时限不能由当事人协商，只能由人民法院确定

B. 人民法院指定的举证时限，不得少于15日

C. 人民法院确定举证期限，第一审普通程序案件不得少于15日

D. 当事人逾期提交证据的，人民法院应当对该证据材料开庭质证

9. 兴隆市供电局辖区内用户增多，为抢修改造设备需要停电，由于供电局未提前通知，给供电区域内的许多用户造成损失。为解决损失赔偿问题，42名用户联名向人民法院起诉，要求供电局赔偿因临时停电所造成的损失。在诉讼进行中，经过人民法院通知与公告，152名用户到人民法院登记了权利，并推选甲、乙、丙3人为诉讼代表人。下列诉讼权利中，未经被代表的当事人同意，甲、乙、丙3人不能行使的是（　　）。

A. 提供证据证明所造成损失的权利

B. 在庭审中进行辩论的权利

C. 与供电局进行和解的权利

D. 委托律师代理诉讼的权利

10. 某品牌手机生产商在手机出厂前预装众多程序，大幅侵占手机内存，某省消费者保护协会以侵害消费者知情权为由提起公益诉讼，法院受理了该案。对此，下列说法正确的是（　　）。

A. 本案应当由侵权行为地或者被告住所地中级人民法院管辖

B. 本案原告没有撤诉权

C. 本案当事人不可以和解，法院也不可以调解

D. 该案结束后，其他依法具有原告资格的机关或组织可就同一侵权行为另行提起公益诉讼

二、多项选择题

1. 下列纠纷由《民事诉讼法》调整的有（　　）。

A. 张某失手打死征税的税务工作人员王某

B. 周某诉曹某离婚的纠纷

C. 李某因购买商品和商家产生的纠纷

D. 刘某不服市场监督管理局的罚款产生的纠纷

E. 股东赵某与公司有关股东分红的纠纷

2. 关于民事诉讼普通程序的表述，下列选项正确的有（　　）。

A. 法院裁定驳回起诉的，原告再次起诉符合条件的，法院应当受理

B. 起诉必须递交起诉状，不得口头起诉

C. 当事人超过诉讼时效起诉的，法院应当受理

D. 离婚案件，一律不公开审理

E. 一审普通程序案件，法院一般应在立案之日起 6 个月内审结

3. 根据《民事诉讼法》相关司法解释，下列案件不适用小额诉讼程序的有( )。

A. 人身关系案件

B. 涉外民事案件

C. 海事案件

D. 发回重审的案件

E. 知识产权纠纷

4. 民事诉讼中，诉讼代表人必须经被代表的当事人同意才能行使的权利有( )。

A. 变更诉讼请求

B. 进行和解

C. 放弃诉讼请求

D. 承认对方诉讼请求

E. 提起上诉

5. 根据我国《民事诉讼法》的规定，在( )情况下，法院应裁定中止诉讼程序。

A. 原告死亡，继承人放弃诉讼权利的

B. 被告经传票传唤，无正当理由拒不到庭的

C. 在诉讼过程中需要通知新的证人到庭，调取新的证据的

D. 被告因不可抗力不能参加诉讼的

E. 案件必须以另一案的审理结果为依据，而另一案尚未审结的

6. 在民事诉讼中，普通的共同诉讼必须具备的条件有( )。

A. 诉讼标的属同一种类

B. 几个诉讼必须属于同一人民法院管辖

C. 几个诉讼必须适用同一诉讼程序

D. 当事人双方均为 2 人以上

E. 共同诉讼人之间有共同的权利和义务

7. 根据《民事诉讼法》的规定，民事诉讼中的第三人( )。

A. 可能对他人之间的诉讼标的享有全部或者部分独立请求权

B. 是在他人已经开始诉讼后再加入其中

C. 须由人民法院提出追加

D. 参加诉讼的目的在于帮助原告主张权利

E. 必须是自然人

8. 根据《民事诉讼法》及司法解释，下列关于民事诉讼证、举证事项的表述中，正确的有( )。

A. 证据应当在法庭上出示

B. 未经质证的证据可以作为认定事实的依据

C. 人民法院收到当事人提交的证据材料，应当出具收据

D. 当事人在举证期限内不提交证据材料的，视为放弃举证权利

E. 举证期限可以由当事人协商一致，并经人民法院准许

9. 根据《民事诉讼法》规定，下列关于起诉的说法中，正确的有( )。

A. 起诉必须有明确的被告

B. 起诉必须递交起诉状，不得口头起诉

C. 未成年人不得以自己的名义起诉

D. 超过诉讼时效的案件不得起诉

E. 立案后发现不符合起诉条件的，法院应裁定驳回起诉

10. 根据民事诉讼法律制度的规定，提起民事抗诉的条件有( )。

A. 人民法院的判决、裁定尚未生效

B. 原判决、裁定认定事实的主要证据是伪造的

C. 原判决、裁定适用法律确有错误

D. 当事人对判决未提起过上诉

E. 下级检察机关未提起过抗诉

同步训练答案及解析

一、单项选择题

1. B 【解析】本题考核民事诉讼的管辖。协议管辖是指当事人在争议发生之前或发生之后，用书面协议的方式，选择管辖法院。所以选项A错误。对同一个案件两个以上法院都有管辖权的，当事人选择其中一个法院起诉的，属于是选择管辖。所以选项CD错误。

2. B 【解析】本题考核民事诉讼管辖。因铁路、公路、水上和航空事故请求损害赔偿提起的诉讼，由事故发生地或车辆、船舶最先到达地、航空器最先降落地或被告住所地人民法院管辖，B正确。

3. B 【解析】本题考核民事诉讼管辖。(1)同居或解除婚姻、收养关系后发生财产争议可以协议管辖；A错误。(2)协议管辖形式须采用书面形式；C错误。(3)经营者使用格式条款与消费者订立管辖协议，未采取合理方式提请消费者注意，消费者有权主张管辖协议无效；D错误。

4. D 【解析】本题考核级别管辖。重大涉外案件是由中级人民法院管辖。所以选项A错误。海事、海商案件由海事法院管辖。所以选项B错误。专利纠纷案件由知识产权法院、最高人民法院确定的中级人民法院和基层人民法院管辖。所以选项C错误。

5. C 【解析】本题考核普通共同诉讼。本题中，田某对邱某及其哥哥的人身侵害虽然侵权主体是一样的，但是被害人是不同的，实际上客体是两个行为，不是同一个诉讼标的，而是同一种类诉讼标的，属于普通的共同诉讼。

6. A 【解析】本题考核公益诉讼。对公益诉讼案件，当事人可以和解，人民法院可以调解。

7. B 【解析】本题考核民事诉讼中的第三人。孔某对沈某和钱某争议的诉讼标的享有独立的请求权，孔某在本诉中是有独立请求权的第三人。

8. C 【解析】本题考核民事诉讼的举证时限。(1)举证期限可以由当事人协商一致，并经人民法院准许；A错误。(2)人民法院指定举证期限，第一审普通程序案件不得少于15日，当事人提供新的证据的第二审案件不得少于10日；B错误，C正确。(3)当事人逾期提供证据的，人民法院应当责令其说明理由，必要时可以要求提供相应的证据；拒不说明理由或者理由不成立的，人民法院根据不同情形可以不予采纳该证据，或者采纳该证据但予以训诫、罚款；D错误。

9. C 【解析】本题考核代表人诉讼。必须经被代表的当事人同意，诉讼代表人才可以行使情形：(1)变更、放弃诉讼请求；(2)承认对方当事人的诉讼请求；(3)进行和解；C项当选。

10. A 【解析】本题考核公益诉讼。

二、多项选择题

1. BCE 【解析】本题考核法院受理民事案件的范围。人民法院受理公民之间、法人之间、其他组织之间以及他们相互之间因财产关系和人身关系提起的民事诉讼。

2. ACE 【解析】本题考核民事诉讼普通程序。起诉应以书面形式提出，特别情况下，也可以以口头形式提出。所以选项B错误。法院审理民事案件，除涉及国家秘密、个人隐私或者法律另有规定的以外，应当公开进行。离婚案件，涉及商业秘密的案件，当事人申请不公开审理的，可以不公开审理。所以选项D错误。

3. ABDE 【解析】本题考核小额诉讼程序。(1)下列案件，不适用小额诉讼程序审理：

人身关系、财产确权纠纷；涉外民事纠纷；知识产权纠纷；需要评估、鉴定或者对诉前评估、鉴定结果有异议的纠纷；其他不宜适用一审终审的纠纷；所以选项 A、B、E 正确。（2）海事法院可以审理海事、海商小额诉讼案件。案件标的额应当以实际受理案件的海事法院或者其派出法庭所在的省、自治区、直辖市上年度就业人员年平均工资百分之三十为限。据此可知，海事案件可以适用小额诉讼程序审理。选项 C 适用不选。（3）发回重审的，不适用简易程序。小额诉讼程序是简易程序中的一种特殊形式，因此，发回重审的案件不能适用小额诉讼程序审理；所以选项 D 正确。

4. ABCD 【解析】本题考核诉讼代表人的权利。诉讼代表人的诉讼行为对其所代表的当事人发生效力，但代表人变更、放弃诉讼请求或者承认对方当事人的诉讼请求，进行和解，必须经被代表的当事人同意。

5. DE 【解析】本题考核民事诉讼中诉讼中止的情形。本题中，选项 A 属于诉讼终结的情形；选项 B 属于缺席判决的情形；选项 C 属于延期审理的情形。

6. ABC 【解析】本题考核普通共同诉讼的条件。普通的共同诉讼必须同时具备以下四个条件：（1）诉讼标的属同一种类；（2）几个诉讼必须属于同一人民法院管辖；（3）几个诉讼必须适用同一种诉讼程序；（4）合并审理能够达到简化诉讼程序、节省时间和费用的目的。共同诉讼的当事人一方或双方为 2 人以上。所以选项 D 错误。选项 E 属于必要共同诉讼的必备条件。

7. AB 【解析】本题考核民事诉讼第三人。（1）第三人的特征在于：①第三人对于他人之间的诉讼标的享有全部或者部分独立请求权，或者案件处理结果与其有法律上的利害关系；②第三人是在他人已经开始诉讼后再加入其中；③第三人参加诉讼的目的在于维护自己的权益。所以选项 A、B 正确，选项 D 错误。（2）可以自己申请加入，或者通过法院的通知参加诉讼。所以选项 C 错误。（3）第三人可以是自然人，还可以是法人和其他组织。所以选项 E 错误。

8. ACE 【解析】本题考核民事诉讼证据。未经质证的证据，不能作为认定案件事实的依据。所以选项 B 错误。人民法院根据当事人的主张和案件审理情况，确定当事人应当提供的证据及其期限。当事人逾期提供证据的，人民法院应当责令其说明理由；拒不说明理由或者理由不成立的，人民法院根据不同情形可以不予采纳该证据，或者采纳该证据但予以训诫、罚款。所以选项 D 错误。

9. AE 【解析】本题考核起诉。（1）起诉应以书面形式提出，特别情况下，也可以以口头形式提出。所以选项 B 错误。（2）未成年人可以以自己的名义起诉。所以选项 C 错误。（3）当事人超过诉讼时效期间起诉的，人民法院应予受理。所以选项 D 错误。

10. BC 【解析】本题考核民事抗诉。人民检察院提起民事抗诉应当具备以下条件：（1）人民法院的判决、裁定"已经"生效；如果是尚未生效的，权利人在法定期限内直接上诉即可；（2）生效的判决、裁定具有相同于当事人申请再审的法定情形的。

本章知识串联

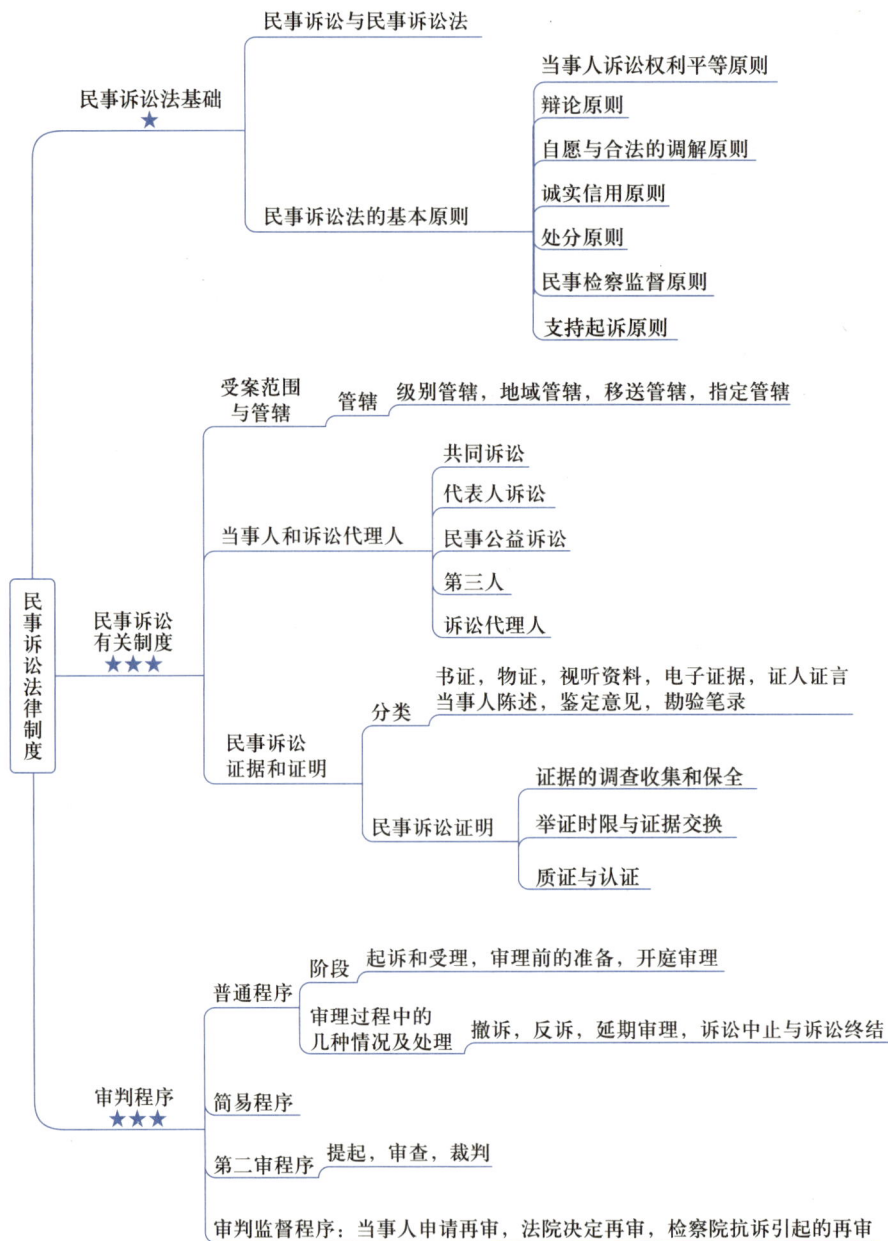

第三篇　刑事法律制度

第17章 刑事法律制度

考情解密

历年考情概况

本章在历年考试中属于重点章节,预计分值在15分左右。主要介绍刑法基本理论、犯罪、刑罚、涉税犯罪、涉税职务犯罪。本章是刑事犯罪的实体法,第18章是刑事犯罪的程序法,两章结合起来出案例分析题的可能性非常高。

近年考点直击

考点	主要考查题型	考频指数	考查角度
自然人犯罪主体	单选题、多选题	★★	(1)主要从未成年人和老年人犯罪入手,考核自然人犯罪的刑事责任;(2)直接考核自然人犯罪的量刑情节
主刑与附加刑的适用原则	多选题	★★	直接考核主刑与附加刑的适用原则
禁止令	单选题	★★	(1)直接考核禁止令的期限与执行机关;(2)直接考核禁止令可与哪些刑罚同时适用
累犯	单选题	★	直接考核累犯的适用情形和量刑
自首	单选题、多选题	★★★	直接考核自首的认定条件
缓刑	单选题、多选题	★★	直接考核缓刑的适用对象及限制
假释	单选题、多选题	★★★	(1)直接考核适用假释的犯罪情形;(2)直接考核假释的考验期及与减刑的结合
逃税罪	多选题、综合分析题	★★	(1)给出具体情形,判断是否属于逃税罪;(2)结合具体案例,直接考核逃税罪的犯罪构成
涉税犯罪	单选题、综合分析题	★★★	(1)给出具体案例,判断是否符合虚开增值税专用发票的犯罪构成;(2)结合具体案例,判断是否属于非法出售发票罪
涉税职务犯罪	单选题、多选题、综合分析题	★★	(1)直接考核徇私舞弊不移交刑事案件罪的犯罪构成及其情节严重的具体情形;(2)结合具体案例,判断是否属于徇私舞弊不征、少征税款罪及其重大损失的具体情形

本章2021年考试主要变化

本章变动较大。

调整:刑事责任年龄,由原来的"14周岁"改为"12周岁"。

删除:(1)刑法解释和刑法效力;

(2)量刑原则和量刑情节;

(3)犯罪形态;

(4)虚开发票罪下普通发票的相关内容;

(5)受贿罪全部内容,以及贿赂犯罪相关表述。

考点详解及精选例题

一、刑法基础

（一）刑法基本原则★★

1. 罪刑法定原则

（1）法律明文规定为犯罪行为的，依照法律定罪处刑；法律没有明文规定为犯罪行为的，不得定罪处刑。

（2）禁止不利于行为人的溯及既往和类推适用。

2. 平等适用刑法原则：对一切人的犯罪都应平等地适用刑法。

3. 罪刑相当原则（又称罪刑相适应原则、罪刑均衡原则）

根据罪行危害性的大小决定处刑的轻重。即重罪重罚，轻罪轻罚，罪刑相当，罚当其罪。

（二）追诉时效★★

1. 追诉时效的期限（见表17-1）

表17-1 追诉时效的期限

法定最高刑 X	追诉时效	起算点
X<5年	5年	（1）没有连续状态的犯罪：从犯罪之日起算； （2）有连续或继续状态的犯罪：从犯罪行为终了之日起算
5年≤X<10年	10年	
X≥10年	15年	
无期徒刑、死刑	20年	
	20年后认为必须追诉，报请最高人民检察院核准	

2. 追诉期限的计算

（1）不受追诉期限的限制。

①在检察院、公安机关、国家安全机关立案侦查或在法院受理案件以后，逃避侦查或审判的；

②被害人在追诉期限内提出控告，法院、检察院、公安机关应当立案而不予立案的。

（2）追诉时效中断：犯罪分子在实施犯罪行为后，在追诉时效期限内又犯罪的，前罪的追诉时效就此中断，并从后罪成立之日起重新计算。

『示例』甲1990年过失致人死亡后潜逃。若2012年盗窃被抓，后罪单独从2012年计算追诉时效；若1993年盗窃被抓，杀人罪和盗窃罪均从1993年计算追诉时效。

二、犯罪构成★★

1. 犯罪的特征

（1）严重的社会危害性，这是犯罪的本质特征；情节显著轻微危害不大的，不认为是犯罪。

（2）刑事违法性。

（3）应受刑罚处罚性。

2. 犯罪客体

（1）犯罪客体（见表17-2）。

《刑法》所保护的而为犯罪行为所侵害的社会主义社会关系。

表17-2 犯罪客体

类型	含义	示例
一般客体	一切犯罪行为共同侵犯的客体	《刑法》所保护的社会主义社会关系的统一整体

续表

类型		含义	示例
同类客体		某一类犯罪所共同侵犯的某一类社会关系	如危害税收征管罪：包括逃税罪、抗税罪等，共同侵犯国家的税收征管制度
直接客体	简单客体	具体犯罪所直接侵犯的具体的社会主义社会关系	逃税罪：侵犯国家税收征管秩序
	复杂客体		抗税罪：侵犯国家税收征管秩序和税务人员的人身权利

（2）犯罪客体与犯罪对象（见表17-3）。

表17-3 犯罪客体与犯罪对象

性质	犯罪客体	犯罪对象
犯罪对象是否为具体人或物	不是（抢劫手机的客体是财产所有权）	是（抢劫手机的对象是手机）
是否受犯罪侵害	所有犯罪都侵害犯罪客体（抢劫手机，社会关系受损害）	并非都必然损害犯罪对象（抢劫手机，手机没有受损害）
是否决定犯罪性质	决定犯罪性质（如偷走手机叫盗窃罪，暴力抢手机叫抢劫罪）	一般不能决定犯罪性质（手机不能决定犯罪性质）
每个犯罪都有	是	不是（脱逃罪没有犯罪对象）

3. 犯罪客观方面

（1）**危害行为、危害结果、危害行为与危害结果之间的因果关系**，是犯罪客观方面的必备要件。

（2）"**犯罪的时间、地点和方法**"不是所有犯罪构成的必备要件，而仅为某些犯罪构成所必需，即称为"选择性犯罪构成要件"。

4. 犯罪主体

（1）自然人犯罪主体。

①刑事责任年龄（见表17-4）。

表17-4 刑事责任年龄

刑事责任年龄	刑事责任	量刑情节
不满（小于）12周岁	不负刑事责任	—
已满（≥）12周岁不满（＜）14周岁	犯故意杀人、故意伤害罪，致人死亡或以特别残忍手段致人重伤造成严重残疾，情节恶劣，经最高检核准追诉	
已满（**大于等于**）14周岁不满（**小于**）16周岁的人	对"**犯故意杀人、故意伤害致人重伤或者死亡、强奸、抢劫、贩卖毒品、放火、爆炸、投放危险物质罪**"（共8种犯罪）负刑事责任	对犯罪时不满18周岁的人**应当从轻或者减轻处罚**：a. 不作为累犯；b. 符合缓刑条件的，应当宣告缓刑；c. 不适用死刑；d. 被判处5年有期徒刑以下刑罚的，免除其前科报告义务
已满（**大于等于**）16周岁的人犯罪	应当负刑事责任	

【知识点拨】对老年人犯罪从宽处理的规定：

a. 已满75周岁的人犯罪，只要符合缓刑条件的，**应当予以缓刑**；

b. 已满75周岁的人**故意犯罪**的，**可以**从轻或者减轻处罚；**过失犯罪的，应当**从轻或者减轻处罚；

c. 审判时对已满75周岁的人，不适用死刑，但以特别残忍手段致人死亡的**除外**。

②行为人在"**已满14周岁不满16周岁**"

期间,实施了法定的 8 种犯罪,并在未满 14 周岁时也实施过相同的行为,对此只能追究已满 14 周岁后实施的特定严重犯罪的刑事责任。

③刑事责任能力(见表 17-5)。

表 17-5 刑事责任能力

类型		内容
精神病人	不负刑事责任	经确认不能辨认或不能控制自己行为时造成危害结果
	应当负刑事责任	a. 间歇性精神病人在精神正常时犯罪; b. 尚未完全丧失辨认或控制自己行为能力的精神病人犯罪的,应当负刑事责任,但可以从轻或者减轻处罚(不能免除)
醉酒		醉酒的人犯罪的,应当负刑事责任
聋哑盲		又聋又哑的人或者盲人犯罪的,可以从轻、减轻或者免除处罚

(2)单位犯罪主体。

单位犯罪主体是指为谋取本单位的非法利益,由单位负责人或者经集体讨论决定,实施了《刑法》明文规定的单位犯罪的公司、企业、事业单位、机关、团体。

①不属于单位犯罪的情形(见表 17-6)。

表 17-6 不属于单位犯罪的情形

项目	内容
主体非单位	a. 个人为进行违法犯罪活动而设立的公司、企业实施犯罪的; b. 公司、企业设立后,以实施犯罪为主要活动的; c. 个人盗用单位名义实施犯罪,违法所得由实施犯罪的个人私分的
非为单位谋利	a. 单位一般成员实施的犯罪; b. 与单位的经营管理活动没有任何关系的犯罪; c. 仅为单位个人或少数成员谋取非法利益的
刑法未定	不属于《刑法》的特别规定的单位犯罪情形(如抗税罪只有自然人能犯)

②处罚原则(两罚制):对单位判处罚金,并对其直接负责的主管人员和其他直接责任人员判处刑罚。

5. 犯罪的主观方面(见表 17-7)

(1)主观方面包括:犯罪故意、犯罪过失。

(2)犯罪故意、犯罪过失是犯罪必备要件。

(3)犯罪目的是某些犯罪构成的必备要件,犯罪动机不是犯罪构成的必备要件,不影响定罪,只影响量刑。犯罪目的和犯罪动机只存在于直接故意犯罪中。

表 17-7 犯罪的主观方面

		认识	意志	示例
犯罪故意	直接故意	明知危害	希望结果发生	"夺妻之恨"杀人
	间接故意	明知可能危害	放任结果发生	"防盗电网"电死人
犯罪过失	疏忽大意的过失	应当预见,但没有预见到	不想发生	"警察开玩笑"枪杀人
	过于自信的过失	已经预见	不想发生,轻信能避免却未避免	"交通事故"撞死人

【解释】疏忽大意的过失和过于自信的过失的区别：事发前对危害结果的发生是否有预见。有预见而轻信能够避免的是过于自信；应当预见而事先没有预见的是疏忽大意。

【例题 1·单选题】(2019 年)刑法的基本原则是在刑事立法和刑事司法中必须遵循的具有全局性和根本性的准则。下列原则中，属于刑法基本原则的是( )。

A. 公开审判原则
B. 罪刑法定原则
C. 疑罪从无原则
D. 认罪从宽原则

解析 ▶ 本题考核刑法基本原则。刑法基本原则包括：罪刑法定原则、平等适用刑法原则、罪刑相当原则。　　　答案 ▶ B

【例题 2·单选题】(2014 年)根据《刑法》及《刑法修正案(八)》，下列关于未成年人和老年人犯罪的定罪与量刑的说法中，正确的是( )。

A. 犯罪时不满 18 周岁的人，可以作为一般累犯
B. 犯罪时不满 16 周岁的人，不负刑事责任
C. 审判时已满 75 周岁的被告人，一般不适用死刑
D. 已满 75 周岁的被告人故意犯罪，应当减轻处罚

解析 ▶ 本题考核自然人犯罪主体。累犯不适用于犯罪时不满 18 周岁的人。所以选项 A 错误。已满 14 周岁不满 16 周岁的人，须对犯故意杀人、故意伤害致人重伤或者死亡、强奸、抢劫、贩卖毒品、放火、爆炸、投放危险物质罪负刑事责任。所以选项 B 错误。已满 75 周岁的人故意犯罪的，"可以"从轻或者减轻处罚；过失犯罪的，应当从轻或者减轻处罚。所以选项 D 错误。　答案 ▶ C

【例题 3·多选题】(2018 年)根据《刑法》及有关规定，下列关于追诉时效的说法中，正确的有( )。

A. 连续或继续状态的犯罪，追诉时效从犯罪行为终了之日起计算
B. 一般犯罪的追诉时效，从犯罪之日起计算
C. 超过追诉时效的，一般不再追究犯罪分子的刑事责任
D. 在追诉时效期限内又犯罪的，前罪追诉的期限从犯后罪之日起计算
E. 法定最高刑为 10 年以上有期徒刑的，追诉时效为 20 年

解析 ▶ 本题考核刑法的追诉时效。一般犯罪，是指没有连续与继续状态的犯罪，这种犯罪的追诉期限，从犯罪之日起计算；犯罪行为有连续或者继续状态的，从犯罪行为终了之日起计算。所以选项 AB 正确。追诉时效，是指对犯罪分子追究刑事责任的法定有效期限。超过这个期限，一般不再追究犯罪分子的刑事责任。所以选项 C 正确。在追诉期限以内又犯罪的，前罪追诉的期限从犯后罪之日起计算。所以选项 D 正确。法定最高刑为 10 年以上有期徒刑的，追诉时效为 15 年。所以选项 E 错误。　答案 ▶ ABCD

【例题 4·多选题】(2017 年)犯罪必须具有的特征有( )。

A. 严重的社会危害性
B. 应受刑罚处罚性
C. 一般违法性
D. 刑事违法性
E. 主观故意性

解析 ▶ 本题考核犯罪的特征。

答案 ▶ ABD

【例题 5·多选题】(2017 年)下列关于刑事责任能力的说法中，正确的有( )。

A. 尚未完全丧失控制自己行为能力的精神病人犯罪的，应当负刑事责任
B. 间歇性的精神病人在精神正常时犯罪的，应当负刑事责任
C. 醉酒的人犯罪的，应当负刑事责任
D. 年满 75 周岁的人犯罪的，不负刑事责任
E. 盲人犯罪的，可以从轻、减轻或免除

处罚

解析 ▶ 本题考核刑事责任能力。精神病人在不能辨认或者不能控制自己行为时造成危害结果，经法定程序鉴定确认的，不负刑事责任。所以选项 A 正确。间歇性精神病人在精神正常时犯罪，应当负刑事责任。所以选项 B 正确。醉酒的人犯罪的，应当负刑事责任。所以选项 C 正确。已满75周岁的人故意犯罪的，可以从轻或者减轻处罚；过失犯罪的，应当从轻或者减轻处罚。所以选项 D 错误。盲人犯罪的，可以从轻、减轻或者免除处罚。所以选项 E 正确。 **答案** ▶ ABCE

三、刑罚种类（见表17-8）★★

扫我解疑难

表 17-8　刑罚的种类

种类		适用
主刑	（1）管制；（2）拘役；（3）有期徒刑；（4）无期徒刑；（5）死刑	（1）主刑<u>只能独立适用，不能附加适用</u>；（2）一个犯罪只能适用一个主刑，不能同时适用两个或两个以上的主刑
附加刑	（1）罚金；（2）剥夺政治权利；（3）没收财产；（4）驱逐出境	附加刑既<u>可以独立适用</u>，也<u>可以附加适用</u>

1. 主刑

（1）管制。

①性质：对处以管制的犯罪分子不予关押，但"限制"其一定人身自由，依法由社区进行矫正的刑罚方法。

②劳动：管制执行期间，对被判处管制的犯罪分子在劳动中应当"<u>同工同酬</u>"。

③刑期：管制的期限为<u>3个月以上2年以下</u>；数罪并罚不超过3年（"323"）。

④禁止令：判处管制，可以根据犯罪情况，同时禁止犯罪分子在执行期间从事特定活动，进入特定区域、场所，接触特定的人。

【知识点拨】对判处管制的犯罪分子，依法实行社区矫正。

（2）拘役。

①性质：拘役是短期"剥夺"犯罪分子的人身自由、就近实行教育改造的刑罚方法。

②劳动：在拘役执行期间，被判处拘役的犯罪分子每月可回家1～2天；在拘役执行期间参加劳动的，可"酌量"发给报酬。

③刑期：拘役的期限为<u>1个月以上6个月以下</u>，数罪并罚时不能超过1年（"161"）。

（3）有期徒刑。

①有期徒刑的期限一般为6个月以上15年以下，有期徒刑总和刑期不满35年的，最高不能超过20年，总和刑期在35年以上的，最高不能超过25年。

②有期徒刑的刑期，从判决执行之日起计算；判决执行以前先行羁押的，羁押1日折抵刑期1日。

③有期徒刑在<u>监狱或其他执行场所</u>执行。

（4）无期徒刑。

①无期徒刑"必须"与附加刑中的"<u>剥夺政治权利</u>"同时适用。

②服刑期间，如果认真遵守监规，确有悔改或立功表现，在刑罚执行一定期限后，可获得"减刑或者假释"。

（5）死刑（立即执行和缓期2年执行）。

①不适用死刑（包括立即执行和缓期2年执行）的情况。

a.《刑法》没有规定死刑的犯罪；

b."犯罪时"不满18周岁的人；

c."审判时"怀孕的妇女；

d."审判时"已满75周岁的人，不适用死刑，但以特别残忍手段致人死亡的除外。

②死刑缓期2年执行。

被判处死缓的犯罪分子，在死刑缓期执行期间，如果没有故意犯罪，2年期满后，减为"无期徒刑"；如果确有重大立功表现，2年期满后，减为"25年有期徒刑"。如果故意犯罪，情节恶劣的，报请最高人民法院核准后执行死刑；对于故意犯罪未执行死刑的，死刑缓期执行的期间重新计算，并报最高人民法院备案。

【知识点拨】死刑缓期执行的期间，从"判决确定之日"起计算。死刑缓期执行减为有期徒刑的刑期，从"死刑缓期执行期满之日"起计算。

③死缓同时决定限制减刑：对被判处死刑缓期执行的"累犯"以及因"故意杀人、强奸、抢劫、绑架、放火、爆炸、投放危险物质或者有组织的暴力性犯罪"被判处死刑缓期执行的犯罪分子，人民法院根据犯罪情节等情况可以同时决定对其限制减刑。

④高级人民法院关于死缓限制减刑的程序规定（见表17-9）。

表17-9　高级人民法院关于死缓限制减刑的程序规定

情况	高院态度	处理
一审判处死缓并限制减刑	死缓适当，限制减刑不当	改判，撤销限制减刑
一审判处死刑	应当判死缓	可以同时决定限制减刑
一审判处死缓但未限制减刑	应当限制减刑	不得直接改判，也不得发回重审，应按照审判监督程序重新审判

2. 附加刑

（1）罚金：属于财产刑。

罚金由第一审人民法院执行；犯罪分子的财产在异地的，第一审人民法院可以委托财产所在地人民法院代为执行。

罚金可以一次性缴纳，也可分期缴纳，期满不缴纳的，强制缴纳。

由于遭遇不能抗拒的灾祸等原因缴纳确实有困难的，经人民法院裁定，可以延期缴纳，酌情减少或者免除。

【知识点拨】"罚金"属于刑罚中的附加刑；"罚款"属于行政责任；"违约金"属于民事责任。

（2）剥夺政治权利。

①适用（见表17-10）。

表17-10　剥夺政治权利的适用

类型	情形
应当适用	a. 危害国家安全的犯罪分子； b. 被判处死刑、无期徒刑的犯罪分子
可以适用	故意杀人、强奸、放火、爆炸、投放危险物质、抢劫等严重破坏社会秩序的犯罪分子

②期限（见表17-11）。

表17-11　剥夺政治权利的期限

情形	起算点	刑期
独立适用	判决确定日起	1年以上5年以下。『示例』判5年，附加4年。被剥夺政治权利共9年
与拘役、有期徒刑附加适用	执行完毕之日或从假释之日起，且当然用于主刑执行期间	
管制	同时执行	期限与管制的期限相等

续表

情形	起算点	刑期
死刑、无期徒刑	判决生效日起	剥夺政治权利终身
死缓减为有期或无期减为有期	—	3年以上10年以下

(3)没收财产(见表17-12)。

表17-12 没收财产

适用	只能附加适用。犯罪分子合法所有并没有用于犯罪的财产
方式	①并处罚金或没收财产；②并处或可以并处没收财产
要求	①不得以追缴犯罪所得、没收违禁品和供犯罪所用的本人财物来代替或者折抵。 ②应当对犯罪分子及其扶养的家属保留必需的生活费用。 ③不得没收属于犯罪分子家属所有或者应有的财产。 ④没收财产以前犯罪分子所负的正当债务，即犯罪分子在判决生效前所负他人的合法债务，需要以没收的财产偿还的，经债权人请求，应当偿还

(4)驱逐出境：是强迫犯罪的外国人离开中国国(边)境的一种刑罚方法。可以独立适用，也可以附加适用。

四、刑罚适用

扫我解疑难

(一)累犯(一般累犯和特殊累犯)★

1. 一般累犯的成立条件

(1)前罪和后罪都"必须是故意犯罪"。

(2)前罪被判处的刑罚和后罪应当判处的刑罚都必须是"有期徒刑以上的刑罚"。

(3)后罪必须发生在前罪"刑罚执行完毕或者赦免以后的5年之内"。

『解释』刑罚执行完毕，是指主刑执行完毕，附加刑是否执行完毕不影响累犯的成立。对于被假释的犯罪分子，规定的5年期限，从假释期满之日起计算。

(4)不满18周岁的人犯罪不成立累犯。

2. 特别累犯成立条件

(1)前罪和后罪必须是危害"国家安全犯罪、恐怖活动犯罪、黑社会性质的组织犯罪的犯罪分子"。

(2)后罪必须发生在前罪"刑罚执行完毕或者赦免以后"。

【知识点拨】根据规定，对累犯，"应当"从重处罚。一般累犯与特别累犯的区别(见表17-13)。

表17-13 一般累犯与特别累犯的区别

区别	一般累犯	特别累犯
罪名	故意犯罪	必须危害国家安全、恐怖活动、黑社会性质的组织犯罪
年龄	满18周岁的人犯罪	—
后罪发生时间	前罪刑罚执行完毕或赦免之后5年	执行完毕(赦免)后
刑罚种类	有期徒刑以上	不要求

(二)自首★★★

1. 一般自首(见表17-14)

一般自首，是指犯罪以后"自动投案""如实供述"自己罪行的行为。

表 17-14 一般自首

条件		具体内容
自动投案	时间	(1)犯罪事实或者犯罪嫌疑人未被司法机关发觉； (2)虽被发觉，但犯罪嫌疑人尚未受到讯问、未被采取强制措施
	视为自动投案	(1)犯罪嫌疑人向其所在单位、城乡基层组织或其他有关负责人员投案的； (2)犯罪嫌疑人因病、伤或为了减轻犯罪后果，委托他人先代为投案或先以信电投案的； (3)罪行未被司法机关发觉，仅因形迹可疑被有关组织或司法机关盘问、教育后，主动交代自己的罪行的； (4)犯罪后逃跑，在被通缉、追捕过程中，主动投案的； (5)经查实确已准备去投案，或者正在投案途中，被公安机关捕获的； (6)并非出于犯罪嫌疑人主动，而是经亲友规劝、陪同投案的； (7)公安机关通知犯罪嫌疑人亲友，或亲友主动报案后，将犯罪嫌疑人送去投案； (8)犯罪后主动报案，虽未表明自己是作案人，但没有逃离现场，在司法机关询问时交代自己罪行的； (9)明知他人报案而在现场等待，抓捕时无拒捕行为，供认犯罪事实的； (10)在司法机关未确定犯罪嫌疑人，尚在一般性排查询问时主动交代自己罪行的； (11)因特定违法行为被采取劳动教养、行政拘留、司法拘留、强制隔离戒毒等行政、司法强制措施期间，主动向执行机关交代尚未被掌握的犯罪行为的
	彻底性	犯罪嫌疑人自动投案后又逃跑的，不能认定为自首
如实供述	情形	(1)数罪自首：仅如实供述所犯数罪中部分犯罪的，只对如实供述部分犯罪的行为，认定为自首； (2)共同犯罪：共同犯罪案件中的犯罪嫌疑人，除如实供述自己的罪行，还应当供述所知的同案犯。主犯则应当供述所知其他同案犯的共同犯罪事实，才能认定为自首。 [知识点拨] 犯罪嫌疑人自动投案时虽然没有交代自己的主要犯罪事实，但在司法机关掌握其主要犯罪事实之前主动交代的，应认定为如实供述自己的罪行
	彻底性	犯罪嫌疑人自动投案并如实供述自己的罪行后又翻供的，不能认定为自首，但在一审判决前又能如实供述的，应认定为自首

2. 特别自首(见表 17-15)

表 17-15 特别自首

适用	被采取强制措施的犯罪嫌疑人、被告人和正在服刑的罪犯(在案)
供述	供述的罪行在犯罪性质或罪名上与司法机关已掌握的或者判决确定的罪行不同(其他罪行)

3. 量刑情节(见表 17-16)

表 17-16 量刑情节

名称	量刑
一般自首	(1)对于自首的犯罪分子，"可以"从轻或者减轻处罚；犯罪较轻的，"可以"免除处罚。 (2)共同犯罪案件的犯罪分子到案后，揭发同案犯共同犯罪事实，"可以酌情"予以从轻处罚
特别自首	对被采取强制措施的犯罪嫌疑人、被告人和已宣判的罪犯，如实供述司法机关尚未掌握的罪行，与司法机关已掌握的或者判决确定的罪行属同种罪行的，"可以酌情"从轻处罚；如实供述的同种罪行较重的，"一般应当"从轻处罚
坦白	犯罪嫌疑人虽不具有一般自首和特别自首情节，但如实供述自己罪行的，"可以"从轻处罚；因其如实供述自己罪行，避免特别严重后果发生的，"可以"减轻处罚

(三)立功(见表17-17)★

表17-17 立功

	一般立功	重大立功
情形	犯罪分子到案后有检举、揭发他人犯罪行为,包括共同犯罪案件中的犯罪分子揭发同案犯"共同犯罪以外"其他犯罪,经查证属实	犯罪分子有检举、揭发他人重大犯罪行为,经查证属实
	提供侦破其他案件的重要线索,经查证属实	提供侦破其他重大案件的重要线索,经查证属实
	阻止他人犯罪活动	阻止他人重大犯罪活动
	协助司法机关抓捕其他犯罪嫌疑人	协助司法机关抓捕其他重大犯罪嫌疑人
	具有其他有利于国家和社会的突出表现	对国家和社会有其他重大贡献等表现
处理	可以从轻或减轻处罚	可以减轻或免除处罚

『解释』所称"重大",一般是指犯罪嫌疑人、被告人可能被判处无期徒刑以上刑罚或案件在本省、自治区、直辖市或全国范围内有较大影响等情形。

(四)数罪并罚★

1. 数罪并罚的原则

(1)并科原则:指对数罪分别宣告刑罚,然后数刑简单相加,合并执行。

(2)吸收原则:指对数罪分别宣告刑罚后,选择其中最重的刑罚作为应当执行的刑罚,其余的刑罚被最重的刑罚吸收不再执行。

(3)限制加重原则:指对数罪分别宣告刑罚后,以其中最重的刑罚为基础,再加重一定的刑罚作为应当执行的刑罚,其余的刑罚不再执行。

(4)折中原则:指兼有并科原则、吸收原则和限制加重原则,使之适用于不同的刑种的并罚,据以决定应当执行的刑罚。

『解释』判决宣告以前一人犯数罪的,除判处死刑和无期徒刑的以外,应当在总和刑期以下、数刑中最高刑期以上,酌情决定执行的刑期,见表17-18。

表17-18 数罪并罚的执行刑期

管制	最高不能超过3年
拘役	最高不能超过1年
有期徒刑	总和刑期不满35年的,最高不能超过20年
	总和刑期在35年以上的,最高不能超过25年

【知识点拨】数罪中有判处有期徒刑和拘役的,执行有期徒刑。数罪中有判处有期徒刑和管制,或者拘役和管制的,有期徒刑、拘役执行完毕后,管制仍须执行(《刑法修正案(九)》)。

2. 适用数罪并罚的不同情况

(1)刑罚执行完毕以前发现"漏罪"的并罚。判决宣告以后刑罚执行完毕以前,发现被判刑的犯罪分子在判决宣告以前还有其他罪没有判决的,应当对新发现的罪作出判决,把前后两个判决所判处的刑罚,依照《刑法》第69条的规定,决定执行的刑罚。已经执行的刑罚应当计算在新判决决定的刑期以内。即"先并后减"。

(2)刑罚执行完毕以前又犯"新罪"的并罚。判决宣告以后刑罚执行完毕以前,被判刑的犯罪分子又犯罪的,应当对新犯的罪作出判决,把前罪没有执行完毕的刑罚和后罪所判处的刑罚,依照《刑法》第69条的规定,决定执行的刑罚。即"先减后并"。

『示例』甲因抢劫被判处有期徒刑15年,执行13年时,在监狱同人打架并致对方死亡,被判12年有期徒刑，在此情况下，应该先减后并，即，先将15年减去已执行的13年，再将所剩的2年和12年合并，此时，其最终科处的刑期应当在12年以上、总和刑期14年以下。

（五）缓刑★★★

1. 概述（见表17-19）

表17-19 缓刑的概述

对象		被判处**拘役**、**3年以下有期徒刑**的犯罪分子——**宣告刑**（NOT 法定刑）
条件	可以缓刑	犯罪情节较轻；悔罪表现；没有再犯罪危险；宣告缓刑对社区没有重大不良影响
	应当缓刑	**不满18周岁的人，怀孕的妇女和已满75周岁的人**，符合上述条件
适用	不适用	**累犯和犯罪集团的首要分子**不适用缓刑
	适用	（1）法定最低刑超过3年，而实际宣判的刑罚为3年以下，适用缓刑；（2）**数罪并罚**后，决定执行的刑罚为3年以下有期徒刑或拘役的，适用缓刑
缓刑考验期	起算	从判决确定之日起计算	
	长度：不短于原刑期	拘役	原判刑期≤缓刑考验期≤1年（且不少于2月）
		有期徒刑	原判刑期≤缓刑考验期≤5年（且不少于1年）

2. 禁止令

（1）要求：同时禁止在缓刑考验期内从事特定活动，进入特定区域、场所，接触特定的人。

（2）期限：禁止令的期限，既可以与缓刑的考验期限相同，也可以短于缓刑考验的期限，但不得少于2个月；禁止令的执行期限，从缓刑执行之日起计算。

（3）违反禁止令

①尚不属情节严重：负责执行禁止令的社区矫正机构所在地的公安机关处罚。

②情节严重：撤销缓刑，执行原判刑罚。人民法院应当自收到当地社区矫正机构提出的撤销缓刑建议书之日起一个月内作出裁定。

『解释』情节严重：a. 3次以上违反禁止令的；b. 因违反禁止令被治安管理处罚后，再次违反禁止令的；c. 违反禁止令，发生较为严重危害后果的。

3. 缓刑的执行

（1）禁止令由司法行政机关指导管理的"**社区矫正**"机构负责执行。

（2）人民检察院对社区矫正机构执行禁止令的活动实行监督。

4. 缓刑的撤销

（1）漏罪、新罪：在缓刑考验期限内犯新罪或发现判决宣告以前还有其他罪没有判决（适用数罪并罚）。

（2）在缓刑考验期限内，违反法律、行政法规或者国务院有关部门关于缓刑的监管规定，或者违反人民法院判决中的禁止令，情节严重的。

（六）减刑★★

1. 减刑适用（见表17-20）

表17-20 减刑的适用

种类		（1）犯罪分子确有悔改或者立功表现的，人民法院**可以**裁定减刑。 （2）有重大立功表现的，人民法院**应当**减刑
适用	对象	只适用于被判处**管制**、**拘役**、**有期徒刑或者无期徒刑**的犯罪分子
	要求	（1）对判处拘役或3年以下有期徒刑**宣告缓刑**的，一般不适用减刑。 【知识点拨】宣告缓刑+确有重大立功→可以减刑，相应缩减缓刑考验期 （2）有期、无期犯在执行期间又故意犯罪： ①判处有期徒刑，自新罪判决确定之日起3年内不予减刑。 ②判无期徒刑的，自新罪判决确定之日起4年内不予减刑。 （3）被判处终身监禁的罪犯，不得再减刑或者假释

2. 减刑的执行期限(见表17-21)

表17-21　减刑的期限

种类	刑期
管制、拘役、有期	不能少于原判刑期的1/2
无期	不能少于13年，自无期徒刑判决确定之日起计算
死刑缓期执行	经一次或几次减刑后，其实际执行的刑期不得少于15年，死刑缓期执行期间不包括在内
限制减刑死缓	(1)缓期执行期满后依法减为无期徒刑的，不能少于25年； (2)缓期执行期满后依法减为25年有期徒刑的，不能少于20年
附加剥夺政治权利	有期徒刑减刑时：酌减后的期限，不得少于1年
	死刑缓期执行、无期徒刑减为有期：减为7年以上10年以下，经过一次或几次减刑后，最终剥夺政治权利的期限不得少于3年

3. 减刑的幅度(见表17-22)

表17-22　减刑的幅度

刑罚	表现	幅度	
		一般情况	原具有国家工作人员身份犯贪污贿赂罪的罪犯
有期徒刑	确有悔改表现或有立功表现	一次减刑不超过9个月有期徒刑	一次减刑不超过6个月有期徒刑
	悔改表现并有立功表现	一次减刑不超过1年有期徒刑	一次减刑不超过9个月有期徒刑
	重大立功表现	一次减刑不超过1年6个月有期徒刑	一次减刑不超过1年有期徒刑
	悔改表现并有重大立功表现	一次减刑不超过2年有期徒刑	—
无期徒刑	悔改表现或者有立功表现	可以减为22年有期徒刑	可以减为23年有期徒刑
	悔改表现并有立功表现	可以减为21年以上22年以下有期徒刑	可以减为22年以上23年以下有期徒刑
	重大立功表现	可以减为20年以上21年以下有期徒刑	可以减为21年以上22年以下有期徒刑
	悔改表现并有重大立功表现	可以减为19年以上20年以下有期徒刑	—
死缓减无期	悔改表现或者有立功表现	可以减为25年有期徒刑	可以减为25年有期徒刑
	悔改表现并有立功表现	可以减为24年以上25年以下有期徒刑	可以减为24年6个月以上25年以下有期徒刑
	重大立功表现	可以减为23年以上24年以下有期徒刑	可以减为24年以上24年6个月以下有期徒刑
	悔改表现并有重大立功表现	可以减为22年以上23年以下有期徒刑	—

4. 减刑起始时间与间隔时间(见表17-23)

表17-23 减刑起始时间与间隔时间

	起始时间：执行一定期限方可减刑	间隔时间
有期徒刑	(1)刑期<5年＝应执行1年以上。 (2)5年≤刑期<10年＝应执行1年6个月以上。 (3)刑期≥10年＝应执行2年以上。 【知识点拨1】罪犯有重大立功表现的，可以不受减刑起始时间限制。 【知识点拨2】原具有国家工作人员身份犯贪污贿赂罪的罪犯减刑的，刑期≥10年＝应执行3年以上；刑期<10年＝应执行2年以上	(1)刑期<10年：两次减刑间隔时间不得少于1年。 (2)刑期≥10年：两次减刑间隔时间不得少于1年6个月。 【知识点拨1】减刑间隔时间不得低于上次减刑减去的刑期。 【知识点拨2】罪犯有重大立功表现的，可以不受减刑间隔时间的限制。 【知识点拨3】原具有国家工作人员身份犯贪污贿赂罪的罪犯，刑期≥10年，两次减刑之间应当间隔2年以上；刑期<10年，两次减刑之间应当间隔1年6个月以上
无期徒刑	被判处无期徒刑的罪犯在刑罚执行期间，符合减刑条件的，执行2年以上，可以减刑。 【知识点拨】原具有国家工作人员身份犯贪污贿赂罪的罪犯被判处无期徒刑，符合减刑条件的，执行4年以上方可减刑。罪犯有重大立功表现的，减刑时可以不受减刑起始时间限制	被判处无期徒刑的罪犯在刑罚执行期间，符合减刑条件的，两次减刑间隔时间不得少于2年。 【知识点拨】原具有国家工作人员身份犯贪污贿赂罪被判处无期徒刑的罪犯减为有期徒刑后再减刑时，减刑幅度比照有期徒刑执行。两次减刑之间应当间隔2年以上
死缓	(1)没有故意犯罪期满→减为无期；有重大立功表现期满→减为25年。 (2)死缓减无期：执行3年以上方可减刑。 【知识点拨】原具有国家工作人员身份犯贪污贿赂罪的罪犯被判处死刑缓期执行的，减为无期徒刑后，符合减刑条件的，执行4年以上方可减刑。 (3)数罪并罚判死缓减为无期：执行3年以上方可减刑。 (4)限制减刑死缓犯减为无期：执行5年以上方可减刑	(1)数罪并罚死缓减为无期：两次减刑之间应当间隔2年以上。 (2)被限制减刑死缓犯减为无期：两次减刑间隔时间不得少于2年

5. 减刑的数罪并罚

(1)罪犯被裁定减刑后，刑罚执行期间因故意犯罪而数罪并罚时：

①经减刑裁定减去的刑期不计入已经执行的刑期。

②原判死刑缓期执行减为无期徒刑、有期徒刑，或者无期徒刑减为有期徒刑的裁定继续有效。

(2)罪犯被裁定减刑后，刑罚执行期间因发现漏罪而数罪并罚的，原减刑裁定自动失效。

(七)假释★★★

1. 假释的适用

(1)对象：假释只适用于被判处"有期徒刑或者无期徒刑"的犯罪分子。

(2)条件

①被判处有期徒刑的犯罪分子，执行原判刑期1/2以上，被判处无期徒刑的犯罪分子，实际执行"13年以上"，如果认真遵守监规，接受教育改造，确有悔改表现，没有再犯罪的危险的，可以假释。

②如有国家政治、国防、外交等方面特殊需要的情况，经"最高人民法院"核准，可以不受上述执行刑期的限制。

2. 假释的要求

(1)限制

①累犯，不得假释；

②因"故意杀人、强奸、抢劫、绑架、放火、爆炸、投放危险物质或者有组织的暴力性犯罪"被判处"10年以上"有期徒刑、无期徒刑的犯罪分子，不得假释；

③被撤销假释的罪犯，一般不得再假释。

（2）对下列罪犯适用假释时可以依法从宽掌握：

①过失犯、中止犯、胁迫犯；因防卫过当或紧急避险过当而被判处有期徒刑以上刑罚的罪犯；

②犯罪时未满18周岁的罪犯；

③基本丧失劳动能力、生活难以自理，假释后生活确有着落的老年罪犯、患严重疾病罪犯或身体残疾罪犯；

【知识点拨】年满80周岁身患疾病或生活难以自理、没有再犯罪危险的罪犯，既符合减刑条件，又符合假释条件的，优先适用假释。

④服刑期间改造表现特别突出的罪犯。

3. 假释的执行刑期

（1）被判处有期徒刑的犯罪分子，必须执行"原判刑期1/2以上"，起始时间从判决执行之日起计算，判决执行以前先行羁押的，羁押1日折抵刑期1日。

（2）被判处无期徒刑的犯罪分子，实际执行"13年以上"，才能假释。

4. 假释的间隔时间

（1）罪犯减刑后又假释的，间隔时间不得少于1年。

（2）对一次减去1年以上有期徒刑后，决定假释的，间隔时间不得少于1年6个月。

（3）罪犯减刑后余刑不足2年，决定假释的，可以适当缩短间隔时间。

5. 假释的考验期限

（1）有期徒刑的假释考验期限，为没有执行完毕的刑期；

（2）无期徒刑的假释考验期限为"10年"。假释考验期限，从假释之日起计算。

（3）在假释考验期限内，依法实行"社区矫正"（没规定"禁止令"）。

【知识点拨】本章牵涉三处社区矫正，分别是管制、缓刑、假释。

6. 假释的撤销

（1）在假释考验限内，如果被假释的犯罪分子，没有遵守一定条件，再犯"新罪"，应当撤销假释，依法实行数罪并罚；

（2）发现被假释的犯罪分子在判决宣告以前还有其他罪没有判决的（漏罪），应当撤销假释，依法实行数罪并罚；

（3）被假释的犯罪分子，在假释考验期内有违反法律、行政法规或有关假释的监管规定的行为，尚未构成新的犯罪的，应当依照法定程序撤销假释，收监执行未执行完毕的刑罚。

7. 假释的职业禁止

因利用职业便利实施犯罪，或者实施违背职业要求的特定义务的犯罪被判处刑罚的，人民法院可以根据犯罪情况和预防再犯罪的需要，禁止其自刑罚执行完毕之日或者假释之日起从事相关职业，期限为3~5年。

【例题6·单选题】（2020年）根据《刑法》规定，下列有关禁止令的说法中，正确的是（　　）。

A. 禁止令的期限必须与管制的期限相同

B. 检察院对公安机关执行禁止令的活动进行监督

C. 禁止令由公安机关负责执行

D. 对判处管制的犯罪分子，可以根据犯罪情况，同时宣布禁止令

解析　本题考核禁止令。禁止令的期限，既可以与管制执行期限相同，也可以短于管制执行的期限，但不得少于3个月。所以选项A错误。禁止令由司法行政机关指导管理的社区矫正机构负责执行。人民检察院对社区矫正机构执行禁止令的活动实行监督。所以选项BC错误。对被判处管制的犯罪分子，可以根据犯罪情况，同时宣布禁止令。所以选项D正确。　答案　D

【例题7·单选题】（2019年）下列有关对累犯适用刑罚的说法中，正确的是（　　）。

A. 可以酌情适用缓刑

B. 可以适用假释

C. 可以从重处罚

D. 应当从重处罚

解析 本题考核累犯。根据规定，累犯不得假释，不适用缓刑。对累犯，应当从重处罚。

答案 D

【例题 8·单选题】（2020 年）根据《刑法》规定，下列有关缓刑的说法中，正确的是（ ）。

A. 缓刑适用于法定刑为拘役或 5 年以下有期徒刑的犯罪

B. 对犯罪时已满 70 周岁的人应当适用缓刑

C. 累犯不适用缓刑

D. 被宣告缓刑的犯罪分子，附加刑不需要执行

解析 本题考核缓刑。被判处拘役或者 3 年以下有期徒刑的犯罪分子，符合条件的，可以宣告缓刑，对其中不满 18 周岁的人、怀孕的妇女和已满 75 周岁的人，应当宣告缓刑。所以选项 AB 错误。对于累犯和犯罪集团的首要分子，不适用缓刑。所以选项 C 正确。被宣告缓刑的犯罪分子，如果被判处附加刑，附加刑仍须执行。所以选项 D 错误。

答案 C

【例题 9·多选题】（2018 年）根据《刑法》相关规定，下列关于刑罚适用的说法中，正确的有（ ）。

A. 对审判时已满 75 周岁的人，一律不适用死刑

B. 附加刑既可以独立适用，也可以附加适用

C. 主刑只能独立适用，不能附加适用

D. 对于自首的犯罪分子，应当从轻或减轻处罚

E. 被判处拘役或者 3 年以下有期徒刑的犯罪分子，符合条件的，可以宣告缓刑

解析 本题考核刑罚的适用。审判的时候已满 75 周岁的人，不适用死刑，但以特别残忍手段致人死亡的除外。所以选项 A 错误。对于自首的犯罪分子，可以从轻或者减轻处罚。其中，犯罪较轻的，可以免除处罚。所以选项 D 错误。

答案 BCE

【例题 10·多选题】（2017 年）犯罪后自动投案是认定为自首的必要条件。下列情形中，应当视为自动投案的有（ ）。

A. 犯罪后逃跑，在被通缉、追捕过程中，自动投案的

B. 正在投案途中，被公安机关捕获的

C. 犯罪后逃至亲属家中，在亲属家中被公安机关捕获的

D. 并非出于犯罪嫌疑人主动，而是经亲友规劝，陪同其投案的

E. 亲友主动报案后，将犯罪嫌疑人送去投案的

解析 本题考核自首。根据规定，下列情形应当视为自动投案：犯罪嫌疑人向其所在单位、城乡基层组织或者其他有关负责人员投案的；犯罪嫌疑人因病、伤或者为了减轻犯罪后果，委托他人先代为投案，或者先以信电投案的；罪行未被司法机关发觉，仅因形迹可疑被有关组织或者司法机关盘问、教育后，主动交代自己的罪行的；犯罪后逃跑，在被通缉、追捕过程中，主动投案的；经查实确已准备去投案，或者正在投案途中，被公安机关捕获的；并非出于犯罪嫌疑人主动，而是经亲友规劝、陪同投案的；公安机关通知犯罪嫌疑人的亲友，或者亲友主动报案后，将犯罪嫌疑人送去投案的。但犯罪嫌疑人自动投案后又逃跑的，不能认定为自首。

答案 ABDE

【例题 11·多选题】（2013 年）2006 年 6 月，梁某因交通肇事罪被判入狱服刑 4 年。2011 年 11 月，因虚开普通发票罪被判处有期徒刑 4 年。下列有关梁某的刑罚适用及执行的说法中，正确的有（ ）。

A. 构成累犯

B. 不构成累犯

C. 可以适用假释

D. 可以适用缓刑
E. 执行期间不得减刑

解析 ▶ 本题考核累犯、假释、缓刑、减刑的适用对象。从梁某所犯罪名入手，前罪交通肇事罪属于过失犯罪，不构成累犯。所以选项 A 错误。缓刑适用于被判处拘役或 3 年以下有期徒刑的犯罪分子。所以选项 D 错误。减刑适用于被判处管制、拘役、有期徒刑、无期徒刑的犯罪分子，如果梁某在刑罚执行期间认真遵守监规，接受教育改造，确有悔改或者立功表现，可以减刑；有重大立功表现的，应当减刑。所以选项 E 错误。

答案 ▶ BC

五、涉税犯罪

扫我解疑难

(一)危害税收征管罪的特征 ★★

(1)客体：国家的税收征管制度。

(2)客观方面：行为人采取各种方式、方法，逃避缴纳税款、逃避缴纳欠税、骗取出口退税、抗税以及虚开、出售发票，情节严重的行为。

(3)主体：一般主体和特殊主体都能构成，既包括单位，也包括个人。

(4)主观方面：只能由故意构成，过失不构成本罪。

(二)逃税罪 ★★★

1. 逃税罪的构成

(1)客体：国家税收征收管理制度。

(2)客观方面

①纳税人采取欺骗、隐瞒手段进行虚假纳税申报或者不申报，逃避缴纳税款，数额在 5 万元以上并且占各税种应纳税总额 10% 以上，经税务机关依法下达追缴通知后，不补缴应纳税款、不缴纳滞纳金或者不接受行政处罚的；

②纳税人 5 年内因逃避缴纳税款受过刑事处罚或者被税务机关给予 2 次以上行政处罚，又逃避缴纳税款，数额在 5 万元以上并且占各税种应纳税总额 10% 以上的；

③扣缴义务人采取欺骗、隐瞒手段，不缴或者少缴已扣、已收税款，数额在 5 万元以上的。

(3)犯罪主体

逃税罪的主体为特殊主体，既可以是个人，也可以是单位；包括纳税人和扣缴义务人。

『解释』不负有纳税义务和扣缴义务的单位和个人，不能独立构成本罪主体，但可成为本罪的共犯。

(4)主观方面：直接故意。

2. 逃税罪"罪与非罪，此罪与彼罪"区分界定

(1)逃税罪的"罪与非罪"界限(见表 17-24)

表 17-24 逃税罪的"罪与非罪"界限

逃税罪认定	一般违法行为
逃税额占应纳税额 10% 以上且逃税数额在 5 万元以上	①逃税额不足应纳税额 10% 以上； ②逃税数额不足 5 万元； ③逃税额超过 5 万元但不足各税种应纳税总额 10% 的； ④逃税额不足 5 万元但超过各税种应纳税总额 10% 的
凡 5 年内因逃避缴纳税款受过刑事处罚或被税务机关给予 2 次以上行政处罚，又逃避缴纳税款，数额在 5 万元以上并且占各税种应纳税总额 10% 以上的	①5 年内因逃避缴纳税款而被税务机关处 2 次以下行政处罚； ②虽经 2 次税务行政处罚但再未逃税的； ③2 次处罚后又逃税且逃税额在 5 万元以下的

(2) 逃税罪与徇私舞弊不征、少征税款罪区别(见表17-25)

表17-25 逃税罪与徇私舞弊不征、少征税款罪区别

	逃税罪	徇私舞弊不征、少征税款罪
犯罪主体	一般主体	特殊主体(税务机关的工作人员)
主观方面（共犯认定）	税务机关的工作人员如果与逃税人相互勾结，故意不履行其依法征税的职责，不征或少征应征税款的	行为人知道某人在逃税，出于某种私利而佯装不知，对逃税行为采取放任态度，不征或少征应征税款，使国家税收遭受重大损失

(3) 逃税罪与逃避追缴欠税罪(见表17-26)

表17-26 逃税罪与逃避追缴欠税罪

	逃税罪	逃避追缴欠税罪
主体	纳税人+扣缴义务人	纳税人
犯罪目的	通过欺骗、隐瞒手段，达到不缴或者少缴应纳税款的目的	达到逃避税务机关追缴其所欠缴的应纳税款的目的
犯罪客观要件	行为人采取伪造、变造、隐匿、擅自销毁账簿记账凭证，在账簿上多列支出或者不列、少列收入，经税务机关通知申报而拒不申报或者进行虚假申报手段，不缴或者少缴应纳税款的行为	行为人采取转移或者隐匿财产的手段致使税务机关无法追缴其所欠缴的应纳税款的行为
其他	要求情节严重才构成犯罪	要求数额较大才构成犯罪

3. 逃税罪的处罚

(1) 对多次实施逃税行为，未经处理的，按照"累计数额"计算(连续犯)。

(2) 有逃避缴纳税款行为的纳税人经税务机关依法下达追缴通知后，补缴应纳税款，缴纳滞纳金，已受行政处罚的，不予追究刑事责任；但纳税人在公安机关立案后再补缴应纳税款、缴纳滞纳金或者接受行政处罚的，不影响刑事责任的追究。

(3) 被判处罚金、没收财产的，在执行前，应当先由税务机关追缴不缴、少缴的税款。对依法免予刑事处罚的，除由税务机关追缴不缴、少缴的税款外，处不缴、少缴的税款5倍以下的罚款。

(三)抗税罪★

1. 抗税罪的构成

(1) 客体：复杂客体，不仅侵犯了国家税收征管制度，妨害了税务机关依法征税活动，而且侵犯了依法执行征税工作的税务人员的人身权利。

(2) 客观方面表现为以暴力、威胁方法拒不缴纳税款的行为。

① 造成税务工作人员轻微伤以上的；

② 以给税务工作人员及其亲友的生命、健康、财产等造成损害为威胁，抗拒缴纳税款的；

③ 聚众抗拒缴纳税款的；

④ 以其他暴力、威胁方法拒不缴纳税款的。

『解释』a. 行为人没有采取暴力、威胁方法抗拒缴纳税款，而是寻找借口，软磨硬泡，拖欠税款的，不能以抗税罪论处。

b. 构成抗税罪的关键，在于对税务人员实施了暴力、威胁的抗拒手段，而没有数额和比例的规定。

(3) 主体：纳税人或者扣缴义务人。

① 本罪只能由自然人实施，单位不能成为本罪的主体；

② 纳税人或者扣缴义务人以外的其他人不能独立成为本罪的主体，但可以成为本罪的共犯；

③ 单独实施以暴力威胁方法阻碍税务人

员依法执行公务的行为,应当按妨碍公务罪定罪处罚。

(4)主观方面:直接故意。

2. 抗税罪与妨害公务罪的区别(见表17-27)

表17-27 抗税罪与妨害公务罪的区别

	抗税罪	妨害公务罪
主体要件	特殊主体(纳税人或者扣缴义务人)	一般主体
主观目的	逃避缴纳税款非法获利	使国家工作人员不能依法执行职务
犯罪对象	执行税收征管任务的税务人员	执行职务的国家工作人员
侵犯的客体	国家税收征收管理制度和依法执行征税职务活动的税务人员的人身权利	国家机关的公务活动

3. 抗税罪的处罚

(1)如果实施抗税行为致人重伤死亡的,则一个行为既构成了抗税罪,又构成了故意伤害罪、故意杀人罪,属于一个行为触犯数个罪名(想象竞合犯),应按照刑罚较重的罪名定罪处罚,即应分别依照"故意伤害罪、故意杀人罪"定罪处罚。

(2)与纳税人或者扣缴义务人共同实施抗税行为的,以抗税罪的共犯依法处罚。

(四)逃避追缴欠税罪★★

1. 客体:国家税收征管制度和国家财产所有权。

2. 欠缴税款是本罪成立的前提。构成本罪必须具备以下四个条件:

(1)有欠税事实的存在;

(2)行为人为了不缴纳欠缴的税款,实施了转移或者隐匿财产的行为;

(3)行为人转移或者隐匿财产的行为致使税务机关无法追缴到其欠缴的税款;

(4)税务机关无法追缴的欠缴税款数额必须在"1万元以上"。

3. 主体:纳税人,扣缴义务人不构成本罪主体。

4. 主观方面:直接故意。

(五)骗取出口退税罪★★

1. 骗取出口退税罪的构成

(1)客体(复杂客体):国家出口退税管理制度和公共财产所有权。

(2)客观方面表现:利用国家出口退税制度,以假报出口或者其他欺骗手段,骗取国家出口退税款,数额在"5万元以上"的行为。

(3)主体:一般主体。既可以是纳税人,也可以是非纳税人;既可以是个人,也可以是单位,且单位不限于是否具有进出口经营权。

(4)主观方面:故意且具有骗取出口退税的目的。

2. 区分骗取出口退税罪与一般骗取出口退税的界限

(1)数额。骗取出口退税数额没有达到"较大"标准的,是一般骗取出口退税行为。达到"较大"标准的,构成骗取出口退税罪。

(2)处罚。一般骗取出口退税行为,由税务机关依照《税收征管法》《行政处罚法》等法律规定处罚,构成犯罪的,依照《刑法》定罪量刑。

(3)结果。骗取出口退税罪,是结果犯,必须达到法定结果(行为+数额),罪名才能成立。

3. 骗取出口退税罪的处罚

(1)以假报出口或者其他欺骗手段,骗取出口退税罪,"数额较大的(5万元)",处5年以下有期徒刑或者拘役,并处骗取税款1倍以上5倍以下的罚金;

(2)"数额巨大(50万元)或者有其他严重情节的",处5年以上10年以下有期徒刑,并处骗取税款1倍以上5倍以下罚金;

(3)"数额特别巨大(250万元)或者有其他特别严重情节的",处10年以上有期徒刑或者无期徒刑,并处骗取税款1倍以上5倍以下罚金或者没收财产。

『解释1』其他严重情节:

①造成国家税款损失30万元以上并且在第一审判决宣告前无法追回的;

②因骗取国家出口退税,行为受过行政处罚,2年内又骗取国家出口退税款数额在30万元以上的。

『解释2』其他特别严重情节:

①造成国家税款损失150万元以上并且在第一审判决宣告前无法追回的;

②因骗取国家出口退税行为受过行政处罚,2年内又骗取国家出口退税款数额在150万元以上的。

(4)被判处罚金、没收财产的,在执行前,应当先由税务机关追缴所骗取的出口退税款。对依法免予刑事处罚的,除由税务机关追缴骗取的税款外,处骗取的税款5倍以下的罚款。

4. 需要注意的问题

(1)纳税人缴纳税款后,采取上述欺骗方法,骗取所缴税款的,按逃税罪处罚;骗取税款超过所缴纳的税款部分,对超过的部分以骗取出口退税罪论处。

(2)有进出口经营权的公司、企业,明知他人意欲骗取国家出口退税款,仍违反国家有关进出口经营的规定,允许他人自带客户、自带货源、自带汇票并自行报关,骗取国家出口退税款的,按骗取出口退税罪、单位犯危害税收征管罪定罪处罚。

(3)国家工作人员参与实施骗取出口退税犯罪活动的,从重处罚。

(4)实施骗取出口退税罪犯罪,同时构成虚开增值税专用发票等其他犯罪的,根据牵连犯从一重罪处断原则,按处罚较重的罪名定罪处罚。

(六)虚开增值税专用发票或者虚开用于骗取出口退税、抵扣税款发票罪("真"票)★★★

1. 构成

(1)客体:主流观点认为是复杂客体,即侵犯了国家税收征管制度和国家税收制度。实践中,理论界、实务界还有一种观点,认为是单一客体,即侵犯了国家税收制度。

(2)客观方面表现:实施了虚开增值税专用发票或者虚开用于骗取出口退税、抵扣税款的其他发票,虚开的税款数额在"5万元以上"的行为。

具有下列行为之一的,属于"虚开增值税专用发票":

①没有货物购销或者没有提供或接受应税劳务而为他人、为自己、让他人为自己、介绍他人开具增值税专用发票;

②有货物购销或者提供或接受了应税劳务但为他人、为自己、让他人为自己、介绍他人开具数量或者金额不实的增值税专用发票;

③进行了实际经营活动,但让他人为自己代开增值税专用发票。

"用于骗取出口退税、抵扣税款的其他发票"是指可以用于申请出口退税、抵扣税款的非增值税专用发票,如运输发票、废旧物资发票等。

(3)主体:一般主体。单位和个人均可构成。

(4)主观方面:故意。

2. 需要注意的问题

(1)增值税专用发票犯罪分子与骗取税款犯罪分子均应当对虚开的税款数额和实际骗取的国家税款数额承担刑事责任。

(2)虚开增值税专用发票的犯罪集团的首要分子,依照规定从重处罚。

(3)税务机关或者其他国家机关的工作人员有下列情形之一的,依照规定从重处罚:

①与犯罪分子相勾结,实施《全国人民代表大会常务委员会关于惩治虚开、伪造和非法出售增值税专用发票犯罪的决定》规定的犯罪的;

②明知是虚开的发票,予以退税或者抵扣税款的;

③明知犯罪分子实施《全国人民代表大会

常务委员会关于惩治虚开、伪造和非法出售增值税专用发票犯罪的决定》规定的犯罪，而提供其他帮助的。

（4）利用虚开的增值税专用发票抵扣税款或者骗取出口退税的，以虚开的增值税专用发票罪定罪处罚。

（5）盗窃、诈骗增值税专用发票或者其他发票后，又实施虚开、出售等犯罪的，按照其中的重罪定罪处罚，不实行数罪并罚。

（七）伪造、出售伪造的增值税专用发票罪（"假"票）★★

1. 构成

（1）客体：国家对增值税专用发票的管理规定和国家税收征管秩序。犯罪对象为伪造的增值税专用发票。

（2）客观方面：行为人违反增值税专用发票管理规定，伪造增值税专用发票，或者明知自己所持有的是伪造的增值税专用发票，而仍然出售，数量在25份以上或者票面额累计在10万元以上的行为。

『解释』增值税专用发票由国家税务总局指定的企业印制，其他单位或者个人私自印制的，即构成伪造。

（3）主体：一般主体。

（4）主观方面：直接故意且具有营利目的。

2. 处罚

（1）量刑

犯伪造、出售伪造的增值税专用发票罪的，处3年以下有期徒刑、拘役或者管制，并处2万元以上20万元以下罚金；数量较大或者有其他严重情节的，处3年以上10年以下有期徒刑，并处5万元以上50万元以下罚金；数量巨大或者有其他特别严重情节的，处10年以上有期徒刑或者无期徒刑，并处5万元以上50万元以下罚金或者没收财产。

（2）情节认定

伪造或者出售伪造的增值税专用发票100份以上或者票面额累计50万元以上的，属于"数量较大"；具有下列情形之一的，属于"有其他严重情节"：

①违法所得数额在1万元以上的；

②伪造并出售伪造的增值税专用发票60份以上或者票面额累计30万元以上的；

③造成严重后果或者具有其他严重情节的。

伪造或者出售伪造的增值税专用发票500份以上或者票面额累计250万元以上的，属于"数量巨大"；具有下列情形之一的，属于"有其他特别严重情节"：

①违法所得数额在5万元以上的；

②伪造并出售伪造的增值税专用发票300份以上或者票面额累计200万元以上的；

③伪造或者出售伪造的增值税专用发票接近"数量巨大"并有其他严重情节的；

④造成特别严重后果或者具有其他特别严重情节的。

伪造并出售伪造的增值税专用发票1 000份以上或者票面额累计1 000万元以上的，属于"伪造并出售伪造的增值税专用发票数量特别巨大"；具有下列情形之一的，属于"情节特别严重"：

①违法所得数额在5万元以上的；

②因伪造、出售伪造的增值税专用发票致使国家税款被骗取100万元以上的；

③给国家税款造成实际损失50万元以上的；

④具有其他特别严重情节的。

伪造并出售同一宗增值税专用发票的，数量或者票面额不重复计算。

变造增值税专用发票的，按照伪造增值税专用发票行为处理。

（八）非法出售增值税专用发票罪（"真"票）★

1. 客体：国家对增值税专用发票的管理制度和国家税收征管秩序。

2. 客观方面：行为人违反增值税专用发票管理规定，无权出售增值税专用发票而非法出售，或者有权出售增值税专用发票的税务人员，违法出售增值税专用发票，数量在25份以上或者票面额累计在10万元以上的行为。

『解释』出售的专用发票，必须是真发票，否则构成出售伪造的增值税专用发票罪。出售的专用发票，必须是空白发票，如果出售填好的专用发票，则应按虚开增值税专用发票罪论处。

3. 主体：持有增值税专用发票的单位或者个人。出售增值税专用发票的税务机关工作人员，也可以成为本罪主体。

4. 主观方面：直接故意且以营利为目的。

（九）非法购买增值税专用发票或者购买伪造的增值税专用发票罪★★

1. 非法购买增值税专用发票("真"票)或者购买伪造的增值税专用发票罪("假"票)的构成

（1）客体：国家对增值税专用发票的管理制度和国家税收征管秩序。犯罪对象必须是增值税专用发票。

（2）客观方面表现：行为人违反增值税专用发票管理规定，从合法或者非法拥有真增值税专用发票的单位或者个人手中购买增值税专用发票或者购买明知是伪造的增值税专用发票，数量在25份以上或者票面额累计在10万元以上的行为。

（3）主体：任何单位或者个人。

（4）主观方面：故意且以营利为目的。

2. 处罚

对非法购买增值税专用发票或者购买伪造的增值税专用发票"出售"的，应分别按"非法出售增值税专用发票罪、出售伪造的增值税专用发票罪"定罪处罚。

【知识点拨】非法购买真、伪两种增值税专用发票的，数量累计计算，不实行数罪并罚。

（十）非法制造、出售非法制造的用于骗取出口退税、抵扣税款发票罪("假"票)★★

1. 客体：国家发票管理制度和国家税收征管秩序。

2. 客观方面：行为人伪造、擅自制造或者出售伪造、擅自制造的可以用于骗取出口退税、抵扣税款的除增值税专用发票外的其他发票50份以上或者票面额累计在20万元以上的行为。

3. 主体：任何单位或者个人。

4. 主观方面：直接故意且以营利为目的。

（十一）非法制造、出售非法制造的发票罪★

1. 客体：国家发票管理制度和国家税收征管秩序。犯罪对象必须是普通发票，如建安发票、货物销售发票。

2. 客观方面：行为人为达到营利目的，非法制造或出售非法制造一般的假普通发票，数量在100份以上或票面额累计在40万元以上的行为。

3. 主体：任何单位或者个人。

4. 主观方面：直接故意且以营利为目的。

（十二）非法出售用于骗取出口退税、抵扣税款发票罪("真"票)★

1. 客体：国家发票管理制度和国家税收征管秩序。

2. 客观方面表现：行为人为达到营利目的，非法出售用于骗取出口退税、抵扣税款的非增值税专用发票50份以上或者票面额累计在20万元以上的行为。

3. 主体：任何单位或者个人。

4. 主观方面：直接故意且以营利为目的。

（十三）非法出售发票罪("真"票)★★

1. 客体：国家发票管理制度和国家税收征管秩序。

2. 客观方面表现：行为人为达到营利目的，非法出售普通发票100份以上或者票面额累计在40万元以上的行为。

3. 主体：任何单位或者个人。

4. 主观方面：直接故意且以营利为目的。

（十四）虚开发票罪★★★

1. 虚开发票罪的构成

（1）客体：国家普通发票管理制度。

（2）客观方面

①虚开发票认定：

a. 没有商品购销或者没有提供、接受劳务、服务而开具普通发票；

b. 虽有商品购销或者提供、接受了劳务、服务，但开具数量或金额不实的普通发票。

②追诉标准(罪与非罪区分)：

a. 虚开发票 100 份以上或者虚开金额累计在 40 万元以上；

b. 虽未达到上述数额标准，但 5 年内因虚开发票行为受过行政处罚 2 次以上，又虚开发票的。

(3)主体：一般主体。

(4)主观方面：直接故意。

2. 虚开发票罪"此罪与彼罪"界定

(1)虚开发票罪与虚开增值税专用发票罪：对象不同，前者的对象为"普通发票"，后者的对象为"增值税专用发票"。

(2)虚开发票罪与逃税罪

①利用虚开普通发票的手段逃税的，包括两个犯罪行为，即虚开发票的犯罪行为和虚列成本偷逃税款的犯罪行为，属于牵连犯，应择一重罪从重处罚，不实行数罪并罚。

②定罪时具体适用哪个罪名，主要根据其手段行为(虚开发票)和目的行为(逃税)的情节所适用的法定刑幅度中较重的确定：

a. 如果两个行为中有一个行为适用的是较高的量刑档次，另一个行为适用的是较低的量刑档次，则以适用"较高量刑档次"的行为触犯的罪名来定罪；

b. 如果两个行为适用的量刑档次相同(分不出高低)，因逃税罪法定刑略重，一般应以"逃税罪"定罪。

3. 虚开发票罪的处罚

(1)虚开除增值税专用发票或虚开用于骗取出口退税、抵扣税款的其他发票以外的其他发票，情节严重的，处 2 年以下有期徒刑、拘役或者管制，并处罚金；

(2)情节特别严重的，处 2 年以上 7 年以下有期徒刑，并处罚金。

(3)犯虚开发票罪，被判处罚金、没收财产的，在执行前，应当先由税务机关追缴税款。

(十五)持有伪造的发票罪("假"票)★★★

1. 持有伪造发票罪的犯罪构成

(1)客体(一般客体)：国家税收征管制度。

(2)客观方面：明知是伪造的发票而故意持有，"数量较大"的行为。

『解释 1』"持有"指行为人对伪造的发票处于占有、支配、控制的一种状态。(持有伪造的发票罪属于继续犯)，既可以随身携带、放置或藏匿在某一个地点，也可以委托他人保管，只要在行为人的控制之下即可。

『解释 2』"数量较大"指明知是伪造的发票而持有，具有下列情形之一的，应予立案追诉：

①持有伪造的增值税专用发票 50 份以上或者票面额累计在 20 万元以上的；

②持有伪造的可以用于骗取出口退税、抵扣税款的其他发票 100 份以上或者票面额累计在 40 万元以上的；

③持有伪造的其他发票 200 份以上或者票面额累计在 80 万元以上的。

(3)主体：一般主体。

(4)主观方面：直接故意。

2. 持有伪造的发票罪与相关罪名的区分(见表 17-28)

表 17-28 持有伪造的发票罪与相关罪名的区分

罪名	犯罪对象	行为方式
持有伪造的发票罪	伪造各种类型假发票	持有型犯罪，行为方式强调持有
非法出售发票罪	必须是真的普通发票	强调出售
伪造、出售伪造的增值税专用发票罪	假的增值税专用发票	伪造或出售
非法制造、出售非法制造的发票罪	"假的"普通发票	非法制造或出售

六、涉税职务犯罪

扫我解疑难

(一)涉税渎职罪的种类★

1. 徇私舞弊不征、少征税款罪。
2. 徇私舞弊发售发票、抵扣税款、出口退税罪。
3. 徇私舞弊不移交刑事案件罪。
4. 违法提供出口退税凭证罪。

(二)徇私舞弊不征、少征税款罪★★

1. 徇私舞弊不征、少征税款罪的构成(见表17-29)

表17-29 徇私舞弊不征、少征税款罪的构成

客体	国家税务机关正常的税收征管秩序
客观方面	行为人违反税收法规徇私舞弊,不征或少征税款,致使国家税收遭受重大损失。 【知识点拨】涉嫌下列情形之一的,应予立案:(1)徇私舞弊不征、少征应征税款,致使国家税收损失累计达10万元以上的;(2)上级主管部门工作人员指使税务机关工作人员徇私舞弊不征、少征应征税款,致使国家税收损失累计达10万元以上的;(3)徇私舞弊不征、少征应征税款不满10万元,但具有索取或收受贿赂或者其他恶劣情节的
主体	税务机关的工作人员
主观方面	故意 『解释』在税务机关采用定期定额征收方式导致少征税款或纳税人提供虚假材料骗取减免税出现的不征或者少征税款,以及因税务人员业务素质原因造成的少征税款等情况下,因税务人员没有徇私舞弊的主观故意,不能认定为有罪

2. 徇私舞弊不征、少征税款罪与其他犯罪的区别

(1)徇私舞弊不征、少征税款罪 VS 玩忽职守罪:主观上的故意或者过失是区别徇私舞弊不征、少征税款罪和玩忽职守罪的标志。

(2)徇私舞弊不征、少征税款罪 VS 滥用职权罪:主体是否是税务人员是区别徇私舞弊不征、少征税款罪与滥用职权罪的标志。

『解释』非税务人员超越职权,擅自作出减免税决定,造成不征或者少征税款的,应该追究责任人员滥用职权罪的法律责任。

(3)徇私舞弊不征、少征税款罪 VS 徇私舞弊发售发票、抵扣税款、出口退税罪

税务人员发售的发票造成不征或少征税款的,构成徇私舞弊不征、少征税款罪;违法办理发售发票、抵扣税款或出口退税的,应定为徇私舞弊发售发票、抵扣税款、出口退税罪。

(4)税务人员与纳税人勾结,不征或者少征应征税款的,同时构成渎职犯罪和共谋实施的逃税罪或者逃避追缴欠税款罪共犯的,依照处罚较重的规定,即从一重罪定罪处罚。

(5)如果税务人员利用职务上的便利,索取、收受纳税人财物,不征或者少征应征税款,致使国家税收遭受重大损失的,应当以本罪和受贿罪数罪并罚。

(6)税务机关工作人员在办理发售发票、抵扣税款、出口退税工作中接受贿赂而实施本罪的,实行数罪并罚。

(三)徇私舞弊发售发票、抵扣税款、出口退税罪★★

1. 徇私舞弊发售发票、抵扣税款、出口退税罪的构成

(1)客体:税务机关的税收征管秩序。

(2)客观方面:违反法律、行政法规的规定,在办理发售发票、抵扣税款、出口退税工作中徇私舞弊,致使国家利益遭受重大损失的行为。

『解释』本罪的立案标准是指涉嫌下列情形之一:

①徇私舞弊,致使国家税收损失累计达

10万元以上的；

②徇私舞弊，致使国家税收损失累计不满10万元，但发售增值税专用发票25份以上或者其他发票50份以上或者增值税专用发票与其他发票合计50份以上，或者具有索取、收受贿赂或者其他恶劣情节的；

③其他致使国家利益遭受重大损失的情形。

(3)主体：税务机关的工作人员。

(4)主观方面：故意。

2."此罪与彼罪"界定

(1)徇私舞弊发售发票、抵扣税款、出口退税罪与徇私舞弊不征、少征税款罪(见表17-30)

表17-30 徇私舞弊发售发票、抵扣税款、出口退税罪与徇私舞弊不征、少征税款罪

	徇私舞弊发售发票、抵扣税款、出口退税罪	徇私舞弊不征、少征税款罪
阶段	征收税收之前、之后或者征收过程中	发生在征收税收过程中
方式	作为	不作为

(2)如果是税务机关的工作人员在发售发票、抵扣税款、出口退税工作中由于疏忽大意，严重不负责(过失)，致使国家利益遭损失的，应按"玩忽职守罪"追究其刑事责任。

(3)税务机关工作人员与其他犯罪分子有欺骗的共同故意，在办理抵扣税款、出口退税工作中帮助骗取抵扣税款或者出口退税的，可构成诈骗罪或者骗取出口退税罪的共犯。

(4)税务机关工作人员在办理发售发票、抵扣税款、出口退税工作中接受贿赂而实施本罪，如果受贿行为构成犯罪的，应当按照处理牵连犯的原则数罪并罚。

(四)徇私舞弊不移交刑事案件罪★★

1.徇私舞弊不移交刑事案件罪的构成

(1)客体：行政机关的行政执法活动秩序和司法机关正常的刑事司法活动秩序。

(2)客观方面：行政执法人员利用职务之便，徇私情私利、伪造材料、隐瞒情况、弄虚作假，对依法应当移交司法机关追究刑事责任的案件不移交，情节严重的行为。

『解释』涉嫌下列情形之一的，应予立案：

①对依法可能判处3年以上有期徒刑、无期徒刑、死刑的犯罪案件不移交的；

②不移交刑事案件涉及3人次以上的；

③司法机关提出意见后，无正当理由仍然不予移交的；

④以罚代刑，放纵犯罪嫌疑人，致使犯罪嫌疑人继续进行违法犯罪活动的；

⑤行政执法部门主管领导阻止移交的；

⑥隐瞒、毁灭证据，伪造材料，改变刑事案件性质的；

⑦直接负责的主管人员和其他直接责任人员为谋取本单位私利而不移交刑事案件，情节严重的；

⑧其他情节严重的情形。

(3)主体(特殊主体)：行政执法人员。

(4)主观方面：故意。

2.注意区分"此罪与彼罪"界限

(1)徇私舞弊不移交刑事案件罪与徇私枉法罪(见表17-31)。

表17-31 徇私舞弊不移交刑事案件罪与徇私枉法罪

	徇私舞弊不移交刑事案件罪	徇私枉法罪
犯罪主体	行政执法人员	司法工作人员
犯罪客观方面	行为人为徇私情私利，故意把应当移交司法机关追究刑事责任的案件不移交	①对明知是无罪的人使他受追诉；②对明知是有罪的人故意包庇不使他受追诉；③故意违背事实和法律作枉法裁判
情节严重的要求不同	要求"情节严重"	没有"情节严重"的要求

(2)徇私舞弊不移交刑事案件罪与放纵走私罪、放纵制售伪劣商品犯罪行为罪(见表17-32)。

表17-32 徇私舞弊不移交刑事案件罪与放纵走私罪、放纵制售伪劣商品犯罪行为罪

	徇私舞弊不移交刑事案件罪	放纵走私罪	放纵制售伪劣商品犯罪行为罪
主体	一般的行政执法人员	海关工作人员	对生产、销售伪劣商品负有追究职责的国家机关人员
违法阶段	一切行政执法过程中	海关执法过程中	产品质量管理的行政执法中
违法时间	行政执法人员<u>已经介入</u>对违法案件的查处(应移交不移交)	行为人明知有走私行为(<u>应查而不查</u>)	行为人明知是制售伪劣商品犯罪行为(应查而不查)

(3)徇私舞弊不移交刑事案件罪与受贿罪。

行政执法人员徇私舞弊,对依法应当移交司法机关追究刑事责任的案件不移交,情节严重,同时又因此收受他人贿赂,则构成"徇私舞弊不移交刑事案件罪和受贿罪"(<u>牵连关系</u>),应数罪处罚。

(五)违法提供出口退税凭证罪★

1. 客体:税务机关的税收征管制度。

2. 客观方面:违反国家规定,在提供出口货物报关单、出口收汇核销单等出口退税凭证的工作中徇私舞弊,致使国家利益遭受重大损失的行为。

『解释』 本罪的立案标准是指涉嫌下列情形之一:

(1)徇私舞弊,致使国家税收损失累计达10万元以上的;

(2)徇私舞弊,致使国家税收损失累计不满10万元,但具有索取、收受贿赂或者其他恶劣情节的;

(3)其他致使国家利益遭受重大损失的情形。

3. 主体(特殊主体):海关、外汇管理等国家机关工作人员。

4. 主观方面:故意,过失不构成本罪。

【例题12·单选题】(2018年)根据《刑法》规定,下列关于危害税收征管犯罪的说法中,正确的是( )。

A. 骗取出口退税罪、虚开增值税专用发票罪属于危害税收征管犯罪

B. 主体只能是单位

C. 侵犯的客体是市场经济秩序

D. 行为人在主观方面存在故意或者过失

解析 ▶ 本题考核危害税收征管犯罪。危害税收征管犯罪侵犯的客体是国家的税收征管制度。犯罪的主体既包括单位,也包括个人。犯罪在主观方面存在故意,过失不构成本罪。
答案 ▶ A

【例题13·单选题】(2019年)王某5年内因逃税被税务机关给予3次行政处罚后,又采取欺骗手段进行虚假纳税申报,逃税20万元,占各税种应纳税总额8%,下列有关是否追究王某刑事责任的做法中,正确的是( )。

A. 按逃税罪追究王某刑事责任

B. 对王某不予追究刑事责任

C. 按诈骗罪追究王某刑事责任

D. 按逃避追缴欠税罪追究王某刑事责任

解析 ▶ 本题考核逃税罪。凡5年内因逃避缴纳税款受过刑事处罚或者被税务机关给予2次以上行政处罚,又逃避缴纳税款,数额在5万元以上并且占各税种应纳税总额10%以上的,则构成逃税罪。凡逃税额不足各税种应纳税总额10%的,或者逃税额不足5万元的,或者逃税额超过5万元但不足各税种应纳税总额10%的,或者逃税额不足5万元但超过各税种应纳税总额10%的,均属于一般逃税违法行为,不构成逃税罪。这里王某的逃税行为占各税种应纳税总额8%,不构成逃税罪。
答案 ▶ B

【例题14·单选题】(2013年)2006年

4月以来，陶某等人分别以自己或者家族成员名义，先后注册15家公司，从税务机关骗购各类普通发票共计2.4万份，以200元至1 000元不等的价格对外出售9 000余份，涉案金额近亿元，非法获利200余万元。本案中，陶某涉嫌的罪名是（ ）。

  A. 非法出售发票罪
  B. 非法购买发票罪
  C. 出售伪造发票罪
  D. 出售抵扣税款发票罪

解析 ▶ 本题考核非法出售发票罪。非法出售发票罪是指违反国家发票管理规定，非法出售普通发票的行为。

答案 ▶ A

【例题15·单选题】（2011年）根据《刑法》和刑法理论，下列有关徇私舞弊不征、少征税款罪的表述中，正确的是( )。

  A. 侵犯的客体是国家税务机关的税收征管秩序
  B. 客观方面表现为行为人违反规定，不征或者少征税款的行为
  C. 犯罪主体不限于税务机关工作人员
  D. 过失也可构成此罪

解析 ▶ 本题考核徇私舞弊不征、少征税款罪。(1)本罪侵犯的客体是国家税务机关正常的税收征管秩序。所以选项A正确。(2)客观上表现为行为人违反税收法规徇私舞弊，不征或者少征税款，致使国家税收遭受重大损失的行为。所以选项B错误。(3)本罪的主体是税务机关的工作人员。所以选项C错误。(4)本罪在主观上是故意，具体表现为行为人明知纳税人应当缴纳税款，却为徇情私利而故意不征或者少征税款。所以选项D错误。

答案 ▶ A

【例题16·综合题】（2019年）丘佛市万亿公司于2010年12月20日成立并办理了税务登记，属一人有限责任公司。法定代表人为汪某，主要从事玻璃制品销售。2015年至2016年期间，万亿公司与税收管理员陈某相互勾结，部分销售收入不开具发票，不按规定入账，未申报纳税。另一税收管理员任某对此知情。任某在接受万亿公司2 000元红包后，对万亿公司未申报纳税一直放任不管。2017年12月，税务局检查发现：2015年度，万亿公司瞒报销售收入580万元，逃避缴纳税款110万元，占该公司2015年度应纳税款总额的24%；2016年度，万亿公司瞒报销售收入758万元，逃避缴纳税款142万元，占该公司2016年度应纳税款总额的42%。税务局依法决定追缴，万亿公司及其法定代表人汪某拒不补缴上述税款。

另查明，汪某于2015年1月2日因犯危险驾驶罪被法院判处拘役1个月，缓刑2个月，并处罚金人民币3 000元。

公安机关立案后，万亿公司缴清了上述税款及滞纳金。汪某被逮捕后如实供述，同时表示：税务局决定追缴时，万亿公司已濒临破产、无补缴能力，并非故意拒不补缴。

检察机关对万亿公司及汪某以逃税罪提起公诉。

请根据案情，回答下列问题：

1. 下列有关税收管理员陈某、任某涉嫌罪名的说法中，正确的有（ ）。

  A. 任某涉嫌逃税罪
  B. 陈某涉嫌徇私舞弊不移交刑事案件罪
  C. 陈某涉嫌逃税罪
  D. 任某涉嫌受贿罪
  E. 任某涉嫌徇私舞弊不征、少征税款罪

解析 ▶ 本题考核逃税罪、渎职罪。税务机关的工作人员，如果与逃税人相互勾结，故意不履行其依法征税的职责，不征或少征应征税款的，应该将其作为逃税罪的共犯来论处。如果行为人知道某人在逃税，出于某种私利而佯装不知，对逃税行为采取放任态度，因此不征或少征应征税款，致使国家税收遭受重大损失的，则只能认定构成徇私舞弊不征、少征税款罪。所以选项A错误。受贿数额在3万元以上符合受贿罪的数额要求，本题受贿数额为2千元，不符合受贿罪的条件，所以任某不构成受贿罪。所以选项D错误。

答案 ▶ BCE

2. 下列有关万亿公司犯罪及刑事责任的说法中，正确的有( )。

A. 万亿公司是一人有限责任公司，因此本案逃税罪是自然人犯罪

B. 万亿公司是一人有限责任公司，因此本案逃税罪是单位犯罪

C. 万亿公司是本案逃税罪的犯罪主体

D. 万亿公司具有犯罪的主观故意

E. 万亿公司在公安机关立案后补缴了税款和滞纳金，因此不应追究刑事责任

解析 本题考核逃税罪。万亿公司为谋取本单位非法利益，涉嫌逃税罪，属于单位犯罪。所以选项 A 错误。纳税人在公安机关立案后再补缴应纳税款、缴纳滞纳金或者接受行政处罚的，不影响刑事责任的追究。所以选项 E 错误。 **答案** BCD

3. 本案中，对万亿公司定罪的影响因素有( )。

A. 万亿公司瞒报销售收入，对部分收入未申报纳税

B. 2016 年度逃避缴纳税款占万亿公司 2016 年度应纳税款总额的 42%

C. 2015 年度逃避缴纳税款占万亿公司 2015 年度应纳税款总额的 24%

D. 万亿公司送给税收管理员任某 2 000 元

E. 万亿公司与税收管理员陈某勾结

解析 本题考核逃税罪。选项 A、B、C、E 的行为符合逃税罪的条件。选项 D 行贿主体万亿公司为单位，行贿数额为 2 000 元，不构成行贿罪，也不构成单位行贿罪。(2021 年大纲删除受贿罪及贿赂犯罪相关表述。本知识点了解即可) **答案** ABCE

4. 若检察机关指控汪某的罪名成立，下列有关对汪某量刑的说法中，正确的有( )。

A. 汪某如实供述不属于自首

B. 汪某如实供述属于一般自首

C. 汪某如实供述属于一般立功

D. 汪某不属于累犯

E. 汪某属于一般累犯

解析 本题考核自首、累犯。一般自首，是指犯罪以后自动投案，如实供述自己罪行的行为。这里汪某不是自动投案，而是被动归案，所以不属于一般自首。所以选项 B 错误。立功，是指犯罪分子揭发他人犯罪行为，查证属实，或者提供重要案件线索，从而得以侦破其他案件的行为。一般累犯，是指被判处有期徒刑以上刑罚的犯罪分子，刑罚执行完毕或者赦免以后，在 5 年以内再犯应当判处有期徒刑以上刑罚之罪的情况。本案中汪某的行为不符合自首、立功、累犯的条件。所以选项 C、E 错误。 **答案** AD

同步训练 限时35分钟

扫我做试题

一、单项选择题

1. 果农张三，为防止水果被盗，在果园周围架了很多电网，一天晚上，王四来偷水果，不幸触电身亡，张三对该结果所持的主观态度属于( )。

A. 直接故意

B. 间接故意

C. 过于自信的过失

D. 疏忽大意的过失

2. 根据《刑法》规定，下列罪犯中，可以宣告缓刑的是( )。

A. 被判处 3 年以下有期徒刑的罪犯

B. 被判处 5 年有期徒刑且已满 75 周岁的罪犯

C. 累犯

D. 犯罪集团的首要分子

3. 王某犯出售伪造的增值税专用发票罪被判处有期徒刑10年，刑罚执行2年后，发现他在判决宣告以前还犯有抢劫罪，新发现的抢劫罪被判处有期徒刑15年，根据《刑法》规定的数罪并罚原则，对王某还应执行的刑期最低为( )。
   A. 13 年   B. 15 年
   C. 23 年   D. 25 年

4. 法定最高刑为10年有期徒刑的犯罪，追诉时效是( )。
   A. 5 年   B. 10 年
   C. 15 年   D. 20 年

5. 根据《刑法》的规定，下列关于刑事责任能力的说法正确的是( )。
   A. 不满18周岁的人犯罪的，不承担刑事责任
   B. 不能辨认自己行为的精神病人犯罪的，应当从轻或减轻处罚
   C. 醉酒的人犯罪的，应当承担刑事责任
   D. 又聋又哑的人犯罪的，应当从轻、减轻或免除处罚

6. 某驾校学员甲刚学会开车，虽然没有通过考试，但感觉自己已经完全掌握了开车技术，便兴冲冲将车开上公路，一下与迎面来的车辆相撞。甲的主观方面应当认定为( )。
   A. 间接故意
   B. 疏忽大意的过失
   C. 过于自信的过失
   D. 意外事件

7. 下列关于剥夺政治权利的说法中，正确的是( )。
   A. 剥夺政治权利，是指剥夺担任国家机关领导职务的权利
   B. 对于被判处死刑、无期徒刑的犯罪分子，可以剥夺政治权利终身
   C. 剥夺政治权利只可以附加适用
   D. 对于危害国家安全的犯罪分子应当附加剥夺政治权利

8. 甲因故意毁坏财物罪被判处管制1年，下列说法中正确的是( )。
   A. 甲在管制执行期间，其行使集会、结社、游行、示威自由的权利不受限制
   B. 甲应依法进行社区矫正
   C. 甲如果在管制期间从事劳动的，可以酌量发给报酬
   D. 甲被判处1年管制，在判决执行之日前已被羁押1个月，则甲还需实际执行管制11个月

9. 下列关于累犯的表述，正确的是( )。
   A. 甲因抢劫罪被判处有期徒刑10年，并被附加剥夺政治权利3年。甲在附加刑执行完毕之日起第5年又犯罪。甲构成累犯
   B. 甲犯抢夺罪于2010年3月假释出狱，考验期为剩余的2年刑期。甲从假释考验期满之日起5年内再犯应当判处有期徒刑以上刑罚之罪。甲构成累犯
   C. 甲犯危害国家安全罪5年徒刑期满，6年后又犯故意杀人罪。甲构成累犯
   D. 对累犯可以从重处罚

10. 根据《刑法》及有关规定，关于适用假释的说法，正确的是( )。
    A. 被判处有期徒刑的累犯，认真遵守监规，确有悔改表现，可以假释
    B. 因故意杀人被判处11年有期徒刑的犯罪分子，符合假释条件的，可以假释
    C. 被判处有期徒刑的犯罪分子，执行原判刑期1/3以上，可以假释
    D. 被判处无期徒刑的犯罪分子，实际执行13年以上，符合假释条件的，可以假释

11. 关于罚金，下列说法错误的是( )。
    A. 对犯罪分子可以单处或并处罚金
    B. 罚金只适用于单位，不适用于个人
    C. 犯罪分子的财产在异地的，一审人民法院可以委托财产所在地人民法院代为执行
    D. 罚金属于财产刑

12. 在下列涉税犯罪行为中，不能由单位构成犯罪主体的是( )。

A. 虚开增值税专用发票罪

B. 非法出售发票罪

C. 逃避追缴欠税罪

D. 抗税罪

13. 某公司财务主管人员王某在向税务机关缴纳100万元税款后，采取伪造报关单等手段，骗取国家出口退税150万元，按照我国《刑法》规定，王某构成( )。

A. 骗取出口退税罪

B. 逃税罪

C. 骗取出口退税罪和逃税罪

D. 逃避追缴欠税罪

14. 税务机关工作人员在税收工作中严重不负责任，不征或少征税款，致使国家税收遭受重大损失，应按( )追究刑事责任。

A. 徇私舞弊不征或少征税款罪

B. 玩忽职守罪

C. 危害税收征管罪

D. 滥用职权罪

15. 下列关于徇私舞弊发售发票罪的说法正确的是( )。

A. 是否致使国家利益遭受了重大损失，是区分本罪与非罪的界限

B. 徇私舞弊，致使国家税收损失累计达5万元以上，即为"致使国家利益遭受重大损失"

C. 有徇私舞弊发售发票的行为，即使未给国家利益造成实际损失，也构成该罪

D. 本罪的主观方面表现为过失

16. 海关工作人员张某违反国家有关规定，给不具有出口资格的甲企业提供出口货物报关单3份，致使国家税收损失200余万元，应按( )追究其刑事责任。

A. 违法提供出口退税凭证罪

B. 徇私舞弊提供出口退税凭证罪

C. 骗取出口退税罪

D. 非法出售用于骗取出口退税发票罪

二、多项选择题

1. 根据《刑法》，下列有关刑罚的说法中，正确的有( )。

A. 刑罚有主刑与附加刑之分，管制、拘役属于附加刑

B. 对一个犯罪不能同时适用两个或者两个以上的主刑

C. 主刑可以独立适用，也可以附加适用

D. 附加刑不能独立适用，只能附加适用

E. 对犯罪的外国人，可以独立适用或者附加适用驱逐出境

2. 关于死刑的适用，下列说法正确的有( )。

A. 《刑法》规定了死刑的犯罪都应当判处死刑

B. 死刑包括死刑立即执行与缓期两年执行两种情况

C. 死刑是刑罚体系中最为严厉的刑罚方法

D. 审判时不满18周岁的人不能适用死刑立即执行，可以适用死刑缓期两年执行

E. 不得任意采用死刑执行方法

3. 根据《刑法》及有关规定，下列选项中不成立自首的有( )。

A. 甲以前曾经犯诈骗罪，被判处4年有期徒刑，在刑罚执行完毕后第3年又犯盗窃罪，可能被判处5年有期徒刑。因形迹可疑，在公安人员询问时如实交代了盗窃的事实

B. 甲、乙共同走私大批文物出境。甲被抓获后带领公安人员将乙抓获

C. 甲、乙、丙三人持枪抢劫银行。甲带领公安人员抓获了乙，乙带领公安人员抓获了丙

D. 甲因涉嫌行贿罪被立案侦查。在侦查人员讯问时，他主动交代了司法机关尚未掌握的杀人罪行

E. 甲盗窃汽车后逃走，其父母得知后主动报案，并将甲送到公安机关投案

4. 乙犯虚开增值税专用发票罪和出售伪造的增值税专用发票罪，分别被判处有期徒刑10年和7年，法院决定合并执行15年；

在执行2年后，法院发现乙在判决宣告以前还有没有判决的盗窃罪，并就盗窃罪判处有期徒刑5年。根据《刑法》的规定，下列说法正确的有(　　)。

A. 对乙应当采用先减后并的并罚方式，并罚后还需要执行的最低刑期为20年

B. 乙实际执行的有期徒刑不可能超过20年

C. 乙实际执行的有期徒刑必然超过20年

D. 对乙应当采用先并后减的并罚方式，并罚后还需执行的刑期最低为13年

E. 将乙的三个罪行合并执行，在10年以上22年以下确定刑期

5. 对犯罪分子适用缓刑的条件有(　　)。

A. 所犯之罪必须是过失犯罪

B. 被判处拘役、3年以下有期徒刑

C. 根据犯罪分子犯罪情节和悔改表现，暂缓执行原判刑罚确实不致再危害社会

D. 犯罪分子不是累犯

E. 犯罪分子应有立功表现

6. 下列对于减刑的说法正确的有(　　)。

A. 对判处拘役或者3年以下有期徒刑宣告缓刑的犯罪分子，一般不适用减刑

B. 对于宣告缓刑的犯罪分子在缓刑考验期内有重大立功表现的，可以予以减刑

C. 犯罪分子在刑罚执行期间认真遵守监规、接受教育改造，有检举、揭发监狱内外犯罪活动，经查证属实的，人民法院可以裁定减刑

D. 减刑后有期徒刑的实际执行刑期不能少于原判刑期的1/2

E. 不满5年有期徒刑的，执行2年以上方可减刑

7. 根据《刑法》的规定，下列说法正确的有(　　)。

A. 税务人员与纳税人勾结，不征或者少征应征税款的，同时构成渎职犯罪和共谋实施的逃税罪或者逃避追缴欠税罪的共犯的，从一重处罚

B. 徇私枉法罪与徇私舞弊不移交刑事案件罪在主体上的区别是，前罪的主体是司法工作人员，而后罪的主体是行政执法人员

C. 徇私舞弊发售发票、抵扣税款、出口退税罪的主体是特殊主体，即行政机关工作人员

D. 违法提供出口退税凭证罪的主观方面是过失，故意不构成本罪

E. 区别滥用职权罪与徇私舞弊不征、少征税款罪的标志是主体是否是税务人员

8. 某企业在经营期间，欠缴应纳税款20万元，占应纳税额的8%。税务机关向该企业发出了《催缴通知书》，该企业不予理睬，同时为了防止税务机关冻结其存款账户，伪造了相关文件，另立企业账户，并且转移了一部分存款，致使税务机关无法追缴欠缴的税款8万元，对此案的正确定性和处理为(　　)。

A. 该企业构成逃税罪

B. 扣缴义务人可以成为该企业所犯之罪的犯罪主体

C. 该企业逃避追缴欠税数额为20万元

D. 该企业的行为侵犯了国家的税收征管制度和国家财产所有权

E. 对该企业执行罚金之前，应当先由税务机关追缴所逃避的税款

9. 对涉税的犯罪案件，下列处理正确的有(　　)。

A. 非法购买增值税专用发票的，按非法购买增值税专用发票罪定罪处罚

B. 非法购买增值税专用发票后又虚开的，按非法购买增值税专用发票罪和虚开增值税专用发票罪并罚

C. 非法购买增值税专用发票后又出售的，按非法出售增值税专用发票罪定罪处罚

D. 非法购买伪造的增值税专用发票后又出售的，按出售伪造的增值税专用发票罪定罪处罚

E. 伪造增值税专用发票并出售的，按出售增值税专用发票罪定罪处罚

10. 《刑法》规定的刑罚分为主刑和附加刑两

类，其适用原则有（　　）。

A. 主刑只能独立适用，不能附加适用

B. 附加刑既能附加适用，也能独立适用

C. 数罪并罚时，必须同时适用主刑和附加刑

D. 数罪并罚时，附加刑种类相同的，合并执行；种类不同的，分别执行

E. 对犯罪的外国人，驱逐出境可以独立适用，不能附加适用

11. 根据《刑法》规定，下列情形中，符合自首要件的有（　　）。

A. 犯罪后主动报案，没有逃离现场，在司法机关讯问时如实交代自己罪行的

B. 罪行未被司法机关发觉，因形迹可疑被有关组织盘问后，主动交代自己的罪行的

C. 亲友主动报案后，犯罪嫌疑人被亲友送去投案的

D. 犯罪嫌疑人自动投案后又逃跑的

E. 犯罪嫌疑人逃跑后被抓获到案，如实供述自己罪行的

12. 根据《刑法》及有关规定，下列关于骗取出口退税罪的说法中，正确的有（　　）。

A. 只要采取虚报出口等欺骗手段实施了骗取国家出口退税款的行为，就构成骗取出口退税罪

B. 行为人骗取国家出口退税款达到5万元以上，才能构成骗取出口退税罪

C. 造成国家税款损失150万元以上，且在一审判决宣告前无法追回的，属于骗取出口退税罪量刑规定中的"其他特别严重情节"

D. 纳税人缴纳税款后采取虚报出口等欺骗方法骗取所缴税款的，按骗取出口退税罪处罚

E. 骗取出口退税罪侵犯的客体是简单客体，侵犯了国家出口退税管理制度

同步训练答案及解析

一、单项选择题

1. B 【解析】本题考核犯罪的主观方面。张三为防水果被盗在果园周围私拉电网，其主观上是明知自己的行为可能会发生致人触电死亡的后果，但为防盗却放任这种结果的发生。其主观心态不是过失；同时，其私拉电网是为了防止水果被盗，主观上并不积极追求致使偷盗人死亡，所以其主观心态也不是直接故意，实际上他对于偷水果的人的死亡后果采取了听之任之的态度，其主观心态是间接故意。

2. A 【解析】本题考核缓刑。(1)缓刑适用于被判处拘役或者3年以下有期徒刑的犯罪分子，符合条件的，可以宣告缓刑，对其中不满18周岁的人、怀孕的妇女和已满75周岁的人，应当宣告缓刑。所以选项A正确，选项B错误。(2)对于累犯和犯罪集团的首要分子，不适用缓刑。所以选项C、D错误。

3. A 【解析】本题考核数罪并罚的情形。发现漏罪，应当"先并后减"，所以用10年与15年并罚，则应当在15年以上25年以下，但是有期徒刑最高不能超过20年，所以应当是15年以上20年以下处罚。题目问的是还需执行的最低刑，所以按照上述，最少判决15年徒刑，此时已经执行了2年，所以还需执行的刑期最低为13年（最高为18年）。选项A正确。

4. C 【解析】本题考核追诉时效的期限。法定最高刑为10年以上有期徒刑的犯罪，经过15年不再追诉。

5. C 【解析】本题考核刑事责任的承担。不满12周岁的人犯罪，不负刑事责任。成年人，如果是精神病人，在不能辨认或者不能控制自己行为时造成危害结果，经法定程序鉴定确认的，不负刑事责任；间歇性

精神病人在精神正常时犯罪，应当负刑事责任；尚未完全丧失辨认或者控制自己行为能力的精神病人犯罪的，应当负刑事责任，但是可以从轻或者减轻处罚。又聋又哑的人或者盲人犯罪的，可以从轻、减轻或者免除处罚。

6. C 【解析】本题考核犯罪主观要件。过于自信的过失，是指行为人已经预见自己的行为可能会发生危害社会的结果，而轻信能够避免，以致发生这种结果的心理态度。

7. D 【解析】本题考核剥夺政治权利。对于危害国家安全的犯罪分子应当附加剥夺政治权利；对于被判处死刑、无期徒刑的犯罪分子，应当附加剥夺政治权利终身。剥夺政治权利既可以附加适用，也可以独立适用。

8. B 【解析】本题考核管制。被判处管制的犯罪分子，在执行期间未经执行机关批准，不得行使言论、出版、集会、结社、游行、示威自由的权利。对于被判处管制的犯罪分子，在劳动中应当同工同酬。管制的刑期，从判决执行之日起计算；判决执行以前先行羁押的，羁押1日折抵刑期2日。

9. B 【解析】本题考核累犯。累犯的5年期限从刑罚执行完毕或者赦免以后开始计算，徒刑执行完毕不包括附加刑的执行。选项A错误。特殊累犯要求前后两个罪都必须是危害国家安全的犯罪、恐怖活动犯罪、黑社会性质的组织犯罪，选项C中后罪是故意杀人罪不是前述犯罪，不成立特殊累犯，且超过5年也不成立一般累犯。选项C错误。对于累犯应当从重处罚，选项D错误。

10. D 【解析】本题考核假释的对象、条件、考验期限。被判处有期徒刑的犯罪分子，执行原判刑期1/2以上，被判处无期徒刑的犯罪分子，实际执行13年以上，如果认真遵守监规，接受教育改造，确有悔改表现，没有再犯罪的危险的，可以假释。如果有特殊情况，经最高人民法院核准，可以不受上述执行刑期的限制。对累犯以及因故意杀人、强奸、抢劫、绑架、放火、爆炸、投放危险物质或者有组织的暴力性犯罪被判处10年以上有期徒刑、无期徒刑的犯罪分子，不得假释。

11. B 【解析】本题考核罚金。对于单位或个人，符合条件的，可以适用罚金刑。

12. D 【解析】本题考核危害税收征管罪的犯罪主体。抗税罪的犯罪特征之一是行为人以暴力、威胁方法拒不缴纳税款。暴力、威胁的行为只能由自然人实施，故抗税罪的犯罪主体必须是自然人，单位不构成本罪主体。

13. C 【解析】本题考核骗取出口退税罪与逃税罪的认定。

14. B 【解析】本题考核徇私舞弊发售发票、抵扣税款、出口退税罪和玩忽职守罪的区别。因税务工作人员"严重不负责任"，应构成玩忽职守罪。

15. A 【解析】本题考核徇私舞弊发售发票罪。是否致使国家利益遭受重大损失是区分本罪与非罪的界限。所以选项A正确。徇私舞弊，致使国家税收损失累计达10万元以上，被认为属于致使国家利益遭受重大损失。所以选项B错误。徇私舞弊发售发票罪是指违反法律、行政法规的规定，在办理发售发票工作中徇私舞弊，致使国家利益遭受重大损失的行为。所以选项C错误。本罪的主观方面表现为故意，过失不构成本罪。所以选项D错误。

16. A 【解析】本题考核违法提供出口退税凭证罪。违法提供出口退税凭证罪是指海关、外汇管理等国家机关工作人员违反国家规定，在提供出口货物报关单、出口收汇核销单等出口退税凭证的工作中徇私舞弊，致使国家利益遭受重大损失的行为。

二、多项选择题

1. BE 【解析】本题考核主刑与附加刑。管制和拘役都是主刑，不是附加刑。所以选项 A 错误。主刑只能独立适用，不能附加适用。所以选项 C 错误。附加刑既可以独立适用，也可以附加适用。所以选项 D 错误。

2. BCE 【解析】本题考核死刑。虽然只能对刑法分则条文规定了死刑的犯罪判处死刑，但绝不意味着对规定了死刑的犯罪都应当判处死刑。对于犯罪时不满 18 周岁的人和审判时怀孕的妇女，不能适用死刑立即执行，也不适用死缓。

3. BC 【解析】本题考核自首和立功的相关规定。选项 B、C 成立立功。选项 A、E 成立一般自首，选项 D 成立特别自首。

4. BD 【解析】本题考核数罪并罚的适用。乙所犯盗窃罪是漏罪，应该采用先并后减的并罚方式。即用原来已经确定的刑期 15 年与新判决的 5 年进行并罚，在 15 年以上 20 年以下确定刑期，再减去已经执行的 2 年，那么对于乙还需要执行的刑期，最低为 13 年。实际执行的刑期不可能超过 20 年。

5. BCD 【解析】本题考核缓刑的适用条件。

6. ABCD 【解析】本题考核减刑的规定。不满 5 年有期徒刑的，应当执行一年以上方可减刑。

7. ABE 【解析】本题考核涉税犯罪。徇私舞弊发售发票、抵扣税款、出口退税罪的主体是税务机关的工作人员。所以选项 C 错误。违法提供出口退税凭证罪的主观方面是故意，过失不构成本罪。所以选项 D 错误。

8. DE 【解析】本题考核逃避追缴欠税罪。本题中该企业实施了《刑法》规定的逃避追缴欠税的犯罪行为，构成逃避追缴欠税罪。扣缴义务人不构成本罪主体。因纳税人的逃避行为而使税务机关无法追缴的欠缴税款数额，不能等同于纳税人转移或隐匿财产的数额，或纳税人所欠缴的税款数额。所以，无法追缴的欠税数额是 8 万元。所以选项 A、B、C 错误。

9. ACD 【解析】本题考核涉税犯罪。如果行为人非法购买增值税专用发票或者购买伪造的增值税专用发票又虚开或者出售的，则不再定前罪，而应当按照虚开增值税专用发票罪、出售伪造的增值税专用发票罪、非法出售增值税专用发票罪定罪处罚。所以选项 B 错误。选项 E 构成出售伪造的增值税专用发票罪。

10. ABD 【解析】本题考核主刑和附加刑的适用原则。驱逐出境是一种特殊的附加刑，既可以独立适用，也可以附加适用。

11. ABC 【解析】本题考核自首。犯罪嫌疑人自动投案后又逃跑的，不能认定为自首。选项 E 不满足自动投案的条件。

12. BC 【解析】本题考核骗取出口退税罪。（1）该罪客观方面表现为利用国家出口退税制度，以虚报出口或者其他欺骗手段，骗取国家出口退税款，数额在 5 万元以上的行为。所以选项 A 错误，选项 B 正确。（2）造成国家税款损失 150 万元以上并且在第一审判决宣告前无法追回的，属于"其他特别严重情节"。所以选项 C 正确。（3）纳税人缴纳税款后，采取上述欺骗方法，骗取所缴税款的，按逃税罪处罚。骗取税款超过所缴纳的税款部分，以骗取出口退税罪论处。所以选项 D 错误。（4）本罪的客体是复杂客体，即国家出口退税管理制度和公共财产所有权。所以选项 E 错误。

本章知识串联

刑事法律制度

- **刑法基础** ★★
  - 刑法基本原则：罪刑法定原则，平等适用刑法原则，罪刑相当原则
  - 追诉时效
    - 追诉时效的期限：5年、10年、15年、20年
    - 追诉期限的计算

- **犯罪构成** ★★★
  - 犯罪客体：一般客体、同类客体、直接客体
  - 犯罪客观方面：危害行为、危害结果以及危害行为与危害结果之间的因果关系
  - 犯罪主体（自然人和单位）
  - 犯罪主观方面：犯罪故意、犯罪过失以及犯罪目的和犯罪动机

- **刑罚种类** ★★★
  - 主刑（5种）
  - 附加刑（4种）

- **刑罚适用** ★★★
  - 累犯
    - 一般累犯：5年内再犯
    - 特别累犯：前后两罪均为犯危害国家安全犯罪、恐怖活动犯罪、黑社会性质的组织犯罪
  - 自首
    - 一般自首：自动投案和如实供述罪行
    - 特别自首：如实供述司法机关尚未掌握的本人的其他犯罪行为
  - 立功
    - 一般立功：可以从轻或者减轻处罚
    - 重大立功：可以减轻或者免除处罚
  - 数罪并罚
    - 原则：并科原则、吸收原则、限制加重原则和折中原则
    - 适用
      - 刑罚执行完毕以前发现漏罪的，适用"先并后减"
      - 刑罚执行完毕以前又犯新罪的，适用"先减后并"
  - 缓刑
    - 适用对象：被判处拘役或者3年以下有期徒刑的犯罪分子
    - 考验期限及禁止令的期限
      - 考验期限：拘役不得少于2个月；有期徒刑不得少于1年
      - 禁止令期限：不得少于2个月，从缓刑执行之日起计算
    - 执行
    - 撤销：在缓刑考验期内犯新罪或发现漏罪的，应当撤销缓刑
  - 减刑
    - 适用对象：被判处管制、拘役、有期徒刑或无期徒刑的犯罪分子
    - 执行期限
    - 减刑的幅度、起始时间、间隔时间
    - 减刑的要求
    - 减刑的数罪并罚
  - 假释
    - 适用对象：只适用于被判处有期徒刑或者无期徒刑的犯罪分子
    - 刑期：有期徒刑，执行原判期1/2以上；无期徒刑实际执行13年以上；特殊的最高院核准
    - 考验期限：有期徒刑为没有执行完毕的刑期；无期徒刑为10年
    - 撤销

第17章 刑事法律制度

刑事法律制度
- 涉税犯罪 ★★
  - 逃税罪
    - 客观方面：逃避缴纳税款
    - 主体：纳税人和扣缴义务人，自然人、单位均可
  - 抗税罪
    - 客观方面：以暴力、威胁方法拒不缴纳税款的行为
    - 主体：纳税人或者扣缴义务人，只能是自然人
  - 逃避追缴欠税罪
    - 客观方面：数额在1万元以上
    - 主体：纳税人，扣缴义务人不构成本罪主体
  - 骗取出口退税罪
  - 虚开增值税专用发票或者虚开用于骗取出口退税、抵扣税款发票罪
  - 伪造、出售伪造的增值税专用发票罪：25份以上，10万元以上
  - 非法出售增值税专用发票罪
    - 主体：只有增值税专用发票的单位或者个人
  - 非法购买增值税专用发票或者购买伪造的增值税专用发票罪：25份以上，10万元以上
  - 非法制造、出售非法制造的用于骗取出口退税、抵扣税款发票罪：50份以上，20万元以上
  - 非法制造、出售非法制造的发票罪：100份以上，40万元以上
  - 非法出售用于骗取出口退税、抵扣税款发票罪：50份以上，20万元以上
  - 非法出售发票罪
    - 客观方面：100份以上，40万元以上
    - 主体：任何单位或者个人
  - 虚开发票罪
  - 持有伪造的发票罪
- 涉税职务犯罪 ★★
  - 徇私舞弊不征、少征税款罪
  - 徇私舞弊发售发票、抵扣税款、出口退税罪
  - 徇私舞弊不移交刑事案件罪
  - 违法提供出口退税凭证罪

第18章 刑事诉讼法律制度

考情解密

历年考情概况

本章主要介绍刑事诉讼有关的制度和审理程序,知识点较多,刑事辩护制度、强制措施、侦查措施等是本章考查的重点区域。本章考查分值一般在8分左右,为本门课程中比较重要的章节,并且考试中各种题型都有可能出现,让我们防不胜防,所以学习中不能掉以轻心。

近年考点直击

考点	主要考查题型	考频指数	考查角度
刑事诉讼法的基本原则	单选题	★	(1)直接考核审判公开原则;(2)直接考核依法不予追究刑事责任原则
刑事诉讼参与人	单选题、多选题、综合分析题	★★	(1)给出情况,判断是否属于刑事诉讼参与人;(2)直接考核被害人的刑事诉讼权利;(3)结合具体案例,考核犯罪嫌疑人的刑事诉讼权利
回避	单选题	★	直接考核自行回避的情形
辩护制度	单选题、多选题、综合分析题	★★★	(1)直接考核刑事辩护的相关内容;(2)结合具体案例,考核辩护律师的诉讼权利
强制措施	单选题、多选题、综合分析题	★★★	(1)直接考核取保候审的有关内容;(2)直接考核拘留、逮捕的相关规定
侦查	单选题、多选题、综合分析题	★★	(1)直接考核侦查措施;(2)结合具体案例,考核补充侦查的规定

本章2021年考试主要变化

本章变动较大。

(1)删除的内容较多,例如自诉案件程序、缺席审判程序、刑事诉讼法的5个基本原则、监察机关移送案件的强制措施以及一些细碎的表述。

(2)表述调整也较多,按照最新的《刑事诉讼法》解释进行调整,例如不能担任辩护人的主体、对被取保候审的犯罪嫌疑人应当逮捕的情况等。

(3)新增内容上,按照最新的《刑事诉讼法》解释变动内容,增加一些细碎内容,比较突出的例如:认罪认罚的审理要求、委托辩护人的告知中值班律师、法院立即释放被逮捕被告人的情况等。

考点详解及精选例题

一、刑事诉讼法基本原则★★

扫我解疑难

1. 侦查权、检察权、审判权由专门机关依法行使(见表18-1)

表18-1　侦查权、检察权、审判权由专门机关依法行使

主体	职权
公安机关	侦查、拘留、执行逮捕、预审。 『解释』侦查权："一大"(公安机关)、"四小"(人民检察院、国家安全机关、军队保卫部门、中国海警局、监狱)
检察院	检察、批准逮捕、对直接受理的案件侦查、审查起诉和提起公诉
法院	审判
中国海警局	海上维权执法，对海上发生的刑事案件行使侦查权
监狱	监狱：罪犯在监狱内犯罪的案件

2. 以事实为根据、以法律为准绳
3. 审判公开(见表18-2)
(1)除《刑事诉讼法》另有规定的外，一律公开进行。

表18-2　审判公开的原则

类型	具体内容
绝对不公开	①有关国家秘密的案件； ②个人隐私的案件； ③开庭审理时被告人不满18周岁的案件，一律不公开审理；经未成年被告人及其法定代理人同意，未成年被告人所在学校和未成年保护组织可以派代表到场
依申请不公开	商业秘密的案件，当事人申请不公开审理的，可以不公开

(2)所有不公开审理的案件，在判决宣告时必须一律公开进行。

4. 犯罪嫌疑人、被告人有权获得辩护
5. 未经法院判决不得确定任何人有罪(刑事诉讼法特有的原则)
6. 具有法定情形不追究刑事责任(见表18-3)

表18-3　依法不追究刑事责任原则

不追究刑事责任情形	处理
(1)情节显著轻微、危害不大，不认为是犯罪的； (2)犯罪已过追诉时效期限的； (3)经特赦令免除刑罚的； (4)依照刑法告诉才处理的犯罪，没有告诉或者撤回告诉的； (5)犯罪嫌疑人、被告人死亡的	侦查阶段(公)：应当撤销案件 审查起诉阶段(检)：不起诉 审判阶段(法)：或终止审理，或宣告无罪

二、刑事诉讼参与人

刑事诉讼中的诉讼参与人是指除侦查人员、检察人员和审判人员以外,依法参加刑事诉讼,享有一定诉讼权利和承担一定诉讼义务的人。

【知识点拨】刑事诉讼参与人(见表18-4)

表18-4 刑事诉讼参与人

刑事诉讼参与人包括	当事人	(1)被害人、自诉人; (2)犯罪嫌疑人、被告人; (3)附带民事诉讼的原告人和被告人
	其他诉讼参与人	(1)法定代理人、诉讼代理人、辩护人; (2)证人、鉴定人、翻译人员
不包括	侦查人员、公诉人员(检察人员)、审判人员(审判员、人民陪审员)	

(一)刑事诉讼当事人★★★

1. 被害人诉讼权利(仅指公诉案件的被害人)

(1)对侵犯其人身、民主、财产权利的犯罪行为以及犯罪嫌疑人,有权向公安机关、人民检察院或者人民法院报案或者控告,要求司法机关依法追究犯罪、查获犯罪、惩罚犯罪,保护其合法权利。

(2)自案件移送审查起诉之日起,有权委托诉讼代理人(不是辩护人)。

(3)对公安机关应当立案而不立案的,有权向"人民检察院"(不是法院)提出意见。

(4)对人民检察院作出的不起诉决定不服的,有权向"上一级人民检察院"提出申诉。

(5)如有证据证明公安机关、人民检察院对于侵犯其人身权利、财产权利的行为应当追究刑事责任而不予追究的,有权直接向人民法院起诉。

(6)对司法人员侵犯其诉讼权利和人身权利的行为有权提出控告。

(7)有权申请审判人员、检察人员、侦查人员及书记员、翻译人员和鉴定人回避。

(8)不服地方各级人民法院的第一审判决,有权请求人民检察院抗诉(被害人没有上诉权)。

(9)对已经发生法律效力的判决、裁定不服,可以向人民法院或者人民检察院"提出申诉"。

(10)有权提起附带民事诉讼。

2. 自诉人诉讼权利

(1)有权直接向人民法院提起自诉。

(2)有权(随时)委托诉讼代理人(不是辩护人)。

(3)在人民法院宣告判决前,有权同被告人自行和解或者撤回自诉。

(4)有权参加法庭调查和法庭辩论。

(5)有权申请审判人员以及书记员、鉴定人、翻译人员回避。

(6)人民法院受理自诉案件后,对于因为客观原因不能取得并提供的有关证据,自诉人有权申请人民法院调查取证;人民法院认为必要的,可以依法调取。

(7)有权对第一审人民法院尚未发生法律效力的判决、裁定提出上诉。

(8)有权对人民法院已经发生法律效力的判决、裁定提出申诉。

『总结』被害人与自诉人诉讼权利的区别(见表18-5)

表 18-5　被害人与自诉人诉讼权利的区别

	被害人（公诉案件）	自诉人（自诉案件）
委托诉讼代理人的时间	案件移送审查起诉之日	随时
起诉权	检察院公诉	直接自诉
上诉权	×	√
和解、撤诉权	×	√
申请回避权	√	√
对生效判决、裁定申诉权	√	√

3. 犯罪嫌疑人、被告人诉讼权利（不可替代性）

（1）辩护及委托辩护的权利。

（2）在侦查期间，犯罪嫌疑人可以获得辩护律师为其提供的法律帮助，代理申诉、控告，申请变更强制措施，向侦查机关了解涉嫌罪名和案件有关情况并提出意见。

（3）有权拒绝辩护人继续为其辩护，有权另行委托辩护人。

（4）有权申请回避。

（5）被告人有权参加法庭调查和法庭辩论，就起诉书所指控的犯罪事实作出陈述和辩解；有权辨认或者鉴别证据，可以对证据发表意见；经审判长许可，被告人有权向证人、鉴定人等发问；有权申请新的证人到庭，调取新的物证，申请重新鉴定或者勘验。

（6）被告人有最后陈述权。

（7）对于公安司法机关采取强制措施超过法定期限的，犯罪嫌疑人、被告人有权要求解除。

（8）在侦查中，对于侦查人员提出的与本案无关的问题，有权拒绝回答。

（9）对于地方各级人民法院所作的没有发生法律效力的第一审裁定或者判决，被告人有权提出上诉。

（10）对于各级人民法院所作的已经发生法律效力的判决或者裁定，有权提出申诉。

（11）有权对司法机关工作人员侵犯其诉讼权利或者人身侮辱的行为提出控告。

（12）在依法告诉才处理的和被害人有证据证明的轻微刑事案件中，作为自诉案件的被告人有权对自诉人提起反诉。

『总结』 公诉与自诉案件（犯罪嫌疑人、被告人）权利对比表（见表 18-6）

表 18-6　公诉与自诉案件（犯罪嫌疑人、被告人）权利对比表

	公诉案件犯罪嫌疑人、被告人	自诉案件犯罪嫌疑人、被告人
委托辩护人时间	（1）犯罪嫌疑人：被侦查机关第一次讯问或者采取强制措施之日起。 （2）被告人：随时。	随时
反诉权	×	√
申请回避权	√	√
辩护权	√	√
上诉权	√	√
申诉权	√	√

(二)其他诉讼参与人★

包括法定代理人、诉讼代理人、辩护人、证人、鉴定人和翻译人员。

三、认罪认罚从宽制度★★★

认罪认罚从宽,是指犯罪嫌疑人、被告人自愿如实供述自己的犯罪,对指控的犯罪事实没有异议,同意检察机关的量刑意见并签署具结书的案件,可以依法从宽处理。

(一)适用范围和适用条件

认罪认罚从宽制度贯穿刑事诉讼全过程,适用于侦查、起诉、审判各个阶段。

所有刑事案件都可以适用,没有适用罪名和可能判处刑罚的限定,犯罪嫌疑人、被告人认罪认罚后是否从宽,由司法机关根据案件具体情况决定。

适用于整个刑事诉讼,其本身并非独立的诉讼过程

(二)权益保障(见表18-7)

表18-7 权益保障

项目	具体规定
犯罪嫌疑人、被告人辩护权保障	(1)获得法律帮助权。犯罪嫌疑人、被告人自愿认罪认罚,没有辩护人的,人民法院、人民检察院、公安机关(看守所)应当通知值班律师为其提供法律咨询、程序选择建议、申请变更强制措施等法律帮助。符合通知辩护条件的,应当依法通知法律援助机构指派律师为其提供辩护。 【知识点拨】犯罪嫌疑人、被告人及其近亲属提出法律帮助请求的,人民法院、人民检察院、公安机关(看守所)应当通知值班律师为其提供法律帮助
	(2)法律帮助的衔接。对于被羁押的犯罪嫌疑人、被告人,在不同诉讼阶段,可以由派驻看守所的同一值班律师提供法律帮助
	(3)拒绝法律帮助的处理。犯罪嫌疑人、被告人自愿认罪认罚,没有委托辩护人,拒绝值班律师帮助的,人民法院、人民检察院、公安机关应当允许,记录在案并随案移送。但是审查起诉阶段签署认罪认罚具结书时,人民检察院应当通知值班律师到场
被害方权益保障	(1)听取意见
	(2)促进和解、谅解
	(3)被害方异议的处理。 被害人及其诉讼代理人不同意对认罪认罚的犯罪嫌疑人、被告人从宽处理的,不影响认罪认罚从宽制度的适用。犯罪嫌疑人、被告人认罪认罚,但没有退赃退赔、赔偿损失,未能与被害方达成调解或者和解协议的,从宽时应当予以酌减
强制措施的适用	犯罪嫌疑人认罪认罚,公安机关认为罪行较轻、没有社会危险性的,应当不再提请人民检察院审查逮捕。 【知识点拨】已经逮捕的犯罪嫌疑人、被告人认罪认罚的,人民法院、人民检察院应当及时审查羁押的必要性,经审查认为没有继续羁押必要的,应当变更为取保候审或者监视居住

(三)侦查机关职责(见表18-8)

表18-8 侦查机关的职责

项目	具体规定
权利告知和听取意见	公安机关在侦查过程中,应当告知犯罪嫌疑人享有的诉讼权利、如实供述罪行可以从宽处理和认罪认罚的法律规定,听取犯罪嫌疑人及其辩护人或者值班律师的意见,记录在案并随案移送

续表

项目	具体规定
认罪教育	公安机关在侦查阶段应当同步开展认罪教育工作,但不得强迫犯罪嫌疑人认罪,不得作出具体的从宽承诺
移送审查起诉	对移送审查起诉的案件,公安机关应当在起诉意见书中写明犯罪嫌疑人自愿认罪认罚情况。 【知识点拨】对可能适用速裁程序的案件,公安机关应当快速办理,对犯罪嫌疑人未被羁押的,可以集中移送审查起诉,但不得为集中移送拖延案件办理

(四)人民检察院职责(见表18-9)

表18-9 人民检察院职责

项目	具体规定
1. 权利告知	案件移送审查起诉后,人民检察院应当告知犯罪嫌疑人享有的诉讼权利和认罪认罚的法律规定,保障犯罪嫌疑人的程序选择权
2. 提供法律帮助	犯罪嫌疑人自愿认罪认罚、没有辩护人的,在审查逮捕阶段,人民检察院应当要求公安机关通知值班律师为其提供法律帮助;在审查起诉阶段,人民检察院应当通知值班律师为其提供法律帮助
3. 权利保障	自人民检察院对案件审查起诉之日起,值班律师可以查阅案卷材料,了解案情。人民检察院应当为值班律师查阅案卷材料提供便利。未采纳辩护人、值班律师意见的,应当向其说明理由
4. 自愿性、合法性审查	经审查,犯罪嫌疑人违背意愿认罪认罚的,人民检察院可以重新开展认罪认罚工作
5. 签署具结书	犯罪嫌疑人具有下列情形之一的,不需要签署认罪认罚具结书: (1)犯罪嫌疑人是盲、聋、哑人; (2)犯罪嫌疑人是尚未完全丧失辨认或者控制自己行为能力的精神病人的; (3)未成年犯罪嫌疑人的法定代理人、辩护人对未成年人认罪认罚有异议的; (4)其他不需要签署认罪认罚具结书的情形。 【知识点拨】有上述情形犯罪嫌疑人未签署认罪认罚具结书的,不影响认罪认罚从宽制度的适用

6. 提起公诉

(1)人民检察院向人民法院提起公诉的,应当提出量刑建议。

(2)犯罪嫌疑人认罪认罚的,人民检察院应当就主刑、附加刑、是否适用缓刑等提出量刑建议。

【知识点拨】犯罪嫌疑人认罪认罚,人民检察院拟提出适用缓刑或者判处管制的量刑建议,可以委托犯罪嫌疑人居住地的社区矫正机构进行调查评估,也可以自行调查评估。

(3)犯罪嫌疑人自愿如实供述涉嫌犯罪的事实,有重大立功或者案件涉及国家重大利益的,经最高人民检察院核准,公安机关可以撤销案件,人民检察院可以作出不起诉决定,也可以对涉嫌数罪中的一项或者多项不起诉。

(4)犯罪嫌疑人认罪认罚,人民检察院经审查,认为符合速裁程序适用条件的,应当在10日以内作出是否提起公诉的决定;对可能判处的有期徒刑超过1年的,可以延长至15日。

(五)人民法院职责(见表18-10)

表18-10 人民法院职责

项目	具体规定
1. 认罪认罚的审查	对认罪认罚案件,法庭审理时应当告知被告人享有的诉讼权利和认罪认罚的法律规定,审查认罪认罚的自愿性和认罪认罚具结书内容的真实性、合法性
2. 量刑建议的审查	人民检察院提出的量刑建议,对于事实清楚,证据确实、充分,指控的罪名准确,量刑建议适当的,人民法院应当采纳。 具有下列情形之一的,不予采纳: (1)被告人的行为不构成犯罪或者不应当追究刑事责任的; (2)被告人违背意愿认罪认罚的; (3)被告人否认指控的犯罪事实的; (4)起诉指控的罪名与审理认定的罪名不一致的; (5)其他可能影响公正审判的情形
3. 量刑建议的调整	适用速裁程序审理的,人民检察院调整量刑建议应当在庭前或者当庭提出。调整量刑建议后,被告人同意继续适用速裁程序的,不需要转换程序处理
4. 审判程序适用与转换	(1)速裁程序 【知识点拨】适用速裁程序审理认罪认罚案件,需要调整量刑建议的,应当在庭前或者当庭作出调整;调整量刑建议后,仍然符合速裁程序适用条件的,继续适用速裁程序审理 (2)简易程序 (3)普通程序 (4)程序转换 ①人民法院在适用速裁程序审理过程中,发现有被告人的行为不构成犯罪或者不应当追究刑事责任、被告人违背意愿认罪认罚、被告人否认指控的犯罪事实情形的,应当转为普通程序审理。发现其他不宜适用速裁程序但符合简易程序适用条件的,应当转为简易程序重新审理。发现有不宜适用简易程序审理情形的,应当转为普通程序审理。 ②适用速裁程序审理的,人民检察院发现有不宜适用速裁程序审理情形的,发现有不宜适用速裁程序审理情形的,应当建议人民法院转为普通程序或者简易程序重新审理;发现有不宜适用简易程序审理情形的,应当建议人民法院转为普通程序重新审理。 ③人民检察院调整量刑建议应当在庭前或者当庭提出。调整量刑建议后,被告人同意继续适用速裁程序的,不需要转换程序。 被告人违背意愿认罪认罚,或者认罪认罚后又反悔,依法需要转换程序的,应当按照普通程序对案件重新审理。发现存在刑讯逼供等非法取证行为的,依照法律规定处理
5. 被告人当庭认罪认罚案件的处理	被告人在检察院提起公诉前未认罪认罚,在审判阶段认罪认罚的,法院可以不再通知检察院提出或者调整量刑建议,应当根据审理查明的事实,就定罪量刑听取控辩双方意见,作出判决
6. 第二审程序中被告人认罪认罚案件的处理	被告人在第一审程序中未认罪认罚,在第二审程序中认罪认罚的案件,应当根据其认罪认罚的具体情况决定是否从宽,并依法作出裁判
7. 审理要求	对认罪认罚案件,人民法院一般应当对被告人从轻处罚;符合非监禁刑适用条件的,应当适用非监禁刑;具有法定减轻处罚情节的,可以减轻处罚

（六）认罪认罚的反悔处理（见表18-11）

表18-11　认罪认罚的反悔处理

项目	具体内容
不起诉后的反悔	人民检察院的处理： (1)发现犯罪嫌疑人没有犯罪事实，或者符合《刑事诉讼法》第16条规定情形之一的，应当撤销原不起诉决定，依法重新作出不起诉决定； (2)认为犯罪嫌疑人仍属于犯罪情节轻微，依照《刑法》规定不需要判处刑罚或者免除刑罚的，可以维持原不起诉决定； (3)排除认罪认罚因素后，符合起诉条件的，应当根据案件具体情况撤销原不起诉决定，依法提起公诉
起诉前的反悔	犯罪嫌疑人认罪认罚，签署认罪认罚具结书，在人民检察院提起公诉前反悔的，具结书失效，人民检察院应当在全面审查事实证据的基础上，依法提起公诉
审判阶段反悔	案件审理过程中，被告人不再认罪认罚的，人民法院应当根据审理查明的事实，依法作出裁判

【例题1·单选题】（2015年）根据《刑事诉讼法》及有关规定，下列关于审判公开说法中，正确的是（　　）。

A. 人民法院审判案件，一审，二审都应当公开进行审理

B. 不公开审理的案件，应当当庭宣布不公开审理的理由

C. 涉及商业秘密和个人隐私的案件，人民法院可以不公开审理

D. 人民法院审判案件，应当允许新闻媒体实况转播

解析▶本题考核刑事诉讼法的审判公开原则。"审判公开"是对第一审程序的要求，对第二审程序没有此要求。另外，"除刑事诉讼法另有规定外"，第一审案件应当公开进行，言外之意是并非所有的第一审案件都应当公开进行审理。所以选项A错误。涉及个人隐私的案件，应当不公开审理；涉及商业秘密的案件，当事人申请不公开审理的，可以不公开审理。所以选项C错误。对于"公开"审理的案件，法院应允许新闻记者进行采访和报道；对于"不公开"审理的案件，法院不会允许新闻记者进行采访和报道。所以选项D错误。
答案▶B

【例题2·单选题】（2015年）根据《刑事诉讼法》规定，依法不予追究刑事责任的情形是（　　）。

A. 犯罪嫌疑人身患疾病的

B. 经特赦令免除刑事责任的

C. 行为人年满75周岁的

D. 犯罪情节轻微、危害较小的

解析▶本题考核依法不予追究刑事责任的情形。有下列情形之一的，不追究刑事责任，已经追究的，应当撤销案件，或者不起诉，或者终止审理，或者宣告无罪：(1)情节显著轻微、危害不大，不认为是犯罪的；(2)犯罪已过追诉时效期限的；(3)经特赦令免除刑罚的；(4)依照刑法告诉才处理的犯罪，没有告诉或者撤回告诉的；(5)犯罪嫌疑人、被告人死亡的；(6)其他法律规定免予追究刑事责任的。
答案▶B

【例题3·单选题】（2018年）根据《刑事诉讼法》规定，下列人员中，不属于诉讼参与人的是（　　）。

A. 鉴定人

B. 证人

C. 辩护人

D. 书记员

解析▶本题考核刑事诉讼参与人。刑事诉讼参与人包括当事人、法定代理人、诉讼代理人、辩护人、证人、鉴定人和翻译人员。
答案▶D

四、刑事辩护制度

（一）辩护★★★

1. 犯罪嫌疑人、被告人的辩护权

（1）陈述权；（2）诘问权（庭审时可以对证人、鉴定人发问）；（3）调查证据申请权（申请法院调取证据）；（4）辩论权（就证据的证明力与程序问题）；（5）选任辩护人权；（6）救济权；（7）回避申请权。

2. 辩护的种类

（1）自行辩护（贯穿于刑事诉讼整个过程）。

（2）委托辩护（见表18-12）。

表 18-12　委托辩护

项目	内容	
告知	侦查机关	在第一次讯问犯罪嫌疑人或对犯罪嫌疑人采取强制措施时
	检察院	自收到移送审查起诉的案件材料之日起3日以内
	法院	自受理案件之日起3日以内
委托主体	①犯罪嫌疑人或被告人； ②犯罪嫌疑人、被告人在押：嫌疑人或被告人的监护人、近亲属代为委托。 【知识点拨1】在押或者被指定居所监视居住的犯罪嫌疑人向人民检察院和公安机关、审判期间在押的被告人向人民法院提出委托辩护人要求的，人民法院、检察院和公安机关应当在3日以内向其监护人、近亲属或者其指定的人员转送其要求。 【知识点拨2】被告人没有委托辩护人，法律援助机构也没有指派律师为其提供辩护的，人民法院应当告知被告人有权约见值班律师，并为被告人约见值班律师提供便利	
委托时间	犯罪嫌疑人	自被侦查机关第一次讯问或者采取强制措施之日起，有权委托辩护人；在侦查期间，只能委托律师作为辩护人
	被告人	有权随时委托辩护人

（3）指定辩护（刑事法律援助）（见表18-13）。

表 18-13　指定辩护

类型	具体内容
应当辩护	①犯罪嫌疑人、被告人是盲、聋、哑人，没有委托辩护人； ②尚未完全丧失辨认或者控制自己行为能力的精神病人，没有委托辩护人； ③可能被判处无期徒刑、死刑的人，没有委托辩护人； ④审判时不满18周岁的未成年被告人，没有委托辩护人； ⑤高级人民法院复核死刑案件，被告人没有委托辩护人。 【知识点拨】上述情形，应通知法律援助机构指派律师为犯罪嫌疑人、被告人辩护
可以辩护	被告人没有委托辩护人的，法院可以通知法律援助机构指派律师为其提供辩护情形： ①共同犯罪案件中，其他被告人已经委托辩护人； ②有重大社会影响的案件； ③人民检察院抗诉的案件； ④被告人的行为可能不构成犯罪

【知识点拨】法律援助机构可以在人民法院、看守所等场所派驻值班律师。犯罪嫌疑人、被告人没有委托辩护人，法律援助机构没有指派律师为其提供辩护的，由值班律师

为犯罪嫌疑人、被告人提供法律咨询、程序选择建议、申请变更强制措施、对案件处理提出意见等法律帮助。

人民法院、人民检察院、看守所应当告知犯罪嫌疑人、被告人有权约见值班律师，并为犯罪嫌疑人、被告人约见值班律师提供便利。

对法律援助机构指派律师为被告人提供辩护，被告人的监护人、近亲属又代为委托辩护人的，应当听取被告人的意见，由其确定辩护人人选。

3. 辩护人范围及其限制

（1）可以担任辩护人：①律师；②人民团体或者犯罪嫌疑人、被告人所在单位推荐的人；③犯罪嫌疑人、被告人的监护人、亲友。

（2）不能担任辩护人情形（见表18-14）。

表18-14　不能担任辩护人情形

能力问题	①正在被执行刑罚或者处于缓刑、假释考验期间的人； ②依法被剥夺、限制人身自由的人； ③无行为能力或者限制行为能力的人	绝对不能
身份问题	①法院、检察院、监察机关、公安机关、国家安全机关、监狱的现职人员； ②人民陪审员； ③与本案审理结果有利害关系的人； ④外国人或无国籍人； ⑤被开除公职或者被吊销律师、公证员执业证书的人	如果是被告人的近亲属或监护人，由被告人委托担任辩护人的，法院可准许

（3）限制

①审判人员和法院其他工作人员从法院**离任后2年内**，不得以律师身份担任辩护人。

②审判人员和法院其他工作人员（包括其配偶、子女或父母）从法院离任后，不得担任**原任职法院**所审理案件的辩护人，但作为被告人的监护人、近亲属的除外。

③审判人员和人民法院其他工作人员的配偶、子女或者父母不得担任其任职法院所审理案件的辩护人，但作为被告人的监护人、近亲属进行辩护的除外。

④被开除公职和被吊销律师、公证员执业证书的人，不得担任辩护人，但系犯罪嫌疑人、被告人的监护人、近亲属的除外。

4. 辩护人诉讼权利（见表18-15）

表18-15　辩护人诉讼权利

权利	内容
侦查期间特权	（1）侦查期间可以为犯罪嫌疑人提供法律帮助；代理申诉、控告；申请变更强制措施；向侦查机关了解犯罪嫌疑人涉嫌的罪名和案件有关情况，提出意见。 （2）辩护律师持律师执业证书、律师事务所证明和委托书或者法律援助公函要求会见在押的犯罪嫌疑人、被告人的，**看守所应当**及时安排会见，**至迟不得超过48小时**。 （3）**危害国家安全犯罪、恐怖活动犯罪**案件，在侦查期间辩护律师会见在押的犯罪嫌疑人，应当经**侦查机关许可**
会见权	（1）可以同在押的或被监视居住的犯罪嫌疑人、被告人会见和通信。 （2）自**案件移送审查起诉之日起**（不是被侦查机关第一次讯问或强制措施之日），可以向犯罪嫌疑人、被告人核实证据。辩护律师会见犯罪嫌疑人、被告人时**不被监听**
阅卷权	自检察院对案件**审查起诉**之日起，可以查阅、摘抄、复制本案的案卷材料，包括案件的诉讼文书和证据材料，但人民检察院检察委员会的讨论记录、人民法院合议庭和审判委员会的讨论记录以及其他依法不能公开的材料除外

续表

权利	内容
调查取证权	(1)经证人或其他有关单位和个人同意,可以向他们收集与本案有关的材料,也可以申请检察院、法院收集、调取证据,或者申请法院通知证人出庭作证。 (2)经人民检察院或者人民法院许可,并且经被害人或其近亲属、被害人提供的证人同意。也可向他们收集与本案有关的材料
申请回避	认为审判人员、检察人员、侦查人员具有法定回避情形,有权向司法机关申请,要求有关人员回避;对驳回申请回避的决定,有权申请复议
申控权	认为公安机关、人民检察院、人民法院及其工作人员有阻碍其依法行使诉讼权利行为的,向同级或上一级检察院申诉或者控告的,人民检察院应当接受并依法办理,其他办案部门应予以配合

(二)执业监督

人民检察院发现辩护人有帮助犯罪嫌疑人、被告人隐匿、毁灭、伪造证据、串供,或者威胁、引诱证人作伪证以及其他干扰司法机关诉讼活动的行为,可能涉嫌犯罪的,应当将涉嫌犯罪的线索或者证据材料移送有管辖权的机关依法处理。

五、强制措施

扫我解疑难

(一)拘传(见表18-16)★

拘传是指公安机关、人民检察院和人民法院对未被逮捕、拘留的犯罪嫌疑人、被告人强制到案接受讯问(非询问)的一种强制措施。

表18-16 拘传

项目	内容
对象	未被逮捕、拘留的犯罪嫌疑人、被告人
批准	"公、检、法"机关负责人
执行	"公、检、法"均可执行
地点	犯罪嫌疑人、被告人所在的市、县以内
时间	(1)拘传犯罪嫌疑人、被告人持续的期间不得超过12小时;案情特别重大、复杂,需要采取逮捕措施的,拘传持续的时间不得超过24小时。 (2)应当保证被拘传人的饮食和必要的休息时间,不得以连续拘传的形式变相拘禁被告人

(二)取保候审(见表18-17)★★

取保候审是指在刑事诉讼中,公安机关、人民检察院和人民法院对未被逮捕或逮捕后需要变更强制措施的犯罪嫌疑人、被告人,为防止其逃避侦查、起诉和审判,责令其提出保证人或者缴纳保证金,并出具保证书,保证随传随到,对其不予羁押或暂时解除其羁押的一种强制措施。

表18-17 取保候审

项目	内容
决定机关	公安机关、人民检察院和人民法院(同监视居住)
执行机关	公安机关(同监视居住)

续表

项目	内容
适用	(1) 可能判处管制、拘役或独立适用附加刑的(轻罪); (2) 可能判处有期徒刑以上刑罚，采取取保候审不致发生社会危险性的(危险小); (3) 患有严重疾病、生活不能自理，怀孕或者正在哺乳自己婴儿的妇女，采取取保候审不致发生社会危险性的(人道主义); (4) 羁押期限届满，案件尚未办结，需要采取取保候审的(期满)。 【知识点拨】公安机关对累犯，犯罪集团的主犯，以自伤、自残办法逃避侦查的犯罪嫌疑人，严重暴力犯罪以及其他严重犯罪的犯罪嫌疑人不得取保候审
保证	对犯罪嫌疑人、被告人取保候审，应当责令犯罪嫌疑人提出保证人或者交纳保证金。对同一犯罪嫌疑人决定取保候审，不得同时使用保证人保证和保证金保证方式。 (1) 对符合取保候审条件，具有下列情形之一的犯罪嫌疑人，人民检察院决定取保候审时，可以责令其提供 1 至 2 名保证人：无力交纳保证金的；系未成年人或者已满 75 周岁的人；其他不宜收取保证金的。 (2) 保证人：与本案无牵连+有能力履行+享有政治权利+固定的住处和收入。 【知识点拨】对保证人是否履行了保证义务，由公安机关认定。 (3) 保证金：保证金的数额由取保候审的决定机关确定，并责令被告人或者为其提供保证金的单位、个人一次性将保证金存入公安机关指定银行账户
保证方式的变更	(1) 采用保证人保证方式的： 人民检察院应当在收到保证人不愿继续保证的申请或者发现其丧失保证条件后 3 日以内，责令犯罪嫌疑人重新提出保证人或者交纳保证金，并将变更情况通知公安机关。 (2) 采用保证金保证方式的： 被取保候审人拒绝交纳保证金或者交纳保证金不足决定数额时，人民检察院应当作出变更取保候审措施、变更保证方式或者变更保证金数额的决定，并将变更情况通知公安机关
规定	一般义务：(1) 未经执行机关(公安机关)批准不得离开所居住的市、县; 【知识点拨】如果取保候审是由检察院、法院决定的，执行机关在批准时，应当征得决定机关同意。 (2) 住址、工作单位和联系方式发生变动，24 小时内向执行机关报告; (3) 在传讯的时候及时到案; (4) 不得以任何形式干扰证人作证; (5) 不得毁灭、伪造证据或者串供 选择义务：(1) 不得进入特定的场所; (2) 不得与特定的人员会见或者通信; (3) 不得从事特定的活动; (4) 将护照等出入境证件、驾驶证件交执行机关保存
期限	最长不得超过 12 个月，不得中断对案件的侦查、起诉和审理。 【知识点拨】监视居住最长不得超过 6 个月

(三) 监视居住 ★★

监视居住是指人民法院、人民检察院、公安机关在刑事诉讼中限令犯罪嫌疑人、被告人在规定的期限内不得离开住处或者指定的居所，并对其行为加以监视、限制其人身自由的一种强制措施。

1. 适用与遵守义务(见表 18-18)

表 18-18　监视居住的适用与遵守义务

适用	对符合逮捕条件，有下列情形之一的犯罪嫌疑人、被告人，可以监视居住： (1)患有严重疾病、生活不能自理的； (2)怀孕或者正在哺乳自己婴儿的妇女； (3)**系生活不能自理的人的唯一扶养人**； (4)因为案件的特殊情况或者办理案件的需要，采取监视居住措施更为适宜的； (5)羁押期限届满，案件尚未办结，需要采取监视居住措施的； (6)对于符合取保候审条件，但犯罪嫌疑人、被告人不能提出保证人，也不交纳保证金的，也可以监视居住。 【知识点拨】与取保候审对比，(3)(4)(6)是监视居住特有的
规定	(1)未经**执行机关(公安机关)**批准不得离开执行监视居住的**处所**； 【知识点拨】不得离开居住的**市、县**是取保候审的义务，不得离开处所是监视居住的义务。 (2)**未经执行机关批准不得会见他人或者通信**； (3)在传讯的时候及时到案； (4)不得以任何形式干扰证人作证； (5)不得毁灭、伪造证据或者串供； (6)将护照等出入境证件、**身份证件**、驾驶证件交执行机关保存。 【知识点拨】(2)(6)在取保候审中是选择性义务

2. 执行场所(见表 18-19)

表 18-19　执行场所

地点	(1)监视居住应当在犯罪嫌疑人、被告人的**住处执行**；无固定住处的，可以在指定的居所执行。 (2)对于涉嫌**危害国家安全犯罪**、**恐怖活动犯罪**，在住处执行可能有碍侦查的，经上一级公安机关批准，也可在指定的居所执行。 (3)**不得**指定在羁押场所、专门的办案场所执行
通知	指定居所监视居住的，**除无法通知的以外**，检察院、法院应当在执行监视居住后24小时以内，通知被监视居住人的**家属**监视居住的原因和处所
监督	人民检察院对指定居所监视居住的决定和执行是否合法实行监督。 (1)对于公安机关、人民法院决定指定居所监视居住的案件，由批准或者决定的公安机关、人民法院的同级人民检察院对决定是否合法实行监督。 (2)对于公安机关、人民法院决定指定居所监视居住的案件，由人民检察院对指定居所监视居住的执行活动是否合法实行监督
折抵刑期	(1)**指定居所**监视居住的期限应当折抵刑期。 (2)被判处管制的，监视居住一日折抵刑期一日；被判处**拘役**、**有期徒刑**的，监视居住**二日折抵刑期一日**

(四)拘留(见表 18-20)★★★

拘留是指公安机关、检察机关在特定情况下，对现行犯或重大嫌疑分子所采取的临时限制其人身自由的一种强制措施。

1. 刑事拘留条件

表 18-20　刑事拘留条件

执行主体	公安机关、检察机关

续表

适用	可以先行拘留（公安机关）	(1)正在预备犯罪、实行犯罪或者在犯罪后即时被发觉的； (2)被害人或者在场亲眼看见的人指认他犯罪的； (3)在身边或者住处发现有犯罪证据的； (4)犯罪后企图自杀、逃跑或者在逃的； (5)有毁灭、伪造证据或者串供可能的； (6)不讲真实姓名、住址，身份不明的； (7)有流窜作案、多次作案、结伙作案重大嫌疑的
	可以决定拘留（检察机关）	人民检察院对犯罪后企图自杀、逃跑或者在逃和有毁灭、伪造证据或者串供可能情形之一的犯罪嫌疑人，可以决定拘留

2. 期限（见表18-21）

表18-21 期限

通知	(1)拘留后，应当立即将被拘留人送看守所羁押，至迟不得超过24小时。 (2)除无法通知或者涉嫌危害国家安全犯罪、恐怖活动犯罪通知可能有碍侦查的情形以外，应当在拘留后24小时以内，通知被拘留人的家属。 (3)公安机关、检察机关对被拘留的人，应当在拘留后的24小时以内进行讯问。 『总结』拘留以后的"3个24小时"：在拘留后24小时内送看守所；在拘留后24小时内通知家属；在24小时以内进行讯问
拘留期限	人民检察院直接受理侦查的案件，拘留犯罪嫌疑人的羁押期限为14日，特殊情况下可以延长1~3日

（五）逮捕★★★

逮捕是指司法机关依法对犯罪嫌疑人、被告人实行羁押，暂时剥夺人身自由的一种强制措施。逮捕是强制措施中最严厉的一种。

1. 逮捕犯罪嫌疑人、被告人，必须经过人民检察院批准或者人民法院决定，由公安机关执行。

2. 适用条件（见表18-22）

表18-22 逮捕的适用条件

类型	内容
一般逮捕	对有证据证明有犯罪事实，可能判处徒刑以上刑罚的犯罪嫌疑人、被告人，采取取保候审尚不足以防止发生下列社会危险性的，应当予以逮捕： (1)可能实施新的犯罪的； (2)有危害国家安全、公共安全或者社会秩序的现实危险的； (3)可能毁灭、伪造证据，干扰证人作证或者串供的； (4)可能对被害人、举报人、控告人实施打击报复的； (5)企图自杀或者逃跑的
绝对逮捕	符合下列任一条件，应当予以逮捕： (1)有证据证明有犯罪事实，可能判处十年有期徒刑以上刑罚的； (2)有证据证明有犯罪事实，可能判处徒刑以上刑罚，曾经故意犯罪或身份不明的
变更型逮捕	被取保候审、监视居住的犯罪嫌疑人、被告人违反取保候审、监视居住规定，情节严重的，可以予以逮捕

3. 逮捕的审查(见表 18-23)

表 18-23 逮捕的审查

类型	内容
批准逮捕	(1)审查。 人民检察院审查逮捕，可以讯问犯罪嫌疑人；对下列情形应当讯问犯罪嫌疑人： ①对是否符合逮捕条件有疑问的； ②犯罪嫌疑人要求向检察人员当面陈述的； ③侦查活动可能有重大违法行为的。 (2)决定。 检察院自接到提请批准逮捕书后 7 日内，作出批准或不批准逮捕的决定
不批准逮捕	(1)说明理由：检察院应当说明不批准的理由，需要补充侦查，应当通知公安机关。 (2)公安机关的处理。 ①公安机关在收到不批准逮捕决定书后，应当立即释放或变更强制措施，并将执行回执在收到决定书后的 3 日内送达检察院。 ②公安机关对不批准逮捕的决定有异议，可以要求复议，但是必须将被拘留的人立即释放；如意见不被接受，可向上一级检察院提请复核；上级检察院应当立即复核，作出是否变更的决定，通知下级人民检察院和公安机关执行

4. 逮捕的执行

(1)逮捕后，应当立即将被逮捕人送看守所羁押。

【知识点拨】拘留是 24 小时内送看守所。

(2)除无法通知的以外，应当在逮捕后 24 小时以内，通知被逮捕人的家属。

【知识点拨】监视居住是除无法通知外都要通知；拘留是除无法通知或者涉嫌危害国家安全犯罪、恐怖活动犯罪通知可能有碍侦查的情形以外都要通知。

(3)对于被逮捕的人，应当在拘留后 24 小时以内进行讯问。

(六)强制措施的变更★★

1. 变更的申请主体："犯罪嫌疑人、被告人及其法定代理人、近亲属或者辩护人"有权申请变更强制措施。

2. 犯罪嫌疑人、被告人被羁押的案件，不能在《刑事诉讼法》规定的侦查羁押、审查起诉、一审、二审期限内办结的，对犯罪嫌疑人、被告人应当予以释放；需要继续查证、审理的，对犯罪嫌疑人、被告人可以取保候审或者监视居住。

被逮捕的被告人具有下列情形之一的，人民法院应当立即释放；必要时，可以依法变更强制措施；第一审人民法院判决被告人无罪、不负刑事责任或者免予刑事处罚的；第一审人民法院判处管制、宣告缓刑、单独适用附加刑，判决尚未发生法律效力的；被告人被羁押的时间已到第一审人民法院对其判处的刑期期限的；案件不能在法律规定的期限内审结的。

六、侦查

(一)侦查机关★

侦查机关：主要为公安机关、人民检察院，不包括人民法院。

(二)侦查措施★★★

1. 讯问犯罪嫌疑人

(1)主体：必须由公安机关的侦查人员或者人民检察院的检察人员进行，且讯问的时候不得少于 2 人。

(2)人民检察院办理审查逮捕案件，可以讯问犯罪嫌疑人；有下列情形之一的，应当讯问犯罪嫌疑人：

①对是否符合逮捕条件有疑问的；
②犯罪嫌疑人要求向检察人员当面陈述的；
③侦查活动可能有重大违法行为的；
④案情重大疑难复杂的；
⑤犯罪嫌疑人系未成年人的；
⑥犯罪嫌疑人是盲、聋、哑人或者是尚未完全丧失辨认或者控制自己行为能力的精神病人的；
⑦犯罪嫌疑人认罪认罚的。

（3）期限与过程（见表18-24）

表18-24 期限与过程

期限		传唤持续的时间一般不超过12小时，案情特别重大、复杂，需要采取拘留、逮捕措施的，不得超过24小时
地点	被羁押	应当在看守所内进行讯问
	不需要逮捕、拘留的	现场(出示工作证，可口头传唤)；住处；指定地点
过程		①实行全程录音、录像，并在讯问笔录中注明。 A. 侦查人员在讯问犯罪嫌疑人的时候，可以对讯问过程进行录音或录像； B. 可能判处无期徒刑、死刑的案件或者其他重大犯罪案件，应当对讯问过程进行录音或者录像。 ②讯问聋、哑的犯罪嫌疑人，应当有通晓聋、哑手势的人参加，并且记明笔录。 ③侦查人员对讯问过程进行录音或录像，检察院、法院可以根据需要调取犯罪嫌疑人的录音或者录像，有关机关应当及时提供。 ④在审查逮捕中对被拘留的犯罪嫌疑人不予讯问的，应当送达听取犯罪嫌疑人意见书，由犯罪嫌疑人填写后及时收回审查并附卷。经审查发现应当讯问犯罪嫌疑人的，应当及时讯问

2. 询问证人、被害人

（1）询问证人，可以在现场进行，也可以到证人所在单位、住处或者证人提出的地点进行，在必要的时候，可以通知证人到人民检察院或者公安机关提供证言。

【知识点拨】在现场询问证人，应当出示工作证件，到证人所在单位、住处或者证人提出的地点询问证人，应当出示人民检察院或者公安机关的证明文件。

（2）询问证人应当个别进行。

3. 勘验、检查（见表18-25）

表18-25 勘验、检查

主体	侦查人员、检察人员(持证明文件)，检查妇女的身体只能是女工作人员或医师
对象	(1)勘验的对象：场所、物品、尸体。 (2)检查的对象：活人的身体(包括犯罪嫌疑人、被害人)。 【知识点拨】勘验时，人民检察院应当邀请2名与案件无关的见证人在场
笔录	勘验、检查的情况应当写成笔录，由参加勘验、检查的人和见证人签名或者盖章
强制检查勘验	(1)对被害人不能强制检查，对犯罪嫌疑人可以强制检查。 (2)对于死因不明的尸体，公安机关、检察机关有权决定解剖，并且通知死者家属到场，并让其在解剖通知书上签名或者盖章
侦查试验	主体：侦查人员
	批准主体：公安机关、检察机关负责人
	程序：由参加实验的人签名或者盖章。 【知识点拨】必要时侦查实验可以聘请有关专业人员参加，也可以要求犯罪嫌疑人、被害人、证人参加

4. 搜查(见表18-26)

表18-26 搜查

项目	内容
搜查证	出示搜查证。在执行逮捕、拘留时，遇有紧急情况，不另用搜查证也可以进行搜查。 【知识点拨】"紧急情况"：一是可能随身携带凶器的；二是可能隐藏爆炸、剧毒等危险物品的；三是可能隐匿、毁弃、转移犯罪证据的；四是可能隐匿其他犯罪嫌疑人的；五是其他紧急情况
主体	侦查人员(两名)，搜查妇女的身体，应当由女工作人员进行
对象	犯罪嫌疑人以及可能隐藏罪犯或者罪证的人的身体、物品、住处和其他有关地方
笔录	搜查的情况应当写成笔录，由侦查人员和被搜查人或者他的家属、邻居或者其他见证人签名或者盖章。如果被搜查人或者他的家属在逃或者拒绝签名、盖章，应当在笔录上注明

5. 调取、查封、扣押、查询、冻结(见表18-27)

表18-27 调取、查封、扣押、查询、冻结

项目	具体规定
调取	检察人员可以凭人民检察院的证明文件，向有关单位和个人调取能够证明犯罪嫌疑人有罪或者无罪以及犯罪情节轻重的证据材料，并且可以根据需要拍照、录像、复印和复制
查封、扣押	(1)侦查人员在侦查活动中发现可用以证明犯罪嫌疑人有罪、无罪或者犯罪情节轻重的各种财物、文件的，应当查封或者扣押；与案件无关的，不得查封或者扣押。经查明确实与案件无关的，应当在3日以内解除查封或者予以退还。 (2)对犯罪嫌疑人使用违法所得与合法收入共同购置的不可分割的财产，可以先行查封、扣押、冻结。 (3)对查封、扣押的财物、文件，应当会同在场见证人和被查封、扣押财物、文件持有人查点清楚，当场开列清单一式2份，由侦查人员、见证人和持有人签名或者盖章。 (4)侦查人员认为需要扣押犯罪嫌疑人的邮件、电报时，经公安机关或者人民检察院批准，即可通知邮电机关将有关的邮件、电报扣押
查询、冻结	人民检察院、公安机关根据侦查犯罪的需要，可以依照规定查询、冻结犯罪嫌疑人的存款、汇款、债券、股票、基金份额等财产

6. 鉴定

(1)对于鉴定意见，侦查人员、检察人员应当进行审查，必要时可以进行补充鉴定或者重新鉴定。重新鉴定的，应当另行指派或者聘请鉴定人。

(2)侦查机关应当将用作证据的鉴定意见告知犯罪嫌疑人、被害人；被害人死亡或者没有诉讼行为能力的，应当告知其法定代理人、近亲属或诉讼代理人。犯罪嫌疑人、被害人或被害人的法定代理人、近亲属、诉讼代理人提出申请，可以补充鉴定或者重新鉴定，鉴定费用由请求方承担。但原鉴定违反法定程序的，由侦查机关承担。

(3)对犯罪嫌疑人作精神病鉴定的期间不计入羁押期限和办案期限。

7. 技术侦查措施(见表18-28)

表18-28 技术侦查措施

措施	包括电子侦听、电话监听、电子监控、秘密拍照、录像、进行邮件检查等秘密的专门技术手段
适用范围	(1)公安机关立案的危害国家安全犯罪、恐怖活动犯罪、黑社会性质的组织犯罪、重大毒品犯罪或者其他严重危害社会的犯罪案件。 (2)检察院立案后，对于利用职权实施的严重侵犯公民人身权利的重大犯罪案件。 (3)追捕被通缉或者批准、决定逮捕的在逃的犯罪嫌疑人、被告人

续表

期限	自批准签发之日起**三个月内**有效。对于不需要继续的，应当及时解除；对于复杂、疑难案件，期满仍有必要继续的，**经过批准**，有效期可以延长，**每次不得超过三个月**
运用	如果使用该证据可能危及有关人员的人身安全、涉及国家秘密或者公开后可能暴露侦查秘密或者严重损害商业秘密、个人隐私的，应当采取不暴露有关人员身份、技术方法等保护措施，必要时可以建议不在法庭上质证，由审判人员在庭外对证据进行核实
秘密侦查	(1)在必要的时候，经**公安机关负责人**决定，可以由**有关人员**隐匿其身份实施侦查。 (2)不得诱使他人犯罪，不得采用可能危害公共安全或者发生重大人身危险的方法。 (3)对涉及**给付毒品等违禁品或财物**的犯罪活动，公安机关可以实施控制下交付

8. 通缉

(1)侦查机关对依法应当逮捕而在逃的或者已被逮捕又脱逃的犯罪嫌疑人有权决定通缉。其他任何机关、团体、单位、组织和个人都无权决定通缉。

(2)各级侦查机关在本辖区内通缉犯罪嫌疑人的，可以直接决定通缉；需要在本辖区外通缉犯罪嫌疑人的，应当报请有权决定的上级机关发布。

(三)侦查期限★

1. 具体的侦查期限(见表18-29)

表18-29 具体的侦查期限

情形	期限	批准主体
(1)一般	**2个月**	无需批准
(2)案情复杂、期限届满不能终结 【知识点拨】公安机关在羁押期限届满7日前提出	**延长1个月**	上一级人民检察院
(3)交通**十分不便**的边远地区的重大复杂案件、**重大**的犯罪集团、**流窜作案**的重大复杂案件、犯罪涉及面广，取证困难的重大复杂案件	**延长2个月**	省、自治区、直辖市检察院批准或者决定
(4)可能判处**10年**有期徒刑以上刑罚		
(5)因特殊原因，在较长时间内不宜交付审判的特别重大复杂的案件	无期限	由最高人民检察院报请全国人大常委会批准延期

2. 重新计算：侦查期间发现犯罪嫌疑人另有重要罪行的，自发现之日起依照规定重新计算侦查羁押期限。

【知识点拨】重新计算侦查羁押期限的，**应当**报人民检察院备案。

(四)侦查终结★★

1. 公安机关

(1)公安机关在案件侦查终结前，辩护律师提出要求的，应当听取辩护律师的意见，并记录在案。辩护律师提出书面意见的，应当附卷。

(2)对于不应当对犯罪嫌疑人追究刑事责任的，**应当**撤销案件。

2. 检察机关

(1)起诉。

在案件侦查过程中，犯罪嫌疑人委托辩护律师的，检察人员可以听取辩护律师的意见。辩护律师要求当面提出意见的，检察人员应当听取意见，并制作笔录附卷。辩护律师提出书面意见的，应当附卷。

(2)不起诉。

(3)撤销案件。

地方各级人民检察院决定撤销案件的，负责侦查的部门应当将撤销案件意见书连同本案全部案卷材料，在法定期限届满7日前报上一级人民检察院审查；重大、复杂案件在法定期限届满10日前报上一级人民检察院审查。

上一级人民检察院负责侦查的部门审查

后,应当提出是否同意撤销案件的意见,报请检察长决定。

七、起诉

扫我解疑难

(一)审查批准逮捕(见表18-30)

表18-30 审查批准逮捕

项目	具体规定
讯问犯罪嫌疑人	应当讯问犯罪嫌疑人: (1)对是否符合逮捕条件有疑问的; (2)犯罪嫌疑人要求向检察人员当面陈述的; (3)侦查活动可能有重大违法行为的; (4)案情重大、疑难、复杂的; (5)犯罪嫌疑人认罪认罚的; (6)犯罪嫌疑人系未成年人的; (7)犯罪嫌疑人是盲、聋、哑人或者是尚未完全丧失辨认或者控制自己行为能力的精神病人的。 【知识点拨】讯问未被拘留的犯罪嫌疑人,讯问前应当听取公安机关的意见
审查方式、时限与级次	(1)方式。对有重大影响的案件,可以采取当面听取侦查人员、犯罪嫌疑人及其辩护人等意见的方式进行公开审查 (2)时限。公安机关提请批准逮捕的犯罪嫌疑人,已经被拘留的,检察机关应当在收到提请批准逮捕书后7日以内作出是否批准逮捕的决定;未被拘留的,应当在收到提请批准逮捕书后15日以内作出是否批准逮捕的决定,重大、复杂案件,不得超过20日
批准逮捕	检察机关作出批准逮捕的决定,交公安机关立即执行
不批准逮捕	公安机关在收到不批准逮捕决定书后,立即释放在押的犯罪嫌疑人或者变更强制措施;对在押的犯罪嫌疑人不立即释放或者变更强制措施的,检察机关应当提出纠正意见

(二)审查决定逮捕

(1)时限。

已被拘留:7日→特殊延长1-3日

未被拘留:15日(重大、复杂≤20日)

(2)通知。

逮捕犯罪嫌疑人后,应当立即送看守所羁押,在24小时以内对其进行讯问。除无法通知的以外,应当把逮捕的原因和羁押的处所,在24小时以内通知其家属。对于无法通知的,在无法通知的情形消除后,应当立即通知其家属。

(三)审查起诉

1.证据材料的补充(见表18-31)

表18-31 证据材料的补充

内容		具体补充
补充侦查	实施者	检察机关认为犯罪事实不清、证据不足或者存在遗漏罪行、遗漏同案犯罪嫌疑人等情形需要补充侦查的或者对监察机关移送起诉的案件,检察机关认为需要补充侦查或补充调查的,应当退回公安机关或者监察机关1个月内完成补充侦查或者补充调查
	次数	补充侦查或者补充调查以**2次为限**
	结果	(1)对已经退回公安机关2次补充侦查或者监察机关2次补充调查的案件,在审查起诉中又发现新的犯罪事实,应当将线索移送公安机关或者监察机关。 (2)对已经查清的犯罪事实,应当依法提起公诉

续表

内容		具体补充
自行侦查	实施者	(1)对公安机关移送起诉的案件,检察机关也可以自行侦查。 (2)对监察机关移送起诉的案件,必要时,检察机关可以自行补充侦查
	结果	自行补充侦查完毕后,应当将相关证据材料入卷,同时抄送监察机关

2. 审查时限

人民检察院对于监察机关公安机关移送起诉的案件,应当在1个月以内作出是否起诉的决定,重大、复杂的案件,可以延长15日;犯罪嫌疑人认罪认罚,符合速裁程序适用条件的,应当在10日以内作出决定,对可能判处的有期徒刑超过1年的,可以延长15日。

(四)起诉

1. 起诉决定

检察机关认为犯罪嫌疑人的犯罪事实已经查清,证据确实、充分,依法应当追究刑事责任的,应当作出起诉决定。

2. 直接起诉

检察机关在办理公安机关移送起诉的案件中,发现遗漏罪行或者有依法应当移送起诉的同案犯罪嫌疑人未移送起诉的,应当要求公安机关补充侦查或者补充移送起诉。对于犯罪事实清楚,证据确实、充分的,也可以直接提起公诉。

3. 案件材料移送和调取

(1)移送。

人民法院向检察机关提出书面意见要求补充移送材料,检察机关认为有必要移送的,应当自收到通知之日起3日以内补送。

(2)调取

在审查起诉期间,检察机关可以根据辩护人的申请,向监察机关、公安机关调取在调查、侦查期间收集的证明犯罪嫌疑人、被告人无罪或者罪轻的证据材料。

4. 量刑建议

检察机关提起公诉的案件,可以向人民法院提出量刑建议。

(五)不起诉

1. 不符合起诉条件的情形

具有下列情形之一,不能确定犯罪嫌疑人构成犯罪和需要追究刑事责任的,属于证据不足,不符合起诉条件:

(1)犯罪构成要件事实缺乏必要的证据予以证明的;

(2)据以定罪的证据存在疑问,无法查证属实的;

(3)据以定罪的证据之间、证据与案件事实之间的矛盾不能合理排除的;

(4)根据证据得出的结论具有其他可能性,不能排除合理怀疑的;

(5)根据证据认定案件事实不符合逻辑和经验法则,得出的结论明显不符合常理的。

2. 不服不起诉决定的救济

(1)不起诉决定书应当送达被害人或者其近亲属及其诉讼代理人、被不起诉人及其辩护人以及被不起诉人所在单位。如果不服,可以自收到不起诉决定书后7日以内向上一级检察机关申诉;也可以不经申诉,直接向人民法院起诉。

被害人不服不起诉决定,在收到不起诉决定书后7日内提出申诉的,由作出不起诉决定的检察机关的上一级检察院负责捕诉的部门进行复查。

(2)对于检察机关作出的不起诉决定,被不起诉人不服,在收到不起诉决定书后7日以内提出申诉的,应当由作出决定的检察机关进行复查。

(3)对于监察机关或者公安机关移送起诉的案件,检察机关决定不起诉的,应当将不起诉决定书送达监察机关或者公安机关。

监察机关认为不起诉的决定有错误,向上一级检察机关提请复议的,上一级检察机关应当在收到提请复议意见书后30日以内,经检察长批准,作出复议决定。

(4)检察机关应当将复查决定书送达被不

起诉人、被害人和作出不起诉决定的检察院。

检察机关发现不起诉决定确有错误，符合起诉条件的，应当撤销不起诉决定，提起公诉。

【例题 4·单选题】（2020 年）在刑事诉讼中，犯罪嫌疑人、被告人有权委托辩护人。下列有关委托辩护人的说法中，正确的是（　）。

A. 犯罪嫌疑人、被告人可以委托其正处于缓刑考验期的亲友担任辩护人

B. 犯罪嫌疑人、被告人可以委托人民陪审员担任辩护人

C. 犯罪嫌疑人、被告人可以委托已从法院离职 1 年的朋友担任辩护人

D. 犯罪嫌疑人、被告人可以委托其在法院任职的监护人担任辩护人

解析 本题考核辩护人。下列人员不得担任辩护人：(1)正在被执行刑罚或者处于缓刑、假释考验期间的人；(2)依法被剥夺、限制人身自由的人；(3)无行为能力或者限制行为能力的人；(4)人民法院、人民检察院、监察机关、公安机关、国家安全机关、监狱的现职人员；(5)人民陪审员；(6)与本案审理结果有利害关系的人；(7)外国人或者无国籍人；(8)被开除公职或被吊销律师、公证员执业证书的人。前述第(4)项至第(8)项规定的人员，如果是犯罪嫌疑人、被告人的监护人、近亲属，犯罪嫌疑人、被告人委托其担任辩护人的，可以准许。所以选项 AB 错误、选项 D 正确。审判人员和人民法院其他工作人员从人民法院离任后二年内，不得以律师身份担任辩护人。所以选项 C 错误。 **答案** D

【例题 5·单选题】（2019 年）在刑事诉讼中，犯罪嫌疑人自接受侦查机关第一次讯问或被采取强制措施之日起，有权委托辩护人。侦查期间能够担任其辩护人的是（　）。

A. 单位推荐的人　B. 监护人

C. 律师　　　　　D. 亲友

解析 本题考核委托辩护。根据规定，犯罪嫌疑人自被侦查机关第一次讯问或采取强制措施之日起，有权委托辩护人；在侦查期间，只能委托律师作为辩护人。 **答案** C

【例题 6·单选题】（2012 年）根据《刑事诉讼法》，关于人民法院职能的说法，正确的是（　）。

A. 为了保证诉讼顺利进行，人民法院可依法决定对被告人采取监视居住措施

B. 人民法院对严重违反法庭秩序的诉讼参与人可以决定采取刑事拘留措施

C. 人民法院无权决定对被告人取保候审

D. 人民法院无权决定逮捕被告人

解析 本题考核刑事强制措施。(1)法院无权决定刑事拘留措施，对严重违反法庭秩序的诉讼参与人经院长批准，可以决定采取司法拘留措施。所以选项 B 错误。(2)人民法院有权决定对被告人取保候审。所以选项 C 错误。(3)人民法院可以决定逮捕。所以选项 D 错误。 **答案** A

【例题 7·单选题】（2013 年）根据《刑事诉讼法》的规定，下列关于公安机关侦查的说法中，正确的是（　）。

A. 必要时，可以通知证人到公安机关提供证言

B. 为了查明案情，在必要的时候可以进行侦查实验，但须经同级人民检察院批准

C. 侦查人员讯问任何犯罪嫌疑人，均应对讯问过程进行录音或者录像

D. 在侦查活动中发现的可用以证明犯罪嫌疑人有罪或者无罪的各种财物、文件，可以决定不予查封、扣押

解析 本题考核侦查。(1)侦查人员询问证人，可以在现场进行，也可以到证人所在单位、住处或者证人提出的"地点"(任意地点)进行，在必要的时候，可以通知证人到"人民检察院或者公安机关"提供证言。所以选项 A 正确。(2)为了查明案情，在必要的时候，经"公安机关负责人"批准，可以进行侦查实验。所以选项 B 错误。(3)侦查人员在讯问犯罪嫌疑人的时候，"可以"对讯问过程

进行录音或者录像；但对于可能判处无期徒刑、死刑的案件或者其他重大犯罪案件，"应当"对讯问过程进行录音或者录像。所以选项C错误。(4)侦查人员在侦查活动中发现可用以证明犯罪嫌疑人有罪或者无罪的各种财物、文件的，应当查封、扣押；与案件无关的财物、文件，不得查封、扣押。所以选项D错误。

答案 ▶ A

【**例题8·单选题**】（2017年）根据《刑事诉讼法》规定，逮捕的执行机关是（ ）。

A. 司法行政机关　B. 公安机关
C. 检察院　　　　D. 法院

解析 ▶ 本题考核逮捕。逮捕犯罪嫌疑人、被告人，必须经过人民检察院批准或者人民法院决定，由公安机关执行。所以选项B正确。　**答案** ▶ B

【**例题9·多选题**】（2020年）根据《刑事诉讼法》规定，刑事强制措施包括（ ）。

A. 讯问　　　　B. 拘留
C. 传唤　　　　D. 拘传
E. 拘役

解析 ▶ 本题考核刑事强制措施。刑事强制措施包括拘传、取保候审、监视居住、拘留和逮捕。所以选项BD正确。　**答案** ▶ BD

八、第一审程序

扫我解疑难

（一）公诉案件★

1. 审查受理

（1）对提起公诉的案件，法院应当在收到起诉书和案卷后7日内，指定审判人员审查。

（2）法院对提起公诉的案件进行审查的期限计入法院的审理期限。

2. 庭前准备

（1）程序：开庭10日前送达起诉书副本→通知当事人、法定代理人、辩护人、诉讼代理人开庭5日前提供证人、鉴定人名单→开庭3日前将开庭的时间、地点通知检察院。

（2）庭前会议（见表18-32）。

表18-32　庭前会议

项目	内容
情形	①当事人及其辩护人、诉讼代理人申请排除非法证据的； ②证据材料较多、案情重大复杂的； ③社会影响重大的
参加人员	由公诉人、当事人和辩护人、诉讼代理人参加；根据案件情况，也可以通知被告人参加

3. 法庭审判

（1）程序：开庭、法庭调查、法庭辩论、被告人最后陈述、评议和宣判五个阶段。

（2）补充侦查

①审判期间，公诉人发现案件需要补充侦查的，建议延期审理的，合议庭可以同意，但建议延期审理不得超过2次；对延期审理的案件，人民检察院应当在1个月内补充侦查完毕。

【知识点拨】补充侦查三种：审查批捕时的补充侦查，审查起诉时的补充侦查、法庭审理时的补充侦查。

②补充侦查期限期满后，经法庭通知，人民检察院未将案件移送人民法院，且未说明原因的，人民法院可以决定按人民检察院撤诉处理。

4. 补充起诉或者变更起诉：人民法院审理公诉案件，发现新的事实，可能影响定罪量刑的，或者需要补查补证的。应当通知检察院，由其决定是否补充、变更、追加起诉或者补充侦查。检察院不同意或者在指定的时间内未回复书面意见的，人民法院应当就起诉指控的事实依照规定作出判决、裁定。

5. 延期审理与中止审理(见表18-33)

表18-33 延期审理与中止审理

项目	延期审理	中止审理
情形	(1)需要通知新的证人到庭，调取新的物证，重新鉴定或勘验的； (2)检察人员发现提起公诉的案件需要补充侦查，提出建议的；(2次为限) (3)由于当事人申请回避而不能进行审判的； (4)被告人揭发他人犯罪行为或提供重要线索，检察院认为需要查证，建议补充侦查的	(1)被告人患有严重疾病，无法出庭； (2)被告人脱逃的； (3)自诉人患有严重疾病，无法出庭，未委托诉讼代理人出庭的； (4)由于不能抗拒的原因
停止的活动	只是暂时停止法庭审判或者推迟开庭日期，并不终止其他诉讼活动	暂停一切诉讼活动
性质	决定	裁定
计算	在1个月以内补充侦查完毕	中止审理的期间不计入审理期限

6. 一审期限

(1)起算点：法院改变管辖的案件，从改变后的法院收到案件之日起计算审理期限。检察院补充侦查的案件，补充侦查完毕移送人民法院后，人民法院重新计算审理期限。

(2)长度：人民法院审理公诉案件，应当在受理后2个月以内宣判，至迟不得超过3个月。

【知识点拨】对于可能判处死刑的案件或者附带民事诉讼的案件，以及有《刑事诉讼法》第158条规定情形之一的(交通十分不便的边远地区的重大复杂案件、重大的犯罪集团案件、流窜作案的重大复杂案件和犯罪涉及面广、取证困难的重大复杂案件)，经上一级人民法院批准，可以延长3个月；因特殊情况还需要延长的，报请最高人民法院批准。

7. 被告人认罪认罚情况的处理

对于认罪认罚案件，人民法院依法作出判决时，一般应当采纳人民检察院指控的罪名和量刑建议，但有下列情形的除外：

(1)被告人的行为不构成犯罪或者不应当追究其刑事责任的；

(2)被告人违背意愿认罪认罚的；

(3)被告人否认指控的犯罪事实的；

(4)起诉指控的罪名与审理认定的罪名不一致的；

(5)其他可能影响公正审判的情形。

(二)简易程序★★

1. 适用范围(见表18-34)

表18-34 适用范围

适用	(1)案件事实清楚、证据充分的； (2)被告人承认自己所犯罪行，对指控的犯罪事实没有异议的； (3)被告人对适用简易程序没有异议的。 【知识点拨】简易程序不一定是独任制，简易程序不一定是自诉案件
不适用	(1)被告人是盲、聋、哑人，或是尚未完全丧失辨认或控制自己行为能力的精神病人； (2)有重大社会影响的； (3)共同犯罪案件中部分被告人不认罪或者对适用简易程序有异议的

2. 要求与期限(见表18-35)

表18-35 要求与期限

组织	合议庭或者独任制	可能判处三年有期徒刑以下刑罚
	合议庭	可能判处的有期徒刑超过三年
程序		(1)检察院应当派员出庭； (2)审判人员应当询问被告人对指控的犯罪事实的意见，告知被告人适用简易程序审理的法律规定，确认被告人是否同意适用简易程序审理。经审判人员许可，被告人及其辩护人可以同公诉人、自诉人及其诉讼代理人互相辩论； (3)审理程序简便：不受普通程序关于送达期限、讯问被告人、询问证人、鉴定人、出示证据、法庭辩论程序规定的限制，但在判决宣告前应当听取被告人的最后陈述意见
期限	一般情况	受理后20日以内审结
	可能判处的有期徒刑超过三年	可以延长至一个半月

(三)速裁程序

1. 适用范围(见表18-36)

表18-36 适用范围

项目	具体规定
适用	基层人民法院管辖的可能判处3年有期徒刑以下刑罚的案件，案件事实清楚，证据确实、充分，被告人认罪认罚并同意适用速裁程序的。 【知识点拨】由审判员一人独任审判。被告人及其辩护人可以向人民法院提出适用速裁程序的申请。人民检察院在提起公诉的时候，可以建议人民法院适用速裁程序。对人民检察院未建议适用速裁程序的案件，人民法院经审查认为符合速裁程序适用条件的，可以决定适用速裁程序，并在开庭前通知人民检察院和辩护人
不适用	(1)被告人是盲、聋、哑人，或者是尚未完全丧失辨认或者控制自己行为能力的精神病人的； (2)被告人是未成年人的； (3)案件有重大社会影响的； (4)共同犯罪案件中部分被告人对指控的犯罪事实、罪名、量刑建议或者适用速裁程序有异议的； (5)被告人与被害人或者其法定代理人没有就附带民事诉讼赔偿等事项达成调解或者和解协议的； (6)其他不宜适用速裁程序审理的

2. 审理程序与期限(见表18-37)

表18-37 审理程序与期限

项目	具体规定
宣判	应当当庭宣判
审判	不受《刑事诉讼法》规定的送达期限的限制，一般不进行法庭调查、法庭辩论。 【知识点拨】但在判决宣告前应当听取辩护人意见和被告人最后陈述意见
送达	在向被告人送达起诉书时一并送达权利义务告知书、开庭传票，并核实被告人自然信息等情况。根据需要，可以集中送达

续表

项目	具体规定	
程序转换	发现有被告人的行为不构成犯罪或者不应当追究其刑事责任、被告人违背意愿认罪认罚、被告人否认指控的犯罪事实、案件疑难、复杂或者对适用法律有重大争议的或者其他不宜适用速裁程序审理的情形的，应当按照普通程序或者简易程序审理	
审限	一般	应当在受理后10日以内审结
	对可能判处的有期徒刑超过1年的	可以延长至15日

3. 速裁案件的二审程序

被告人不服适用速裁程序作出的第一审判决提出上诉的案件，可以不开庭审理。第二审人民法院审查后，按照下列情形分别处理：

（1）发现被告人以事实不清、证据不足为由提出上诉的，应当裁定撤销原判，发回原审人民法院适用普通程序重新审理，不再按认罪认罚案件从宽处罚；

（2）发现被告人以量刑不当为由提出上诉的，原判量刑适当的，应当裁定驳回上诉，维持原判；原判量刑不当的，经审理后依法改判。

九、第二审程序

扫我解疑难

（一）提起★

1. 提起上诉（见表18-38）

表18-38 提起上诉

提出者	独立上诉	(1)被告人、自诉人和他们的法定代理人； (2)附带民事诉讼的当事人和他们的法定代理人：对附带民事诉讼部分提出上诉。 【知识点拨】被害人和其法定代理人不能提起上诉
	非独立上诉	被告人的辩护人和近亲属，经被告人同意
方式		书状或口头
对象		可以通过原审人民法院提出上诉，也可以直接向第二审人民法院提出上诉（3日）

2. 抗诉（见表18-39）

地方各级人民检察院认为同级人民法院尚未发生法律效力的第一审判决或裁定确有错误时，应当向上一级人民法院提出抗诉，提请人民法院进行重新审判。

表18-39 抗诉

主动	地方各级人民检察院认为本级人民法院第一审判决、裁定确有错误的时候，应当向上一级人民法院提出抗诉
被动	被害人及其法定代理人不服地方各级人民法院第一审的判决的，自收到判决书的5日以内，有权请求人民检察院提出抗诉。人民检察院收到请求后5日以内，应当作出是否抗诉的决定并且答复请求人

3. 上诉和抗诉的期限：不服判决的上诉和抗诉的期限为10日，不服裁定的上诉和抗诉的期限为5日，从接到判决书、裁定书的第二天算起。

【知识点拨】行政诉讼和民事诉讼：不服判决的上诉期限为15天，不服裁定的上诉期限10天。

4. 上诉和上诉的撤回

（1）上诉人在上诉期满后要求撤回上诉的，第二审人民法院经审查，认为原判认定事实和适用法律正确，量刑适当的，应当裁定准许；认为原判确有错误的，应当不予准许，继续按照上诉案件审理。

（2）人民检察院在抗诉期限内要求撤回抗

诉的，人民法院应当准许。人民检察院在抗诉期满后要求撤回抗诉的，第二审人民法院可以裁定准许，但是认为原判存在将无罪判为有罪、轻罪重判等情形的，应当不予准许，继续审理。

(二)审理★

1. 全面审查

(1)第二审人民法院审理上诉、抗诉案件，应当就第一审判决认定的事实和适用法律进行全面审查，不受上诉或者抗诉的限制。

(2)共同犯罪的案件只有部分被告人上诉的，应当对全案进行审查，一并处理。

2. 审理的方式(见表18-40)

表18-40 审理的方式

开庭	对于下列案件，应当组成合议庭，开庭审理： (1)被告人、自诉人及其法定代理人对第一审认定的事实、证据提出异议，可能影响定罪量刑的上诉案件； (2)被告人被判处死刑的上诉案件； (3)人民检察院抗诉的案件。 被判处死刑的被告人没有上诉，同案的其他被告人上诉的案件，第二审人民法院应当开庭审理
不开庭	第二审人民法院决定不开庭审理的，应当讯问被告人，听取其他当事人、辩护人、诉讼代理人的意见

3. 调解

第二审人民法院审理对附带民事诉讼部分提出上诉的案件，原告一方要求增加赔偿数额，第二审人民法院可以依法进行调解。

4. 上诉不加刑

第二审人民法院审判被告人或者他的法定代理人、辩护人、近亲属提出上诉的案件，不得对被告人的刑罚作出实质不利的改判，并应当执行下列规定：

(1)同案审理的案件，只有部分被告人上诉的，既不得加重上诉人的刑罚，也不得加重其他同案被告人的刑罚；

(2)原判认定的罪名不当的，可以改变罪名，但不得加重刑罚或者对刑罚执行产生不利影响；

(3)原判认定的罪数不当的，可以改变罪数，并调整刑罚，但不得加重决定执行的刑罚或者对刑罚执行产生不利影响；

(4)原判对被告人宣告缓刑的，不得撤销缓刑或者延长缓刑考验期；

(5)原判没有宣告职业禁止、禁止令的，不得增加宣告；原判宣告职业禁止、禁止令的，不得增加内容、延长期限；

(6)原判对被告人判处死刑缓期执行没有限制减刑、决定终身监禁的，不得限制减刑、决定终身监禁；

(7)原判判处的刑罚不当、应当适用附加刑而没有适用的，不得直接加重刑罚、适用附加刑。原判判处的刑罚畸轻，必须依法改判的，应当在第二审判决、裁定生效后，依照审判监督程序重新审判。人民检察院抗诉或者自诉人上诉的案件，不受前述规定的限制。

【例题10·单选题】(2011年)根据《刑事诉讼法》，下列有关一审诉讼程序的表述中，正确的是( )。

A. 启动刑事诉讼一审程序必须由人民检察院提起公诉

B. 审判过程中，若因当事人申请回避致使审判不能进行，法庭可以延期审理

C. 人民法院审理公诉案件，应当在受理后的3个月内宣判

D. 中止审理的期间应计入办案期限

解析 本题考核一审诉讼程序。(1)当事人提起自诉，同样可以启动刑事诉讼一审程序。所以选项A错误。(2)人民法院审理公诉案件，应当在受理后的2个月内宣判，最迟不得超3个月。对于可能判处死刑的案件或附带民事诉讼的案件以及交通十分不便的边远地区的重大复杂案件；重大的犯罪集团案件；流窜作案的重大复杂案件；犯罪涉及面广、取证困难的重大复杂案件，经上一

级法院批准，可以再延长3个月。所以选项C错误。(3)中止审理的期间一般不计入办案期限。所以选项D错误。 **答案** B

【例题11·单选题】（2020年）下列有关速裁程序的说法中，正确的是（ ）。

A. 被告人为未成年人的，可以适用速裁程序

B. 被告人是盲、聋、哑人的，不适用速裁程序

C. 对犯罪嫌疑人可能判处3年以下有期徒刑的刑事案件，应当适用速裁程序

D. 速裁程序既可以在一审程序中适用，也可以在二审程序中适用

解析 本题考核速裁程序。有下列情形之一的，不适用速裁程序：（1）被告人是盲、聋、哑人，或者是尚未完全丧失辨认或者控制自己行为能力的精神病人的；（2）被告人是未成年人的；（3）案件有重大社会影响的；（4）共同犯罪案件中部分被告人对指控的犯罪事实、罪名、量刑建议或者适用速裁程序有异议的；（5）被告人与被害人或其法定代理人没有就附带民事诉讼赔偿等事项达成调解或和解协议的；（6）其他不宜适用速裁程序审判的。所以选项A错误，选项B正确。基层人民法院管辖的可能判处3年有期徒刑以下刑罚的案件，案件事实清楚、证据确实、充分，被告人认罪认罚并同意适用速裁程序的，可以适用速裁程序，由审判员一人独任审判。所以选项C错误。速裁程序属于第一审程序，不在第二审程序中适用。所以选项D错误。 **答案** B

【例题12·综合题】（2015年）2011年11月，田某为达到虚开增值税专用发票，牟利的目的，伙同涂某，以涂某名义注册了永盛公司。公司经营范围为中药材收购、销售、加工。12月，永盛取得一般纳税人资格，2011年12月至2012年6月田某以永盛公司销售中药材名义，在仅有少量的货物交易量情况下，共开具增值税专用发票165份给A县医药公司西元批发部申请抵扣。其中，虚开销售金额13 148 369.23元，增值税款2 235 222.77元，价税合计15 383 592元。2013年3月1日，田某被刑事拘留，同年4月2日被逮捕。

1. 本案中，田某被刑事拘留后，下列公安机关的有关做法中，正确的有（ ）。

A. 公安机关对田某实施拘留后，应在48小时以内进行讯问

B. 公安机关对田某实施拘留后，应在2小时以内通知其家属

C. 公安机关对田某实施拘留后，应立即送看守所羁押，最迟不能超过24小时

D. 人民检察院作出不批准逮捕决定后，公安机关必须立即释放田某

E. 公安机关认为需要逮捕田某的，应当在拘留田某5日内提请人民检察院审查批准

解析 本题考核刑事拘留、逮捕。公安机关对被拘留的人，应当在拘留后的24小时（而非"48小时"）以内进行讯问。所以选项A错误。除无法通知或者涉嫌危害国家安全犯罪、恐怖活动犯罪通知可能有碍侦查的情形以外，应当在拘留后24小时（而非"2小时"）以内，通知被拘留人的家属。所以选项B错误。公安机关对被拘留的人，认为需要逮捕的，应当在拘留后的3日（而非"5日"）以内，提请人民检察院审查批准。在特殊情况下，提请审查批准的时间可以延长1日至4日。所以选项E错误。 **答案** CD

2. 本案中，田某作为犯罪嫌疑人。在被拘留期间享有的权利有（ ）。

A. 通过亲友了解涉案罪名

B. 委托亲友担任辩护人

C. 委托亲友提供法律援助

D. 拒绝回答侦查人员的所有问题

E. 要求与本案有利害关系的侦查人员回避

解析 本题考核犯罪嫌疑人的诉讼权利。在侦查期间，近亲属不能会见在押的犯罪嫌疑人，只有辩护律师才可以会见。所以选项A错误。在侦查期间，只能委托律师作

为辩护人提供法律帮助。所以选项B、C错误。犯罪嫌疑人对侦查人员的提问，应当如实回答。但是对与本案无关的问题，有拒绝回答的权利。所以选项D错误。**答案** ▶ E

3. 本案中田某虚开增值税专用发票的行为涉嫌虚开增值税专用发票罪。田某的下列行为中符合虚开增值税专用发票罪客观方面特征的有( )。

A. 让他人为自己虚开增值税专用发票涉及税款数额8 000元

B. 让他人虚开增值税专用发票涉及税款数额1.5万元

C. 虚构商品交易内容而开具增值税专用发票

D. 为自己虚开增值税专用发票涉及税款数额5万

E. 故意改变货物名称开具增值税专用发票

解析 ▶ 本题考核虚开增值税专用发票罪。虚开增值税专用发票罪客观方面表现为实施了虚开增值税专用发票，虚开的税款数额在5万元以上的行为。虚开增值税专用发票包括为他人虚开、为自己虚开、让他人为自己虚开、介绍他人虚开增值税专用发票行为。所以选项A、B、C、E错误。**答案** ▶ D

4. 本案中田某被逮捕后，公安机关、人民检察院以及侦查人员、公诉人员的下列做法中，正确的有( )。

A. 人民检察院对田某案件审查起诉时，认为案件需要补充侦查的，可以自行侦查

B. 田某被逮捕后，公安机关对田某的侦查羁押期限不得超过2个月

C. 犯罪嫌疑人被送交看守所羁押以后，侦查人员对其进行讯问，应当在看守所内进行

D. 法庭审理过程中，公诉人员认为案件需要补充侦查的，可以向法庭提出中止审理

E. 人民检察院审查起诉田某的案件，应当听取田某辩护人的意见并记录在案

解析 ▶ 本题考核侦查行为、补充侦查、审查起诉。人民检察院审查案件，对于需要补充侦查的，可以退回公安机关补充侦查，也可以自行侦查。所以选项A正确。对犯罪嫌疑人逮捕后的侦查羁押期限一般不得超过2个月。案情复杂、期限届满不能终结的案件，可以经上一级人民检察院批准延长1个月。下列案件在规定的期限届满不能侦查终结的，经省、自治区、直辖市人民检察院批准或者决定，可以延长二个月：(1)交通十分不便的边远地区的重大复杂案件；(2)重大的犯罪集团案件；(3)流窜作案的重大复杂案件；(4)犯罪涉及面广，取证困难的重大复杂案件。所以选项B错误。在法庭审判过程中，公诉人员发现提起公诉的案件需要补充侦查，提出建议的，可以延期审理。所以选项D错误。人民检察院审查案件，应当讯问犯罪嫌疑人，听取辩护人或者值班律师、被害人及其诉讼代理人的意见，并记录在案。所以选项E正确。**答案** ▶ ACE

【例题13·综合题】(2014年)2012年底，某制衣厂有一笔服装加工业务被无证个体户屠某以42万元承包，屠某按合同规定完成服装加工任务后，要求制衣厂结算加工费，但制衣厂法定代表人李某要求屠某开具增值税专用发票才肯付款。于是，屠某买了数份增值税专用发票，填好金额后交给李某，李某明知屠某的增值税专用发票是买来的仍予以接受，并在次月进行纳税申报，抵扣税额6.2万元，占各税种应纳税总额的11%。

1. 本案中，屠某的行为应构成( )。

A. 虚开增值税专用发票罪

B. 非法购买增值税专用发票罪

C. 非法持有增值税专用发票罪

D. 非法使用增值税专用发票罪

E. 非法取得增值税专用发票罪

解析 ▶ 本题考核非法购买增值税专用发票罪、虚开增值税专用发票罪。虚开增值税专用发票罪中的"虚开"行为包括为他人虚开、为自己虚开、让他人为自己虚开、介绍他人虚开四种情况。行为人只要实施其中一种，

即可构成虚开。本案中，屠某为制衣厂虚开增值税专用发票的行为，构成虚开增值税专用发票罪。所以选项 A 正确。构成非法购买增值税专用发票罪，须满足数量在 25 份以上或者票面额累计在 10 万元以上。本案中，屠某虚开增值税专用发票的票面金额为 42 万元，达到了起刑标准，构成非法购买增值税专用发票罪。所以选项 B 正确。《刑法》没有规定非法持有增值税专用发票罪、非法使用增值税专用发票罪和非法取得增值税专用发票罪。所以选项 C、D、E 错误。

『提示』非法购买增值税专用发票后又虚开的，最后定虚开增值税专用发票罪。因此，虽然屠某的行为构成非法购买增值税专用发票罪和虚开增值税专用发票罪，但最后只按虚开增值税专用发票罪进行处罚。**答案** ▶ AB

2. 本案中，制衣厂使用涉案增值税专用发票行为应构成(　　)。

　　A. 虚开增值税专用发票罪
　　B. 非法购买增值税专用发票罪
　　C. 非法取得增值税专用发票罪
　　D. 非法使用增值税专用发票罪
　　E. 逃税罪

解析 ▶ 本题考核逃税罪。制衣厂明知屠某是虚开增值税专用发票而收取并抵扣税款，属非善意取得虚开的增值税专用发票；其虚假纳税申报数额在 5 万元以上并且占各种应纳税总额 10% 以上，构成逃税罪。**答案** ▶ E

3. 犯罪嫌疑人屠某被公安机关刑事拘留后，吕律师接受屠某委托担任其辩护人，在公安机关侦查期间，移送审查起诉前，吕律师的下列行为中，符合法律规定的有(　　)。

　　A. 提出变更强制措施申请
　　B. 查阅本案案卷材料
　　C. 到看守所向屠某核实有关证据
　　D. 为屠某提供法律帮助
　　E. 复制本案案卷材料

解析 ▶ 本题考核侦查期间辩护律师的权利。辩护律师在侦查期间可以为犯罪嫌疑人提供法律帮助；代理申诉、控告；申请变更强制措施；向侦查机关了解犯罪嫌疑人涉嫌的罪名和案件有关情况，提出意见。所以选项 A、D 正确。辩护律师会见在押的犯罪嫌疑人、被告人，可以了解案件有关情况，提供法律咨询等；自案件移送审查起诉之日起，可以向犯罪嫌疑人、被告人核实有关证据。所以选项 C 错误。辩护律师自人民检察院对案件审查起诉之日起，可以查阅、摘抄、复制本案的案卷材料。所以选项 B、E 错误。**答案** ▶ AD

4. 法院开庭审理此案过程中，被告人屠某突发心肌梗塞，经抢救无效死亡，根据《刑事诉讼法》，法院对此案的正确处理有(　　)。

　　A. 继续该案的审理
　　B. 建议检察院撤销对屠某的起诉
　　C. 终止该案审理
　　D. 宣告屠某有罪
　　E. 宣告屠某无罪

解析 ▶ 本题考核依法不追究刑事责任原则。在刑事审判阶段，对于被告人死亡的，应当裁定终止审理；但有证据证明被告人无罪，人民法院经缺席审理确认无罪的，应当依法作出判决。本案中，屠某犯虚开增值税发票罪，但其在审判阶段死亡，已无宣告有罪之必要，应终止审理案件。**答案** ▶ C

同步训练　限时25分钟

扫我做试题

一、单项选择题

1. 在认罪认罚从宽制度中，犯罪嫌疑人需要签署认罪认罚具结书的是(　　)。

　　A. 犯罪嫌疑人是盲、聋、哑人

B. 犯罪嫌疑人犯罪情节轻微
C. 犯罪嫌疑人是尚未完全丧失辨认或者控制自己行为能力的精神病人的
D. 未成年犯罪嫌疑人的法定代理人对未成年人认罪认罚有异议的

2. 根据《刑事诉讼法》的规定，下列选项中不属于依法不追究刑事责任的情形是(　　)。
A. 犯罪嫌疑人张某犯罪情节显著轻微、危害不大，不认为是犯罪的
B. 张某6年前犯盗窃罪，法定最高刑为5年有期徒刑
C. 张某犯诽谤罪，但被害人李某没有提起诉讼
D. 张某犯虚开增值税发票罪，在审理期间心脏病突发死亡

3. 根据《刑事诉讼法》的规定，关于拘留和逮捕的说法，正确的是(　　)。
A. 公安机关在侦查案件过程中，发现重大嫌疑分子犯罪后企图逃跑的，有权采取拘留措施
B. 人民检察院在侦查直接受理的案件时，需要拘留犯罪嫌疑人的，有权作出拘留决定并自行执行
C. 犯罪嫌疑人应当逮捕，但患有严重疾病，公安及司法机关可以采取取保候审措施
D. 公安机关对于被拘留的人，应当在拘留后12小时内进行讯问；逮捕犯罪嫌疑人、被告人的，应当在24小时内进行讯问

4. 根据法律规定，下列不属于人民法院、人民检察院和公安机关应当通知法律援助机构指派律师为其辩护的情形是(　　)。
A. 犯罪嫌疑人、被告人因经济困难或者其他原因没有委托辩护人的
B. 被告人是尚未完全丧失辨认或者控制自己行为能力的精神病人而没有委托辩护人的
C. 被告人是盲、聋、哑人而没有委托辩护人的
D. 被告人可能被判处死刑而没有委托辩护人的

5. 关于刑事诉讼简易程序的说法，错误的是(　　)。
A. 人民检察院提起的公诉案件都不可以适用简易程序
B. 被告人是盲人的案件不能适用简易程序
C. 尚未完全丧失辨认或者控制自己行为能力的精神病人的案件不能适用简易程序
D. 告诉才处理的案件可以适用简易程序

6. 根据《刑事诉讼法》的规定，(　　)提出上诉的案件，不受上诉不加刑的限制。
A. 被告人的法定代理人
B. 自诉人
C. 被告人的辩护人
D. 被告人的近亲属

二、多项选择题

1. 根据《刑事诉讼法》及其司法解释的规定，公诉案件的被害人(　　)。
A. 对公安机关应当立案而不立案的，有权向人民法院提出意见
B. 有权申请审判人员、检察人员、侦查人员、翻译人员、书记员和鉴定人员回避
C. 自刑事案件移送审查起诉之日起，有权委托诉讼代理人
D. 对人民检察院作出的不起诉决定不服，有权向上一级人民检察院提出申诉
E. 对司法人员侵犯其诉讼权利和人身权利的行为有权提出控告

2. 公开审判是我国刑事诉讼法的重要原则，但不是所有的案件都是公开审判的，下列案件中不应该公开审理的有(　　)。
A. 有关个人隐私的案件
B. 审判时被告人已满75周岁的案件
C. 审判时被告人不满18周岁的案件
D. 涉及商业秘密的案件
E. 涉及国家秘密的案件

3. 在一起共同犯罪案件中，犯罪嫌疑人王某被公安机关依法取保候审，犯罪嫌疑人张某被公安机关依法监视居住。对王某和张某来说，他们都应当遵守的规定包括(　　)。

A. 在传讯的时候及时到案
B. 不得以任何形式干扰证人作证
C. 不得进入特定的场所
D. 不得从事特定的活动
E. 不得毁灭、伪造证据或者串供

4. 赵某和萧某是夫妻，其中萧某是聋哑人，二人一直使用手语进行交流。一天晚上，他们夫妻二人目睹了犯罪嫌疑人李某故意杀人的全过程。侦查过程中，公安机关对他们进行了询问。关于本案的询问方式，下列说法中错误的有（　　）。
   A. 应当单独询问赵某
   B. 应当单独询问萧某，但可以请赵某在现场作为翻译
   C. 应当单独询问萧某，但应当另请懂手语的人在现场对其手语进行翻译
   D. 可以将赵某和萧某传唤到指定的某宾馆进行询问
   E. 必要的时候，可以通知证人到人民检察院或者公安机关提供证言

5. 某地发生抢劫杀人案，犯罪嫌疑人于某被公安机关依法逮捕，下列对于于某的权利说法正确的有（　　）。
   A. 自案件审查起诉之日起，于某有权委托辩护人
   B. 在侦查期间于某可以聘请辩护律师为其提供法律帮助、代理申诉、控告
   C. 对于法院作出的已生效判决有权提出申诉
   D. 公安机关采取强制措施超过了法定期限的，于某有权要求解除
   E. 对于侦查人员讯问的与案件无关的事实，于某有权拒绝回答

6. 在公诉案件的审理过程中，下列情形中，（　　），影响审判进行的，人民法院可以中止审理。
   A. 需要通知新的证人到庭，调取新的证据的
   B. 检察人员发现提起公诉的案件需要补充侦查，提出建议的

C. 当事人申请回避而不能进行审判的
D. 被告人患严重疾病无法出庭，致使案件在较长时间内无法继续审理的
E. 被告患精神病使案件在较长时间内无法审判的

7. 在侦查过程中，下列选项中违反我国《刑事诉讼法》规定的有（　　）。
   A. 侦查人员在讯问犯罪嫌疑人时，可以对讯问过程进行录音或录像
   B. 询问笔录应当交证人核对，对没有阅读能力的，应当向他宣读。如果记载有遗漏或者差错，证人可以提出补充或改正
   C. 为了查明案情，在必要的时候，经公安机关负责人批准，应当进行侦查实验
   D. 侦查人员在侦查活动中发现可以用以证明犯罪嫌疑人有罪或无罪的各种财物、文件的，应当查封、扣押，与案件无关的财物、文件，也可以进行查封、扣押
   E. 采取技术侦查措施获取的材料，只能用于对犯罪的侦查、起诉和审判，不得用于其他用途

8. 在刑事案件庭审中，被告人有权（　　）。
   A. 拒绝辩护人继续为其辩护
   B. 保持沉默
   C. 作最后陈述
   D. 查阅案卷材料
   E. 提出抗诉

9. 根据《刑事诉讼法》的规定，下列有关侦查的表述中，正确的有（　　）。
   A. 一名侦查人员可以单独讯问犯罪嫌疑人
   B. 侦查人员执行逮捕，情况紧急时，不用出示搜查证，即可对犯罪嫌疑人的住处进行搜查
   C. 侦查终结时，对已逮捕的犯罪嫌疑人不应当追究刑事责任的，应作出不起诉决定
   D. 对延期审理的案件需要补充侦查的，人民检察院应当在1个月内补充侦查完毕
   E. 补充侦查是每个案件都必须进行的活动

10. 根据《刑事诉讼法》的规定，有权独立提

起上诉的人包括( )。
A. 被告人及其法定代理人
B. 附带民事诉讼的当事人及其委托代理人
C. 被告人的辩护人及其近亲属
D. 被害人及其法定代理人
E. 自诉人及其法定代理人

11. 关于刑事诉讼速裁程序的说法，正确的有( )。
A. 被告人是未成年人的不可以适用速裁程序
B. 不受《刑事诉讼法》规定的送达期限的限制，一般不进行法庭调查、法庭辩论
C. 可以由合议庭或审判员一人独任审判
D. 人民检察院在提起公诉的时候，不可以适用速裁程序
E. 应当当庭宣判

同步训练答案及解析

一、单项选择题

1. B 【解析】本题考核认罪认罚从宽制度——人民检察院的职责。犯罪嫌疑人具有下列情形之一的，不需要签署认罪认罚具结书：(1)犯罪嫌疑人是盲、聋、哑人；(2)犯罪嫌疑人是尚未完全丧失辨认或者控制自己行为能力的精神病人的；(3)未成年犯罪嫌疑人的法定代理人、辩护人对未成年人认罪认罚有异议的；(4)其他不需要签署认罪认罚具结书的情形。

2. B 【解析】本题考核依法不追究刑事责任原则。法定最高刑为5年有期徒刑的，追诉时效为10年。选项B尚未超过追诉时效，不属于依法不追究刑事责任的情形。

3. A 【解析】本题考核拘留和逮捕。拘留一律由公安机关执行。所以选项B错误。患有严重疾病、生活不能自理，采取取保候审不致发生社会危险性的，可以取保候审。所以选项C错误。公安机关对于被拘留的人应当在拘留后的24小时内进行讯问。所以选项D错误。

4. A 【解析】本题考核指定辩护。

5. A 【解析】本题考核刑事诉讼简易程序。(1)基层人民法院管辖的案件，符合下列条件的，可以适用简易程序审判：①案件事实清楚、证据充分的；②被告人承认自己所犯罪行，对指控的犯罪事实没有异议的；③被告人对适用简易程序没有异议的；人民检察院在提起公诉的时候，可以建议人民法院适用简易程序。A错误当选，D正确。(2)有下列情形之一的，不适用简易程序：①被告人是盲、聋、哑人，或者是尚未完全丧失辨认或者控制自己行为能力的精神病人的；②有重大社会影响的；③共同犯罪案件中部分被告人不认罪或者对适用简易程序有异议的；④其他不宜适用简易程序审理的；BC正确。

6. B 【解析】本题考核上诉不加刑。第二审人民法院审判被告人或者他的法定代理人、辩护人、近亲属上诉的案件，不得加重被告人的刑罚。但是，人民检察院提出抗诉或者自诉人提出自诉的案件，不受上诉不加刑的限制。

二、多项选择题

1. BCDE 【解析】本题考核公诉案件的被害人的权利。对公安机关应当立案而不立案的应当是向人民检察院提出意见，不能向法院提出意见。所以选项A错误。

2. ACE 【解析】本题考核审判公开原则。

3. ABE 【解析】本题考核取保候审和监视居住。

4. BD 【解析】本题考核对证人的询问程序。《刑事诉讼法》规定，询问证人应当个别进行。据此可知，不应当由赵某为萧某进行翻译。所以选项B说法错误。《刑事诉讼法》规定，侦查人员询问证人，可以在现

场进行，也可以到证人所在单位、住处或者证人提出的地点进行，在必要的时候，可以通知证人到人民检察院或者公安机关提供证言。在现场询问证人，应当出示工作证件，到证人所在单位、住处或者证人提出的地点询问证人，应当出示人民检察院或者公安机关的证明文件。所以选项 D 说法错误。

5. BCDE 【解析】本题考核犯罪嫌疑人、被告人的权利。犯罪嫌疑人自被侦查机关第一次讯问或者采取强制措施之日起，有权委托辩护人。所以选项 A 错误。

6. DE 【解析】本题考核刑事诉讼中止审理的情形。选项 ABC 属于延期审理的情况。

7. CD 【解析】本题考核刑事诉讼侦查措施。为了查明案情，在必要的时候，经公安机关负责人批准，可以进行侦查实验。所以选项 C 违反法律规定。与案件无关的财物、文件，不得查封、扣押。所以选项 D 违反法律规定。

8. AC 【解析】本题考核被告人权利。我国的刑事诉讼法没有规定被告人的保持沉默权。所以选项 B 错误。查阅案件材料是律师作为辩护人所享有的权利，其他辩护人和被告都没有这样的权利。所以选项 D 错误。提出抗诉是人民检察院的职权和职责。被告人对于地方各级人民法院所作的没有发生法律效力的一审判决和裁定，被告人有权上诉；对于已经发生法律效力的判决和裁定，有权提出申诉。所以选项 E 错误。

9. BD 【解析】本题考核侦查。(1) 讯问的时候，侦查人员不得少于两人；所以选项 A 错误。(2) 侦查人员在执行逮捕、拘留的时候，遇有紧急情况，不另用搜查证也可以进行搜查。搜查时，应当有被搜查人或者他的家属、邻居或者其他见证人在场；所以选项 B 正确。(3) 侦查终结后，对于不应当对犯罪嫌疑人追究刑事责任的，应当撤销案件；所以选项 C 错误。(4) 对于补充侦查的案件，应当在 1 个月内补充侦查完毕，补充侦查以 2 次为限；所以选项 D 正确。(5) 补充侦查并不是每个案件都必须进行的活动；所以选项 E 错误。

10. AE 【解析】本题考核上诉。被告人、自诉人及其法定代理人是享有独立上诉权的主体。附带民事诉讼的当事人和他们的法定代理人是对判决、裁定中的附带民事诉讼部分享有独立上诉权的主体。被告人的辩护人和近亲属，经被告人同意方可上诉。

11. ABE 【解析】本题考核速裁程序。基层人民法院管辖的可能判处 3 年有期徒刑以下刑罚的案件，案件事实清楚，证据确实、充分，被告人认罪认罚并同意适用速裁程序的。由审判员一人独任审判。人民检察院在提起公诉的时候，可以建议人民法院适用速裁程序。CD 错误，ABE 正确当选。

本章知识串联

刑事诉讼法律制度
- 刑事诉讼法基础 ★★
  - 刑事诉讼法的基本原则(6个)
- 刑事诉讼参与人 ★★★
  - 刑事诉讼的当事人：被害人、自诉人、犯罪嫌疑人、被告人
  - 其他：法定代理人、诉讼代理人、辩护人、证人、鉴定人、翻译人员
- 刑事诉讼有关制度 ★★★
  - 认罪认罚从宽制度
  - 刑事辩护制度
- 强制措施
  - 拘传、取保候审、监视居住、拘留、逮捕
- 刑事诉讼程序 ★★★
  - 侦查
    - 侦查措施
    - 侦查期限
    - 侦查终结
  - 起诉
  - 审判
    - 第一审程序
      - 公诉案件：决定开庭，开庭审理，法庭审判，延期审理与中止审理，审理期限
      - 简易程序：适用范围，审理要求，审理期限
      - 速裁程序：适用范围，审理要求，审理期限
    - 第二审程序：提起，审理，处理

第三部分

易错易混知识点辨析

梦想成真辅导丛书

2021年易错易混知识点辨析

一、派出机关 VS 派出机构

扫我解疑难

表1 派出机关 VS 派出机构

区别	派出机关	派出机构
设立机关不同	各级人民政府设置	政府的工作部门设立
职能范围不同	多方面或综合性的,相当于一级政府	只限于管理某项专门的行政事务
种类不同	行政公署、区公所、街道办事处、科技开发区管委会	审计署派驻各地的办事处、公安派出所、税务所、工商所、财政所等
主体资格不同	行政主体(职权行政主体)	一般情况下不是行政主体,只有法律、法规授权时才具有行政主体地位(授权行政主体)

注意:派出机构行使所在机关职权时,不能以自己的名义行使,只能以所在机关的名义行使。此时,行政机关是行政主体

实战演练

【例题·多选题】以下属于政府职能部门设立的派出机构的有(   )。
A. 财政所
B. 审计署驻各地办事处
C. 工商所
D. 区公所
E. 街道办事处

解析 ▶ 本题考核派出机构。选项D、E均属于派出机关,所以不选。 答案 ▶ ABC

二、行政机关委托的组织 VS 法律、法规授权的组织

扫我解疑难

表2 行政机关委托的组织 VS 法律、法规授权的组织

区别	行政机关委托的组织	法律、法规授权的组织
性质	不是行政主体	授权行政主体
权力来源(权)	行政机关的委托	法律、法规的明文规定
行使行政权的方式(名)	必须以委托机关的名义行使	可以自己的名义行使
法律地位和行为后果(责)	由委托的行政机关承担,受托方不具有被告或被申请人资格	由法律、法规授权的组织承担,直接可当被告或被申请人

实战演练

【例题·单选题】下列关于行政委托和行政授权的表述中正确的是(   )。
A. 行政委托不需要法律、法规或规章上的依据
B. 行政委托通常是要式的,在某些情况下可以口头委托
C. 法律、法规授权的组织不是行政机关而是行政主体

D. 行政授权的法律后果由授权方承担，行政委托的法律后果由受委托组织承担

解析 本题考核行政委托与行政授权。行政委托也必须以法律、法规和规章作为法律依据。所以选项A错误。行政委托必须履行书面的委托手续，因此，行政委托必须是要式的。所以选项B错误。法律、法规授权的组织，其行为的法律后果由被授权的组织承担；受委托组织，其行为法律后果由委托行政机关承担。所以选项D错误。 **答案** C

三、行政许可的撤回 VS 撤销 VS 注销

扫我解疑难

表3 行政许可的撤回 VS 撤销 VS 注销

	原因	性质	具体情形		法律效果
撤回	失去存在原因	实体性行为	(1)行政许可所依据的法律、法规、规章修改或者废止； (2)准予行政许可所依据的客观情况发生重大变化的		造成当事人损失的，应当给予补偿
撤销	许可有瑕疵	实体性行为	(1)可以撤销	①行政机关工作人员滥用职权、玩忽职守作出准予行政许可决定的； ②超越法定职权作出准予行政许可决定的； ③违反法定程序作出准予行政许可决定的； ④对不具备申请资格或者不符合法定条件的申请人准予行政许可的	(1)从成立时起即丧失效力； (2)被许可人受到损害的，应当依法给予赔偿； (3)被许可人基于欺骗、贿赂取得的行政许可被撤销的，其利益不受保护
			(2)应当撤销	被许可人以欺骗、贿赂等手段取得许可的	
			(3)不予撤销	撤销许可可能对公共利益造成重大损害的	
注销	许可的实质效力已不存在	程序性行为	(1)行政许可有效期届满未延续的； (2)赋予公民特定资格的行政许可，该公民死亡或者丧失行为能力的； (3)法人或者其他组织依法被终止的； (4)行政许可依法被撤销、撤回，或者行政许可证件依法被吊销的； (5)因不可抗力导致行政许可事项无法实施的		只是手续办理问题，方式包括收回证件、加注发还、公告注销，注销后不再具有许可效力

实战演练

【例题·单选题】 某市地方税务局向某企业发放《印花税票代收许可证》后，发现该企业所提交的申请材料有问题。经市地方税务局进一步调查核实，申请材料系伪造，内容不真实。根据《行政许可法》，在办理该代售许可证的注销手续前，市地方税务局对此案的正确处理是( )。

A. 吊销许可证　　B. 撤回该许可
C. 撤销该许可　　D. 废止该许可

解析 本题考核行政许可撤销制度。《行政许可法》规定，被许可人以欺骗、贿赂等手段取得许可的，应当予以撤销。 **答案** C

四、行政处罚 VS 行政强制

扫我解疑难

行政处罚和行政强制的区别：

(1)性质不同。行政处罚是对行政违法行为的事后制裁，而行政强制不是一种制裁，本质上属于执行行为。

(2)目的不同。行政处罚的目的是教育行政相对人并纠正行政违法行为，而行政强制的目的是为了促使被强制人履行法定义务。

(3)实施的对象不同。行政处罚的对象是违法的，而行政强制的对象不一定是违法的。

(4)具体种类不同。行政处罚的法定种类包括：①警告、通报批评；②罚款、没收违法

所得、没收非法财物；③暂扣许可证件、降低资质等级、吊销许可证件；④限制开展生产经营活动、责令停产停业、责令关闭、限制从业；⑤行政拘留；⑥法律、行政法规规定的其他行政处罚。

行政强制包括行政强制措施和行政强制执行两大类。

行政强制措施的种类包括：①限制公民人身自由；②查封场所、设施或者财物；③扣押财物；④冻结存款、汇款；⑤其他行政强制措施(证据先行登记保存、交通管制、强制进入场所、通信管制等)。

行政强制执行的方式包括：①加处罚款或者滞纳金；②划拨存款、汇款；③拍卖或者依法处理查封、扣押的场所、设施或者财物；④排除妨碍、恢复原状；⑤代履行；⑥其他强制执行方式(强制履行兵役义务、强制戒毒、强制收购、强制教育等)。

实战演练

【例题·单选题】 下列选项中不属于行政强制措施的种类的是( )。
A. 限制公民人身自由
B. 查封场所、设施或者财物
C. 扣押财物
D. 责令停产停业

解析 本题考核行政强制措施的种类。选项D属于行政处罚。 **答案** D

五、行政许可实施主体 VS 行政处罚实施主体 VS 行政强制实施主体

扫我解疑难

表 4 行政许可实施主体 VS 行政处罚实施主体 VS 行政强制实施主体

行政种类	行政机关	被授权组织	受委托机关或组织	相对集中实施	统一办理
行政许可	√	法律、法规授权的管理公共事务的组织	其他行政机关	国务院批准，省级政府决定	一并审批+联合办理
行政处罚	√	同行政许可	管理公共事务的事业组织	国务院决定或国务院授权省级政府决定	×
行政强制措施	法律、法规规定的行政机关	法律、行政法规授权的管理公共事务的组织	×	依法可以集中实施	×
行政强制执行	公安、税务、海关、国安、县级以上政府	×	×	×	×

实战演练

【例题·单选题】 根据行政法律制度规定，行政许可实施的主体不包括( )。
A. 行政机关
B. 法律、法规授权的具有管理公共事务职能的组织
C. 受委托的行政机关
D. 受委托的具有管理公共事务职能的组织

解析 本题考核行政许可实施的主体。包括：(1)行政机关；(2)法律、法规授权的具有管理公共事务职能的组织；(3)受委托的行政机关。 **答案** D

六、行政复议 VS 行政诉讼

扫我解疑难

行政复议与行政诉讼都是处理行政争议的事后救济程序。二者的区别如下：
(1)行政复议属于行使行政司法权的行政行为，行政诉讼属于行使司法权的司法行为。前者是行政机关主导，后者是司法机关主导。
(2)受案范围上，行政复议针对行政行为的

合法+合理性,附带审查小部分抽象行政行为。行政诉讼针对行政行为的合法性(特别例外,行政处罚明显不当,或者其他行政行为涉及对款额的确定、认定确有错误的,人民法院可以判决变更),附带审查国务院部门和地方人民政府及其部门制定的规范性文件。

(3)一个具体行政行为作出以后,救济途径有以下几种情况:

①可复议可诉讼(又分为:复议后可以起诉、复议后不可起诉)。

复议后可诉讼:

A. 不能同时进行→同时复议、诉讼;受理

B. 机会只有一次→撤回复议,不得再复议,但可诉讼;撤回诉讼,不可诉讼,也不可复议

C. 复议接诉讼15日→受理、决定;受理、不决定;不受理

复议后不可起诉(原级复议后的国务院最终裁决):对国务院部门或者省、自治区、直辖市人民政府的具体行政行为不服的,向作出该具体行政行为的国务院部门或者省、自治区、直辖市人民政府申请行政复议。对行政复议决定不服的,可以向人民法院提起行政诉讼;也可以向国务院申请裁决,国务院依照行政复议法的规定作出最终裁决。

②先复议再诉讼。

A. 申请人已经依法取得+自然资源权属+行政确认→复议前置

B. 纳税争议

③复议终局。

A. 原级复议后的国务院最终裁决

B. 省级政府+国务院/省级政府的行政区划/征用土地决定+自然资源权属+行政确认→复议终局

(4)审理程序上,行政复议是一裁终局,行政诉讼是两审终审。

实战演练

【例题·多选题】下列关于行政复议与行政诉讼的说法中错误的有( )。

A. 凡是能够提起行政诉讼的行政争议,公民、法人或者其他组织都可以向行政机关申请复议;而可以提起行政复议的,则未必都能够提起行政诉讼

B. 只有行政违法案件可以提起行政复议和行政诉讼

C. 人民法院审理行政案件,实行两审终审制;而复议机关审理复议案件,实行一级复议制

D. 行政复议和行政诉讼都是有错必纠,其审查范围可以大于申请人的申请

E. 行政复议和行政诉讼原则上都实行开庭审理的方式

解析 本题考核行政诉讼与行政复议的关系。复议机关受理的案件,既包括行政违法案件,也包括行政不当案件。所以选项B说法错误。行政诉讼是不告不理,行政复议则是有错必纠,这就意味着复议的范围不局限于申请人的申请,并且审查范围要大于行政诉讼。所以选项D说法错误。人民法院审理行政案件,原则上实行开庭审理方式;而复议机关审理复议案件,原则上实行书面审查的办法,不采取类似开庭审理的方式。所以选项E说法错误。 **答案** BDE

七、管辖权转移 VS 案件的移送

管辖权转移与案件的移送都是以裁定方式来决定管辖权,在形式上均表现为案件从一个法院转移至另一个法院,但二者实质上却不同:

(1)管辖权转移是有管辖权的法院将案件的管辖权转移给无管辖权的法院,案件的转移只是形式,管辖权的转移才是本质。而案件的移送则在受诉法院对案件无管辖权却又错误受理案件的情况下,为纠正错误而将案件移送给有管辖权的法院,其移送的仅仅是案件,而不涉及管辖权的变更。

(2)管辖权的转移主要用于调节级别管辖,一般在上下级法院之间进行。而案件的移

送主要适用于地域管辖，其目的在于纠正管辖权行使上的错误，一般在同级法院间进行。

(3)管辖权转移包括因上级法院的单方决定而转移和因下级法院报请与上级法院同意双方行为而转移两种情形。上级人民法院有权审理下级人民法院管辖的第一审民事案件；确有必要将本院管辖的第一审民事案件交下级人民法院审理的，应当报请其上级人民法院批准。下级人民法院对它所管辖的第一审民事案件，认为需要由上级人民法院审理的，可以报请上级人民法院审理。而案件的移送则表现为单方行为，移送法院作出移送裁定，无须经过受移送法院的同意。

的移送的表述中，错误的是( )。

A. 前者移转的是案件的管辖权，后者移转的是案件

B. 前者一般在上下级法院之间进行，后者一般在同级法院间进行

C. 前者只能由上级法院向下级法院转，不能由下级法院向上级法院转

D. 案件的移送是单方行为，无需受移送法院的同意

解析 本题考核管辖权转移与案件的移送的区别。管辖权转移既可向上转移，又可向下转移。　　　　　　　**答案** ▷ C

八、有独立请求权第三人 VS 无独立请求权第三人

实战演练

【例题·单选题】下列关于管辖权转移与案件

表5 有独立请求权第三人 VS 无独立请求权第三人

区别	有独立请求权的第三人	无独立请求权的第三人
参加诉讼依据不同	对他人之间诉讼标的主张独立的请求权	与他人之间案件的处理结果有法律上利害关系
参加诉讼方式不同	申请参加，法院不能依职权追加	申请参加或法院通知其参加
诉讼地位不同	处于单独原告的地位，享有原告的诉讼权利，承担原告的诉讼义务。诉讼权利受限：(1)不能提出反诉；(2)无权提出管辖权异议；(3)可以独立提起上诉	既非原告，也非被告，只能参加到当事人一方进行诉讼。诉讼权利受限：(1)无权提出管辖权异议；(2)无权放弃、变更诉讼请求或者申请撤诉；(3)无权提出反诉；(4)若判决其承担责任的，有权提出上诉
是否承担民事责任不同	即使败诉，一般只是诉讼请求被驳回，不会被判决承担民事责任	有可能被法院判决承担民事责任

实战演练

【例题·单选题】甲有两个儿子乙和丙，甲死之后遗有房屋6间。乙乘丙外出之机，将房屋全部卖给丁，后因支付价款发生纠纷，乙将丁诉至法院。在诉讼过程中，丙知道了这一情况，要求参加诉讼。丙在诉讼中的地位是( )。

A. 必要的共同原告

B. 普通的共同原告

C. 有独立请求权的第三人

D. 无独立请求权的第三人

解析 本题考核第三人。乙和丙同为所继承房屋的共同共有人，乙擅自处分共有房屋，侵犯了丙对房屋的所有权，所以丙在乙、丁的房屋买卖纠纷的诉讼中享有独立的请求权，故丙属于有独立请求权的第三人。　**答案** ▷ C

九、民事法律行为 VS 事实行为

扫我解疑难

表 6　民事法律行为 VS 事实行为

	民事法律行为	事实行为
意思表示	以意思表示为必备要素	不以意思表示为必备要素
产生后果的依据	依当事人的意思表示内容而发生效力	依法律规定直接产生法律后果
合法行为	是	不一定
当事人的行为能力	有要求	不要求
本质	在于意思表示	行为人的客观行为符合法定构成要件，才发生法律规定的后果

实战演练

【例题·单选题】根据民法理论，下列行为中，属于民事法律行为的是（　　）。
A. 侵权行为
B. 先占行为
C. 代理行为
D. 无因管理行为

解析 ▶ 本题考核民事法律行为。代理行为是民事法律行为。其他三项都是事实行为，即行为的法律后果是由法律直接规定的，而不是行为人的意思表示导致的。　**答案** ▶ C

十、诉讼时效 VS 除斥期间

扫我解疑难

表 7　诉讼时效 VS 除斥期间

区别	诉讼时效	除斥期间
适用对象	债权请求权	形成权
性质	诉讼时效一过，丧失胜诉权（非实体权利）	除斥期间一过，丧失实体权利
期间性质	可变期间，适用中断、中止、延长	不变期间，不适用中断、中止、延长
适用	法官不能主动适用	法官可以依职权主动适用

实战演练

【例题·单选题】下列关于诉讼时效的表述中，正确的是（　　）。
A. 诉讼时效为法定的不变期间
B. 诉讼时效届满，权利人实体权利消灭
C. 除斥期间目的在于维持新生秩序
D. 诉讼时效经过以权利人不行使其权利的事实状态为前提

解析 ▶ 本题考核诉讼时效和除斥期间。选项 A 是除斥期间的特征，除斥期间是法定的不变期间，除斥期间经过，权利本身消灭。而诉讼时效是可变的期间，存在中止、中断、延长的可能性。所以选项 A 错误。诉讼时效届满，发生永久抗辩权。所以选项 B 错误。除斥期间的目的在于维持原有秩序。所以选项 C 错误。　**答案** ▶ D

十一、不动产所有权的取得 VS 动产所有权的取得

表 8　不动产所有权的取得 VS 动产所有权的取得

不动产所有权的取得	依法律行为而取得	双方法律行为	买卖合同、赠与合同、互易合同而为的变更"登记"
		单方法律行为	受遗赠
	依法律行为以外的事实而取得		如继承、建造、法院判决、强制执行以及公用征收、没收
动产所有权的取得	依法律行为而取得	双方法律行为	买卖合同、赠与合同、互易合同而为的"交付"
		单方法律行为	受遗赠
	依法律行为以外的事实而取得		如继承、法院判决、强制执行以及公用征收、没收、罚款、收取孳息等

(1)所有人不明的埋藏物、隐藏物,自发布招领公告之日起 1 年内无人认领的,归国家所有;
(2)无人继承遗产的归属,无人继承又无人受遗赠的遗产,归国家所有,用于公益事业;死者生前是集体所有制组织成员的,归所在集体所有制组织所有;
(3)先占:指以所有的意思,占有无主动产而取得其所有权的法律事实。在我国,仅适用于抛弃物。

实战演练

【例题·单选题】基于他人既存的权利而取得所有权的事实,属于所有权的(　　)。
A. 原始取得　　B. 先占取得
C. 善意取得　　D. 继受取得

解析　本题考核所有权的取得方式。继受取得,是指基于他人既存的权利而取得所有权。

答案　D

十二、按份共有 VS 共同共有

表 9　按份共有 VS 共同共有

按份共有	共同共有
不以共同关系为前提	以共同关系为前提,共同关系结束,共同共有也不存在
共有人内部依份额享有共有权	共有人之间不分份额地享有共有权
各共有人对共有物有分割请求权和优先购买权	共同关系存续期间,共同共有人原则上无分割请求权,也无优先购买权
共有人可在其份额上设定担保物权	共同共有关系终止时,对共有物的分割与按份共有相同;需要共有人一致同意,对共有物的处分才有对外的效力
共有人可以单独或者共同行使物上请求权	
共有人对外享有连带债权、承担连带债务	

实战演练

【例题·单选题】甲乙丙三人各出资 20 000 元买一辆车后,甲欲投资开商店,想转让自己的份额。甲通知乙、丙后,乙表示愿出 18 000 元买下甲的份额,丁知道后愿以 20 000 元买下,丙即表示愿以 20 000 元买下。根据法律的规定,甲应将其份额卖给(　　)。
A. 乙　　B. 丁
C. 丙　　D. 丁或丙都可以

解析　本题考核按份共有。在同等条件下,按份共有人享有优先购买权,甲应当将份额卖给丙。

答案　C

十三、相邻关系 VS 地役权

扫我解疑难

表10　相邻关系 VS 地役权

	相邻关系	地役权
法律性质不同	属于所有权制度的一部分，不构成新的、独立的物权	属于用益物权，是一种典型的物权类型
产生原因不同	是由法律直接规定而产生的	是由当事人的约定而产生的
内容不同	内容非常广泛	为实现自己不动产的利益而利用他人不动产
有偿无偿不同	一定是无偿	可以是有偿，也可以是无偿
是否需要登记不同	不以登记为对抗要件	需以登记为对抗要件
土地是否相邻不同	要求在相邻的不动产之间产生	供役地和需役地不一定相邻

实战演练

【例题·单选题】甲、乙共用小河的水灌溉农田，甲的承包地在乙的上游。为确保农田灌溉，甲在河中筑了一条水坝，截留了大部分河水。甲、乙为此发生冲突，对其纠纷的解决方案，下列说法不正确的是(　　)。
A. 乙可以请求甲拆除水坝
B. 乙可以请求甲赔偿损失
C. 甲侵犯了乙的相邻水流使用权
D. 甲侵犯了乙的地役权

解析▶ 本题考核相邻关系——相邻水流使用权。相邻各方在共同使用同一自然水流时，应当依其自然形成的流向，按照由远至近、由高到低的原则依次使用。任何一方为自身利益擅自改变流向或堵截水源，以致影响他方正常的生产、生活的，他方有请求排除妨碍、恢复原状和赔偿损失的权利。　答案▶ D

十四、代位权 VS 撤销权

扫我解疑难

表11　代位权 VS 撤销权

	代位权	撤销权
适用	针对债务人的消极行为(不作为)，即针对债务人不积极主张债权的行为(应增加未增加)	针对债务人的积极行为(作为)，即针对债务人不当减少财产的行为(不应减少而减少)
被告	次债务人	债务人
是否是金钱之债	是	均可
对次债务人的债权是否到期	是	均可
债权人是否有权优先受偿	有	没有

实战演练

【例题·单选题】甲公司欠乙公司30万元货款，一直无力偿付。现丙公司欠甲公司的20万元已到期，但甲公司明确表示放弃对丙公司的债权。根据《民法典》的规定，乙公司可以行使(　　)。
A. 代位权
B. 撤销权

C. 不安抗辩权　　D. 同时履行抗辩权

解析 ▶ 本题考核撤销权。撤销权，指债权人对于债务人所为的危害债权的行为，可请求法院予以撤销的权利。甲公司明确表示放弃对丙公司的债权危害到了债权人乙公司的债权，是积极行为，所以乙公司可以行使撤销权。　　**答案** ▶ B

十五、双务合同 VS 单务合同、有偿合同 VS 无偿合同

扫我解疑难

表12　双务合同 VS 单务合同

	双务合同（常态）	单务合同
标准	根据合同当事人的双方权利、义务分担的不同	
	当事人双方相互享有权利和承担义务	一方只享有权利而不承担义务，另一方只承担义务而不享有权利
举例	买卖合同	借用合同、赠与合同
同时履行抗辩	适用	不适用
风险负担	可能由债务人或债权人负担	一律由债务人负担
违约责任	履约方可要求违约方承担违约责任	不发生违约责任这种后果

表13　有偿合同 VS 无偿合同

	有偿合同（常态）	无偿合同
标准	根据当事人取得权益是否付出相应代价	
	给付相应对价	无须给付相应对价
举例	买卖合同	赠与合同、借用合同、保证合同
	可以有偿、也可以无偿：委托合同、保管合同、自然人之间的借款合同	
注意义务	应对故意和一切过失负责	仅对故意和重大过失负责
行为能力	是一个必要条件	只享有合同规定权益的一方可以不具有
撤销权	行使严格：以受让人知情为要件	行使不严格
善意取得	适用善意取得，可以不返还财产	不适用善意取得，应当返还

实战演练

【例题·多选题】根据合同法理论，同时具有双务、有偿和诺成性质的合同有（　　）。

A. 承揽合同
B. 借用合同
C. 赠与合同
D. 买卖合同
E. 行纪合同

解析 ▶ 本题考核合同的性质。借用合同和赠与合同属于单务、无偿合同。　　**答案** ▶ ADE

十六、同时履行抗辩权 VS 顺序履行抗辩权 VS 不安抗辩权

扫我解疑难

表14　同时履行抗辩权 VS 顺序履行抗辩权 VS 不安抗辩权

	同时履行抗辩权	顺序履行抗辩权	不安抗辩权
有权行使方	双方当事人均可	后履行义务人	先履行义务人

续表

		同时履行抗辩权	顺序履行抗辩权	不安抗辩权
成立要件	相同点	由同一双务合同产生互负的对价给付债务		
	不同点	(1)合同中未约定履行的顺序	(1)合同中约定了履行的顺序	
		(2)须双方互负的债务均已届清偿期; (3)须相对人有不履行或履行不符合约定的行为; (4)应以合同具备能履行的客观条件为准	(2)应当先履行合同的当事人没有履行债务或者没有正确履行债务	(2)后给付义务人的履行能力明显降低,有不能给付的危险: ①经营状况严重恶化; ②转移财产、抽逃资金,以逃避债务; ③丧失商业信誉; ④有丧失或者可能丧失履行债务能力的其他情形。 (3)后给付义务人未提供适当担保
采取的措施		拒绝履行		中止履行并及时通知对方
消灭		当对方当事人完全履行了合同义务,同时履行抗辩权即告消灭,主张抗辩权的当事人就应履行自己的义务	先履行一方的当事人如果完全履行了合同义务,则后履行抗辩权消灭,后履行当事人就应当按照合同约定履行自己的义务	对方提供适当担保时,应当恢复履行。中止履行后,对方在合理期限内未恢复履行能力且未提供适当担保的,视为以自己的行为表明不履行主要债务,中止履行的一方可以解除合同并可以请求对方承担违约责任

🗒 实战演练

【例题·单选题】甲公司与乙公司订立买卖合同约定,甲公司向乙公司购买西服价款总值为9万元,甲公司于8月1日前向乙公司预先支付货款6万元,余款于10月15日在乙公司交付西服后2天内一次付清。甲公司以资金周转困难为由未按合同约定预先支付货款6万元。10月15日,甲公司要求乙公司交付西服。根据《民法典》的有关规定,乙公司可以行使的权利是( )。

A. 同时履行抗辩权
B. 顺序履行抗辩权
C. 不安抗辩权
D. 撤销权

解析 ▶ 本题考核顺序履行抗辩权。 答案 ▶ B

十七、定金 VS 预付款、定金 VS 违约金

扫我解疑难

表15 定金 VS 预付款

	定金	预付款
是否预先给付	是	是
是否具有担保作用	有	没有
是否是单独的合同	是 (从合同)	否 (一般是合同内容的一部分)
是否具有罚则	是	否
是否适用非金钱履行义务的合同	适用	不适用
是否可以分期交付	不可以	可以

表 16　定金 VS 违约金

	定金	违约金
给付时间	订立时或订立后履行前	违约时
是否有证约和预先给付作用	有	没有
作用	担保作用	合同的责任
数额	不超过主合同标的额的20%	没有固定的比例限制

实战演练

【例题·多选题】根据担保法理论,下列关于定金与违约金的区别,说法正确的有( )。

A. 定金的给付一般是在订立合同之时,也可以在订立合同之后未履行之前,而不是在违约时支付

B. 定金不仅适用金钱履行义务的合同,还适用其他合同,而违约金只能适用以金钱履行义务的合同

C. 定金主要是担保作用,违约金则反映的是合同的责任

D. 定金的数额不超过主合同总金额的20%,而违约金没此限制

E. 违约金是由当事人约定的,而定金是由法律规定的

解析　本题考核违约金与定金的区别。没有规定违约金只适用以金钱履行义务的合同。所以选项B错误。违约金和定金都是由当事人约定,只不过法律限定定金的数额不超过主合同总金额的20%。所以选项E错误。

答案　ACD

十八、个人独资企业 VS 个体工商户

扫我解疑难

表 17　个人独资企业 VS 个体工商户

	个人独资企业	个体工商户
出资人不同	出资人只能是一个自然人	既可以由一个自然人出资设立,也可以由家庭共同出资设立
承担责任的财产范围不同	在一般情况下仅以其个人财产对企业债务承担无限责任,只是在企业设立登记时明确以家庭共有财产作为个人出资的才依法以家庭共有财产对企业债务承担无限责任	个体工商户的债务如属个人经营的,以个人财产承担,家庭经营的,则以家庭财产承担
适用的法律不同	依照《个人独资企业法》设立	依照《个体工商户条例》的规定设立
法律地位不同	经营实体,是一种企业组织形态	不采用企业形式
区分二者的关键在于是否办理了个人独资企业登记,并领取个人独资企业营业执照		

实战演练

【例题·单选题】根据个人独资企业法律制度的规定,下列关于个人独资企业法律特征的表述中,错误的是( )。

A. 个人独资企业虽然不具有法人资格,但具有独立承担民事责任的能力

B. 个人独资企业是由一个自然人投资的企业,并且自然人只能是中国公民

C. 个人独资企业的投资人对企业的债务承担无限责任

D. 个人独资企业是独立的民事主体,可以自己的名义从事民事活动

解析　本题考核个人独资企业的特征。个人独资企业不能独立承担民事责任。 答案　A

十九、股东(大)会职权 VS 董事会职权 VS 监事会职权 VS 经理职权

表18 股东(大)会职权 VS 董事会职权 VS 监事会职权 VS 经理职权

股东(大)会	董事会(执行董事)	监事会(监事)	经理
决定公司的经营方针和投资计划	决定公司的经营计划和投资方案	—	组织实施公司年度经营计划和投资方案
选举和更换非由职工代表担任的董事、监事,决定有关董事、监事的报酬事项	决定聘任或者解聘公司经理及其报酬事项,并根据经理的提名决定聘任或者解聘公司副经理、财务负责人及其报酬事项	(1)对董事、高级管理人员执行公司职务的行为进行监督,对违反法律、行政法规、公司章程或者股东会决议的董事、高级管理人员提出罢免的建议;(2)当董事、高级管理人员的行为损害公司的利益时,要求董事、高级管理人员予以纠正;(3)依照《公司法》的规定,对董事、高级管理人员提起诉讼	(1)提请聘任或者解聘公司副经理、财务负责人;(2)决定聘任或者解聘除应由董事会决定聘任或者解聘以外的负责管理人员
审议批准董事会的报告	召集股东(大)会会议,并向股东(大)会报告工作	提议召开临时股东(大)会会议,在董事会不履行《公司法》规定的召集和主持股东(大)会会议职责时召集和主持股东(大)会会议	—
审议批准监事会或者监事的报告	—	向股东(大)会会议提出提案	—
审议批准公司的年度财务预算方案、决算方案	制订公司的年度财务预算方案、决算方案	检查公司财务	—
审议批准公司的利润分配方案和弥补亏损方案	制订公司的利润分配方案和弥补亏损方案	—	—
作出决议:(1)对公司增加或者减少注册资本作出决议;(2)对发行公司债券作出决议;(3)对公司合并、分立、解散、清算或者变更公司形式作出决议	执行股东(大)会决议:(1)制订增加或减少注册资本的方案;(2)制订发行公司债券的方案;(3)制订公司合并、分立、解散或者变更公司形式的方案	—	主持公司的生产经营管理工作,组织实施董事会决议
修改公司章程	—	—	制定公司的具体规章
—	制定公司的基本管理制度;决定公司内部管理机构的设置	—	拟订公司内部管理机构设置方案;拟订公司的基本管理制度

实战演练

【例题·单选题】下列选项中不属于有限责任公司股东会的职权的是( )。
A. 决定公司的经营方针和投资计划
B. 对公司增加或减少注册资本作出决议
C. 修改公司章程
D. 决定公司内部管理机构的设置

解析 ▶ 本题考核有限责任公司股东会的职权。选项 D 属于董事会的职权。 答案 ▶ D

二十、管理人职权 VS 债权人会议职权 VS 债权人委员会职权

扫我解疑难

表 19 管理人职权 VS 债权人会议职权 VS 债权人委员会职权

管理人职权	(1)接管债务人的财产、印章和账簿、文书等资料；(2)调查债务人财产状况，制作财产状况报告；(3)决定债务人的内部管理事务；(4)决定债务人的日常开支和其他必要开支；(5)在第一次债权人会议召开之前，决定继续或者停止债务人的营业；(6)管理和处分债务人的财产；(7)代表债务人参加诉讼、仲裁或者其他法律程序；(8)提议召开债权人会议；(9)对破产申请受理前成立而债务人和对方当事人均未履行完毕的合同，有权决定是否解除或者继续履行(需法院的许可)；(10)自人民法院裁定债务人重整之日起 6 个月内，向人民法院和债权人会议提交重整计划草案(需法院许可)。由债务人提出重整计划草案的，管理人需监督债务人对财产的管理和营业事务以及重整计划的执行；(11)拟订破产财产变价方案和财产分配方案(需法院许可)；(12)人民法院认为的其他职责
债权人会议职权	(1)核查债权；(2)申请人民法院更换管理人，审查管理人的费用和报酬；(3)监督管理人；(4)选任和更换债权人委员会成员；(5)决定继续或者停止债务人的营业；(6)通过重整计划、和解协议；(7)通过债务人财产的管理方案；(8)通过破产财产的变价方案；(9)通过破产财产的分配方案；人民法院认为的其他职责
债权人委员会职权	(1)监督债务人财产的管理和处分；(2)监督破产财产分配；(3)提议召开债权人会议；(4)债权人会议委托的其他职权。 【知识点拨 1】债权人委员会执行职务时，有权要求管理人、债务人的有关人员对其职权范围内的事务作出说明或者提供有关文件。 【知识点拨 2】债权人委员会行使职权应当接受债权人会议的监督，以适当的方式向债权人会议及时汇报工作，并接受人民法院的指导

实战演练

【例题·单选题】管理人实施下列行为需要得到法院的许可的是( )。
A. 调查债务人财产状况
B. 决定继续履行破产申请受理前成立的而债务人与对方当事人均未履行完毕的合同
C. 债务人提出重整计划草案的，监督债务人对财产的管理和营业事务以及重整计划的执行
D. 决定债务人的日常开支和其他必要开支

解析 ▶ 本题考核管理人的职责。在第一次债权人会议召开前，选项 A、D 属于管理人的职责，但不需要得到法院的许可。选项 C 也不需要得到法院的许可。 答案 ▶ B

二十一、重整 VS 和解

扫我解疑难

表 20 重整 VS 和解

		重整	和解
申请人	直接	债务人、债权人	债务人
	受理后宣告前	债务人、出资额占注册资本 1/10 以上的出资人	债务人

— 483 —

续表

		重整	和解
制定人		债务人/管理人	债务人
执行人		债务人	债务人
表决		分组	不分组
效力	债务人	√	√
	债权人	有担保/无担保	无担保
	保证人、连带债务人	×	×
执行成功		按照重整计划(和解协议)减免的债务,自重整计划(和解协议)执行完毕时起,债务人不再承担清偿责任	

实战演练

【例题·单选题】根据《企业破产法》,关于重整申请人的说法中,正确的是( )。
A. 进入破产程序前,债务人可以直接向人民法院申请重整
B. 人民法院受理破产申请后宣告债务人破产前,破产管理人可以向人民法院申请重整
C. 人民法院受理债权人提出的破产申请后宣告债务人破产前,出资额占债务人注册资本5%以上的出资人,可以向人民法院申请重整
D. 人民法院受理债权人提出的破产申请后,债务人不能向人民法院申请重整

解析 本题考核重整申请人。债务人或者债权人可以依照规定,直接向人民法院申请对债务人进行重整。债权人申请对债务人进行破产清算的,在人民法院受理破产申请后、宣告债务人破产前,债务人或者出资额占债务人注册资本1/10以上的出资人,可以向人民法院申请重整。

答案 A

二十二、一般累犯 VS 特别累犯

扫我解疑难

表21 一般累犯 VS 特别累犯

	一般累犯	特别累犯
对罪名是否有要求	只要故意	有:必须危害国家安全、恐怖活动、黑社会性质的组织犯罪
对年龄是否有要求	满18周岁的人犯罪	无
对后罪发生时间是否有要求	前罪执行完毕后5年内	无
对刑罚种类是否有要求	有期徒刑以上	无

实战演练

【例题·单选题】根据《刑法》的规定,下列选项中的被告人不成立累犯的是( )。
A. 甲犯盗窃罪被判有期徒刑,刑罚执行完毕后第4年又犯交通肇事罪被判有期徒刑
B. 乙犯叛逃罪被判拘役,刑罚执行完毕后第7年又犯分裂国家罪被判有期徒刑
C. 丙犯资助恐怖活动罪被判拘役,刑罚执行完毕后第3年又犯黑社会性质犯罪被判有期徒刑
D. 丁犯故意伤害罪被判有期徒刑12年,执行7年后获得假释,自假释开始的第8年又犯诈骗罪被判有期徒刑

解析 本题考核累犯。甲犯盗窃罪被判处有期徒刑,刑罚执行完毕后第4年又犯交通肇事罪,因交通肇事罪是过失犯罪,不符合累犯的成立条件。

答案 A

二十三、行政诉讼级别管辖 VS 民事诉讼级别管辖 VS 刑事诉讼级别管辖

扫我解疑难

表 22 行政诉讼级别管辖 VS 民事诉讼级别管辖 VS 刑事诉讼级别管辖

法院级别	行政诉讼	民事诉讼	刑事诉讼
最高院	全国范围内重大、复杂的第一审行政案件	(1)在全国有重大影响的案件；(2)认为应当由本院审理的案件	全国性的重大刑事案件
高院	本辖区内重大、复杂的第一审行政案件	本辖区有重大影响的第一审民事案件	全省(自治区、直辖市)性的重大刑事案件
中院	(1)对国务院部门或者县级以上地方人民政府所作的行政行为提起诉讼的案件；(2)海关处理的案件；(3)本辖区内重大、复杂的案件；(4)其他法律规定由中级人民法院管辖的案件	—	(1)危害国家安全、恐怖活动案件；(2)可能判处无期徒刑、死刑的案件

实战演练

【例题·单选题】梁某因参加聚众斗殴被甲市乙县公安局罚款 2 000 元，梁某不服，向乙县人民政府申请复议，乙县人民政府改为罚款 1 000 元，梁某仍不服欲提起行政诉讼。关于本案的管辖法院，下列说法正确的是( )。
A. 应由乙县法院管辖
B. 应由甲市中院管辖
C. 由原告选择管辖法院
D. 应由乙县法院或甲市中院管辖

解析 ▶ 本题考核级别管辖。经复议的案件，复议机关改变原行政行为的，复议机关是被告。因此，本案的被告是乙县人民政府。对国务院部门或者县级以上地方人民政府所作的行政行为提起诉讼的案件，由中院进行第一审。因此，本案应由甲市中院管辖。

答案 ▶ B

二十四、裁定驳回起诉 VS 判决驳回诉讼请求

扫我解疑难

驳回起诉是指人民法院认为原告不是合格的诉讼主体或者所提出的诉讼请求不属于人民法院受理审判的范围而作出的不予审判裁定。驳回诉讼请求是人民法院认为原告请求的内容没有事实依据或者没有法律依据而作出的对其请求不予支持的判决。两者的区别在于：

(1)解决的问题不同。驳回起诉解决的是程序问题，法院不予立案，不表明原告的请求不能得到支持，但需要通过其他途径解决。如我国法律规定，确认土地权属是政府的专有权利，法院无权对土地确权，假设原告起诉要求法院对土地的权属予以确认，法院就会以该请求不是法院的受案范围为由驳回原告的起诉。原告被驳回起诉后，权利并不丧失，他可以请求政府对争议的土地进行确权。而驳回诉讼请求解决的是实体问题，法院驳回原告的诉讼请求，说明原告的诉讼请求没有依据，就是没有证据证明原告所主张的权利的存在。如某甲起诉要求某乙归还欠款，但他把欠条丢失了，也提不出其他证据证明某乙欠他的钱，某乙也不承认欠某甲的钱，在此情况下，法院就会驳回某甲的诉讼请求，某甲要求某乙归还欠款的权利就从实体上不能得到法院的支持，通俗地说，就是法院认为某乙不欠某甲的钱。

(2)解决问题的方式不同。人民法院驳回原告的起诉使用裁定书，驳回原告的诉讼请求使用判决书。

(3)产生的法律后果不同。原告被人民法院驳回起诉后可以寻求其他途径维护自己的权利。被人民法院驳回诉讼请求后，由于人民法院的判决具有既判力，除非其搜集到了新的证据，他所争议的问题就不能再被审理了。

实战演练

【例题·多选题】 在行政诉讼中，人民法院已经立案的下列情形中，应当裁定驳回起诉的有( )。

A. 起诉人错列被告且拒绝变更的
B. 起诉人重复起诉的
C. 起诉超过法定期限且无正当理由的
D. 起诉被告履行法定职责的理由不成立的
E. 起诉被告给付义务理由不成立的

解析 本题考核行政诉讼中驳回起诉的情形。选项 D、E 属于判决驳回诉讼请求的情形。

答案 ABC

二十五、行政诉讼中第二审程序 VS 再审程序

扫我解疑难

表 23　行政诉讼中第二审程序 VS 再审程序

	二审程序	再审程序
适用对象	尚未生效的一审判决、裁定	已经生效的一审或二审判决、裁定
提起主体	一审中的原告、被告和第三人	原审人民法院院长、上级人民法院；人民检察院
启动期限	(1)判决：15 日； (2)裁定：10 日	(1)当事人申诉：6 个月； (2)人民法院、检察院提起再审：无时间要求
适用程序	二审程序	一审程序或二审程序
一审是否停止执行	不停止(一审判决裁定尚未执行)	再审后中止原判决、裁定的执行，申诉不影响原判决、裁定的执行
判决是否可上诉	不可上诉	再审按一审程序审理的，可上诉
		再审按二审程序审理的，不可上诉
判决是否可再审	可再审	可再审

实战演练

【例题·单选题】 下列关于行政诉讼第二审程序的说法中，正确的是( )。

A. 二审一律开庭审理
B. 第二审人民法院审理上诉案件，可以由审判员、人民陪审员组成合议庭
C. 可以上诉的裁定只限于不予受理、驳回起诉和管辖异议的裁定
D. 上诉只能直接向二审法院提出

解析 本题考核行政诉讼第二审程序。人民法院对上诉案件，应当组成合议庭，开庭审理。经过阅卷、调查和询问当事人，对没有提出新的事实、证据或者理由，合议庭认为不需要开庭审理的，也可以不开庭审理。所以选项 A 错误。第二审人民法院审理上诉案件，必须由审判员组成合议庭，合议庭中不能有人民陪审员。所以选项 B 错误。上诉既可以通过原审人民法院提出，也可以直接向二审法院提出。所以选项 D 错误。

答案 C

二十六、申诉 VS 上诉

扫我解疑难

表 24　申诉 VS 上诉

不同	申诉	上诉
对象	已经发生法律效力的判决、裁定	尚未发生法律效力的一审判决、裁定

续表

不同	申诉	上诉
主体	当事人及其法定代理人、近亲属	被告人、自诉人、附带民事诉讼当事人及其法定代理人、经被告人同意的被告人的辩护人及近亲属
受理的机关	原审人民法院、上级人民法院,以及对应的人民检察院	只能是原审人民法院及其上一级人民法院
期限	法律没有规定期限,只要在判决、裁定生效后,任何时候都可以提出申诉	对判决、裁定提起上诉期限分别是10日和5日
效力	提起审判监督程序的一种途径,不能停止生效判决、裁定的执行	必然引起第二审程序,导致一审判决、裁定不能生效

实战演练

【例题·多选题】 根据《刑事诉讼法》的规定,有权独立提起上诉的人包括(   )。
A. 被告人及其法定代理人
B. 附带民事诉讼的当事人及其委托代理人
C. 被告人的辩护人及其近亲属
D. 被害人及其法定代理人
E. 自诉人及其法定代理人

解析 本题考核有权独立提起上诉的范围。被告人、自诉人及其法定代理人是享有独立上诉权的主体。附带民事诉讼的当事人和他们的法定代理人是对判决、裁定中的附带民事诉讼部分享有独立上诉权的主体。被告人的辩护人和近亲属,经被告人同意方可上诉。

答案 AE

第四部分

考前模拟试卷

梦想成真辅导丛书

2021年考前模拟试卷

模拟试卷（一）

扫我做试题

一、单项选择题（共40题，每题1.5分。每题的备选项中，只有1个最符合题意。）

1. 合理行政是依法行政的基本要求之一。下列做法体现了合理行政的要求的是( )。
   A. 作出可能影响行政相对人权利义务的不利行政决定时应当说明理由
   B. 行政机关要平等对待行政管理相对人
   C. 非因法定事由并经法定程序，行政机关不得撤销已生效的行政决定
   D. 与行政相对人或者行政事项有利害关系的公务员应当回避

2. 某公司向规划局交纳了一定费用后获得了该局发放的建设用地规划许可证。刘某的房屋紧邻该许可规划用地，刘某认为建筑工程完成后将遮挡其房屋采光，向法院起诉请求撤销该许可决定。根据《行政许可法》《行政诉讼法》及司法解释的规定，下列说法正确的是( )。
   A. 如果没有特殊规定，规划局发放许可证不得向某公司收取任何费用
   B. 因刘某不是该许可的利害关系人，规划局审查和决定发放许可证无需听取其意见
   C. 因刘某不是该许可的相对人，不具有原告资格
   D. 因建筑工程尚未建设，刘某权益受侵犯不具有现实性，不具有原告资格

3. 某直辖市人民政府拟对本地盗版软件加大打击力度。但对此问题并无相关法律、法规制约，该市政府遂制定了一部规章，则该规章可以规定( )。
   A. 在直辖市人大常委会规定的限额内予以一定数量的罚款
   B. 吊销贩卖盗版软件企业、个体工商户的营业执照
   C. 对明知而贩运盗版软件者，暂扣其经营许可证或营业执照
   D. 对生产盗版软件企业责令其停止生产

4. 下列关于审理税收违法案件程序的说法中，不正确的是( )。
   A. 重大税务案件审理采取书面审理和会议审理相结合的方式
   B. 参与重大税务案件审理的人员有法律法规规定的回避情形的，应当回避
   C. 重大税务案件应当自批准受理之日起30日内作出审理决定，不能在规定期限内作出审理决定的，不能延长
   D. 重大税务案件审理参与人员的回避，由其所在部门的负责人决定；审理委员会成员单位负责人的回避，由审理委员会主任或其授权的副主任决定

5. 行政强制的设定和实施应当适当、合理，应当符合比例原则。下列选项理解错误的是( )。
   A. 采用非强制手段可以达到行政管理目的的，也可以设定和实施行政强制
   B. 冻结存款、汇款的数额应当与违法行为

涉及的金额相当

C. 代履行和执行罚无法实现行政目的时，才适用直接强制执行

D. 违法行为情节显著轻微或者没有明显社会危害的，可以不采取行政强制措施

6. 根据《行政强制法》的规定，下列关于代履行的说法，正确的是(　　)。

A. 行政机关可以代履行，但不得委托第三人代履行

B. 当事人非法侵占海域修建违法建筑的，县级人民政府海洋行政主管部门可以委托有关单位代为拆除，所需费用由海洋行政主管部门承担

C. 代履行完毕，行政机关到场监督的工作人员、代履行人和当事人或见证人应当在执行文书上签名或盖章

D. 代履行的费用按照成本合理确定，由行政机关承担。但是，法律另有规定的除外

7. 下列选项中，体现了行政复议的公开原则的是(　　)。

A. 某公安局对申请人提出要求听证审理的行为采取听证方式审理

B. 某税务局对于申请人甲要求查阅被申请人的书面答复予以拒绝

C. 某市政府对申请人乙查阅有关材料进行收费

D. 某省政府在审理过程中拒绝听取申请人、被申请人和第三人的意见

8. 某县生态环境局与水利局在联合执法过程中，发现某化工厂排污口建在防洪通道上，并对下游河水造成污染，遂联合作出责令该厂限期拆除其排污口的决定。县水利局工作人员田某向该厂送达决定书时，遭到该厂职工围攻而受伤。该厂对该处罚决定不服，以县水利局为被告向法院提起行政诉讼。下列选项正确的是(　　)。

A. 法院应当通知某化工厂变更被告

B. 县水利局可以对田某被打一事提起反诉

C. 田某可以成为本案的第三人

D. 若法院追加某县生态环境局为被告，但某化工厂不同意，某县生态环境局为本案的第三人

9. 根据《行政诉讼法》及相关规定，下列关于行政诉讼的证据种类表述正确的是(　　)。

A. 以有形载体固定或者显示的电子数据交换资料，其制作情况和真实性经对方当事人确认与原件具有同等的证明效力

B. 物证是以物品的自然状态来证明案件事实，但是需要添加提供者的主观内容

C. 证人证言只能以口头的方式进行表达

D. 鉴定意见只能由人民法院依职权指定或委托法定鉴定部门提供

10. 某县人民法院审理的陈某诉县市场监督管理局滥用职权一案，在开庭审理时县市场监督管理局无正当理由拒不到庭，下列人民法院的做法正确的是(　　)。

A. 可以按照撤诉处理

B. 可以缺席判决

C. 应当缺席判决

D. 可以延期审理

11. 张某购买假冒伪劣商品后向法院提起诉讼，要求销售者承担双倍赔偿的责任。根据民法理论，张某起诉的行为所体现的权利是(　　)。

A. 期待权　　　B. 抗辩权

C. 形成权　　　D. 救济权

12. 根据民法基本理论，下列关于权利能力和行为能力的说法正确的是(　　)。

A. 自然人的权利能力以意思能力为基础

B. 自然人的权利能力是通过自己的行为取得的

C. 自然人的权利能力始于出生，终于死亡

D. 胎儿具有民事权利能力，即便胎儿娩出时为死体的，也具有民事权利能力

13. 夏某的父母因为车祸双双去世，下列关于7周岁的夏某监护人的说法，正确的是(　　)。

A. 夏某的监护人为了照顾生病的夏某，可以适当处分夏某继承的遗产

B. 夏某瘫痪的姥姥可以作为监护人

C. 在夏某没有其他亲属的情形下，夏某父亲的好朋友可直接担任监护人

D. 夏某15周岁的哥哥可以作为监护人

14. 周某为无民事行为能力人，2019年4月1日，周某因赵某的不当行为身体受到伤害，其法定代理人李某准备向赵某索赔，但由于工作繁忙一直未依法行使权利。2019年9月1日，李某因车祸死亡，直至2019年10月30日王某依法成为周某新的法定代理人。向赵某索赔的诉讼时效最晚是（　　）。

   A. 2020年3月31日
   B. 2020年8月31日
   C. 2022年3月31日
   D. 2022年10月31日

15. 下列有关地役权的表述正确的是（　　）。

   A. 以对土地的占有为要件
   B. 为需役地的便利而设定
   C. 登记后生效
   D. 具有从属性、不可分性，存在于他人动产之上

16. 下列关于用益物权的说法中，正确的是（　　）。

   A. 用益物权是自物权的一个类型
   B. 行使用益物权通常以占有为前提
   C. 用益物权的客体仅限于动产
   D. 用益物权的设立必须经过登记才产生法律效力

17. 甲、乙各以40%、60%的份额共有一间房屋，该房屋现出租给丙。下列说法正确的是（　　）。

   A. 若甲欲将自己的份额转让，乙有优先购买权，丙没有优先购买权
   B. 甲可以以整间房屋为自己的债务设定抵押，无须经过乙的同意
   C. 如果丙不支付租金，则甲和乙必须共同行使追索租金的权利
   D. 如果在租赁期间因为丙的不当行为造成房屋毁损，甲、乙对丙享有连带的债权

18. 甲向乙借款100万元，丙以自己价值100万元的房屋一套提供抵押，并办理了抵押登记，后乙将对甲的债权转让给丁，则抵押权将（　　）。

   A. 消灭
   B. 由乙继续享有
   C. 由丁享有
   D. 由乙、丁共同享有

19. 冯某与马某签订了一个借款合同，合同约定冯某借给马某5万元，没有利息。后冯某将此债权转让给了丙，但没有通知马某。对此，下列说法中正确的是（　　）。

   A. 马某有权拒绝还款给冯某
   B. 该债权转让对马某不发生效力
   C. 丙可以直接请求马某还款
   D. 该债权转让即使通知给马某也不发生效力，需要得到马某的同意才可以

20. 伍某到电器商场买冰箱，看中了一台冰箱，并与电器商场签订了合同，合同价款4 000元。伍某预付货款2 000元，电器商场保证3天内将货送到伍某家。因为车辆紧张，电器商场没有在3天内送货，而第4天电器商场失火，此台冰箱被焚毁。根据法律规定，对本案正确的处理是（　　）。

   A. 由伍某承担损失，伍某应补交所欠货款2 000元
   B. 由伍某、电器商场双方平均分担损失，伍某不补交货款，电器商场不退还预付货款
   C. 主要由电器商场承担损失，伍某也应适当承担损失
   D. 由电器商场承担损失，电器商场应退还伍某预付货款2 000元

21. 李某拟移民国外，遂与周某订立合同出售其房屋，并约定李某在周某付清房款之后为周某办理房屋所有权变更登记手续。1个月后周某付清了房款，但李某取消了移民计划，并向周某表示不再为其办理房屋所有权变更登记手续。对此下列表述中正确的是（　　）。

A. 合同尚未生效

B. 合同生效，但是李某有权解除合同

C. 合同生效，周某有权要求李某办理所有权变更登记并承担违约责任

D. 合同生效，但周某只能请求李某赔偿损失

22. 甲、乙、丙三家公司生产三种不同的化工产品，生产场地的排污口相邻。某年，当地大旱导致河水水位大幅下降，三家公司排放的污水混合发生化学反应，产生有毒物质致使河流下游丁养殖场的鱼类大量死亡。经查明，三家公司排放的污水均分别经过处理且符合国家排放标准。后丁养殖场向三家公司索赔。下列选项正确的是( )。

A. 三家公司均无过错，不承担赔偿责任

B. 三家公司对丁养殖场的损害承担连带责任

C. 若经查明，是戊公司的过错污染环境造成损害的，丁养殖场应当向戊公司请求赔偿

D. 三家公司应按照污染物的种类、排放量等因素承担责任

23. 下列行为中，不能引起继承权丧失的是( )。

A. 甲为争夺遗产，而杀害了同是继承人的乙

B. 甲故意杀害了被继承人乙

C. 甲因其母常年卧床花费巨额医药费，遂将其母遗弃

D. 甲因盗窃罪被判有期徒刑3年，后释放的

24. 张某、王某、李某、赵某各出资四分之一，设立通程酒吧(普通合伙企业)。合伙协议未约定合伙期限。酒吧开业半年后，张某在经营理念上与其他合伙人冲突，遂产生退出想法。下列关于合伙份额转让、酒吧管理等事项的说法，正确的是( )。

A. 张某可将其份额转让给王某，且不必事先告知赵某、李某

B. 张某可经王某、赵某同意后，将其份额转让给李某的朋友刘某

C. 张某可主张发生其难以继续参加合伙的事由，向其他人要求立即退伙

D. 张某可在不给合伙事务造成不利影响的前提下，提前30日通知其他合伙人要求退伙

25. 王某、刘某、张某于2013年3月出资设立甲生物制药有限责任公司。2016年10月，该公司又吸收于某入股。2020年12月，该公司因经营不善造成严重亏损，拖欠巨额债务，被依法宣告破产。人民法院在清算中查明：王某在公司设立时作为出资的机器设备，其实际价额明显低于公司章程所定价额；王某的个人财产不足以抵偿其应出资额与实际出资额的差额。按照我国《公司法》的规定，对王某不足额出资的行为，正确的处理方法是( )。

A. 王某以个人财产补交其差额，不足部分由刘某、张某、于某补足

B. 王某以个人财产补交其差额，不足部分由刘某、张某补足

C. 王某以个人财产补交其差额，不足部分待有财产时再补足

D. 王某、刘某、张某、于某均不承担补交该差额的责任

26. 甲股份有限公司分立为乙公司和丙公司，根据公司法理论，下列说法错误的是( )。

A. 乙公司和丙公司对公司分立前的债务承担连带责任，但与债权人另有约定的除外

B. 公司分立的决议由甲公司董事会通过

C. 甲公司应当自作出分立决议之日起10日内通知债权人，并于30日内在报纸上公告

D. 甲公司应当依法向公司登记机关办理变更登记

27. 甲公司、乙公司均为有限责任公司。甲公司经理张某违反公司章程规定将公司业务发包给不知情的乙公司，致使甲公司遭受损失。李某是甲公司股东，甲公司设董事会和监事会。下列关于李某保护甲公司利益和股东整体利益的途径的表述中，符合《公司法》规定的是（　）。

   A. 李某可以书面请求甲公司监事会起诉张某

   B. 李某可以书面请求甲公司董事会起诉张某

   C. 李某可以书面请求甲公司监事会起诉乙公司

   D. 李某可以书面请求甲公司董事会起诉乙公司

28. 某公司因章程规定的营业期限届满而解散，根据《公司法》的规定，下列关于公司的清算说法正确的是（　）。

   A. 有限责任公司的清算组由董事组成

   B. 公司应当在解散事由出现之日起10日内成立清算组，开始自行清算

   C. 有限责任公司的股东，因怠于履行义务，导致公司主要财产灭失，无法进行清算的，债权人可以主张其对公司债务承担连带责任

   D. 公司解散时，尚未出资的股东应当在未缴出资本息范围内，承担补充责任

29. 甲公司欠乙公司工程款200万元，到期迟迟未归还，乙公司多次催告未果，且乙公司发现甲公司经营状况下降，已经没有清偿能力。乙公司于2020年3月1日向法院申请对甲公司进行破产清算，下列说法错误的是（　）。

   A. 法院应当在2020年3月16日之前作出是否受理的裁定

   B. 法院在2020年3月5日通知甲公司，甲公司若有异议，应在3月12日之前提出

   C. 法院作出受理破产申请裁定之后，应在5日内通知甲公司

   D. 法院受理破产申请后，宣告申请破产前，经审查发现甲公司未达到不能清偿到期债务、资产不清偿全部债务的界限，可以裁定驳回申请

30. 根据《企业破产法》的规定，下列主体中，可以担任管理人的是（　）。

   A. 与债权人有尚未了结债务的人

   B. 曾被吊销注册会计师证书的人

   C. 破产案件受理4年前曾担任债务人董事的人

   D. 破产案件受理时担任债务人法律顾问的人

31. 假设债权人在2020年6月30日向人民法院申请红河公司破产，人民法院当日受理了该破产案件。红河公司的下列债权和债务可以相互抵销的是（　）。

   A. 红河公司的债务人黄山公司，在2020年7月2日受让了某债权人对红河公司的债权，该受让的债权与黄山公司对红河公司的债务

   B. 红河公司的债权人长江公司，2019年5月1日在明知红河公司不能清偿到期债务的前提下依然对红河公司负担债务，该债务此时仍未清偿，长江公司负担的债务与长江公司对红河公司的债权

   C. 红河公司的债务人流星公司，2019年10月1日在明知红河公司不能清偿到期债务的前提下依然取得了对红河公司的债权，该债权此时仍未清偿，流星公司取得的债权与流星公司对红河公司的债务

   D. 红河公司的债务人水样公司，在2020年8月31日受让了某债权人对红河公司的债权，该受让的债权与水样公司对红河公司的债务

32. 万联公司的债权人向人民法院申请宣告万联公司破产。人民法院受理了申请，万联公司申请和解，人民法院裁定和解，下列说法正确的是（　）。

   A. 华美公司对万联公司的厂房享有抵押

权,华美公司的抵押权应暂停行使

B. 和解债权人是指人民法院受理破产申请时对公司享有债权的人

C. 和解债权人未申报债权的,在和解协议执行期间不得行使权利

D. 债权人会议通过和解协议的决议,须经出席会议的有表决权的债权人2/3以上通过,并且其所代表的债权额占无财产担保债权总额的2/3以上

33. 下列选项中,适用《电子商务法》的是( )。

A. 互联网保险　　B. 网络股票交易
C. 滴滴打车　　　D. 今日头条

34. 《电子商务法》对电子合同的订立和成立确定了一些特殊规则,下列关于电子商务合同订立中数据电文的处理的表述,不正确的是( )。

A. 数据电文二代接收时间是生效时间

B. 发件人的信息系统自动发送的数据电文视为发件人发送的数据电文

C. 收件人未指定特定系统的,数据电文进入收件人的常用系统的时间,视为该数据电文的接收时间

D. 一般情况下,发件人的主营业地为数据电文的发送地点

35. 在民事诉讼中,法院开庭审理时一方当事人未到庭,不可能出现的法律后果是( )。

A. 延期审理　　B. 按原告撤诉处理
C. 缺席判决　　D. 诉讼终结

36. 根据认罪认罚从宽制度的规定,下列关于人民法院审理要求的表述,错误的是( )。

A. 对认罪认罚案件,人民法院一般应当对被告人从轻处罚

B. 对认罪认罚案件,人民法院应当对被告人从轻处罚

C. 共同犯罪案件,部分被告人认罪认罚的,可以依法对该部分被告人从宽处罚,但应当注意全案的量刑平衡

D. 对认罪认罚案件,应当根据被告人认罪认罚的阶段早晚以及认罪认罚的主动性、稳定性、彻底性等,在从宽幅度上体现差

37. 根据《刑法》的规定,下列关于死刑适用的说法中正确的是( )。

A. 审判的时候已满75周岁的人,一律不适用死刑

B. 对被判处死刑缓期执行的累犯,人民法院根据犯罪情节等情况可以同时决定对其限制减刑

C. 判处死刑缓期执行的,在死刑缓期执行期间,如果确有重大立功表现,2年期满以后,减为20年有期徒刑

D. 高级人民法院审理判处死刑缓期执行没有限制减刑的上诉案件,认为原判事实清楚、证据充分,但应当限制减刑的,可以直接改判

38. 李某犯骗取出口退税罪,骗取国家出口退税款6万元,对李某的追诉时效为( )。

A. 5年　　　　　B. 10年
C. 15年　　　　D. 20年

39. 在认罪认罚从宽制度中,下列有关人民检察院职责的说法中,错误的是( )。

A. 人民检察院受理案件后,应当向犯罪嫌疑人了解其委托辩护人的情况

B. 案件移送审查起诉后,人民检察院应当告知犯罪嫌疑人享有的诉讼权利和认罪认罚的法律规定

C. 犯罪嫌疑人违背意愿认罪认罚的,人民检察院可以重新开展认罪认罚工作

D. 人民检察院向人民法院提起公诉的,应当提出量刑建议,量刑建议书应当在起诉书中写明

40. 未成年人郭某涉嫌犯罪被检察院批准逮捕。在审查起诉中,经羁押必要性审查,拟变更为取保候审并适用保证人保证。关于保证人,下列选项正确的是( )。

A. 可由郭某的父亲担任保证人,并由其

交纳 1 000 元保证金

B. 可要求郭某的父亲和母亲同时担任保证人

C. 如果保证人协助郭某逃匿，应当依法追究保证人的刑事责任，并要求其承担相应的民事连带赔偿责任

D. 对保证人是否有政治权利没有限制

二、多项选择题（共 20 题，每题 2 分。每题的备选项中，有 2 个或 2 个以上符合题意，至少有 1 个错项。错选，本题不得分；少选，所选的每个选项得 0.5 分。）

41. 关于行政行为，下列说法正确的有（　　）。

A. 行政强制行为是作为行政行为

B. 征税行为是双方行政行为

C. 国家行为因具有高度政治性，一般与国家的主权相关，故不属于行政行为

D. 颁发营业执照是可以依职权也可以依申请的行政行为

E. 吊销营业执照属于损益行政行为

42. 关于行政奖励，下列说法不正确的有（　　）。

A. 行政奖励是授益性行政行为

B. 教育部给某大学老师颁发的"优秀教师"的荣誉称号属于行政奖励

C. 行政相对人对于行政机关拒绝授予行政奖励的行为不服的，在提起行政诉讼前须先提请行政机关内部进行复核

D. 行政奖励的实施主体仅限于行政机关

E. 行政奖励只能由行政机关主动授予，不能由行政相对人主动申请

43. 甲公司准备在乙市建一座造纸厂，向市规划局、国土资源管理局、生态环境局、建设局等职能部门提出核发有关许可证照的申请。根据《行政许可法》，下列关于办理该许可的说法中，错误的有（　　）。

A. 如果甲公司的申请材料不齐全，有关职能部门只能当场告知需要补正的全部内容

B. 乙市人民政府对甲公司提出的许可申请，应当组织上述职能部门联合办理

C. 如果存在行政许可办理人员滥用职权作出准予许可决定的情形，则该许可应当撤销

D. 准予行政许可决定作出之前，拟建造纸厂附近的居民有权要求举行听证

E. 如果发现甲公司通过贿赂手段获得该许可，则对甲公司在 1 年内再次申请该许可均不应受理

44. 某县税务局在对所辖某家食品厂进行突击检查后，发现该厂采取欺骗手段进行虚假的纳税申报，少缴应纳税款 5 万元并且占应纳税额 10% 以上。该税务局对该厂作出行政处罚决定，下列做法正确的有（　　）。

A. 追缴少缴的税款、滞纳金，并处少缴税款 50% 以上 5 倍以下的罚款

B. 如果该厂不补缴税款和滞纳金，将案件移交公安机关处理

C. 直接将该企业起诉到同级人民法院

D. 直接将案件移送给同级人民检察院

E. 予以较大数额罚款、没收违法所得，对其主管人员进行批评教育后，责令不得再犯，并终结此案

45. 下列行政机关实施一般行政强制措施符合《行政强制法》规定的有（　　）。

A. 甲机关执法队员在实施行政强制措施前向行政机关负责人报告并经负责人批准

B. 乙机关在实施行政强制措施时听取了当事人的陈述和申辩

C. 丙机关执法队员在实施行政强制措施时出示了执法身份证件

D. 丁机关执法队员在实施行政强制措施时制作了现场笔录

E. 戊机关执法人员在实施行政强制措施时未通知当事人到场

46. 根据《税务行政处罚裁量权行使规则》，对于当事人（　　），不予处罚。

A. 违法行为轻微并及时纠正，没有造成危害后果的

B. 不满 14 周岁的人有违法行为的

C. 精神病人在不能控制自己行为时有违法行为的

D. 受他人胁迫有违法行为的

E. 主动消除或者减轻违法行为危害后果的

47. 税务局稽查局对某纳税人作出罚款10万元的处罚决定,该纳税人对罚款决定不服,向稽查局的主管税务局申请复议。稽查局依法向复议机关提交了据以作出处罚决定的证据、依据和其他有关材料,并提出了书面答复。复议机关审理后决定,变更罚款为5万元。《税务行政复议决定书》送达后,该纳税人逾期未向法院起诉。根据《税务行政复议规则》的规定,下列说法中正确的有( )。

A. 如果该纳税人不能按规定缴清10万元罚款,则应当提供相应的担保才能申请复议

B. 该纳税人可以查阅稽查局提交的证据、依据和其他有关材料,但不得查阅书面答复

C. 如果该纳税人在复议决定作出前要求撤回复议申请,经行政复议机构同意,可以撤回

D. 该纳税人应当在接到《税务行政处罚决定书》之日起3个月内提出复议申请

E. 如果该纳税人逾期不起诉又不履行罚款5万元的复议决定,由复议机关依法强制执行或者申请法院强制执行

48. 王某因被限制人身自由而不能提起行政诉讼,( )可以以该公民名义依法提起行政诉讼。

A. 王某的父亲

B. 王某的配偶

C. 王某的好友刘某

D. 与王某有赡养关系的养子

E. 王某的外祖母

49. 罗某与袁某之妻发生口角,被袁某打成轻微伤。裕华区公安分局对袁某作出拘留的处罚决定。罗某认为处罚过轻遂向法院起诉,法院予以受理。下列说法正确的有( )。

A. 裕华区公安分局无权给予袁某处罚

B. 裕华区公安分局在给予袁某拘留处罚后,应及时通知其家属

C. 袁某之妻为行政诉讼的第三人

D. 袁某是行政诉讼的第三人

E. 本案既可以由裕华区公安分局所在地的法院管辖,也可以由罗某所在地的法院管辖

50. 根据我国民事法律制度的规定,下列有关定金的表述中正确的有( )。

A. 当事人约定以交付定金作为主合同成立或者生效要件的,给付定金的一方未支付定金,但主合同已履行或已经履行主要部分的,不影响主合同的成立或者生效

B. 买卖合同约定的定金不足以弥补一方违约造成的损失,对方请求赔偿超过定金部分的损失的,人民法院不予支持

C. 定金标准可以依当事人约定,但不得超过主合同标的额的20%,对于超额部分,人民法院不予支持

D. 因第三人的原因而导致合同不能履行的,由第三人直接向非违约方承担定金罚则的后果

E. 定金只能适用于以金钱履行义务的合同

51. 王某提供5块夹板给李某订制一套组合衣柜,开工不久王某又要求李某帮忙做一套电视柜。李某认为自己擅长做电视柜,这样一来确实没有时间来做衣柜,于是就将衣柜交由自己的兄弟徐某去做。后来王某发现李某的行为,要求李某承担责任。对此,下列说法错误的有( )。

A. 李某为了王某的利益考虑,不需要承担责任

B. 李某应该和徐某一同承担连带责任

C. 李某应当在取得王某同意的情况下,将衣柜转包给徐某

D. 王某有权解除该合同

E. 李某应当对徐某的工作向王某承担责任

52. 根据《个人独资企业法》的规定，个人独资企业解散时，通知和公告债权人的正确做法有（　　）。

A. 投资人自行清算的，应当在清算前15日内书面通知债权人

B. 投资人自行清算的，应当在清算前30日内书面通知债权人

C. 债权人应当在接到通知之日起30日内，向投资人申报其债权

D. 无法通知的，应当予以公告

E. 未接到通知的债权人，应当在公告之日起90日内，向投资人申报其债权

53. 根据《合伙企业法》的规定，下列关于有限合伙企业的说法中正确的有（　　）。

A. 有限合伙企业至少要有一名普通合伙人

B. 有限合伙人以劳务出资的，由全体合伙人协商评估办法

C. 除合伙协议另有约定外，合伙人向合伙人以外的人转让其在合伙企业中的财产份额，须经其他合伙人的一致同意

D. 有限合伙企业不得将全部利润分配给部分合伙人；但是，合伙协议另有约定的除外

E. 第三人有理由相信有限合伙人为普通合伙人并与其交易的，该有限合伙人对该笔交易承担与普通合伙人同样的责任

54. 某股份有限公司的董事会由11人组成，其中董事长1人，副董事长2人。该董事会某次会议发生的下列行为不符合《公司法》规定的有（　　）。

A. 因董事长不能出席会议，董事长指定其中一位副董事长主持该次会议

B. 通过了增加公司注册资本的决议

C. 通过了解聘公司现任经理，由副董事长兼任经理并给予年薪20万元的决议

D. 会议所有决议事项载入会议记录后，由出席会议的董事签名存档

E. 修改了公司章程

55. 关于破产财产的分配，下列说法正确的有（　　）。

A. 管理人拟订的破产财产分配方案，应当提交债权人会议讨论

B. 破产财产分配方案经债权人会议认可后，由管理人执行

C. 对于诉讼或者仲裁未决的债权，不予分配

D. 债权人未受领的破产财产分配额，视为放弃受领分配的权利

E. 对于附生效条件或者解除条件的债权，管理人应当将其分配额提存

56. 因票据纠纷提起的民事诉讼，由（　　）人民法院管辖。

A. 被告住所地　　B. 原告住所地

C. 票据支付地　　D. 出票人住所地

E. 票据签发地

57. 李某因犯盗窃罪被扭送公安机关，在公安机关审讯期间，又交代了公安机关未掌握的其在另一时间实施的重大抢劫罪。后来，李某因犯盗窃罪被判处有期徒刑10年，罚金10 000元；因抢劫罪被判处无期徒刑，对其进行数罪并罚适用的原则有（　　）。

A. 吸收原则　　　B. 并科原则

C. 限制加重原则　D. 从重原则

E. 从轻原则

58. 根据《刑法》，下列关于涉税职务犯罪的说法中，正确的有（　　）。

A. 徇私舞弊不征、少征税款罪与违法提供出口退税凭证罪侵犯的客体相同

B. 徇私舞弊不征、少征税款罪与违法提供出口退税凭证罪的犯罪主体都是税务机关工作人员

C. 徇私舞弊不移交刑事案件罪的犯罪主体是行政执法人员

D. 徇私舞弊不移交刑事案件罪与徇私枉法罪主观上都出于故意

E. 徇私舞弊不移交刑事案件罪与徇私舞弊不征、少征税款罪在主观方面都表现为故意

59. 根据刑事诉讼法律制度的规定，人民法院应当立即释放被逮捕的被告人；必要时，可以依法变更强制措施的情形有（ ）。

A. 第一审人民法院判决被告人无罪、不负刑事责任或者免于刑事处罚的

B. 第一审人民法院判处管制、宣告缓刑、单独适用附加刑，判决尚未发生法律效力的

C. 被告人被羁押的时间已到第一审人民法院对其判处的刑期期限的

D. 案件不能在法律规定的期限内审结的

E. 被告人是盲、聋、哑人或者是尚未完全丧失辨认或者控制自己行为能力的精神病人的

60. 根据《刑事诉讼法》的规定，下列案件中，依法应当开庭审理的二审案件有（ ）。

A. 甲犯贪污罪被一审判处有期徒刑5年，检察院认为量刑畸轻而抗诉的

B. 乙犯故意伤害罪被一审判处无期徒刑，乙上诉的

C. 丙犯抢劫罪被一审判处死刑缓期2年执行，丙认为一审法院认定的事实存在错误，提起上诉的

D. 丁犯故意杀人罪被一审判处死刑立即执行，丁上诉的

E. 戊犯侵占罪被一审判处3年有期徒刑，戊上诉的

三、综合分析题（共20题，每题2分。由单项选择题和多项选择题组成。错选，本题不得分；少选，所选的每个选项得0.5分。）

（一）

张某骑自行车过十字路口时，误闯红灯，被甲市乙区公安局交通警察拦住。警察出示证件后，直接依据《行政处罚法》和甲市（直辖市）人民政府规章的规定，决定当场罚款110元，并向其交付了处罚决定书和罚款收据，同时要求其当场缴纳。张某不服，拒绝缴纳，并且言语过激，警察依据甲市人民代表大会常务委员会制定的地方性法规，当场以张某态度不好为由，作出行政拘留5天的决定，并当场出具了行政拘留决定书。

61. 本案执法人员在作出罚款行政处罚决定的过程中违反法定程序的情形有（ ）。

A. 没有给予当事人陈述和申辩的机会

B. 执法人员没有告知当事人对行政处罚行为不服可以申请复议或者提起诉讼

C. 由一名执法人员作出行政处罚决定

D. 执法人员没有向当事人说明处罚理由和依据

E. 执行人员当场收缴对张某作出的110元罚款

62. 对张某作出的行政拘留处罚决定，下列说法错误的有（ ）。

A. 执法人员对张某的同一违法行为处以两种行政处罚，违反了一事不二罚的原则

B. 执法人员不得当场出具行政拘留处罚决定书

C. 执法人员以张某态度不好为由，加重对张某的处罚，违反处罚公正、过罚相当的原则

D. 执法人员作出的行政拘留决定属于行政处罚

E. 行政拘留决定书无效

63. 下列关于收缴罚款方式的表述中，正确的有（ ）。

A. 该执法人员可以当场收缴对张某的罚款

B. 执法人员当场收缴对张某的罚款与法律规定不符

C. 当场收缴的情形只限于对公民处以50元以下的罚款

D. 若张某在本市没有固定住所，不当场收缴事后难以执行的，可以当场收缴罚款

E. 依法给予100元以下的罚款处罚的，可以当场收缴罚款

64. 如果张某对行政处罚不服，提起行政复议并且一并提出对行政处罚依据的有关规定的审查申请，下列说法正确的有（　　）。

A. 张某应当向甲市公安局或者甲市人民政府提起行政复议

B. 由乙区公安局对张某确有违法行为提出证据，并且提出据以作出行政行为的依据

C. 复议机关在复议的时候，应当对行政机关据以作出行政处罚的依据进行附带审查

D. 复议机关若决定撤销拘留决定，应当同时决定乙区公安局依法给予赔偿

E. 在复议过程中，复议机关可以向张某调取证据

（二）

甲研究所与乙公司于 2020 年 8 月 1 日订立买卖合同，合同约定：乙公司向甲研究所购买两台具有特定性能的石墨卷材生产设备，总价款 300 万元；乙公司应于合同签订之日起 3 日内向甲研究所支付 100 万元预付款；甲研究所应于 2020 年 11 月 1 日之前交付第一台设备（乙公司自行提货）；乙公司验收设备合格后在 11 月 10 日之前付清余款 200 万元。为了担保乙公司履行付款义务，丙公司在买卖合同的最后一页承诺："本公司同意为乙公司承担保证责任。"并签字盖章。乙公司依约向甲研究所支付了 100 万元预付款。甲研究所按时生产出了符合约定质量标准的设备，并于 2020 年 10 月 30 日通知乙公司提货。

65. 若乙公司未按时提货，却于 11 月 12 日通知甲研究所："由于本公司产品结构调整，已不需要该设备，特提出解除买卖合同。"则甲研究所（　　）。

A. 可以将设备提存

B. 有权要求乙公司付清全部余款

C. 有权要求乙公司赔偿损失

D. 可以直接要求丙公司承担保证责任

E. 若同意解除合同，则不需要再交付剩余设备，也不用返还乙公司 100 万元预付款

66. 若乙公司提货后，于 11 月 5 日将这台设备卖给丁公司，并于当日交付，则（　　）。

A. 乙公司与丁公司之间的合同为有效合同

B. 乙公司与丁公司之间的合同为效力待定的合同

C. 乙公司与丁公司之间的合同为无效合同

D. 该批货物毁损的风险于 11 月 5 日转给丁公司

E. 该批货物毁损的风险于 8 月 1 日转给丁公司

67. 若甲研究所与乙公司在签订合同时约定，由乙公司将一张 100 万元汇票交付甲研究所作为合同的担保。该种担保方式在法律上称为（　　）。

A. 抵押　　　　B. 动产质押

C. 留置　　　　D. 权利质押

E. 保证

68. 若乙公司不履行合同，甲研究所向法院提起民事诉讼，则下列关于本案的表述中，正确的有（　　）。

A. 乙公司所在地法院有管辖权，甲研究所所在地法院没有管辖权

B. 本案适用 1 年的诉讼时效

C. 甲研究所应当在举证期限内向法院提交证据材料

D. 若甲研究所需要调取新的证据，诉讼中止

E. 乙公司在接到起诉状副本之日起 15 日内可以提出管辖权异议

（三）

中国公民张明、王华、李方、赵晴四人准备出资设立乙有限责任公司。四人拟出资 90 万元，其中张明以价值 30 万元的厂房、价值 20 万元的知识产权出资；王华出资 20 万元；李方、赵晴各出资 10 万元。四人拟定了公司章程，约定公司不设董事会，由张明担任执行董事，由王华担任公司的监事，并且指定张明办理设立登记

事项。

69. 根据《公司法》及相关法律规定，下列关于有限责任公司的说法中正确的有（　）。
   A. 公司应当向股东签发由公司盖章的出资证明书，并且置备于股东名册
   B. 股东名册应当记载股东的姓名或者名称及住所、股东的出资额、出资证明书编号
   C. 股东可以口头形式要求查阅公司会计账簿
   D. 没有约定的，股东按照实缴的出资比例分取红利
   E. 通过虚构债权债务关系将其出资转出，可以认定为股东抽逃出资

70. 公司经营2年后，公司盈利额持续上涨，张明提出增加公司注册资本的提议，并且召集股东会表决，（　），公司可以增加注册资本。
   A. 须经全体股东一致同意
   B. 须经代表2/3以上表决权的股东通过
   C. 须经代表3/4以上表决权的股东通过
   D. 须经代表1/2以上表决权的股东同意
   E. 须经2/3以上股东通过

71. 在公司经营过程中，李方提起解散公司诉讼，下列关于解散公司的诉讼说法正确的有（　）。
   A. 公司持续3年以上无法召开股东会，公司经营管理发生严重困难的，李方才可以提起解散公司的诉讼
   B. 李方以持续2年以上不能作出有效的股东会决议为由可以提起解散公司的诉讼
   C. 人民法院判决驳回李方的解散公司诉讼请求后，李方又提起解散公司诉讼的，人民法院不予受理
   D. 李方应当在其注册地人民法院提起解散公司的诉讼
   E. 李方提起解散公司诉讼时，向人民法院申请财产保全或者证据保全的，在李方提供担保且不影响公司正常经营的情形下，人民法院可予以保全

72. 乙有限责任公司经营一年之后，王华觉得公司经营状况不好，这样维持下去自己也没有收益，于是决定撤回出资。根据我国《公司法》的规定，王华（　）撤回对公司的出资。
   A. 经半数以上股东同意后可以
   B. 在征得其他股东一致同意后可以
   C. 不得
   D. 在具备充分理由时可以
   E. 经代表2/3以上表决权的股东同意后可以

（四）

2020年7月1日，人民法院受理债务人甲公司的破产申请，并指定某律师事务所担任管理人。第一次债权人会议上，管理人将甲公司的有关情况进行了汇报。全部财产的变现价值为2000万元。欠发职工工资200万元、欠交税款100万元；管理人于7月15日解除了甲公司与丙公司所签的一份买卖合同，给丙公司造成了120万元的经济损失。人民法院的诉讼费用30万元，管理人报酬20万元，为继续营业而支付的职工工资及社会保险40万元。

73. 人民法院受理破产申请，会对破产企业及有关人员的活动和行为产生一定的法律后果。关于破产受理法律后果的说法，正确的有（　）。
   A. 债务人对个别债权人的债务清偿无效
   B. 债务人的法定代表人未经人民法院许可，不得离开住所地
   C. 破产管理人可以要求无权占有债务人财产的人返还财产
   D. 有关债务人财产的保全措施应当中止
   E. 有关债务人财产的行政诉讼程序应当中止

74. 本案中，属于破产费用的有（　）。
   A. 欠发的职工工资200万元
   B. 欠交的税款100万元
   C. 人民法院的诉讼费用30万元
   D. 管理人报酬20万元
   E. 为继续营业而支付的职工工资及社会

保险40万元

75. 对债务人的特定财产享有担保权的债权人乙、丁，对债权人会议讨论的（　）享有表决权。
   A. 破产财产的变价方案
   B. 破产财产的分配方案
   C. 破产财产的管理方案
   D. 重整计划草案
   E. 和解协议草案

76. 关于破产财产的分配，下列说法符合《企业破产法》规定的有（　）。
   A. 管理人拟订的破产财产分配方案，首先应当提交债权人会议讨论
   B. 破产财产分配方案经债权人会议认可后，由管理人执行
   C. 对于附生效条件或者解除条件的债权，管理人应当将其分配额提存
   D. 债权人未受领的破产财产分配额，视为放弃受领分配的权利
   E. 破产案件的诉讼费用属于破产费用，应优先拨付

（五）

某公司（具有一般纳税人资格）负责人张某和王某两人在甲市大规模倒卖空白的增值税专用发票和填好金额的增值税专用发票共计10 000余份、涉及金额9 000万元，给国家造成经济损失500多万元。违法所得被张某和王某二人私分。该市税务机关对张某和王某的行为进行审查之后，认为二人的行为构成犯罪，依法将二人移送司法机关处理。经过侦查、审查起诉，检察院提起公诉，法院依法受理。经过法庭审理，被告人张某被判处有期徒刑5年，被告人王某被判处有期徒刑1年。在一审宣判后，张某当即表示上诉，王某则表示不上诉，人民检察院没有抗诉。

77. 依据《行政执法机关移送涉嫌犯罪案件的规定》，下列关于依法及时移送的时间要求和移送材料的强制性规定的说法正确的有（　）。
   A. 行政执法机关正职负责人或者主持工作的负责人应当自接到报告之日起3日内作出批准移送或者不批准移送的决定
   B. 公安机关对行政执法机关移送的涉嫌犯罪案件，不属于本机关管辖的，应当在12小时内转送有管辖权的机关
   C. 行政机关对公安机关决定立案的案件，应当自接到立案通知书之日起5日内将涉案物品以及与案件有关的其他材料移交公安机关，并办结交接手续
   D. 专案组应当在多长时间内完成情况核实并提出移送涉嫌犯罪案件的书面报告，《行政执法机关移送涉嫌犯罪案件的规定》未作强制性规定
   E. 专案组应当在15日内完成情况核实并提出移送涉嫌犯罪案件的书面报告

78. 根据《刑法》的规定，下列有关非法出售增值税专用发票罪的说法中正确的有（　）。
   A. 出售的增值税专用发票必须是真发票
   B. 如果出售的增值税专用发票是填好的发票，应按虚开增值税专用发票罪处罚
   C. 非法出售增值税专用发票罪的犯罪主观方面为间接故意
   D. 非法出售增值税专用发票罪的犯罪对象是国家的税收征管秩序
   E. 只有自然人可以构成非法出售增值税专用发票罪

79. 关于本案被告人的上诉问题，下列说法中正确的有（　）。
   A. 因王某已表示不上诉，因此在第一审判决书送达后，人民法院即可将其交付执行
   B. 在上诉期限内，被告人王某仍然可以提起上诉
   C. 在上诉期限内，被告人张某有权撤回上诉
   D. 在上诉期满后，被告人张某便无权撤回其上诉
   E. 被告人应当在一审判决作出之日起10日内提起上诉

80. 根据《刑事诉讼法》的规定，下列关于本

案二审判决的说法正确的有( )。

A. 原判决认定事实和适用法律正确、量刑适当的，应当裁定驳回上诉，维持原判

B. 二审法院对上诉案件按照上诉的范围进行审查

C. 原判决认定事实没有错误，但适用法律有错误，二审法院应当改判

D. 原判决事实不清楚或者证据不足的，应当裁定撤销原判，发回原审人民法院重新审判

E. 原判决认定事实没有错误，但量刑过轻的，二审法院可以直接改判合适的刑罚

模拟试卷（一）
参考答案及详细解析

一、单项选择题

1. B 【解析】本题考核行政合理性原则、行政程序法的基本原则及基本制度。选项A体现了说明理由制度。选项C体现了信赖保护原则。选项D体现了回避制度。

2. A 【解析】本题考核行政许可费用及审查程序、行政诉讼原告。行政许可直接涉及申请人与他人之间重大利益关系的，行政机关在作出行政许可决定前，应当告知申请人、利害关系人享有要求听证的权利。所以选项B错误。被诉的具体行政行为涉及公民、法人或者其他组织相邻权或者公平竞争权的，公民、法人或者其他组织可以依法提起行政诉讼。所以选项C错误。虽然该建筑工程尚未建设，目前还未影响到刘某的利益，但是该行政许可实施后将会给刘某的利益造成影响。因此，刘某依然属于该行政许可的利益相关人，有权提起行政诉讼。所以选项D错误。

3. A 【解析】本题考核地方规章的行政处罚设定权限。对违反行政管理秩序的行为，法律、法规没有设定行政处罚的，地方政府规章可以设定警告、通报批评或者一定数额罚款的行政处罚。罚款的限额由省、自治区、直辖市人民代表大会常务委员会规定。

4. C 【解析】本题考核税收违法案件审理程序。重大税务案件应当自批准受理之日起30日内作出审理决定，不能在规定期限内作出审理决定的，经审理委员会主任或其授权的副主任批准，可以适当延长，但延长期限最多不超过15日。

5. A 【解析】本题考核行政强制适当原则。采用非强制手段可以达到行政管理目的的，不得设定和实施行政强制。

6. C 【解析】本题考核代履行。行政机关可以代履行，或者委托没有利害关系的第三人代履行。所以选项A错误。根据《海域使用管理法》规定，当事人非法侵占海域修建违法建筑的，县级以上人民政府海洋行政主管部门可以委托有关单位代为拆除，所需费用由原海域使用权人承担。所以选项B错误。代履行的费用按照成本合理确定，由当事人承担。但是，法律另有规定的除外。所以选项D错误。

7. A 【解析】本题考核行政复议公开原则。除涉及国家秘密、商业秘密或者个人隐私外，某税务局对甲查阅被申请人的书面答复的要求不得拒绝。所以选项B错误。行政复议机关受理行政复议申请，不得向申请人收取任何费用。所以选项C错误。行政复议原则上采取书面审查的办法，但是申请人提出要求或者行政复议机关负责法制工作的机构认为有必要时，可以向有关组织和人员调查情况，听取申请人、被申请人和第三人意见。所以选项D错误。

8. D 【解析】本题考核行政诉讼当事人。本案中，县生态环境局与水利局在联合执法过程中共同作出的处罚决定，因此，县生态环境局与水利局为共同被告，法院应当通知原告追加被告，而非是变更被告。所以选项A错误。在行政诉讼中，被告不能提起反诉。所以选项B错误。在本案中，

田某是县水利局的工作人员，他的行为是职务行为，因此，他的行为后果或权利归属于县水利局，他不能作为独立的主体参加到行政诉讼活动中。所以选项C错误。

9. A 【解析】本题考核行政诉讼的证据。物证是以物品的自然状态来证明案件事实，不带有任何主观内容。所以选项B错误。证人证言是指了解案件情况的人以口头或书面的方式，向人民法院所作的与案件有关的事实陈述。所以选项C错误。鉴定意见可以由当事人提供，也可以由人民法院依职权指定或委托法定鉴定部门提供。所以选项D错误。

10. B 【解析】本题考核撤诉与缺席判决。经人民法院传票传唤，原告无正当理由拒不到庭，或者未经法庭许可中途退庭的，可以按照撤诉处理；被告无正当理由拒不到庭，或者未经法庭许可中途退庭的，可以缺席判决。所以选项B正确。

11. D 【解析】本题考核民事权利的分类。在具有原生与派生关系的几项权利中，依权利相互间的地位为标准划分为原权与救济权。原权，是原生性权利。救济权，是原权受到侵害或者有被侵害的危险时产生的救济性权利。本题中，张某的原权受到侵害，救济权已非期待权。所以选项A错误。抗辩权是能够阻止相对人所行使的请求权的效力的权利。所以选项B错误。形成权是依权利人单方意思表示就能够使既存的法律关系发生变化的权利。所以选项C错误。

12. C 【解析】本题考核自然人的民事权利能力的含义。自然人的权利能力是法律赋予的，始于出生，终于死亡。所以选项A、B错误。涉及遗产继承、接受赠与等胎儿利益保护的，胎儿视为具有民事权利能力。但是胎儿娩出时为死体的，其民事权利能力自始不存在。所以选项D错误。

13. A 【解析】本题考核监护制度。监护人除为维护被监护人利益外，不得处分被监护人的财产。所以选项A正确。未成年人的父母已经死亡或者没有监护能力的，由以下有监护能力的人按顺序担任监护人：（1）祖父母、外祖父母；（2）兄、姐；（3）其他愿意担任监护人的个人或者组织，但是须经未成年人住所地的居民委员会、村民委员会或者民政部门同意。选项B、D属于无监护能力的情形，所以选项B、D错误。选项C中夏某父亲的好朋友如果愿意担任监护人，必须经未成年人住所地的居民委员会、村民委员会或者民政部门同意，才可以担任监护人。所以选项C错误。

14. C 【解析】本题考核诉讼时效的中止。身体受到伤害要求赔偿的诉讼时效为3年，即2019年4月1日至2022年3月31日止。法定代理人李某因车祸死亡没有造成诉讼时效中止。只有在诉讼时效期间的最后6个月内发生不可抗力的情况和其他障碍，才能中止时效的进行。自中止时效的原因消除之日起满六个月，诉讼时效期间届满。

15. B 【解析】本题考核地役权的特征。地役权的享有不以对土地的占有为要件。所以选项A错误。地役权自地役权合同生效时设立，登记是对抗要件，而非生效要件。所以选项C错误。地役权是存在于他人不动产（而非"动产"）上的物权。所以选项D错误。

16. B 【解析】本题考核用益物权的特征。自物权即所有权，用益物权属于他物权。所以选项A错误。用益物权的行使通常以对物之占有为前提，但是地役权的享有无需以土地的占有为前提。所以选项B正确。用益物权的客体为动产和不动产。所以选项C错误。用益物权中，建设用地使用权、居住权是自登记时设立，而其他的用益物权无需经过登记即可发生法律效力。所以选项D错误。

17. D 【解析】本题考核按份共有、租赁合同的相关规定。乙作为按份共有人、丙作为承租人都享有优先购买权。所以选项A错误。按份共有人可在其份额上设定担保物权，若在共有物整体上设定担保物权，须经过其他共有人同意。所以选项B错误。当共有物受到妨害时，各共有人可单独或共同行使物上请求权。所以选项C错误。

18. C 【解析】本题考核抵押权的特征。抵押权是担保物权，具有从属性和附随性。抵押权为确保债权实现而设立，其存在以债权的存在为前提，随债权的转移而转移，并随债权的消灭而消灭。本题中债权人乙将债权转让给丁，那么乙享有的抵押权也随之转让给丁。

19. B 【解析】本题考核债权让与。马某与冯某的借款合同是有效的，所以马某无权拒绝还款给冯某。所以选项A错误。债权人转让债权的，应当通知债务人。未经通知，该转让对债务人不发生效力。因为冯某转让该债权没有通知马某，所以该债权转让对马某不发生效力，受让人无法直接请求债务人履行债务。所以选项C、D错误。

20. D 【解析】本题考核买卖合同的风险转移。标的物毁损、灭失的风险，交付之前由出卖人承担，交付之后由买受人承担，但法律另有规定或者当事人另有约定的除外。本题中标的物尚未交付，所以风险由出卖人承担。

21. C 【解析】本题考核合同的违约责任。本题中当事人意思表示一致签订合同，则合同生效，当事人应当按照约定全面履行自己的义务。李某拒绝办理房屋过户登记手续的行为是违约行为，应当承担违约责任，并且周某可以要求李某继续履行合同，即办理房屋所有权的变更登记。

22. D 【解析】本题考核环境污染侵权。因污染环境、破坏生态造成他人损害的，侵权人应当承担侵权责任。所以选项A错误。两个以上侵权人污染环境、破坏生态的，承担责任的大小，根据污染物的种类、浓度、排放量、破坏生态的方式、范围、程度，以及行为对损害后果所起的作用等因素确定。所以选项B错误，选项D正确。因第三人的过错污染环境、破坏生态的，被侵权人可以向侵权人请求赔偿，也可以向第三人请求赔偿。侵权人赔偿后，有权向第三人追偿。所以选项C错误。

23. D 【解析】本题考核继承权的丧失。继承人有下列行为之一的，丧失继承权：(1)故意杀害被继承人(选项B不当选)；(2)为争夺遗产而杀害其他继承人(选项A不当选)；(3)遗弃被继承人的，或者虐待被继承人情节严重(选项C不当选)；(4)伪造、篡改、隐匿或者销毁遗嘱，情节严重；(5)以欺诈、胁迫手段迫使或者妨碍被继承人设立、变更或者撤回遗嘱，情节严重。

24. D 【解析】本题考核普通合伙人的退伙。合伙人之间转让在合伙企业中的全部或者部分财产份额时，应当通知其他合伙人。所以选项A错误。除合伙协议另有约定外，合伙人向合伙人以外的人转让其在合伙企业中的全部或者部分财产份额时，须经其他合伙人一致同意。所以选项B错误。合伙协议未约定合伙期限的，合伙人在不给合伙企业事务执行造成不利影响的情况下，可以退伙，但应当提前30日通知其他合伙人。所以选项C错误、选项D正确。

25. B 【解析】本题考核有限责任公司股东出资不足的规定。有限责任公司成立后，发现作为设立公司出资的非货币财产的实际价额显著低于公司章程所定价额的，应当由交付该出资的股东补足其差额；公司设立时的其他股东承担连带责任。本题中，公司设立时的其他股东是刘某和张某，于某不是。

26. B 【解析】本题考核公司的分立。股份有限公司分立应由股东大会作出决议。

27. A 【解析】 本题考核股东代表诉讼。根据规定，公司董事、高级管理人员执行公司职务时违反法律、行政法规或者公司章程的规定的，股东通过监事会或者监事提起诉讼。本题中，甲公司经理张某违反公司章程的规定，给甲公司造成损失，股东李某可以请求监事会起诉张某。

28. C 【解析】 本题考核公司清算。公司应当在解散事由出现之日起15日内成立清算组，开始自行清算。有限责任公司的清算组由股东组成，股份有限公司的清算组由董事或者股东大会确定的人员组成。所以选项A、B错误。公司解散时，股东尚未缴纳的出资均应作为清算财产。股东尚未缴纳的出资，包括到期应缴未缴的出资，以及依照公司法规定分期缴纳尚未届满缴纳期限的出资。公司财产不足以清偿债务时，债权人主张未缴出资股东，以及公司设立时的其他股东或者发起人在未缴出资范围内对公司债务承担连带清偿责任的，人民法院应依法予以支持。所以选项D错误。

29. A 【解析】 本题考核破产申请的受理和送达。债权人提出破产申请的，人民法院应当自收到申请之日起5日内通知债务人。债务人对申请有异议的，应当自收到人民法院的通知之日起7日内向人民法院提出。人民法院应当自异议期满之日起10日内裁定是否受理。有特殊情况需要延长的，经上一级人民法院批准，可以延长15日。所以计算法院作出受理裁定的时间需要考虑：法院通知债务人的时间（5日）+债务人考虑提出异议的时间（7日）+10日+特殊情况延长15日。

30. C 【解析】 本题考核管理人。有下列情形之一的，不得担任管理人：（1）因故意犯罪受过刑事处罚；（2）曾被吊销相关专业执业证书；（3）与本案有利害关系；（4）人民法院认为不宜担任管理人的其他情形。因此选项B不能担任管理人；选项A、D是与债务人有利害关系的主体，也不能担任管理人。

31. B 【解析】 本题考核破产企业债权和抵销权。本题选项A和D中，由于债务人的债务人受让债权的时间是在破产案件受理后，因此其取得的债权不能与其债务相抵销；选项C中，债务人流星公司是在破产申请前1年内，明知红河公司不能清偿到期债务的前提下依然取得了对红河公司的债权，因此也是不得抵销的。

32. C 【解析】 本题考核和解程序。对债务人的特定财产享有担保权的权利人，自人民法院裁定和解之日起可以行使权利。所以选项A错误。和解债权人是指人民法院受理破产申请时对债务人享有无财产担保债权的人。所以选项B错误。和解债权人未依照《企业破产法》规定申报债权的，在和解协议执行期间不得行使权利；在和解协议执行完毕后，可以按照和解协议规定的清偿条件行使权利。所以选项C正确。债权人会议通过和解协议的决议，由出席会议的有表决权的债权人过半数同意，并且其所代表的债权额占无财产担保债权总额的2/3以上。所以选项D错误。

33. C 【解析】 本题考核《电子商务法》的适用范围。我国《电子商务法》明确了其适用的范围，规定：法律、行政法规对销售商品或者提供服务有规定的，适用其规定。金融类产品和服务，利用信息网络提供新闻信息、音视频节目、出版以及文化产品等内容方面的服务，不适用《电子商务法》。选项A、B属于金融类产品和服务；选项D属于利用信息网络提供新闻信息。

34. C 【解析】 本题考核电子商务合同的订立和成立规则。收件人指定特定系统接收数据电文的，数据电文进入该特定系统的时间，视为该数据电文的接收时间，未指定特定系统的，数据电文进入收件人的"任何系统"的首次时间，视为该数据电文的接收时间。所以选项 C 错误。

35. D 【解析】本题考核延期审理、撤诉、缺席判决、诉讼终结。必须到庭的当事人和其他诉讼参与人有正当理由没有到庭的，可以延期开庭审理。所以选项 A 不当选。原告经传票传唤，无正当理由拒不到庭的，或者未经法庭许可中途退庭的，可以按撤诉处理；被告反诉的，可以缺席判决。所以选项 B、C 不当选。诉讼终结的特殊原因包括：(1)原告死亡，没有继承人，或者继承人放弃诉讼权利的；(2)被告死亡，没有遗产，也没有应当承担义务的人的；(3)离婚案件一方当事人死亡的；(4)追索赡养费、扶养费、抚育费以及解除收养关系案件的一方当事人死亡的。没有一方当事人未到庭这种情况，所以选项 D 当选。

36. B 【解析】本题考核认罪认罚从宽制度。对认罪认罚案件，人民法院一般应对被告人从轻处罚；符合非监禁刑适用条件的，应当适用非监禁刑；具有法定减轻处罚情节的，可以减轻处罚。

37. B 【解析】本题考核死刑。审判的时候已满 75 周岁的人，不适用死刑，但以特别残忍手段致人死亡的除外。所以选项 A 错误。判处死刑缓期执行的，在死刑缓期执行期间，如果没有故意犯罪，2 年期满以后，减为无期徒刑；如果确有重大立功表现，2 年期满以后，减为 25 年有期徒刑，如果故意犯罪，情节恶劣的，由最高人民法院核准，执行死刑。所以选项 C 错误。高级人民法院审理判处死刑缓期执行没有限制减刑的上诉案件，认为原判事实清楚、证据充分，但应当限制减刑的，不得直接改判，也不得发回重新审判。确有必要限制减刑的，应当在第二审判决、裁定生效后，按照审判监督程序重新审判。所以选项 D 错误。

38. B 【解析】本题考核追诉时效及骗取出口退税罪的量刑。骗取出口退税的，骗取的数额在 5 万元以上的，为数额较大，处 5 年以下有期徒刑或者拘役。诉讼时效中的"以上""以下"都是包括本数的，根据《刑法》87 条规定，犯罪经过下列期限不再追诉：(1)法定最高刑为不满 5 年有期徒刑的，经过 5 年；(2)法定最高刑为 5 年以上不满 10 年有期徒刑的，经过 10 年；(3)法定最高刑为 10 年以上有期徒刑的，经过 15 年；(4)法定最高刑为无期徒刑、死刑的，经过 20 年。如果 20 年以后认为必须追诉的，须报请最高人民检察院核准。所以应适用法定最高刑为 5 年以上不满 10 年有期徒刑的，追诉时效为 10 年的规定。

39. D 【解析】本题考核认罪认罚从宽制度。人民检察院向人民法院提起公诉的，应当提出量刑建议，量刑建议书可以另行制作文书，也可以在起诉书中写明。

40. B 【解析】本题考核保证人。对被告人决定取保候审的，应当责令其提出保证人或者交纳保证金，不得同时使用保证人保证与保证金保证。所以选项 A 错误。根据案件事实和法律规定，认为已经构成犯罪的被告人在取保候审期间逃匿的，如果系保证人协助被告人逃匿，或者保证人明知被告人藏匿地点但拒绝向司法机关提供，对保证人应当依法追究刑事责任。所以选项 C 错误。享有政治权利是成为保证人的条件之一。所以选项 D 错误。

二、多项选择题

41. AE 【解析】本题考核行政行为。征税行为是单方行政行为，行政主体通过自己单方意思表示，无需征得相对方同意即可依法征税。所以选项 B 错误。国家行为因具有高度政治性，一般与国家的主权相关，其属于特殊的行政行为。所以选项 C 错误。颁发营业执照是依申请的行政行为，而不是依职权的行政行为，非经行政相对人请求，行政主体是不得作出的。所以选项 D 错误。

42. CE 【解析】本题考核行政奖励。行政相对人认为行政机关不予奖励侵犯其合法权益的,可以依法提起行政复议或提起行政诉讼,无须先内部复核。所以选项 C 错误。符合法定条件的行政相对人可以向法定机关提出申请,也可以由行政机关依法定条件自行确定被奖励人。所以选项 E 错误。

43. ABCE 【解析】本题考核行政许可的申请、受理、听证程序、撤销情形以及法律责任。申请材料不齐全,应当当场或者在 5 日内一次告知申请人需要补正的全部内容。所以选项 A 错误。乙市人民政府对甲公司提出的行政许可申请,可以组织上述职能部门联合办理、集中办理。所以选项 B 错误。行政机关工作人员滥用职权、玩忽职守作出准予行政许可决定的,属于"可以"撤销的情况,所以选项 C 错误。被许可人以欺骗、贿赂等不正当手段取得行政许可的,行政机关应当依法给予行政处罚;取得的行政许可属于直接关系公共安全、人身健康、生命财产安全事项的,申请人在 3 年内不得再次申请该行政许可;构成犯罪的,依法追究刑事责任。所以选项 E 错误。

44. AB 【解析】本题考核对税务违法行为的处罚、行政执法机关移送涉嫌犯罪案件的规定。违法行为构成犯罪的,应当依法追究刑事责任,不得以行政处罚代替刑事处罚。行政执法机关移送涉嫌犯罪案件需要遵循法定程序。有逃避缴纳税款行为的纳税人经税务机关依法下达追缴通知后,补缴应纳税款,缴纳滞纳金,已受行政处罚的,不予追究刑事责任。

45. ABCD 【解析】本题考核行政强制措施实施的一般规定。实施行政强制措施时必须通知当事人到场。

46. ABC 【解析】本题考核税务行政处罚裁量权行使规则。《税务行政处罚裁量权行使规则》规定,当事人有下列情形之一的,不予行政处罚:(1)违法行为轻微并及时纠正,没有造成危害后果的;(2)不满 14 周岁的人有违法行为的;(3)精神病人在不能辨认或者不能控制自己行为时有违法行为的;(4)其他法律规定不予行政处罚的。选项 D、E 是应当依法从轻或者减轻行政处罚的情形。

47. CE 【解析】本题考核税务行政复议。对罚款决定不服,在申请行政复议前不要求先解缴罚款及滞纳金或者是提供相应的担保。所以选项 A 错误。申请人和第三人可以查阅被申请人提出的书面答复、作出具体行政行为的证据、依据和其他有关材料,除涉及国家秘密、商业秘密或者个人隐私外,复议机关不得拒绝。所以选项 B 错误。申请人可以在知道税务机关作出具体行政行为之日起 60 日内提出行政复议申请,而非 3 个月。所以选项 D 错误。

48. ABDE 【解析】本题考核行政诉讼原告及原告资格的确定。公民因被限制人身自由而不能提起诉讼的,其近亲属可以依其口头或书面委托以该公民的名义提起诉讼。这里的"近亲属",包括配偶、父母、子女、兄弟姐妹、祖父母、外祖父母、孙子女、外孙子女和其他具有扶养、赡养关系的亲属。

49. BD 【解析】本题考核行政拘留、行政诉讼管辖、当事人。行政拘留处罚由县级以上人民政府公安机关作出。所以选项 A 错误。公民、法人或者其他组织同被诉行政行为有利害关系但没有提起诉讼,或者同案件处理结果有利害关系的,可以作为第三人申请参加诉讼,或者由人民法院通知参加诉讼。本题中,袁某同提起诉讼的行政行为有利害关系,故袁某为本案的第三人,并不是袁某之妻。所以选项 C 错误。行政案件由最初作出行政行为的行政机关所在地人民法院管辖。对限制人身自由的行政强制措施不服,提起诉讼的,可以在原告所在地或被告所在地法院管辖,但是行政拘留不是限制人身自由的强制措施,而是行政处罚，因此这里不能由原告所在地法院管辖。所以选项 E 错误。

50. AC 【解析】本题考核定金。买卖合同约定的定金不足以弥补一方违约造成的损失，对方请求赔偿超过定金部分的损失的，人民法院可以并处，但定金和损失赔偿的数额总和不应高于因违约造成的损失。所以选项 B 错误。因合同关系以外第三人的过错，致使主合同不能履行的，适用定金罚则。受定金处罚的一方当事人，可以依法向第三人追偿。所以选项 D 错误。定金不仅适用于金钱履行义务的合同，而且还适用其他合同。所以选项 E 错误。

51. AB 【解析】本题考核承揽合同。承揽人将其承揽的主要工作交由第三人完成的，应当就该第三人完成的工作成果向定作人负责；未经定作人同意的，定作人也可以解除合同。

52. ACD 【解析】本题考核个人独资企业解散时通知和公告债权人的规定。投资人自行清算的，应当在清算前 15 日内书面通知债权人，无法通知的，应予以公告。债权人应当在接到通知之日起 30 日内，未接到通知的应当在公告之日起 60 日内，向投资人申报其债权。

53. ADE 【解析】本题考核有限合伙企业的相关规定。有限合伙人不能以劳务出资。所以选项 B 错误。有限合伙人可以按照合伙协议的约定向合伙人以外的人转让其在有限合伙企业中的财产份额，但当提前 30 日通知其他合伙人。所以选项 C 错误。

54. BE 【解析】本题考核股份有限公司董事会制度。股份有限公司董事会由董事长召集主持，董事长因特殊原因不能主持时，由董事长指定副董事长召集主持。所以选项 A 正确。增加公司注册资本应由股东大会作出决议，董事会无此职权。所以选项 B 错误。聘任或解聘公司经理，并决定其报酬事项，属于董事会的职权，

且董事可以兼任经理。所以选项 C 正确。董事会会议记录应由出席会议的董事签名。所以选项 D 正确。修改公司章程属于股东大会的职权，董事会无此项职权。所以选项 E 错误。

55. AE 【解析】本题考核破产财产的分配。破产财产分配方案经人民法院裁定认可后，由管理人执行。所以选项 B 错误。破产财产分配时，对于诉讼或者仲裁未决的债权，管理人应当将其分配额提存。自破产程序终结之日起满 2 年仍不能受领分配的，人民法院应当将提存的分配额分配给其他债权人。所以选项 C 错误。债权人未受领的破产财产分配额，管理人应当提存；债权人自最后分配公告之日起满 2 个月仍不领取的，视为放弃受领分配的权利。所以选项 D 错误。

56. AC 【解析】本题考核民事诉讼中的特别管辖。

57. AB 【解析】本题考核数罪并罚中吸收原则与并科原则的应用。对李某分别宣告的刑罚中既有有期徒刑，又有无期徒刑，还有附加刑，所以对其进行数罪并罚应适用吸收原则和并科原则。所以选项 A、B 正确。

58. ACDE 【解析】本题考核涉税职务犯罪各罪的构成要件。违法提供出口退税凭证罪的犯罪主体是海关、外汇管理等国家工作人员。所以选项 B 错误。

59. ABCD 【解析】本题考核强制措施的变更。

60. ACD 【解析】本题考核依法应当开庭审理的案件。第二审人民法院对于下列案件，应当组成合议庭，开庭审理：(1)被告人、自诉人及其法定代理人对第一审认定的事实、证据提出异议，可能影响定罪量刑的上诉案件；(2)被告人被判处死刑的上诉案件；(3)人民检察院抗诉的案件；(4)其他应当开庭审理的案件。据此可知，选项 ACD 的情况应当开庭审理。

三、综合分析题

（一）

61. ABDE 【解析】公民、法人或者其他组织对行政机关所给予的行政处罚，享有陈述权、申辩权；对行政处罚不服的，有权依法申请行政复议或者提起行政诉讼。所以选项A、B当选。对于违法事实清楚，有法定依据，数额较小的罚款或者警告，执法人员可以当场作出行政处罚决定。所以本题适用简易程序。按照《公安机关办理行政案件程序规定》，适用简易程序处罚的，可以由人民警察一人作出行政处罚决定。执法人员可以当场收缴的罚款数额是100元，因此，执法人员无权对张某作出的110元罚款进行当场收缴。所以选项C不当选，选项E当选。行政机关在作出行政处罚决定之前，应当告知当事人作出行政处罚决定的内容及事实、理由及依据，并告知当事人依法享有的陈述、申辩、要求听证等权利。所以选项D当选。

62. A 【解析】行政执法人员作出两种行政处罚，不违反一事不二罚的原则。所以选项A说法错误。

63. BDE 【解析】有下列情形之一的，执法人员可以当场收缴罚款：（1）依法给予100元以下的罚款的；（2）不当场收缴事后难以执行的。

64. BE 【解析】本案属于行政复议选择管辖的范围，张某可以向乙区人民政府或者甲市公安局提出行政复议申请。所以选项A错误。本案中行政机关据以作出的行政处罚的依据不属于行政复议中抽象行政行为附带审查的范围，不能在申请行政复议时申请附带性审查。所以选项C错误。张某并没有提出赔偿要求，复议机关撤销拘留的行政处罚之后，不能要求被申请人同时进行赔偿。所以选项D错误。

（二）

65. ABC 【解析】本题考核债的履行。保证人在保证合同中对保证方式没有约定或者约定不明的，按一般保证承担责任。预付款不是定金，没有担保的性质，甲研究所应当返还乙公司100万元预付款。

66. AD 【解析】本题考核合同效力及风险负担。合同中没有做特别约定，所有权及风险自交付时起转移。

67. D 【解析】本题考核债的担保。以汇票担保债权的方式在法律上称为权利质押。

68. CE 【解析】本题考核民事诉讼的相关规定。合同纠纷由被告所在地或者合同履行地法院管辖，当事人另有约定的除外。本题中采用自提的方式，合同履行地即甲研究所所在地法院也有管辖权。所以选项A错误。违约责任的诉讼时效为3年，从当事人知道或者应当知道权利被侵害以及义务人之日起计算。所以选项B错误。调取新证据，导致延期审理。所以选项D错误。

（三）

69. ABDE 【解析】本题考核有限责任公司的相关规定。股东可以要求查阅公司会计账簿，股东要求查阅公司会计账簿的，应当向公司提出书面请求，说明目的。

70. B 【解析】本题考核公司增资。股东会会议作出修改公司章程、增加或者减少注册资本的决议，以及公司合并、分立、解散或者变更公司形式的决议，必须经代表2/3以上表决权的股东通过。

71. E 【解析】本题考核解散公司的诉讼。根据规定，公司持续2年以上无法召开股东会或者股东大会，公司经营管理发生严重困难的；股东表决时无法达到法定或者公司章程规定的比例，持续2年以上不能作出有效的股东会或者股东大会决议，公司经营管理发生严重困难的，单独或者合计持有公司全部股东表决权10%以上的股东，可以向人民法院提起解散公司的诉讼。所以选项A、B错误。人民法院判决驳回解散诉讼请求后，提起该诉讼的股东或者其他股东又以同一事实和理由提起解散公司诉讼的,人民法院不予受理。如果李方以新的事实和理由提起解散公司诉讼的,人民法院不能直接作出不予受理的决定。所以选项C错误。解散公司诉讼案件和公司清算案件由公司住所地人民法院管辖。公司住所地是指公司主要办事机构所在地。公司办事机构所在地不明确的,由其注册地人民法院管辖。所以选项D错误。

72. C 【解析】本题考核公司资本维持原则。有限责任公司的股东在公司登记成立后不得抽逃出资。发起人、认股人缴纳股款或者交付抵作股款的出资后,除未按期募足股份、发起人未按期召开创立大会或者创立大会决议不设立公司的情形外,不得抽回其股本。

(四)

73. ABC 【解析】本题考核破产案件受理的法律后果。人民法院受理破产申请后,有关债务人财产的保全措施应当解除,执行程序应当中止。所以选项D错误。行政程序的效力不受破产程序的影响。所以选项E错误。

74. CD 【解析】本题考核破产费用。选项AB属于破产债权。选项E属于共益债务。

75. ACD 【解析】本题考核有财产担保债权人在债权人会议上的表决权。对债务人的特定财产享有担保权的债权人,未放弃优先受偿权利的,对于通过和解协议和通过破产财产的分配方案不享有表决权。

76. ACE 【解析】本题考核破产财产的分配。破产财产分配方案经人民法院裁定认可后,由管理人执行。所以选项B错误。债权人未受领的破产财产分配额,管理人应当提存。所以选项D错误。

(五)

77. AD 【解析】本题考核行政执法机关移送涉嫌犯罪案件程序。公安机关对行政执法机关移送的涉嫌犯罪案件,不属于本机关管辖的,应当在24小时(而非12小时)内转送给有管辖权的机关。所以选项B错误。行政机关对公安机关决定立案的案件,应当自接到立案通知书之日起3日(而非5日)内将涉案物品以及与案件有关的其他材料移交公安机关,并办结交接手续。所以选项C错误。专案组应当在多长时间内完成情况核实并提出移送涉嫌犯罪案件的书面报告,《行政执法机关移送涉嫌犯罪案件的规定》未作强制性规定。所以选项E错误。

78. AB 【解析】本题考核非法出售增值税专用发票罪。非法出售增值税专用发票罪主观方面是直接故意,所以选项C错误。犯罪对象是增值税专用发票,所以选项D错误。犯罪主体是持有增值税专用发票的单位或者个人,所以选项E错误。

79. BCE 【解析】本题考核刑事诉讼的上诉。共同犯罪的案件只有部分被告人上诉的,应当对全案进行审查,一并处理。因此王某的一审判决也并没有生效,仍要经二审审理再作判决,所以选项A错误。被告人、自诉人是否提出上诉,以他们在上诉期满前最后一次的意思表示为准。被告人、自诉人在上诉期限内要求撤回上诉的,应当准许。被告人、自诉人在上诉期满后要求撤回上诉的,应当由第二审人民法院进行审查。所以被告人在上诉期满后仍有权撤回上诉,选项D错误。

80. AC 【解析】本题考核刑事诉讼二审程序。二审法院对第一审判决认定的事实和适用法律进行全面审查,不受上诉或者抗诉的限制。所以选项B错误。原判决事实不清楚或者证据不足的,可以在查清事实后改判;也可以裁定撤销原判,发回原审人民法院重新审判。所以选项D错误。本案只有被告人提起上诉,二审法院在作出判决时,不能加重上诉人的刑罚。所以选项E错误。

模拟试卷(二)

扫我做试题

一、**单项选择题**(共40题,每题1.5分。每题的备选项中,只有1个最符合题意。)

1. 根据行政法的相关理论,下列关于行政行为效力的说法,错误的是( )。
   A. 有效成立的行政行为,非依法不得随意变更或者撤销
   B. 行政行为一经作出即具有不可争辩性
   C. 所有的行政行为都必须强制执行
   D. 行政行为成立后,对作出行政行为的行政主体和相对人来说都具有拘束力

2. 下列各项中,不属于《行政许可法》的调整范围的是( )。
   A. 某市司法局根据已通过法律职业资格考试的李某的申请,发给其法律职业资格证书
   B. 某大学需要购买校车申请教育部拨款,教育部对此进行审批
   C. 王某向市场监督管理局申请颁发开办小吃店的营业执照
   D. 某省水利厅向地质厅申请办理有关地热井的采矿登记手续,地质厅依法给予登记

3. 扣缴义务人青山公司以拒绝向税务机关提供有关资料的方式,阻挠税务机关进行税务检查,当地税务机关对该公司的行为进行了调查,认为该公司的违法行为成立,向青山公司送达了《税务行政处罚告知书》,告知其已经查明的违法事实、证据、行政处罚的法律依据和拟将给予的行政处罚,并告知其有要求举行听证的权利。根据相关规定,下列说法正确的是( )。
   A. 当事人没有参加听证程序的,视为放弃听证权利

   B. 听证主持人在听证过程中认为证据有疑问无法听证辨明,可能影响税务行政处罚的准确公正的,可以宣布中止听证
   C. 青山公司要求听证符合条件的,税务机关应当在收到当事人听证要求后7日内举行听证
   D. 在听证程序中,青山公司或其代理人没有最后陈述的权利

4. 根据《行政强制法》的规定,下列关于行政机关申请人民法院强制执行的说法中,错误的是( )。
   A. 行政机关申请人民法院强制执行前,应当事先催告当事人履行义务
   B. 催告书送达5日后当事人仍未履行义务的,行政机关可以向所在地有管辖权的人民法院申请强制执行
   C. 行政机关申请人民法院强制执行须提供关于当事人的意见及行政机关催告情况的材料
   D. 行政机关申请人民法院强制执行,不缴纳申请费

5. 根据《行政强制法》规定,下列关于行政强制设定的说法中,正确的是( )。
   A. 必要时,行政强制实施机关可以根据具体情况对已设定的行政强制进行补充设定
   B. 限制公民人身自由、冻结存款的行政强制措施只能由法律、行政法规设定
   C. 法律、法规以外的其他规范性文件包括规章在内,均不得设定行政强制措施
   D. 行政强制执行只能由法律、行政法规设定

6. 根据《税务行政复议规则》的规定,下列情

形中，税务行政复议机关不可以进行调解的是(　　)。

A. 张某对税务机关作出的1 000元罚款的决定不服申请复议

B. 飞华公司对税务机关所确定的应税所得率不服申请复议

C. 荣轩公司对税务机关所确定的核定税额不服申请复议

D. 浩佳公司对税务机关所确定的税率及税额不服申请复议

7. 某省甲市南区人民政府为改造旧城建设，成立一公司负责旧房拆除。郭某因与该公司达不成协议而拒不搬迁。南区人民政府决定对其住房强制拆迁。郭某对强制拆迁行为不服向人民法院提起行政诉讼，人民法院发现郭某的起诉材料有欠缺，遂告知其补充相关的材料，但郭某拒绝补充。于是人民法院裁定不予立案。则下列说法中正确的是(　　)。

A. 郭某可以向甲市中级人民法院起诉

B. 郭某可以向甲市中级人民法院申诉

C. 郭某可以向某省高级人民法院上诉

D. 郭某可以向某省高级人民法院申诉

8. 根据现行相关法律、法规及司法解释的规定，下列说法正确的是(　　)。

A. 纳税人对税务所等法定授权派出机构超出法定授权范围实施税务行政处罚提起行政诉讼的，应当以税务所等派出机构为被告

B. 纳税人同税务机关在纳税问题上发生争议的，无须缴清税款和滞纳金就可以向上一级税务机关申请行政复议

C. 纳税人对税务行政处罚决定不服申请复议后又依法撤回申请，并在法定期间内又对原行政行为提起行政诉讼的，人民法院不予受理

D. 纳税人对税务行政处罚决定不服已经申请复议，在法定复议期间内又起诉的，人民法院应当受理

9. 某市生态环境局、卫生局与水利局在联合执法过程中，发现某化工厂排污口布局不合理，可能污染周围环境，遂联合作出决定，责令其限期拆除违规设置的排污管道，并罚款2万元。化工厂对处罚决定不服，准备起诉。根据《行政诉讼法》的规定，下列说法正确的是(　　)。

A. 应以市生态环境局为被告，因为处罚决定涉及的是生态环境局的职责

B. 应以生态环境局、卫生局为被告，水利局为第三人

C. 应以市生态环境局为被告，以卫生局和水利局为第三人

D. 应以生态环境局、卫生局和水利局为共同被告，因是共同行为

10. 下列法律行为中，不能够产生法律效力的是(　　)。

A. 9周岁的小王参加国家奥数比赛因成绩优异而获得奖金5 000元

B. 营业执照上记载"经营范围"为"电脑销售"的甲公司向乙公司出售一批电视机

C. 甲拟向乙购买货物，甲在要约中表明"如果乙不回应，则合同成立"。乙未予回应

D. 15周岁的小李在征得父母同意后，自行购买一台新型笔记本电脑

11. 甲、乙签订一份买卖合同，在合同中约定：如果甲能通过下个月的驾照考试，则向乙购买某型号汽车一辆。这一民事法律行为(　　)。

A. 是附条件的民事法律行为

B. 是附期限的民事法律行为

C. 已成立并已生效

D. 既未成立也未生效

12. 下列有关法人的说法中，错误的是(　　)。

A. 法人是具有民事权利能力和民事行为能力的组织

B. 居民委员会属于特别法人

C. 法人的分支机构属于法人的机关

D. 法人行使权利的范围因登记注册的经营范围不同而存在差异

13. 杨某为雅阁公司的采购代表，从2000年起一直负责采购家具，2021年2月，公司撤销其采购代表职务，但杨某仍于2021年3月与某长期合作的家具公司（家具公司不知情）签订了300万元的合同，杨某的行为（   ）。
    A. 属于有权代理　B. 属于隐名代理
    C. 属于表见代理　D. 属于间接代理

14. 甲欲购买乙的一幅画，当场付款给乙，二人约定三天后交画。第二天丙愿以更高的价钱买乙的画，乙当场把画交付给了丙，则此时（   ）。
    A. 甲取得画的所有权
    B. 乙保留画的所有权
    C. 丙取得画的所有权
    D. 甲丙共有画的所有权

15. 甲、乙共用小河的水灌溉农田，甲的承包地在乙的上游。为确保农田灌溉，甲在河中筑了一条水坝，截留了大部分河水。甲、乙为此发生冲突，对其纠纷的解决方案，下列说法不正确的是（   ）。
    A. 乙可以请求甲拆除水坝
    B. 乙可以请求甲赔偿损失
    C. 甲侵犯了乙的相邻水流使用权
    D. 甲侵犯了乙的地役权

16. 《民法典》规定了共有制度。下列关于共有制度的表述，错误的是（   ）。
    A. 对于共有财产，部分共有人主张按份共有，部分共有人主张共同共有，如不能证明财产是按份共有的，应当认定为共同共有
    B. 按份共有人对共有不动产或者动产享有的份额，没有约定或者约定不明确的，按照出资额确定；不能确定出资额的，视为等额享有
    C. 按份共有人转让其共有份额时，其他共有人在同等条件下享有优先购买的权利
    D. 对共有物的分割，当事人没有约定或者约定不明确的，按份共有人可以随时请求分割，共同共有人在共有的基础丧失或者有重大理由需要分割时可以请求分割

17. 2020年10月25日，甲向乙借款10万元，并用自己的一辆汽车抵押，但没有办理抵押登记。2020年11月3日、5日，甲分别向丙、丁借款10万元，同样以该汽车抵押，并分别于11月7日、8日办理了抵押登记。2020年11月15日，甲向戊借款10万元，也用该汽车抵押，但没有办理登记。关于甲的汽车上各抵押权的先后顺序，下列选项正确的是（   ）。
    A. 乙、丙、丁、戊
    B. 丙、丁、戊、乙
    C. 丁、戊、丙、乙
    D. 丙、丁、乙和戊

18. 2020年4月24日，张某向刘某发出函件称："本人欲以每吨500元的价格出售石材10吨。如欲购买，请于5月10日前让本人知悉。"刘某于4月27日收到张某的函件，并于次日回函表示愿意购买。但由于投递错误，刘某的回函于5月11日方到达张某处。因已超过5月10日的最后期限，张某未再理会刘某，而将石材出售他人。后刘某要求张某履行石材买卖合同。根据合同法律制度的规定，下列表述中，正确的是（   ）。
    A. 张某、刘某之间的合同未成立，张某对刘某不承担任何责任
    B. 张某、刘某之间的合同未成立，但刘某有权要求张某赔偿信赖利益损失
    C. 张某、刘某之间的合同成立但未生效，张某有权以承诺迟到为由撤销要约
    D. 张某、刘某之间的合同成立且已生效，刘某有权要求张某履行合同

19. 某演出公司与"红蜻蜓"三人演唱组合订立演出合同，约定由该组合在某晚会上演唱歌曲5首，每首酬金2万元。由此成立的债的关系属于（   ）。
    A. 任意之债　　B. 单数主体之债

C. 选择之债　　D. 法定之债

20. 根据《民法典》，下列有关代位权的说法中，正确的是(　)。
   A. 债权人应当以债务人的名义行使代位权
   B. 债权人行使代位权时，可以处分债务人的权利
   C. 代位权行使的必要费用由债权人承担
   D. 债权人行使代位权不得超出债务人的权利范围

21. 李某为资助 15 周岁的王某上学，与王某订立赠与合同，赠与王某 10 万元，并就该赠与合同办理了公证。李某在交付给王某 6 万元后就表示不再赠与了。根据《民法典》合同编的规定，下列表述中，正确的是(　)。
   A. 李某应当再给付王某 4 万元，因该赠与合同不可撤销
   B. 李某可不再给付王某 4 万元，因王某属于限制行为能力人，该赠与合同效力未定
   C. 李某可向王某要求返还 6 万元，因该赠与合同可撤销
   D. 若李某经济状况严重恶化，李某可要求王某返还 4 万元

22. 根据我国民事法律制度的规定，下列有关收养的说法中，错误的是(　)。
   A. 收养 10 周岁以上未成年人的，应当征得被收养人的同意
   B. 未成年人的父母均不具备完全民事行为能力且可能严重危害该未成年人的，该未成年人的监护人可以将其送养
   C. 有配偶者收养子女，应当夫妻共同收养
   D. 配偶一方死亡，另一方送养未成年子女的，死亡一方的父母有优先抚养的权利

23. 根据《合伙企业法》的规定，在普通合伙企业存续期间，合伙人的下列行为中，无须经全体合伙人一致同意的是(　)。
   A. 合伙人之间转让其在合伙企业中的财产份额
   B. 合伙人向合伙人以外的人转让其在合伙企业中的部分财产份额
   C. 合伙人以其在合伙企业中的财产份额出质
   D. 执行合伙企业事务的合伙人处分合伙企业的不动产

24. 根据《合伙企业法》的规定，关于合伙企业的利润分配，如合伙协议未作约定且合伙人协商不成，(　)。
   A. 应当由全体合伙人平均分配
   B. 应当由全体合伙人按实缴出资比例分配
   C. 应当由全体合伙人按合伙协议约定的出资比例分配
   D. 应当按合伙人的贡献决定如何分配

25. 张三是华山有限责任公司的股东，在公司运营过程中，张三对外欠债 10 万元，该公司遂为张三提供担保。关于该担保事项，下列表述中，正确的是(　)。
   A. 该担保事项必须由股东会决议
   B. 该担保事项按照公司章程的规定可以由董事会决议
   C. 该担保事项违反公司法规定
   D. 公司不得为本公司股东提供担保

26. 下列情形不属于股东资格原始取得的是(　)。
   A. 甲直接向某公司认购股份
   B. 乙通过增资取得某公司的股东资格
   C. 丙作为某公司设立时的发起人，且公司设立成功
   D. 丁通过继承取得的股东资格

27. 根据《公司法》规定，股份有限公司股东大会所作的下列决议中，须经出席会议的股东所持表决权的过半数通过的是(　)。
   A. 公司合并决议
   B. 公司分立决议
   C. 修改公司章程决议

D. 批准公司年度预算方案决议

28. 2020年5月，东湖有限公司解散，且逾期不成立清算组进行清算，被申请法院对其进行司法清算，法院为其指定相关人员组成清算组。关于该清算组成员，下列说法错误的是( )。
   A. 公司债权人唐某
   B. 公司董事长程某
   C. 公司监事钱某
   D. 公司聘请的某律师事务所

29. 甲公司拥有乙公司普通债权100万元，现乙公司被宣告破产，管理人查明甲公司尚欠乙公司20万元运费未付。管理人预计破产清偿率为50%，甲公司要求抵销债务。债权人会议各方为甲公司的债权发生争执，以下表述正确的是( )。
   A. 甲公司可以抵销20万元债务，并于抵销后拥有30万元破产债权
   B. 甲公司可以抵销20万元债务，并于抵销后拥有40万元破产债权
   C. 甲公司可以抵销20万元债务，并于抵销后拥有80万元破产债权
   D. 甲公司必须偿还20万元债务，并拥有100万元破产债权

30. 2020年7月，华新、威力两公司签订一份买卖合同。按照合同约定，双方已于2020年8月月底前各自履行了合同义务的50%，并应于2020年年底将各自剩余的50%的合同义务履行完毕。2020年10月，人民法院受理了债务人华新公司的破产申请。2020年10月31日，华新公司管理人收到了威力公司关于是否继续履行该买卖合同的催告，但直至2020年12月月初，管理人仍未对威力公司的催告作出答复。下列关于该买卖合同的表述中，正确的是( )。
   A. 威力公司应当继续履行合同
   B. 威力公司无需继续履行合同
   C. 威力公司有权要求管理人就合同履行提供担保

   D. 威力公司有权就合同约定的违约金申报债权

31. 根据《企业破产法》的规定，在债权人会议上经一次表决不能通过，由人民法院裁定的事项是( )。
   A. 更换债权人委员会成员方案
   B. 债务人财产的管理方案
   C. 重整计划草案
   D. 破产财产的分配方案

32. 根据《企业破产法》及相关规定，关于破产清算、重整与和解的表述中，下列说法错误的是( )。
   A. 债务人一旦被宣告破产，则不可能再进入重整或者和解程序
   B. 人民法院依法裁定的破产财产变价方案，由管理人负责执行
   C. 即使债务人未出现现实的资不抵债情形，也可申请重整程序
   D. 重整是破产案件的必经程序

33. 电子支付服务提供者为电子商务提供电子支付服务，应当依法依规告知用户电子支付服务的事项不包括( )。
   A. 功能和使用方法
   B. 电子支付服务提供者的详细信息
   C. 注意事项
   D. 收费标准

34. 2019年2月，甲在元宵之夜看花灯时被人挤倒摔伤，因此花去5 000元的医疗费。甲向人民法院起诉，要求人民法院为他寻找被告，赔偿经济损失，但甲说不出是谁挤倒他的。人民法院对于甲的起诉应当( )。
   A. 予以受理 B. 不予受理
   C. 驳回起诉 D. 延期审理

35. 根据《民事诉讼法》的规定，下列关于第二审程序，说法错误的是( )。
   A. 是终审程序
   B. 不能由陪审员组成合议庭
   C. 可以由有独立请求权的第三人提起
   D. 应在立案之日起3个月内审结，有特

殊情况需要延长的，由上一级人民法院批准

36. 根据《刑法》规定，下列有关减刑、假释适用对象的说法中，正确的是( )。
    A. 减刑只适用于被判处有期徒刑和无期徒刑的犯罪分子
    B. 减刑不适用于累犯
    C. 假释只适用于被判处管制、拘役和有期徒刑的犯罪分子
    D. 假释不适用于累犯

37. 禁止令是人民法院根据犯罪情况，对犯罪分子作出的禁止其在一定期间内从事特定活动，进入特定区域、场所，解除特定的人的一种司法措施。根据刑法及其司法解释，关于适用禁止令的说法，正确的是( )。
    A. 禁止令可以与假释同时适用
    B. 禁止令不得与管制同时适用
    C. 禁止令可以与逮捕同时适用
    D. 禁止令可以与宣告缓刑同时适用

38. 下列关于涉及发票类的犯罪的客观方面表述中，错误的是( )。
    A. 非法购买增值税专用发票罪客观方面仅表现为行为人从合法拥有真增值税专用发票的单位或者个人手中购买增值税专用发票
    B. 购买伪造的增值税专用发票罪，客观方面表现在数量上是 25 份以上或者票面金额累计在 10 万元以上
    C. 擅自制造的不具有骗取出口退税、抵扣税款功能的普通发票票面金额累计在 40 万元以上是非法制造、出售非法制造的发票罪的客观表现之一
    D. 非法出售普通发票罪在客观方面要求非法出售普通发票 100 份以上或者票面额累计在 40 万元以上

39. 根据刑事诉讼法律制度的规定，下列关于速裁程序，说法错误的是( )。
    A. 适用速裁程序审理案件，应当当庭宣判
    B. 适用速裁程序审理案件，在判决宣告前应当听取辩护人的意见和被告人的最后陈述意见
    C. 被告人是盲、聋、哑人的不适用速裁程序
    D. 适用速裁程序审理案件，人民法院应当在受理后 15 日内审结

40. 根据刑事诉讼法律制度的规定，下列有关审查起诉的说法，错误的是( )。
    A. 检察机关在审查起诉中发现有应当排除的非法证据，应当依法排除，同时可以要求
    B. 检察机关在审查起诉阶段认为需要逮捕犯罪嫌疑人的，应当经检察长决定
    C. 人民法院向检察机关提出书面意见要求补充移送材料，检察机关应自收到通知之日起 3 日以内补送
    D. 检察机关审查起诉的案件，改变管辖的，从改变后的检察机关收到案件之日起计算审查起诉期限

二、**多项选择题**（共 20 题，每题 2 分。每题的备选项中，有 2 个或 2 个以上符合题意，至少有 1 个错项。错选，本题不得分；少选，所选的每个选项得 0.5 分。）

41. 行政合法性原则要求：（1）行政权力的存在有法律依据；（2）行政权力必须按照法定程序行使。下列选项中违反该原则要求的有( )。
    A. 行政机关对行政许可事项进行监督时，不得妨碍被许可人正常的生产经营活动
    B. 行政机关要求行政处罚听证申请人承担组织听证的费用
    C. 行政机关将行政强制措施权委托给另一行政机关行使
    D. 行政机关对行政许可事项进行监督时发现直接关系公共安全、人身健康的重要设备存在安全隐患，责令停止使用和立即改正
    E. 行政机关在作出行政处罚决定之前，

应当告知当事人作出行政处罚决定的事实、理由及依据，并告知当事人依法享有的权利

42. 下列选项中，属于政府职能部门派出机构的有( )。
   A. 税务局法制科　B. 派出所
   C. 税务所　　　　D. 街道办事处
   E. 财政所

43. 根据《行政许可法》的规定，下列说法正确的有( )。
   A. 除有特殊规定外，被许可人要延续行政许可的，应当在有效期届满 30 日前提出申请
   B. 行政机关收到被许可人延续行政许可的申请的，没有在有效期届满前决定的，视为准予延续
   C. 对于直接关系到人身安全的行政许可，行政机关应当自受理行政许可申请之日起 5 日内指派 2 名以上工作人员按照技术标准、技术规范进行检验、检测、检疫
   D. 行政许可需要检验、检疫的，所需时间计算在行政许可实施的期限内，行政机关应当将所需时间口头或书面告知申请人
   E. 行政许可申请人隐瞒相关情况或者提供虚假材料申请行政许可的，行政机关不予受理或者不予行政许可，并给予警告，申请人在 1 年内不得再次申请该行政许可

44. 下列关于税务行政处罚裁量权的行使，正确的有( )。
   A. 税务行政机关行使处罚裁量权时，当事人可以进行陈述或申辩
   B. 作出税务行政处罚决定时，应当告知当事人作出处罚决定的事实、理由、依据及拟处理结果
   C. 针对同一当事人不同税收违法行为，税务行政机关不得给予两次以上罚款的行政处罚
   D. 税务机关行使税务行政处罚裁量权时，作出较轻的处罚决定的，可以不告知当事人处罚理由
   E. 各级税务机关应当采取多种方式对规范行政处罚裁量权工作进行监督

45. 下列选项中有关行政强制设定程序的表述中正确的有( )。
   A. 行政强制的设定机关应当对其设定的行政强制进行不定期评价
   B. 对不适当的行政强制，行政强制的设定机关应及时予以修改或者废止
   C. 行政强制的实施机关可以对已设定的行政强制的实施情况及存在的必要性适时进行评价
   D. 公民、法人或者其他组织向行政强制的设定机关和实施机关就行政强制的设定和实施提出的意见及建议，有关机关必须听取
   E. 起草法律草案、法规草案，拟设定行政强制的，起草单位可以采取任意形式听取意见

46. 下列有关税务行政复议申请和受理的说法正确的有( )。
   A. 申请人对税务机关作出逾期不缴纳罚款加处罚款的决定不服的，应当先缴纳罚款和加处罚款，再申请行政复议
   B. 申请人、第三人可以委托 1 至 2 名代理人参加行政复议，被申请人不得委托代理人参加行政复议
   C. 申请人提出行政复议申请时错列被申请人的，行政复议机关应当告知申请人变更被申请人。申请人不变更被申请人的，行政复议机关不予受理，或者驳回行政复议申请
   D. 行政复议机关收到行政复议申请以后，应当在 5 日内审查，决定是否受理
   E. 申请人提供担保的方式包括抵押、质押和留置

47. 丰源市政府设立的临时机构基础设施建设指挥部，认定有 50 户居民的小区自建的围墙及附属房系违法建筑，指令胜利

县政府具体负责强制拆除。50户居民对此决定不服起诉。下列说法正确的有（　　）。

A. 本案被告为胜利县政府

B. 本案被告为丰源市政府

C. 本案应由中级人民法院管辖

D. 50户居民应当推选2~5名当事人作为诉讼代表人参加诉讼

E. 如50户居民对此决定申请复议，复议机关为丰源市政府

48. 根据《行政诉讼法》《国家赔偿法》及司法解释规定，下列关于行政赔偿诉讼的赔偿范围与标准、赔偿方式及诉讼举证的说法中，正确的有（　　）。

A. 在行政赔偿诉讼中，人民法院主持调解时当事人为达成调解协议而对案件事实的认可，不得在其后的诉讼中作为对其不利的证据

B. 在一并提起的行政赔偿诉讼中，原告应当对被诉行政行为造成损害的事实提供证据

C. 行政机关及其工作人员在行使行政职权时实施非法拘禁的行为，致人精神损害造成严重后果的，应当支付相应的精神损害抚慰金

D. 被查封的财物与违法行为无关，行政机关作出解除查封、扣押决定后，还应按照损害程度给付相应的赔偿金

E. 吊销许可证和执照、责令停产停业的，赔偿停产停业期间必要的经常性费用开支

49. 关于相邻关系的主张，下列应予支持的有（　　）。

A. 农民王某的院子很大，其在与邻居赵某相邻的院墙边上盖了一个厕所，赵某难以忍受，于是主张依相邻权，要求王某拆除该厕所

B. 张大嫂屋后是一面陡坡，村长令村民在张大嫂房屋的三面种上油菜，张大嫂只好每天越山坡而出。现张大嫂主张依相邻关系，从门前菜地开辟一条出门通道

C. 王某欲在自己的土地接通自来水，要从历史形成的道路上铺设水管，则路途较远。要走最近路线，则需通过赵某的土地。王某遂主张依相邻关系，认为他有权使用赵某的土地

D. 王某种植大树的树根侵入赵某的庭院地下，但对赵某无害，赵某主张依相邻关系有权请求砍除该树

E. 王某家承包的土地被赵某家承包的土地所包围，王某家无法从道路上通往自己的土地，于是主张依相邻权，要求在赵某家土地上开辟一条出入通道

50. 新雨公司与华丰公司就电脑买卖协议进行洽谈，期间新雨公司获知华丰公司采取了保密措施的市场开发计划。新雨公司遂推迟与华丰公司签约，开始有针对性地吸引华丰公司的潜在客户，导致华丰公司的市场份额锐减。下列说法正确的有（　　）。

A. 新雨公司的行为侵犯了华丰公司的商业秘密

B. 新雨公司的行为属于正常的商业竞争行为

C. 新雨公司的行为违反了先合同义务

D. 新雨公司应承担违约责任

E. 新雨公司应承担缔约过失责任

51. 大学生甲在寝室复习功课，隔壁寝室的学生乙、丙到甲寝室强烈要求甲打开电视观看足球比赛，甲只好照办。由于质量问题，电视机突然爆炸，甲、乙、丙三人均受重伤。关于三人遭受的损害，下列说法正确的有（　　）。

A. 甲可要求电视机的销售者承担赔偿责任

B. 甲可要求乙、丙承担损害赔偿责任

C. 乙、丙无权要求电视机的销售者承担赔偿责任

D. 乙、丙有权要求甲承担损害赔偿责任

E. 甲可要求电视机的生产者承担赔偿责任

52. 下列关于中介合同的说法中正确的有（　）。
   A. 中介人促成合同成立的，中介活动的费用由中介人负担
   B. 中介人促成合同成立的，委托人应当按照约定支付报酬
   C. 中介人未促成合同成立的，可以要求委托人支付必要的中介费用
   D. 中介人未促成合同成立的，不得要求委托人支付必要的中介费用
   E. 中介人未促成合同成立的，不得要求委托人支付报酬

53. 根据《个人独资企业法》的规定，下列关于个人独资企业的设立条件说法正确的有（　）。
   A. 投资人可以是法人
   B. 有固定的生产经营场所和必要的生产经营条件
   C. 有合法的企业名称
   D. 有必要的从业人员
   E. 以个人财产出资

54. 根据《公司法》及其司法解释的规定，下列说法正确的有（　）。
   A. 公司自行清算的，清算组的成员包括公司的董事、股东、依法设立的律师事务所、会计师事务所、破产清算事务所等社会中介机构中具备相关专业知识并取得执业资格的人员
   B. 法院指定的清算组成员丧失执业能力或者民事行为能力的，法院可以依据职权更换清算组的成员
   C. 清算组成员因故意或者重大过失给公司或者债权人造成损失的，应当承担赔偿责任
   D. 公司依法清算结束并办理注销登记前，有关公司的民事诉讼，应当以清算组的名义进行
   E. 有限责任公司的股东未在法定期限内成立清算组开始清算，导致公司财产贬值、流失、毁损或者灭失的，债权人可以主张其在造成损失范围内对公司债务承担赔偿责任

55. 在某破产案件中，人民法院指定东方会计师事务所担任破产管理人。债权人胡某认为该事务所与本案有利害关系，不宜担任管理人。下列情形中，可能影响其忠实履行管理人职责的，人民法院可以认定为有利害关系的有（　）。
   A. 与债务人、债权人有未了结的债权债务关系
   B. 在人民法院受理破产申请前3年内，曾为债务人提供相对固定的中介服务
   C. 现在是或者在人民法院受理破产申请前3年内曾经是债务人、债权人的财务顾问、法律顾问
   D. 与债务人或者债权人的控股股东、董事、监事、高级管理人员存在夫妻关系、直系血亲、三代以内旁系血亲或者近姻亲关系
   E. 现在是或者在人民法院受理破产申请前3年内曾经是债务人、债权人的控股股东或者实际控制人

56. 根据《民事诉讼法》，以下有关民事诉讼中的反诉说法正确的有（　）。
   A. 本诉是反诉的前提，没有本诉就没有反诉
   B. 本诉撤回的，反诉也终止审理
   C. 反诉与本诉的诉讼适用不同程序则反诉不能成立
   D. 原告不出庭按撤诉处理，被告提出反诉的，对于原告适用缺席判决
   E. 反诉既可以由本诉被告向本诉原告提起，也可以由本诉原告向本诉被告提起

57. 累犯包括一般累犯和特殊累犯，下列说法错误的有（　）。
   A. 成立特殊累犯的前提是成立一般累犯
   B. 主刑执行完毕但附加刑没有执行完毕的，可以构成累犯
   C. 成立累犯要求后罪发生在前罪刑罚执行完毕或赦免后的5年以内

D. 累犯不得适用缓刑

E. 累犯不得适用假释

58. 纳税人李某出资设立个人独资企业从事对外贸易活动，在2019年缴纳税款50万元，后李某以假报出口的方式骗取出口退税120万元。对此，下列选项中说法正确的有（　）。

　　A. 李某所缴纳的税款属于个人所得税，而非企业所得税

　　B. 李某的骗税行为尚未构成犯罪，应当由税务机关给予行政处罚

　　C. 李某的行为应当以逃税罪论处

　　D. 李某的行为构成逃税罪与骗取出口退税罪，应数罪并罚

　　E. 税务机关应及时将案件移送公安机关进行侦查

59. 下列选项中，不适用速裁程序的有（　）。

　　A. 被告人是盲、聋、哑人的

　　B. 被告人是未成年人的

　　C. 案件有重大社会影响的

　　D. 被告人与被害人已就附带民事诉讼赔偿等事项达成调解或者和解协议的

　　E. 共同犯罪案件中部分被告人对指控的犯罪事实无异议，但对量刑建议有异议的

60. 关于刑事强制措施的表述，下列选项中错误的有（　）。

　　A. 法院、检察院、公安机关均有权执行所有的刑事强制措施

　　B. 刑事强制措施必然要剥夺被告人或犯罪嫌疑人的人身自由

　　C. 对于法院、检察院或者公安机关采取强制措施超过法定期限的，只有犯罪嫌疑人、被告人及其法定代理人有权要求解除

　　D. 对犯罪嫌疑人、被告人取保候审最长不得超过12个月，监视居住最长不得超过6个月

　　E. 被取保候审、监视居住的犯罪嫌疑人、被告人不得以任何理由离开其所居住的市、县或者执行监视居住的处所

三、**综合分析题**（共20题，每题2分。由单项选择题和多项选择题组成。错选，本题不得分；少选，所选的每个选项得0.5分。）

（一）

2020年8月4日，某市税务稽查局在对市纺织总会2019年度代扣代缴个人所得税的情况进行检查时发现，该总会不仅少代扣代缴个人所得税4.02万元，还擅自将已经代扣代缴的5.36万元的个人所得税采用少申报的方法隐瞒了下来。2020年8月11日，市税务稽查局向该纺织总会下达了补缴个人所得税5.36万元的《税务处理决定书》（限15日内缴纳）和将对其应扣未扣及已扣少缴的税款分别处1倍罚款的《税务行政处罚事项告知书》，根据该纺织总会提出的听证要求，市税务稽查局依法举行听证。案件经审理后，市税务稽查局依法于8月15日下达了罚款9.38万元的《税务行政处罚决定书》（限15日内缴纳）。2020年8月30日，该市纺织总会对处罚决定不服向市税务局依法申请行政复议。市税务局复议决定，维持稽查局的处罚。该纺织总会对复议决定仍不服，向法院提起诉讼，法院依法进行审理。

61. 下列有关税务行政处罚听证程序的说法正确的有（　）。

　　A. 市纺织总会应在《税务行政处罚事项告知书》送达后3日内向市税务稽查局书面提出听证

　　B. 若市纺织总会放弃听证权利，则市税务稽查局可以不组织听证

　　C. 若市税务稽查局在作出行政处罚决定前，对市纺织总会提出的陈述和申辩意见不进行复核，行政处罚决定不能成立

　　D. 税务机关应当在收到当事人听证要求后15日内举行听证，并在举行听证的7日前将《税务行政处罚听证通知书》送达当事人

　　E. 若本案调查人员严重违反听证秩序，

致使听证无法进行的，听证主持人或者组织听证的税务机关有权终止听证

62. 下列有关税务行政复议程序的说法错误的有（　　）。
   A. 市纺织总会在未缴纳罚款情况下不可以直接向市税务局提出复议申请
   B. 对重大、复杂的案件，市纺织总会提出要求或者市税务局行政复议机构认为必要时，可以采取听证的方式审理
   C. 若市纺织总会以真实意思表示说明撤回复议申请的理由，经市税务局行政复议机构同意，可以撤回
   D. 若市税务稽查局因不可抗力不能参加行政复议，行政复议中止
   E. 市税务局行政复议机构按照规定的职责所取得的有关材料，可以作为支持市税务稽查局有关征税行为的证据

63. 根据《行政诉讼法》及司法解释规定，在（　　）的情况下，法院可以缺席判决。
   A. 原告申请撤诉，法院裁定不准许撤诉，经法院合法传唤无正当理由拒不到庭
   B. 原告法人资格终止，其权利义务的承受人放弃诉讼权利
   C. 被告被撤销
   D. 被告因不可抗力不能参加诉讼
   E. 被告经法院合法传唤无正当理由拒不到庭

64. 若市税务局在法定期限内不作复议决定，市纺织总会对处罚不服，以市税务稽查局为被告起诉；同时，对市税务局不作为也不服，以市税务局为被告起诉。从被告确定的角度看，下列表述正确的有（　　）。
   A. 两个起诉均不成立
   B. 对稽查局的起诉成立，对市税务局的起诉不成立
   C. 对稽查局的起诉不成立，对市税务局的起诉成立
   D. 两个起诉均成立

   E. 两个起诉是否成立，法律没有规定

（二）

2020年12月17日，甲市乙县丙镇居民黄某与邻居张某因宅基地纠纷产生冲突，进而将张某打伤。县公安局遂以黄某违反《治安管理处罚法》为由，对黄某行政拘留10天。黄某不服，向市公安局提起行政复议。复议机关作出复议决定，将原处罚决定变更为罚款1 000元。黄某仍不服，准备向县法院提起诉讼。

65. 根据相关法律规定，下列说法错误的有（　　）。
   A. 在复议期间，若黄某申请停止行政拘留，则县公安局应停止拘留的执行
   B. 若黄某对县公安局的处理决定不服，只能向县公安局的上一级主管部门市公安局申请行政复议
   C. 黄某对县公安局作出的处罚决定不服，应在知道该行政行为之日起30日内提出行政复议
   D. 行政复议机关收到黄某的复议申请后，应当在3日内进行审查，决定是否受理
   E. 若黄某提起行政诉讼，既可以在县法院起诉，也可以在复议机关所在地法院起诉

66. 若黄某依法向甲市公安局申请行政复议，但市公安局超过复议期限后未作出任何决定。黄某遂决定向法院提起行政诉讼，要求撤销行政拘留决定。根据相关规定，本案的适格被告有（　　）。
   A. 甲市公安局
   B. 乙县公安局
   C. 乙县公安局与甲市公安局
   D. 乙县公安局或甲市公安局
   E. 丙镇政府

67. 在行政诉讼过程中，如果被告市公安局发现黄某还有新的违法行为尚未给予行政处罚，市公安局遂对其新的违法行为作出了罚款的行政处罚。如果黄某不服，

向同一人民法院提起诉讼的,人民法院( )。

A. 应当另案审理 B. 应驳回起诉
C. 可以合并审理 D. 不予受理
E. 应当合并审理

68. 假如复议机关改变处罚内容后,人民法院判决撤销复议机关甲市公安局的行政处罚决定,要求其重新作出新的行政行为,但市公安局拒不履行已生效的判决,人民法院可以采取的措施有( )。

A. 对应当归还的罚款,通知银行从该行政机关的账户内划拨
B. 对该公安局按日处以200元的罚款
C. 对该公安局负责人按日处以100元的罚款
D. 向监察机关提出司法建议
E. 如果构成犯罪,依法追究主管人员和直接责任人员的刑事责任

(三)

新月公司与楚翔公司约定,由新月公司向楚翔公司交付100吨水泥,楚翔公司付款20万元。楚翔公司将水泥转卖给和平公司,并约定由新月公司向和平公司交付,和平公司收货后3日内应向楚翔公司支付价款25万元。余某以自有汽车为楚翔公司的债权提供抵押担保,未办理抵押登记。抵押合同约定:"在和平公司不付款时,楚翔公司有权就出卖该汽车的价款清偿自己的债权"。张某为这笔货款出具担保函:"在和平公司不能付款时,由张某承担保证责任。"和平公司收到水泥后未依约向楚翔公司支付25万元,楚翔公司向余某主张实现抵押权,同时要求张某承担保证责任。余某见状,便将其汽车赠与范某。范某将该汽车作为出资,与钱某设立甲合伙企业,该合伙企业主要经营运输业务,并办理完出资手续。

69. 若新月公司未按约向和平公司交付100吨水泥,则和平公司应向( )主张违约责任。

A. 楚翔公司
B. 新月公司
C. 楚翔公司或新月公司
D. 楚翔公司和新月公司
E. 以上都不正确

70. 关于楚翔公司要求担保人承担责任,下列表述正确的有( )。

A. 楚翔公司不得将和平公司和张某一并提起诉讼
B. 张某对楚翔公司享有先诉抗辩权
C. 张某对楚翔公司享有顺序履行抗辩权
D. 楚翔公司应先向余某主张实现抵押权
E. 楚翔公司可以选择向余某主张实现抵押权或者向张某主张保证责任

71. 在范某办理出资手续后,汽车的所有权人有( )。

A. 楚翔公司   B. 余某
C. 范某   D. 甲合伙企业
E. 钱某

72. 若甲合伙企业是有限合伙企业,则下列表述中正确的有( )。

A. 有限合伙企业名称中应当标明"合伙"字样
B. 有限合伙人可以用劳务出资
C. 有限合伙人不得同本有限合伙企业进行交易
D. 有限合伙人退伙后,对基于其退伙后的原因发生的有限合伙企业债务,以其退伙时从有限合伙企业中取回的财产承担责任
E. 有限合伙人转变为普通合伙人,应当经全体合伙人一致同意,除合伙协议另有约定外

(四)

甲、乙、丙三家公司在S市设立华明灯具有限责任公司(下称"华明公司"),注册资本为100万元。公司成立后,发现华明公司设立时甲公司出资的机器设备价值显著低于公司章程所定价额,但经过股东会的决议,将甲公司补足出资的义务免除。

2019年华明公司董事会通过如下决议：(1)根据公司产品市场营销业务发展的需要，决定增设市场开发部，并根据总经理A的提名聘任B为市场开发部经理；(2)根据总经理A的提名，解聘财务负责人C的职务，聘任监事D兼任财务负责人。

本来华明公司生产的灯具价廉物美，行销市场，在S市的灯具市场占有半壁江山。但从2020年开始华明公司的灯具产品严重滞销，销售额持续下降。经调查，发现公司董事王某于2017年与几个朋友合资设立百佳照明器具有限责任公司(以下简称"百佳公司")，王某在百佳公司任常务副总经理，具体负责百佳公司的生产经营。由于百佳公司生产的灯具在用料、款式、功能等方面与华明公司生产的灯具相差无几，挤占了华明公司的一部分市场份额。2020年华明公司董事会作出如下决议：(1)要求王某将从百佳公司所得收入归华明公司所有；(2)撤销王某华明公司董事的职务，增补张某为华明公司的董事。

73. 下列有关华明公司出资的表述中，正确的有( )。

　　A. 甲公司应当补足出资

　　B. 乙和丙应该对甲出资不实的行为承担责任

　　C. 乙和丙不需要对甲出资不实的行为承担责任

　　D. 股东会免除甲公司补足出资义务的决议合法

　　E. 股东会免除甲公司补足出资义务的决议不合法

74. 华明公司董事会通过的下列决议中，符合法律规定的有( )。

　　A. 增设市场开发部

　　B. 根据总经理A的提名，聘任B为市场开发部经理

　　C. 根据总经理A的提名，解聘财务负责人C的职务

　　D. 根据总经理A的提名，聘任监事D兼任财务负责人

　　E. 撤销王某董事职务，增补张某为华明公司董事

75. 对于公司董事王某的行为，下列表述正确的有( )。

　　A. 王某的行为违反了《公司法》的规定

　　B. 华明公司可以决定将其从事上述行为所得收入收归本公司所有

　　C. 如果经过董事会同意，王某可以从事以上活动

　　D. 华明公司可以决定撤销王某的行为，但是不能将其取得的收入归入本公司

　　E. 如果经过股东会同意，王某可以自营或者为他人经营与所任职公司同类的业务

76. 若华明公司股东要求解散公司并对公司进行清算。根据有关规定，通过司法程序解散公司应符合的条件有( )。

　　A. 公司持续2年以上无法召开股东会，公司经营管理发生严重困难的

　　B. 公司董事长期冲突，且无法通过股东会解决，公司经营管理发生严重困难的

　　C. 通过其他途径不能解决

　　D. 解散公司的请求，由持有公司股权10%以上的股东向人民法院提出

　　E. 成立清算组着手公司清算工作

(五)

2020年3月30日，裕华区税务局稽查局接到本局征管科发来的内部工作移送单，反映辖管户世博公司虚构业务开具增值税专用发票10份，金额505 957.26元，税额98 842.742元；同时违法购买空白的增值税专用发票25份，全部为世博公司虚开，涉及税款20 000元。另外，还查明该公司应纳税额为1.5亿元，该公司因为瞒报而少缴税款2 800多万元。当税务机关去该公司进行检查时，该单位人员暴力抗缴。

77. 根据《刑法》的规定，对世博公司按（ ）进行定罪处罚。

   A. 抗税罪

   B. 非法购买增值税专用发票罪

   C. 非法出售增值税专用发票罪

   D. 虚开增值税专用发票罪

   E. 逃税罪

78. 根据《刑法》的规定，关于非法购买增值税专用发票罪的表述正确的有( )。

   A. 客观方面表现为从合法或非法拥有真增值税专用发票的单位或者个人手中购买增值税专用发票

   B. 数量在 25 份以上或者票面金额在 10 万元以上的行为

   C. 该罪的客体只是国家对增值税专用发票的管理制度

   D. 只有增值税一般纳税人可以领购、使用增值税专用发票

   E. 该罪主观方面是故意或者过失

79. 根据《刑法》的规定，下列有关抗税罪的表述，错误的有( )。

   A. 实施抗税行为致人死亡的，按照故意杀人罪定罪处罚

   B. 纳税人或者扣缴义务人以外的其他人可以成为抗税罪的共犯

   C. 单独实施以暴力威胁方法阻碍税务人员依法执行公务的行为，应当按妨害公务罪定罪处罚

   D. 以暴力、威胁方法拒不缴纳税款数额在 10 万元以上的才构成本罪

   E. 以给税务工作人员及其亲友的生命、健康、财产等造成损害为威胁，抗拒缴纳税款的构成本罪

80. 税务机关应将本案移送司法机关处理，下列有关案件移送的做法中，正确的有( )。

   A. 裕华区税务局稽查局局长应当自接到移送涉嫌犯罪案件的报告之日起 3 日内作出是否批准移送的决定

   B. 若裕华区税务局稽查局局长决定批准移送的，应当在 24 小时内向同级公安机关移送

   C. 公安机关应当在涉嫌犯罪案件移送书的回执上签字

   D. 移送案件的时候，应当附有涉嫌犯罪案件移送书、涉嫌犯罪案件的调查报告、起诉意见书等

   E. 如果公安机关认为该案件不属于本机关管辖的案件，应当将案件材料直接退回给裕华区税务局稽查局

模拟试卷（二）参考答案及详细解析

一、单项选择题

1. C 【解析】本题考核行政行为的效力。行政行为具有执行力，并不等于所有的行政行为都涉及强制执行的问题，一般来说只有在相对方拒不履行义务的情况下，行政行为才需要予以强制执行。所以选项 C 错误。选项 A、B 体现行政行为的确定力，选项 D 体现行政行为的拘束力。

2. B 【解析】本题考核行政许可法的调整范围。有关行政机关对其他机关或者对其直接管理的事业单位的人事、财务、外事等事项的审批，不适用《行政许可法》。

3. B 【解析】本题考核税务行政处罚听证程序。当事人或者其代理人应当按照税务机关的通知参加听证，无正当理由不参加的，视为放弃听证权利。所以选项 A 错误。当事人要求听证符合条件的，税务机关应当在收到当事人听证要求后 15 日内举行听证并在举行听证的 7 日前将《税务行政处罚听证通知书》送达当事人。所以选项 C 错误。在听证程序中，当事人或其代理人有最后陈述的权利。所以选项 D 错误。

4. B 【解析】本题考核申请人民法院强制执行。催告书送达 10 日后当事人仍未履行义

务的，行政机关可以向所在地有管辖权的人民法院申请强制执行。

5. C 【解析】本题考核行政强制的设定。行政强制的实施机关可以对已设定的行政强制的实施情况及存在的必要性适时进行评价，并将意见报告该行政强制的设定机关，但是行政强制实施机关无权对已设定的行政强制进行补充设定。所以选项 A 错误。限制公民人身自由、冻结存款汇款的行政强制措施只能由法律设定，不能由行政法规设定。所以选项 B 错误。法律、法规以外的其他规范性文件不得设定行政强制措施。所以选项 C 正确。行政强制执行只能由法律设定。所以选项 D 错误。

6. D 【解析】本题考核税务行政复议的调解。税务行政复议机关可以调解：(1)行使自由裁量权作出的税务具体行政行为，如行政处罚、核定税额、确定应税所得率等；(2)行政赔偿；(3)行政奖励；(4)存在其他合理性问题的具体行政行为。

7. C 【解析】本题考核行政诉讼的起诉和受理。当事人对不予立案裁定不服的，可以提起上诉。被告为县级以上人民政府的案件，属于应当由中级人民法院管辖的第一审行政案件。本案被告是南区人民政府，区政府属于县级，一审法院应该是中级人民法院，因此郭某可以向某省高级人民法院上诉。

8. A 【解析】本题考核就纳税争议提起行政诉讼的特殊规定。就纳税争议提出税务行政复议申请，须以依照税务机关的纳税决定缴纳税款或者提供相应的担保为前提。所以选项 B 错误。法律、法规未规定行政复议是行政诉讼的必经程序，公民、法人或其他组织向复议机关提出行政复议申请，在行政机关受理后，复议决定作出前，申请人要求撤回行政复议申请，经说明理由，撤回行政复议申请，并在法定期限内对原行政行为提起诉讼的，人民法院应受理。所以选项 C 错误。公民、法人或者其他组织向行政复议机关已经申请复议，在法定复议期间内又向人民法院起诉的，人民法院不予受理。所以选项 D 错误。

9. D 【解析】本题考核共同行政行为的行政诉讼被告。两个以上行政机关作出同一行政行为的，共同作出行政行为的行政机关是共同被告。本题中市生态环境局、卫生局和水利局联合作出处罚决定，应为共同被告。

10. C 【解析】本题考核民事法律行为的效力。限制民事行为能力人实施的接受奖励、赠与等纯获利益的民事法律行为是有效民事法律行为。所以选项 A 错误。当事人超越经营范围订立合同(未违反国家限制经营、特许经营以及法律、行政法规禁止经营的规定)，人民法院不因此认定为无效。所以选项 B 错误。只有法律有明文规定、当事人约定或者符合当事人之间的交易习惯时，才能将行为人的沉默作为意思表示的一种形式。选项 C 中没有法律规定也没有当事人约定并且不符合交易习惯，则乙的沉默不是意思表示，不能发生法律效力。所以选项 C 正确。限制民事行为能力人可以实施与其年龄、智力相适应的民事法律行为，其他法律行为由其法定代理人代理或者征得法定代理人的同意、追认。所以选项 D 错误。

11. A 【解析】本题考核附条件的民事法律行为。甲能否通过驾照考试是不确定的事实，所以双方所作约定是条件，并且是延缓条件，在双方约定的条件成就时该民事行为才发生法律效力。

12. C 【解析】本题考核法人。法人机关对内形成法人意思、对外代表法人为民事法律行为，而法人分支机构在参与民事活动时不能形成自己的独立意思，须有法人机关的授权，但对外不得代表法人。

13. C 【解析】本题考核表见代理。该行为属于表见代理。表见代理，是指行为人虽无代理权但存在足以使人相信其有代理权的表征从而须由本人负授权之责的代理。

14. C 【解析】本题考核公示原则。动产物权的变动，一般以物的实际交付为要件。本题中乙将画交付给了丙，则丙取得画的所有权。

15. D 【解析】本题考核相邻水流使用权。相邻各方在共同使用同一自然水流时，应当依其自然形成的流向，按照由远至近、由高到低的原则依次使用。任何一方为自身利益擅自改变流向或堵截水源，以致影响他方正常的生产、生活的，他方有请求排除妨碍、恢复原状和赔偿损失的权利。本题体现的是相邻水流使用权，不是地役权。

16. A 【解析】本题考核共有。共有人对共有的不动产或者动产没有约定为按份共有或者共同共有，或者约定不明确的，除共有人具有家庭关系等外，视为按份共有。所以选项 A 错误。

17. D 【解析】本题考核抵押权的优先效力。抵押权已登记的先于未登记的受偿，所以丙、丁优先于乙、戊受偿；抵押权已登记的，按照登记的时间先后确定顺序清偿，丙登记的时间早于丁，所以丙优先于丁受偿；抵押权均未登记的，按照债权比例清偿，不分先后顺序，故乙和戊处于同顺序，所以选项 D 正确。

18. D 【解析】本题考核承诺的迟延与迟到。受要约人在承诺期限内发出承诺，按照通常情形能够及时到达要约人，但因其他原因承诺到达要约人时超过承诺期限的，除要约人及时通知受要约人因承诺超过期限不接受该承诺的以外，该承诺有效。题目中的情形为"张某未再理会刘某，而将石材出售他人"，可以认为要约人并没有通知受要约人不接受该承诺，那么承诺有效，合同成立且有效。所以选项 D 正确。

19. B 【解析】本题考核债的分类。单数主体之债是指债的关系中，债权人与债务人各为一人的债。本题中，"红蜻蜓"作为一个组合，与演出公司签订合同，而不是该组合中的三个人与演出公司签订合同。

20. D 【解析】本题考核债的保全中的代位权。债权人以自己的名义行使代位权。所以选项 A 错误。债权人无权处分债务人的权利。所以选项 B 错误。债权人行使代位权的必要费用，由债务人负担。所以选项 C 错误。

21. A 【解析】本题考核赠与合同的撤销。赠与人在赠与财产的权利转移之前可以撤销赠与。经过公证的赠与合同或者依法不得撤销的具有救灾、扶贫、助残等公益、道德义务性质的赠与合同，不适用前述规定。所以选项 A 正确。

22. A 【解析】本题考核收养关系成立。收养 8 周岁以上未成年人的，应当征得被收养人的同意。所以选项 A 错误。

23. A 【解析】本题考核合伙企业事务的执行。合伙人之间转让在合伙企业中的全部或者部分财产份额时，应当通知其他合伙人，但无须经全体合伙人一致同意。所以选项 A 当选。除合伙协议另有约定外，合伙企业存续期间，合伙人向合伙人以外的人转让其在合伙企业中的全部或者部分财产份额时，须经其他合伙人一致同意。所以选项 B 不当选。合伙人以其在合伙企业中的财产份额出质的，须经其他合伙人一致同意；未经其他合伙人一致同意，其行为无效，由此给善意第三人造成损失的，由行为人依法承担赔偿责任。所以选项 C 不当选。除合伙协议另有约定外，合伙人处分合伙企业的不动产应当经全体合伙人一致同意。所以选项 D 不当选。

24. B 【解析】本题考核合伙企业的利润分

配。合伙企业的利润分配、亏损分担，按照合伙协议的约定办理；合伙协议未约定或者约定不明确的，由合伙人协商决定；协商不成的，由合伙人按照实缴出资比例分配、分担；无法确定出资比例的，由合伙人平均分配、分担。

25. A 【解析】本题考核公司担保。公司向其他企业投资或者为他人提供担保，依照公司章程的规定，由董事会或者股东会、股东大会决议；公司章程对投资或者担保的总额及单项投资或者担保的数额有限额规定的，不得超过规定的限额。公司为公司股东或者实际控制人提供担保的，必须经股东会或者股东大会决议。

26. D 【解析】本题考核股东资格取得。转让取得、继承取得、赠与取得和因公司合并而取得股东资格属于继受取得。

27. D 【解析】本题考核股份有限公司的普通决议事项。股东大会作出决议，必须经出席会议的股东所持表决权过半数通过。但是，股东大会作出修改公司章程、增加或者减少注册资本的决议，以及公司合并、分立、解散或者变更公司形式的决议，必须经出席会议的股东所持表决权的2/3以上通过。

28. A 【解析】本题考核有限责任公司清算组的成员。清算组成员可以从下列人员或者机构中产生：公司股东、董事、监事、高级管理人员；依法设立的律师事务所、会计师事务所、破产清算事务所等社会中介机构；依法设立的律师事务所、会计师事务所、破产清算事务所等社会中介机构中具备相关专业知识并取得执业资格的人员。

29. C 【解析】本题考核破产债务的清偿。债权人在破产申请受理前对债务人负有债务的，可以向管理人主张抵销。抵销权的行使可以使债权人的债权在破产财产范围内得到全额、优先清偿。行使抵销权后未得清偿的债权，可以申报债权。

30. B 【解析】本题考核破产案件受理的法律后果。人民法院受理破产申请后，管理人对破产申请受理前成立而债务人和对方当事人均未履行完毕的合同有权决定解除或者继续履行，并通知对方当事人。管理人自破产申请受理之日起2个月内未通知对方当事人，或者自收到对方当事人催告之日起30日内未答复的，视为解除合同。本题属于视为解除合同的情况，威力公司无需继续履行合同。

31. B 【解析】本题考核债权人会议上经表决不能通过而需由人民法院裁定的事项。债权人会议表决不能够通过债务人财产管理方案和破产财产变价方案的，由人民法院裁定；对破产财产的分配方案，债权人会议经二次表决仍不能通过的，由人民法院裁定。

32. D 【解析】本题考核破产清算、重整与和解。人民法院受理破产申请后、宣告破产前可以进入重整或和解程序，因此其一旦被宣告破产，则不能再进入重整或和解程序。所以选项A正确。债权人会议通过的或人民法院依法裁定的破产财产变价方案，由管理人负责执行。所以选项B正确。企业法人有明显丧失清偿能力可能的，即使未出现现实的资不抵债情形，也可申请重整程序。所以选项C正确。企业法人不能清偿到期债务，并且资产不足以清偿全部债务或者明显缺乏清偿能力的，可以向人民法院提出重整、和解或者破产清算申请。因此，重整并非破产案件的必经程序。所以选项D错误。

33. B 【解析】本题考核电子支付服务提供者的义务和责任。电子支付服务提供者应当依法依规告知用户电子支付服务的功能、使用方法、注意事项、相关风险和收费标准等事项，不得附加不合理交易条件。

34. B 【解析】本题考核起诉。起诉条件之一是"起诉必须有明确的被告"。本案中，甲向人民法院起诉没有给出明确的被告，不符合法定起诉的条件，因此，法院应当根据《民事诉讼法》的规定，在收到起诉状或者口头起诉后 7 日内裁定不予受理。

35. D 【解析】本题考核第二审程序的相关规定。对判决的上诉案件，应当在第二审立案之日起 3 个月内审结，有特殊情况需延长的，由本院院长批准；对裁定的上诉案件，应在第二审立案之日起 30 日内作出终审裁定。所以选项 D 错误。

36. D 【解析】本题考核减刑、假释的适用对象及限制。减刑只适用于被判处管制、拘役、有期徒刑或者无期徒刑的犯罪分子。所以选项 A 错误。减刑可以适用于累犯。所以选项 B 错误。假释适用于被判处有期徒刑或者无期徒刑的犯罪分子。所以选项 C 错误。

37. D 【解析】本题考核禁止令。禁止令可以与管制或宣告缓刑同时适用。

38. A 【解析】本题考核涉及发票类的犯罪的客观方面。非法购买增值税专用发票罪客观方面表现为行为人违反增值税专用发票管理规定，从合法或者非法拥有真增值税专用发票的单位或个人手中购买增值税专用发票。

39. D 【解析】本题考核速裁程序。适用速裁程序审理案件，人民法院应当在受理后 10 日以内审结；对可能判处的有期徒刑超过 1 年的，可以延长至 15 日。所以选项 D 错误。

40. C 【解析】本题考核检察机关审查起诉。人民法院向检察机关提出书面意见要求补充移送材料，检察机关认为有必要移送的，应当自收到通知之日起 3 日以内补送。

二、多项选择题

41. BC 【解析】本题考核行政合法性原则。当事人不承担行政机关组织听证的费用，

所以选项 B 错误，行政强制措施权不得委托。所以选项 C 错误。

42. BCE 【解析】本题考核派出机构与派出机关的区分。派出所、税务所和财政所均属于政府职能部门的派出机构。税务局法制科属于税务局的内部机构，排除选项 A。街道办事处属于人民政府设立的派出机关，排除选项 D。

43. ABC 【解析】本题考核行政许可的相关规定。行政许可需要检验、检疫的，所需时间不计算在行政许可实施的期限内，行政机关应当将所需时间书面告知申请人。所以选项 D 错误。行政许可申请人隐瞒相关情况或者提供虚假材料申请行政许可的，行政机关不予受理或者不予行政许可，并给予警告；行政许可申请属于直接关系公共安全、人身健康、生命财产安全事项的，申请人在 1 年内不得再次申请该行政许可。所以选项 E 错误。

44. ABE 【解析】本题考核税务行政处罚裁量权行使规则。当事人有权进行陈述和申辩。税务机关应当充分听取当事人的意见。所以选项 A 正确。在作出行政处罚决定前，应当告知当事人作出行政处罚决定的事实、理由、依据及拟处理结果，并告知当事人依法享有的权利。所以选项 D 错误。对当事人的同一个税收违法行为不得给予两次以上罚款的行政处罚。所以选项 C 错误。

45. BC 【解析】本题考核行政强制的设定程序要求。行政强制的设定机关应当定期对其设定的行政强制进行评价，并对不适当的行政强制及时予以修改或者废止。所以选项 A 错误。公民、法人或其他组织可以向行政强制的设定机关和实施机关就行政强制的设定和实施提出意见和建议，有关机关应当认真研究论证，并以适当方式予以反馈。所以选项 D 错误。起草法律草案、法规草案，拟设定行政强制的，起草单位应当采取听证会、论

证会等形式听取意见，并向制定机关说明设定该行政强制的必要性、可能产生的影响以及听取和采纳意见的情况。所以选项 E 错误。

46. ACD 【解析】本题考核税务行政复议申请和受理。被申请人不得委托本机关以外的人员参加行政复议，所以选项 B 错误。申请人提供担保的方式包括保证、抵押和质押，所以选项 E 错误。

47. BCD 【解析】本题考核行政诉讼参加人。行政机关组建并被赋予行政管理职能，但不具有独立承担法律责任能力的机构，以自己的名义作出行政行为，当事人不服提起诉讼的，应当以组建该机构的行政机关为被告。据此可知，本案的被告是丰源市政府。所以选项 A 错误。对地方各级人民政府的具体行政行为不服的，向上一级地方人民政府申请行政复议。本案中被申请人是市人民政府，复议机关应为其上一级人民政府，即省政府。所以选项 E 错误。

48. ABCE 【解析】本题考核行政赔偿诉讼。根据规定，查封、扣押的场所、设施或者财物与违法行为无关的，行政机关应当及时作出解除查封、扣押决定。此处没有按照损害程度给付赔偿金的相关规定。

49. ABE 【解析】本题考核相邻关系。选项 C 中，王某有其他合理途径的，不应依据相邻权使用相邻方的土地，但可与相邻方约定设立地役权。选项 D 中，只要对相邻方无害，就不能主张权利。

50. ACE 【解析】本题考核先合同义务与缔约过失责任。当事人在订立合同过程中知悉的商业秘密或者其他应当保密的信息，无论合同是否成立，不得泄露或者不正当地使用；泄露、不正当地使用该商业秘密或者信息，造成对方损失的，应当承担赔偿责任。

51. AE 【解析】本题考核产品侵权。因产品

缺陷造成损害的，被侵权人可以向产品的生产者请求赔偿，也可以向产品的销售者请求赔偿。本题中，甲、乙、丙都是受害人，他们既可以要求电视机的生产者承担赔偿责任，也可以要求电视机的销售者承担责任。所以选项 C 错误。损害是由电视机质量问题造成的，无论是甲的行为，还是乙、丙的行为，都与损害的发生没有因果关系，不承担损害赔偿责任。所以选项 B、D 错误。

52. ABCE 【解析】本题考核中介合同。中介人未促成合同成立的，不得要求支付报酬，但可以要求委托人支付从事中介活动支出的必要费用。所以选项 D 错误。

53. BCD 【解析】本题考核个人独资企业的设立。设立个人独资企业应当具备下列条件：(1)投资人为一个自然人；(2)有合法的企业名称；(3)有投资人申报的出资；(4)有固定的生产经营场所和必要的生产经营条件；(5)有必要的从业人员；(6)依法进行登记。

54. BCE 【解析】本题考核公司清算制度。公司自行清算的，有限责任公司的清算组由股东组成，股份有限公司的清算组由董事或者股东大会确定的人员组成。所以选项 A 错误。公司依法清算结束并办理注销登记前，有关公司的民事诉讼，应当以公司的名义进行。所以选项 D 错误。

55. ABCE 【解析】本题考核管理人的任职条件。根据规定，有下列情形之一的，不得担任管理人：因故意犯罪受过刑事处罚；曾被吊销相关专业执业证书；与本案有利害关系；人民法院认为不宜担任管理人的其他情形。这里的"利害关系"包括两种情况：一种是对"社会中介机构、清算组成员"而言，有下列情形之一，可能影响其忠实履行管理人职责的，人民法院可以认定为有利害关系：(1)与债务人、债权人有未了结的债权债务关

系(选项A当选);(2)在人民法院受理破产申请前3年内,曾为债务人提供相对固定的中介服务(选项B当选);(3)现在是或者在人民法院受理破产申请前3年内曾经是债务人、债权人的控股股东或者实际控制人(选项E当选);(4)现在担任或者在人民法院受理破产申请前3年内曾经担任债务人、债权人的财务顾问、法律顾问(选项C当选);(5)人民法院认为可能影响其忠实履行管理人职责的其他情形。另一种是对清算组成员的"派出人员、社会中介机构的派出人员、个人管理人"而言,有下列情形之一,可能影响其忠实履行管理人职责的,人民法院可以认定为有利害关系:(1)具有上述所列情形;(2)现在担任或者在人民法院受理破产申请前3年内曾经担任债务人、债权人的董事、监事、高级管理人员;(3)与债务人或者债权人的控股股东、董事、监事、高级管理人员存在夫妻关系、直系血亲、三代以内旁系血亲或者近姻亲关系。人民法院认为可能影响其公正履行管理人职责的其他情形。

56. ACD 【解析】本题考核民事诉讼中反诉的相关规定。反诉作为一种独立的诉讼请求而存在,本诉撤回并不影响反诉的继续审理。所以选项B错误。反诉只能是本诉被告向本诉原告提起。所以选项E错误。

57. AC 【解析】本题考核一般累犯和特殊累犯。一般累犯不是成立特殊累犯的前提条件。所以选项A说法错误。特殊累犯,后罪可以发生在前罪刑罚执行完毕或者赦免后的任何时候,不受两罪相隔时间长短的限制。所以选项C说法错误。

58. ADE 【解析】本题考核税务违法行为及涉税犯罪的规定。骗取出口退税达到5万元以上即构成骗取出口退税罪,本题中李某通过假报出口的方式骗取退税120万元,已经构成了骗取出口退税罪,所以选项B错误。法律规定,纳税人缴纳罚款后,采取假报出口等欺骗手段骗取所缴税款的,按逃税罪处罚;骗取税款数额超过所缴纳的税款部分,对超过部分以骗取出口退税罪论处。本题中,李某缴纳50万元税款后骗回120万元,应当以逃税罪与骗取出口退税罪数罪并罚。所以选项C错误。

59. ABCE 【解析】本题考核速裁程序。有下列情形之一的,不适用速裁程序:(1)被告人是盲、聋、哑人,或者是尚未完全丧失辨认或者控制自己行为能力的精神病人的;(2)被告人是未成年人的;(3)案件有重大社会影响的;(4)共同犯罪案件中部分被告人对指控的犯罪事实、罪名、量刑建议或者适用速裁程序有异议的;(5)被告人与被害人或者其法定代理人没有就附带民事诉讼赔偿等事项达成调解或者和解协议的;(6)其他不宜适用速裁程序审理的。

60. ABCE 【解析】本题考核刑事强制措施。刑事拘留与逮捕只有公安机关有权执行,法院与检察院无权执行。所以选项A说法错误。拘传、取保候审和监视居住并不剥夺被告人、犯罪嫌疑人的人身自由。所以选项B说法错误。犯罪嫌疑人、被告人及其法定代理人、近亲属或者辩护人对于法院、检察院或者公安机关采取强制措施法定期限届满的,有权要求解除强制措施。所以选项C说法错误。被取保候审、监视居住的犯罪嫌疑人、被告人有正当理由需要离开所居住的市、县,应当经执行机关批准。如果取保候审、监视居住是由检察院、法院决定的,执行机关在批准犯罪嫌疑人、被告人离开所居住的市、县的,应当征得决定机关同意。所以选项E说法错误。

三、综合分析题

(一)

61. ABCD 【解析】本题考核税务行政处罚

听证程序。听证过程中，当事人或者其代理人、本案调查人员、证人及其他参与听证的人员违反听证秩序，听证主持人应当警告制止；对不听制止的，可以责令其退出听证会场。当事人或者其代理人有前述规定严重行为致使听证无法进行的，听证主持人或者税务机关可以终止听证。

62. AE 【解析】本题考核税务行政复议程序。缴纳罚款并不是申请复议的前置程序。所以选项 A 说法错误。税务行政复议机构按照规定的职责所取得的有关材料，不得作为支持被申请人有关征税行为的证据。所以选项 E 说法错误。

63. AE 【解析】本题考核缺席判决。经人民法院传票传唤，原告无正当理由拒不到庭，或者未经法庭许可中途退庭的，可以按照撤诉处理；原告或者上诉人申请撤诉，人民法院裁定不予准许的，原告或者上诉人经传票传唤无正当理由拒不到庭，或者未经法庭许可中途退庭的，人民法院可以缺席判决。被告无正当理由拒不到庭，或者未经法庭许可中途退庭的，可以缺席判决。

64. D 【解析】本题考核行政诉讼被告。本题可以以最初作出行政行为的机关为被告，也可以以不作为的复议机关为被告。

（二）

65. ABCD 【解析】本题考核复议期间具体行政行为的效力、行政复议申请与受理。行政复议期间行政行为不停止执行；但是，有下列情形之一的，可以停止执行：（1）被申请人认为需要停止执行的；（2）行政复议机关认为需要停止执行的；（3）申请人申请停止执行，行政复议机关认为其要求合理，决定停止执行的；（4）法律规定停止执行的。所以选项 A 说法错误。对县级以上地方各级人民政府工作部门的具体行政行为不服的，可以向该部门的本级人民政府申请行政复议，

也可以向上一级主管部门申请行政复议。所以选项 B 说法错误。公民、法人或者其他组织认为具体行政行为侵犯其合法权益的，可以自知道该具体行政行为之日起 60 日内提出行政复议申请；但是法律规定的申请期限超过 60 日的除外。所以选项 C 说法错误。行政复议机关收到行政复议申请后，应当在 5 日内进行审查，决定是否受理。所以选项 D 说法错误。行政案件由最初作出行政行为的行政机关所在地人民法院管辖。经复议的案件，也可以由复议机关所在地人民法院管辖。所以选项 E 说法正确。

66. B 【解析】本题考核行政诉讼被告。复议机关在法定期间内不作复议决定，当事人对原行政行为不服提起诉讼的，应当以作出原行政行为的行政机关为被告；当事人对复议机关不作为不服提起诉讼的，应当以复议机关为被告。

67. C 【解析】本题考核合并审理。在诉讼过程中，被告对原告作出新的行政行为，原告不服向同一人民法院起诉的，人民法院可以合并审理。

68. ACDE 【解析】本题考核行政诉讼的执行。行政机关拒绝履行判决、裁定、调解书的，第一审人民法院可以采取下列措施：（1）对应当归还的罚款或者应当给付的款额，通知银行从该行政机关的账户内划拨；（2）在规定期限内不履行的，从期满之日起，对该行政机关负责人按日处 50 元至 100 元的罚款；（3）将行政机关拒绝履行的情况予以公告；（4）向监察机关或者该行政机关的上一级行政机关提出司法建议。接受司法建议的机关，根据有关规定进行处理，并将处理情况告知人民法院；（5）拒不履行判决、裁定、调解书，社会影响恶劣的，可以对该行政机关直接负责的主管人员和其他直接责任人员予以拘留；情节严重，构成犯罪的，依法追究刑事责任。

(三)

69. A 【解析】本题考核违约责任。当事人一方因第三人的原因造成违约的,应当向对方承担违约责任。楚翔公司与和平公司之间有买卖合同,现楚翔公司因为第三人新月公司的原因造成违约,根据合同的相对性,楚翔公司应当向和平公司承担违约责任。楚翔公司和新月公司的纠纷另行解决,与和平公司无关。

70. BE 【解析】本题考核抵押权和保证。因保证合同纠纷提起的诉讼,债权人向保证人和被保证人一并主张权利的,人民法院应当将保证人和被保证人列为共同被告。保证合同约定为一般保证,债权人仅起诉保证人的,人民法院应当通知被保证人作为共同被告参加诉讼;债权人仅起诉被保证人的,可以只列被保证人为被告。所以选项 A 错误。张某为一般保证人,其享有先诉抗辩权。所以选项 C 错误。被担保的债权既有物的担保又有人的担保的,债务人不履行到期债务或者发生当事人约定的实现担保物权的情形,债权人应当按照约定实现债权;没有约定或者约定不明确,债务人自己提供物的担保的,债权人应当先就该物的担保实现债权;第三人提供物的担保的,债权人可以就物的担保实现债权,也可以要求保证人承担保证责任。提供担保的第三人承担担保责任后,有权向债务人追偿。所以选项 D 错误。

71. D 【解析】本题考核合伙企业的出资。合伙人的出资、以合伙企业名义取得的收益和依法取得的其他财产,均为合伙企业的财产。

72. E 【解析】本题考核有限合伙企业。有限合伙企业名称中应当标明"有限合伙"字样。所以选项 A 错误。有限合伙人可以用货币、实物、知识产权、土地使用权或者其他财产权利作价出资,但不得以劳务出资。所以选项 B 错误。在不违反合伙协议的情况下,有限合伙人可以同本有限合伙企业进行交易。所以选项 C 错误。有限合伙人退伙后,对基于其退伙前的原因发生的有限合伙企业债务,以其退伙时从有限合伙企业中取回的财产承担责任。所以选项 D 错误。

(四)

73. ABE 【解析】本题考核公司设立的出资责任。乙和丙应该对甲出资不实的行为承担责任。发起人股东对资本充实责任是法定责任,不得以发起人协议的约定、公司章程规定或股东会决议免除。

74. AC 【解析】本题考核董事会的相关规定。决定公司内部机构设置,属于董事会的职权;但聘任市场开发部经理则是公司(总)经理的职权。所以选项 B 错误。董事会应根据经理的提名,聘任和解聘财务负责人,但董事、高级管理人员不得兼任本公司的监事,高级管理人员包括财务负责人。所以选项 D 错误。选举和更换董事属于有限责任公司股东会的职权,股东会有权在董事任期届满前以有效决议解除董事职务。所以选项 E 错误。

75. ABE 【解析】本题考核董事、高级管理人员的职责及其责任。董事、高级管理人员,不得未经股东会或者股东大会同意,利用职务便利为自己或者他人谋取属于公司的商业机会,自营或者为他人经营与所任职公司同类的业务。违反规定所得的收入应当归公司所有。

76. ABD 【解析】本题考核公司解散。根据规定,单独或者合计持有公司全部股东表决权 10% 以上的股东,可以向人民法院提起解散公司的诉讼:公司持续 2 年以上无法召开股东会或者股东大会,公司经营管理发生严重困难的;股东表决时无法达到法定或者公司章程规定的比例,持续 2 年以上不能作出有效的股东会或者股东大会决议,公司经营管理发生严重困难的；公司董事长期冲突，且无法通过股东会或者股东大会解决，公司经营管理发生严重困难的；经营管理发生其他严重困难，公司继续存续会使股东利益受到重大损失的情形。

(五)

77. DE 【解析】本题考核涉税犯罪。抗税罪只能由自然人实施，单位不能成为本罪的主体。本题中该公司不构成抗税罪。所以选项 A 错误。非法购买增值税专用发票后又虚开的，按照虚开增值税专用发票罪进行定罪处罚。所以选项 B 错误。

78. ABD 【解析】本题考核非法购买增值税专用发票罪。该罪的客体是国家对增值税专用发票的管理制度和国家税收征管秩序。所以选项 C 错误。该罪的主观方面是故意，且以营利为目的。所以选项 E 错误。

错误。

79. D 【解析】本题考核抗税罪。抗税数额在 10 万元以上的，属于抗税罪中情节严重的情形，而不是犯罪构成的标准。

80. ABC 【解析】本题考核行政执法机关移送涉嫌犯罪案件程序。行政执法机关向公安机关移送涉嫌犯罪案件，应当附有下列材料：涉嫌犯罪案件移送书；涉嫌犯罪案件情况的调查报告；涉案物品清单；有关检验报告或者鉴定结论；其他有关涉嫌犯罪的材料。不包括起诉意见书。所以选项 D 错误。如果公安机关认为该案件是不属于本机关管辖的案件，应当在 24 小时内转送有管辖权的机关，并书面告知移送案件的行政执法机关。所以选项 E 错误。

你来找茬，给你奖励

"梦想成真"辅导丛书自出版以来，以严谨细致的专业内容和清晰简洁的编撰风格受到了广大读者的一致好评，但因水平和时间有限，书中难免会存在一些疏漏和错误。读者如有发现本书不足，可扫描"欢迎来找茬"二维码上传纠错信息，审核后每处错误奖励10元购课代金券。（多人反馈同一错误，只奖励首位反馈者。请关注"中华会计网校"微信公众号接收奖励通知。）

在此，诚恳地希望各位学员不吝批评指正，帮助我们不断提高完善。

邮箱：mxcc@cdeledu.com
微博：@正保文化

欢迎来找茬

中华会计网校
微信公众号